VOLTAIRE

CANDIDE

ETUDE QUANTITATIVE

PIERRE R. DUCRETET
avec la collaboration de
MARIE-PAULE DUCRETET

VOLTAIRE
CANDIDE

ETUDE QUANTITATIVE

Dictionnaire de fréquence, index verborum et concordance de *Candide*. Essai de méthodologie et d'analyse de données quantitatives.

UNIVERSITY OF TORONTO PRESS

Toronto and Buffalo
Reprinted in paperback 2015
ISBN 978-0-8020-2096-3 (cloth)
ISBN 978-1-4426-3132-8 (paper)
LC 73-85086

"...le travail éloigne de nous trois grands maux,
l'ennui, le vice et le besoin."

Voltaire, _Candide_.

AVANT-PROPOS

L'ouvrage que nous présentons ici est le résultat de seize ans d'intérêt porté à l'utilisation des ordinateurs et des moyens électro-mécaniques à des fins d'études quantitatives de textes littéraires ou autres. Plus particulièrement, nous avons entrepris l'élaboration de nos travaux quantitatifs sur Candide à partir de 1963, et c'est pourquoi certaines étapes que nous avons suivies remontent à des dates différentes, ce qui est mis en évidence tout au long des chapitres qui suivent. Par exemple, l'édition du texte remonte à 1966, le dictionnaire de fréquence et l'index verborum ont été établis en 1967, tandis que la concordance linéaire que nous incluons sous forme de microfiches a été établie tout récemment. C'est pourquoi le lecteur pourra être surpris par les variations typographiques entre les diverses parties de ce texte. Nous avons essayé d'indiquer dans chaque chapitre toutes les raisons techniques et matérielles qui nous ont forcés à suivre cette démarche.

Si nous nous sommes attardés, peut-être un peu trop, sur les considérations techniques, les ordinateurs et d'autres aspects méthodologiques, c'est que nous avons considéré qu'il était impératif pour quiconque songerait à entreprendre individuellement un travail semblable au nôtre de disposer d'une vue d'ensemble des problèmes que comporte une telle entreprise. Ceci est vrai aussi pour ce qui est du système de codage que nous proposons et dont nous nous sommes servis.

En ce qui concerne les données quantitatives, notre but a été non seulement d'essayer d'en dégager une signification formelle de la langue de Voltaire dans Candide, telle qu'elle se reflète dans nos tableaux analytiques et quantitatifs, mais encore et surtout de fournir à d'autres chercheurs des outils qui pourraient leur être utiles, par exemple dans l'analyse du style ou du vocabulaire de Voltaire, ou encore dans une analyse comparative de plusieurs textes littéraires du dix-huitième siècle. Il est bien évident que nous n'avons pas tiré tous les partis possibles de nos données. Par exemple, nous n'avons pas poussé l'analyse des décomptes graphémiques et autres que nous avons inclus. Nous en avons expliqué la raison. De même, notre interprétation générale des tableaux quantitatifs est limitée mais nous espérons qu'elle pourra guider dans quelque mesure des études ultérieures.

La bibliographie ne prétend pas être exhaustive; toutefois, elle nous paraît amplement suffisante pour guider un débutant dans le domaine des études quantitatives littéraires. Nous avons essayé de faire une liste aussi complète que possible des travaux de nature quantitative d'oeuvres littéraires

françaises. Nous espérons qu'elle sera de quelque utilité. Finalement, nous avons établi une bibliographie des ouvrages sur Voltaire et Candide qui nous ont semblé les plus marquants.

Nous espérons donc, en publiant cet ouvrage, qu'il pourra, malgré ses défauts et ses faiblesses à bien des égards, servir de point de départ pour ceux que ce genre de travaux attire. Il est évident que si nous recommencions ces travaux aujourd'hui, nous ne suivrions peut-être pas entièrement la même démarche méthodologique; toutefois, ce ne serait qu'en fonction de nouveaux développements technologiques et non en fonction des buts recherchés, que nous avons décrits. Car, dans bien des cas, l'ordinateur aurait pu faire ce que nous avons fait manuellement et, en conséquence, nous aurions fait une économie d'efforts et de temps, les données auraient peut-être été un peu mieux présentées et la marge d'erreurs (environ 0.001) serait moindre. Mais cela aurait requis de refaire tout le parcours que nous avions fait et remis à qui sait quand la publication de nos travaux. Nous prions donc le lecteur d'être indulgent, compréhensif et tolérant. En effet, l'évolution technique dans le domaine de l'informatique est telle qu'il est quasiment impossible de rester à jour sans remettre continuellement en cause les bases mêmes sur lesquelles des travaux ont été entrepris.

Il ne nous reste plus qu'à remercier les institutions et les hommes qui nous ont encouragés et aidés tout au long de nos travaux: le Conseil des Arts du Canada, l'Université de Toronto et tous ses organismes, et University College, sans l'aide desquels nous n'aurions pas pu entreprendre ces recherches. Notre reconnaissance va aussi aux administrateurs et aux collègues qui nous ont soutenus et encouragés, et tout particulièrement à MM. C.D. Rouillard, D. Hayne, E.A. Joliat et G. Gougenheim.

TABLE DES MATIERES

Avant-propos vi

Table des matières ix

Introduction 3

Le texte 6

Considérations générales sur les concordances et les index verborum 9

Considérations techniques

Généralités 12
Les ordinateurs 13
Le mot 28
Considérations générales sur le code 30
Description générale du codage 34
Tableau synoptique des indices de formes 42
Détail du code

Le nom 44
L'adjectif 47
Le déterminatif 50
Le pronom 53
Le verbe 57
L'adverbe 85
La conjonction 88
La préposition 91
L'interjection, l'exclamation 94
La ponctuation 97
Les mots étrangers 99
Les graphèmes euphoniques 100

Données quantitatives

Dictionnaire de fréquence des formes 101
Dictionnaire de fréquence des lemmes 138
Index verborum 161
Tableaux analytiques des données quantitatives 401
Décomptes graphémiques et autres 429

Interprétation générale des tableaux analytiques quantitatifs 438

Conclusion 446

Notes 450

Bibliographie 453

I. Principaux ouvrages ayant trait à l'étude quantitative du langage 453
1. Bibliographies
2. Méthodologie
3. Utilisation de certains aspects quantitatifs (stylistique, syntaxe, graphémie, etc.)
4. Ordinateurs

II. Lexiques, index, concordances, glossaires d'oeuvres littéraires françaises, publiés ou en cours. 473
1. Moyen âge
2. Seizième siècle
3. Dix-septième siècle
4. Dix-huitième siècle
5. Dix-neuvième siècle
6. Vingtième siècle

III. Principaux ouvrages de linguistique consultés 488

IV. Bibliographie relative à Voltaire 490

V. Bibliographie relative à Candide 494

Texte de Candide 499

Variantes des éditions de Candide, par H. Bénac, A. Morize et R. Pomeau 600

Concordance linéaire de Candide (Microfiche) 1-822

(Les microfiches sont disponibles pour téléchargement sur la page Web du livre sur le site de University of Toronto Press http://www.utppublishing.com/)

Voltaire

Candide

Etude Quantitative

INTRODUCTION

L'analyse quantitative et méthodique de faits de langue, individuels ou collectifs, est fort ancienne. La liste des hapax legomena d'Homère dressée par les grammairiens alexandrins et le dénombrement des mots de la Bible établi par les massorètes sont les plus anciens témoignages connus que nous ayons de cet intérêt(1). Plus près de nous, l'intérêt porté par les philosophes du XVIIIe siècle au langage suscita l'essor et l'épanouissement au XIXe siècle de la grammaire historique et de l'étude des langues basées toutes deux sur des inventaires quantitatifs plus ou moins étendus(2). Enfin, sous l'impulsion de l'esprit scientifique dans tous les domaines de la connaissance et du savoir, naquirent presque simultanément deux nouvelles disciplines ayant des fins très analogues: la linguistique et la statistique(3). L'une et l'autre ont pour but l'analyse systématique de phénomènes sociaux, en vue d'établir, à l'aide d'inventaires quantitatifs et étendus, sinon des lois, du moins des prévisions, des tendances stables que l'observation de phénomènes isolés dans un domaine quelconque ne saurait fournir.

Les conquêtes des études quantitatives et de la statistique dans tous les domaines économiques et scientifiques sont indéniables. Il n'est pas de gouvernement ou d'industrie qui songerait à se passer d'elles, malgré les erreurs auxquelles elles sont sujettes dans leurs prédictions, ce qui est normal puisque ce sont des sciences relativ . En tant que sciences, elles ne prétendent d'ailleur pas, à l'instar des sciences exactes, à être absolues.

Les conquêtes de la linguistique - devrait-on dire des linguistes - sont également indéniables, quoique dans une moindre mesure, aussi bien dans son propre domaine que dans d'autres. Toutefois, en dépit des apports manifestes que l'étude quantitative et statistique pouvait faire à la linguistique, ce n'est vraiment que depuis une vingtaine d'années, et plus particulièrement depuis quinze ans, que s'élabore une étude quantitative et statistique des phénomènes du langage(4). Ce n'est pas que bon nombre de linguistes ne se fussent penchés sur ces branches nouvelles de la linguistique dont ils percevaient bien la valeur, mais les conditions qui prévalaient ne leur permettaient pas de poursuivre leurs recherches au-delà d'hypothèses fondées sur des inventaires quantitatifs assez réduits, vu les moyens dont ils disposaient(5). Leurs efforts, cependant, n'ont pas été vains, car c'est sur leurs hypothèses et leurs travaux qu'ont été

érigées les bases de ce qui est devenu, malgré la rigueur, parfois justifiée, des critiques, la statistique linguistique. Il suffit de consulter les bibliographies linguistiques(6) pour se rendre compte des domaines qui font appel directement ou indirectement à des travaux de statistique linguistique: communications, psychologie, philosophie, traduction automatique(7), chiffrage et décodage; plus près de son domaine initial: lexicographie, datation de textes, analyse littéraire et enfin pédagogie des langues, surtout vivantes(8).

Vu le vaste domaine que couvre la linguistique quantitative, nous nous sommes limités à un seul aspect de cette discipline: au domaine fondamental des index verborum, des dictionnaires de fréquence, des concordances de textes français, et plus particulièrement à l'élaboration d'une méthodologie qui permette d'établir des index et des concordances à l'aide d'ordinateurs et d'appareils électro-mécaniques qui se rattachent à eux; mais sans avoir à faire appel à une équipe de spécialistes, comme c'est le cas pour les concordances et les index élaborés dans des centres spécialisés tels que le Centre d'Etude du Vocabulaire Français de l'Université de Besançon ou le Centre de Recherche pour un Trésor de la Langue Française du Centre National de la Recherche Scientifique à Nancy, et bien d'autres; mais tout en laissant la possibilité que l'information recueillie puisse être utilisée par ces centres. Une des raisons pour lesquelles nous insistons sur l'emploi des ordinateurs, par opposition à des moyens strictement électro-mécaniques: trieuses et autres, est l'intérêt que nous portons à l'établissement de concordances et d'index d'ouvrages assez considérables, tels que la _Correspondance_ de Voltaire ou de Diderot, ceci en fonction de l'économie d'effort et de coût, et de la quantité d'information qui peut être traitée par les ordinateurs par opposition aux machines électro-mécaniques(9).

Cet ouvrage est donc en grande partie orienté vers l'établissement d'une méthode qui permettrait d'élaborer des ouvrages de référence, de sorte que critiques littéraires aussi bien que linguistes statisticiens puissent localiser aisément les données qui les intéressent sans avoir à recenser l'oeuvre d'un auteur ou celles, éventuellement, d'une époque. Nous nous sommes concentrés sur la description de la méthodologie que le dictionnaire de fréquence, l'index verborum et la concordance de _Candide_ illustrent. Nous espérons que la méthodologie que nous préconisons et que nous illustrons s'avérera être un outil qui contribuera à la poursuite d'autres études d'ordre linguistique et littéraire. Enfin, bien que les résultats des index et des dictionnaires soient d'ordre quantitatif et se

prêtent par là à des études statistiques, nous n'entreprendrons pas, n'étant pas statisticiens, de travaux de cet ordre. Tout au plus nous bornons-nous à donner quelques tableaux analytiques quantitatifs qui permettront à d'autres d'entreprendre des études statistiques.

Dans les pages qui suivent, nous décrirons brièvement notre méthode, sans trop chercher à la justifier, car depuis la parution, en 1956, des travaux de MM. G. Gougenheim, R. Michéa, P. Rivenc et A. Sauvageot: *L'Elaboration du français élémentaire*; suivie, sous la direction de M. B. Quemada, de l'établissement du Centre d'Etude du Vocabulaire Français de l'Université de Besançon et enfin, sous la direction de M. P. Imbs, du Centre de Recherche pour un Trésor de la Langue Française à Nancy, il est devenu inutile de justifier des travaux de nature statistique et quantitative appliqués aux divers domaines de la langue et de la littérature. Il vient bien entendu s'ajouter aux justifications citées un nombre important de travaux sur le français, que nous citons en partie dans la bibliographie. Quant aux travaux étrangers, la liste est tellement considérable que son relevé serait un ouvrage en soi.

Qu'il nous soit permis de souligner ici que nous n'avons pas exploité totalement les données que nous avions cumulées sur le texte de *Candide*, selon la méthode décrite. La raison principale est qu'au fur et à mesure que nous progressions, nous nous sommes rendus compte que bon nombre des étapes et des relevés de données que nous anticipions étaient ou inutiles, ou répétitives ou généreraient une telle quantité de nouvelles données qu'il était impossible de les présenter toutes dans un seul ouvrage. Les changements apportés ou les parties ignorées ou abandonnées en cours de route seront signalés sous la rubrique correspondante ou dans l'avant-propos.

LE TEXTE.

Parmi tous les textes de la littérature française qui auraient pu être choisis pour illustrer la méthode que nous avons tenté d' élaborer, pourquoi avoir choisi _Candide_? Les raisons sont nombreuses. Premièrement, il nous fallait un texte qui fût à la fois assez long et assez court, qui en même temps eût une division interne bien établie. Il fallait aussi que ce fût un texte d'intérêt littéraire et linguistique pour que ce travail pût être de quelque utilité aux chercheurs. Il fallait de plus que ce texte s'insérât dans un ensemble d'autres oeuvres d'un même auteur pour qu' il ne fût pas une fin en soi, mais pour qu'il ouvrît la perspective d'autres études qui viendraient la compléter par la suite. Il fallait aussi que ce fût un texte en prose car, dans l'ensemble, il y a encore peu de concordances et d'index d'oeuvres en prose, surtout pour le XVIIIe siècle, à cause, en partie, des problèmes techniques que présente l'élaboration de tels travaux. Il fallait enfin un texte dont il existât au moins une édition critique sûre et reconnue comme telle. C'est le cas pour _Candide_, pour lequel il existe trois excellentes éditions critiques, celle de A. Morize(13), celle de H. Bénac(14) et celle de R. Pomeau(15). Nous nous sommes servis de l'édition de 1775, avec quelques modifications orthographiques, pour l'établissement du texte sur lequel sont basées les données quantitatives que nous présentons. Dans l'ensemble, notre texte de base diffère peu des éditions citées ci-dessus. (Cf. Comparaison des trois textes, Infra, pp. 600 et sq.).

Ceci nous amène à considérer pourquoi nous avons établi une nouvelle édition de _Candide_, alors que celles de A. Morize, de M. R. Pomeau et de M. H. Bénac, ainsi que bien d'autres encore, existaient déjà. Les raisons en étaient nombreuses à l'époque où nous avons entrepris nos travaux et, dans l'ensemble, de nature technique. Puisqu'il n'existe aucun manuscrit original de la première édition de _Candide_, les éditions que nous avons citées varient dans l'orthographe. Il y a aussi tout un apparat critique, qui présente un grand intérêt, mais a l'inconvénient suivant: certaines pages consistent en quelques lignes de texte et en 30 ou 40 lignes de notes historiques et d'apparat critique. Ceci veut dire que le problème de la normalisation de l' orthographe, de l'élimination des abréviations, de l'apparat critique et des notes historiques restait à résoudre pour nous. Néanmoins, conscients du fait que nos index et notre concordance devraient pouvoir être utilisés en conjonction avec l'une ou l'autre de ces éditions, nous avons fait un relevé des variantes que présente l'édition de M. Pomeau par rapport à celle de A. Morize, ainsi qu'une concordance

des pages où se trouvent les chapitres dans, respectivement, notre édition, celle de A. Morize, celle de M. R. Pomeau et celle de M. H. Bénac. Seuls les numéros des lignes que comporte la référence de chacune des formes de Candide dans l'index ou la concordance correspondent à notre édition. C'est donc pour ces raisons, et d'autres problèmes techniques que nous discuterons au fur et à mesure qu'ils se présenteront, que nous avons établi une nouvelle édition de Candide. Notre édition se distingue de celles de A. Morize, de R. Pomeau et de H. Bénac de la façon suivante. Les abréviations telles que M., Mme, Melle, ont été remplacées par le mot entier: Monsieur, Madame, Mademoiselle; l'orthographe a été normalisée selon le Petit Larousse du XXe siècle; les notes historiques et l'apparat critique ont été éliminés, car ils n'offrent pas d'intérêt pour notre travail; la ponctuation, dans quelques cas aberrants ou douteux, a été changée; on a séparé les discours directs des discours indirects pour rendre la lecture du texte plus facile; enfin, l'emploi des majuscules, assez arbitraire chez Voltaire, a été normalisé dans les limites du possible. Il en résulte un texte de 101 pages, au lieu de plus ou moins 200 pages dans une édition critique telle que celles citées plus haut. Chaque discours direct est présenté par un tiret au début d'une ligne, une ligne de texte ayant entre 60 et 70 caractères. Les divisions par chapitres sont respectées et chaque nouveau chapitre commence une nouvelle page. Chaque page du texte est numérotée consécutivement, ainsi que chaque ligne du texte à l'intérieur de son chapitre. Ce texte a été édité avec soin, car il est la base de toutes les étapes subséquentes menant aux données quantitatives présentées. Aucun mot n'a été coupé en fin de ligne pour éviter des problèmes techniques lors du découpage du texte en formes (mots) par l'ordinateur. Enfin, une grande attention a été apportée à ce que le texte soit exact dans toutes ses formes, car les erreurs dans le texte produisent, lors de l'établissement des données quantitatives, d'autres erreurs qu'il est alors difficile de corriger. L'ordre d'erreurs dans cet ouvrage est de .0001, sinon moins, ce qui est infime et non significatif statistiquement.

Le résultat de cette édition est donc un texte exact auquel se rapportent les données quantitatives lorsqu'elles indiquent la référence au texte, de telle ou telle forme. Nous avons choisi de donner le chapitre et la ligne comme référence, plutôt que la page et la ligne. La raison de ce choix est la suivante: il n'est pas absolument nécessaire d'avoir notre texte pour localiser telle ou telle forme de nos index. Grâce à l'indication du chapitre et de la ligne, on peut assez facilement retrouver le contexte dans n'importe quelle édition de Candide. Il est évident que

pour les mots grammaticaux, c'est un peu plus difficile, puisque la même forme peut apparaître deux ou trois fois dans la même ligne.

CONSIDERATIONS GENERALES SUR LES CONCORDANCES ET LES INDEX VERBORUM.

Le nombre de dictionnaires de fréquence et d'index tend à s'accroître bien que, proportionnellement, surtout pour les oeuvres d'auteurs français, il soit encore assez restreint par rapport au vaste patrimoine littéraire écrit que les siècles nous ont légué. Pour le français, ce qui est notre propos, en dehors des travaux de MM. P. Guiraud et Ch. Muller(10) sur la période classique (Corneille, Racine) et sur l'oeuvre de Rimbaud et des symbolistes pour les XIXe et XXe siècles, il n'y a pas d'index, de concordance ou de dictionnaire de fréquence qui traite d'oeuvres d'envergure, telles que la *Correspondance* de Voltaire, celle de Diderot, ou l'ensemble des oeuvres romanesques de Victor Hugo, de Rabelais, ou des *Essais* de Montaigne(11). Il y a bien des oeuvres, au hasard, dont on possède un index verborum, un glossaire, un lexique ou une concordance, mais encore rien de suivi. Les travaux du Centre d'Etude du Vocabulaire Français de l'Université de Besançon et du Centre de Recherche pour un Trésor de la Langue Française de Nancy tendent à éliminer ces lacunes, mais les travaux publiés ne sont encore que fragmentaires, bien que la liste des travaux en cours soit considérable, ce qui augure favorablement pour l'avenir. Il y a cependant un problème important qui se pose et c'est celui des renseignements fournis par les concordances et les index qui s'élaborent et dont nous disposons(12). Dans l'ensemble, ces index verborum et dictionnaires de fréquence nous donnent la fréquence, parfois la répartition, souvent la référence des formes, le tout en ordre alphabétique, mais non selon un regroupement par catégories grammaticales des formes. Il en résulte, par exemple, que les formes des verbes et des noms sont mélangées et que la distinction entre deux formes n'est possible qu'en se rapportant au contexte: tâche assez laborieuse. Il en va de même pour les concordances où chaque forme et son contexte apparaissent dans un ordre alphabétique, mais où les catégories grammaticales se suivent au hasard. Il faut, en conséquence, lorsque l'on désire analyser un certain phénomène linguistique ou littéraire, rechercher et regrouper selon leur catégorie les formes qui intéressent, en se rapportant au contexte par l'entremise des index verborum ou de la concordance. Ceci prend évidemment bien du temps et, bien que l'index verborum soit d'une extrême utilité, de même que le dictionnaire de fréquence, il reste quand même un énorme dépouillement à faire avant de pouvoir passer à l'analyse des formes qui intéressent. Ceci est surtout vrai au niveau du

dictionnaire de fréquence des formes et de l'index verborum. C'est d'une bien moindre importance pour la concordance. A un niveau plus général, les problèmes se multiplient. Si l'on désire faire une analyse de certains substantifs, disons entre les XVIIe, XVIIIe, XIXe et XXe siècles, on se voit préalablement forcé de réunir les données à l'aide des index verborum et des dictionnaires de fréquence disponibles pour ces époques et ce n'est qu'après ce travail que l'on peut songer à analyser le phénomène considéré. En général, le temps requis et les difficultés réduisent souvent le chercheur à abandonner son idée, faute de données aisément accessibles dans le temps. Il faut ajouter que, pour l'instant, les oeuvres pour lesquelles nous possédons des données quantitatives sont peu nombreuses et de nature tellement diverse qu'il serait difficile d'entreprendre des études d'ensemble telles que celle que nous avons choisie comme exemple.

C'est pour essayer de pallier aux difficultés, que nous n'avons fait qu'esquisser ci-dessus, que nous avons tenté d'établir une méthodologie qui remédie à ces problèmes fondamentaux, du moins en grande partie. En résumé, notre but est le suivant: obtenir

1. de meilleures données quantitatives
2. de meilleures données qualitatives
3. une meilleure présentation des données
4. une économie de temps
5. une économie d'efforts d'interprétation.

Nous croyons avoir résolu certains de ces problèmes, tout en en posant d'autres, sur lesquels nous reviendrons. Avant d'entrer dans le détail de la démarche méthodologique que nous avons suivie, nous définirons certains termes, de façon à ce qu'ils soient toujours pris dans le même sens.

Une <u>concordance</u> est, pour nous, la liste alphabétique des formes d'un texte dans un contexte individuel plus ou moins vaste, avec ou sans critères de classement ou de regroupement.

Un <u>contexte</u> signifie une phrase complète ou partielle mais, si partielle, assez longue pour avoir un sens.

Une <u>forme</u> est un mot: "je", "parler", "Candide", "que", au sens large du terme. (Cf. infra, Considérations générales sur le mot, pp. 28).

Un <u>lemme</u> est la forme-type d'une famille de formes: "beau" est le lemme de "beau", "beaux", "belle", "belles"; "le" article est le lemme de "le", "la", "les" articles; "parler", le lemme de "parlons", "parleras", "parlé", "parla". (Pour les

noms, cf. infra, pp. 44).

La <u>référence</u> (l'emplacement dans le texte) d'une forme se rapporte au chapitre et à la ligne où se trouve cette forme dans le texte.

Le <u>code</u> d'une forme ou d'un lemme est l'ensemble des caractéristiques de cette forme ou de ce lemme: ses indices, dans son contexte: "Candide" est un nom propre, masculin singulier, etc. (Cf. infra, Code, pp. 30 et seq. et 44 et seq.).

Un <u>index verborum</u> est la liste alphabétique des formes ou des lemmes, avec leurs références dans le texte.

Un <u>dictionnaire de fréquence</u> des formes ou des lemmes, en général en ordre décroissant, est une liste des formes ou des lemmes, classés selon leur fréquence respective dans le texte. Le dictionnaire de fréquence peut comporter un indice de répartition. Il est possible de le compléter par une liste alphabétique des formes avec leur fréquence et, si l'on veut, leur rang et leur répartition.

La <u>répartition</u> est la fréquence de l'apparition d'une certaine forme ou d'un certain lemme dans une, plusieurs ou toutes les parties d'un texte.

Un <u>tableau analytique</u> est une liste de catégories grammaticales, de formes ou de lemmes, en ordonnée, avec, en abcisse, leur répartition ou d'autres critères. Exemple: Tableau analytique de la répartition des infinitifs dans les 30 chapitres de <u>Candide</u> (Cf. pp. 401 et seq.).

Un <u>tableau comparatif</u>, par exemple, est une liste de catégories grammaticales en ordonnée, ou de fréquences, comparées à d'autres données de même nature issues d'une autre source.

Une <u>catégorie grammaticale</u> indique la nature d'une forme dans son contexte: un nom, un adjectif, un verbe, etc.

Une <u>sous-catégorie grammaticale</u> est le genre, le nombre ou la personne d'une forme, à l'intérieur de sa catégorie. Par exemple, "chien" appartient à la catégorie du nom, et à la sous-catégorie masculin singulier.

Nous reviendrons sur le raisonnement et les critères qui ont guidé notre choix terminologique lors de la description du code, où nous les considérerons individuellement.

CONSIDERATIONS TECHNIQUES

Il faut, après avoir considéré le texte que l'on a choisi d'éditer en fonction de ses propriétés intrinsèques, le considérer en fonction des moyens techniques dont on dispose et en fonction des fins que l'on s'est fixées. Notre but était d'arriver, à partir d'un texte donné, à produire un index verborum, un dictionnaire de fréquence, des tableaux analytiques et une concordance de ce texte à l'aide de l'ordinateur et sous une forme définitive: sans avoir à corriger et à retaper à la machine à écrire les résultats obtenus grâce à l'ordinateur. Le problème était aussi d'arriver à ce but dans un minimum de temps et avec un minimum de manipulations et d'efforts, donc, en finale, de coût. Ceci implique une connaissance, au moins générale, des ordinateurs et des appareils électro-mécaniques que la technique met à notre disposition, et des moyens de les utiliser de façon à obtenir les résultats que l'on désire sans avoir à faire de compromis avec la machine, mais sans lui demander ce qu'elle est encore incapable de faire. Ceci nous amène à une esquisse du potentiel des ordinateurs et de leurs limites(16).

LES ORDINATEURS.

Dans l'ensemble, le développement des ordinateurs est dû à des intérêts pratiques d'ordre scientifique et cybernétique et, par la suite, commercial. Il en est d'ailleurs de même pour les outils électro-mécaniques tels que les perforatrices et les trieuses électro-mécaniques dont la création à des fins de recensement, à la fin du siècle dernier aux Etats-Unis, a été reprise plus tard à des fins commerciales et autres. Il y eut bien au XIXe siècle la machine de C. Babbage qui anticipait l'ordinateur, tout comme la machine à calculer de Pascal anticipait les machines à calculer actuelles(17), mais les développements scientifiques, technologiques, les besoins et l'expansion démographique du XIXe siècle n'offraient ni en Europe ni en Amérique un milieu favorable au développement et à la rentabilité, donc à la création commerciale, de tels outils. Ce n'est que la deuxième guerre mondiale, en conjonction avec les développements de l'électronique, qui suscita le besoin et la viabilité des ordinateurs à leur stade initial en fonction de l'effort de guerre des U.S.A. et du besoin créé par la guerre de disposer de mémoires artificielles pour gouverner et guider automatiquement des appareils aussi variés qu'un avion, un vaisseau, un circuit hydraulique ou électrique. Ces ordinateurs analogues, basés sur un système de comparaison entre deux données, ouvraient la voie au système de calcul binaire envisagé par Boole dès le début du siècle dans ce qui a été par la suite nommé l'algèbre boolienne. Mais ce sont là des aspects qui nous éloignent de notre propos.

Bien que l'ordinateur ne date que d'il y a une vingtaine d'années, puisque le premier ordinateur à tubes à vide, c'est-à-dire le premier ordinateur électronique binaire, le Mark I du professeur Aiken, date des années 1946, depuis lors, les ordinateurs ont révolutionné la pensée du vingtième siècle. Cette révolution est perceptible aussi bien dans le domaine social que scientifique ou même, il faut le dire, de la pensée dans le sens humaniste et littéraire du terme. Des poètes se sont amusés à créer des poèmes automatiques à l'aide d'un ordinateur, de la musique a été composée, et les recherches qui sont faites à l'heure actuelle à l'aide d'un ordinateur dans tous les domaines de la connaissance sont bien trop nombreuses pour les citer ici. Il suffit de consulter ou d'essayer de consulter l'énorme masse de documentation bibliographique internationale sur les ordinateurs pour se rendre compte que l'emploi de cet outil dans toutes les disciplines de la pensée dépasse ce que l'on peut imaginer.

En ce qui nous concerne, les ordinateurs sont des machines qui ont l'énorme avantage de la rapidité. Mais si Mallarmé a dit: "Jamais un coup de dés n'abolira le hasard", il faudrait dire au sujet des ordinateurs, ou calculatrices, ou même cerveaux électroniques, terme d'ailleurs qui ne s' applique pas du tout à l'outil en question, il faudrait dire que "jamais un ordinateur n'abolira la pensée humaine". Il est assez courant d'entendre dire dans des milieux intellectuels, surtout littéraires, que la machine remplacera l'homme. C'est là, il nous semble, une grosse exagération, qui tend heureusement à disparaître à l'heure actuelle. Tout au plus la machine pourra-t-elle aider l'homme, mais elle ne pourra jamais le remplacer. Prenons, puisque c'est notre propos ici, les ordinateurs. Les ordinateurs sont, évidemment, des machines. Mais en quoi pourraient-ils remplacer l'homme, et en quoi ne pourront-ils jamais le remplacer? Au fond, la question est: "Qu'est-ce qu'un ordinateur?".

En termes généraux, un ordinateur est une machine capable de faire des calculs, de mettre dans un ordre donné de grandes quantités de renseignements ou, si l'on veut, de mots, de façon à pouvoir les retrouver sous des formes variées dans un espace de temps très restreint, disons quelques millièmes ou quelques millionièmes de seconde. Les ordinateurs ont la faculté de pouvoir prendre certaines décisions logiques, mais ces décisions, quelles qu'elles soient, ne sont pas, en définitive, prises par l'ordinateur, elles sont prises par l'homme: c'est-à-dire qu'un homme, un programmeur, a établi une séquence de travail pour la machine de façon que, lorsqu'elle se trouve face à certaines données, elle décide qu'il faut choisir telle ou telle alternative préétablie. Mais elle ne peut choisir cette alternative que si celle-ci a déjà été établie par le créateur du programme. Prenons un exemple: admettons que l'on ait écrit un programme capable de fournir une bibliographie des oeuvres de n'importe quel auteur français et que l'on ait, à cette fin, établi et mis dans la mémoire de l'ordinateur une liste des titres de toutes les oeuvres littéraires françaises sauf une, n'importe laquelle, disons les _Pensées_ de Pascal. Si l'on demandait alors à la machine ce qu'a écrit Pascal, la machine sortirait, évidemment, de sa mémoire, avec une extrême rapidité, la liste des oeuvres de Pascal qui lui ont été fournies, mais elle ne pourrait jamais y ajouter les _Pensées_, parce que ce titre n'était pas inclus sur la liste qui a été mise dans sa mémoire. En résumé, donc, si l'on veut, un ordinateur est semblable à une énorme pièce dans laquelle se trouveraient des milliers d'alvéoles où l' on aurait placé un certain nombre de renseignements divers, disons sur de petites feuilles de papier, et qu'ensuite,

selon le besoin, chacune de ces alvéoles livrerait, d'après la question posée, la réponse qui a été déposée auparavant. Mais il est bien évident que, quelle que soit la rapidité avec laquelle les réponses sont fournies par la machine, celles-ci n'ont que le contenu qui leur a été donné. A la lumière de ce qui précède, il semble donc gratuit de penser que la machine, l'ordinateur, puisse un jour remplacer l'homme et son cerveau. Tout ce qu'elle pourra faire, c'est lui permettre d'emmagasiner une grande quantité de renseignements dont il pourra disposer selon ses besoins avec une extrême rapidité. L'intérêt que présente ce phénomène ne réside pas dans la machine en elle-même, mais dans l'utilisation que les hommes peuvent en faire. Ce qui est bien plus important, c'est que la machine permettra et permet de poser déjà, dans tous les domaines de la connaissance, des questions auxquelles on n'aurait jamais pu répondre auparavant; questions surtout quantitatives, qui peuvent être analysées à la lumière de la statistique. La création des ordinateurs, - nous préférons ce mot à calculatrice ou cerveau électronique, qui ne se rapportent que partiellement à la nature de cet outil, puisque c'est une machine qui met n'importe quelles données dans un ordre que l'homme a préétabli - ouvre à l'esprit une quantité de possibilités précédemment inconcevables, notamment l'étude de phénomènes d'ordre quantitatif, qui ne peuvent être résolus que par des moyens mécaniques, vu le temps humain requis pour les mener à bien. C'est donc en tant qu'outil, au même titre qu'un stylo ou une machine à écrire, qu'il faut considérer un ordinateur. C'est un outil, un outil évidemment beaucoup plus fin, beaucoup plus rapide, beaucoup plus complexe, mais un outil quand même. Et c'est bien en tant qu'outil que nous le considérons et non pas en tant que pensée en soi.

Il se produit un autre malentendu assez fréquent au sujet des ordinateurs, surtout lorsqu'intervient la publicité et le grand public: dès que l'on parle de l'"informatique" et des autres moyens de récupération, de diffusion ou d'organisation de données scientifiques, on semble croire que ce genre de recherche est d'une simplicité absolue et que la machine fait tout! Il n'en est malheureusement rien(18). Bien que chaque année, de grands producteurs d'ordinateurs, tels que Bull, IBM, Remington Rand et d'autres, fassent des efforts pour simplifier l'emploi de leurs ordinateurs et pour les perfectionner, il faut malgré tout prendre en considération d'autres facteurs. D'abord, le coût d'une heure d'ordinateur est assez élevé; ensuite, il y a toute une manipulation préalable des données qui est requise avant même que l'on puisse se servir de l'ordinateur. Il y a premièrement la conception de l'utilisation possible de l'ordinateur dans une recherche donnée.

Ce n'est pas au hasard que l'on peut se servir d'un ordinateur. Si l'on pose par exemple la question suivante: " Je voudrais savoir le nombre exact de mots français contemporains", la machine est incapable d'y répondre. Si vous voulez, il faut la nourrir préalablement pour qu'elle puisse produire. Dans le cas présent, la nourriture serait l'incorporation à sa mémoire du Robert, du Littré et du Larousse du XXe siècle, au mieux de tous les dictionnaires, et ce ne serait qu'un début. Puis il faudrait ensuite comparer entre eux chacun des articles de ces dictionnaires pour s' assurer qu'il n'y aura qu'un article pour chaque mot et que celui-ci est complet. Pour en arriver là, il est bien évident qu'un certain travail préparatoire est requis. Travail préparatoire assez important, puisqu'en général les concordances, les dictionnaires de fréquence, les index verborum et les autres ouvrages de ce genre qui ont été élaborés dans le passé ont été un travail d'équipes, et d' équipes assez considérables. Si l'on se rapporte aux travaux établis au Centre de Lexicographie de Besançon et à ceux entrepris au Trésor de la Langue Française de Nancy, et si l'on considère les installations qui se trouvent dans ces Centres, on s'apercevra que ce n'est pas une affaire simple et que le coût en est assez élevé. Il y a aussi, dans le cas de l'emploi des ordinateurs, le problème suivant: il faut qu'il y ait des programmes établis de façon que l'ordinateur puisse traiter les données et présenter des résultats valables qui puissent ensuite être interprétés et donner lieu à des conclusions. C'est-à-dire qu'il faut un chercheur qui sache quel est le potentiel de l'ordinateur, et un programmeur, de préférence le chercheur lui-même(19).

A l'heure actuelle, dans le domaine des sciences sociales: sociologie, sciences politiques, économie, les étudiants suivent des cours de programmation. Ceci implique qu'en dehors des sciences exactes, c'est-à-dire de la physique, de la chimie, des mathématiques, qui sont proches en somme des ordinateurs, se crée une génération de sociologues, d'ethnologues, de linguistes, qui sont capables d'utiliser les ordinateurs et surtout de savoir quelles sont leurs limites, car il est bien évident que ce n'est pas un outil parfait; de même qu'il n'y a pas de livres parfaits, il n'y a pas de machines parfaites. Elles peuvent toutes faire certaines choses, beaucoup de choses parfois, et très vite, mais elles sont limitées par leur nature même de machines. Outre ces problèmes fondamentaux, il en est d'autres d'ordre secondaire qui, bien qu'étant plus matériels, plus tangibles, ne sont pas moins présents. En premier lieu, il faut trouver un personnel capable d'un travail exact, car l'un des défauts de l'ordinateur est que l'on ne peut pas faire d'erreurs. Si l'on se trompe, la machine se trompe. Vient ensuite le

problème de la perforation des cartes; du transfert de ces cartes sur des rubans magnétiques. On n'est jamais sûr que la machine aura fidèlement reproduit l'image de ce qui se trouvait sur les cartes perforées. Il faut donc faire des imprimés, puis les vérifier. Travail extrêmement long et fastidieux, car on se trouve face à des listes de chiffres et de caractères qu'il faut contrôler un à un, par crainte d'une erreur de la machine. En fait, les erreurs-machine ne sont pas constantes, elles sont même rares, mais elles sont possibles et un contrôle doit être constamment maintenu. Par exemple, si une compagnie d'assurances fait passer des chèques qui sont dus à des assurés et que la machine se trompe d'un zéro au profit des assurés, parce que ce jour-là elle fonctionne mal, au lieu de payer cent francs, la compagnie en paiera mille, et si l'on multiplie par mille le nombre de ces erreurs, les sommes deviennent astronomiques. Il y a donc, et nous n'en avons cité que quelques-uns, une quantité de problèmes d'ordre matériel et humain qui se présentent lorsque l'on songe à se servir d'un ordinateur. Ajoutons toutefois que, lorsque la machine marche bien, que les programmes sont bons et que les données sont exactes, elle rend d'énormes services par l'économie de temps, d'efforts et d'argent qu'elle fait faire. Mais, pour en arriver à ce stade, il est une quantité d'étapes secondaires par lesquelles il faut passer. Etapes qui posent des problèmes sur le plan humain.

Dans le domaine qui nous intéresse, la langue, une des grandes difficultés à laquelle on se heurte, d'ailleurs de moins en moins, est qu'il existe peu d'ordinateurs conçus pour des travaux linguistiques. Il existe bien des ordinateurs et des appareils électro-mécaniques auxquels on a apporté des modifications, pour qu'ils puissent servir à ces fins, mais fondamentalement ce sont toujours des ordinateurs d'ordre scientifique ou commercial. Le développement des recherches linguistiques laisse espérer que dans un avenir plus ou moins proche un "ordinateur linguistique" sera construit, mais jusqu'à ce jour, il n'existe pas. Les problèmes de la traduction automatique(19a) seront sans doute ceux qui, pour des raisons économiques assez évidentes, conduiront à la production de tels ordinateurs. Déjà la presse utilise des ordinateurs couplés à des linotypes ou à des machines à copier rapides telles que les Xerox, pour l'impression et la mise en page des quotidiens ou d'autres textes, et il est inévitable que sous peu l'édition suive. Alors un ordinateur de nature linguistique deviendra rentable et verra le jour. En attendant, il faut se servir des moyens dont nous disposons de façon à pouvoir contribuer, grâce à l'expérience des problèmes qui se posent aujourd'hui, à l'élaboration d'un outil plus apte à servir nos besoins et pour lequel nous

serons prêts, à la lumière des travaux déjà entrepris. Nous ne faisons ici qu'esquisser un mouvement de pensée qui se manifeste déjà dans des recherches entreprises par les grands producteurs d'ordinateurs. Pour ne citer qu'un exemple, parmi bien d'autres, de cette recherche, nous songeons entre autres au crayon électronique (Optical scanner) qui permet déjà de lire électroniquement un texte typographié, de façon à pouvoir le transcrire automatiquement dans la mémoire d'un ordinateur, sur un ruban magnétique ou à le perforer sur des cartes, que ce soit mot à mot, ligne par ligne, ou page par page. Dejà cette méthode de lecture existe sous forme magnétique et est utilisée commercialement par les banques pour l'entretien des comptes bancaires. Plus récemment, la poste a adopté ce moyen pour le tri du courrier.

Avant de pénétrer avec plus de détails dans les problèmes techniques que nous avons dû aborder dans l'élaboration de nos index et de notre concordance, il nous semble bon de terminer cette esquisse sur les ordinateurs par une conclusion générale.

L'aperçu des avantages et des inconvénients des ordinateurs et des appareils électro-mécaniques qui les complètent incite à conclure provisoirement qu'en dépit des inconvénients qu'il comporte et pour des quantités de travaux, surtout quantitatifs, l'ordinateur est certainement un apport considérable et, bien qu'il n'y ait qu'une vingtaine d'années que ces appareils sont à la portée des chercheurs, dans tous les domaines de la connaissance humaine, ils ont déjà fait leurs preuves. Il est indubitable que ces appareils, ces outils, resteront, dureront, et contribueront à l'évolution de la pensée politique, sociale, économique, scientifique. Mais il y a une démystification à faire de ce que nous appellerions l'imagination "science-fictionnesque" à propos de ces outils. Ce sont des outils et rien de plus. Jamais un outil ne pourra remplacer un être, car il ne pose pas de questions. Il ne peut pas en poser, ce n'est pas dans sa nature. C'est donc, il nous semble, une boutade que de dire qu'un jour ou l'autre nous serons esclaves de la machine. Nous croyons simplement qu'il y a une nouvelle orientation des besoins en fonction de la connaissance dont ces outils font partie et qu'ils en remplaceront d' autres de même que l'imprimerie a remplacé le scribe, et que, si l'on peut dire, l'électricité a remplacé la bougie. Même sur le plan humain, économique, les

outils requièrent une quantité de personnel considérable pour les construire et un personnel qualifié pour les faire fonctionner, ce qui est une utilisation de la main-d'oeuvre humaine qui, probablement, ne fera que s'accroître. Ce n'est donc pas un outil anti-humain, puisque ce sont les hommes qui l'ont créé, qui l'exploitent et que, sans eux, ces outils seraient sans valeur. Car, après tout, c'est pour l'homme que la machine travaille, non pour elle-même; sans lui, elle serait inutile et n'existerait pas. C'est donc à tort que l'on entend dire assez souvent que nous sommes dans un siècle de machines et que du point de vue de la pensée - nous songeons surtout au domaine des Humanités- la machine fera disparaître l'auteur, l'acteur, le poète, le penseur, le savant. Il semblerait plutôt que, depuis l'industrialisation de l'Occident, le théâtre fleurit, la littérature est certainement loin d'être déchue, et que tous, poètes, linguistes, grammairiens, humanistes et hommes de science ont une large place dans une société où aucune machine ne semble en passe de les détrôner.

Ces considérations sur les ordinateurs en guise d'introduction technique, sont bien entendu superficielles, puisque limitées par l'espace dont nous disposons. Nous allons maintenant pénétrer un peu plus avant dans nos considérations de l'aspect technique que comporte l'élaboration d'un index verborum et d'une concordance. Nous insistons sur cet aspect des moyens techniques mis en oeuvre pour plusieurs raisons. Premièrement, nous avons entrepris cet ouvrage pour tâcher d'établir une méthode permettant l'analyse linguistique et littéraire quantitative d'un texte, et ceci à l'aide des moyens électroniques disponibles. Deuxièmement, nous avons cherché à ce que cette méthode ne requière pas toute une équipe pour l'appliquer. Troisièmement, nous voulons présenter toutes les difficultés majeures auxquelles nous avons eu à faire face et qui nous ont écartés de notre idée initiale qui était la suivante: à partir d'un texte donné, arriver à ce que les ordinateurs fournissent sous une forme prête à être éditée, que ce soit par une linotype ou en offset, des index et des concordances de ce texte. L'idéal était évidemment que ceci se fasse d'un seul coup, c'est-à-dire que le programme pour l'ordinateur serait tel que, une fois le texte donné, toutes les séquences et les opérations requises pour arriver au résultat désiré se feraient

en une fois. Malheureusement, il n'existe pas encore de programmes capables de faire un tel travail et de plus, les ordinateurs n'en sont pas encore au stade où une telle ambition soit réalisable, bien que cela devienne de moins en moins improbable. C'est donc par étapes successives que nous avons pu arriver à établir l'index verborum, le dictionnaire de fréquence et la concordance que nous présentons ici. Quatrièmement, nous avons voulu que le format sous lequel paraîtraient les résultats ne fût pas celui d'un imprimé quelconque, mais que les majuscules, les signes diacritiques, la mise en page fussent plus ou moins semblables à ceux que n'importe quelle linotype aurait pu fournir. Cinquièmement, nous avons voulu que l'ordre dans lequel paraîtraient les formes de l'index et du dictionnaire de fréquence fût un ordre logique et non arbitrairement alphabétique. Il n'en est pas de même pour la concordance. Sixièmement, enfin, nous avons voulu incorporer autant de renseignements que possible pour chaque forme, de façon à pouvoir plus tard établir des tableaux analytiques quantitatifs plus étendus que ceux qui existent à l'heure actuelle pour des travaux comparables au nôtre. En conséquence, nous avons cherché à maintenir plusieurs niveaux d'analyse pour chaque forme. Dans le code que nous avons élaboré, trois aspects fondamentaux ont été considérés: la morphologie, la syntaxe et la sémantique, malgré les chevauchements inévitables qu'une telle division implique.

La concordance et les index de _Candide_ que nous présentons ont été réalisés avec les moyens électroniques et électro-mécaniques disponibles au Centre de Calculs de l'Université de Toronto. Les ordinateurs dont nous avons disposé sont l'IBM 1401, 1460, 7094 et récemment, le 360/65 et le 370-165. Le 1401 a servi à la mise sur rubans des cartes-images du texte de _Candide_ et pour l'imprimé des résultats: le texte, l'index et le dictionnaire de fréquence, sous une forme respectant les majuscules, les signes diacritiques et permettant une certaine mise en page. Nous nous sommes servis en outre d'une perforatrice de cartes IBM. Les programmes que nous avons utilisés en 1966-67 étaient, pour le 1401, des programmes élaborés par le professeur Glickman, du département d'Etudes Hispaniques de l'Université de Toronto. Ces programmes sont décrits en détail dans son manuel: _Manual for the Printing of Literary Texts and Concordances by Computer_ University of Toronto Press, Toronto, 1966. Les

autres programmes auxquels nous avons eu recours ont été établis par un programmeur, grâce à des subventions du Conseil des Arts du Canada et de l'Université de Toronto. Ajoutons que tous ces programmes sont maintenant inutilisables vus les changements de machines survenus depuis lors. C'est toujours là le danger du progrès technique.

Quelques mots maintenant au sujet de l' édition du texte. Les avantages de l'édition d'un texte à l'aide de cartes perforées sont les suivants: le texte est perforé sur les cartes de 80 positions, avec un code pour les majuscules et les signes diacritiques. Il faut ajouter que depuis peu, on peut se servir en outre d'un "terminal", machine à écrire électronique, branché directement par voie téléphonique sur l'ordinateur, qui permet de taper directement le texte et de le corriger au fur et à mesure. Mais ceci ne change rien au système décrit ci-dessous. Sur ces 80 positions, les 10 premières servent à identifier le texte, le chapitre et la ligne, les 70 autres sont réservés au texte. En général, on ne se sert que de 60 positions, de façon que les 10 dernières positions permettent de terminer un mot et aussi d'éviter par là de terminer une ligne par un trait d'union. Ceci a surtout une importance quand le mot coupé n'est pas un mot composé, car lors du découpage du texte en mots, on obtiendrait des formes aberrantes. Ces cartes perforées du texte sont alors imprimées grâce à une imprimante IBM, et le texte est alors vérifié. S'il y a eu des erreurs lors de la perforation du texte, la carte fautive est facilement localisée et corrigée en en perforant une nouvelle. Le gros avantage de ce système est que les corrections du texte n'impliquent pas la remise en page après chaque correction, ce qui est une économie de temps considérable. Une fois que le texte est exact, il peut alors être mis sur un ruban magnétique de quelques centimètres de diamètre. Si plus tard, on désire faire une édition ou apporter des corrections au texte, il suffit de l'imprimer ou de le copier en le corrigeant, et de l'imprimer. Ceci élimine une vaste quantité de cartes que, sinon, il faudrait emmagasiner et, dans le cas d' une imprimerie, ceci éliminerait les plaques qu'il faut toujours garder. Un autre avantage est que, dans le cas de textes rarement imprimés, à cause du public restreint qu'ils attirent, la méthode décrite ci-dessus permet d'éditer à peu de frais n'importe quel texte n'importe quand. On peut coupler les rubans à une linotype, à une machine

Xérox ou à une imprimante électronique dont le texte sera reproduit en offset, et, dans un cas comme dans l'autre, obtenir un texte toujours à jour, puisque l'on peut le corriger s'il le faut. Il y a enfin, pour des études linguistiques ou littéraires, un gros avantage à avoir à sa disposition des textes prêts à être manipulés rapidement à des fins d'analyse quantitative, individuelle ou cumulative. Avec un terminal, tel que celui décrit ci-dessus, on élimine la manipulation de cartes, puisque l'on passe directement de la machine à écrire électronique au ruban magnétique via la mémoire de l'ordinateur.

Dans l'ensemble, les travaux d'ordre linguistique quantitatif et statistique qui ont été élaborés depuis une vingtaine d'années ont été de nature collective. Bien que ces efforts d'équipe, tels que la concordance de la _Somme théologique_(20) de saint Thomas d'Aquin en Italie, la concordance de la _Divine Comédie_(21) de Dante et celle des manuscrits de la mer Morte, par IBM, ainsi que les concordances telles que celle de _Don Quichotte_(22) de Cervantes et de l'oeuvre dramatique de Shakespeare(23), soient une grande contribution au domaine du recensement linguistique, la quantité d'oeuvres et d'ensembles d'ouvrages dont le recensement sera requis pour arriver à une vue d'ensemble de la langue et de l'oeuvre créatrice à travers le temps est telle qu'il faut, il nous semble, trouver un moyen pour que, du collectif, l'effort passe à l'individuel(24). Nous pensons, et nous l'avons déjà mentionné indirectement, qu'une normalisation en profondeur des analyses quantitatives et qualitatives des textes écrits à travers le temps est requise pour qu'une synthèse de la pensée à travers la forme puisse un jour être possible. En conséquence, nous avons essayé, sans être pour autant convaincus d'avoir trouvé "La Solution", d'élaborer une méthode, en donnant le plus de détails possible, qui donnerait à ceux que ce genre d'entreprise pourrait intéresser, un point de départ descriptif que nous avons cherché à rendre aussi complet que possible. Nous aimerions fomenter un intérêt individuel. Intérêt qui, étant porté à un auteur, à une époque ou à une oeuvre, pourrait faire le sujet d'une étude quantitative de la part d'un seul individu. Ceci n'excluant bien entendu jamais la possibilité d'un travail d'équipe. Par exemple, il semble qu'un séminaire qui consisterait en l'élaboration d'un index ou d'une concordance ou en l'édition d'

un texte à l'aide de moyens électroniques serait une façon de contribuer à l'enrichissement des connaissances formelles de la langue et de la littérature. Des thèses organisées de façon à contribuer à la connaissance d'une époque ou d' un auteur, de manière comparative ou absolue,seraient aussi une contribution qui paraît valable. Mais ce genre de recherche, si celle-ci doit être entreprise sous la férule d'un patron d'équipe, autre que celle d'un directeur de thèse, risque d' entraver le nombre de travaux qui pourraient être entrepris individuellement et par conséquent, de réduire les contributions dans ce domaine. Au fond, l'idéal serait qu'à travers le monde, des individus, avec les moyens dont ils disposent, entreprennent des études linguistiques, littéraires et quantitatives objectives de tout texte qui les intéresse et que les normes fondamentales dont ils se serviraient soient telles qu'elles se recouperaient avec celles adoptées par d'autres. Il en résulterait pour la connaissance du langage et par là de la littérature, une base d'analyse objective et quantitative qui permettrait peut-être de considérer les mérites d'une oeuvre indépendamment de l' impressionnisme critique qui, jusqu'à ce jour, a guidé notre appréciation littéraire. Quitte d' ailleurs à ce que cette appréciation objective coïncide avec l'appréciation intuitive que nous devons à la méthode critique du XIXe siècle. Ces travaux quantitatifs contribueraient aussi au recensement du vocabulaire et par là de la pensée que notre langue a véhiculé à travers quelque douze siècles et dont nous ne connaissons que les grandes lignes. Dans ce sens, le désir que nous exprimons que des individus entreprennent des études avec les moyens que leur offre leur époque, correspond au désir que le structuralisme devienne une contribution, aussi bien individuelle que collective, à la compréhension de l'humain tel que nous le trouvons péniblement transcrit dans les mots et dans les oeuvres. L'héritage littéraire, aussi bien littéraire général qu'esthétique, commence à peine à être exploré. Dans un monde où l'explosion démographique est considérable par suite du progrès matériel, il est des milliers d'êtres disponibles qui pourraient contribuer au recensement de la pensée transmise à travers le temps par les mots écrits. En fonction des moyens électroniques dont nous disposons et qui ne peuvent aller qu'en augmentant, nous ne pensons pas que notre idéal

soit démesuré. Ce sentiment est d'ailleurs partagé par un grand nombre de penseurs. Il suffit de consulter la bibliographie linguistique internationale pour se rendre compte de l'intérêt que suscite l'électronique dans la recherche.

Au niveau intellectuel, l'utilisation des ordinateurs incite à imaginer des systèmes qui résoudraient des problèmes quantitatifs sans la moindre difficulté et avec une rapidité difficile à concevoir. Nous nous sommes complus à imaginer un tel système. Nous aurions perforé un texte sur cartes puis, à l'aide d'un programme complexe, nous aurions attendu devant l'imprimante de l'ordinateur que sortent les résultats anticipés. Autant pour l'idéal! La réalité, malheureusement, a, pour l'instant, largement démenti cette fiction. Comme nous l'avons déjà laissé entrevoir plus haut, les ordinateurs qui existent à l'heure actuelle ne sont pas encore capables de tels miracles. C'est donc en forçant le potentiel des ordinateurs par l'entremise de manipulations et de programmes très complexes que l'on arrive à obtenir les résultats que l'on désire. Ceci est encore plus vrai quand on élabore un système à partir de zéro. Le problème fondamental qui se présente lorsqu'on veut faire appel aux ordinateurs pour résoudre des problèmes d'ordre quantitatif et analytique est de savoir exactement les résultats que l'on désire obtenir et d'avoir, avant même de commencer, conçu, envisagé et résolu toutes les possibilités qu'implique le but recherché. Comme, dans l'ensemble des cas, les connaissances techniques de celui qui cherche un résultat sont minimes, il doit faire appel à un programmeur qui, lui, connaît le langage des ordinateurs, de façon à pouvoir traduire la pensée du chercheur. Il résulte de la combinaison des deux éléments cités une quantité de malentendus et d'erreurs dans l'élaboration des programmes. Quand ces problèmes de communications ont été résolus, l'erreur humaine continue à faire son chemin dans les rapports qui s'établissent entre le programmeur, le programme et l'ordinateur. Bref, ce n'est qu'après des heures de travail assidu, d'essais et d'erreurs que l'on arrive à ce qu'un des maillons de la chaîne, qu'est l'ensemble des programmes qui forment un système, marche enfin correctement. La partie la plus stimulante intellectuellement de ce genre de travail est qu'on ne peut rien laisser au hasard dans l'analyse du problème que l'on cherche à résoudre, car la

moindre erreur implique une démultiplication des erreurs et un échec dont la cause est parfois difficile à déterminer. C'est donc, en dépit de tout ce qu'on peut dire, un exercice de rigueur intellectuelle dont la raison n'est pas seulement technique, mais aussi intellectuelle en ce sens que la machine étant incapable de penser, d'analyser ou de réfléchir en dehors des cadres stricts qui lui ont été donnés, il faut que l'homme ait envisagé toutes les éventualités et qu'il les ait structurées de sorte que la machine puisse produire. Une seule erreur de réflexion suffit à enrayer le fonctionnement d'un ordinateur.

Nous ne parlerons pas des problèmes électroniques internes des ordinateurs. Car toute machine, si bonne qu'elle soit, se détraque parfois. Dans le cas des ordinateurs, ces maladies sont parfois insidieuses et se manifestent par la disparition, presque imperceptible dans la masse, d'un caractère, d'une virgule, d'un zéro. Ceci, évidemment, n'est pas la norme, mais requiert une vigilance incessante et un examen continu des résultats qu'elle produit. Au fond, de façon un peu plus complexe, les problèmes auxquels on se heurte sont ceux que l'on aborde lors de l'édition d'un ouvrage lorsqu'il faut constamment revoir les épreuves. En ce sens, rien n'est changé.

Un des reproches qu'on fait fréquemment aux index verborum et aux concordances qui ont été publiés est que la mise en ordre alphabétique des formes ne permet pas de regroupement d'après leur catégorie grammaticale et, dans le cas des verbes, sous leur infinitif. Pour résoudre d'une part le problème des homographes, d'autre part celui du regroupement des formes conjuguées d'un verbe sous leur infinitif et enfin, celui du regroupement des formes d'après leur catégorie grammaticale, nous avons ajouté deux autres critères de classement aux formes: un lemme et un code individuel, de nature morphologique, syntaxique et sémantique, pour chaque forme. (Cf. pp. 44 et seq. pour le détail du code utilisé.). Grâce à cette information supplémentaire attachée à chaque forme, lors du triage les formes sont d'abord regroupées d'après leur catégorie grammaticale (premier indice du code), ensuite elles sont regroupées d'après leur lemme (la forme "prend" a pour lemme "prendre", de même que "prendra", etc.), ensuite le triage se

poursuit d'après les trois indices suivants du code, ce qui distribue les formes selon une hiérarchie préétablie. (Cf. pp. 44 et seq.). De même, pour la concordance, les formes à "concorder" peuvent être triées et mises en ordre alphabétique d' après les mêmes critères que ci-dessus. Ce n'est qu'ensuite que leur contexte leur serait ajouté; il en résulterait une concordance des formes établie d'après leur catégorie grammaticale: les noms par ordre alphabétique, les adjectifs, les adverbes, etc. Toutefois, en fonction de l'effort technique requis, nous n'avons pas choisi cette solution. La concordance que nous présentons est une concordance alphabétique, sans autre critère de classement. Mais, une concordance de toutes les catégories grammaticales, avec le format que nous anticipions - une phrase complète comme contexte - aurait compté quelque 5000 pages (recto) ou plus. Ceci nous a amenés à nous poser la question suivante: une concordance intégrale de toutes les formes, ponctuation incluse, est-elle un but désirable lorsqu' un index où sont regroupées les formes selon leur catégorie grammaticale, avec leur location dans le texte, a été établi? A la lumière de la masse qu'une telle concordance représente, la réponse est non. Une concordance linéaire suffit. Par contre, une concordance d'une ou de plusieurs catégories grammaticales semble une solution désirable. Mais alors, la question qui se pose est quelle catégorie choisir. Les noms, les verbes, les adjectifs, les déterminatifs? Ce n'est qu'à la lumière d'un travail particulier que se trouve la réponse. En conséquence, nous avons établi une concordance linéaire de 80 caractères avec référence. On peut songer à une autre solution au problème. Une fois que le texte a été traité pour obtenir les index, une concordance de telle ou telle catégorie grammaticale peut être facilement établie. On pourrait donc conserver les rubans magnétiques des index, et du texte, évidemment, de façon à pouvoir produire la concordance requise n'importe quand. Dans l' ensemble, ce ne sera que lorsqu'il existera une grande masse d'index précis que commencera à se dégager l'intérêt des concordances, car on pourra alors se faire une meilleure idée des catégories grammaticales qu'il faudrait explorer dans leur contexte. A première vue, il nous semble que c'est sur le nom, l'adjectif et l'adverbe que devrait se porter l'intérêt, puisque sont les formes dont le contenu significatif est le plus grand. Il faudrait y ajouter, évidemment, le verbe.

Quand nous avons établi un code descriptif

pour chaque forme du texte, nous avons cherché à incorporer dans les douze indices dont nous pouvions alors disposer le plus d'information possible. L'intention était de pouvoir, par la suite, regrouper sous des formes variées les indices de chaque forme et obtenir ainsi des tableaux analytiques divers. Fondamentalement, les critères que nous avons suivis sont les suivants: morphologie, syntaxe et sémantique. Cela nous a conduits à restructurer en partie la grammaire française pour ce qui est de la morphologie. Pour la syntaxe, nous avons indiqué pour chaque forme sa position pré- et post- en fonction des catégories grammaticales qui l'entourent. Pour la sémantique, le problème est d'une telle complexité que nous avons dû nous résoudre à le simplifier le plus possible. Nous nous sommes contentés de noter pour chaque forme et parfois arbitrairement, l'élément sémantique fondamental: concret, abstrait ou neutre. A l'origine, nous avions pensé à faire une distinction plus fine: opposer affectif à intellectuel et à poétique pour le concret, l' abstrait et le neutre(25). Enfin, nous avons essayé de signaler tous les cas de polysémie, d'homonymie homographique, indépendamment des articles du dictionnaire qui, bien souvent, ne notent pas l' homonymie des formes. Ceci est particulièrement vrai pour les formes verbales, qui sont regroupées sous leur infinitif. Pour les mots composés et les locutions, problème à la fois sémantique et morphologique, nous avons indiqué si la forme faisait partie d'une locution ou était composée dans son contexte. Le détail de la démarche que nous venons d'esquisser se trouve dans la description du code, qui suit. Ajoutons que, bien que ce codage ait été effectué, nous ne nous sommes servis que des quatre premiers indices et du lemme dans l'élaboration de l'index verborum. L'utilisation des huit autres indices et des données qu'ils impliquent reste à faire.

LE MOT: LA FORME.

Aucun sujet linguistique, semble-t-il, n'a fait couler autant d'encre que la définition du mot(26). Pour notre propos, nous avons essayé de considérer le mot comme unité formelle. A l'instar de M. Muller, nous considérons que le mot formel, ou forme, ici, est un ensemble de graphèmes précédé d'un blanc et suivi d'un blanc(27). Ce critère s'applique à l'ensemble des formes qui composent le vocabulaire de Candide. Il reste cependant le problème des formes composées ou, si l'on préfère, du trait d'union. Sans entrer dans la dialectique que ces formes ont pu susciter, et par mesure de simplicité et d'hygiène mentale, nous avons décidé, arbitrairement bien entendu, que le trait d'union avait la même valeur qu'un blanc. Donc les composés comme "porte-monnaie", qui auraient pu être traités comme une seule forme ou comme deux, ont été considérés comme deux formes formellement. Pour les composés comme "pomme de terre", sans trait d'union, nous les avons décomposés en trois formes. Pourvu que, lors du décompte des formes, ces problèmes et la solution soient décrits, il n'y a pas à proprement parler de problème. Pour l'élision, à l'exception de "aujourd'hui", qui a été considéré comme une seule unité, nous avons considéré le "l'", par exemple dans "l'homme", comme une forme prévocalique dont le lemme est "le". Les graphèmes euphoniques "l'on", parle-t-il", ont été traités pareillement, mais ont été classés sous une rubrique indépendante. Ceci signifie donc que l'élision est aussi considérée comme un blanc au même titre que le trait d'union. Nous allons d'ailleurs voir que le problème peut se résoudre à d'autres niveaux en ce qui concerne le découpage d'un texte à des fins d'analyse quantitative. Il y avait aussi le problème des locutions qui, elles, n'ont pas de trait d'union, mais qui ont aussi leur dialectique. Encore une fois, du point de vue formel, nous avons tranché la question en considérant que chaque composant d'une locution est une forme indépendante au même titre qu'une autre.

Derrière cet arbitraire apparent, se cachent cependant tous les problèmes que comporte la structure morphologique et sémantique du mot français, que nous avons cherché à résoudre indépendamment de son aspect formel. Il en a résulté pour nous une décomposition de la forme en plusieurs

éléments. D'abord, nous avons donné à chaque forme un archétype, un lemme, puis nous lui avons assigné de 1 à 12 indices selon ses caractéristiques morphologiques, sémantiques et structurelles en fonction de son contexte (nous rappelons que nous ne nous sommes servis que des 4 premiers indices pour l'élaboration de l'index verborum). Par exemple, une forme verbale telle que "fait" dans "il fait beau". La forme "fait" a pour lemme "faire", dans ce contexte, et ses indices sont, en allant du général au particulier, les suivants:

1. Verbe
2. Indicatif
3. Présent
4. 3e personne du singulier impersonnel
5. Intransitif
6. Voix active
7. Post pronominal
8. Pré adjectival
9. Simple
10. Abstrait
11. Locution verbale
12. Polysème-homonyme (cf. "Fait": nom).

En d'autres termes, une forme a une catégorie grammaticale, un mode, un temps, une personne, un ou pas de complément, une voix, une position post- et pré- dans la phrase, une forme simple ou composée, une valeur sémantique fondamentale; elle fait partie ou non d'une locution et a ou non un homographe. D'après notre code, ses indices seraient donc: EMADDADBADF .

CONSIDERATIONS GENERALES SUR LE CODE.

Le code et le lemme dont nous nous sommes servis comme informations subsidiaires à la forme - ce lemme et ces indices de codification servirent lors du traitement par l'ordinateur, à l'établissement de l'ordre de l'index verborum - impliquent des considérations d'ordre plus que formel. L'établissement d'un lemme pour chaque forme équivaut à une analyse psycho-linguistique. Le choix d'un lemme, en effet, implique une image mentale de la forme-type de telle ou telle forme: pour le verbe, celle de l' infinitif; pour l'adjectif, celle du masculin singulier; pour le pronom personnel, celle de la première personne du singulier. Pour le nom, le problème se complique, car pour "homme", le lemme est "homme", mais pour "femme", le lemme est-il "homme"? Personnellement, nous avons opté pour "hommes - homme" (lemme) et "femmes - femme" (lemme). Il y a là évidemment, matière à discussion. Car, dans des cas comme "boulangers-boulanger-boulangères-boulangère", la forme-type pourrait aussi bien être "boulanger" pour le masculin et le féminin. Cas fréquent dans les dictionnaires. Mais alors, toutes sortes de problèmes se posent pour les irréguliers du type "instituteur-institutrice"; "maître-maîtresse". Bien que ces cas individuels soient l'exception plutôt que la règle, les cas formellement opposés tels que "homme-femme" nous ont incités à faire la distinction masculin-féminin pour les lemmes des noms. Il n'en reste pas moins vrai que le regroupement des formes féminines du nom sous la forme-type masculin singulier serait une manière d'envisager le regroupement des formes d'un index des noms. Pour les adjectifs, en tant que qualificatifs du nom, le regroupement sous la forme-type du masculin singulier (exemple: "beaux-belles-belle" sous "beau") ne pose pas de problèmes. Pour les déterminatifs, tels que l'adjectif possessif, le regroupement s'est fait d'après la première personne du masculin singulier ("mon"). En résumé, on a donc regroupé sous la forme-type du masculin singulier les adjectifs, les déterminatifs et les pronoms; les noms sous la forme-type masculin singulier ou féminin singulier; les verbes sous leur infinitif. Le problème pour les adverbes ne se présente pas, à l'exception

de "toutes-toute-tout", formes regroupées sous la forme-type "tout".

L'établissement d'un code d'indices se rapportant à une forme donnée implique donc des considérations que nous pouvons grouper de la façon suivante:

1. Morphologiques
2. Syntaxiques
3. Morpho-sémantiques
4. Sémantiques.

Du point de vue morphologique, le premier indice est donc la catégorie grammaticale de la forme dont il s'agit en fonction de son contexte. Toujours morphologiques, du moins quand la forme est marquée, viennent s'ajouter comme deuxième et troisième indices, lorsque c'est le cas, le genre et le nombre. Nous avons choisi le terme "sous-catégorie" grammaticale pour ces indices, ainsi que pour celui de la personne, dans le cas des pronoms et des verbes (indice 4). Il faut noter toutefois que, dans le cas de formes non marquées, cette analyse est d'ordre non plus morphologique, mais psycho-linguistique, en ce sens que l'analyse n'est possible qu'à un niveau psychologique qui attribue le genre, le nombre et la personne à partir d'une analyse de la syntaxe ou encore du genre arbitraire de la forme en contact de laquelle entre la forme non marquée analysée. Prenons par exemple la proposition "Le livre de son amie"; dans ce cas, seule une analyse psycho-linguistique, donc une connaissance intellectuelle du fonctionnement des adjectifs possessifs prévocaliques, peut établir que "son" est un adjectif possessif féminin. Car la morphologie seule ne présente qu'une forme analysable en adjectif possessif masculin. Le nombre de cas semblables en français pose un problème d'ordre à la fois analytique et technique. Par technique, nous songeons aux problèmes qui se poseraient à un ordinateur s'il lui fallait automatiquement déterminer d'après la forme la catégorie ou la sous-catégorie grammaticale à laquelle elle appartient. A un autre niveau, cet exemple peut servir à indiquer combien une analyse morphologique structurale laisse à désirer quand cette analyse est poussée au-delà d'un premier degré de catégorisation. Nous retrouverons ce problème lors de l'établissement du code de chaque forme selon sa catégorie grammaticale. Du point de vue syntaxique, le premier

indice est la position post- d'une forme par rapport à la précédente, et pré- par rapport à la suivante (indices 7 et 8). Là encore, l'analyse morphologique seule poserait des problèmes insolubles au point de vue électronique. Car, à moins d'une analyse syntaxique automatique extrêmement complexe au niveau de la phrase(28), comment déterminer la position d'une forme par rapport à celle qui la précède ou qui la suit? Encore une fois, l'analyse passe d'un niveau strictement morphologique et syntaxique à un niveau psycho-linguistique, si l'on veut déterminer la catégorie grammaticale d'une forme précédant ou suivant la forme dont on cherche à déterminer la position syntaxique relative. Par exemple, dans la phrase: "Il y avait une fois en Westphalie un jeune garçon...", on ne voit pas très bien comment, en se basant strictement sur la structure morphologique, on pourrait déterminer que "Westphalie" est post-prépositionnel et pré-déterminatif. Le deuxième indice, que l'on peut considérer comme syntaxique, est la fonction qu'une forme remplit à l'intérieur d'une phrase. On entend par syntaxique que, dans l'ensemble, la fonction jouée par une forme dans une phrase correspond à une position déterminée dans l'ensemble de la phrase et par rapport aux parties du discours. Par exemple, le pronom sujet précède le verbe à un mode fini, le déterminatif précède le déterminé et l'adverbe suit le verbe. Si les règles normatives de la syntaxe du français étaient absolues, on serait en face, en effet, d'un problème strictement syntaxique. Malheureusement, les règles ne valent pas toujours et il faut alors avoir recours à une analyse sémantique des formes pour en déterminer la fonction. Encore un cas où l'analyse morphologique ne suffit pas. Au niveau morpho-sémantique, nous n'avons retenu qu'un indice binaire: ou la forme est simple, ou elle est composée (indice 9). Par composée, nous entendons que la forme analysée entre dans une forme composée du genre "basse-cour" ou dans une forme composée sans trait d'union telle que "parce que", ou dans une locution du genre "y avoir"; pour les participes passés faisant partie d'une forme conjuguée, telle que "j'ai mangé", "mangé" est considéré comme une forme composée. Il est évident que dans le cas où la forme composée analysée est jointe par un trait d'union, il est facile, morphologiquement, de déterminer que l'on a affaire à un mot composé.

Par contre, dans le cas d'une forme composée du type "parce que", la morphologie n'est d'aucune aide. Ce sont là des problèmes qui ne peuvent être résolus que par une connaissance psycholinguistique, ou morpho-sémantique dans le cas présent. Toujours au niveau morpho-sémantique, nous avons ajouté deux autres indices (indices 11 et 12). Le premier indique si la forme fait partie d'une locution, se rapportant par là à l'indice 9, et de quel genre de locution il s'agit. L'indice 12 indique si la forme analysée est de caractère polysémique et, ou, homonymique. A l'origine, nous avions songé à nous baser exclusivement pour cette analyse sur les articles du _Petit Larousse Illustré_, de façon à faire une distinction entre les formes polysèmes: celles pour lesquelles il n'existe qu'un seul article dans le dictionnaire, et les homonymes, pour lesquels il existe deux ou plusieurs articles dans le dictionnaire. Toutefois, les contradictions rencontrées lors du codage des formes nous ont poussés à ignorer cette distinction et à noter seulement les polysèmes(29). Nous n'avons pas, évidemment, noté les homophones, puisque notre étude ne porte pas sur l'aspect phonétique de _Candide_. Enfin, au niveau sémantique, nous avons dû nous limiter à trois critères pour l'indice que nous avons dénommé "valeur" (indice 10). Nous avons divisé le champ sémantique des formes en trois valeurs fondamentales: abstrait, concret, neutre. La raison pour laquelle nous nous en sommes tenus à ces trois niveaux est que, à partir de chacun de ces niveaux, des distinctions précises nous auraient entraînés à nous servir non pas d'une colonne, donc d'un seul indice sémantique, mais des douze colonnes dont nous disposions. C'est là un domaine de recherche fascinant, mais qu'il faudrait poursuivre indépendamment. Ajoutons que la méthode et les programmes dont nous disposons se prêtent aussi à des recherches sémantiques. On peut en effet songer à répartir sur les douze colonnes disponibles pour notre code -soit douze fois 36 indices, puisque nous nous servons du système alpha-numérique comme code pour chaque colonne- toute une gamme d'indices sémantiques allant du général au particulier. Le résultat du regroupement des formes en fonction de diverses combinaisons de ces indices sémantiques fournirait alors une topographie sémantique du texte choisi.

DESCRIPTION GENERALE DU CODAGE DES FORMES D'APRES LEUR CATEGORIE GRAMMATICALE.

Pour des raisons internes: la structure des formes et leur fonction à l'intérieur d'un contexte, et pour des raisons externes: la terminologie linguistique et grammaticale traditionnelle, nous avons divisé les catégories grammaticales de la façon suivante, en leur assignant un code qui, lors du traitement par l'ordinateur, permet, en conjonction avec le lemme, de regrouper les formes selon leur catégorie grammaticale et le lemme qui leur a été donné, en fonction de leur contexte. Dans le présent ouvrage, seuls les indices 1-4 et le lemme ont été utilisés pour établir l'index verborum. La concordance est linéaire et n'est fondée sur aucun des critères envisagés dans cette méthode. Ceci ne veut pas dire que nous ne comptions pas utiliser les huit autres critères qui ont été codés, dans une autre étude.

Catégories grammaticales	Code Indice 1
1. le nom	
propre	/A
commun	AB
2. l'adjectif	B
3. le déterminatif	C
4. le pronom	D
5. le verbe	E
6. l'adverbe	F
7. la conjonction	G
8. la préposition	H
9. l'interjection l'exclamation	I
10. la ponctuation	J

Pour le nom, les distinctions suivantes,

mise à part la distinction nom propre - nom commun, ont été établies:

Indice 3 : genre - nombre
Indice 4 : disponible
Indice 5 : fonction: sujet, attribut, complément direct, par exemple, que la forme remplit dans la phrase.
Indice 6 : disponible
Indice 7 : position post-: nominale, adjectivale, déterminative, dans la phrase.
Indice 8 : position pré-: nominale, adjectivale, déterminative, dans la phrase.
Indice 9 : forme simple ou composée: si on a, par exemple, un mot composé tel que basse-cour, l'indice 9 de chacune de ces formes consistera en un indice composé.
Indice 10: valeur: cet indice a trois possibilités. Il est question d'une forme ou concrète, ou abstraite ou neutre. "Pierre" serait concret, "liberté" abstrait et "le" neutre.
Indice 11: locution: si une forme, dans son contexte, se rapporte à une autre forme, établissant ainsi une locution, chacune des formes de cette locution sera codée à l'indice 11 selon un code qui indique s'il s'agit d'une locution nominale, adjectivale, adverbiale, etc.
Indice 12: polysémie, homonymie: si la forme examinée est polysème (c'est-à-dire qu'elle a plus d'un sens, mais un seul article dans le dictionnaire) ou si elle est homonymique (c'est-à-dire qu'il y a deux articles dans le dictionnaire pour cette même forme), cet indice l'indique.

Nous avons conservé le terme "nom" au lieu d'adopter celui de "substantif". Un recensement de la proportion des mots ayant une fonction nominale dans la phrase tout en ayant une valeur sémantique se rapportant directement à une substance, prouve

que ces mots sont dans l'ensemble assez rares. Même dans les cas où la forme se rapporte à une substance, ce n'est là encore qu'une abstraction en face de la substance réelle que la forme nomme. C'est en considération de ce phénomène que le terme "substantif" nous semble moins apte à décrire le phénomène du nom.

Seul l'adjectif qualificatif est considéré comme adjectif dans notre terminologie. Ce qui, pour certains grammairiens, bénéficiait de cette appellation d'adjectif, a été classé sous la rubrique des déterminatifs (ou déterminants). Deux raisons nous ont poussés à cette dichotomie: premièrement, les adjectifs autres que l'adjectif qualificatif sont des formes préposées ou indéfinies qui fonctionnent comme des déterminatifs à l'instar de l'article défini ou de l'article indéfini dont ils remplissent les fonctions en indiquant le genre et le nombre. Deuxièmement, en cas de l'établissement d'une concordance des adjectifs, nous ne voulions pas inclure les adjectifs à fonction déterminative avec les adjectifs qualificatifs. D'où le besoin de les séparer les uns des autres. Nous avons toutefois conservé la nomenclature traditionnelle de ces adjectifs déterminatifs, tout en les classant sous les déterminatifs. En outre, les distinctions suivantes, sous forme d'indices, ont été établies:

Indice 2:	genre et nombre
Indice 3:	disponible
Indice 4:	disponible
Indice 5:	fonction 1: selon le contexte, les adjectifs qualificatifs ont été classés de la façon suivante: positif, comparatif, superlatif.
Indice 6:	fonction 2: attribut du sujet, attribut du complément direct, épithète, selon la fonction dans la phrase.
Indice 7:	position post-
Indice 8:	position pré-
Indice 9:	forme: simple ou composée
Indice 10:	valeur: unique pour les adjectifs: abstraite
Indice 11:	locution: selon que l'adjectif fait partie d'un genre de locution ou d'un autre.

Indice 12: polysémie, homonymie.

Les déterminatifs ont été codés de la façon suivante:

Indice 2: fonction: sous cet indice, les déterminatifs ont été divisés en article défini, article défini prévocalique, article défini contracté avec à, article défini contracté avec de, adjectif possessif, adjectif démonstratif, etc.
Indice 3: genre et nombre
Indice 4: personne
Indice 5: disponible
Indice 6: disponible
Indice 7: position post-
Indice 8: position pré-
Indice 9: forme: simple ou composée
Indice 10: valeur: neutre pour tous les cas
Indice 11: locution
Indice 12: polysémie, homonymie.

Les pronoms ont été indicés comme suit:
Indice 2: fonction 1: personnel sujet atone, personnel sujet tonique, personnel complément direct, réfléchi, possessif, interrogatif, relatif, etc.
Indice 3: genre et nombre
Indice 4: personne
Indice 5: fonction 2:sujet, attribut, complément direct du nom, de l'adjectif, du verbe, etc.
Indice 6: disponible
Indice 7: position post-
Indice 8: position pré-
Indice 9: forme simple ou composée, contractée avec à ou avec de.
Indice 10: valeur: neutre dans tous les cas
Indice 11: locution
Indice 12: polysémie, homonymie.

Pour les verbes, les distinctions ont

dû être beaucoup plus poussées. On a donc divisé les verbes ainsi:

Indice 2:	mode: infinitif, participe présent pur, participe présent attribut, participe présent épithète, participe passé isolé, participe passé conjugué (masculin singulier, masculin pluriel, féminin singulier, féminin pluriel), participe passé attribut, participe passé épithète, impératif, indicatif, conditionnel, subjonctif.

Nous expliquerons plus bas les raisons qui nous ont poussés aux distinctions établies, surtout pour les participes présent et passé.

Indice 3:	temps, s'il y a lieu
Indice 4:	personne, s'il y a lieu, ou genre et nombre, par exemple dans le cas des participes purs et adjectivaux.
Indice 5:	fonction 1: auxiliaire, semi-auxiliaire, attributif, intransitif, transitif direct, transitif indirect, transitif direct et indirect, pronominal, selon le cas.
Indice 6:	voix: active ou passive
Indice 7:	position post-
Indice 8:	position pré-
Indice 9:	forme: simple, composée ou surcomposée.
Indice 10:	valeur: toujours abstraite
Indice 11:	locution
Indice 12:	polysémie, homonymie.

Est infinitif dans un contexte toute forme fonctionnant comme verbe et portant la marque de l' infinitif.
Est participe présent pur toute forme, dans un contexte, portant la marque du participe présent et fonctionnant comme verbe, cette forme étant précédée ou non de la préposition "en". Exemple: "Il sortit <u>en courant</u>", "<u>Pleurant</u>, il s'en alla".
Est participe présent attribut toute forme qui, dans un contexte, tout en portant la marque du participe présent, fonctionne comme adjectif

attribut. Exemple: "C'est <u>alléchant</u>", "elle est <u>mordante</u>". Nous avons considéré comme participe présent toute forme marquée participe présent s'il existe un infinitif auquel cette forme peut se rattacher. Exemple: "charmante(s)" , venant de "charmer".
Est participe présent épithète toute forme qui, dans un contexte, porte la marque du participe présent et fonctionne comme adjectif épithète. Exemple: "une femme <u>charmante</u>", "un homme <u>mordant</u>".
N'ont été classifiées adjectifs que les formes marquées participe présent n'ayant aucun infinitif courant auquel se rattacher.
Est participe passé isolé toute forme qui, dans un contexte, porte la marque du participe passé et qui fonctionne comme adjectif épithète apposé dans le contexte. Exemple: "<u>sifflé et hué</u>, il partit en courant".
Est participe passé conjugué toute forme qui, dans un contexte, porte la marque du participe passé et se combine avec un auxiliaire, pour former un temps composé. Exemple: "Jeanne a <u>parlé</u>", "Il est <u>arrivé</u> à midi".
Est participe passé attribut toute forme qui, dans un contexte, porte la marque du participe passé mais fonctionne comme adjectif attribut. Exemple: "Elle est <u>fâchée</u>".
Est participe passé épithète toute forme qui, dans un contexte, porte la marque du participe passé mais fonctionne comme adjectif épithète. Exemple: "Un homme <u>mort</u>".
N'ont été classés sous la catégorie des adjectifs que les participes passés n'ayant pas d'infinitif courant auquel les rattacher. Exemple: "Un homme <u>transi</u>".
Est impératif, indicatif, conditionnel, subjonctif toute forme qui, dans un contexte, porte la marque d'un impératif, d'un indicatif, d'un conditionnel, d'un subjonctif, et qui fonctionne comme verbe.

Nous avons indiqué pour les participes passés conjugués le temps composé qu'ils servent à construire. Les verbes auxiliaires sont considérés selon leur temps propre, c'est-à-dire que, dans une phrase comme "il a mangé", "a" est un présent du verbe "avoir", et "mangé" est un participe passé au passé composé. Pour savoir combien de fois "avoir", forme "a", sert d'auxiliaire pour former le passé composé, on peut calculer le nombre de participes passés au passé composé 3e personne du singulier et soustraire ce nombre du total des troisièmes personnes du singulier du présent de l'indicatif du verbe "avoir". De même, le participe passé conjugué est considéré comme forme composée ou surcomposée, selon le cas, alors que les temps simples de l'auxiliaire sont considérés comme formes simples. Par contre, l'auxiliaire au passé composé passif, sous sa forme

de participe passé, est aussi forme composée. Exemple: "Il a été tué": "a": forme simple; "été": forme composée; "tué": forme composée.

On verra dans le Détail des indices pour chaque catégorie grammaticale les variantes d'indice exigées par l'analyse décrite ci-dessus.

L'adverbe a été indicé de la façon suivante:

Indice 2 : fonction 1: positif, négatif, interrogatif, etc.
Indice 3 : fonction 2: manière, temps, lieu, etc.
Indice 4 : genre: pour toutes-toute, ou forme pré vocalique.
Indice 5 : disponible
Indice 6 : disponible
Indice 7 : position post-
Indice 8 : position pré-
Indice 9 : forme: simple ou composée
Indice 10 : valeur: abstraite ou neutre
Indice 11 : locution
Indice 12 : polysémie, homonymie

La conjonction porte les indices suivants:

Indice 2 : fonction 1: coordination ou subordination
Indice 3 : forme prévocalique ou non
Indice 4 : forme affirmative ou négative ("ni")
Indice 5 : fonction 2: manière, temps, but, cause, etc.
Indice 6 : disponible
Indice 7 : position post-
Indice 8 : position pré-
Indice 9 : forme: simple ou composée
Indice 10 : valeur: neutre
Indice 11 : locution
Indice 12 : polysémie, homonymie

La préposition a été codée comme suit:
Indice 2 : forme simple ou prévocalique
Indice 3 : disponible
Indice 4 : disponible
Indice 5 : fonction: lieu, direction "vers", adjectivité, etc.
Indice 6 : disponible
Indice 7 : position post-
Indice 8 : position pré-
Indice 9 : forme: simple ou composée
Indice 10 : valeur: neutre

Indice 11 : locution
Indice 12 : polysémie, homonymie

L'interjection et l'exclamation ont le code suivant:

Indice 2 : disponible
Indice 3 : disponible
Indice 4 : disponible
Indice 5 : disponible
Indice 6 : disponible
Indice 7 : position post-
Indice 8 : position pré-
Indice 9 : forme: simple ou composée
Indice 10 : valeur: neutre
Indice 11 : locution
Indice 12 : disponible

La ponctuation ne possède que les indices suivants:

1. Ponctuation
7. Position post-
8. Position pré-

Les caractères euphoniques: "t", "l", ont un indice Z à l'indice 1.

Les mots étrangers ont un Z devant leur lemme et aucun indice.

Ces trois dernières catégories non grammaticales ont été indicées comme décrit ci-dessus de façon que, lors de la mise en ordre des formes, elles apparaissent en fin d'index.

TABLEAU SYNOPTIQUE DES INDICES DES FORMES.

	Indice 1	Indice 2	Indice 3	Indice 4	Indice 5
Noms	Catégorie	Propre Commun	Genre Nombre	Disponible	Fonction 2 Sujet, objet.
Adjectifs	Catégorie	Genre Nombre	Disponible	Disponible	Fonction 1 Pos., comp.
Déterminatifs	Catégorie	Fonction Art.Déf.etc	Genre Nombre	Personne	Disponible
Pronoms	Catégorie	Fonction 1 Pr.pers.etc	Ibid.	Ibid.	Fonction 2 Sujet, etc.
Verbes	Catégorie	Mode	Temps (variable)	Personne (variable)	Fonction Auxil., etc
Adverbes	Catégorie	Fonction 1 Positif, nég.	Fonction 2 Manière,etc	Genre Nombre (var.)	Disponible
Conjonctions	Catégorie	Fonction 1 Coord.Subor.	Prévocalique Simple	Positif Négatif(ni)	Fonction 2 Manière, etc
Prépositions	Catégorie	Prévocalique Simple	Disponible	Disponible	Fonction Lieu, etc
Interjections Exclamations	Catégorie	Disponible	Disponible	Disponible	Disponible
Ponctuation	Catégorie	Disponible	Disponible	Disponible	Disponible
Caractères euphoniques	Catégorie	Disponible	Disponible	Disponible	Disponible
Mots étrangers	Catégorie	Disponible	Disponible	Disponible	Disponible

TABLEAU SYNOPTIQUE DES INDICES DES FORMES.

Indice 6	Indice 7	Indice 8	Indice 9	Indice 10	Indice 11	Indice 12
Disponible	Position post-	Position pré-	Forme Simple,comp,	Valeur Conc.Abs.	Locution Nom.Verb.	Polysémie Homonymie
Fonction 2 Attr.,etc	Ibid.	Ibid.	Ibid.	Valeur Abstraite	Ibid.	Ibid.
Disponible	Ibid.	Ibid.	Ibid.	Valeur Neutre	Ibid.	Ibid.
Disponible	Ibid.	Ibid.	Ibid.	Ibid.	Ibid.	Ibid.
Voix Act.pass.	Ibid.	Ibid.	Ibid.	Valeur Abstraite	Ibid.	Ibid.
Disponible	Ibid.	Ibid.	Ibid.	Ibid.	Ibid.	Ibid.
Disponible	Ibid.	Ibid.	Ibid.	Valeur Neutre	Ibid.	Ibid.
Disponible	Ibid.	Ibid.	Ibid.	Ibid.	Ibid.	Ibid.
Disponible	Ibid.	Ibid.	Ibid.	Valeur Abs.affec.	Ibid.	Ibid.
Disponible	Ibid.	Ibid.	Disponible	Disponible	Disponible	Disponible
Disponible	Disponible	Disponible	Disponible	Disponible	Disponible	Disponible
Disponible	Disponible	Disponible	Disponible	Disponible	Disponible	Disponible

DETAIL DU CODE

GROUPE 1.	Le nom.
Indice 1. 2.	Catégorie
/A	Nom propre
AB	Nom commun
Indice 3.	Genre et nombre
A	Masculin singulier
B	Masculin pluriel
C	Masculin collectif
D	
E	Féminin singulier
F	Féminin pluriel
G	Féminin cóllectif
H	
I	Neutre singulier
J	Neutre pluriel
K	Neutre collectif
Indice 4.	Disponible
Indice 5.	Fonction 1
A	Sujet
B	Attribut
C	Complément direct du nom
D	Complément indirect du nom
E	Complément direct de l'adjectif
F	Complément indirect de l'adjectif
G	Complément direct du pronom
H	Complément indirect du pronom
I	Complément indirect adverbial du verbe
J	Complément direct du verbe
K	Complément indirect du verbe
L	Complément indirect de l'adverbe
Z	Autres (titres, apostrophes).
Indice 6.	Disponible
Indice 7.	Position post-
/	Nom propre
A	Nom commun

B	Adjectif
C	Déterminatif
D	Pronom
E	Relatif
F	Auxiliaire, semi-auxiliaire
G	Verbe conjugué
H	Infinitif
I	Participe présent
J	Participe passé
K	Adverbe
L	Conjonction
M	Préposition
N	Interjection, exclamation
O	Initiale
P	,
Q	;
R	:
S	!
T	?
U	...
V	"
W	Mots étrangers
X	Caractères euphoniques

Indice 8. Position pré-

/	Nom propre
A	Nom commun
B	Adjectif
C	Déterminatif
D	Pronom
E	Relatif
F	Auxiliaire, semi-auxiliaire
G	Verbe conjugué
H	Infinitif
I	Participe présent
J	Participe passé
K	Adverbe
L	Conjonction
M	Préposition
N	Interjection, exclamation
O	Finale
P	,
Q	;
R	:
S	!
T	?
U	...
V	"
W	Mots étrangers
X	Caractères euphoniques

Indice 9.	Forme
A	Simple
B	Composée
Indice 10.	Valeur
A	Concret
D	Abstrait
Indice 11.	Locutions
A	Non locution
B	Locution nominale
C	Locution adjectivale
D	Locution déterminative
E	Locution pronominale
F	Locution verbale
G	Locution adverbiale
H	Locution conjonctive
I	Locution prépositive
J	Locution exclamative, interjective
Indice 12.	Polysémie, homonymie
A	Formes n'ayant qu'un sens
*	Formes ayant plus d'un sens, indépendamment du nombre d'articles dans le Larousse.

GROUPE 2. L'adjectif.

Indice 1. Catégorie

B Adjectif

Indice 2. Genre et nombre

A Masculin singulier
B Masculin pluriel
C Masculin collectif
D Masculin prévocalique
E Féminin singulier
F Féminin pluriel
G Féminin collectif
H Féminin prévocalique
I Neutre singulier
J Neutre pluriel
K Neutre collectif

Indice 3. Disponible
Indice 4.
Indice 4. Disponible

Indice 5. Fonction 1

A Positif
B Comparatif d'égalité
C Comparatif d'infériorité
D Comparatif de supériorité
E Superlatif relatif d'infériorité
F Superlatif relatif de supériorité
G Superlatif absolu

Indice 6. Fonction 2

A Attribut du sujet
B Attribut du complément direct
C Epithète
D Adverbe
E Complément indirect de l'adjectif

Indice 7. Position post-

/ Nom propre
A Nom commun
B Adjectif

C	Déterminatif
D	Pronom
E	Relatif
F	Auxiliaire, semi-auxiliaire
G	Verbe conjugué
H	Infinitif
I	Participe présent
J	Participe passé
K	Adverbe
L	Conjonction
M	Préposition
N	Interjection, exclamation
O	Initiale
P	,
Q	;
R	:
S	!
T	?
U	...
V	"
W	Mots étrangers
X	Caractères euphoniques

Indice 8. Position pré-

/	Nom propre
A	Nom commun
B	Adjectif
C	Déterminatif
D	Pronom
E	Relatif
F	Auxiliaire, semi-auxiliaire
G	Verbe conjugué
H	Infinitif
I	Participe présent
J	Participe passé
K	Adverbe
L	Conjonction
M	Préposition
N	Interjection, exclamation
O	Finale
P	,
Q	;
R	:
S	!
T	?
U	...
V	"
W	Mots étrangers
X	Caractères euphoniques.

Indice 9. Forme

A Simple
B Composée

Indice 10. Valeur

D Abstrait

Indice 11. Locutions

A Non locution
B Locution nominale
C Locution adjectivale
D Locution déterminative
E Locution pronominale
F Locution verbale
G Locution adverbiale
H Locution conjonctive
I Locution prépositive
J Locution exclamative, interjective

Indice 12. Polysémie, homonymie

A Formes n'ayant qu'un sens
* Formes ayant plus d'un sens, indépendamment du nombre d'articles dans le Larousse.

GROUPE 3.	Le déterminatif.
Indice 1.	Catégorie
C	Déterminatif
Indice 2.	Fonction 1
A	Article défini
B	Article défini prévocalique
C	Article défini contracté avec à
D	Article défini contracté avec de
E	Article indéfini
F	Article partitif
G	Article partitif précédé de "de"
H	Possessif atone
I	Possessif tonique
J	Démonstratif
K	Démonstratif prévocalique
L	Indéfini
M	Indéfini prévocalique
N	Relatif
O	Interrogatif, exclamatif
P	Numéral cardinal
Q	Numéral ordinal
R	Négatif indéfini
Indice 3.	Genre et nombre
A	Masculin singulier
B	Masculin pluriel
C	Masculin collectif
D	Masculin prévocalique
E	Féminin singulier
F	Féminin pluriel
G	Féminin collectif
H	Féminin prévocalique
I	Neutre singulier
J	Neutre pluriel
K	Neutre collectif
Indice 4.	Personne
A	1 singulier
B	2 singulier
C	3 singulier
D	1 pluriel
E	2 pluriel
F	3 pluriel
Z	Nulle

Indice 5. Disponible

Indice 6. Disponible

Indice 7. Position post-

/	Nom propre
A	Nom commun
B	Adjectif
C	Déterminatif
D	Pronom
E	Relatif
F	Auxiliaire, semi-auxiliaire
G	Verbe conjugué
H	Infinitif
I	Participe présent
J	Participe passé
K	Adverbe
L	Conjonction
M	Préposition
N	Interjection, exclamation
O	Initiale
P	,
Q	;
R	:
S	!
T	?
U	...
V	"
W	Mots étrangers
X	Caractères euphoniques.

Indice 8. Position pré

/	Nom propre
A	Nom commun
B	Adjectif
C	Déterminatif
D	Pronom
E	Relatif
F	Auxiliaire, semi-auxiliaire
G	Verbe conjugué
H	Infinitif
I	Participe présent
J	Participe passé
K	Adverbe
L	Conjonction
M	Préposition

N Interjection, exclamation
O Finale
P ,
Q ,
R :
S !
T ?
U ...
V "
W Mots étrangers
X Caractères euphoniques

Indice 9. Forme

A Simple
B Composée

Indice 10. Valeur

G Neutre

Indice 11. Locutions

A Non locution
B Locution nominale
C Locution adjectivale
D Locution déterminative
E Locution pronominale
F Locution verbale
G Locution adverbiale
H Locution conjonctive
I Locution prépositive
J Locution exclamative, interjective.

Indice 12. Polysémie, homonymie

A Formes n'ayant qu'un sens
* Formes ayant plus d'un sens, indépendamment du nombre d'articles dans le Larousse.

GROUPE 4. Le pronom

Indice 1. Catégorie

D	Pronom

Indice 2. Fonction 1

A	Personnel sujet atone
B	Personnel sujet tonique
C	Personnel complément direct
D	Personnel complément indirect
E	Réfléchi complément direct
F	Réfléchi complément indirect
G	Possessif
H	Démonstratif
I	Interrogatof, exclamatif
J	Relatif
K	Indéfini
L	Explétif
M	Négatif indéfini

Indice 3. Genre et nombre

A	Masculin singulier
B	Masculin pluriel
C	Masculin collectif
D	Masculin prévocalique
E	Impersonnel
F	Féminin singulier
G	Féminin pluriel
H	Féminin collectif
I	Féminin prévocalique
J	Neutre singulier
K	Neutre pluriel
L	Neutre collectif
M	Neutre prévocalique
N	Soi

Indice 4. Personne

A	1 singulier
B	2 singulier
C	3 singulier
D	1 pluriel
E	2 pluriel
F	3 pluriel
Z	Nulle

Indice 5. Fonction 2

A	Sujet
B	Attribut
C	Complément direct du nom
D	Complément indirect du nom
E	Complément direct de l'adjectif
F	Complément indirect de l'adjectif
G	Complément direct du pronom
H	Complément indirect du pronom
I	Complément indirect adverbial du verbe
J	Complément direct du verbe
K	Complément indirect du verbe
L	Complément indirect de l'adverbe
Z	Autres (titres, apostrophes).

Indice 6. Disponible

Indice 7. Position post-

/	Nom propre
A	Nom commun
B	Adjectif
C	Déterminatif
D	Pronom
E	Relatif
F	Auxiliaire, semi-auxiliaire
G	Verbe conjugué
H	Infinitif
I	Participe présent
J	Participe passé
K	Adverbe
L	Conjonction
M	Préposition
N	Interjection, exclamation
O	Initiale
P	,
Q	;
R	:
S	!
T	?
U	...
V	"
W	Mots étrangers
X	Caractères euphoniques

Indice 8.	Position pré-
/	Nom propre
A	Nom commun
B	Adjectif
C	Déterminatif
D	Pronom
E	Relatif
F	Auxiliaire, semi-auxiliaire
G	Verbe conjugué
H	Infinitif
I	Participe présent
J	Participe passé
K	Adverbe
L	Conjonction
M	Préposition
N	Interjection, exclamation
O	Finale
P	,
Q	;
R	:
S	!
T	?
U	...
V	"
W	Mots étrangers
X	Caractères euphoniques

Indice 9.	Forme
A	Simple
B	Composée
C	Contracté avec à
D	Contracté avec de

Indice 10.	Valeur
G	Neutre

Indice 11.	Locutions
A	Non locution
B	Locution nominale
C	Locution adjectivale
D	Locution déterminative
E	Locution pronominale
F	Locution verbale
G	Locution adverbiale
H	Locution conjonctive
I	Locution prépositive
J	Locution exclamative, interjective

Indice 12. Polysémie, homonymie

A	Formes n'ayant qu'un sens
*	Formes ayant plus d'un sens, indépendamment du nombre d'articles dans le Larousse.

GROUPE 5. Le verbe. L'infinitif

Indice 1. Catégorie

E Verbe

Indice 2. Mode

A Infinitif

Indice 3. Temps

A Présent

Indice 4. Personne

Z Nulle

Indice 5. Fonction 1

A Auxiliaire
B Semi-auxiliaire
C Attributif
D Intransitif
E Transitif direct
F Transitif indirect
G Pronominal direct
H Pronominal indirect
I Transitif direct et indirect

Indice 6. Voix

A Active

Indice 7. Position post-

/ Nom propre
A Nom commun
B Adjectif
C Déterminatif
D Pronom
E Relatif
F Auxiliaire, semi-auxiliaire
G Verbe conjugué
H Infinitif

I	Participe présent
J	Participe passé
K	Adverbe
L	Conjonction
M	Préposition
N	Interjection, exclamation
O	Initiale
P	,
Q	;
R	:
S	!
T	?
U	...
V	"
W	Mots étrangers
X	Caractères euphémiques

Indice 8. Position pré

/	Nom propre
A	Nom commun
B	Adjectif
C	Déterminatif
D	Pronom
E	Relatif
F	Auxiliaire, semi-auxiliaire
G	Verbe conjugué
H	Infinitif
I	Participe présent
J	Participe passé
K	Adverbe
L	Conjonction
M	Préposition
N	Interjection, exclamation
O	Finale
P	,
Q	;
R	:
S	!
T	?
U	...
V	"
W	Mots étrangers
X	Caractères euphoniques

Indice 9. Forme

A	Simple

Indice 10.	Valeur
D	Abstrait
Indice 11.	Locutions
A	Non locution
B	Locution nominale
C	Locution adjectivale
D	Locution déterminative
E	Locution pronominale
F	Locution verbale
G	Locution adverbiale
H	Locution conjonctive
I	Locution prépositive
J	Locution exclamative, interjective
Indice 12.	Polysémie, homonymie
A	Formes n'ayant qu'un seul sens
*	Formes ayant plus d'un sens, indépendamment du nombre d'articles dans le Larousse.

GROUPE 5. Le verbe. Le participe présent pur

Indice 1. Catégorie

E Verbe

Indice 2. Mode

B Participe (présent) pur

Indice 3. Temps

A Présent

Indice 4.

A Précédé de *en*
B Non précédé de *en*

Indice 5. Fonction 1

A Auxiliaire
B Semi-auxiliaire
C Attributif
D Intransitif
E Transitif direct
F Transitif indirect
G Pronominal direct
H Pronominal indirect
I Transitif direct et indirect

Indice 6. Voix

A Active

Indice 7. Position post-

/ Nom propre
A Nom commun
B Adjectif
C Déterminatif
D Pronom
E Relatif
F Auxiliaire, semi-auxiliaire
G Verbe conjugué
H Infinitif

I	Participe présent
J	Participe passé
K	Adverbe
L	Conjonction
M	Préposition
N	Interjection, exclamation
O	Initial
P	,
Q	;
R	:
S	!
T	?
U	...
V	"
W	Mots étrangers
X	Caractères euphoniques

Indice 8. Position pré-

/	Nom propre
A	Nom commun
B	Adjectif
C	Déterminatif
D	Pronom
E	Relatif
F	Auxiliaire, semi-auxiliaire
G	Verbe conjugué
H	Infinitif
I	Participe présent
J	Participe passé
K	Adverbe
L	Conjonction
M	Préposition
N	Interjection, exclamation
O	Finale
P	,
Q	;
R	:
S	!
T	?
U	...
V	"
W	Mots étrangers
X	Caractères euphoniques

Indice 9. Forme

A	Simple

Indice 10. Valeur

D Abstrait

Indice 11. Locutions

A Non locution
B Locution nominale
C Locution adjectivale
D Locution déterminative
E Locution pronominale
F Locution verbale
G Locution adverbiale
H Locution conjonctive
I Locution prépositive
J Locution exclamative, interjective

Indice 12. Polysémie, homonymie

A Formes n'ayant qu'un sens
* Formes ayant plus d'un sens, indépendamment du nombre d'articles dans le Larousse.

GROUPE 5.	Le verbe.	Le participe présent attribut.

Indice 1.	Catégorie
E	Verbe
Indice 2.	Mode
C	Participe (présent) attributif
Indice 3.	Temps
A	Présent
Indice 4.	Genre et nombre
A	Masculin singulier
B	Neutre singulier
C	Masculin pluriel
D	Féminin singulier
E	Féminin pluriel
Indice 5.	Fonction 1
H	Comparatif d'égalité
I	Comparatif d'infériorité
J	Comparatif de supériorité
K	Superlatif relatif d'infériorité
L	Superlatif relatif de supériorité
M	Superlatif absolu
Z	Nulle
Indice 6.	Voix
Z	Nulle
Indice 7.	Position post-
/	Nom propre
A	Nom commun
B	Adjectif
C	Déterminatif
D	Pronom
E	Relatif
F	Auxiliaire, semi-auxiliaire

G	Verbe conjugué
H	Infinitif
I	Participe présent
J	Participe passé
K	Adverbe
L	Conjonction
M	Préposition
N	Interjection, exclamation
O	Initiale
P	,
Q	;
R	:
S	!
T	?
U	...
V	"
W	Mots étrangers
X	Caractères euphoniques

Indice 8. Position pré-

/	Nom propre
A	Nom commun
B	Adjectif
C	Déterminatif
D	Pronom
E	Relatif
F	Auxiliaire, semi-auxiliaire
G	Verbe conjugué
H	Infinitif
I	Participe présent
J	Participe passé
K	Adverbe
L	Conjonction
M	Préposition
N	Interjection, exclamation
O	Finale
P	,
Q	;
R	:
S	!
T	?
U	...
V	"
W	Mots étrangers
X	Caractères euphoniques

Indice 9.	Forme
A	Simple
Indice 10.	Valeur
D	Abstrait
Indice 11.	Locutions
A	Non locution
B	Locution nominale
C	Locution adjectivale
D	Locution déterminative
E	Locution pronominale
F	Locution verbale
G	Locution adverbiale
H	Locution conjonctive
I	Locution prépositive
J	Locution exclamative, interjective
Indice 12.	Polysémie, homonymie
A	Formes n'ayant qu'un sens
*	Formes ayant plus d'un sens, indépendamment du nombre d'articles dans le Larousse.

GROUPE 5. Le verbe. Le participe présent épithète.

Indice 1. Catégorie

E Verbe

Indice 2. Mode

D Participe (présent) épithète

Indice 3. Temps

A Présent

Indice 4. Genre et nombre

A Masculin singulier
B Neutre singulier
C Masculin pluriel
D Féminin singulier
E Féminin pluriel

Indice 5. Fonction 1

H Comparatif d'égalité
I Comparatif d'infériorité
J Comparatif de supériorité
K Superlatif relatif d'infériorité
L Superlatif relatif de supériorité
M Superlatif absolu
Z Nulle

Indice 6. Voix

Z Nulle

Indice 7. Position post-

/ Nom propre
A Nom commun
B Adjectif
C Déterminatif
D Pronom
E Relatif
F Auxiliaire semi-auxiliaire

G	Verbe conjugué
H	Infinitif
I	Participe présent
J	Participe passé
K	Adverbe
L	Conjonction
M	Préposition
N	Interjection exclamation
O	Initiale
P	,
Q	;
R	:
S	!
T	?
U	...
V	"
W	Mots étrangers
X	Caractères euphoniques

Indice 8	Position pré-
/	Nom propre
A	Nom commun
B	Adjectif
C	Déterminatif
D	Pronom
E	Relatif
F	Auxiliaire, semi-auxiliaire
G	Verbe conjugué
H	Infinitif
I	Participe présent
J	Participe passé
K	Adverbe
L	Conjonction
M	Préposition
N	Interjection, exclamation
O	Finale
P	,
Q	;
R	:
S	!
T	?
U	...
V	"
W	Mots étrangers
X	Caractères euphoniques

Indice 9.	Forme
A	Simple
Indice 10.	Valeur
D	Abstrait
Indice 11.	Locutions
A	Non locution
B	Locution nominale
C	Locution adjectivale
D	Locution déterminative
E	Locution pronominale
F	Locution verbale
G	Locution adverbiale
H	Locution conjonctive
I	Locution prépositive
J	Locution exclamative, interjective
Indice 12.	Polysémie, homonymie
A	Formes n'ayant qu'un sens
*	Formes ayant plus d'un sens, indépendamment du nombre d'articles dans le Larousse.

GROUPE 5. Le verbe. Le participe passé isolé

Indice 1. Catégorie

E Verbe

Indice 2. Mode

E Participe (passé) isolé

Indice 3. Temps

C Passé simple

Indice 4. Genre et nombre

A Masculin singulier
B Neutre singulier
C Masculin pluriel
D Féminin singulier
E Féminin pluriel

Indice 5. Fonction 1.

A Auxiliaire
B Semi-auxiliaire
C Attributif
D Intransitif
E Transitif direct
F Transitif indirect
G Pronominal direct
H Pronominal indirect
I Transitif direct et indirect
Z Nulle

Indice 6. Voix

A Active
B Passive
Z Nulle

Indice 7. Position post

/ Nom propre
A Nom commun
B Adjectif
C Déterminatif

D	Pronom
E	Relatif
F	Auxiliaire, semi-auxiliaire
G	Verbe conjugué
H	Infinitif
I	Participe présent
J	Participe passé
K	Adverbe
L	Conjonction
M	Préposition
N	Interjection, exclamation
O	Initiale
P	,
Q	;
R	:
S	!
T	?
U	...
V	"
W	Mots étrangers
X	Caractères euphoniques

Indice 8. Position pré-

/	Nom propre
A	Nom commun
B	Adjectif
C	Déterminatif
D	Pronom
E	Relatif
F	Auxiliaire, semi-auxiliaire
G	Verbe conjugué
H	Infinitif
I	Participe présent
J	Participe passé
K	Adverbe
L	Conjonction
M	Préposition
N	Interjection, exclamation
O	Finale
P	,
Q	;
R	:
S	!
T	?
U	...
V	"
W	Mots étrangers
X	Caractères euphoniques

Indice 9.	**Forme**
A	Simple
Indice 10.	**Valeur**
D	Abstrait
Indice 11.	**Locutions**
A	Non locution
B	Locution nominale
C	Locution adjectivale
D	Locution déterminative
E	Locution pronominale
F	Locution verbale
G	Locution adverbiale
H	Locution conjonctive
I	Locution prépositive
J	Locution exclamative, interjective
Indice 12.	**Polysémie, homonymie**
A	Formes n'ayant qu'un sens
*	Formes ayant plus d'un sens, indépendamment du nombre d'articles dans le Larousse.

GROUPE 5. Le verbe. Le participe passé conjugué.

Indice 1. Catégorie

E	Verbe

Indice 2. Mode, genre et nombre

F	Participe (passé) conjugué, masculin singulier
G	Participe (passé) conjugué, masculin pluriel
H	Participe (passé) conjugué, féminin singulier
I	Participe (passé) conjugué, féminin pluriel

Indice 3. Temps

A	Indicatif présent
B	Indicatif imparfait
C	Indicatif passé simple
D	Indicatif futur simple
E	Indicatif passé composé
F	Indicatif plus-que -parfait
G	Indicatif passé antérieur
H	Indicatif futur antérieur
I	Infinitif présent
J	Infinitif passé
K	Participe parfait
L	Impératif présent
M	Impératif passé
N	Conditionnel présent
O	Conditionnel passé
P	Subjonctif présent
Q	Subjonctif passé
R	Subjonctif imparfait
S	Subjonctif plus-que-parfait

Indice 4. Personne

A	1 singulier
B	2 singulier
C	3 singulier masculin
D	3 singulier impersonnel
E	3 singulier féminin
F	1 pluriel
G	2 pluriel
H	3 pluriel masculin
I	3 pluriel féminin
Z	Nulle

Indice 5.	Fonction 1
A	Auxiliaire
B	Semi-auxiliaire
C	Attributif
D	Intransitif
E	Transitif direct
F	Transitif indirect
G	Pronominal direct
H	Pronominal indirect
I	Transitif direct et indirect
Indice 6.	Voix
A	Active
B	Passive
Indice 7.	Position Post-
/	Nom propre
A	Nom commun
B	Adjectif
C	Déterminatif
D	Pronom
E	Relatif
F	Auxiliaire, semi-auxiliaire
G	Verbe conjugué
H	Infinitif
I	Participe présent
J	Participe passé
K	Adverbe
L	Conjonction
M	Préposition
N	Interjection, exclamation
O	Initiale
P	,
Q	;
R	:
S	!
T	?
U	...
V	"
W	Mots étrangers
X	Caractères euphoniques

Indice 8.	Position pré-
/	Nom propre
A	Nom commun
B	Adjectif
C	Déterminatif
D	Pronom
E	Relatif
F	Auxiliaire, semi-auxiliaire
G	Verbe conjugué
H	Infinitif
I	Participe présent
J	Participe passé
K	Adverbe
L	Conjonction
M	Préposition
N	Interjection, exclamation
O	Finale
P	,
Q	;
R	:
S	!
T	?
U	...
V	"
W	Mots étrangers
X	Caractères euphoniques

Indice 9.	Forme
A	Simple
B	Composée
C	Surcomposée

Indice 10.	Valeur
D	Abstrait

Indice 11.	Locutions
A	Non locution
B	Locution nominale
C	Locution adjectivale
D	Locution déterminative
E	Locution pronominale
F	Locution verbale
G	Locution adverbiale
H	Locution conjonctive
I	Locution prépositive
J	Locution exclamative, interjective

Indice 12. Polysémie, homonymie

A	Formes n'ayant qu'un sens
*	Formes ayant plus d'un sens, indépendamment du nombre d'articles dans le Larousse.

GROUPE 5.	Le verbe. Le participe passé attribut.
Indice 1.	Catégorie
E	Verbe
Indice 2.	Mode
J	Participe (passé) attributif
Indice 3.	Temps
C	Passé simple
Indice 4.	Genre et nombre
A	Masculin singulier
B	Neutre singulier
C	Masculin pluriel
D	Féminin singulier
E	Féminin pluriel
Indice 5.	Fonction 1
H	Comparatif d'égalité
I	Comparatif d'infériorité
J	Comparatif de supériorité
K	Superlatif relatif d'infériorité
L	Superlatif relatif de supériorité
M	Superlatif absolu
Z	Nulle
Indice 6.	Voix
Z	Nulle
Indice 7.	Position post-
/	Nom propre
A	Nom commun
B	Adjectif
C	Déterminatif
D	Pronom
E	Relatif
F	Auxiliaire, semi-auxiliaire
G	Verbe conjugué
H	Infinitif

I	Participe présent
J	Participe passé
K	Adverbe
L	Conjonction
M	Préposition
N	Interjection, exclamation
O	Initiale
P	,
Q	;
R	:
S	!
T	?
U	...
V	"
W	Mots étrangers
X	Caracteres euphoniques

Indice 8. Position pré-

/	Nom propre
A	Nom commun
B	Adjectif
C	Déterminatif
D	Pronom
E	Relatif
F	Auxiliaire, semi-auxiliaire
G	Verbe conjugué
H	Infinitif
I	Participe présent
J	Participe passé
K	Adverbe
L	Conjonction
M	Préposition
N	Interjection, exclamation
O	Finale
P	,
Q	;
R	:
S	!
T	?
U	...
V	"
W	Mots étrangers
X	Caractères euphoniques

Indice 9.	Forme
A	Simple
Indice 10.	Valeur
D	Abstrait
Indice 11.	Locutions
A	Non locution
B	Locution nominale
C	Locution adjectivale
D	Locution déterminative
E	Locution pronominale
F	Locution verbale
G	Locution adverbiale
H	Locution conjonctive
I	Locution prépositive
J	Locution exclamative, interjective
Indice 12.	Polysémie, homonymie
A	Formes n'ayant qu'un sens
*	Formes ayant plus d'un sens, indépendamment du nombre d'articles dans le Larousse.

GROUPE 5. Le verbe. Le participe passé épithète.

Indice 1.	Catégorie
E	Verbe
Indice 2.	Mode
K	Participe (passé) épithète
Indice 3.	Temps
C	Passé simple
Indice 4.	Genre et nombre
A	Masculin singulier
B	Neutre singulier
C	Masculin pluriel
D	Féminin singulier
E	Féminin pluriel
Indice 5.	Fonction 1
H	Comparatif d'égalité
I	Comparatif d'infériorité
J	Comparatif de supériorité
K	Superlatif relatif d infériorité
L	Superlatif relatif de supériorité
M	Superlatif absolu
Z	Nulle
Indice 6.	Voix
Z	Nulle
Indice 7.	Position post-
/	Nom propre
A	Nom commun
B	Adjectif
C	Déterminatif
D	Pronom
E	Relatif
F	Auxiliaire, semi-auxiliaire
G	Verbe conjugué
H	Infinitif

I	Participe présent
J	Participe passé
K	Adverbe
L	Conjonction
M	Préposition
N	Interjection exclamation
O	Initiale
P	,
Q	;
R	::
S	!
T	?
U	...
V	"
W	Mots étrangers
X	Caractères euphoniques

Indice 8. Position pré-

/	Nom propre
A	Nom commun
B	Adjectif
C	Déterminatif
D	Pronom
E	Relatif
F	Auxiliaire, semi-auxiliaire
G	Verbe conjugué
H	Infinitif
I	Participe présent
J	Participe passé
K	Adverbe
L	Conjonction
M	Préposition
N	Interjection, exclamation
O	Finale
P	,
Q	;
R	:
S	!
T	?
U	...
V	"
W	Mots étrangers
X	Caractères euphoniques

Indice 9.	Forme
A	Simple
Indice 10.	Valeur
D	Abstrait
Indice 11.	Locutions
A	Non locution
B	Locution nominale
C	Locution adjectivale
D	Locution déterminative
E	Locution pronominale
F	Locution verbale
G	Locution adverbiale
H	Locution conjonctive
I	Locution prépositive
J	Locution exclamative, interjective
Indice 12.	Polysémie, homonymie
A	Formes n'ayant qu'un seul sens
*	Formes ayant plus d'un sens, indépendamment du nombre d'articles dans le Larousse.

GROUPE 5 Le verbe. L'impératif, l'indicatif, le conditionnel, le subjonctif.

Indice 1.	Catégorie
E	Verbe
Indice 2.	Mode
L	Impératif
M	Indicatif
N	Conditionnel
O	Subjonctif
Indice 3.	Temps
A	Présent
B	Imparfait
C	Passé simple
D	Futur simple
Indice 4.	Personne
A	1 singulier
B	2 singulier
C	3 singulier masculin
D	3 singulier impersonnel
E	3 singulier féminin
F	1 pluriel
G	2 pluriel
H	3 pluriel masculin
I	3 plurie féminin
Indice 5.	Fonction 1
A	Auxiliaire
B	Semi-auxiliaire
C	Attributif
D	Intransitif
E	Transitif direct
F	Transitif indirect
G	Pronominal direct
H	Pronominal indirect
I	Transitif direct et indirect

Indice 6	Voix
A	Active

Indice 7.	Position post-
/	Nom propre
A	Nom commun
B	Adjectif
C	Déterminatif
D	Pronom
E	Relatif
F	Auxiliaire, semi-auxiliaire
G	Verbe conjugué
H	Infinitif
I	Participe présent
J	Participe passé
K	Adverbe
L	Conjonction
M	Préposition
N	Interjection, exclamation
O	Initiale
P	,
Q	;
R	:
S	!
T	?
U	...
V	"
W	Mots étrangers
X	Caractères euphoniques

Indice 8.	Position pré-
/	Nom propre
A	Nom commun
B	Adjectif
C	Déterminatif
D	Pronom
E	Relatif
F	Auxiliaire, semi-auxiliaire
G	Verbe conjugué
H	Infinitif
I	Participe présent
J	Participe passé
K	Adverbe
L	Conjonction

M	Préposition
N	Interjection, exclamation
O	Finale
P	,
Q	;
R	:
S	!
T	?
U	...
V	"
W	Mots étrangers
X	Caractères euphoniques

Indice 9. Forme

A	Simple

Indice 10. Valeur

D	Abstrait

Indice 11. Locutions

A	Non locution
B	Locution nominale
C	Locution adjectivale
D	Locution déterminative
E	Locution pronominale
F	Locution verbale
G	Locution adverbiale
H	Locution conjonctive
I	Locution prépositive
J	Locution exclamative, interjective

Indice 12. Polysémie, homonymie

A	Formes n'ayant qu'un sens
*	Formes ayant plus d'un sens, indépendamment du nombre d'articles dans Le Larousse.

GROUPE 6. L'adverbe.

Indice 1. Catégorie

F	Adverbe

Indice 2. Fonction 1

A	Positif
B	Négatif
C	Interrogatif, exclamatif
D	Comparatif d'égalité
E	Comparatif d'infériorité
F	Comparatif de supériorité
G	Superlatif relatif d'infériorité
H	Superlatif relatif de supériorité
I	Superlatif absolu

Indice 3. Fonction 2

A	Manière
B	Temps
C	Lieu
D	Quantité, intensité
E	Doute
Z	Nulle

Indice 4. Genre et nombre

A	Nul
B	Prévocalique
C	Féminin singulier
D	Féminin pluriel

Indice 5. Disponible

Indice 6. Disponible

Indice 7. Position post-

/	Nom propre
A	Nom commun
B	Adjectif
C	Déterminatif
D	Pronom
E	Relatif
F	Auxiliaire

G	Verbe conjugué
H	Infinitif
I	Participe présent
J	Participe passé
K	Adverbe
L	Conjonction
M	Préposition
N	Interjection, exclamation
O	Initiale
P	,
Q	;
R	:
S	!
T	?
U	...
V	"
W	Mots étrangers
X	Caractères euphoniques

Indice 8. Position pré-

/	Nom propre
A	Nom commun
B	Adjectif
C	Déterminatif
D	Pronom
E	Relatif
F	Auxiliaire, semi-auxiliaire
G	Verbe conjugué
H	Infinitif
I	Participe présent
J	Participe passé
K	Adverbe
L	Conjonction
M	Préposition
N	Interjection, exclamation
O	Finale
P	,
Q	;
R	:
S	!
T	?
U	...
V	"
W	Mots étrangers
X	Caractères euphoniques

Indice 9.	Forme
A	Simple
B	Composée
Indice 10.	Valeur
G	Neutre
Indice 11.	Locutions
A	Non locution
B	Locution nominale
C	Locution adjectivale
D	Locution déterminative
E	Locution pronominale
F	Locution verbale
G	Locution adverbiale
H	Locution conjonctive
I	Locution prépositive
J	Locution exclamative, interjective
Indice 12.	Polysémie, homonymie
A	Formes n'ayant qu'un sens
*	Formes ayant plus d'un sens, indépendamment du nombre d'articles dans le Larousse.

GROUPE 7.	La conjonction.
Indice 1.	Catégorie
G	Conjonction
Indice 2.	Fonction 1
A	Coordination
B	Subordination
Indice 3.	
A	Simple
B	Prévocalique
Indice 4.	
A	Affirmatif
B	Négatif ("ni")
.ndice 5.	Fonction 2
A	Manière
B	Temps, concession
C	But
D	Cause
E	Condition, supposition
F	Autres
Z	Restriction
Indice 6.	Disponible
Indice 7.	Position post-
/	Nom propre
A	Nom commun
B	Adjectif
C	Déterminatif
D	Pronom
E	Relatif
F	Auxiliaire, semi-auxiliaire
G	Verbe conjugué
H	Infinitif
I	Participe présent
J	Participe passé
K	Adverbe

L	Conjonction
M	Préposition
N	Interjection, exclamation
O	Initiale
P	,
Q	;
R	:
S	!
T	?
U	...
V	"
W	Mots étrangers
X	Caractères euphoniques

Indice 8. Position pré-

/	Nom propre
A	Nom commun
B	Adjectif
C	Déterminatif
D	Pronom
E	Relatif
F	Auxiliaire semi-auxiliaire
G	Verbe conjugué
H	Infinitif
I	Participe présent
J	Participe passé
K	Adverbe
L	Conjonction
M	Préposition
N	Interjection exclamation
O	Finale
P	,
Q	;
R	:
S	!
T	?
U	...
V	"
W	Mots étrangers
X	Caractères euphoniques

Indice 9. Forme

A	Simple
B	Composée

Indice 10.	Valeur
G	Neutre
Indice 11.	Locutions
A	Non locution
B	Locution nominale
C	Locution adjectivale
D	Locution déterminative
E	Locution pronominale
F	Locution verbale
G	Locution adverbiale
H	Locution conjonctive
I	Locution prépositive
J	Locution exclamative, interjective
Indice 12.	Polysémie, homonymie
A	Formes n'ayant qu'un sens
*	Formes ayant plus d'un sens, indépendamment du nombre d articles dans le Larousse.

GROUPE 8. La préposition.

Indice 1. Catégorie

H Préposition

Indice 2.

A Simple
B Prévocalique

Indice 3. Disponible

Indice 4. Disponible

Indice 5. Fonction 1

A Lieu
B Direction "vers"
C Direction "de"
D Possession
E Adjectivité
F Temps
G Autres

Indice 6. Disponible

Indice 7. Position post-

/ Nom propre
A Nom commun
B Adjectif
C Déterminatif
D Pronom
E Relatif
F Auxiliaire, semi auxiliaire
G Verbe conjugué
H Infinitif
I Participe présent
J Participe passé
K Adverbe
L Conjonction
M Préposition
N Interjection, exclamation
O Initiale

P	,
Q	;
R	:
S	!
T	?
U	...
V	"
W	Mots étrangers
X	Caractères euphoniques

Indice 8 Position pré-

/	Nom propre
A	Nom commun
B	Adjectif
C	Déterminatif
D	Pronom
E	Relatif
F	Auxiliaire, semi-auxiliaire
G	Verbe conjugué
H	Infinitif
I	Participe présent
J	Participe passé
K	Adverbe
L	Conjonction
M	Préposition
N	Interjection, exclamation
O	Finale
P	,
Q	;
R	:
S	!
T	?
U	...
V	"
W	Mots étrangers
X	Caractères euphoniques

Indice 9. Forme

A	Simple
B	Composée

Indice 10. Valeur

G	Neutre

Indice 11. Locutions

A Non locution
B Locution nominale
C Locution adjectivale
D Locution déterminative
E Locution pronominale
F Locution verbale
G Locution adverbiale
H Locution conjonctive
I Locution prépositive
J Locution exclamative, interjective

Indice 12. Polysémie, homonymie

A Formes n'ayant qu'un sens
* Formes ayant plus d'un sens indépendamment du nombre d'articles dans le Larousse.

GROUPE 9. L'interjection, l'exclamation.

Indice 1. Catégorie

I Interjection, exclamation

Indice 2.

Indice 3.

Indice 4. Disponibles

Indice 5

Indice 6.

Indice 7. Position post-

/	Nom propre
A	Nom commun
B	Adjectif
C	Déterminatif
D	Pronom
E	Relatif
F	Auxiliaire, semi-auxiliaire
G	Verbe conjugué
H	Infinitif
I	Participe présent
J	Participe passé
K	Adverbe
L	Conjonction
M	Préposition
N	Interjection, exclamation
O	Initiale
P	,
Q	;
R	:
S	!
T	?
U	..
V	"
W	Mots étrangers
X	Caractères euphoniques

Indice 8.	Position pré-
/	Nom propre
A	Nom commun
B	Adjectif
C	Déterminatif
D	Pronom
E	Relatif
F	Auxiliaire
G	Verbe conjugué
H	Infinitif
I	Participe présent
J	Participe passé
K	Adverbe
L	Conjonction
M	Préposition
N	Interjection, exclamation
O	Finale
P	,
Q	;
R	:
S	!
T	?
U	...
V	"
W	Mots étrangers
X	Caracteres euphoniques

Indice 9	Forme
A	Simple
B	Composée

Indice 10.	Valeur
E	Abstrait affectif

Indice 11.	Locutions
A	Non locution
B	Locution nominale
C	Locution adjectivale
D	Locution déterminative
E	Locution pronominale
F	Locution verbale
G	Locution adverbiale
H	Locution conjonctive
I	Locution prépositive
J	Locution exclamative interjective

Indice 12. Polysémie, homonymie

A	Formes n'ayant qu'un sens
*	Formes ayant plus d'un sens indépendamment du nombre d'articles dans le Larousse.

GROUPE 10. La ponctuation.

Indice 1. Catégorie

J Ponctuation

Indice 2.

Indice 3.

Indice 4. Disponibles

Indice 5.

Indice 6.

Indice 7. Position post-

/	Nom propre
A	Nom commun
B	Adjectif
C	Déterminatif
D	Pronom
E	Relatif
F	Auxiliaire, semi-auxiliaire
G	Verbe conjugué
H	Infinitif
I	Participe présent
J	Participe passé
K	Adverbe
L	Conjonction
M	Préposition
N	Interjection, exclamation
O	Initiale
P	,
Q	;
R	:
S	!
T	?
U	...
V	"
W	Mots étrangers
X	Caractères euphoniques

Indice 8. Position pré-

/	Nom propre
A	Nom commun
B	Adjectif
C	Déterminatif
D	Pronom
E	Relatif
F	Auxiliaire, semi-auxiliaire
G	Verbe conjugué
H	Infinitif
I	Participe présent
J	Participe passé
K	Adverbe
L	Conjonction
M	Préposition
N	Interjection, exclamation
O	Finale
P	,
Q	;
R	:
S	!
T	?
U	...
V	"
W	Mots étrangers
X	Caractères euphoniques

Indice 9.

Indice 10. Disponibles

Indice 11.

Indice 12.

GROUPE 11. Mots étrangers.

Pas d'indices.

Z devant le 1ème.

GROUPE 12. Caractères euphoniques: "t", "l".

Indice 1.

Z

DONNEES QUANTITATIVES

DICTIONNAIRE DE FREQUENCE DES FORMES

F	FORME
1299	de
911	et
756	le
698	la
654	il
644	à
543	les
515	un
470	que
406	l
391	d
386	je
376	en
373	Candide
354	vous
351	qui
349	des
322	dit
320	dans
316	qu
282	est
264	ne
249	n
247	ce
244	on
244	une
237	du
215	pas
189	lui
182	nous
179	pour
176	plus
161	était
158	se
152	au
150	tout
149	me
145	deux
145	mais
143	a
140	y
138	s
136	j
136	son
131	sur
128	avait
127	bien
126	ils
125	Cunégonde
124	avec
124	par
122	elle
121	si
119	c
115	mon
110	Martin
110	ai
98	Pangloss
92	être
88	leur
88	sa
85	Cacambo
84	tous
81	cette
75	m
74	été
73	ces
70	moi
69	comme
67	faire
65	fit
65	homme
64	fut
63	ses
62	quand
61	ma
61	monsieur
60	fait
60	très
59	leurs
56	point
55	sont
55	vieille
52	monde
52	peu
51	grand
50	autre
50	jamais
49	toujours
48	après
48	aux
48	mademoiselle
48	votre
47	avoir
47	encore
47	où
46	mille
46	suis
45	avez
45	même
45	pays
45	rien
45	sans
44	autres
43	baron
43	quelques
42	comment
42	étaient
41	disait
41	enfin
41	ni
40	car
39	hommes
39	maître
39	ou
39	terre
38	aussi
38	faut
38	trois
36	dont
36	peut
36	vaisseau
36	vu
35	ont
35	quoi
35	roi
35	toute
34	bon
34	fort
33	assez
33	chez
33	père
33	répondit
33	toutes
32	belle
30	beau
30	chapitre
29	cet
29	temps
29	vingt
28	donc
28	ici
28	mes
27	Venise
27	cela
27	furent
27	fus
27	mieux
27	notre
26	cher
26	dire
26	gens
26	jésuite
26	quelque
25	beaucoup
25	fois
25	frère
25	jours
25	là
25	mal
25	t
24	abbé
24	aller
24	avaient
24	pouvait
24	six
24	voilà
23	ainsi
23	ayant
23	êtes
23	moutons
23	prit
23	quatre
23	quel
23	voir
22	château
22	filles
21	bonne

21 capitaine
21 cent
21 jour
21 jusqu
21 nos
21 plaisir
21 soeur
21 tant
21 ville
21 yeux
20 Dieu
20 ah
20 chose
20 contre
20 coups
20 diamants
20 donna
20 entre
20 raison

19 Bulgares
19 avais
19 eut
19 jeune
19 moins
19 mère
19 personne
19 tu
19 vie

18 auprès
18 avons
18 bout
18 celui
18 eu
18 étais
18 étrangers
18 hélas
18 inquisiteur
18 maison
18 manger
18 mis
18 or
18 patron
18 peine
18 petit
18 porte
18 quelle
18 souper
18 vos

17 Paquette
17 ami
17 donner
17 eux
17 femme
17 mit
17 oui
17 soit
17 table
16 ait
16 chacun
16 dix
16 déjà
16 faisait
16 moment
16 monseigneur
16 rois
16 sous

15 Pococuranté
15 ensuite
15 larmes
15 madame
15 non
15 passer
15 pendu
15 piastres
15 pieds
15 tête
14 allait
14 argent
14 aussitôt
14 ci
14 coeur
14 demanda
14 discours
14 doute
14 état
14 femmes
14 grands
14 lequel
14 longtemps
14 main
14 parler
14 première
14 sommes
14 tuer
14 va

14 vers
13 Aires
13 Buenos
13 Constantinople
13 Eldorado
13 Europe
13 aurait
13 choses
13 chère
13 ciel
13 dame
13 derrière
13 eh
13 esprit
13 guerre
13 livres
13 majesté
13 meilleur
13 mer
13 mort
13 parce
13 pendant
13 philosophe
13 pourquoi
13 reste
13 révérend
13 tué
13 vrai
13 vérité

12 France
12 Paris
12 Y
12 ailleurs
12 ans
12 bientôt
12 bras
12 cependant
12 cinq
12 docteur
12 écria
12 fille
12 font
12 gouverneur
12 grande
12 honneur
12 juif

12 petite
12 pied
12 quelquefois
12 sais
12 savant
12 trente
12 trouve
12 vieillard
12 village
12 voulut
12 voyez
11 Ten
11 Thunder
11 Tronckh
11 amour
11 anabaptiste
11 âme
11 commandant
11 corps
11 don
11 donne
11 droit
11 dîner
11 elles
11 gros
11 messieurs
11 mois
11 né
11 partout
11 perdu
11 royaume
11 vais
11 valet
11 vois
10 Westphalie
10 abord
10 air
10 allons
10 alors
10 autant
10 aventures
10 aviez
10 bruit
10 carnaval
10 chevaux
10 coup
10 crois
10 enfants
10 entra
10 extrême
10 eût
10 fils
10 fût
10 hollandais
10 honnête
10 malheurs
10 marquise
10 mettre
10 milieu
10 moitié
10 mêmes
10 nature
10 o
10 oh
10 parla
10 parole
10 plusieurs
10 présent
10 quoique
10 seigneur
10 seulement
10 singes

10 souvent
10 trouvé
9 Giroflée
9 Issachar
9 Italie
9 Jacques
9 Lisbonne
9 Portugal
9 arriva
9 aventure

9 celle
9 chargés
9 demander
9 douze
9 dès
9 effet
9 espèce

9 galère
9 galères
9 goût
9 grâce
9 général
9 lendemain
9 mots
9 palais
9 possibles
9 périgourdin
9 quinze
9 savoir
9 soin
9 soldats
9 surprise
9 voyageurs
9 voyait
9 voyant
9 vue
8 Bordeaux

8 Surinam
8 aime
8 attendant
8 aujourdhui
8 baronne
8 bonheur
8 bulgare
8 cabaret
8 cents
8 ceux
8 cinquante
8 combien
8 côté
8 dames
8 davantage
8 depuis
8 espagnol
8 épouser
8 épée
8 étant
8 étonné
8 faim
8 fallait
8 fin
8 français
8 heures
8 heureux
8 histoire
8 horrible
8 jolie
8 liberté
8 marchand
8 mauvais

8 maîtresse
8 mener
8 mondes
8 mot
8 mouton
8 noirs
8 oreillons
8 part
8 partie
8 pauvre
8 payer
8 physique
8 premier
8 prendre
8 presque
8 prince
8 prison
8 pu
8 répliqua
8 sang
8 savez
8 tantôt
8 théatin
8 troisième
8 usage
8 vaut
8 vendit
8 veut
8 vis
8 vite
8 voyage
7 Cadix
7 aimait
7 aisément
7 aperçut
7 aucun
7 autodafé
7 avoue
7 âge
7 baiser
7 beauté
7 bonnes
7 chaque
7 châteaux
7 devant
7 devint
7 donné
7 douleur
7 empereur
7 environ
7 étrange
7 feu
7 fortune
7 haut
7 hôte
7 laide
7 langue
7 lieues
7 lit
7 longue
7 matelot
7 mena
7 millions
7 montagnes
7 morte
7 mène
7 métier
7 nouvelle
7 pain
7 pense
7 pierreries
7 pleurant
7 port
7 prend
7 quatrième
7 rendre
7 reprit
7 sait
7 sens
7 serait
7 seul
7 soir
7 sort
7 tandis
7 tel
7 travers
7 trop
7 trouva
7 venait
7 violée
7 voulez
6 Achmet
6 Allemagne
6 Angleterre
6 Espagne
6 agréable
6 aient
6 allemand
6 amiral
6 andalous
6 as
6 attentivement
6 autrement
6 avis
6 ayez
6 boire
6 cailloux
6 cause
6 champ
6 chassé
6 cordelier
6 court
6 cris
6 croyait
6 croyez
6 devait
6 diable
6 désespoir
6 ensemble
6 entendu
6 entrer
6 esclave
6 exempt
6 éprouvé
6 faisaient
6 faite
6 fessé
6 garde
6 gauche
6 gorge
6 gueux
6 heure
6 horreur
6 hors
6 huit
6 hôtellerie
6 idée
6 jardin

6 jeter
6 joie
6 juge
6 justice
6 jésuites
6 laissa
6 livre
6 lévanti
6 mains
6 maladie
6 malheureux
6 manière
6 marché
6 moeurs
6 mourir
6 métairie
6 nez
6 noble
6 nommé
6 nouvelles
6 oeil
6 oreille
6 pape
6 paroles
6 pendre
6 personnes
6 peur
6 peux
6 pièce
6 place
6 plein
6 plupart
6 possible
6 pourra
6 pourrait
6 prix
6 province
6 puis
6 puisque
6 quartiers
6 repas
6 revoir
6 rivage
6 saint
6 second
6 sixième
6 soixante

6 su
6 suffisante
6 sultan
6 te
6 tenait
6 tendre
6 tendrement
6 ton
6 tragédies
6 traité
6 trouver
6 uns
6 vaisseaux
6 venu
6 vin
6 voici
6 voile
6 voix
6 voudrais
5 Afrique
5 Charles
5 Dorado
5 Edouard
5 Espagnol
5 Paraguay
5 Rome
5 Saint
5 abominable
5 actrice
5 affaires
5 amis
5 ancien

5 appelle
5 appris
5 approcha
5 armes
5 arrivé
5 attendre
5 attention
5 aura
5 auraient
5 avouer
5 besoin
5 bons
5 cabinet

5 causes
5 certainement
5 chambre
5 chemin
5 chrétien
5 cinquième
5 condition
5 conduire
5 connaissance
5 content
5 convives
5 coquin
5 corsaire
5 cou
5 cour
5 créatures
5 curieux
5 curiosité
5 demoiselle
5 derviche
5 destinée
5 disaient
5 doit
5 effets
5 empire
5 entendre
5 excellence
5 élevé
5 états
5 étranger
5 faiblesse
5 faites
5 famille
5 feuillée
5 fidèle
5 firent
5 fond
5 froid
5 genoux
5 gouvernement
5 habitants
5 horriblement
5 héros
5 jeta
5 juifs
5 laquelle
5 lieu
5 loin
5 lorsqu
5 los

5 moine
5 moral
5 morts
5 musique
5 médecin
5 mérite
5 nuit
5 nègre
5 officier
5 padres
5 paraissait
5 parents
5 parlait
5 parmi
5 parti
5 partir
5 passa
5 patrie
5 pensez
5 perdre
5 petits
5 peuple
5 pitié
5 pièces
5 plaire
5 pourtant
5 princesse
5 pris
5 propos
5 providence
5 près
5 prêt
5 prêtres
5 puisse
5 quelles
5 quoiqu
5 rage
5 rang
5 rencontra
5 robe
5 rouge
5 rouges
5 rougit
5 route
5 sage
5 selon
5 soldat
5 souverain
5 sénateur
5 ta
5 termes
5 tire
5 tomba
5 tour
5 trouvèrent
5 univers
5 vendre
5 venir
5 ventre
5 voisinage
5 voisine
4 Abares
4 Alger
4 Amérique
4 Dieppe
4 Hollande
4 Ivan
4 Maroc
4 Russes
4 Turquie
4 Vanderdendur
4 aborda
4 absolument
4 acheta
4 admirable
4 advint
4 affaire
4 aise
4 alla
4 allemands
4 allèrent
4 amants
4 anglais
4 année
4 années
4 appartenait
4 appelait
4 arrivés
4 aucune
4 aurez
4 avant
4 bas
4 bel
4 bonté
4 bord
4 brûlé
4 canapé
4 canons
4 cartes
4 chef
4 chercher
4 chirurgien
4 chocolat
4 commerce
4 compagnie
4 compte
4 congé
4 connais
4 conter
4 conversation
4 couleur
4 cérémonie
4 côtes
4 demain
4 diamant

4 dirai
4 domestiques
4 dégoûté
4 déjeuner
4 détrôné
4 eau
4 embrassa
4 enfant
4 enfer
4 ennemis
4 ennui
4 envie
4 eue
4 exercice
4 écoutait
4 écuelles
4 épouvantables
4 étendu
4 fais
4 faits
4 fesse
4 foi
4 force
4 forçats
4 fou
4 foule
4 fureur
4 gagner
4 grâces

4 habit
4 harmonie
4 honneurs
4 iman
4 inquisition
4 jette
4 jeu
4 jouait
4 juste
4 laquais
4 logis
4 lois
4 loua
4 mangé
4 matière
4 mauvaise
4 meilleure
4 met
4 misères
4 misérable
4 naturel
4 nom
4 nécessaire
4 ordre
4 pardon
4 parfaitement
4 parlé
4 passe
4 passion
4 passé
4 peau
4 perdit
4 permission
4 peuvent
4 plut
4 poliment
4 pontes
4 portait
4 premiers
4 prenez
4 prodige
4 profond
4 provisions
4 précipices
4 présenter
4 pure
4 péché
4 pût
4 quart
4 quartier
4 regarda
4 regardait
4 regardant
4 religion
4 remettre
4 reprendre
4 resta
4 restait
4 rester
4 retrouver
4 revenir
4 reçu
4 reçut
4 rire
4 rivière
4 salle
4 santé
4 sciences
4 sequins
4 sera
4 serais
4 serez
4 servi
4 servir
4 signe
4 sire
4 soient
4 sortir
4 sottises
4 sujet
4 surtout
4 séparer
4 théologie
4 théâtre
4 tomber
4 tournant
4 tremblement
4 trésors
4 turc
4 unes
4 utile
4 venus
4 vertu
4 veux
4 vient
4 vieux
4 vilain
4 visage
4 voit
4 volé
4 voudra
4 voudrez
4 voulait
4 voyager

3 Biscayen
3 Cayenne
3 D
3 Espagnols
3 Fernando
3 Figueora
3 Henri
3 Ibaraa
3 Lampourdos
3 Mascarenes
3 Palestrine
3 Portsmouth
3 Propontide

3 Souza
3 Transylvanie
3 Turc
3 Turcs
3 abandonner
3 aide
3 aimais
3 aimez
3 allez
3 amener
3 anciens
3 aperçu
3 apporte
3 apprit
3 approchant
3 approche
3 arbre
3 arrivent

3 arrivèrent
3 arrivée
3 arrêtez
3 auteur
3 autrefois
3 avions
3 avoua
3 âgée
3 baguette
3 baguettes
3 banc
3 banquier
3 barons
3 basanés
3 beaux
3 belles
3 benito
3 blanche
3 blancs
3 boeuf
3 bois
3 bouche
3 bouquet
3 broche
3 brutal
3 brûler
3 bâton
3 cabarets
3 campagne
3 canaille
3 canon
3 carrosse
3 ceci
3 celles
3 cesse
3 chacune
3 chemins
3 cheval
3 chiens
3 colère
3 combat
3 commis
3 commune
3 compagnons
3 conclut
3 conseil
3 conta
3 continua
3 continuait
3 continuellement
3 convulsions
3 coupée
3 couteau
3 craindre
3 crime
3 croit
3 croyant
3 cruciale
3 crut
3 cuisine
3 cul
3 côtés
3 dents
3 dernier
3 dessein
3 dessus
3 devenue
3 devez
3 dey
3 diables
3 disputaient
3 dites
3 doigt
3 domestique
3 donnait
3 donnent
3 droite
3 droits
3 découvrirent
3 détermina
3 détestables
3 détrônés
3 dévotes
3 embrasser
3 emporta
3 empressement
3 empêcher
3 endroit
3 enfuit
3 enlever
3 entendait
3 entière
3 envoyer
3 envoyé
3 escalier
3 esclaves
3 essuyé
3 eunuques
3 eurent
3 excellent
3 excepté
3 expliqua
3 écriait
3 écrits
3 écus
3 église
3 élevés
3 émeraudes
3 épouvantable
3 étendue
3 étions
3 évanouit
3 événements
3 faibles
3 faisant
3 fameux
3 familier
3 fasse
3 fatigue
3 faux
3 fenêtres
3 ferons
3 fierté
3 figure
3 flammes
3 flotte
3 frais
3 frappe
3 fripon
3 fussions
3 gageure
3 gagné
3 garçons
3 grandes
3 guérir
3 guérit
3 huitième
3 humblement
3 idées
3 ignorant
3 impitoyablement
3 impossible
3 incision
3 inconnu
3 incontinent
3 infortunes
3 injustice
3 innocemment
3 innocence
3 inquisiteurs
3 inquiétude
3 instant
3 ira

3 jambe
3 jambes
3 janissaires
3 jetant
3 joue
3 joues
3 jouir
3 jugement
3 jura
3 laisse
3 lettre
3 lettres
3 libres
3 liqueurs
3 lire
3 loi
3 long
3 malheur
3 malheureuse
3 mangeons
3 mangez
3 manichéen
3 manque
3 manquez
3 marcher
3 maudit
3 maîtres
3 menez
3 merveille
3 messe
3 miennes
3 mirent
3 misère
3 mode
3 moindre
3 moines
3 monnaie
3 mouphti
3 moyen
3 mulâtres
3 mélancolie
3 mémoire
3 naissance
3 nations
3 nerf
3 neuvième
3 noire
3 nombre
3 nouveau
3 nouveaux
3 noyé
3 nu
3 nues
3 nègres
3 nécessairement
3 obligée
3 occasion
3 occupé
3 oeuvre
3 oiseaux
3 optimisme
3 orateur
3 ordinaire
3 ornés
3 osa
3 ouvre
3 paradis
3 paraissaient
3 paravent
3 paraît
3 parlaient
3 parlant
3 partit
3 paru
3 passage
3 passagers
3 passèrent
3 payé
3 perdait
3 perroquets
3 peste
3 peuples
3 philosophes
3 philosophie
3 pierre
3 pirate
3 pistoles
3 places
3 plaindre
3 pleurer
3 plutôt
3 poches
3 pommade
3 possède
3 pourrons
3 pouvaient
3 pouvez
3 poètes
3 prairie
3 prenaient
3 prenait
3 prendra
3 principes
3 procès
3 promenant
3 proposa
3 prouvait
3 provincial
3 précepteur
3 précisément
3 présence
3 présenta
3 présentèrent
3 prête
3 publiques
3 puisqu
3 puissants
3 put
3 pères
3 périrent
3 quels
3 querelles
3 quitter
3 rade
3 raisonner
3 rançon
3 regardaient
3 regarder
3 rencontrèrent
3 retournant
3 retourne
3 retourner
3 reçoit
3 reçus
3 riche
3 rochers
3 rubis
3 rudement
3 ruines
3 réflexions
3 régiment
3 répliquait

3 répondait
3 sages
3 sainte
3 san
3 sauvages
3 savait
3 scènes
3 semaines
3 sept
3 septième
3 sergent
3 seriez
3 serment
3 serons
3 seront
3 servante
3 servit
3 seule
3 silence
3 simple
3 soleil
3 songe
3 soucie
3 souffert
3 souhaite
3 spectacle
3 spectacles
3 sublime
3 sucre
3 suite
3 suivante
3 suivi
3 suivit
3 sérail
3 taille
3 tas
3 telle
3 tempête
3 tenir
3 tillac
3 tirer
3 touché
3 tragédie
3 traite
3 traîner
3 tremblements
3 triste
3 tristes
3 troupes
3 trouvait
3 tua
3 tue
3 témoin
3 valait
3 venez
3 verrez
3 verrons
3 vint
3 violer
3 virent
3 visite
3 vivant
3 vivre
3 voirie
3 voisin
3 volait
3 vole
3 vont
3 voulût
2 Alexandrie
2 Anglais
2 Arioste
2 Asie
2 Asof
2 Badajoz
2 Batavia
2 Brenta
2 Bulgare
2 Canada
2 Carara
2 Clairon
2 Colomb
2 Compostelle
2 César
2 Français
2 Gauchat
2 Germain
2 Homère
2 Incas
2 Japon
2 Lima
2 Malte
2 Massa
2 Milton
2 Méditerranée
2 Normandie
2 Padoue
2 Paraguayens
2 Parolignac
2 Périgourdin
2 Portugais
2 Richard
2 Samos
2 Smyrne
2 Tasse
2 Théodore
2 Tripoli
2 Tucuman
2 Vénitien
2 abandonné
2 aborde
2 abordèrent
2 abîmé
2 académie
2 acariâtre
2 accepta
2 accidents
2 accommoder
2 accompagner
2 accorda
2 accourut
2 acheva
2 achever
2 acteur
2 acteurs
2 actions
2 adresse
2 affligé
2 affreuse
2 aga
2 agitée
2 aider
2 aille

2 aimer
2 aimée
2 alcade
2 altesses
2 amant
2 amena
2 ancienne
2 antiquité
2 antéchrist
2 apercevant
2 apparemment
2 appartements
2 appelé
2 apporta
2 apporter
2 apprendre
2 approchent
2 approchèrent
2 archidiacre
2 armées
2 arpents
2 arracher
2 arraché
2 arrangé
2 arrivant
2 arrive
2 arrêta
2 arrête
2 art
2 arts
2 assemblée
2 assura
2 assuré
2 assurément
2 attaqué
2 attends
2 auberge
2 aumône
2 aumônier
2 auquel
2 aurai
2 aurons
2 avantages
2 avouerez
2 bachas
2 bagatelle
2 baigna
2 baigner
2 baisa
2 balles
2 bande
2 barbare
2 barbier
2 barque
2 barrière
2 bataille
2 bateaux
2 battu
2 battue
2 bayonnettes
2 beautés
2 berceau
2 bibliothèque
2 bienfaiteur
2 biens
2 billet
2 bizarre
2 blanc
2 bonnet
2 bords
2 bordée
2 boue
2 bourdon
2 brave
2 brigands
2 brillant
2 brillante
2 brillants
2 broches
2 brûlées
2 béni
2 cachot
2 cadi
2 cadis
2 café
2 caleçon
2 camp
2 canne
2 canot
2 cap
2 capitale
2 caractère
2 caresser
2 cas
2 casser
2 cendres
2 cessait
2 chagrins
2 chaise
2 chantait
2 chantent
2 chapelle
2 charitable
2 charité
2 charmante
2 charmes
2 chassa
2 chaudière
2 che
2 chemises
2 chevalier
2 cheveux
2 choisir
2 chrétiens
2 chute
2 clameurs
2 clerc
2 clin
2 coeurs
2 coglioni
2 colibri
2 colibris
2 collège
2 colonel
2 commander
2 commencement
2 commença
2 commission
2 commun
2 communs
2 commère
2 compassion
2 complet
2 conclure
2 conduit
2 connaissent
2 connaissez
2 connaît
2 connu
2 conseils
2 consola

2 consulter
2 conséquent
2 contes
2 contingents
2 continuer
2 convaincu
2 convenait
2 coucha
2 coucher
2 coupe
2 courage
2 courant
2 courir
2 courons
2 courtisans
2 coutume
2 couvent
2 couvert
2 couverts
2 couvrent
2 crains
2 cri
2 cria
2 criaient
2 criant
2 cristal
2 croient
2 croire
2 crédit
2 cuire
2 cuisinière
2 cultive
2 cultiver
2 daigner
2 demandait
2 demande
2 demandons
2 demeurait
2 demeure
2 demi
2 demoiselles
2 dernière
2 description
2 devenir
2 devenu
2 deviné
2 dieu
2 dieux
2 difficile
2 différence
2 digne
2 dignité
2 diligence
2 dimanche
2 dirait
2 dis
2 disais
2 discrêtion
2 disent
2 dissêquê
2 divertissements
2 divisê
2 doge
2 doigts
2 dois
2 dommage
2 donnant
2 donnerai
2 donnerait
2 donnèrent
2 dormez
2 douces
2 douceur
2 douloureux
2 doutait
2 doux
2 droites
2 dur
2 dêbris
2 dêchirêes
2 déclara
2 découverte
2 dédire
2 dêfendre
2 dêfenseur
2 dêgoûtant
2 dêlices
2 dêlicieuse
2 dêlivrê
2 dêmarche
2 dêsir
2 dêtourner
2 dût
2 effaçaient
2 effendis
2 efficace
2 effort
2 effroi
2 embarque
2 embarquer
2 empare
2 enchaînê
2 enfoncèrent
2 enfuis
2 engagea
2 englouti
2 entendirent
2 entendit
2 entends
2 enterrerait
2 entourent
2 entourés
2 entrecoupée
2 entretenir
2 entrèrent
2 entrée
2 envoie
2 envoya
2 envoyait
2 espère
2 espérait
2 espêrances
2 espêrer
2 essere
2 eunuque
2 exerce
2 exercer
2 expliquait
2 exprès
2 expulsês
2 expérience
2 extase
2 exterminer
2 extraordinaire
2 extraordinaires
2 extrêmement
2 exécration
2 êclats
2 êcot
2 êcouta
2 êcriai
2 êcrire
2 êcrit
2 êcurie
2 êmotion
2 êmu
2 êpaules
2 êperdu
2 êperviers
2 êpouse
2 êpousê
2 êprouver
2 êraillês
2 êtable
2 êtend
2 êtonnait
2 êtrangler

2 éventrée
2 fallu
2 fallut
2 fange
2 faubourg
2 faudra
2 faudrait
2 fausses
2 faveur
2 fendu
2 fera
2 ferais
2 ferez
2 fers
2 feuilles
2 figurez
2 files
2 fini
2 fleur
2 florins
2 folliculaire
2 fondements
2 fontaines
2 forces
2 forme
2 formé
2 fouet
2 fouetté
2 fraîcheur
2 front
2 frontières
2 fruit
2 fruits
2 fuite
2 funeste
2 fusse
2 félicité
2 fétiches
2 gage
2 gai
2 galerie
2 globe
2 gloire
2 gondolier
2 gondoliers
2 goûté
2 griffes
2 guère
2 génie
2 habitent
2 habitué
2 hardiesse
2 hasard
2 haute
2 hautesse
2 hier
2 horreurs
2 horribles
2 huile
2 humain
2 humeur
2 humeurs
2 hésita
2 hôpital
2 icoglan
2 imaginer
2 immenses
2 impertinence
2 importe
2 indispensable
2 inexprimable
2 infidélité
2 informe
2 infortunés
2 ingrats
2 insolence
2 inspire
2 interdit
2 interprète
2 intérêt
2 israélite
2 italien
2 jardins
2 jetaient
2 jetait
2 jeunes
2 journée
2 jugea
2 jusque
2 laine
2 laissant
2 laisser
2 laissons
2 lambris
2 langage
2 lard
2 larges
2 lassait
2 lassitude
2 lesquels
2 leva
2 libre
2 lier
2 ligne
2 lis
2 lorsque
2 loups
2 loué
2 lu
2 lumière
2 lunettes
2 lèvres
2 légère
2 légèrement
2 machine
2 magister
2 maisons
2 malade
2 manche
2 manquèrent
2 marbre
2 marchant
2 marche
2 marchèrent
2 mariage
2 matin
2 maure
2 maximes
2 menés
2 meurs
2 meurt
2 milles
2 million
2 mine
2 miracle
2 mise
2 misérables
2 mitre
2 monarque
2 monstres
2 monter
2 moquez
2 morale
2 morceaux
2 mortel
2 mouches
2 mouchoir
2 mourant

2 mourants
2 moururent
2 mourut
2 moustache
2 mouvement
2 musiciens
2 musulman
2 médecins
2 mélanges
2 mépris
2 métaphysicien
2 métaphysique
2 métis
2 nageait
2 nation
2 naturellement
2 naître
2 neige
2 nerfs
2 neuf
2 neveu
2 noces
2 noir
2 nommait
2 novice
2 nus
2 nécessité
2 nôtre
2 obligé
2 obéit
2 odeur
2 oeuvres
2 officiers
2 offrit
2 ombres
2 opera
2 opération
2 oreilles
2 orgueil
2 oser
2 oublier
2 ours
2 outre
2 page
2 paient
2 palet
2 palets
2 parade
2 paraisse
2 paraissez
2 parcouru
2 pareilles
2 parle
2 parlement
2 parlez
2 partage
2 partagé
2 particuliers
2 particulière
2 partira
2 partons
2 parut
2 pauvres
2 paya
2 penser
2 perle
2 permet
2 personnage
2 personnages
2 persuada
2 pesait
2 pharaon
2 physiciens
2 physionomie
2 pieux
2 pirates
2 pistaches
2 plaisant
2 plaisirs
2 planches
2 plante
2 plat
2 plats
2 plaît
2 pleine
2 plumes
2 polaques
2 politesses
2 porta
2 portaient
2 portant
2 porter
2 portez
2 pourrai
2 pourrez
2 pourrions
2 pouvant
2 poète
2 prenant
2 prennent
2 prier
2 prieur
2 princes
2 privilège
2 privé
2 prières
2 probable
2 procurer
2 procédé
2 prodigieuse
2 prodigieusement
2 produit
2 profondément
2 proférer
2 promener
2 promit
2 prononçant
2 propose
2 propre
2 proprement
2 prouver
2 provinces
2 prudent
2 prudente
2 préférable
2 présentait
2 présents
2 présume
2 prétendait
2 préétablie
2 prêché
2 prêtre
2 public
2 publics
2 puni
2 pus
2 périssent
2 quarts
2 querelle
2 question

2 questions
2 queues
2 quiconque
2 quittèrent
2 raconta
2 rafraîchissements
2 raisonna
2 raisonnable
2 raisonnaient
2 raisonnements
2 ramassa
2 ramassai
2 ramasser
2 ramer

2 rapide
2 ravie
2 rebutent
2 recevoir
2 recueillir
2 recueils
2 redoubla
2 referme
2 reines
2 rembrunie
2 remercia
2 remonter
2 remords
2 remplie
2 remplir
2 remuer
2 rencontre
2 rencontré
2 rendait
2 rendez
2 rendirent
2 renfermait
2 renverse
2 repos
2 repris
2 respect
2 respectable
2 ressemblent
2 restaient
2 restons
2 resté
2 retourna
2 retournons
2 retrouva
2 retrouve
2 revenant
2 revenu
2 revenus
2 reverrai
2 revers
2 reviendrai
2 revint
2 revue
2 reçue
2 riches
2 richesses
2 rit
2 robes
2 roche
2 rocher
2 roué
2 rue
2 rues
2 ruine
2 ruisseaux
2 réduite
2 rémission
2 répandit
2 répondirent
2 réponds
2 résigne
2 résisté
2 résolurent
2 réveil
2 révérence
2 rôtis
2 sabbat
2 saisi
2 saisit
2 saluer
2 sauta
2 savaient
2 savais
2 sciagura
2 seconde
2 secours
2 secourus
2 secret
2 seigneurs
2 sentiments
2 sentir
2 sentit
2 senza
2 sermon
2 sermons
2 serpents
2 servait
2 service
2 sexe
2 sienne
2 signifia
2 singulière
2 siècles
2 socinien
2 soi
2 sois
2 songeait
2 sonnets
2 sortait
2 sortes
2 sortit
2 sots
2 sottise
2 soupa
2 soupirs
2 soupçonne
2 source
2 souris
2 sourit
2 soutenait
2 soutenir
2 souverains
2 souviens
2 stupéfait
2 supérieur
2 surlendemain
2 surpris
2 surprit
2 système
2 tableau
2 tableaux
2 taches
2 talents
2 telles
2 tenaient
2 tient

2 tigres
2 tinrent
2 toile
2 tombai
2 tombait
2 tombe
2 tort
2 traitait
2 traitent
2 travail
2 travaillait
2 travailler
2 travaillons
2 travaillèrent
2 tremblante
2 trembler
2 trentaine
2 tristement
2 trouverons
2 trouvez
2 trône
2 téméraire
2 têtes
2 universelle
2 université
2 valent
2 valeur
2 valoir
2 valu
2 vases
2 vendue
2 vengés
2 vent
2 vents
2 venue
2 versa
2 versait
2 vif
2 vinaigre
2 violente
2 visages
2 vivres
2 vizirs
2 voeu
2 voler
2 volontiers
2 volonté

2 volumes
2 volée
2 voulu
2 voulus
2 voyages
2 voûte
2 vraiment
2 vêtus
1 Abraham
1 Absalon
1 Achates
1 Adam
1 Amata
1 Amsterdam
1 Andalousie

1 Annibal
1 Antoine
1 Antonins
1 Aod
1 Arabie
1 Arioviste
1 Ascanius
1 Astyage
1 Athalia
1 Atlas

1 Atocha
1 Atrébatie
1 Avacéna
1 Babylone
1 Basse
1 Baza
1 Bonne
1 Bourgogne
1 Brindes

1 Cassel
1 Caton
1 Ceuta
1 Chillas
1 Chine
1 Chinois
1 Christophe
1 Chypre
1 Cicéron
1 Cloanthe
1 Cluentius
1 Coimbre

1 Corfou
1 Corse
1 Croust
1 Crésus
1 Césars
1 Dame
1 Dardanelles
1 Darius
1 Denys
1 Dikdorff
1 Dioscoride
1 Domitien
1 Eglon
1 Egypte
1 El
1 Ela
1 Elisabeth
1 Enée
1 Enéide
1 Erzerum
1 Espérance

1 GaÏette
1 Genevois

1 Grecs
1 Guinée
1 Haye
1 Hermandad
1 Hollandais
1 Honoré
1 Horace
1 Hélène
1 Ignace
1 Indiens
1 Ismaël
1 Israël
1 Italiennes
1 Japonais
1 Jehu
1 Joachim
1 Joiada
1 Jugurtha
1 Jéchonias
1 Jéroboam
1 Latinus
1 Lavinia
1 Lebrixa
1 Leibnitz
1 Leipzig
1 Lemnos
1 Leyde
1 Lombardie
1 Londres
1 Lucifer
1 Lucéna
1 Madrid
1 Mahmoud
1 Mahomet
1 Marc
1 Marceau
1 Marie
1 Marmora
1 Marseille
1 Matapan
1 Milo
1 Moabites
1 Mogol
1 Monime
1 Montepulciano
1 Morena
1 Moscou
1 Moïse
1 Muley
1 Mytilène
1 Mécenas
1 Médicis
1 Méquinez
1 Nadar
1 Naples
1 Nicarie
1 Notre
1 Néron
1 Ochosias
1 Opporto
1 Othon
1 Palus
1 Persans
1 Perse
1 Persée
1 Petra
1 Pierre
1 Platon
1 Polonais
1 Pompée
1 Porto
1 Pupilus
1 Pyrrhus
1 Pérou
1 Rabirius
1 Ragotsky
1 Raleigh
1 Raphaël
1 Riga
1 Robek
1 Rostock
1 Rotterdam
1 Russie
1 Russies
1 Salé
1 Sarmates
1 Scutari
1 Siamois
1 Sierra
1 Stuart
1 Syracuse
1 Sédécias
1 Sénèque
1 T
1 Trarbk
1 Troie
1 Trévoux
1 Tunis
1 Turques
1 Tyrolien
1 Tétuan
1 Urbain
1 Utrecht
1 Virgile
1 Vismar
1 Vistule
1 Vitellius
1 Vénitiens
1 Vénus
1 Waldberghoff
1 Westphalien
1 Zambri
1 abare
1 abares
1 abattu
1 abject
1 abomination
1 aborder
1 abri
1 absolu
1 absolue
1 absolution
1 absous
1 abusé
1 abîme
1 abîmés
1 accabla
1 accablaient
1 accable
1 accablés
1 accepter
1 accommodants
1 accommodé
1 accompagnait
1 accompagnent
1 accompagnerez
1 accompagné
1 accouche
1 accourait
1 accoutumé
1 accoutumés
1 accroché

1 accroire
1 accumulait
1 accusait
1 accusé
1 achetai
1 acheter
1 acheté
1 achevât
1 achète
1 achève
1 acquittèrent
1 acquièrent
1 action
1 adieu
1 adjugé
1 admirablement
1 admirables
1 admiration
1 admirent
1 admirer
1 adorable
1 adore
1 adorez
1 adorons
1 adressa
1 adressèrent
1 adroit
1 adverse
1 affaiblis
1 affectant
1 affermit
1 affligée
1 affreuses
1 affronte
1 agacent
1 agent
1 agilité
1 agissait
1 agissent
1 agit
1 agitait
1 agité
1 agitées
1 agréables
1 agréments
1 aidait
1 aie
1 aimable
1 aiment
1 aimerai
1 aimerais
1 aimé
1 airs
1 ajouta
1 ajoutez
1 alarma
1 alarme
1 alertes
1 alguazils
1 aliments
1 allai
1 allant
1 alliez
1 alluma
1 allumer
1 allégresse
1 altière
1 ambassadeur
1 ambitieux
1 amené
1 amenée
1 amitié
1 amoureusement
1 amoureux
1 amplifications
1 ampoulés
1 amusant
1 amuser
1 amusèrent
1 amène
1 amènera
1 amèrement
1 ananas
1 ancre
1 angoisses
1 animal
1 animale
1 annonce
1 annonçait
1 antichambre
1 anémones
1 apaisa
1 aperçois
1 aperçoit
1 aperçurent
1 apostrophes
1 apothicaire
1 apparents
1 appartement
1 appartenante
1 appartenir
1 appartenu
1 appartiendraient
1 appartient
1 appartins
1 appelaient
1 appeler
1 appelez
1 appellent
1 applaudies
1 applaudit
1 appliqua
1 appliquait
1 apporterai
1 apportés
1 apprend
1 apprendrait
1 apprends
1 appreniez
1 apprivoiser
1 approbation
1 approcher
1 approché
1 approprie
1 approuva
1 apprécier
1 appui
1 appuya
1 appétissante
1 appétit
1 arabe
1 arbitre
1 arbres
1 architecture
1 ardent
1 ardeur
1 arides
1 arithmétique
1 armoire
1 armée
1 armés

1 arrivaient
1 arrivait
1 arriverons
1 arrivées
1 arrivâmes
1 arrondies
1 arrosaient
1 arrose
1 arrêtèrent
1 articulo
1 asile
1 assailli
1 assassins
1 assassiné
1 assembla
1 assemblait
1 asseoir
1 assise
1 assiège
1 assiégeaient
1 assiégée
1 assomption
1 assouvi
1 assurait
1 assurant
1 assure
1 assurer
1 assurèrent
1 assurée
1 astres
1 atrabilaires
1 attacha
1 attachée
1 attaquée
1 atteignent
1 atteler
1 attend
1 attendais
1 attendit
1 attendri
1 attendrissement
1 attentions
1 attentive
1 attirait
1 attrape
1 attraper
1 attrapé
1 barigel
1 baronnes
1 baronnettes
1 baronnie
1 barques
1 barrières
1 basse
1 basses
1 bassesse
1 bateau
1 battait
1 battre
1 battues
1 baume
1 bayonnette
1 besoins
1 bijoux
1 bile
1 bissac
1 bière
1 blanchissais
1 blessure
1 blessé
1 bleu
1 bleue
1 bleus
1 boit
1 bonhomme
1 bonjour
1 bordé
1 bordés
1 borgne
1 boucherie
1 bouches
1 bouilli
1 bouillir
1 bouillis
1 bouillonnant
1 bouillons
1 bouleversé
1 bourg
1 bourgeoise
1 boutique
1 boyard
1 boyards
1 bravement
1 braves
1 attrista
1 audience
1 augmenta
1 auguste
1 auparavant
1 aurais
1 auriez
1 aurions
1 auront
1 autel
1 auteurs
1 avance
1 avancèrent
1 avancé
1 avancée
1 avancés
1 avanies
1 avantage
1 avança
1 avançait
1 avançons
1 avares
1 avertie
1 avertir
1 avertissait
1 avisa
1 avisant
1 avisez
1 avocat
1 avoine
1 avouait
1 avoueriez
1 avouèrent
1 avoué
1 aîné
1 âgé
1 âmes
1 b
1 bagage
1 baignés
1 bains
1 balancer
1 balances
1 bandés
1 banqueroutes
1 banqueroutiers
1 baptisé
1 barbares
1 barbes

1 brides
1 bridés
1 brigandage
1 brillaient
1 brille
1 briller
1 brise
1 brisés
1 brocart
1 brocarts
1 brochures
1 broda
1 brouillés
1 broussailles
1 brune
1 brûlait
1 brûlant
1 brûlés
1 buffa
1 buisson
1 bulgares
1 bulgarien
1 but
1 butin
1 buvaient
1 buvait
1 buvez
1 bénis
1 bénite
1 bénédictins
1 bât
1 bâtie
1 bête
1 cabalante
1 cabalent
1 cacha
1 caché
1 cachée
1 cadavres
1 cadence
1 cafés
1 caillou
1 calamité
1 calamités
1 calme
1 calomniateurs
1 camarade
1 camarades
1 canal
1 canard
1 canaux
1 cannelle
1 cantiques
1 canules
1 capital
1 captifs
1 captivité
1 caressait
1 caressants
1 caressiez
1 carnage
1 carreau
1 carrousels
1 carré
1 cassette
1 cassé
1 catastrophe
1 causa
1 causait
1 causant
1 causée
1 cavalerie
1 centaine
1 certain
1 certaine
1 certes
1 cervelle
1 cervelles
1 chagrin
1 chair
1 chaloupe
1 champs
1 changé
1 chansons
1 chante
1 chanter
1 chantiez
1 chaos
1 chapitres
1 chaponne
1 charge
1 charges
1 charmant
1 charmantes
1 charmé
1 charmés
1 charrette
1 chasser
1 chassée
1 chaud
1 chauffer
1 chausses
1 chaussées
1 chefs
1 cherche
1 chevaliers
1 chien
1 chienne
1 chiourme
1 chirurgienne
1 chirurgiens
1 choeur
1 choix
1 choqué
1 christi
1 chrétienne
1 chèrement
1 châtré
1 cimeterre
1 cimetière
1 cinquantaine
1 circoncire
1 circonspecte
1 citoyens
1 citrons
1 civile
1 civilement
1 civiles
1 civilités
1 clairement
1 clavelée
1 clavicule
1 climats
1 clémence
1 cochenille
1 cochon
1 cochons
1 cocos
1 cocotiers
1 coffrés
1 coin
1 coins

1 colifichets
1 colonies
1 colonnade
1 colonnes
1 colérique
1 combats
1 combattaient
1 combattent
1 combattit
1 combattu
1 comble
1 comique
1 commandait
1 commandé
1 commencent
1 commencé
1 commentaire
1 commençait
1 commençons
1 commettre
1 commodité
1 commodément
1 communes
1 communicatif
1 communiquaient
1 communément
1 compagnes
1 compas
1 compatissant
1 complaisance
1 compliment
1 composa
1 composaient

1 composé
1 composées
1 comprit
1 comptais
1 comptait
1 comptez
1 compté
1 comtesse
1 comédie
1 concerto
1 concevez
1 conclu
1 concluait

1 conclueriez
1 conclusion
1 condamna
1 condamné
1 conduisirent
1 conduisit
1 conduite
1 conduits
1 confessent
1 confesseur
1 confiance
1 confins
1 confirmer
1 confit
1 confits
1 confonde
1 confrères
1 confuse
1 confusion
1 connaissait
1 connaître
1 connaîtrez
1 connue
1 connus
1 conseille
1 consentement
1 conservateur
1 conservé
1 considéra
1 considération
1 considérée
1 consolaient
1 consolant
1 consolateur
1 consolations
1 console
1 consoler
1 constants
1 consternation
1 consterné
1 consulta
1 consultons
1 consumées
1 conséquence
1 contai
1 contaient
1 contait

1 contemporains
1 contenir
1 contente
1 continent
1 continue
1 continuel
1 continuelle
1 continuels
1 continuez
1 continuons
1 continuèrent
1 contour
1 contradictions
1 contraignirent
1 contraires
1 controverse
1 contrée
1 conté
1 convalescence
1 convenable
1 convention
1 conversations
1 converti
1 conviendrez
1 conviens
1 convient
1 convulsionnaire
1 conçois
1 conçue
1 concut
1 coquetteries
1 coquins
1 corbeaux
1 corde
1 cordes
1 cornait
1 corneilles
1 cornes
1 cornu
1 correcteur
1 correction
1 corrompaient
1 corrompu
1 cosmolo
1 couchait
1 coula
1 coulaient

1 coule
1 couler
1 couleuvres
1 couper
1 coupez
1 coupèrent
1 coupé
1 coupées
1 coupés
1 couraient
1 courent
1 couronne
1 cours
1 course
1 couru
1 courut
1 cousins
1 couverte
1 couvrait
1 coûta
1 coûte
1 coûtent
1 coûté
1 crachant
1 crainte
1 crapaud
1 criai
1 criblés
1 crie
1 crier
1 crimes
1 criminel
1 critiquer
1 crocheteurs
1 croirai
1 croirais
1 croisent
1 croissais
1 croupe
1 croyais
1 cru
1 cruautés
1 crucifix
1 crue
1 cruel
1 cruelle
1 cruellement
1 cruels
1 créanciers
1 création
1 crâne
1 cuistre
1 cultivé

1 cure
1 curieusement
1 cuvé
1 céder
1 cédrat
1 cédrats
1 cédé
1 célébrer
1 célérité
1 cérémonies
1 côte
1 côtoya
1 côtoyer
1 danger
1 dangereuses
1 dangereux
1 danse
1 dards
1 debout
1 degré
1 delà
1 demandai
1 demandant
1 demanderait
1 demandes
1 demandez
1 demandé
1 demeura
1 demeurai
1 demeurez
1 demeurèrent
1 denier
1 dent
1 derniers
1 descendirent
1 descendre
1 descente
1 dessin
1 dessous
1 destin
1 deum
1 deuxième
1 devais
1 devenant
1 devenus
1 deviendra
1 deviendrez
1 devinez
1 devins
1 devoir
1 diabolique
1 diaconat
1 diacre
1 dialogues
1 diamètre
1 difficiles
1 difficultés
1 différemment
1 différent
1 différente
1 dimanches
1 dinée
1 dira
1 dirent
1 disant
1 disciple
1 discipline
1 discorde
1 discoureur
1 discute
1 dise
1 disparu
1 disparut
1 dispenser
1 dispersent
1 dispositions
1 disputa
1 disputait
1 disputant
1 dispute
1 disputent
1 disputer
1 disputions
1 disputèrent
1 dissertations
1 dissipés
1 disséqua

1 disséquait
1 disséquer
1 distance
1 distinctement
1 distingua
1 distingue
1 distinguer
1 divin
1 dixième
1 docile
1 doivent
1 donneras
1 donnez
1 donnés
1 donnâtes
1 dormais
1 dormir
1 dormit
1 dortoir
1 doré
1 dorée
1 dos
1 doubler
1 douce
1 douleurs
1 douta
1 douter
1 doutes
1 doutèrent
1 douzaines
1 douzième
1 drap
1 draperies
1 droiture
1 drôle
1 drôlesse
1 duquel
1 dura
1 dure
1 dureté
1 durs
1 dut
1 duvet

1 débarquer
1 débarquées
1 débarrassai
1 débarrasser
1 débattis
1 débauchés
1 débite
1 décembre
1 déchirés
1 décida
1 décident
1 décidé
1 décisif
1 décombres
1 déconcerta
1 décorner

1 dédain
1 dédié
1 défaut
1 défauts
1 défendirent
1 défiera
1 défigure
1 défigurés
1 défiler
1 défraierons
1 dégoût
1 dégoûte
1 dégoûtera
1 déguise
1 délai
1 délicat
1 délicieuses
1 délivrance
1 délivrer
1 délivrerai
1 délièrent
1 démarre
1 démoli
1 démon
1 démontra
1 démontrer
1 démontré
1 démontrée
1 démêlait
1 dénoncés
1 départ
1 dépens
1 dépensent
1 déplaisent
1 déplut
1 dépouilla
1 dépouilles
1 dépouillé
1 dépouillés
1 députèrent
1 députés
1 dérangeait
1 dérobé
1 dérogé
1 désagréable
1 désarmés
1 déjastre
1 désastres
1 désennuierait
1 désennuyer
1 désert
1 désespéra
1 désespérer
1 désespérez
1 déshabillaient
1 déshabillent
1 désirât
1 désolé
1 détacha
1 déterminait
1 déterminer
1 déterminée
1 détestable
1 détresse
1 détroit
1 détrompée
1 détruire
1 détruit
1 détruites
1 détruits
1 détrônai
1 dévoraient
1 dévorait
1 dévorante
1 dévore
1 dévoré
1 dévorés
1 dévote
1 dû
1 eaux

1 eden
1 effarouchée
1 effarée
1 effrayé
1 effronté
1 effrontés
1 effroyables
1 embarqua
1 embarquement
1 embarquons
1 embarqués
1 embarquâmes
1 embarrasse
1 embarrasser
1 embarrassé
1 embarrassées
1 embrassaient
1 embrassant
1 embrasse
1 embrassent
1 embrassèrent
1 embrassés
1 emmena
1 emmène
1 empaillées
1 empalé
1 emparé
1 emplissons
1 emploi
1 empoisonne
1 emportement
1 emporter
1 emportez
1 empressait
1 empressé
1 empressés
1 emprunter
1 empêcha
1 empêche
1 enceinte
1 enchaînement
1 enchaînées
1 enchaînés
1 encourager
1 encouragés
1 endorment
1 endormirent
1 endosser
1 enfermerait
1 enfermés
1 enflammèrent
1 enfonce
1 enfoncer
1 enfonçait
1 enfuir
1 engagez
1 engagèrent
1 engagé
1 engagée
1 enhardit
1 enivre
1 enlaidie
1 enlevé
1 ennemi
1 ennemie
1 ennuyaient
1 ennuyer
1 ennuyeux
1 enquit
1 enrageant
1 enrager
1 enrégimentés
1 enseignait
1 enseigne
1 enseignent
1 enseignés
1 ensevelies
1 entassés
1 entendaient
1 entendis
1 entendons
1 entendus
1 enterre
1 enterrer
1 enterrée
1 entier
1 entièrement
1 entourée
1 entracte
1 entraient
1 entrecoupés
1 entrons
1 entrouvert
1 entrouvre

1 entré
1 enverrait
1 envier
1 envieux
1 envoient
1 es
1 escarpés
1 esclavage
1 escouade
1 espace
1 espagnols
1 esponton
1 esprits
1 espèces
1 espéraient
1 espérance
1 essuya
1 essuyées
1 estafier
1 estimable
1 estimerais
1 estimé
1 estomacs
1 esturgeon
1 etc
1 etonnée
1 eum
1 européens
1 eus
1 eussiez
1 examiner
1 examiné
1 excellente
1 excellents
1 excepte
1 excessif
1 excommuniées
1 excommuniés
1 excusera
1 excusez
1 excès
1 excédé
1 exemplaire
1 exemple
1 exil
1 existence
1 exorciser
1 expirants
1 expliquer
1 expose
1 exposer
1 exposée
1 exprimer
1 expériences
1 expérimentale
1 exquis
1 extorqués
1 extravagances
1 extrémité
1 extrémités
1 exécuter
1 exécuteur
1 exécution
1 exécuté
1 exécutée
1 eûmes
1 eûtes
1 écaillés
1 écarlate
1 échappé
1 échappés
1 échauffa
1 échine
1 échus
1 éclair
1 éclairé
1 éclat
1 éclatant
1 éclatèrent
1 école
1 écorce
1 écorces
1 écoulaient
1 écoutant
1 écoutèrent
1 écouté
1 écrasés
1 écrivains
1 écrivait
1 écrivante
1 écrivit
1 écroulent
1 écueils
1 écure
1 écuyer
1 édifices
1 éducation
1 égal
1 également
1 égales
1 égard
1 égarement
1 égarèrent
1 égarés
1 égaux
1 égipans
1 églises
1 égorgent
1 égorgèrent
1 égorgé
1 égorgées
1 égorgés
1 égratignai
1 élargissait
1 élargit
1 éleva
1 élevaient
1 élevant
1 élevée
1 éloignaient
1 éloigne
1 éloquence
1 élu
1 élève
1 émollients
1 émut
1 énergiques
1 énergumène
1 énorme
1 énormes
1 éperdue
1 éperdument
1 éperons
1 épingles
1 épousera
1 épouserai
1 épouserait
1 épouseras
1 épouvanté
1 épreuve
1 épreuves
1 éprouva
1 éprouve
1 éprouvâmes
1 équipage
1 équipait
1 équiperai
1 établi
1 établies
1 étendaient
1 éternel
1 éternelle
1 étincelante

1 ètiquette
1 ètoffe
1 ètoffes
1 ètoiles
1 ètonna
1 ètonnantes
1 ètonner
1 ètonnés
1 ètourdi
1 èvanouissement
1 èventrées
1 èvidemment
1 êtres
1 f
1 fables
1 fabrique
1 face
1 facile
1 facteur
1 faction
1 faible
1 faisais
1 faiseur
1 faisons
1 famine
1 fanatiques
1 fantaisie
1 fantôme
1 fardeau
1 fassent
1 fasses
1 fatigues
1 fatras
1 faunes
1 faute
1 fauteuil
1 faveurs
1 favorise
1 favorite
1 façon
1 fend
1 fenêtre
1 ferait
1 ferma
1 ferme
1 fermement
1 fermé
1 fermées
1 feront
1 fessait
1 fesses
1 fiancée
1 ficelles
1 fidèlement
1 fidèlité
1 fier
1 fifres
1 figurer
1 figures
1 fil
1 filous
1 financiers
1 fis
1 fixement
1 fière
1 flamme
1 flanc
1 flatta
1 flattais
1 fleuris
1 fleurissent
1 fleuve
1 fleuves
1 flocons
1 flots
1 flèches
1 fléau
1 fléaux
1 foire
1 folie
1 folle
1 fonction
1 fondre
1 fontaine
1 forcèrent
1 formaient
1 formait
1 formée
1 formées
1 fortes
1 fosse
1 fossoyeur
1 foudre
1 fouetter
1 fouettès
1 fourbes
1 fourni
1 fournirait
1 fous
1 fracas
1 fracassa
1 franchi
1 francs
1 frapper
1 frappera
1 fraîche
1 fredonner
1 friponne
1 friponnerie
1 friponneries
1 friponné
1 froidement
1 frottai
1 frotte
1 frotter
1 frottez
1 frustrer
1 frères
1 frèmis
1 frèmit
1 fuir
1 fumante
1 fumier
1 funestes
1 furie
1 furieux
1 fusil
1 fussent
1 fustigé
1 fuyait
1 fuyant
1 fuyez
1 fâchait
1 fâchè

1 fêtes
1 fît
1 fûmes
1 fûtes
1 gagna
1 gagnait
1 gagne
1 gaiement
1 galant
1 galilèenne
1 galopons
1 galèriens
1 gardent
1 garderai
1 gardez
1 gardé
1 garnis
1 garrottés
1 garçon
1 genre
1 gentilhomme
1 genèse
1 glissa
1 glissant
1 globule
1 gobelets
1 gondole
1 gosier
1 gourmands
1 gouttes
1 gouvernent
1 gouverner
1 gracieux
1 grandeurs
1 grange
1 grasse
1 gratifications
1 gravement
1 gravent
1 graves
1 grosses
1 grossier
1 grossiers
1 gré
1 guerres
1 guettent
1 guinder
1 guèri
1 guèris
1 gémir
1 génies
1 généalogie
1 généalogique
1 généalogiste
1 génération
1 générosité
1 gérofle
1 gâte
1 gâté
1 habile
1 habillaient
1 habillés
1 habitable
1 habitant
1 habite
1 habits
1 habité
1 haches
1 hait
1 hausser
1 hautbois
1 hautes
1 hauteur
1 haïssent
1 heureuse
1 heureusement
1 heureuses
1 hissés
1 histoires
1 honnêtes
1 honnêtetés
1 honora
1 honoré
1 hordes
1 horizon
1 hospice
1 humaine
1 hyacinthes
1 hypocrites
1 hébreu
1 hémisphère
1 héroïque
1 héréditaires
1 hérétique
1 hésiter
1 hâte
1 hôtel
1 hôtelleries
1 hôtesse
1 III
1 icelui
1 idolâtrie
1 idylles
1 ignominieuse
1 ignore

1 illusion
1 illustre
1 illustrissime
1 imaginable
1 imaginables
1 imaginez
1 imbècile
1 imitant
1 imitateur
1 imitation
1 immense
1 immensité
1 immémorial
1 impatient
1 impertinentes
1 impertinents
1 impitoyable
1 impoli
1 importante
1 importuner
1 imposant
1 imprimerie
1 imprudemment
1 impudence
1 in
1 inabordables
1 inaccessibles
1 incarnat
1 incommodé
1 incompatibilités
1 inconcevable
1 inconcevables
1 incontestable
1 incrustée
1 indifféremment

1 indiqua
1 indécis
1 inespérée
1 infaillible
1 infailliblement
1 infamie
1 infanterie
1 infectaient
1 infectée
1 infiniment
1 infirme
1 inflexible
1 informa
1 informent
1 informer
1 informez
1 infortunée
1 ingrédient
1 ingénieurs
1 ingénieuse
1 inhumanité
1 injure
1 innocent
1 innocente
1 innées
1 inondent
1 inouïe
1 inquiéter
1 inquiétudes
1 insensibilité
1 insipide
1 insipides
1 insistons
1 insolent
1 inspirais
1 inspiré
1 instituées
1 instruisis
1 instruit
1 instruments
1 insultes
1 insupportable
1 intendants
1 intentèrent
1 interroger
1 interrompus
1 intime
1 intimes
1 intimider
1 intimidé
1 introduire
1 introduits
1 inutiles
1 invention
1 inventé
1 invita
1 invite
1 invitent
1 inviter
1 irai
1 isolée
1 issus

1 ivoire
1 ivrognes
1 île
1 îles
1 jacobin

1 jalouse
1 jalousie
1 jalousies
1 jaloux
1 jambon
1 jambons
1 janissaire
1 jansénistes
1 jardinière
1 jargon
1 jarretière
1 jaune
1 jaunes
1 jetez
1 jetons
1 joaillier
1 joindre
1 joli
1 jolies
1 jouaient
1 jouent
1 joueraient
1 joueur
1 jouissants
1 journal
1 journaux
1 jouées
1 juger
1 jugé
1 jupe
1 jurant
1 jure
1 juridiquement
1 juré
1 justement
1 kaïmak
1 lacryma
1 laid
1 laideur
1 laissait
1 laissent
1 laissez
1 laissèrent
1 laissé
1 lait
1 languir
1 large
1 largeur
1 las
1 lasser
1 lassez
1 lattes
1 lavait
1 lave
1 lavement
1 lecture
1 lesquelles
1 leste
1 levaient
1 levait
1 levant
1 lever
1 levèrent
1 leçon
1 leçons
1 libraire
1 libraires
1 librement
1 libérateur
1 lient
1 lieue
1 lieutenance
1 lieutenant
1 lieux

1 limons
1 linge
1 lions
1 lisant
1 littérature
1 livra
1 livrèrent
1 livré
1 logea
1 logeaient
1 logé
1 longues
1 lorgna
1 louable
1 louai
1 louer
1 louée
1 lumières
1 lundis
1 lunette
1 lynx
1 lyriques
1 lève
1 léchait
1 légumes
1 léthargie
1 lâcha
1 lâches
1 macaroni
1 machines
1 magnificence
1 magnificences
1 magnifique
1 magnifiquement
1 mai
1 majestueuse
1 majestés
1 malfaisant
1 malgré
1 malheureuses
1 maltraite
1 malédiction
1 mamelles
1 mandés
1 mange
1 mangea
1 mangeant
1 mangeriez
1 mangèrent
1 mangés
1 manichéens
1 manoeuvre
1 manqua
1 manquait
1 manquent
1 manquât
1 manteau
1 manufactures
1 marais
1 maravédis
1 marcha
1 marchands
1 marchons
1 marchés
1 mari
1 marier
1 maris
1 marié
1 marmots
1 marque
1 mascarade
1 massacre
1 massacrées
1 massacrés
1 massues
1 masure
1 matelassé
1 matelots
1 maternelle
1 mathématique
1 matins
1 maudissait
1 maudite
1 mauvaises
1 maux
1 maïs
1 meilleurs
1 membres
1 menaça
1 mensonge
1 menteurs
1 menti
1 menton
1 menuisier
1 menèrent
1 menée
1 mercredis
1 mers
1 merveilleux
1 messiah
1 mesure
1 mesures
1 mettait
1 mettent
1 mettez
1 meule
1 meurent
1 meurtre
1 meurtriers
1 meute
1 mien
1 mienne
1 milliers
1 millième
1 milord
1 minuit
1 minutes
1 miserere
1 mises
1 mission
1 misérablement
1 mitres
1 moda
1 modernes
1 modestement
1 modestie
1 moka
1 molinistes
1 monarques
1 monastère
1 monstre
1 mont
1 montent
1 monterai
1 montons
1 montra
1 montrais
1 monture
1 montures
1 monument
1 moquait

1 mordant
1 mordis
1 mortes
1 mortis
1 mosquée
1 mouillée
1 mourait
1 mourante
1 mourus
1 mousquetterie
1 mousse
1 mousser
1 moyadors
1 multitude
1 murailles
1 murs
1 muscles
1 musicien
1 mutuellement
1 mènent
1 mènerai
1 mènerait
1 mènes
1 mères
1 méchanceté
1 méchante
1 mécontent
1 mécontents
1 médailles
1 médecine
1 médecines
1 médiocre
1 médire
1 médisance
1 ménage
1 méotides
1 méprise
1 mépriser
1 méprisé
1 méridionale
1 méritait
1 méritent
1 mériter
1 mérites
1 méritez
1 métaphysiciens
1 métaphysico
1 mât
1 mâts
1 mêle
1 mêlent
1 mêles
1 mêlé
1 nagea
1 napolitains
1 natal
1 naturelle
1 naturels
1 naufrage
1 naîf
1 naîve
1 net
1 nettoya
1 nierai
1 nigologie
1 noblement
1 nobles
1 noce
1 noires
1 noisette
1 nombril
1 nomme
1 nommons
1 nommés
1 noms
1 nord
1 normand
1 notables
1 nourrirent
1 nourrissait
1 nourrissent
1 nourriture
1 nouée
1 noyât
1 nul
1 nulle
1 nulles
1 nuque
1 née
1 négociant
1 nés
1 objections
1 objet
1 objets
1 obligations
1 obole
1 obscur
1 obscurcis
1 obscurcit
1 observa
1 observe
1 observer
1 obstacles
1 obtenu
1 obtiennent
1 obtint
1 occupation
1 occupent
1 occupée
1 occupés
1 oeufs
1 offert
1 officieux
1 officières
1 offre
1 offrent
1 offrirent
1 oiseau
1 onze
1 onzième
1 operaretur
1 opposait
1 opposer
1 opposé
1 opprobre
1 opéra
1 oracle
1 orage
1 oranger
1 orangers
1 oranges
1 ordonna
1 ordonne
1 ordonnèrent
1 ordonné
1 ordonnées
1 ordres
1 originairement
1 origine
1 originel
1 orna

1 ornement
1 ornê
1 ornêe
1 osait
1 ose
1 osent
1 oserais
1 otez
1 ouais
1 oubliant
1 oublié
1 outré
1 ouvrage
1 ouvrages
1 ouvrait
1 ouvrir
1 ouvris
1 ouvrit
1 ouï
1 ô
1 ôta
1 ôter
1 pages
1 paie
1 paiement
1 paierait
1 paille
1 paisiblement
1 paix
1 palefreniers
1 palpitant
1 palpitants
1 palpite
1 palpiter
1 panser
1 papier
1 paraguayen
1 paraissent
1 paraîtrait
1 parc
1 parcourir
1 pardonna
1 pardonnerez
1 pardonnez
1 pareille
1 pareils
1 parfait
1 parfumèrent
1 parlent
1 parleriez
1 parlons
1 parolis
1 parricide
1 partaient
1 partez
1 particulier
1 partirons
1 partisans
1 partîmes
1 parurent
1 passable
1 passablement
1 passager
1 passaient
1 passait
1 passionnêment
1 passons
1 passêe
1 passês
1 patagons
1 patenôtres
1 pathêtique
1 patiemment
1 patience
1 patient
1 paupière
1 paupières
1 pauvreté
1 pauvretés
1 pavées
1 payable
1 payées
1 peines
1 peints
1 peinture
1 penchait
1 penchants
1 pendaison
1 pensait
1 pensent
1 pensive
1 pensê
1 perce
1 percluse
1 percê
1 perd
1 perdis
1 perdrix
1 perdues
1 perdus
1 perfides
1 permettent
1 permis
1 perspective
1 persuadê
1 persêcutaient
1 perte
1 pesamment
1 pesante
1 peser
1 pestiférée
1 petites
1 petitesses
1 philosopher
1 philosophiques
1 phrase
1 phénomène
1 pierres
1 pigeons
1 pigmée
1 pille
1 pintades
1 pinçait
1 piquer
1 piqueurs
1 piqué
1 piquée
1 pire
1 pis
1 piteux
1 placer
1 placê
1 placêe
1 plaidait
1 plaidê
1 plaies
1 plaignait
1 plaignez
1 plaint
1 plaira
1 plairait
1 plaisante
1 plaisanterie
1 plaisanteries

1 plaisent
1 planche
1 planter
1 plate
1 pleines
1 pleura
1 pleurs
1 pleurè
1 plomb
1 plongea
1 poignard
1 poing
1 policées
1 polie
1 polis
1 politesse
1 politique
1 politiques
1 pompe
1 ponte
1 ponter
1 porc
1 portail
1 portent
1 porteur
1 portès
1 portugais
1 possesseurs
1 postès
1 pot
1 potages
1 potelé
1 potelée
1 pouces
1 poudre
1 poulet
1 pourraient
1 pourrais
1 pourrir
1 pourront
1 poursuite
1 poursuivait
1 pourvoir
1 pourvoit
1 pourvu
1 poussière
1 poussèrent
1 poussés
1 pouvais
1 pouviez
1 pouvons
1 poème
1 pratiques
1 prenais
1 pressait
1 presse
1 pressée
1 pria
1 priait
1 prie
1 principale
1 printemps
1 prions
1 priori
1 prirent
1 prisonniers
1 prisonnière
1 prisons
1 prive
1 prièrent
1 probablement
1 procession
1 prochain
1 procure
1 procèder
1 procèdures
1 procèdès
1 prodigieux
1 produire
1 produisait
1 produisant
1 professeur
1 profession
1 profit
1 profitai
1 profiter
1 profondes
1 profèrait
1 progrès
1 prolonger
1 promenades
1 promesses
1 promettait
1 promettant
1 prononcèrent
1 proposition
1 propositions
1 prosternant
1 prosternés
1 protesta
1 proue
1 prouva
1 prouvant
1 prouve
1 prouvé
1 prudence
1 prunelles
1 prècieuse
1 prècieux
1 prècipitamment
1 prècipitè
1 prèdicants
1 prèfèrence
1 prèlat
1 prèparaient
1 prépare
1 préparer
1 préparè
1 préparées
1 présente
1 prétend
1 prétendaient
1 prétendais
1 prètendants
1 prètendez
1 prètendre
1 prètends
1 prèvenir
1 prèvu
1 prêcheurs
1 prît
1 pucelle
1 puissance
1 puissiez
1 punir
1 punition
1 pupille
1 purent
1 puretè
1 pustules
1 pèril
1 périr

1 périssables
1 périt
1 pêruvien
1 pêtri
1 pêtrifiê
1 pâleur
1 pâlit
1 pâmera
1 pâtisseries
1 pâtissière
1 qualitê
1 quant
1 quatorze
1 quatorzième
1 quelqu
1 quinzième
1 quittés
1 raccommodés
1 racheta
1 racheter
1 rachetés
1 racontait
1 raconter
1 ragoûts
1 raisonnait
1 raisonnant
1 raisonnement
1 raisonnent
1 raisonneur
1 raisonneurs
1 raisonnèrent
1 ramaient
1 ramassant
1 ramasse
1 ramassiez
1 ramassêes
1 ramenait
1 rament
1 rames
1 rampent
1 ramène
1 ramènerai
1 ramé
1 rangée
1 rançonnée

1 rapacitê

1 rapidement
1 rapidité
1 rappela
1 rapport
1 rapporta
1 rapportê
1 rare
1 rares
1 rassasiê
1 rassembler
1 ravages
1 ravissante
1 ravit
1 rayons
1 rebattre
1 recevions
1 recevra
1 recevrait
1 recevrons
1 recommanda
1 recommandai
1 recommande
1 recommandons
1 recommencèrent
1 reconduire
1 reconduisirent
1 reconnaissance
1 reconnaissez
1 reconnaît
1 reconnut
1 recousut
1 recrue
1 recula
1 recule
1 redoublaient
1 redoublait
1 redouble
1 redoubler
1 refait
1 refusa
1 refuser
1 regardai
1 regarde
1 regardez
1 regardèrent
1 regardê
1 registre

1 regorgé
1 regretté
1 reine
1 relevant
1 relevé
1 religieux
1 religions
1 relié
1 remarquait
1 remarquez
1 remarquèrent
1 remarqué
1 remena
1 remenez
1 remerciai
1 remercier
1 remercions
1 remettiez
1 remirent
1 remis
1 remit
1 remonté
1 remplit
1 rencontrée
1 rend
1 rendaient
1 rendit
1 rendra
1 rendraient
1 rendrez
1 rends
1 rendît
1 renonce
1 renoncules
1 renoncé
1 renoués
1 rentre
1 rentrer
1 renversèrent
1 renversées
1 renversés
1 renvoie
1 renvoyé
1 reparaît
1 repartirent
1 repartit
1 reparut

1 repaître
1 replacent
1 reprenais
1 reprennent
1 reprochée
1 représente
1 représenter
1 requise
1 respectait
1 respecte
1 respects
1 respectueusement
1 respectueux
1 respirais
1 ressemblait
1 ressemblance
1 resserré
1 resserrées
1 ressources
1 ressouvenait
1 restèrent
1 retenir
1 retint
1 retirant
1 retirer
1 retiré
1 retirés
1 retombai
1 retournait
1 retroussée
1 retrouvai
1 retrouvé
1 retuerais
1 revenait
1 revendit
1 revendue
1 revenue
1 revient
1 revinrent
1 revirent
1 revoie
1 revois
1 revu
1 revêtus
1 reçoivent
1 reçurent
1 reçûtes

1 rhume
1 riaient
1 riant
1 rideau
1 rideaux
1 ridicule
1 ridicules
1 ridées
1 rime
1 rimés
1 risquons
1 rival
1 rivale
1 rivaux
1 roide
1 roman
1 romans
1 rompit
1 rompre
1 rompue
1 rondes
1 rongé
1 rose
1 roses
1 rouillées
1 roula
1 roulis
1 rouvre
1 royale
1 royales
1 rubans
1 ruisseau

1 rusé
1 règles
1 réchappa
1 réchappé
1 récompense
1 récréation
1 réduit
1 réduits
1 réflexion
1 réfugier
1 réfugié
1 régnait
1 réitérées
1 répandaient

1 rêpandue
1 rêpandues
1 rêparait
1 rêparer
1 rêparèrent
1 rêparê
1 rêpondaient
1 rêpondez
1 répondis
1 répondrai
1 réponse
1 réponses
1 républicain
1 répétition
1 réserve
1 réservée
1 résister
1 rêsolution
1 rêsoudre
1 rêussit
1 rêvolte
1 rêvolter
1 rêvolutions
1 rêvêrends
1 rêver
1 rêveries
1 rêves
1 rêveur
1 rôle
1 rôtir
1 sable
1 sac
1 sachant
1 sache
1 sacrement
1 sacristain
1 saigner
1 saignées
1 saisie
1 saisies
1 saisir
1 sale
1 salua
1 saluaient
1 salêe
1 samedi
1 sanglant
1 sanglante
1 sanglantes
1 sanglants
1 sanglote
1 sanguinaires
1 satisfaire
1 satisfaite
1 satisfit
1 satyres
1 saura
1 saurait
1 sauront
1 sautèrent
1 sauva
1 sauvant
1 sauver
1 sauveur
1 sauvê
1 sauvêe
1 savante
1 savants
1 scandale
1 scandaleuse
1 scintillation
1 scrupule
1 scène
1 scélérat
1 seconder
1 secourir
1 secouru
1 secousse
1 secousses
1 secrets
1 secrètes
1 secrêtaires
1 seize
1 seizième
1 sella
1 selle
1 selles
1 sellês
1 semaine
1 semblable
1 semble
1 sensibilité
1 sensibles
1 sentent
1 sentiment
1 sentinelle
1 sentirais
1 sentirent
1 sentis
1 septentrionaux
1 seraient
1 serpent
1 serrait
1 sert
1 servaient
1 servantes
1 servent
1 serviable
1 serviables
1 serviettes
1 servira
1 servirai
1 servirent
1 servitude
1 senor
1 siennes
1 siens
1 sifflant
1 sifflêe
1 signes
1 signifier
1 signor
1 sillons
1 simples
1 simplicité
1 sincères
1 singulier
1 singulières
1 situation
1 situations
1 situê
1 siège
1 sièges
1 sociables
1 sociêtê
1 sofa
1 soins
1 solemnellement
1 solide
1 solides
1 sommeil

1 songeant
1 sorbets
1 sorcières
1 sorte
1 sortent
1 sorti
1 sortie
1 sortirait
1 sortirent
1 sot
1 sou
1 souche
1 soudain
1 souffler
1 souffletée
1 soufflèrent
1 souffre
1 souffrir
1 souffrira
1 souffrirai
1 souffrirons
1 soulager
1 soupassent
1 soupers
1 soupez
1 soupirait
1 soupé
1 soupçonnaient
1 sourcil
1 sourcils
1 souriant
1 sourire
1 soutenant
1 soutenu
1 soutien
1 soutiens
1 soutinrent
1 souvenant
1 souvenez
1 souvenir
1 souviendrai
1 soyez
1 spectateurs
1 spiritueuses
1 statues
1 sterling
1 stipendiaires
1 style
1 subjuguer
1 submergeant
1 submergé
1 subsistait
1 subsiste
1 subsister
1 subtile
1 succès
1 succéderait
1 sucreries
1 suie
1 suites
1 suivaient
1 suivait
1 suivant
1 suivez
1 suivis
1 suivons
1 suivrai
1 suivre
1 sujets
1 supplantée
1 supplions
1 supportable
1 supériorité
1 surface
1 surpassaient
1 suspects
1 suspendriez
1 suspendu
1 systèmes
1 sèche
1 séance
1 sécher
1 séduisent
1 séduisit
1 séjour
1 séjourné
1 séparation
1 séparément
1 sépulture
1 sérieuse
1 sérieusement
1 sérénissimes
1 sévère
1 sûreté
1 tailles
1 taillée
1 taillées
1 taire
1 tambours
1 tapisserie
1 teneur
1 tenez
1 tentation
1 tenté
1 tentés
1 terrestre
1 terribles
1 théatins
1 théologo
1 timide
1 tira
1 tirait
1 tirèrent
1 tiré
1 tirées
1 tissu
1 titre
1 toi
1 toits
1 tombaient
1 tombèrent
1 totale
1 touchai
1 touchante
1 toucher
1 tourbillons
1 tourments
1 tourmenté
1 tourner
1 tournons
1 tourné
1 toux
1 tracasserie
1 tracer
1 traduits
1 trafiquait
1 trahir
1 train
1 traiter
1 traits
1 traitât

1 transi
1 transporta
1 transporte
1 transporter
1 transports
1 transporté
1 travaillé
1 travaillés
1 travaillât
1 traversai
1 traverser
1 traverserons
1 traversée
1 traîna
1 traînai
1 traînée
1 traînés
1 treillage
1 treizième
1 trembla
1 tremblait
1 tremblant
1 tremblèrent
1 tribunaux
1 triompher
1 trompe
1 trompettes
1 trompée
1 trouble
1 troublé
1 troupe
1 troupeaux
1 trouvai
1 trouvent
1 trouvons
1 tuait
1 tuant
1 tuent
1 tueraient
1 tulipes
1 tués
1 tyrannie
1 témoigna
1 témoignait
1 tétons
1 tâchaient
1 tôt
1 union
1 unis
1 unième
1 usages
1 usent
1 user
1 usons
1 ut
1 vagabonds
1 vainqueurs
1 vains
1 vaisselle
1 valets
1 valise
1 vanité
1 vaste
1 veillé
1 veines
1 venaient
1 venais
1 vend
1 vendons
1 venin
1 venons
1 verbal
1 verdure
1 vermeilles
1 verrait
1 versaient
1 versant
1 verse
1 versent
1 vert
1 vertes
1 vertueux
1 veuille
1 vicaire
1 vice
1 victoire
1 vide
1 vieillards
1 vieilles
1 vieillesse
1 vieilli
1 vierge
1 vigilant
1 vigne
1 vigoureusement
1 vigoureux
1 villes
1 vingtaine
1 vingtième
1 vingts
1 vinssent
1 violent
1 visiblement
1 vitesse
1 vitriol
1 vivacité
1 vivement
1 vivez
1 vivrons
1 vizir
1 voguèrent
1 voient
1 voiles
1 voisins
1 voitures
1 voituriers
1 vola
1 volages
1 volaient
1 volcan
1 volerais
1 voleur
1 volontairement
1 volontés
1 volées
1 vomir
1 voudrait
1 voudriez
1 voulais
1 voulant
1 vouloir
1 voulons
1 voulurent
1 voyons
1 voûtes
1 vraie
1 vraisemblable
1 vécu
1 vénitien
1 vérifier
1 véritable
1 vérolés
1 vêtement
1 vêtirent
1 vôtre
1 westphalienne
1 x
1 z
1 zèle

DICTIONNAIRE DE FREQUENCE DES LEMMES

F	LEMME
2682	le
2554	,
1754	je
1689	de
1249	.
1164	me
1008	être
972	un
911	et
877	-
786	que
731	avoir
715	mon
630	a
548	ce
513	ne
413	dire
376	en
373	candide
351	qui
320	dans
302	tout
272	faire
244	on
215	pas
203	moi
179	pour
176	plus
169	?
156	bien
152	y
146	mais
145	deux
141	!
138	si
132	voir
131	sur
130	pouvoir
125	cunegonde
124	avec
124	par
110	martin
104	homme
98	pangloss
95	aller
94	autre
86	ou
85	bon
85	cacambo
80	grand
73	donner
72	monsieur
70	beau
70	quelque
69	comme
64	vouloir
63	prendre
62	quand
60	monde
60	tres
58	mettre
56	point
55	meme
54	falloir
54	savoir
54	vieille
52	peu
51	roi
50	jamais
50	trouver
49	quel
49	toujours
48	apres
48	mademoiselle
48	mille
47	encore
46	baron
46	jour
46	parler
45	pays
45	rien
45	sans
44	repondre
42	comment
42	maitre
42	vaisseau
41	enfin
41	ni
40	car
40	croire
39	celui
39	petit
39	terre
39	trois
38	aussi
38	tuer
36	dont
36	passer
36	pere
36	venir
35	fort
35	quoi
34	arriver
34	cher
34	demander
34	fille
34	manger
33	assez
33	chez
33	chose
33	mener
32	jesuite
31	chapitre
31	femme
31	mouton
30	bulgare
30	coup
30	mourir
30	vingt
29	cent
29	chateau
29	temps
28	aimer
28	donc
28	ici
28	"
27	cela
27	mal
27	oeil
27	perdre
27	pied
27	venise
26	frere
26	gens
26	premier
25	beaucoup
25	entrer
25	fois
25	la
25	personne
25	recevoir
24	abbe
24	diamant
24	dieu
24	entendre
24	jeter
24	six
24	souper
24	voila
23	ainsi
23	devoir
23	etranger
23	jusque
23	lequel
23	paraitre
23	plaisir
23	quatre
23	rester
22	ami
22	dame
22	regarder
22	ville
21	avouer
21	capitaine
21	inquisiteur
21	jeune
21	porter
21	soeur
21	t
21	tant
20	ah
20	contre
20	laisser
20	main
20	maison
20	mere
20	pendre
20	raison
19	aventure
19	chacun
19	devenir
19	droit
19	etat
19	livre

19 moins
19 peine
19 rendre
19 servir
19 vie
18 attendre
18 aupres
18 bout
18 galere
18 helas
18 or
18 patron
18 payer
18 revenir
18 voler
17 approcher
17 connaitre
17 dix
17 ecrier
17 entre
17 espagnol
17 juif
17 mot
17 oui
17 paquette
17 penser
17 table
17 tete
17 tomber
17 valoir
17 vendre
16 coeur
16 cote
16 deja
16 honneur
16 moment
16 monseigneur
16 mort
16 parole
16 partir
16 philosophe
16 plaire
16 sous
16 tenir
15 aa
15 apercevoir
15 appeler
15 ensuite
15 etonner
15 larme
15 madame
15 naitre
15 non
15 piastre
15 pococurante
15 possible
15 quoique
15 reprendre
14 apprendre
14 argent
14 aussitot
14 ci
14 courir
14 discours
14 doute
14 effet
14 enfant
14 envoyer
14 epouser
14 esprit
14 guerre
14 heure
14 longtemps
14 majeste
14 mauvais
14 mer
14 mien
14 noir
14 nouveau
14 retourner
14 reverend
14 saint
14 savant
14 soldat
14 suivre
14 vers
14 vrai
13 aires
13 buenos
13 cheval
13 ciel
13 constantinople
13 derriere
13 eh
13 eldorado
13 elever
13 embrasser
13 europe
13 grace
13 malheur
13 parce
13 pendant
13 porte
13 pourquoi
13 presenter
13 rencontrer
13 tirer
13 traiter
13 verite
13 vieillard
12 ailleurs
12 ame
12 an
12 bientot
12 bras
12 bruler
12 cependant
12 cinq
12 conter
12 docteur
12 france
12 gouverneur
12 gros
12 manquer
12 marcher
12 paris
12 pleurer
12 present
12 quelquefois
12 revoir
12 seigneur
12 sortir
12 tel
12 trente
12 valet
12 village
11 age
11 air
11 amour
11 anabaptiste
11 aucun

11 cabaret
11 cause
11 commandant
11 conduire
11 continuer
11 corps
11 couper
11 diner
11 don
11 eprouver
11 hollandais
11 honnete
11 mois
11 nommer
11 partout
11 perigourdin
11 piece
11 raisonner
11 repliquer
11 royaume
11 soin
11 ten
11 thunder
11 travailler
11 tronckh
11 turc
10 abord
10 allemand
10 alors
10 ancien
10 appartenir
10 assurer
10 autant
10 boire
10 bruit
10 carnaval
10 chasser
10 disputer
10 espece
10 extreme
10 fils
10 francais
10 gagner
10 haut
10 heureux
10 horrible
10 joli
10 jouer
10 long
10 malheureux
10 marquise
10 milieu
10 moitie
10 nature
10 o
10 oh
10 pauvre
10 plusieurs
10 prince
10 quartier
10 ramasser
10 retrouver
10 rouge
10 seul
10 seulement
10 singe
10 souvent
10 violer
10 voyage
10 westphalie
9 aborder
9 affaire
9 amener
9 apporter
9 baiser
9 baronne
9 beaute
9 charger
9 crier
9 des
9 diable
9 douze
9 ecouter
9 ecrire
9 esclave
9 general
9 giroflee
9 gout
9 histoire
9 idee
9 issachar
9 italie
9 jacques
9 lendemain
9 lisbonne
9 louer
9 marchand
9 million
9 oser
9 palais
9 place
9 plein
9 portugal
9 prison
9 prouver
9 puisque
9 quinze
9 reste
9 theatin
9 tragedie
9 usage
9 voyageur
8 acheter
8 annee
8 arreter
8 aujourdhui
8 blanc
8 bonheur
8 bordeaux
8 briller
8 chemin
8 chretien
8 cinquante
8 combien
8 commun
8 conclure
8 couvrir
8 cri
8 davantage
8 degouter
8 demeurer
8 depuis
8 detroner
8 douleur
8 embarquer
8 epee
8 faim
8 fin
8 guerir
8 horreur
8 jardin

8 laid
8 lever
8 liberte
8 lieue
8 lire
8 maitresse
8 matelot
8 moine
8 negre
8 oreille
8 oreillons
8 part
8 partie
8 peuple
8 physique
8 presque
8 pret
8 pretendre
8 province
8 remettre
8 rire
8 sage
8 sang
8 second
8 sentir
8 soutenir
8 surinam
8 surprise
8 tantot
8 trembler
8 troisieme
8 vite
8 vivre
8 vue
7 agreable
7 aisement
7 autodafe
7 avancer
7 battre
7 cadix
7 caillou
7 canon
7 champ
7 chanter
7 chaque
7 demoiselle
7 devant
7 domestique
7 empereur
7 environ
7 epouvantable
7 esperer
7 etendre
7 etrange
7 fesser
7 feu
7 fortune
7 hote
7 hotellerie
7 l
7 langue
7 lit
7 loi
7 lorsque
7 medecin
7 metier
7 misere
7 montagne
7 noble
7 nu
7 officier
7 ouvrir
7 pain
7 perir
7 pierrerie
7 port
7 pretre
7 prier
7 public
7 quatrieme
7 robe
7 saisir
7 sens
7 soir
7 sort
7 souffrir
7 souverain
7 tandis
7 tourner
7 travers
7 tremblement
7 trop
7 verser
7 voile
6 abare
6 accompagner
6 achever
6 achmet
6 allemagne
6 amant
6 amiral
6 andalou
6 anglais
6 angleterre
6 attention
6 attentivement
6 autrement
6 avis
6 baguette
6 besoin
6 bord
6 charmer
6 commencer
6 consoler
6 coquin
6 cordelier
6 cour
6 dernier
6 desespoir
6 determiner
6 devorer
6 douter
6 enfuir
6 engager
6 ennemi
6 ensemble
6 espagne
6 exempt
6 expliquer
6 force
6 former
6 fou
6 gauche
6 gorge
6 gueux
6 habitant
6 hors
6 huit
6 informer
6 infortune
6 jambe

6 joie
6 juger
6 jurer
6 justice
6 lettre
6 levanti
6 lieu
6 maladie
6 maniere
6 marche
6 meriter
6 metairie
6 miserable
6 moeurs
6 naturel
6 nez
6 occuper
6 orner
6 pape
6 peur
6 plaindre
6 plupart
6 prix
6 quart
6 quitter
6 redoubler
6 repas
6 rivage
6 sixieme
6 soixante
6 sottise
6 souvenir
6 spectacle
6 suffire
6 sultan
6 tendre
6 tendrement
6 toucher
6 trainer
6 triste
6 vieux
6 vin
6 visage
6 voici
6 voix
5 abandonner
5 abominable
5 actrice
5 admirable
5 afrique
5 agiter
5 arme
5 baigner
5 bas
5 broche
5 cabinet
5 caresser
5 ceremonie
5 certainement
5 chambre
5 charles
5 chef
5 chercher
5 chere
5 chirurgien
5 cinquieme
5 compter
5 condition
5 connaissance
5 conseil
5 convenir
5 conversation
5 convive
5 corsaire
5 cou
5 coucher
5 craindre
5 creature
5 cultiver
5 curieux
5 curiosite
5 derviche
5 destinee
5 dissequer
5 doigt
5 dorado
5 dormir
5 doux
5 eau
5 edouard
5 egorger
5 empecher
5 empire
5 emporter
5 enfoncer
5 enterrer
5 entourer
5 essuyer
5 eunuque
5 excellence
5 excellent
5 faiblesse
5 famille
5 faux
5 fesse
5 feuillee
5 fidele
5 frapper
5 froid
5 garde
5 garder
5 genou
5 gouvernement
5 habit
5 heros
5 horriblement
5 libre
5 loin
5 maudire
5 monter
5 moral
5 musique
5 nation
5 nerf
5 nom
5 nouvelle
5 nuit
5 obliger
5 oeuvre
5 offrir
5 ordonner
5 ordre
5 paraguay
5 parent
5 parmi
5 parti
5 particulier
5 patrie
5 pierre
5 pirate
5 pitie

5 plat
5 poete
5 pourtant
5 preparer
5 pres
5 princesse
5 produire
5 profond
5 promener
5 propos
5 proposer
5 providence
5 querelle
5 rage
5 ramer
5 rang
5 religion
5 remercier
5 remplir
5 repandre
5 riche
5 rocher
5 rome
5 rougir
5 route
5 ruine
5 sauver
5 selon
5 senateur
5 signe
5 sujet
5 surprendre
5 terme
5 tour
5 univers
5 ventre
5 voisin
5 voisinage
5 zlos
5 zpadres
4 absolument
4 accabler
4 accommoder
4 acteur
4 advenir
4 aider
4 aise
4 alger
4 amerique
4 arbre
4 arracher
4 art
4 auteur
4 avant
4 bonte
4 bouche
4 cadi
4 canape
4 carte
4 causer
4 chien
4 chocolat
4 colibri
4 combat
4 combattre
4 commander
4 commerce
4 commettre
4 compagnie
4 composer
4 concevoir
4 conge
4 consulter
4 content
4 couler
4 couleur
4 couter
4 crime
4 decouvrir
4 dejeuner
4 delivrer
4 demain
4 demontrer
4 dent
4 detestable
4 detruire
4 devote
4 dieppe
4 ecuelle
4 eglise
4 embarrasser
4 enchainer
4 enfer
4 enlever
4 ennui
4 enseigner
4 entier
4 envie
4 esperance
4 excepter
4 exercer
4 exercice
4 extraordinaire
4 faible
4 fenetre
4 figure
4 flamme
4 foi
4 fond
4 forcat
4 fouetter
4 foule
4 frais
4 frotter
4 fruit
4 fuir
4 fureur
4 garcon
4 gondolier
4 habiter
4 harmonie
4 hollande
4 humeur
4 ignorer
4 iman
4 inquietude
4 inquisition
4 inspirer
4 inviter
4 ivan
4 janissaire
4 jeu
4 joue
4 juge
4 juste
4 laquais
4 lasser
4 logis
4 manicheen
4 maroc
4 matiere

4 meler
4 merite
4 necessaire
4 noyer
4 oiseau
4 oublier
4 palet
4 palpiter
4 pardon
4 pareil
4 parfaitement
4 passager
4 passion
4 peau
4 peche
4 permettre
4 permission
4 personnage
4 peser
4 poliment
4 ponte
4 precipice
4 prodige
4 promettre
4 provision
4 prudent
4 puis
4 pur
4 question
4 raconter
4 ravir
4 recommander
4 reduire
4 reflexion
4 remarquer
4 reparer
4 retirer
4 riviere
4 rue
4 russe
4 salle
4 saluer
4 sanglant
4 sante
4 scene
4 science
4 secourir
4 secret
4 semaine
4 separer
4 sequin
4 sermon
4 servante
4 simple
4 singulier
4 sire
4 sourire
4 suite
4 surtout
4 tableau
4 taille
4 theatre
4 theologie
4 transporter
4 tresor
4 troupe
4 turquie
4 utile
4 vanderdendur
4 venitien
4 vent
4 vertu
4 vilain
4 voisine
4 voyager
3 abimer
3 accepter
3 accourir
3 action
3 adorer
3 affliger
3 affreux
3 agir
3 amuser
3 appartement
3 armee
3 assieger
3 attaquer
3 attraper
3 autrefois
3 avantage
3 avertir
3 aviser
3 banc
3 banquier
3 barbare
3 barque
3 barriere
3 basane
3 bateau
3 baton
3 bayonnette
3 benir
3 benito
3 biscayen
3 bleu
3 boeuf
3 bois
3 border
3 bouillir
3 bouquet
3 brave
3 brutal
3 cacher
3 cafe
3 campagne
3 canaille
3 carrosse
3 casser
3 cayenne
3 ceci
3 cesar
3 cesse
3 chagrin
3 chevalier
3 colere
3 compagnon
3 compte
3 continuel
3 continuellement
3 convulsion
3 couteau
3 crucial
3 cruel
3 cuisine
3 cul
3 dechirer
3 decider
3 defendre
3 delicieux
3 depouiller

3 desesperer
3 dessein
3 dessus
3 deviner
3 dey
3 difficile
3 dimanche
3 distinguer
3 dur
3 eclat
3 ecu
3 egal
3 emeraude
3 emouvoir
3 emparer
3 empressement
3 empresser
3 endroit
3 entrecouper
3 eperdu
3 escalier
3 etendue
3 evanouir
3 evenement
3 eventrer
3 executer
3 experience
3 exposer
3 fameux
3 familier
3 fatigue
3 faveur
3 fendre
3 fermer
3 fernando
3 fierte
3 figueora
3 figurer
3 flotte
3 fontaine
3 fripon
3 funeste
3 gageure
3 genie
3 henri
3 hesiter
3 huitieme
3 humain
3 humblement
3 ibaraa
3 imaginer
3 immense
3 impitoyablement
3 impossible
3 incision
3 inconnu
3 incontinent
3 injustice
3 innocemment
3 innocence
3 instant
3 italien
3 jouir
3 jugement
3 lampourdos
3 large
3 lier
3 liqueur
3 livrer
3 loger
3 lumiere
3 lunette
3 machine
3 mascarenes
3 matin
3 melancolie
3 memoire
3 merveille
3 messe
3 metaphysicien
3 mitre
3 mode
3 monarque
3 monnaie
3 monstre
3 moquer
3 mouphti
3 moyen
3 mulatre
3 musicien
3 nager
3 naissance
3 necessairement
3 neuvieme
3 noce
3 nombre
3 nourrir
3 nul
3 observer
3 obtenir
3 occasion
3 optimisme
3 orateur
3 ordinaire
3 oter
3 page
3 palestrine
3 paradis
3 paraguayen
3 paravent
3 parcourir
3 pardonner
3 partager
3 passage
3 perroquet
3 persuader
3 peste
3 philosophie
3 piquer
3 pistole
3 placer
3 planche
3 plutot
3 poche
3 politesse
3 pommade
3 portsmouth
3 portugais
3 posseder
3 pourvoir
3 prairie
3 precepteur
3 precisement
3 presence
3 principe
3 priver
3 procede
3 proces
3 procurer
3 prodigieux
3 proferer

3 prononcer
3 propontide
3 provincial
3 puissant
3 punir
3 racheter
3 rade
3 raisonnement
3 ramener
3 rancon
3 reconnaitre
3 regiment
3 reine
3 remonter
3 renverser
3 resister
3 résoudre
3 respect
3 ressembler
3 rompre
3 rotir
3 rubis
3 rudement
3 ruisseau
3 san
3 satisfaire
3 sauter
3 sauvage
3 seller
3 sentiment
3 sept
3 septieme
3 serail
3 sergent
3 serment
3 serpent
3 signifier
3 silence
3 soleil
3 songe
3 songer
3 sorte
3 sot
3 soucier
3 souhaiter
3 soupconner
3 souza
3 sublime
3 subsister
3 sucre
3 suivante
3 systeme
3 tas
3 temoin
3 tempete
3 tillac
3 transylvanie
3 traverser
3 user
3 vetir
3 violent
3 vizir
3 voirie
3 volonte
3 voute
2 absolu
2 academie
2 acariatre
2 accident
2 accorder
2 accoutumer
2 accuser
2 admirer
2 adresse
2 adresser
2 aga
2 aide
2 ajouter
2 alcade
2 alexandrie
2 allumer
2 altesse
2 animal
2 annoncer
2 antechrist
2 antiquite
2 apparemment
2 applaudir
2 appliquer
2 archidiacre
2 arioste
2 arpent
2 arranger
2 arrivee
2 arroser
2 asie
2 asof
2 assemblee
2 assembler
2 asseoir
2 assurement
2 attacher
2 auberge
2 aumone
2 aumonier
2 auquel
2 bacha
2 badajoz
2 bagatelle
2 balle
2 bander
2 barbier
2 basse
2 bataille
2 batavia
2 belle
2 berceau
2 bibliotheque
2 bienfaiteur
2 billet
2 bizarre
2 bonnet
2 boue
2 bourdon
2 boyard
2 brenta
2 brigand
2 briser
2 brocart
2 cabaler
2 cachot
2 calamite
2 calecon
2 camarade
2 camp
2 canada
2 canal
2 canne
2 canot
2 cap
2 capitale

2 caractere
2 carara
2 cas
2 ceder
2 cedrat
2 cendre
2 certain
2 cervelle
2 cesser
2 chaise
2 chapelle
2 charge
2 charitable
2 charite
2 charme
2 chaudiere
2 chemise
2 cheveu
2 choisir
2 chute
2 civil
2 clairon
2 clameur
2 clerc
2 clin
2 cochon
2 coin
2 college
2 colomb
2 colonel
2 commencement
2 commere
2 commission
2 compassion
2 complet
2 compostelle
2 condamner
2 confire
2 consequent
2 considerer
2 conte
2 contingent
2 convaincre
2 corde
2 corrompre
2 cotoyer
2 courage
2 courisan
2 coutume
2 couvent
2 credit
2 cristal
2 cuire
2 cuisiniere
2 daigner
2 dangereux
2 debarquer
2 debarrasser
2 debris
2 declarer
2 dedire
2 defaut
2 defenseur
2 defigurer
2 delice
2 demarche
2 demi
2 deplaire
2 desastre
2 descendre
2 description
2 desennuyer
2 deshabiller
2 desir
2 detourner
2 difference
2 different
2 digne
2 dignite
2 diligence
2 discretion
2 disparaitre
2 divertissement
2 diviser
2 doge
2 dommage
2 dorer
2 douceur
2 douloureux
2 durer
2 echapper
2 eclater
2 ecorce
2 ecot
2 ecurie
2 effacer
2 effendi
2 efficace
2 effort
2 effroi
2 effronte
2 elargir
2 eloigner
2 emmener
2 emotion
2 encourager
2 endormir
2 enfermer
2 engloutir
2 ennuyer
2 enorme
2 enrager
2 entretenir
2 entrouvrir
2 epaule
2 epervier
2 epouse
2 epreuve
2 equiper
2 estimer
2 etable
2 etablir
2 eternel
2 etoffe
2 etrangler
2 examiner
2 excommunier
2 excuser
2 execration
2 expres
2 extase
2 exterminer
2 extremement
2 extremite
2 facher
2 fange
2 faubourg
2 felicite
2 fer
2 fetiche
2 feuille

2 fier
2 file
2 finir
2 flatter
2 fleau
2 fleur
2 fleurir
2 fleuve
2 florin
2 folliculaire
2 fondement
2 fondre
2 forme
2 fouet
2 fournir
2 fraicheur
2 fremir
2 friponnerie
2 front
2 frontiere
2 fuite
2 gager
2 gai
2 galerie
2 gater
2 gauchat
2 germain
2 glisser
2 globe
2 gloire
2 gouter
2 gouverner
2 griffe
2 grossier
2 guere
2 habiller
2 habitue
2 hair
2 hardiesse
2 hasard
2 hautesse
2 hier
2 homere
2 honorer
2 hopital
2 huile
2 icoglan
2 ile
2 imaginable
2 impertinence
2 impertinent
2 importer
2 inca
2 inconcevable
2 indispensable
2 inexprimable
2 infecter
2 infidelite
2 ingrat
2 innocent
2 insipide
2 insolence
2 instruire
2 interdire
2 interet
2 interprete
2 intime
2 intimider
2 introduire
2 israelite
2 jalousie
2 jaloux
2 jambon
2 japon
2 jaune
2 journal
2 journee
2 laine
2 lambris
2 langage
2 lard
2 lassitude
2 laver
2 lecon
2 legere
2 legerement
2 levre
2 libraire
2 ligne
2 lima
2 loup
2 magister
2 magnificence
2 malade
2 malte
2 manche
2 marbre
2 mari
2 mariage
2 marier
2 massa
2 massacrer
2 mat
2 maure
2 maxime
2 mecontent
2 medecine
2 mediterranee
2 melange
2 mepriser
2 mesure
2 metaphysique
2 metis
2 milton
2 mine
2 miracle
2 montrer
2 monture
2 morale
2 morceau
2 mordre
2 mortel
2 mouche
2 mouchoir
2 mourant
2 moustache
2 mouvement
2 musulman
2 naif
2 naturellement
2 necessite
2 neige
2 neuf
2 neveu
2 normandie
2 novice
2 obeir
2 objet
2 obscurcir
2 odeur
2 ombre

2 operation
2 opposer
2 oranger
2 orgueil
2 ours
2 outre
2 ouvrage
2 padoue
2 parade
2 parlement
2 parolignac
2 paupiere
2 pauvrete
2 percer
2 perle
2 pharaon
2 physicien
2 physionomie
2 pieux
2 pistache
2 plaider
2 plaisanterie
2 plante
2 plume
2 polaque
2 poli
2 politique
2 ponter
2 potele
2 pousser
2 precher
2 precieux
2 preetablir
2 preferable
2 presser
2 presumer
2 priere
2 prieur
2 privilege
2 probable
2 prodigieusement
2 profiter
2 profondement
2 proposition
2 propre
2 proprement
2 prosterner

2 queue
2 quiconque
2 rafraichissement
2 raisonnable
2 raisonneur
2 rapide
2 rapporter
2 rare
2 rebuter
2 rechapper
2 reconduire
2 recueil
2 recueillir
2 reculer
2 refermer
2 refugier
2 refuser
2 relever
2 rembrunir
2 remener
2 remission
2 remords
2 remuer
2 rendez
2 renfermer
2 renoncer
2 rentrer
2 renverse
2 renvoyer
2 reparaitre
2 repartir
2 reponse
2 repos
2 representer
2 resigner
2 respectable
2 respecter
2 resserrer
2 retenir
2 reveil
2 revendre
2 reverence
2 revers
2 revolter
2 revue
2 richard
2 richesse

2 rideau
2 ridicule
2 rival
2 roche
2 roman
2 rose
2 rouer
2 royal
2 russie
2 sabbat
2 sale
2 samos
2 secours
2 secousse
2 seduire
2 serviable
2 service
2 sexe
2 siecle
2 siege
2 siffler
2 situation
2 smyrne
2 socinien
2 solide
2 sonnet
2 souffler
2 soupir
2 source
2 sourcil
2 souris
2 stupefait
2 submerger
2 superieur
2 surlendemain
2 suspendre
2 tache
2 tailler
2 talent
2 tasse
2 temeraire
2 temoigner
2 tenter
2 theodore
2 tigre
2 toile
2 ton

2 tort
2 traite
2 travail
2 trentaine
2 tripoli
2 tristement
2 tromper
2 trone
2 tucuman
2 una
2 universel
2 universite
2 valeur
2 vase
2 venger
2 venu
2 vert
2 vif
2 vinaigre
2 vis
2 visite
2 vivres
2 voeu
2 volontiers
2 volume
2 vous
2 vraiment
2 zche
2 zcoglioni
2 zd
2 zessere
2 zopera
2 zsciagura
2 zsenza
1 abattre
1 abime
1 abject
1 abomination
1 abraham
1 abri
1 absalon
1 absolution
1 absoudre
1 abuser
1 accoucher
1 accrocher
1 accroire
1 accumuler
1 achates
1 acquerir
1 acquitter
1 adam
1 adieu
1 adjuger
1 admirablement
1 admiration
1 adorable
1 adroit
1 adverse
1 affaiblir
1 affecter
1 affermir
1 affronter
1 agacer
1 agent
1 agilite
1 agrement
1 aimable
1 aimee
1 aine
1 alarme
1 alarmer
1 alerte
1 alguazil
1 aliment
1 allegresse
1 altier
1 amata
1 ambassadeur
1 ambitieux
1 amerement
1 amitie
1 amoureusement
1 amoureux
1 amplification
1 ampoule
1 amsterdam
1 ananas
1 ancre
1 andalousie
1 anemone
1 angoisse
1 annibal
1 antichambre
1 antoine
1 antonin
1 aod
1 apaiser
1 apostrophe
1 apothicaire
1 apparent
1 appetissant
1 appetit
1 apprecier
1 apprivoiser
1 approbation
1 approprier
1 approuver
1 appui
1 appuyer
1 arabe
1 arabie
1 arbitre
1 architecture
1 ardent
1 ardeur
1 aride
1 arioviste
1 arithmetique
1 armer
1 armoire
1 arrondir
1 as
1 ascanius
1 asile
1 assaillir
1 assassin
1 assassiner
1 assomption
1 assouvir
1 astre
1 astyage
1 athalia
1 atlas
1 atocha
1 atrabilaire
1 atrebatie
1 atteindre
1 atteler
1 attendrir
1 attendrissement

1 attentif
1 attirer
1 attrister
1 audience
1 augmenter
1 auguste
1 auparavant
1 autel
1 avacena
1 avance
1 avanie
1 avare
1 avocat
1 avoine
1 b
1 babylone
1 bagage
1 bain
1 balance
1 balancer
1 bande
1 banqueroute
1 banqueroutier
1 baptiser
1 barbe
1 barigel
1 baronnette
1 baronnie
1 bassesse
1 bat
1 batir
1 baume
1 baza
1 benedictin
1 benite
1 bete
1 biere
1 bijou
1 bile
1 bissac
1 blanchir
1 blesser
1 blessure
1 bonhomme
1 bonjour
1 bonne
1 bordee
1 borgne
1 boucherie
1 bouillon
1 bouillonner
1 bouleverser
1 bourg
1 bourgeoise
1 bourgogne
1 boutique
1 bravement
1 bride
1 brider
1 brigandage
1 brillant
1 brindes
1 brochure
1 broder
1 brouiller
1 broussaille
1 brune
1 buisson
1 bulgarien
1 but
1 butin
1 c
1 cadavre
1 cadence
1 calme
1 calomniateur
1 canard
1 cannelle
1 cantique
1 canule
1 capital
1 captif
1 captivite
1 carnage
1 carre
1 carreau
1 carrousel
1 cassel
1 cassette
1 catastrophe
1 caton
1 cavalerie
1 celebrer
1 celerite
1 centaine
1 certes
1 ceuta
1 chair
1 chaloupe
1 changer
1 chanson
1 chaos
1 chaponner
1 charrette
1 chatre
1 chaud
1 chauffer
1 chausse
1 chausser
1 cherement
1 chienne
1 chillas
1 chine
1 chinois
1 chiourme
1 chirurgienne
1 choeur
1 choix
1 choquer
1 christi
1 christophe
1 chypre
1 ciceron
1 cimeterre
1 cimetiere
1 cinquantaine
1 circoncire
1 circonspect
1 citoyen
1 citron
1 civilement
1 civilite
1 clairement
1 clavelee
1 clavicule
1 clemence
1 climat
1 cloanthe
1 cluentius
1 cochenille
1 coco

1 cocotier
1 coffrer
1 coimbre
1 colerique
1 colifichet
1 colonie
1 colonnade
1 colonne
1 comble
1 comedie
1 comique
1 commentaire
1 commodement
1 commodite
1 communement
1 communicatif
1 communiquer
1 compagne
1 compas
1 compatir
1 complaisance
1 compliment
1 comprendre
1 comtesse
1 concerto
1 conclusion
1 confesser
1 confesseur
1 confiance
1 confin
1 confirmer
1 confondre
1 confrere
1 confus
1 confusion
1 conseiller
1 consentement
1 consequence
1 conservateur
1 conserver
1 consideration
1 consolateur
1 consolation
1 constant
1 consternation
1 consterner
1 consumer
1 contemporain
1 contenir
1 contenter
1 continent
1 continu
1 contour
1 contradiction
1 contraindre
1 contraire
1 contree
1 controverse
1 convalescence
1 convenable
1 convention
1 convertir
1 convulsionnaire
1 coquetterie
1 corbeau
1 corfou
1 corne
1 corneille
1 corner
1 cornu
1 correcteur
1 correction
1 corse
1 cosmolo
1 couleuvre
1 courant
1 couronne
1 course
1 court
1 cousin
1 cracher
1 crainte
1 crane
1 crapaud
1 creancier
1 creation
1 cresus
1 cribler
1 criminel
1 critiquer
1 crocheteur
1 croiser
1 croitre
1 croupe
1 croust
1 cruaute
1 crucifix
1 cruellement
1 cuistre
1 cure
1 curieusement
1 cuver
1 danger
1 danser
1 dard
1 dardanelles
1 darius
1 debattre
1 debaucher
1 debiter
1 debout
1 decembre
1 decisif
1 decombre
1 deconcerter
1 decorner
1 decouverte
1 dedain
1 dedier
1 defier
1 defiler
1 defrayer
1 degout
1 degre
1 deguiser
1 dela
1 delai
1 delicat
1 delier
1 delivrance
1 demande
1 demarrer
1 demeler
1 demolir
1 demon
1 denier
1 denoncer
1 denys
1 depart
1 depens
1 depenser

1 depouille
1 depute
1 deputer
1 deranger
1 derober
1 deroger
1 desagreable
1 desarmer
1 descente
1 desert
1 desirer
1 desoler
1 dessin
1 dessous
1 destin
1 detacher
1 detresse
1 detroit
1 detromper
1 deum
1 deuxieme
1 diabolique
1 diaconat
1 diacre
1 dialogue
1 diametre
1 differemment
1 difficulte
1 dikdorff
1 dinee
1 dioscoride
1 disciple
1 discipline
1 discorde
1 discoureur
1 discuter
1 dispenser
1 disperser
1 disposition
1 dispute
1 dissertation
1 dissiper
1 distance
1 distinctement
1 divin
1 dixieme
1 docile
1 domitien
1 dortoir
1 dos
1 doubler
1 douzaine
1 douzieme
1 drap
1 draperie
1 droiture
1 drole
1 drolesse
1 durete
1 duvet
1 ecailler
1 ecarlate
1 echauffer
1 echine
1 echoir
1 eclair
1 eclairer
1 ecole
1 ecouler
1 ecraser
1 ecrit
1 ecrivain
1 ecrouler
1 ecueil
1 ecurer
1 ecuyer
1 eden
1 edifice
1 education
1 effarer
1 effaroucher
1 effrayer
1 effroyable
1 egalement
1 egard
1 egare
1 egarement
1 egarer
1 egipan
1 eglon
1 egratigner
1 egypte
1 el
1 ela
1 elire
1 elisabeth
1 eloquence
1 embarquement
1 emollient
1 empailler
1 empaler
1 emplir
1 emploi
1 empoisonner
1 emportement
1 emprunter
1 enceinte
1 enchainement
1 endosser
1 enee
1 eneide
1 energique
1 energumene
1 enflammer
1 enhardir
1 enivrer
1 enlaidir
1 ennuyeux
1 enquerir
1 enregimenter
1 ensevelir
1 entasser
1 entierement
1 entracte
1 entree
1 envier
1 envieux
1 eperdument
1 eperon
1 epingle
1 epouvanter
1 equipage
1 eraille
1 erailler
1 erzerum
1 escarpe
1 esclavage
1 escouade
1 espace
1 esponton
1 estafier

1 estimable
1 estomac
1 esturgeon
1 etc
1 etinceler
1 etiquette
1 etoile
1 etourdir
1 europeen
1 evanouissement
1 evidemment
1 exceder
1 exces
1 excessif
1 executeur
1 execution
1 exemplaire
1 exemple
1 exil
1 existence
1 exorciser
1 experimental
1 expirer
1 exprimer
1 expulse
1 expulser
1 exquis
1 extorquer
1 extravagance
1 f
1 fable
1 fabriquer
1 face
1 facile
1 facon
1 facteur
1 faction
1 faiseur
1 fait
1 famine
1 fanatique
1 fantaisie
1 fantome
1 fardeau
1 fatiguer
1 fatras
1 faune
1 faute
1 fauteuil
1 favoriser
1 favorite
1 ferme
1 fermement
1 fete
1 fiancer
1 ficelle
1 fidelement
1 fidelite
1 fifre
1 fil
1 filou
1 financier
1 fixement
1 flanc
1 fleche
1 flocon
1 flot
1 foire
1 folie
1 fonction
1 forcer
1 fosse
1 fossoyeur
1 foudre
1 fourbe
1 fracas
1 fracasser
1 franc
1 franchir
1 fredonner
1 friponne
1 friponner
1 froidement
1 frustrer
1 fumer
1 fumier
1 furie
1 furieux
1 fusil
1 fustiger
1 gaiement
1 gaiette
1 galant
1 galerien
1 galileenne
1 galoper
1 garnir
1 garrotter
1 gemir
1 genealogie
1 genealogique
1 genealogiste
1 generation
1 generosite
1 genese
1 genevois
1 genre
1 gentilhomme
1 gerofle
1 globule
1 gobelet
1 gondole
1 gosier
1 gourmand
1 goutte
1 gracieux
1 grandeur
1 grange
1 gras
1 gratification
1 grave
1 gravement
1 graver
1 gre
1 grec
1 guetter
1 guinder
1 guinee
1 habile
1 habitable
1 hache
1 hate
1 hausser
1 hautbois
1 hauteur
1 haye
1 hebreu
1 helene
1 hemisphere
1 hereditaire
1 heretique

1 hermandad
1 heroique
1 heureusement
1 hisser
1 honnetete
1 honore
1 horace
1 horde
1 horizon
1 hospice
1 hotel
1 hotesse
1 hyacinthe
1 hypocrite
1 idolatrie
1 idylle
1 ignace
1 ignominieux
1 illusion
1 illustre
1 illustrissime
1 imbecile
1 imitateur
1 imitation
1 imiter
1 immemorial
1 immensite
1 impatient
1 impitoyable
1 impoli
1 important
1 importuner
1 imposer
1 imprimerie
1 imprudemment
1 impudence
1 inabordable
1 inaccessible
1 incarnat
1 incommoder
1 incompatibilite
1 incontestable
1 incruster
1 indecis
1 indien
1 indifferemment
1 indiquer
1 inespere
1 infaillible
1 infailliblement
1 infamie
1 infanterie
1 infiniment
1 infirme
1 inflexible
1 ingenieur
1 ingenieux
1 ingredient
1 inhumanite
1 injure
1 inne
1 inonder
1 inoui
1 inquieter
1 insensibilite
1 insister
1 insolent
1 instituer
1 instrument
1 insulte
1 insupportable
1 intendant
1 intenter
1 interroger
1 interrompre
1 inutile
1 inventer
1 invention
1 ismael
1 isoler
1 israel
1 issu
1 ivoire
1 ivrogne
1 jacobin
1 janseniste
1 japonais
1 jardiniere
1 jargon
1 jarretiere
1 jechonias
1 jehu
1 jeroboam
1 joachim
1 joaillier
1 joiada
1 joindre
1 joueur
1 jouissant
1 jugurtha
1 jupe
1 juridiquement
1 justement
1 kaimak
1 lache
1 lacher
1 lacryma
1 laideur
1 lait
1 languir
1 largeur
1 las
1 latinus
1 latte
1 lavement
1 lavinia
1 lebrixa
I lecher
1 lecture
1 legume
1 leibnitz
1 leipzig
1 lemnos
1 leste
1 lethargie
1 leyde
1 liberateur
1 librement
1 lieutenance
1 lieutenant
1 limon
1 linge
1 lion
1 litterature
1 lombardie
1 londres
1 longue
1 lorgner
1 louable
1 lucena
1 lucifer

1 lundi
1 lynx
1 lyrique
1 macaroni
1 madrid
1 magnifique
1 magnifiquement
1 mahmoud
1 mahomet
1 mai
1 majestueux
1 malediction
1 malfaisant
1 malgre
1 maltraiter
1 mamelle
1 mander
1 manoeuvre
1 manteau
1 manufacture
1 marais
1 maravedis
1 marc
1 marceau
1 marie
1 marmora
1 marmot
1 marque
1 marseille
1 mascarade
1 massacre
1 massue
1 masure
1 matapan
1 matelasser
1 maternel
1 mathematique
1 mecenas
1 mechancete
1 mechant
1 medaille
1 medicis
1 mediocre
1 medire
1 medisance
1 membre
1 menacer
1 menage
1 mensonge
1 menteur
1 mentir
1 menton
1 menuisier
1 meotide
1 meprendre
1 mepris
1 meprise
1 mequinez
1 mercredi
1 meridional
1 merveilleux
1 messiah
1 metaphysico
1 meule
1 meurtre
1 meurtrier
1 meute
1 millieme
1 millier
1 milo
1 milord
1 minuit
1 minute
1 miserablement
1 miserere
1 mission
1 moabite
1 moderne
1 modestement
1 modestie
1 mogol
1 moise
1 moka
1 moliniste
1 monastere
1 monime
1 mont
1 montepulciano
1 monument
1 morena
1 moscou
1 mosquee
1 mouiller
1 mousquetterie
1 mousse
1 mousser
1 moyador
1 muley
1 multitude
1 mur
1 muraille
1 muscle
1 mutuellement
1 mytilene
1 nadar
1 naples
1 napolitain
1 natal
1 naufrage
1 negociant
1 neron
1 net
1 nettoyer
1 nicarie
1 nier
1 nigologie
1 noblement
1 noisette
1 nombril
1 nord
1 normand
1 notable
1 nouer
1 nourriture
1 nue
1 nuque
1 objection
1 obligation
1 obole
1 obscur
1 obstacle
1 occupation
1 ochosias
1 oeuf
1 officieres
1 officieux
1 offre
1 onze
1 onzieme
1 opera
1 opporto

1 oppose
1 opprobre
1 oracle
1 orage
1 orange
1 originairement
1 origine
1 originel
1 ornement
1 othon
1 ouais
1 ouir
1 outrer
1 paiement
1 paille
1 paisiblement
1 paix
1 palefrenier
1 paleur
1 palir
1 palus
1 pamer
1 panser
1 papier
1 parc
1 parfait
1 parfumer
1 paroli
1 parricide
1 partage
1 partisan
1 passable
1 passablement
1 passionnement
1 patagon
1 patenotre
1 pathetique
1 patiemment
1 patience
1 patient
1 patisserie
1 patissiere
1 paver
1 payable
1 peindre
1 peinture
1 penchant
1 pencher
1 pendaison
1 pendu
1 pensif
1 perclus
1 perdrix
1 perfide
1 peril
1 perissable
1 perou
1 persan
1 perse
1 persecuter
1 persee
1 perspective
1 perte
1 peruvien
1 pesamment
1 pestifere
1 petitesse
1 petra
1 petrifier
1 petrir
1 phenomene
1 philosopher
1 philosophique
1 phrase
1 pigeon
1 pigmee
1 piller
1 pincer
1 pintade
1 piqueur
1 piteux
1 plaie
1 planter
1 platon
1 pleur
1 pleuvoir
1 plomb
1 plonger
1 poeme
1 poignard
1 poing
1 police
1 polonais
1 pompe
1 pompee
1 porc
1 portail
1 porteur
1 porto
1 possesseur
1 poster
1 pot
1 potage
1 pouce
1 poudre
1 poulet
1 pourrir
1 poursuite
1 poursuivre
1 poussiere
1 pratique
1 precheur
1 precipitamment
1 precipiter
1 predicant
1 preference
1 prelat
1 presse
1 pretendant
1 prevenir
1 prevoir
1 principal
1 printemps
1 priori
1 prisonnier
1 prisonniere
1 probablement
1 proceder
1 procedure
1 procession
1 prochain
1 professeur
1 profession
1 profit
1 progres
1 prolonger
1 promenade
1 promesse
1 protester
1 proue
1 prudence

1 prunelle
1 pucelle
1 puissance
1 punition
1 pupille
1 pupilus
1 purete
1 pus
1 pustule
1 pyrrhus
1 qualite
1 quant
1 quatorze
1 quatorzieme
1 quinzieme
1 rabirius
1 raccommoder
1 ragotsky
1 ragout
1 raleigh
1 rame
1 ramper
1 ranconner
1 ranger
1 rapacite
1 raphael
1 rapidement
1 rapidite
1 rappeler
1 rapport
1 rassasier
1 rassembler
1 ravage
1 rayon
1 rebattre
1 recommencer
1 recompense
1 reconnaissance
1 recoudre
1 recreation
1 recrue
1 refaire
1 refarder
1 registre
1 regle
1 regner
1 regorger
1 regretter
1 reiterer
1 relier
1 religieux
1 renoncule
1 renouer
1 repaitre
1 repetition
1 replacer
1 reprocher
1 republicain
1 requerir
1 reserve
1 reserver
1 resolution
1 respectueusement
1 respectueux
1 respirer
1 ressemblance
1 ressource
1 ressouvenir
1 retomber
1 retrousser
1 retuer
1 reussir
1 reve
1 rever
1 reverie
1 revetir
1 reveur
1 revolution
1 rhume
1 rider
1 riga
1 rime
1 rimer
1 risquer
1 rivale
1 robek
1 roide
1 role
1 rond
1 ronger
1 rostock
1 rotterdam
1 rouiller
1 rouler
1 roulis
1 rouvrir
1 ruban
1 ruser
1 sable
1 sac
1 sacrement
1 sacristain
1 saignee
1 saigner
1 saler
1 samedi
1 sangloter
1 sanguinaires
1 sarmates
1 satyre
1 sauveur
1 scandale
1 scandaleux
1 scelerat
1 scintillation
1 scrupule
1 scutari
1 seance
1 sec
1 secher
1 seconder
1 secretaire
1 sedecias
1 seize
1 seizieme
1 sejour
1 sejourner
1 selle
1 semblable
1 sembler
1 seneque
1 senor
1 sensibilite
1 sensible
1 sentinelle
1 separation
1 separement
1 septentrional
1 sepulture
1 serenissime
1 serieusement

1 serieux
1 serrer
1 serviette
1 servitude
1 severe
1 siamois
1 sierra
1 signor
1 sillon
1 simplicite
1 sincere
1 situer
1 sociable
1 societe
1 sofa
1 soit
1 solennellement
1 sommeil
1 sorbet
1 sorciere
1 sortie
1 sou
1 souche
1 soudain
1 souffleter
1 souffre
1 soulager
1 soupirer
1 soutien
1 spectateur
1 spiritueux
1 statue
1 sterling
1 stipendiaire
1 stuart
1 style
1 subjuguer
1 subtil
1 succeder
1 succes
1 sucrerie
1 suie
1 superiorite
1 supplanter
1 supplier
1 supportable
1 surete
1 surface
1 surpasser
1 suspect
1 syracuse
1 tacher
1 taire
1 tambour
1 tapisserie
1 te
1 teneur
1 tentation
1 terrestre
1 terrible
1 teton
1 tetuan
1 theologo
1 timide
1 tissu
1 titre
1 toit
1 tot
1 total
1 tourbillon
1 tourment
1 tourmenter
1 toux
1 tracasserie
1 tracer
1 traduire
1 trafiquer
1 trahir
1 train
1 trainee
1 trait
1 transi
1 transport
1 trarbk
1 traversee
1 treillage
1 treizieme
1 trevoux
1 tribunal
1 triompher
1 troie
1 trompette
1 trouble
1 troubler
1 troupeau
1 tulipe
1 tunis
1 tyrannie
1 tyrolien
1 unieme
1 union
1 unir
1 urbain
1 utrecht
1 va
1 vagabond
1 vain
1 vainqueur
1 vaisselle
1 valise
1 vanite
1 vaste
1 veiller
1 veine
1 venin
1 venus
1 verbal
1 verdure
1 verifier
1 veritable
1 vermeil
1 verole
1 verse
1 vertueux
1 vetement
1 vicaire
1 vice
1 victoire
1 vide
1 vieillesse
1 vieillir
1 vierge
1 vigilant
1 vigne
1 vigoureusement
1 vigoureux
1 vingtaine
1 vingtieme
1 virgile
1 visiblement
1 visiter

1 vismar
1 vistule
1 vitellius
1 vitesse
1 vitriol
1 vivacite
1 vivant
1 vivement
1 voguer
1 voiture
1 voiturier
1 volage
1 volcan
1 voleur
1 volontairement
1 vomir
1 vraisemblable
1 waldberghoff
1 westphalien
1 westphalienne
1 z
1 zambri
1 zarticulo
1 zbuffa
1 zele
1 zeum
1 zin
1 zma
1 zmoda
1 zmortis
1 zo
1 zoperaretur
1 zut

INDEX VERBORUM

Fréquence

	FORME	CODE	OEUVRE	CHAPITRE-LIGNE
4	Abares	naba	C:	2/81; 4/34; 17/8; 19/93.
1	Abraham	naaa	C:	27/146.
1	Absalon	naaa	C:	30/156.
1	Achates	naaa	C:	25/89.
6	Achmet	naaa	C:	26/66, 26/73, 26/94; 27/3, 27/64, 27/75.
1	Adam	naaa	C:	19/54.
5	Afrique	naea	C:	11/61, 11/86; 12/36, 12/43; 19/6.
13	Aires	naea	C:	13/16, 13/70; 14/118; 15/29; 16/64; 18/209; 19/69, 19/78, 19/87, 19/177; 22/343; 27/48; 28/12.
2	Alexandrie	naea	C:	12/53, 12/54.
4	Alger	naea	C:	12/34, 12/37, 12/48, 12/49.
6	Allemagne	naea	C:	14/93; 22/87; 25/68; 27/119; 29/35; 30/35.
1	Amata	naea	C:	25/90.
4	Amêrique	naea	C:	4/65; 5/66; 13/49; 30/190.
1	Amsterdam	naea	C:	19/186.
1	Andalousie	naea	C:	17/51.
1	Anglais	naaa	C:	18/30.
1	Anglais	naba	C:	12/113.
6	Angleterre	naea	C:	22/89, 22/423; 23/1, 23/8; 26/82; 30/164.
1	Annibal	naaa	C:	30/162.
1	Antoine	naaa	C:	7/9.
1	Antonins	naba	C:	25/154.
1	Aod	naaa	C:	30/155.
1	Arabie	naea	C:	22/70.
2	Arioste	naaa	C:	25/94, 25/173.
1	Arioviste	naaa	C:	30/163.
1	Ascanius	naaa	C:	25/89.
2	Asie	naea	C:	12/36; 19/5.
2	Asof	naea	C:	12/56, 12/62.
1	Astyage	naaa	C:	30/161.
1	Athalia	naea	C:	30/159.
1	Atlas	naaa	C:	11/88.
1	Atocha	naea	C:	7/9.
1	Atrébatie	naea	C:	22/399.
1	Avacêna	naea	C:	9/55.
1	Babylcne	naea	C:	9/4.
2	Badajoz	naea	C:	10/9; 13/62.

1 Basse naea C: 22/414.
2 Batavia naea C: 5/57; 30/138.
1 Baza naea C: 30/158.
3 Biscayen naaa C: 6/10, 6/26; 8/63.
1 Bonne naaa C: 20/6.
8 Bordeaux naea C: 19/157; 20/3; 21/71; 22/2, 22/8, 22/341; 24/9, 24/9.
1 Bourgogne naea C: 22/102.
2 Brenta naea C: 24/187; 25/4.
1 Brindes naea C: 25/102.
13 Buencs naea C: 13/16, 13/70; 14/118; 15/29; 16/64; 18/209; 19/69, 19/78, 19/87, 19/177; 22/343; 27/48; 28/12.
2 Bulgare naaa C: 8/6, 8/10.
19 Bulgares naba C: 2/1, 2/36, 2/42, 2/72, 2/81; 3/1, 3/20, 3/29; 6/35; 8/3; 10/31, 10/59; 13/51; 14/103; 15/4; 16/28; 17/8; 19/93; 30/54.
85 Cacamto naaa C: 14/1, 14/7, 14/16, 14/20, 14/29, 14/44, 14/47, 14/58, 14/62, 14/81, 14/82; 15/59, 15/64; 16/5, 16/11, 16/31, 16/42, 16/46, 16/47, 16/57, 16/62, 16/77, 16/85, 16/91; 17/4, 17/14, 17/25, 17/53, 17/62, 17/80, 17/85, 17/87, 17/103, 17/105, 17/120, 17/122; 18/2, 18/7, 18/41, 18/46, 18/51, 18/88, 18/98, 18/105, 18/113, 18/134, 18/137, 18/142, 18/154, 18/181, 18/194; 19/15, 19/19, 19/62, 19/73, 19/82, 19/94, 19/99, 19/101; 22/342; 23/55; 24/3, 24/7, 24/30; 25/220; 26/9, 26/14, 26/18, 26/29, 26/64; 27/2, 27/28, 27/33, 27/45, 27/78, 27/94, 27/139, 27/141, 27/155; 29/4; 30/7, 30/12, 30/23, 30/31, 30/82.
7 Cadix naea C: 9/47; 10/2, 10/22, 10/26; 13/68; 14/3, 14/31.
2 Canada naaa C: 23/12, 23/14.
373 Candide naaa C: 1/t, 1/1, 1/8, 1/29, 1/48, 1/66, 1/68, 1/69, 1/70, 1/72, 1/73, 1/80; 2/1, 2/2, 2/7, 2/14, 2/16, 2/28, 2/51, 2/69, 2/75, 2/78; 3/1, 3/12, 3/28, 3/30, 3/49, 3/56, 3/71; 4/1, 4/3, 4/6, 4/16, 4/20, 4/22, 4/36, 4/43, 4/49, 4/60, 4/80, 4/86; 5/2, 5/20, 5/26, 5/29, 5/47, 5/60,

5/69, 5/73; 6/2, 6/14, 6/20, 6/25, 6/31; 7/1, 7/3, 7/12, 7/18, 7/23, 7/31, 7/33, 7/39, 7/50, 7/67, 7/74; 8/14, 8/16, 8/77; 9/1, 9/9, 9/17, 9/24, 9/27, 9/39, 9/44, 9/49, 9/54; 10/1, 10/12, 10/19, 10/24, 10/31, 10/40, 10/47, 10/71; 13/1, 13/7, 13/9, 13/17, 13/28, 13/39, 13/40, 13/55, 13/63, 13/67, 13/78; 14/1, 14/3, 14/12, 14/19, 14/28, 14/47, 14/69, 14/81, 14/85, 14/89, 14/94, 14/97, 14/99, 14/110, 14/113, 14/124; 15/1, 15/14, 15/30, 15/32, 15/35, 15/37, 15/43, 15/51, 15/66; 16/3, 16/13, 16/27, 16/52, 16/61, 16/79, 16/86, 16/88, 16/124; 17/1, 17/4, 17/7, 17/26, 17/33, 17/52, 17/66, 17/69, 17/73, 17/77, 17/80, 17/89, 17/105, 17/120, 17/121; 18/7, 18/40, 18/52, 18/56, 18/61, 18/73, 18/88, 18/97, 18/113, 18/123, 18/133, 18/137, 18/139, 18/141, 18/194, 18/205; 19/1, 19/6, 19/15, 19/30, 19/35, 19/59, 19/63, 19/72, 19/75, 19/81, 19/98, 19/102, 19/111, 19/117, 19/122, 19/129, 19/131, 19/134, 19/149, 19/167, 19/175, 19/195, 19/197; 20/1, 20/3, 20/9, 20/26, 20/31, 20/54, 20/65, 20/72, 20/77, 20/84, 20/87, 20/94, 20/99; 21/1, 21/5, 21/28, 21/39, 21/47, 21/49, 21/56, 21/65, 21/69; 22/1, 22/2, 22/14, 22/22, 22/35, 22/37, 22/39, 22/42, 22/47, 22/49, 22/59, 22/60, 22/74, 22/76, 22/80, 22/87, 22/94, 22/104, 22/112, 22/117, 22/126, 22/129, 22/133, 22/143, 22/160, 22/165, 22/167, 22/170, 22/172, 22/231, 22/242, 22/259, 22/265, 22/270, 22/272, 22/277, 22/283, 22/288, 22/290, 22/298, 22/300, 22/305, 22/308, 22/309, 22/314, 22/318, 22/326, 22/336, 22/348, 22/358, 22/362, 22/372, 22/374, 22/380, 22/383, 22/397, 22/407, 22/417, 22/421, 22/424; 23/1, 23/5, 23/27, 23/37, 23/43, 23/51, 23/53;

24/31, 24/37, 24/45, 24/52, 24/60, 24/63, 24/64, 24/65, 24/116, 24/118, 24/123, 24/133, 24/137, 24/158, 24/162, 24/168, 24/175, 24/177, 24/186, 24/191; 25/3, 25/10, 25/13, 25/24, 25/41, 25/61, 25/64, 25/85, 25/96, 25/114, 25/118, 25/138, 25/159, 25/186, 25/192, 25/196, 25/204, 25/211, 25/216, 25/220; 26/1, 26/3, 26/22, 26/46, 26/53, 26/59, 26/60, 26/120, 26/129; 27/1, 27/4, 27/7, 27/17, 27/27, 27/41, 27/58, 27/68, 27/76, 27/78, 27/86, 27/103, 27/105, 27/106, 27/107, 27/115, 27/129, 27/132, 27/140, 27/141, 27/144, 27/157; 28/1, 28/3, 28/29, 28/95; 29/1, 29/3, 29/16, 29/20, 29/21, 29/23, 29/27, 29/28, 29/39; 30/2, 30/10, 30/21, 30/38, 30/59, 30/63, 30/70, 30/79, 30/100, 30/118, 30/140, 30/142, 30/147, 30/168, 30/184, 30/195.

2	Carara	naea	C: 11/20, 11/65.
1	Cassel	naea	C: 12/98.
1	Caton	naaa	C: 25/56.
3	Cayenne	naea	C: 17/14, 17/17; 18/210.
2	César	naaa	C: 25/56; 30/163.
1	Césars	naba	C: 25/153.
1	Ceuta	naea	C: 12/31.
5	Charles	naaa	C: 26/82, 26/95; 27/65, 27/74; 30/166.
1	Chillas	naea	C: 10/25.
1	Chine	naea	C: 26/17.
1	Chincis	naba	C: 4/70.
1	Christophe	naaa	C: 4/58.
1	Chypre	naea	C: 24/58.
1	Cicéron	naaa	C: 25/118.
2	Clairon	naea	C: 22/134, 22/137.
1	Cloanthe	naaa	C: 25/89.
1	Cluentius	naaa	C: 25/123.
1	Coimbre	naea	C: 6/7.
2	Colomb	naaa	C: 4/58, 4/64.
1	Compostelle	naea	C: 7/10.
13	Constantinople	naea	C: 12/54; 26/15, 26/16, 26/131; 27/1, 27/4, 27/32, 27/126; 28/15, 28/68; 30/32, 30/114, 30/130.
1	Corfou	naea	C: 28/85.

1	Corse	naea	C: 26/109.
1	Crésus	naaa	C: 30/161.
1	Croust	naaa	C: 15/15.
125	Cunégonde	naea	C: 1/25, 1/49, 1/53, 1/56, 1/60, 1/72, 1/73, 1/81; 2/34; 3/33, 3/39, 3/51; 4/13, 4/18, 4/23; 6/39; 7/42, 7/44, 7/54, 7/57, 7/71; 8/1, 8/15; 9/1, 9/13, 9/25, 9/29, 9/35, 9/49, 9/54; 10/1, 10/4, 10/17, 10/25, 10/35, 10/44, 10/51, 10/56, 10/71; 13/2, 13/3, 13/16, 13/24, 13/34, 13/41, 13/44, 13/46, 13/61, 13/67, 13/74, 13/82; 14/13, 14/14, 14/19, 14/103, 14/114; 15/1, 15/28, 15/36; 16/15, 16/83, 16/128; 17/13; 18/145, 18/153, 18/207, 18/209; 19/7, 19/18, 19/77, 19/80, 19/86; 20/11, 20/17, 20/101; 21/31; 22/84, 22/133, 22/275, 22/281, 22/302, 22/309, 22/319, 22/324, 22/349, 22/352, 22/358, 22/377, 22/385, 22/413; 23/4, 23/54; 24/13, 24/15, 24/30, 24/37, 24/66, 24/73, 24/172; 25/217; 26/10, 26/13, 26/14, 26/131; 27/13, 27/29, 27/33, 27/49, 27/54, 27/60, 27/81, 27/92, 27/128, 27/159; 28/1; 29/1, 29/13, 29/16, 29/25, 29/37; 30/3, 30/5, 30/31, 30/178, 30/189.
1	Dame	naea	C: 7/8.
1	Dardanelles	nafa	C: 27/53.
1	Darius	naaa	C: 30/161.
3	D	naaa	C: 13/18, 13/37; 27/46.
1	Denys	naaa	C: 30/161.
4	Dieppe	naea	C: 22/393, 22/417; 24/10, 24/10.
18	Dieu	naaa	C: 2/63; 4/100; 5/69; 8/93; 10/9, 10/51; 14/17, 14/67, 14/109; 16/31; 17/16; 18/49, 18/57; 20/91; 22/412; 23/53; 24/149; 26/95.
1	Dikdorff	naea	C: 2/8.
1	Dioscoride	naaa	C: 2/79.
1	Domitien	naaa	C: 30/164.
5	Dorado	naaa	C: 18/30; 22/4, 22/372, 22/411; 24/17.
5	Edouard	naaa	C: 26/82, 26/95; 27/65, 27/75; 30/165.

1	Eglon	naaa	C: 30/155.
1	Egypte	naea	C: 30/104.
1	El	naaa	C: 18/30.
1	Ela	naaa	C: 30/158.
13	Eldorado	naaa	C: 17/1; 18/1, 18/46, 18/57, 18/76, 18/150; 19/183; 20/37, 20/79; 21/29; 24/34, 24/48; 30/193.
1	Elisabeth	naea	C: 22/81.
1	Enée	naaa	C: 25/88.
1	Enéide	naea	C: 25/87.
1	Erzerum	naea	C: 30/43.
6	Espagne	naea	C: 10/30; 14/4, 14/37; 15/26; 19/21; 24/11.
5	Espagnol	naaa	C: 14/5, 14/56, 14/80; 16/51; 19/76.
3	Espagnols	naba	C: 14/38; 18/24, 18/29.
1	Espérance	naaa	C: 20/6.
13	Europe	naea	C: 10/48; 11/84; 12/37; 14/38; 17/6, 17/82; 18/34, 18/147, 18/186; 19/5, 19/43; 20/44; 24/18.
3	Fernando	naaa	C: 13/17, 13/37; 27/46.
3	Figueora	naaa	C: 13/18, 13/37; 27/47.
1	Français	naaa	C: 22/280.
1	Français	naba	C: 17/15.
12	France	naea	C: 21/2, 21/3, 21/4, 21/28, 21/32; 22/1, 22/74, 22/88; 23/9, 23/50; 28/16; 30/166.
1	Gaīette	naea	C: 11/35.
2	Gauchat	naaa	C: 22/184, 22/188.
1	Genevois	naba	C: 12/113.
2	Germain	naaa	C: 19/56; 21/20.
9	Giroflée	naaa	C: 24/1, 24/121, 24/143, 24/163; 25/222; 30/72, 30/77, 30/83, 30/181.
1	Grecs	naba	C: 25/164.
1	Guinée	naea	C: 19/45.
1	Haye	naea	C: 12/99.
1	Hélène	naea	C: 25/74.
3	Henri	naaa	C: 30/165, 30/166, 30/167.
1	Hermandad	naea	C: 9/51.
1	Hollandais	naba	C: 19/22.
4	Hollande	naea	C: 3/34, 3/71; 8/30; 21/23.
2	Homère	naaa	C: 25/65, 25/187.
1	Honoré	naaa	C: 22/145.
1	Horace	naaa	C: 25/97.

3	Ibaraa	naaa	C: 13/18, 13/37; 27/46.
1	Ignace	naaa	C: 14/109.
2	Incas	naba	C: 18/22; 30/25.
1	Indiens	naba	C: 4/70.
1	Ismaël	naaa	C: 11/73.
1	Israël	naaa	C: 9/4.
9	Issachar	naaa	C: 8/30, 8/44, 8/44, 8/58, 8/88, 8/101; 9/3, 9/53; 12/115.
9	Italie	naea	C: 11/26; 12/31, 12/34; 19/104; 21/32; 25/30, 25/59, 25/152, 25/175.
1	Italiennes	nafa	C: 11/98
4	Ivan	naaa	C: 26/75, 26/95; 27/65, 27/75.
8	Jacques	naaa	C: 3/65; 4/5, 4/87, 4/92, 4/96; 5/3, 5/17; 7/10.
2	Japon	naaa	C: 5/58; 20/6.
1	Japonais	naba	C: 4/71.
1	Jèchonias	naaa	C: 30/160.
1	Jehu	naaa	C: 30/159.
1	Jèroboam	naaa	C: 30/157.
1	Joachim	naaa	C: 30/159.
1	Joiada	naaa	C: 30/159.
1	Jugurtha	naaa	C: 30/162.
3	Lampcurdos	naaa	C: 13/18, 13/38; 27/47.
1	Latinus	naaa	C: 25/90.
1	Lavinia	naea	C: 25/91.
1	Lebrixa	naea	C: 10/26.
1	Leibnitz	naaa	C: 28/101.
1	Leipzig	naea	C: 12/98.
1	Lemnos	naea	C: 30/42.
1	Leyde	naea	C: 12/99.
2	Lima	naea	C: 5/65, 5/68.
9	Lisbonne	naea	C: 4/94, 4/111; 5/24, 5/31, 5/68, 5/85; 6/4; 8/78; 23/50.
1	Lombardie	naea	C: 24/56.
1	Londres	naea	C: 26/114.
1	Lucèna	naea	C: 10/25.
1	Lucifer	naaa	C: 25/169.
1	Madrid	naea	C: 14/39.
1	Mahmcud	naaa	C: 26/71.
1	Mahomet	naaa	C: 11/105.
2	Malte	naea	C: 11/53; 28/65.
1	Marc	naaa	C: 24/38.
1	Marceau	naaa	C: 22/20.
1	Marie	naea	C: 30/165.
1	Marmcra	naea	C: 27/53.

4	Maroc	naaa	C: 11/57, 11/69, 11/72; 12/26.
1	Marseille	naea	C: 28/84.
110	Martin	naaa	C: 19/2; 20/1, 20/2, 20/10, 20/11, 20/20, 20/23, 20/28, 20/33, 20/55, 20/65, 20/70, 20/87, 20/90, 20/95; 21/1, 21/4, 21/6, 21/13, 21/34, 21/43, 21/48, 21/53, 21/63, 21/66; 22/1, 22/6, 22/29, 22/40, 22/42, 22/44, 22/50, 22/59, 22/79, 22/83, 22/95, 22/105, 22/129, 22/161, 22/168, 22/263, 22/267, 22/269, 22/351, 22/373, 22/376, 22/418; 23/1, 23/3, 23/3, 23/7, 23/10, 23/54; 24/8, 24/19, 24/23, 24/31, 24/32, 24/45, 24/51, 24/117, 24/134, 24/158, 24/165, 24/173, 24/176, 24/180, 24/190; 25/3, 25/10, 25/61, 25/116, 25/130, 25/145, 25/188, 25/191, 25/204, 25/207, 25/214, 25/218; 26/1, 26/3, 26/26, 26/46, 26/59, 26/63; 27/4, 27/7, 27/13, 27/16, 27/21, 27/62, 27/66, 27/70, 27/114, 27/141; 28/2; 29/4; 30/7, 30/11, 30/23, 30/35, 30/38, 30/61, 30/68, 30/79, 30/118, 30/141, 30/149, 30/174.
3	Mascarenes	naaa	C: 13/18, 13/37; 27/47.
2	Massa	naea	C: 11/20, 11/64.
1	Matapan	naaa	C: 27/52.
1	Mécenas	naaa	C: 25/109.
1	Médicis	naaa	C: 11/12.
2	Méditerranée	naea	C: 23/52; 24/12.
1	Méquinez	naea	C: 17/51.
1	Milo	naea	C: 27/52.
2	Milton	naaa	C: 25/159, 25/187.
1	Moabites	naba	C: 30/155.
1	Mogol	naaa	C: 17/61.
1	Moïse	naaa	C: 25/165.
1	Notre	naea	C: 7/8.
1	Monime	naaa	C: 22/97.
1	Montepulciano	naaa	C: 24/57.
1	Morena	naea	C: 9/56.
1	Moscou	naea	C: 12/92.
1	Muley	naaa	C: 11/73.
1	Mytilène	naea	C: 30/42.

1	Nadar	naaa	C: 30/157.
1	Naples	naea	C: 12/12.
1	Néron	naaa	C: 30/163.
1	Nicarie	naea	C: 27/52.
2	Normandie	naea	C: 22/393, 22/414.
1	Ochosias	naaa	C: 30/158.
1	Opporto	naea	C: 5/104.
1	Othon	naaa	C: 30/163.
2	Padoue	naea	C: 7/9; 26/37.
3	Palestrine	naea	C: 11/5, 11/68; 12/17.
1	Palus	naaa	C: 12/59.
98	Pangloss	naaa	C: 1/28, 1/31, 1/54, 1/58; 2/28; 3/73; 4/2, 4/9, 4/15, 4/17, 4/27, 4/39, 4/48, 4/60, 4/82, 4/89, 4/90, 4/95; 5/2, 5/23, 5/26, 5/29, 5/46, 5/53, 5/62, 5/65, 5/73, 5/82, 5/94, 5/98, 5/102; 6/13, 6/22, 6/28, 6/35; 7/52, 7/73; 8/28, 8/66, 8/78, 8/81, 8/89; 9/17; 10/12, 10/39; 13/9; 14/105, 14/106; 15/47; 16/53, 16/81; 17/127; 18/76; 19/59, 19/180, 19/181; 20/19; 22/243; 23/3, 23/3; 24/69; 25/68; 27/14, 27/68, 27/71, 27/90, 27/95, 27/98, 27/109, 27/118, 27/132, 27/134, 27/141, 27/148; 28/2, 28/29, 28/31, 28/95, 28/100; 29/3; 30/6, 30/7, 30/22, 30/34, 30/38, 30/64, 30/70, 30/85, 30/93, 30/106, 30/108, 30/118, 30/121, 30/140, 30/149, 30/153, 30/170, 30/183.
17	Paquette	naea	C: 4/49, 4/53; 24/1, 24/64, 24/70, 24/116, 24/123, 24/128, 24/134, 24/162, 24/172; 25/222; 30/72, 30/77, 30/84, 30/85, 30/180.
5	Paraguay	naaa	C: 10/28; 14/2, 14/28, 14/104; 15/19.
2	Paraguayens	naba	C: 14/74, 14/108.
12	Paris	naea	C: 21/13, 21/14; 22/16, 22/31, 22/91, 22/96, 22/111, 22/141, 22/177, 22/292; 24/10, 24/10.
2	Parolignac	naaa	C: 22/156, 22/194.
2	Périgourdin	naaa	C: 22/129, 22/312.
1	Pérou	naaa	C: 18/21.
1	Persans	naba	C: 4/70.

1	Perse	naea	C: 3/70.
1	Persée	naaa	C: 30/162.
1	Petra	naea	C: 27/53.
1	Pierre	naaa	C: 11/36.
1	Platon	naaa	C: 25/208.
15	Pococuranté	naaa	C: 24/186, 24/192; 25/1, 25/4, 25/17, 25/40, 25/42, 25/70, 25/86, 25/98, 25/116, 25/132, 25/150, 25/161, 25/193.
1	Polonais	naaa	C: 15/23.
1	Pompée	naaa	C: 30/163.
1	Porto	naea	C: 5/104.
3	Portsmouth	naea	C: 22/422; 23/19; 24/10.
1	Portugais	naaa	C: 19/191.
1	Portugais	naba	C: 6/11.
9	Portugal	naaa	C: 7/51, 7/60; 8/30; 10/30, 10/37; 14/37; 16/63; 17/9; 24/11.
3	Propontide	naea	C: 27/34, 27/81; 29/11.
1	Pupilus	naaa	C: 25/104.
1	Pyrrhus	naaa	C: 30/162.
1	Rabirius	naaa	C: 25/122.
1	Ragotsky	naaa	C: 27/37.
1	Raleigh	naaa	C: 18/31.
1	Raphaël	naaa	C: 25/28.
2	Richard	naaa	C: 30/164, 30/165.
1	Riga	naea	C: 12/97.
1	Robek	naaa	C: 12/114.
5	Rome	naea	C: 11/36; 15/17; 26/87; 28/13; 30/14.
1	Rostock	naaa	C: 12/98.
1	Rotterdam	naea	C: 12/99.
4	Russes	naba	C: 12/56, 12/61, 12/81, 12/83.
1	Russie	naea	C: 12/97.
1	Russies	nafa	C: 26/76.
5	Saint	naaa	C: 11/36; 21/20; 22/20, 22/144; 24/38.
1	Salé	naea	C: 11/37.
2	Samos	naea	C: 24/58; 27/52.
1	Sarmates	naba	C: 26/102.
1	Scutari	naaa	C: 27/53.
1	Sédécias	naaa	C: 30/160.
1	Sénèque	naaa	C: 25/142.
1	Siamois	naaa	C: 4/71.
1	Sierra	naea	C: 9/55.
2	Smyrne	naea	C: 12/54, 12/54.
3	Souza	naaa	C: 13/18, 13/38; 27/47.

1	Stuart	naea	C: 30/165.
8	Surinam	naaa	C: 19/1, 19/22, 19/66, 19/102, 19/193; 20/6; 23/47; 24/9.
1	Syracuse	naea	C: 30/162.
1	T	naaa	C: 22/192.
2	Tasse	naaa	C: 25/93, 25/169.
11	Ten	naaa	C: 1/4, 1/52, 1/79; 8/4, 8/38; 14/95; 15/50; 18/77; 22/164, 22/276; 27/117.
1	Tétuan	naea	C: 17/51.
2	Théodore	naaa	C: 26/109, 26/119.
11	Thunder	naaa	C: 1/4, 1/52, 1/79; 8/4, 8/38; 14/95; 15/50; 18/77; 22/164, 22/276; 27/117.
3	Transylvanie	naea	C: 27/156; 28/27; 29/12.
1	Trarbk	naea	C: 2/8.
1	Trévoux	naea	C: 16/18.
2	Tripoli	naea	C: 12/53, 12/53.
1	Troie	naea	C: 25/76.
11	Tronckh	naaa	C: 1/4, 1/52, 1/79; 8/4, 8/38; 14/95; 15/50; 18/77; 22/164, 22/276; 27/117.
2	Tucuman	naaa	C: 14/5; 17/87.
1	Tunis	naea	C: 12/52.
3	Turc	naaa	C: 30/142, 30/144, 30/148.
3	Turcs	naba	C: 4/70; 11/54; 28/28.
1	Turques	nafa	C: 11/54.
4	Turquie	naea	C: 27/136, 27/154; 29/10; 30/93.
1	Tyrolien	naaa	C: 15/23.
1	Urbain	naaa	C: 11/5.
1	Utrecht	naea	C: 12/98.
4	Vanderdendur	naaa	C: 19/33, 19/35, 19/106, 19/112.
27	Venise	naea	C: 19/91, 19/109, 19/121; 21/31, 21/34; 22/19, 22/311, 22/317, 22/413, 22/423, 22/425; 23/48, 23/52; 24/2, 24/13, 24/27, 24/104; 26/28, 26/72, 26/80, 26/89, 26/97, 26/105, 26/116, 26/129; 27/18; 28/65.
2	Vénitien	naaa	C: 25/2, 25/121.
1	Vénitiens	naba	C: 21/35.
1	Vénus	naea	C: 11/12.
1	Virgile	naaa	C: 25/84.
1	Vismar	naea	C: 12/98.
1	Vistule	naea	C: 26/103.

1	Vitellius	naaa	C: 30/164.
1	Waldberghoff	naea	C: 2/8.
10	Westphalie	naea	C: 1/3, 1/16; 11/9; 14/94; 17/53, 17/128; 18/75; 22/21, 22/280, 22/295.
1	Westphalien	naaa	C: 9/10.
12	Y	naaa	C: 13/18, 13/18, 13/18, 13/18, 13/37, 13/37, 13/37, 13/38; 27/47, 27/47, 27/47, 27/47.
1	Zambri	naaa	C: 30/158.
1	a	abaa	C: 22/12.
24	abbé	abaa	C: 22/53, 22/74, 22/86, 22/90, 22/95, 22/113, 22/120, 22/127, 22/136, 22/160, 22/166, 22/183, 22/193, 22/237, 22/300, 22/303, 22/318, 22/323, 22/333, 22/367, 22/378, 22/398; 24/15, 24/107.
1	abîme	abaa	C: 24/103.
1	abomination	abea	C: 19/60.
10	abord	abaa	C: 3/7, 3/18; 7/46; 14/48, 14/85; 19/127; 22/58, 22/177; 25/11; 28/37.
1	abri	abaa	C: 18/34.
1	absolution	abea	C: 11/40.
2	académie	abea	C: 22/7; 25/130.
2	accidents	abba	C: 7/55; 16/53.
2	acteur	abaa	C: 22/66, 22/67.
2	acteurs	abba	C: 22/68, 22/119.
1	action	abea	C: 12/75.
2	actions	abfa	C: 18/64; 22/115.
5	actrice	abea	C: 22/65, 22/80, 22/83; 25/54, 25/75.
1	adieu	abaa	C: 26/57.
1	admiration	abea	C: 17/121.
2	adresse	abea	C: 10/33; 25/15.
4	affaire	abea	C: 16/60; 19/146; 20/73; 30/99.
5	affaires	abfa	C: 4/94; 8/41; 20/32; 26/57; 30/128.
2	aga	abaa	C: 12/55, 12/58.
7	âge	abaa	C: 1/30; 5/41; 12/20, 12/63; 13/57; 18/83; 24/147.
1	agent	abaa	C: 26/23.
1	agilité	abea	C: 10/33.

1	agréments	abba	C: 11/22.
2	aide	abea	C: 22/420; 28/79.
1	aimée	abea	C: 8/80.
10	air	abaa	C: 4/108; 6/15; 13/27; 14/79; 16/39; 22/84, 22/168; 24/40, 24/123; 25/56.
1	airs	abba	C: 27/131.
4	aise	abea	C: 14/106; 20/63; 22/85; 30/105.
1	alarme	abea	C: 16/23.
2	alcade	abaa	C: 13/58, 13/70.
1	alguazils	abba	C: 13/58.
1	aliments	abba	C: 25/210.
1	allégresse	abea	C: 16/122.
2	altesses	abfa	C: 17/71; 26/126.
2	amant	abaa	C: 22/338; 29/15.
4	amants	abba	C: 10/62; 16/44, 16/45; 22/292.
1	ambassadeur	abaa	C: 28/16.
11	âme	abea	C: 1/6; 3/67; 4/41, 4/44, 4/44; 9/26; 10/45; 13/32; 14/120; 16/41; 30/111.
1	âmes	abfa	C: 3/12.
17	ami	abaa	C: 3/54; 4/20, 4/83, 4/88; 5/54; 15/56; 17/122; 18/76, 18/143; 19/16, 19/31, 19/83, 19/96; 25/89, 25/109; 26/12; 27/28.
5	amis	abba	C: 16/101; 18/63; 22/28, 22/33; 30/116.
6	amiral	abaa	C: 23/31, 23/32, 23/34, 23/37, 23/38, 23/42.
1	amitié	abea	C: 15/16.
11	amcur	abaa	C: 4/40, 4/40, 4/42, 4/43; 8/103; 11/11, 11/22; 21/11, 21/50; 22/328; 30/188.
1	amplifications	abfa	C: 22/225.
12	ans	abba	C: 1/26; 11/6; 12/13, 12/20, 12/44, 12/94; 18/19; 19/186; 22/142, 22/157; 24/147; 25/8.
11	anabaptiste	abaa	C: 3/65; 4/5, 4/16, 4/87, 4/92; 5/2, 5/11, 5/24, 5/28; 6/37; 7/73.
1	ananas	abba	C: 30/137.
1	anciens	abba	C: 13/32.
1	ancre	abea	C: 5/37.
1	anémones	abfa	C: 28/74.
1	angoisses	abfa	C: 5/5.
1	animal	abaa	C: 30/96.
4	année	abea	C: 1/45; 5/66; 19/39; 22/9.

4	années	abfa	C: 18/32; 22/403; 25/29; 26/67.
2	antéchrist	abaa	C: 3/55, 3/61.
1	antichambre	abea	C: 18/12.
2	antiquité	abea	C: 16/56; 25/82.
1	apostrophes	abfa	C: 22/228.
1	apothicaire	abaa	C: 28/10.
1	appartement	abaa	C: 18/102.
2	appartements	abba	C: 6/16; 18/10.
1	appétit	abaa	C: 8/98.
1	approbation	abea	C: 6/15.
1	appui	abaa	C: 2/41.
1	après	abea	C: 18/131.
1	arabe	abaa	C: 22/69.
1	arbitre	abaa	C: 21/70.
3	arbre	abaa	C: 1/13; 4/33; 16/68.
1	arbres	abba	C: 19/8.
2	archidiacre	abaa	C: 22/192, 22/201.
1	architecture	abea	C: 25/7.
1	ardeur	abea	C: 14/75.
14	argent	abaa	C: 2/9, 2/26; 5/31, 5/49; 8/28; 13/61; 18/10; 19/130; 21/37; 24/152; 27/104, 27/116, 27/151; 30/17.
1	arithmétique	abea	C: 4/92.
5	armes	abfa	C: 9/9; 11/39; 14/81; 15/63; 25/173.
1	armée	abea	C: 10/32.
2	armées	abfa	C: 3/4; 4/75.
1	armoire	abea	C: 25/167.
2	arpents	abba	C: 23/12; 30/144.
2	arrivée	abea	C: 11/69; 17/1.
2	art	abaa	C: 25/45, 25/134.
2	arts	abba	C: 18/40; 20/48.
1	as	abba	C: 22/50.
1	asile	abaa	C: 27/38.
1	assassins	abba	C: 20/43.
2	assemblée	abea	C: 3/46; 23/26.
1	assomption	abea	C: 14/30.
1	astres	abba	C: 25/111.
1	attendrissement	abaa	C: 12/33.
5	attention	abea	C: 12/83; 22/154, 22/231; 24/66; 27/26.
1	attentions	abfa	C: 22/313.
2	auberge	abea	C: 10/8; 22/22.
1	audience	abea	C: 19/148.
2	aumône	abea	C: 3/40; 27/10.
2	aumônier	abaa	C: 1/20; 28/15.
1	autel	abaa	C: 11/36.
3	auteur	abaa	C: 22/68; 25/112, 25/160.

1	auteurs	abba	C: 25/133.
7	autodafé	abaa	C: 6/1, 6/6; 8/46, 8/59; 10/63; 13/10; 30/55.
1	avance	abea	C: 19/131.
1	avanies	abfa	C: 24/108.
1	avantage	abaa	C: 20/9.
2	avantages	abba	C: 16/36; 22/307.
9	aventure	abea	C: 7/61; 12/96; 16/35; 19/142, 19/180; 21/52; 27/17; 30/90, 30/126.
10	aventures	abfa	C: 12/25, 12/117; 13/7; 19/76, 19/176; 22/270, 22/322; 26/27; 28/86; 29/4.
6	avis	abaa	C: 4/97; 9/20; 18/69, 18/71; 25/62; 30/15.
1	avocat	abaa	C: 24/106.
1	avoine	abea	C: 14/83.
1	b	abaa	C: 22/12.
2	bachas	abba	C: 30/41, 30/44.
1	bagage	abaa	C: 19/110.
2	bagatelle	abea	C: 11/32; 27/25.
3	baguette	abea	C: 2/46, 2/46, 2/67.
3	baguettes	abfa	C: 2/64; 3/51; 30/53.
1	bains	abaa	C: 18/99.
3	baiser	abaa	C: 4/45; 7/65; 8/91.
1	balances	abfa	C: 27/70.
2	balles	abfa	C: 2/60; 23/24.
3	banc	abaa	C: 27/100; 28/82; 30/115.
1	bande	abea	C: 22/101.
1	banqueroutes	abfa	C: 4/103.
1	banqueroutiers	abba	C: 4/104.
3	banquier	abaa	C: 8/45; 22/149, 22/150.
1	barbare	abaa	C: 25/161.
1	barbares	abba	C: 8/75.
1	barbes	abfa	C: 30/140.
2	barbier	abaa	C: 28/62, 28/64.
1	barigel	abaa	C: 22/415.
43	baron	abaa	C: 1/4, 1/10, 1/15, 1/27, 1/34, 1/43, 1/51, 1/78; 3/38; 4/29; 14/104; 15/32, 15/39, 15/49, 15/53, 15/65; 16/14, 16/64; 18/76; 24/79; 27/91, 27/96, 27/98, 27/109, 27/132, 27/134, 27/138, 27/148; 28/4, 28/6, 28/83, 28/87; 29/3, 29/15, 29/29, 29/31, 29/36, 29/45; 30/4, 30/8, 30/11, 30/19, 30/192.
3	barons	abba	C: 11/7; 27/117, 27/122.

8	baronne	abea	C: 1/22, 1/82; 4/30, 4/50; 10/64; 12/40; 22/164; 24/73.
1	baronnes	abfa	C: 1/35.
1	baronnettes	abfa	C: 2/5.
1	baronnie	abea	C: 4/35.
2	barque	abea	C: 17/29; 26/38.
1	barques	abfa	C: 24/6.
2	barrière	abea	C: 14/43; 16/107.
1	barrières	abfa	C: 16/3.
1	bas	abaa	C: 14/85.
3	basanés	abba	C: 11/75, 11/76, 11/76.
1	basse	abea	C: 22/375.
1	basses	abfa	C: 1/18.
1	bassesse	abea	C: 29/32.
1	bât	abaa	C: 18/197.
2	bataille	abea	C: 2/81; 4/77.
1	bateau	abaa	C: 19/132.
2	bateaux	abba	C: 12/82; 30/40.
3	bâton	abaa	C: 2/47; 22/387; 28/23.
1	baume	abaa	C: 12/78.
1	bayonnette	abea	C: 3/10.
2	bayonnettes	abfa	C: 4/101, 4/101.
1	beau	abaa	C: 15/56.
7	beauté	abea	C: 11/9, 11/62; 17/49; 25/14, 25/25; 27/30, 27/39.
2	beautés	abfa	C: 25/197, 25/213.
2	belle	abea	C: 22/296, 22/310.
1	bénédictins	abba	C: 10/24.
3	benito	abaa	C: 6/18, 6/20; 8/65.
2	berceau	abaa	C: 26/76; 30/120.
5	besoin	abaa	C: 1/19; 15/18; 17/46; 25/127; 30/146.
1	besoins	abba	C: 3/24.
2	bibliothèque	abea	C: 25/64, 25/81.
4	bien	abaa	C: 4/106; 18/187; 26/101; 30/103.
2	biens	abba	C: 4/103; 10/13.
1	bien	abea	C: 8/80.
2	bienfaiteur	abaa	C: 5/20, 5/35.
1	bière	abea	C: 3/68.
1	bijoux	abba	C: 13/61.
1	bile	abea	C: 19/153.
2	billet	abaa	C: 2/31; 22/36.
1	bissac	abaa	C: 3/33.
3	blancs	abba	C: 11/101; 19/47, 19/54.
1	blessure	abea	C: 28/9.
1	bleu	abaa	C: 2/11.
1	bleus	abba	C: 2/19.

3	boeuf	abaa	C: 27/86, 27/102; 28/92.
3	bois	abaa	C: 1/57; 14/74; 16/62.
2	bon	abaa	C: 20/54; 28/55.
8	bonheur	abaa	C: 1/51, 1/52; 11/28; 16/127; 19/18; 24/33, 24/140, 24/174.
1	bonhomme	abaa	C: 30/124.
1	bonjour	abaa	C: 1/69.
2	bonnet	abaa	C: 14/50; 15/66.
4	bonté	abea	C: 2/70; 7/24; 16/41; 29/42.
4	bord	abaa	C: 11/108; 16/25; 27/5, 27/34.
2	bords	abba	C: 17/34; 26/103.
1	bordée	abea	C: 20/64.
3	bouche	abea	C: 3/79; 5/76; 14/56.
1	bouches	abfa	C: 1/76.
1	boucherie	abea	C: 3/14.
2	boue	abea	C: 18/183, 18/186.
1	bouillons	abba	C: 22/29.
3	bouquet	abaa	C: 28/73, 28/75, 28/89.
2	bourdon	abaa	C: 6/25; 8/90.
1	bourg	abaa	C: 17/56.
1	bourgeoise	abea	C: 25/90.
18	bout	abaa	C: 3/78; 4/93; 8/28; 12/67, 12/94; 14/50; 15/13; 17/41; 18/90, 18/191; 19/12, 19/23; 20/44, 20/96; 23/49; 24/26; 28/63; 30/87.
1	boutique	abea	C: 22/240.
1	boyard	abaa	C: 12/92.
1	boyards	abba	C: 12/95.
6	bras	abaa	C: 7/28; 11/91, 11/92; 22/340; 24/39; 26/7.
6	bras	abba	C: 3/27; 4/50; 14/110; 15/45; 27/13; 29/18.
1	braves	abba	C: 22/370.
1	brides	abfa	C: 9/44.
2	brigands	abba	C: 17/19; 21/59.
1	brigandage	abaa	C: 20/45.
1	brillants	abba	C: 22/305.
1	brocart	abaa	C: 7/33.
1	brocarts	abba	C: 17/55.
3	broche	abea	C: 16/83, 16/101; 17/11.
2	broches	abfa	C: 16/72, 16/79.
1	brochures	abfa	C: 22/72.
1	broussailles	abfa	C: 1/57.
10	bruit	abaa	C: 7/48; 13/70; 17/40; 19/144; 20/57, 20/58; 22/177; 25/42; 28/49; 30/117.
1	brune	abea	C: 1/59.

2	brutal	abaa	C: 8/11, 8/20.
1	buisson	abaa	C: 16/29.
1	but	abaa	C: 4/66.
1	butin	abaa	C: 11/81.
1	c	abaa	C: 22/12.
8	cabaret	abaa	C: 2/10; 9/56; 12/97; 17/90; 19/72, 19/170; 22/91; 27/20.
3	cabarets	abba	C: 12/110; 22/15; 24/3.
5	cabinet	abaa	C: 7/32; 14/69; 22/273; 24/117; 28/49.
2	cachot	abaa	C: 2/58; 22/391.
1	cadavres	abba	C: 11/107.
1	cadence	abea	C: 6/25.
2	cadi	abaa	C: 28/23, 28/79.
2	cadis	abba	C: 30/41, 30/43.
2	café	abaa	C: 30/137, 30/138.
1	cafés	abba	C: 24/3.
1	caillou	abaa	C: 16/70.
6	cailloux	abba	C: 17/113; 18/35, 18/95, 18/150, 18/182; 22/3.
1	calamité	abea	C: 24/19.
1	calamités	abfa	C: 27/57.
2	caleçon	abaa	C: 19/27, 19/38.
1	calomniateurs	abba	C: 21/61.
1	camarade	abaa	C: 2/12.
1	camarades	abba	C: 2/50.
2	camp	abaa	C: 3/16; 16/4.
3	campagne	abea	C: 7/29; 8/36; 22/152.
3	canaille	abea	C: 21/23, 21/24, 21/24.
1	canal	abaa	C: 27/77.
1	canaux	abba	C: 7/30.
4	canapé	abaa	C: 7/32, 7/44; 8/100; 22/273.
1	canard	abaa	C: 4/33.
2	canne	abea	C: 17/100; 18/119.
1	cannelle	abea	C: 18/122.
3	canon	abaa	C: 4/100; 20/58; 25/174.
4	canons	abba	C: 3/5, 3/6; 4/102; 12/28.
2	canot	abaa	C: 17/28, 17/42.
1	cantiques	abba	C: 18/64.
1	canules	abfa	C: 11/47.
2	cap	abaa	C: 20/6; 27/51.
21	capitaine	abaa	C: 4/55; 8/18, 8/19, 8/72, 8/88; 10/35; 11/65, 11/92, 11/95, 11/101;

			13/16, 13/27, 13/39, 13/55; 14/23, 14/42, 14/44, 14/62; 20/80, 20/81; 21/41.
2	capitale	abea	C: 18/90; 22/18.
1	captifs	abba	C: 11/99.
1	captivité	abea	C: 9/4.
2	caractère	abaa	C: 1/30; 21/67.
1	carnage	abaa	C: 11/77.
10	carnaval	abaa	C: 24/22; 26/28, 26/47, 26/72, 26/80, 26/89, 26/97, 26/105, 26/116, 26/128.
1	carreau	abaa	C: 9/13.
3	carrosse	abaa	C: 18/81, 18/88, 18/98.
1	carrousels	abba	C: 11/26.
4	cartes	abfa	C: 22/147, 22/153, 22/163, 22/170.
1	cas	abaa	C: 24/157.
1	cas	abba	C: 19/42.
1	cassette	abea	C: 22/25.
1	catastrophe	abea	C: 30/116.
6	cause	abea	C: 1/33, 1/80; 3/47, 3/48; 4/38, 4/46.
5	causes	abfa	C: 1/64; 3/17; 5/66; 29/7; 30/109.
1	cavalerie	abea	C: 4/56.
1	cédrat	abaa	C: 30/136.
1	cédrats	abba	C: 30/194.
1	célérité	abea	C: 10/33.
2	cendres	abfa	C: 3/19; 5/38.
1	centaine	abea	C: 20/66.
4	cérémonie	abea	C: 6/8; 11/47; 18/110; 23/30.
1	cérémonies	abfa	C: 7/22.
1	cervelle	abea	C: 2/61.
1	cervelles	abfa	C: 3/26.
3	cesse	abea	C: 18/60; 24/178; 28/91.
1	chagrin	abaa	C: 24/189.
2	chagrins	abba	C: 20/51; 24/181.
1	chair	abea	C: 20/43.
2	chaise	abea	C: 22/4; 26/37.
1	chaloupe	abea	C: 20/76.
5	chambre	abea	C: 1/59; 10/10; 11/60; 19/159; 24/63.
6	champ	abaa	C: 2/44; 13/78; 14/65, 14/75; 18/188; 27/127.
1	champs	abba	C: 2/6.
1	chansons	abfa	C: 25/53.
1	chaos	abaa	C: 21/15.
2	chapelle	abea	C: 12/17; 15/7.
30	chapitre	abaa	C: 1/t; 2/t; 3/t; 4/t; 5/t; 6/t;

			7/t; 8/t; 9/t; 10/t; 11/t; 12/t; 13/t; 14/t; 15/t; 16/t; 17/t; 18/t; 19/t; 20/t; 21/t; 22/t; 23/t; 24/t; 25/t, 25/162; 26/t; 27/t; 28/t; 29/t.
1	chapitres	abba	C: 29/35.
1	charge	abea	C: 22/251.
1	charges	abfa	C: 19/10.
2	charité	abea	C: 3/45; 7/13.
2	charmes	abba	C: 11/61; 13/43.
1	charrette	abea	C: 15/5.
22	château	abaa	C: 1/1, 1/3, 1/16, 1/34, 1/43, 1/56, 1/68, 1/80; 3/37; 4/25, 4/32; 8/4, 8/11, 8/37; 14/95; 15/8; 18/75, 18/77, 18/144; 22/327; 24/78; 30/187.
7	châteaux	abba	C: 1/35, 1/42, 1/84; 2/4; 4/12; 10/61; 11/6.
1	châtré	abaa	C: 25/55.
2	chaudière	abea	C: 16/71, 16/79.
1	chausses	abfa	C: 1/41.
4	chef	abaa	C: 3/62; 4/14; 14/35; 16/43.
1	chefs	abba	C: 18/64.
5	chemin	abaa	C: 17/6, 17/74; 22/19, 22/423; 27/7.
3	chemins	abba	C: 14/22; 17/46, 17/113.
2	chemises	abfa	C: 8/23; 26/120.
5	chère	abea	C: 12/73; 16/74, 16/97; 17/117; 18/135.
3	cheval	abaa	C: 9/45; 10/24; 15/67.
10	chevaux	abba	C: 9/43, 9/49; 10/20, 10/36; 14/9, 14/48, 14/82; 16/7; 17/21, 17/50.
2	chevalier	abaa	C: 18/31; 28/65.
1	chevaliers	abba	C: 11/53.
2	cheveux	abba	C: 17/92; 30/156.
1	chien	abaa	C: 27/120.
3	chiens	abba	C: 1/18; 19/51; 27/121.
1	chienne	abea	C: 9/5.
1	chiourme	abea	C: 27/83.
4	chirurgien	abaa	C: 2/78; 28/36, 28/46, 28/54.
1	chirurgiens	abba	C: 12/84.
1	chirurgienne	abea	C: 28/53.
4	chocolat	abaa	C: 4/67; 11/30; 16/6; 25/12.
1	choeur	abaa	C: 14/6.
1	choix	abaa	C: 2/63.
16	chose	abea	C: 4/62; 5/64, 5/72; 8/11; 11/43; 12/89; 13/26; 14/32, 14/105; 18/160; 19/67; 24/169; 25/136; 28/103;

			30/17, 30/68.
13	choses	abfa	C: 1/36; 2/76; 5/83, 5/86; 11/70; 13/11; 14/26; 17/31, 17/32; 21/54; 25/46; 27/22; 30/37.
2	chrêtien	abaa	C: 27/120; 28/21.
1	chrêtiens	abba	C: 12/29.
1	christi	abaa	C: 24/58.
2	chute	abea	C: 5/91, 5/94.
10	ciel	abaa	C: 2/3; 7/72; 8/3; 12/74; 14/39; 17/38; 20/68; 25/167, 25/174; 30/85.
1	cimeterre	abaa	C: 11/96.
1	cimetière	abaa	C: 22/100.
1	cinquantaine	abea	C: 16/69.
1	citoyens	abba	C: 5/79.
1	citrons	abba	C: 30/136.
1	civilités	abfa	C: 16/119.
2	clameurs	abfa	C: 16/24; 20/68.
1	clavelée	abea	C: 22/13.
1	clavicule	abea	C: 28/38.
1	clêmence	abea	C: 2/77.
2	clerc	abaa	C: 22/41, 22/43.
1	climats	abba	C: 11/83.
2	clin	abaa	C: 15/67; 22/158.
1	cochenille	abea	C: 4/67.
1	cochon	abaa	C: 22/117.
1	cochons	abba	C: 1/44.
1	cocos	abba	C: 17/28.
1	cocotiers	abba	C: 17/24.
14	coeur	abaa	C: 10/44, 10/52; 12/108; 15/12; 19/75; 20/15; 22/213, 22/288, 22/344, 22/353; 24/116; 26/25, 26/84; 30/2.
2	coeurs	abba	C: 4/44; 27/67.
1	coin	abaa	C: 22/101.
1	coins	abba	C: 4/109.
3	colère	abea	C: 8/20; 28/78; 29/44.
2	colibri	abaa	C: 18/16, 18/100.
2	colibris	abba	C: 14/71; 17/96.
1	colifichets	abba	C: 25/199.
2	collège	abaa	C: 14/30; 28/10.
2	colonel	abaa	C: 15/25, 15/72.
1	colonies	abfa	C: 14/4.
1	colonnade	abea	C: 14/70.
1	colonnes	abfa	C: 18/118.
3	combat	abaa	C: 11/83; 20/63; 23/34.
1	combats	abba	C: 25/72.
1	comble	abaa	C: 8/69.
1	comédie	abea	C: 22/59.

11	commandant	abaa	C: 14/45, 14/47, 14/50, 14/54, 14/66, 14/75, 14/85, 14/96, 14/98, 14/107, 14/124.
2	commencement	abaa	C: 9/22; 19/23.
1	commentaire	abaa	C: 25/162.
4	commerce	abaa	C: 4/94; 12/29; 17/116; 25/83.
2	commère	abea	C: 6/11; 8/63.
2	commission	abea	C: 8/95; 16/117.
1	commodité	abea	C: 17/116.
1	commun	abaa	C: 8/48.
1	compagnes	abfa	C: 12/91.
4	compagnie	abea	C: 10/34; 13/40; 22/48, 22/138.
3	compagnons	abba	C: 4/58; 11/100; 27/80.
1	compas	abaa	C: 25/166.
2	compassion	abea	C: 4/3; 26/118.
1	complaisance	abea	C: 24/126.
1	compliment	abaa	C: 24/55.
3	compte	abaa	C: 4/102; 14/25, 14/65.
1	comtesse	abea	C: 4/55.
1	concerto	abaa	C: 25/41.
1	conclusion	abea	C: 30/1.
5	condition	abea	C: 16/35; 19/163, 19/171; 24/98; 28/64.
1	confesseur	abaa	C: 24/76.
1	confiance	abea	C: 24/136.
1	confins	abba	C: 16/121.
1	confrères	abba	C: 24/156.
1	confusion	abea	C: 24/61.
4	congé	abaa	C: 18/158, 18/204; 22/334; 25/202.
5	connaissance	abea	C: 5/73; 8/7; 18/29; 19/2; 22/308.
3	conseil	abaa	C: 9/18; 14/10; 22/383.
2	conseils	abba	C: 9/25; 17/25.
1	consentement	abaa	C: 18/26.
1	conséquence	abea	C: 6/10.
1	conservateur	abaa	C: 4/41.
1	considération	abea	C: 1/23.
1	consolateur	abaa	C: 4/40.
1	consolations	abfa	C: 29/9.
1	consternation	abea	C: 8/70.
2	contes	abba	C: 1/21; 25/93.
1	contemporains	abba	C: 25/183.
1	continent	abaa	C: 4/69.
1	contour	abaa	C: 17/94.
1	contradictions	abfa	C: 22/106.
1	contrée	abea	C: 11/90.
1	controverse	abea	C: 4/70.
1	convalescence	abea	C: 22/47.

1	convention	abea	C: 8/51.
4	conversation	abea	C: 14/119; 18/38, 18/80; 30/113.
1	conversations	abfa	C: 20/95.
5	convives	abba	C: 5/81; 17/101; 22/185; 26/34, 26/40.
3	convulsions	abfa	C: 11/31; 24/94; 30/62.
1	coquetteries	abfa	C: 25/19.
5	coquin	abaa	C: 3/58; 5/28; 9/6; 15/49; 20/88.
1	coquins	abba	C: 3/9.
1	corbeaux	abba	C: 16/99.
1	corde	abea	C: 28/43.
1	cordes	abfa	C: 16/68.
5	cordelier	abaa	C: 4/53; 10/14; 13/60, 13/65; 24/76.
1	cornes	abfa	C: 14/51.
1	corneilles	abfa	C: 16/99.
11	corps	abaa	C: 5/6; 8/21; 11/114; 15/66; 16/39, 16/128; 20/30, 20/33; 28/5, 28/36, 28/57.
1	correcteur	abaa	C: 21/22.
1	correction	abea	C: 3/42.
3	corsaire	abaa	C: 11/37, 11/40, 11/80.
1	cosmclo	abea	C: 1/31.
8	côté	abaa	C: 3/8, 3/27; 4/79; 5/89; 9/34; 14/52; 17/18; 22/233.
3	côtés	abba	C: 17/108; 18/112; 22/63.
1	côte	abea	C: 19/44.
4	côtes	abfa	C: 14/4; 21/1, 21/3; 23/1.
5	cou	abaa	C: 2/67; 4/6; 18/113; 26/69; 27/28.
4	couleur	abea	C: 1/26; 14/78; 25/31; 26/5.
1	couleuvres	abfa	C: 25/177.
10	coup	abaa	C: 5/14; 8/12, 8/86; 15/51; 16/127; 19/81, 19/113; 24/122; 28/5; 30/191.
20	coups	abba	C: 1/80; 2/47, 2/49, 2/66; 3/21; 4/26, 4/45; 7/65; 8/79; 10/60; 12/93; 16/30; 24/80; 27/85, 27/101; 28/23, 28/80, 28/92, 28/97; 30/187.
5	cour	abea	C: 8/45; 12/95; 18/5, 18/82, 18/123.
1	cours	abfa	C: 1/18.
2	courage	abaa	C: 6/43; 7/3.
1	courant	abaa	C: 17/29.
2	courtisans	abba	C: 22/256, 22/256.
1	couronne	abea	C: 18/101.
1	course	abea	C: 2/69.
1	cousins	abba	C: 19/56.
3	couteau	abaa	C: 8/12, 8/86; 10/60.
2	coutume	abea	C: 6/28; 13/10.

2	couvent	abaa	C: 24/146, 24/150.
1	crainte	abea	C: 14/84.
1	crâne	abaa	C: 23/25.
1	crapaud	abaa	C: 25/170.
1	créanciers	abba	C: 4/104.
1	création	abea	C: 25/164.
5	créatures	abfa	C: 16/32; 24/49, 24/87, 24/115; 25/16.
2	crédit	abaa	C: 8/45; 26/54.
2	cri	abaa	C: 27/99; 28/46.
6	cris	abba	C: 5/8; 7/47; 8/75; 16/20, 16/22, 16/39.
3	crime	abaa	C: 2/73; 20/87; 28/21.
1	crimes	abba	C: 22/388.
2	cristal	abaa	C: 14/108; 17/98.
1	crocheteurs	abba	C: 25/103.
1	croupe	abea	C: 10/21.
1	cruautés	abfa	C: 22/160.
1	crucifix	abaa	C: 5/57.
3	cuisine	abea	C: 8/23; 17/84; 28/27.
2	cuisinière	abea	C: 8/87; 10/65.
1	cuistre	abaa	C: 14/29.
3	cul	abaa	C: 2/67; 4/45; 22/375.
1	cure	abea	C: 4/90.
2	curieux	abba	C: 25/8, 25/202.
5	curiosité	abea	C: 10/70; 18/2, 18/18, 18/61; 21/27.
13	dame	abea	C: 7/63; 22/140, 22/144, 22/150, 22/156, 22/204, 22/236, 22/271, 22/290, 22/291, 22/362, 22/377; 24/22.
8	dames	abfa	C: 3/63; 8/60; 12/72; 16/50, 16/60, 16/67; 18/134; 25/18.
1	danger	abaa	C: 5/8.
1	dards	abba	C: 30/157.
3	d	abaa	C: 4/14; 14/35; 16/43.
1	d	abfa	C: 28/75.
2	débris	abba	C: 5/48, 5/61.
1	décembre	abaa	C: 22/402.
1	décombres	abba	C: 5/76.
1	découverte	abea	C: 24/5.
1	dédain	abaa	C: 13/20.
1	défaut	abaa	C: 9/19.
1	défauts	abba	C: 25/212.
2	défenseur	abaa	C: 2/42; 16/102.

1 dégoût abaa C: 25/107.
1 degré abaa C: 1/52.
2 déjeuner abaa C: 14/73; 25/24.
1 délai abaa C: 23/48.
2 délices abfa C: 4/51; 25/67.
1 délivrance abea C: 16/125.
1 demandes abfa C: 7/46.
2 démarche abea C: 13/22; 24/41.
1 demi abaa C: 3/25.
5 demoiselle abea C: 1/11, 1/75; 9/39; 12/116; 24/59.
2 demoiselles abfa C: 16/35, 16/44.
1 démon abaa C: 23/28.
1 denier abaa C: 26/112.
1 dent abea C: 3/80.
3 dents abfa C: 3/79; 11/116; 25/193.
1 départ abaa C: 18/201.
1 dépens abba C: 4/90.
1 dépouilles abfa C: 16/105.
1 députés abba C: 16/116.
1 dernier abaa C: 18/37.
6 derrière abaa C: 1/81; 10/67; 12/100; 18/108; 24/80; 30/188.
5 derviche abaa C: 30/91, 30/98, 30/102, 30/107, 30/112.
1 désastre abaa C: 5/80.
1 désastres abba C: 30/21.
1 descente abea C: 18/98.
2 description abea C: 25/102, 25/179.
1 désert abaa C: 19/12.
6 désespoir abaa C: 8/70; 11/32, 11/109; 16/18; 19/95; 30/34.
2 désir abaa C: 1/65; 18/205.
3 dessein abaa C: 15/41; 22/306; 30/177.
1 dessin abaa C: 25/201.
1 destin abaa C: 4/76.
5 destinée abea C: 12/116; 24/74, 24/138; 29/25; 30/23.
1 détresse abea C: 10/1.
1 détrcit abaa C: 23/51.
1 deum abba C: 3/16.
1 devoir abaa C: 27/42.
1 dévote abea C: 28/71.
3 dévotes abfa C: 22/29, 22/33, 22/38.
3 dey abaa C: 12/35, 12/49, 12/51.
6 diable abaa C: 4/61; 20/30, 20/92; 25/169; 28/47, 28/57.
3 diables abba C: 6/21, 6/22; 25/174.

1	diaconat	abaa	C: 15/24.
1	diacre	abaa	C: 28/41.
1	dialogues	abba	C: 22/223.
4	diamant	abaa	C: 22/24, 22/394; 26/120; 27/145.
20	diamants	abba	C: 9/45; 10/3; 11/50, 11/81; 18/17, 18/199; 19/85, 19/129, 19/158; 20/12, 20/79; 22/296, 22/351, 22/364, 22/385, 22/389, 22/420; 27/59, 27/158; 30/24.
1	diamètre	abaa	C: 14/33.
2	dieu	abaa	C: 18/51; 20/36.
2	dieux	abba	C: 22/228; 25/73.
2	différence	abea	C: 21/69; 24/184.
1	difficultés	abfa	C: 19/88.
2	dignité	abea	C: 1/24; 27/123.
2	diligence	abea	C: 11/43; 16/115.
2	dimanche	abaa	C: 8/53; 9/22.
1	dimanches	abba	C: 19/53.
1	dinée	abea	C: 18/131.
7	dîner	abaa	C: 1/71; 5/80; 6/13; 24/122; 25/40, 25/63, 25/103.
1	disciple	abaa	C: 6/13.
1	discipline	abea	C: 20/46.
1	discorde	abea	C: 24/150.
1	discoureur	abaa	C: 22/232.
10	discours	abaa	C: 4/36, 4/86; 10/70; 14/65; 15/43; 16/114; 18/154; 26/117; 30/60, 30/148.
4	discours	abba	C: 17/120; 18/73; 25/171, 25/186.
2	discrétion	abea	C: 17/103; 25/61.
1	dispositions	abfa	C: 1/61.
1	dispute	abea	C: 20/57.
1	dissertations	abfa	C: 30/48.
1	distance	abea	C: 20/60.
2	divertissements	abba	C: 17/69; 24/22.
12	docteur	abaa	C: 1/58, 1/63; 4/2, 4/89, 4/105; 5/2; 6/13; 8/27, 8/89; 22/184, 22/188; 24/69.
2	doge	abaa	C: 24/180, 24/183.
3	doigt	abaa	C: 11/45; 19/40; 22/24.
2	doigts	abba	C: 22/298, 22/298.
3	domestique	abaa	C: 26/36, 26/39, 26/48.
4	domestiques	abba	C: 1/8; 18/81; 19/105; 26/58.
11	don	abaa	C: 2/63; 8/30, 8/44, 8/44, 8/58, 8/88, 8/101; 12/115; 13/17, 13/37; 27/46.
1	dortoir	abaa	C: 24/156.

1	dos	abaa	C: 7/20.
2	douceur	abea	C: 11/21; 22/36.
7	douleur	abea	C: 8/70; 16/22; 19/97, 19/138; 22/349; 25/221; 26/22.
1	douleurs	abfa	C: 27/72.
13	doute	abaa	C: 10/41; 15/62; 17/62, 17/114; 18/86, 18/146; 19/125; 21/65; 22/245; 24/16; 26/13; 27/31, 27/123.
1	doutes	abba	C: 18/52.
1	douzaines	abfa	C: 25/140.
1	drap	abaa	C: 17/92.
1	draperies	abfa	C: 25/33.
8	droit	abaa	C: 3/20; 10/14; 11/54; 16/93, 16/95, 16/112; 18/162; 30/9.
3	droits	abba	C: 8/103; 13/53; 26/83.
1	droiture	abea	C: 19/109.
1	drôlesse	abea	C: 24/14.
1	dureté	abea	C: 3/75.
1	duvet	abaa	C: 18/99.
4	eau	abea	C: 5/74; 15/9; 18/118, 18/119.
1	eaux	abfa	C: 7/45.
1	écarlate	abaa	C: 11/3.
1	échine	abea	C: 7/69.
1	éclair	abaa	C: 27/126.
1	éclat	abaa	C: 17/58.
2	éclats	abba	C: 5/60; 22/114.
1	école	abea	C: 17/65.
1	écorce	abea	C: 16/68.
1	écorces	abfa	C: 30/135.
2	écot	abaa	C: 2/18; 17/106.
1	écrits	abba	C: 22/186.
1	écrivains	abba	C: 22/222.
3	écus	abba	C: 2/30; 19/44; 27/38.
1	écueils	abba	C: 17/42.
4	écuelles	abfa	C: 14/74; 27/34, 27/35; 29/41.
2	écurie	abea	C: 9/43; 11/7.
1	écuyer	abaa	C: 18/20.
1	eden	abaa	C: 30/171.
1	édifices	abba	C: 18/117.
1	éducation	abea	C: 16/59.
2	effendis	abba	C: 30/41, 30/44.
9	effet	abaa	C: 1/32, 1/80; 3/48; 4/38, 4/46; 7/42; 11/74; 13/29; 16/93.
5	effets	abba	C: 1/63; 3/17; 5/67; 29/7; 30/109.
2	effort	abaa	C: 3/81; 5/18.
2	effroi	abaa	C: 8/64; 11/109.

1	égard	abaa	C: 27/24.
1	égarés	abba	C: 16/20.
1	égarement	abaa	C: 17/122.
1	égipans	abba	C: 16/54.
3	église	abea	C: 9/52; 13/43; 22/255.
1	églises	abfa	C: 22/109.
1	éloquence	abea	C: 12/76.
1	embarquement	abaa	C: 10/2.
3	émeraudes	abfa	C: 17/60, 17/76; 18/13.
1	émollients	abba	C: 2/79.
2	émotion	abea	C: 14/91; 22/353.
7	empereur	abaa	C: 11/73; 26/75, 26/94; 27/64, 27/64, 27/75; 30/167.
5	empire	abaa	C: 11/78; 23/28; 27/118; 29/36; 30/10.
1	emploi	abaa	C: 19/192.
1	emportement	abaa	C: 11/24.
3	empressement	abaa	C: 22/17; 25/9; 28/76.
1	enceinte	abea	C: 18/178.
1	enchaînement	abaa	C: 28/92.
3	endroit	abaa	C: 11/46; 17/30, 17/40.
1	énergumène	abaa	C: 22/226.
2	enfant	abaa	C: 14/6; 19/45.
10	enfants	abba	C: 3/22; 12/13, 12/78; 17/54, 17/62, 17/77; 19/54; 24/180; 29/34; 30/145.
2	enfant	abea	C: 24/68; 30/86.
4	enfer	abaa	C: 3/6; 4/51; 22/424; 25/169.
1	ennemi	abaa	C: 16/102.
4	ennemis	abba	C: 12/63; 16/93, 16/98, 16/102.
4	ennui	abaa	C: 25/77; 30/49, 30/63, 30/146.
1	entracte	abaa	C: 22/64.
1	entrée	abea	C: 17/56.
4	envie	abea	C: 17/59; 20/49; 22/17; 30/3.
2	épaules	abfa	C: 22/45; 27/86.
8	épée	abea	C: 9/10, 9/11, 9/24; 14/51; 15/51; 16/127; 28/5; 30/191.
1	éperons	abba	C: 14/60.
2	éperviers	abba	C: 21/63, 21/66.
1	épingles	abfa	C: 25/134.
2	épouse	abea	C: 3/76; 24/90.
1	épreuve	abea	C: 13/51.
1	épreuves	abfa	C: 8/93.
1	équipage	abaa	C: 22/25.
3	escalier	abaa	C: 7/32; 22/130; 28/48.
1	esclavage	abaa	C: 12/45.
4	esclave	abaa	C: 19/47; 26/19, 26/24; 27/55.

3	esclaves	abba	C: 12/51; 14/107; 30/160.
2	esclave	abea	C: 11/57; 27/36.
1	escouade	abea	C: 22/367.
1	espace	abaa	C: 18/171.
3	espagnol	abaa	C: 15/71; 20/93; 25/138.
9	espèce	abea	C: 2/54, 2/55; 17/98, 17/125, 17/127; 18/121; 23/10; 24/190; 25/38.
1	espèces	abfa	C: 21/15.
1	espérance	abea	C: 10/53.
2	espérances	abfa	C: 11/10; 17/24.
1	esponton	abaa	C: 14/52.
12	esprit	abaa	C: 1/7; 8/26; 10/70; 11/22; 16/117; 18/136; 19/155; 21/10; 22/198, 22/198, 22/324; 26/25.
1	esprits	abba	C: 22/61.
1	estafier	abaa	C: 5/103.
1	estomacs	abba	C: 25/209.
1	esturgeon	abaa	C: 24/57.
1	et	abba	C: 22/152.
2	étable	abea	C: 4/16, 4/22.
14	état	abaa	C: 4/10, 4/39, 4/88; 11/112; 12/83; 19/31, 19/164, 19/173; 24/69, 24/142; 26/101, 26/113, 26/123; 27/43.
5	états	abba	C: 4/76; 12/15; 16/121; 26/92, 26/127.
3	étendue	abea	C: 4/83; 11/77, 11/103.
1	étiquette	abea	C: 22/87.
1	étoffe	abea	C: 25/34.
1	étoffes	abfa	C: 3/70.
1	étoiles	abfa	C: 11/15.
5	étranger	abaa	C: 19/113; 22/291, 22/297; 26/42, 26/52.
18	étrangers	abba	C: 14/49; 15/20; 17/111; 18/15, 18/162; 21/36; 22/56, 22/335, 22/368, 22/392, 22/396; 24/188; 26/2, 26/4, 26/27, 26/30, 26/59; 30/132.
5	être	abaa	C: 3/66; 12/106, 12/106; 20/36; 25/165.
1	êtres	abba	C: 4/42.
2	eunuque	abaa	C: 12/30, 12/49.
3	eunuques	abba	C: 12/60, 12/66; 22/123.
1	européens	abba	C: 11/86.
1	évancuissement	abaa	C: 11/111.
3	événements	abba	C: 28/93; 29/5; 30/185.
5	excellence	abea	C: 5/93, 5/98; 13/35; 25/84, 25/203.
1	excès	abaa	C: 3/62.

2	exécration	abea	C: 12/111; 20/41.
1	exécuteur	abaa	C: 28/40.
1	exécution	abea	C: 8/61.
1	exemplaire	abaa	C: 22/241.
1	exemple	abaa	C: 16/12.
6	exempt	abaa	C: 22/366, 22/375, 22/380, 22/385, 22/406, 22/412.
4	exercice	abaa	C: 2/48; 10/31; 14/23, 14/42.
1	exil	abaa	C: 30/42.
1	existence	abea	C: 12/111.
2	expérience	abea	C: 12/121; 13/57.
1	expériences	abfa	C: 1/62.
1	exprès	abaa	C: 22/332.
1	expulsés	abba	C: 30/45.
2	extase	abea	C: 11/17; 18/73.
1	extravagances	abfa	C: 25/176.
1	extrémité	abea	C: 9/18.
1	extrémités	abea	C: 12/65.
1	f	abaa	C: 22/128.
1	fables	abfa	C: 16/56.
1	face	abea	C: 13/42.
1	façon	abea	C: 25/116.
1	facteur	abaa	C: 14/6.
1	faction	abea	C: 11/80.
1	faibles	abba	C: 20/40.
5	faiblesse	abea	C: 8/68, 8/84; 11/112; 12/6, 12/102.
8	faim	abea	C: 2/9; 5/32; 8/97; 11/110; 12/47, 12/65; 14/62; 19/12.
1	faiseur	abaa	C: 22/127.
1	fait	abaa	C: 20/24.
3	familier	abaa	C: 5/88, 5/97, 5/102.
5	famille	abea	C: 17/66; 18/25, 18/64; 20/39, 20/40.
1	famine	abea	C: 12/64.
2	fange	abea	C: 18/36; 22/125.
1	fantaisie	abea	C: 28/69.
1	fantôme	abaa	C: 4/5.
1	fardeau	abaa	C: 12/105.
2	fatigue	abea	C: 17/21; 19/11.
1	fatigues	abfa	C: 22/24.
1	fatras	abba	C: 25/133.
2	faubourg	abaa	C: 22/20, 22/144.
1	faunes	abba	C: 16/55.
1	faute	abea	C: 22/267.
1	fauteuil	abaa	C: 22/365.
2	faux	abaa	C: 6/25; 8/90.

2	faveur	abea	C: 2/71; 19/185.
1	faveurs	abfa	C: 5/50.
2	félicité	abea	C: 18/29; 19/24.
17	femme	abea	C: 1/59; 3/60; 7/25, 7/37; 10/56; 13/27, 13/28, 13/48; 19/190; 24/83, 24/89, 24/91; 28/49, 28/63, 28/90; 29/42; 30/28.
14	femmes	abfa	C: 3/22; 8/31; 11/16, 11/46, 11/60, 11/85; 12/15, 12/68; 13/24; 14/16; 16/21; 17/48; 18/39; 22/257.
1	fenêtre	abea	C: 3/60.
3	fenêtres	abfa	C: 1/17; 22/41; 30/40.
2	fers	abba	C: 2/44; 22/416.
4	fesse	abea	C: 9/46; 10/22; 12/72; 30/53.
1	fesses	abfa	C: 16/27.
1	fêtes	abfa	C: 11/25.
2	fétiches	abba	C: 19/46, 19/52.
6	feu	abaa	C: 6/8; 11/87; 12/62; 24/145; 25/173; 28/35.
2	feuilles	abfa	C: 16/29; 22/127.
5	feuillée	abea	C: 14/68, 14/76, 14/83; 15/59, 15/62.
1	ficelles	abfa	C: 29/14.
1	fidélité	abea	C: 13/50.
3	fierté	abea	C: 10/33; 13/19; 14/79.
1	fifres	abba	C: 3/4.
3	figure	abea	C: 2/20; 8/65; 17/73.
1	figures	abfa	C: 25/32.
1	fil	abaa	C: 8/17.
2	files	abfa	C: 14/50; 18/103.
12	fille	abea	C: 1/25; 5/51; 11/4; 12/44, 12/101; 19/191; 22/157; 24/39, 24/41, 24/48, 24/60, 24/141.
22	filles	abfa	C: 3/23; 4/13; 6/39; 11/42, 11/60, 11/94; 16/1, 16/25, 16/34, 16/38, 16/77, 16/120; 17/91, 17/99; 18/97; 21/50; 24/4, 24/154; 25/11, 25/23; 30/133, 30/139.
1	filous	abba	C: 21/19.
7	fils	abaa	C: 1/9, 1/27; 6/43; 14/104; 16/14; 19/190; 30/157.
3	fils	abba	C: 11/73; 17/62; 30/133.
8	fin	abea	C: 1/37, 1/38; 12/112; 19/61; 20/18; 21/46; 24/136; 26/31.
1	financiers	abba	C: 22/256.
1	flamme	abea	C: 5/38.
3	flammes	abfa	C: 6/20, 6/23; 11/14.

1	flanc	abaa	C: 8/12.
1	fléau	abaa	C: 8/57.
1	fléaux	abba	C: 20/50.
1	flèches	abfa	C: 16/70.
2	fleur	abea	C: 11/64; 24/139.
1	fleuve	abaa	C: 17/39.
1	fleuves	abba	C: 17/19.
1	flocons	abba	C: 2/6.
2	florins	abba	C: 3/69; 4/4.
1	flots	abba	C: 17/39.
3	flotte	abea	C: 10/27; 19/166; 23/23.
2	foi	abea	C: 1/30; 22/297.
1	foire	abea	C: 21/19.
9	fois	abea	C: 2/60; 8/34, 8/92; 11/23; 18/143; 27/14, 27/143; 28/3; 30/66.
16	fois	abfa	C: 2/59, 2/64; 5/57; 10/10; 12/101; 14/109; 19/39, 19/51, 19/151; 24/145; 25/171; 26/100, 26/123; 27/74, 27/132; 30/52.
1	folie	abea	C: 23/10.
2	folliculaire	abaa	C: 22/125, 22/126.
1	fonction	abea	C: 28/17.
4	fond	abaa	C: 20/65; 22/144; 24/144; 30/2.
2	fondements	abba	C: 5/40, 5/40.
1	fontaine	abea	C: 5/74.
2	fontaines	abfa	C: 18/118, 18/119.
4	forçats	abba	C: 27/83, 27/99, 27/105, 27/121.
4	force	abea	C: 5/7; 7/42; 13/13; 22/34.
2	forces	abfa	C: 5/77; 28/60.
2	forme	abea	C: 17/47; 18/38.
2	fort	abaa	C: 12/59, 12/63.
7	fortune	abea	C: 2/42; 13/55; 14/24; 19/48, 19/50, 19/139; 24/148.
1	fosse	abea	C: 22/375.
1	fossoyeur	abaa	C: 25/180.
1	fou	abaa	C: 23/9.
1	foudre	abea	C: 19/81.
2	fouet	abaa	C: 8/79; 12/93.
4	foule	abea	C: 11/106; 17/82; 19/166; 22/186.
1	fracas	abaa	C: 6/29.
2	fraîcheur	abea	C: 6/16; 9/48.
1	frais	abaa	C: 30/120.
1	frais	abba	C: 19/148.
1	francs	abba	C: 22/171.
1	français	abaa	C: 25/138.
25	frère	abaa	C: 7/58, 7/59; 8/5, 8/85; 14/102;

			15/1, 15/33, 15/56; 16/128; 22/393, 22/418; 24/1, 24/121, 24/143, 24/149, 24/163; 25/222; 26/68; 27/91; 28/10; 29/20; 30/72, 30/76, 30/83, 30/181.
1	frères	abba	C: 3/66.
3	fripon	abaa	C: 20/92; 22/378, 22/380.
1	friponne	abea	C: 22/378.
1	friponnerie	abea	C: 20/15.
1	friponneries	abfa	C: 22/158.
4	froid	abaa	C: 19/151; 22/376; 24/159; 26/26.
2	front	abaa	C: 22/149; 25/111.
2	frontières	abfa	C: 15/70; 17/3.
2	fruit	abaa	C: 16/6, 16/99.
2	fruits	abba	C: 17/22; 30/131.
2	fuite	abea	C: 13/67; 24/96.
1	furrier	abaa	C: 24/114.
4	fureur	abea	C: 11/89; 12/37; 13/24; 18/35.
1	furie	abea	C: 24/85.
1	fusil	abaa	C: 16/29.
3	gageure	abea	C: 19/178; 24/120, 24/160.
9	galère	abea	C: 11/36; 27/80, 27/97, 27/108, 27/143, 27/159; 28/82, 28/83, 28/94.
9	galères	abfa	C: 27/136; 28/8, 28/24, 28/81, 28/97; 29/10, 29/40; 30/13, 30/55.
2	galerie	abea	C: 18/128; 25/25.
1	galériens	abba	C: 27/88.
1	galiléenne	abea	C: 9/5.
1	garçon	abaa	C: 1/4.
3	garçons	abba	C: 15/6; 17/91, 17/98.
5	garde	abea	C: 14/44, 14/46; 15/52; 18/97; 26/129.
1	généalogie	abea	C: 4/61.
1	généalogiste	abaa	C: 19/55.
1	général	abaa	C: 10/32.
1	génération	abea	C: 4/66.
1	générosité	abea	C: 3/75.
1	genèse	abea	C: 25/162.
2	génie	abaa	C: 2/74; 25/193.
1	génies	abba	C: 25/156.
5	genoux	abba	C: 1/77; 2/72; 11/39; 18/107; 23/22.
1	genre	abaa	C: 4/41.
26	gens	abba	C: 11/54; 16/117, 16/130; 18/54, 18/69, 18/185; 19/109; 21/25; 22/54, 22/98, 22/105, 22/159, 22/254, 22/255, 22/255, 22/255, 22/417,

			22/421; 23/15, 23/18; 24/46, 24/170; 25/79; 28/42, 28/57, 28/84.
1	gentilhomme	abaa	C: 1/10.
1	gérofle	abaa	C: 18/122.
2	globe	abaa	C: 4/83; 20/35.
1	globule	abaa	C: 20/35.
2	gloire	abea	C: 2/43; 25/59.
1	gobelets	abba	C: 14/108.
1	gondole	abea	C: 25/3.
2	gondolier	abaa	C: 24/107, 24/182.
2	gondoliers	abba	C: 24/177, 24/181.
6	gorge	abea	C: 3/79; 11/11, 11/11; 28/72, 28/90; 29/17.
1	gosier	abaa	C: 25/53.
9	goût	abaa	C: 17/95; 18/11, 18/41, 18/185; 22/202, 22/206; 25/66, 25/179, 25/198.
1	gouttes	abfa	C: 15/10.
5	gouvernement	abaa	C: 14/30, 14/32; 17/117; 18/39; 22/108.
12	gouverneur	abaa	C: 13/17, 13/40, 13/54, 13/76; 14/14, 14/117; 15/29; 16/64; 18/208; 19/87; 22/343; 27/48.
9	grâce	abea	C: 1/76; 2/70, 2/76; 10/33; 11/62; 16/113; 18/65, 18/114; 25/14.
4	grâces	abfa	C: 7/24; 11/9; 13/52; 16/50.
1	grand	abaa	C: 26/88.
1	grandeurs	abfa	C: 30/153.
1	grange	abea	C: 4/32.
1	gratifications	abfa	C: 19/174.
1	gré	abaa	C: 12/75.
2	griffes	abfa	C: 6/21, 6/22.
13	guerre	abea	C: 3/32; 8/22; 12/47, 12/90; 14/21, 14/37, 14/118; 22/258; 23/11, 23/13; 25/75; 26/91, 26/128.
1	guerres	abfa	C: 11/74.
4	gueux	abaa	C: 3/77; 4/4; 22/399, 22/404.
2	gueux	abba	C: 17/67; 22/100.
4	habit	abaa	C: 7/6; 9/11; 15/17; 19/27.
1	habits	abba	C: 26/119.
1	habitant	abaa	C: 18/27.
5	habitants	abba	C: 5/41, 5/78; 11/88; 16/67; 21/7.
2	habitué	abaa	C: 22/35, 22/41.
1	haches	abfa	C: 16/70.
2	hardiesse	abea	C: 1/50; 17/38.
4	harmonie	abea	C: 3/5; 22/217; 28/102; 30/111.

2	hasard	abaa	C: 4/21; 28/8.
1	hâte	abea	C: 13/62.
3	haut	abaa	C: 2/21; 18/91, 18/203.
1	hautbois	abba	C: 3/5.
2	hautesse	abea	C: 27/6; 30/103.
1	hauteur	abea	C: 18/169.
1	hébreu	abaa	C: 9/3.
1	hémisphère	abaa	C: 17/4.
1	hérétique	abaa	C: 28/56.
2	héros	abaa	C: 2/42, 2/52.
3	héros	abba	C: 2/57; 3/24, 3/29.
6	heure	abea	C: 3/45; 9/21, 9/36; 13/44, 13/79; 25/43.
8	heures	abfa	C: 11/31; 14/57, 14/61; 17/41; 18/89; 19/175; 24/93; 30/117.
1	heureux	abba	C: 18/157.
8	histoire	abea	C: 8/1, 8/17; 11/1; 12/123; 13/3, 13/15; 19/172; 22/57.
1	histoires	abfa	C: 12/120.
1	hollandais	abaa	C: 19/30.
65	homme	abaa	C: 1/74; 2/12, 2/25; 3/44, 3/61, 3/64; 4/62, 4/89; 5/58, 5/88, 5/95; 7/40; 8/45; 9/15, 9/28; 11/115; 12/3, 12/58; 13/19; 14/8, 14/77; 15/56; 18/6; 19/28, 19/100, 19/108, 19/118, 19/124, 19/162, 19/163, 19/189; 22/40, 22/70, 22/136, 22/202, 22/206, 22/235, 22/242, 22/279, 22/295, 22/387, 22/389; 23/21, 23/24, 23/29; 24/88, 24/110, 24/189; 25/7, 25/98, 25/119, 25/151, 25/160, 25/178, 25/189, 25/192; 26/5, 26/73; 27/42; 28/19; 30/61, 30/96, 30/170, 30/172, 30/183.
39	hommes	abba	C: 2/11, 2/26, 2/66; 3/7, 3/11; 4/77, 4/98; 6/26, 6/38; 10/14; 11/18; 12/125; 13/20; 14/40; 15/47, 15/57; 16/50, 16/89, 16/126; 17/48, 17/56; 18/164, 18/189; 19/154; 20/48, 20/66, 20/70; 21/56, 21/68; 22/229, 22/265, 22/411, 22/421; 24/86, 24/102; 25/205, 25/213; 27/72, 27/73.
1	honnêtetés	abfa	C: 16/131.
12	honneur	abaa	C: 2/17; 8/34, 8/59; 11/42, 11/60, 11/67; 13/34; 18/84; 19/47; 22/140; 27/24; 30/152.

4	honneurs	abba	C: 1/24; 22/52, 22/98, 22/294.
2	hôpital	abaa	C: 24/114; 25/180.
1	hordes	abfa	C: 10/29.
1	horizon	abaa	C: 17/44.
6	horreur	abea	C: 4/3; 8/62, 8/69; 11/109; 12/106; 29/19.
2	horreurs	abfa	C: 12/6; 22/408.
1	hospice	abaa	C: 18/141.
7	hôte	abaa	C: 17/93, 17/106, 17/107, 17/110, 17/120; 18/2, 18/2.
1	hôtel	abaa	C: 22/352.
6	hôtellerie	abea	C: 10/23; 17/91, 17/99; 24/55; 26/5, 26/126.
1	hôtelleries	abfa	C: 17/115.
1	hôtesse	abea	C: 17/108.
2	huile	abea	C: 5/63, 5/70.
2	humeur	abea	C: 24/131; 30/30.
2	humeurs	abfa	C: 5/6; 25/20.
1	hyacinthes	abfa	C: 28/74.
2	iccglan	abaa	C: 28/18, 28/91.
6	idée	abea	C: 19/4; 20/21; 22/232; 25/154; 26/24; 27/92.
3	idées	abfa	C: 19/156; 20/98; 22/71.
1	idolâtrie	abea	C: 11/23.
1	idylles	abfa	C: 22/223.
1	île	abea	C: 4/64.
1	îles	abfa	C: 30/139.
1	illusion	abea	C: 24/19.
1	illustrissime	abaa	C: 25/65.
4	iman	abaa	C: 12/69, 12/77; 28/70, 28/77.
1	imitateur	abaa	C: 25/163.
1	imitation	abea	C: 25/35.
1	immensité	abea	C: 22/189.
2	impertinence	abea	C: 22/188; 30/3.
1	imprimerie	abea	C: 21/22.
1	impudence	abea	C: 15/39.
1	incarnat	abaa	C: 8/72.
3	incision	abea	C: 28/38, 28/45, 28/50.
1	incompatibilité	sabfa	C: 22/107.
1	infamie	abea	C: 29/33.
1	infanterie	abea	C: 10/34.
2	infidélité	abea	C: 22/302, 22/311.
1	infortunés	abba	C: 24/48.
3	infortunes	abfa	C: 10/55; 22/147; 27/71.
1	ingénieurs	abba	C: 18/188.
1	ingrats	abba	C: 18/45.

1	ingrédient	abaa	C: 4/63.
1	inhumanité	abea	C: 16/89.
1	injure	abea	C: 1/14.
3	injustice	abea	C: 19/198; 28/25, 28/88.
3	innocence	abea	C: 18/28; 22/379; 24/96.
3	inquiétude	abea	C: 16/23; 22/149; 30/62.
1	inquiétudes	abfa	C: 20/49.
18	inquisiteur	abaa	C: 8/39, 8/46, 8/50, 8/59, 8/80, 8/89; 9/2, 9/6, 9/23, 9/33; 10/37; 13/52, 13/65, 13/72; 15/46; 16/33, 16/63; 19/90.
3	inquisiteurs	abba	C: 10/5; 18/151; 19/93.
4	inquisition	abea	C: 5/88; 9/40; 28/41; 30/189.
1	insensibilité	abea	C: 11/112.
2	insolence	abea	C: 8/85; 29/32.
3	instant	abaa	C: 13/72; 15/52; 26/125.
1	instruments	abba	C: 18/129.
1	insultes	abfa	C: 24/108.
1	intendants	abba	C: 18/174.
2	intérêt	abaa	C: 22/207, 22/313.
2	interprète	abaa	C: 17/89; 18/52.
1	invention	abea	C: 25/173.
2	israélite	abaa	C: 8/43; 9/12.
2	italien	abaa	C: 25/138; 26/65.
1	ivoire	abaa	C: 22/387.
1	ivrognes	abba	C: 21/60.
1	jacobin	abaa	C: 25/155.
1	jalousie	abea	C: 24/150.
1	jalousies	abfa	C: 25/19.
3	jambe	abea	C: 11/93; 19/28, 19/42.
3	jambes	abfa	C: 1/40; 2/55; 3/27.
1	jambon	abaa	C: 16/13.
1	jambons	abba	C: 16/6.
1	janissaire	abaa	C: 12/82.
3	janissaires	abba	C: 12/55, 12/64, 12/80.
1	jansénistes	abba	C: 22/254.
6	jardin	abaa	C: 25/196; 30/31, 30/131, 30/169, 30/171, 30/196.
2	jardins	abba	C: 7/30; 25/5.
1	jardinière	abea	C: 12/93.
1	jargon	abaa	C: 16/87.
1	jarretière	abea	C: 22/287.
25	jésuite	abaa	C: 4/57; 14/80, 14/87, 14/93, 14/104; 15/8, 15/49, 15/53, 15/65, 15/69; 16/4, 16/33, 16/73, 16/73,

			16/74, 16/75, 16/92, 16/101, 16/104, 16/105, 16/123, 16/123, 16/131; 27/91; 30/18.
5	jésuites	abba	C: 14/2, 14/21; 15/8, 15/18, 15/20.
4	jeu	abaa	C: 17/67; 22/49, 22/170, 22/304.
1	joaillier	abaa	C: 13/64.
6	joie	abea	C: 16/22; 20/77; 22/348; 24/4; 26/12, 26/22.
1	joue	abea	C: 2/46.
3	joues	abfa	C: 24/44; 26/86; 29/17.
1	joueur	abaa	C: 22/153.
1	jouissants	abba	C: 22/123.
21	jour	abaa	C: 1/56; 2/52; 5/47; 6/29; 8/39, 8/49, 8/92, 8/102; 9/22; 11/105; 12/93; 15/2; 17/41; 19/100; 24/91, 24/173; 27/38; 28/69, 28/92; 30/50, 30/71.
25	jours	abba	C: 1/53; 6/18; 8/50; 12/46, 12/67, 12/74; 16/16; 18/192; 19/11, 19/13, 19/14; 20/96, 20/96; 21/21; 22/293, 22/338; 23/49; 24/5, 24/84; 25/219; 27/77; 28/16, 28/64, 28/86; 30/28.
1	journal	abaa	C: 16/18.
1	journaux	abba	C: 2/77.
2	journée	abea	C: 19/3, 19/8.
4	juge	abaa	C: 19/140, 19/143, 19/151; 24/98.
3	jugement	abaa	C: 1/6; 10/9, 10/69.
12	juif	abaa	C: 8/29, 8/31, 8/35, 8/47, 8/48; 9/2, 9/34, 9/38; 12/115; 13/51; 15/45; 27/144.
5	juifs	abba	C: 8/62; 10/5; 19/93; 27/157; 30/26.
1	jupe	abea	C: 24/109.
6	justice	abea	C: 4/103; 9/15; 14/35; 18/123; 22/383; 24/112.
1	kaïmak	abaa	C: 30/135.
1	lacryma	abaa	C: 24/58.
1	laideur	abea	C: 19/155.
2	laine	abea	C: 20/43; 22/10.
1	lait	abaa	C: 11/87.
2	lambris	abba	C: 18/10, 18/11.
2	langage	abaa	C: 22/174, 22/269.
7	langue	abea	C: 12/2; 14/88, 14/121; 16/37; 17/86, 17/88; 22/216.
2	laquais	abaa	C: 14/7; 28/65.

2	laquais	abba	C: 22/173, 22/174.
2	lard	abaa	C: 6/12, 6/27.
1	large	abaa	C: 18/92.
1	largeur	abea	C: 18/171.
15	larmes	abfa	C: 4/6; 5/82; 7/47, 7/72; 12/33; 14/12, 14/101; 15/31; 16/39; 19/65, 19/98; 22/363; 24/62; 27/150; 29/37.
2	lassitude	abea	C: 2/9; 11/109.
1	lattes	abfa	C: 28/80.
1	lavement	abaa	C: 4/84.
1	le	abba	C: 22/152.
1	leçon	abea	C: 1/58.
1	leçons	abfa	C: 1/29.
1	lecture	abea	C: 25/79.
1	lègumes	abba	C: 30/32.
9	lendemain	abaa	C: 1/71; 2/7, 2/48; 3/77; 5/75; 7/19; 13/42; 22/336; 24/193.
1	lèthargie	abea	C: 30/63.
3	lettre	abea	C: 22/336, 22/347, 22/347.
3	lettres	abfa	C: 22/255, 22/256, 22/325.
2	lèvres	abfa	C: 14/79; 19/75.
1	libèrateur	abaa	C: 27/149.
8	libertè	abea	C: 2/64; 5/97, 5/98; 7/49; 22/234; 25/155, 25/158; 29/8.
1	libraire	abaa	C: 22/240.
1	libraires	abba	C: 19/186.
5	lieu	abaa	C: 12/34; 16/130; 18/148; 22/391; 24/14.
1	lieux	abba	C: 22/229.
1	lieue	abea	C: 17/43.
7	lieues	abfa	C: 2/56; 11/104; 14/33; 15/8; 17/34; 18/171; 22/331.
1	lieutenance	abea	C: 15/24.
1	lieutenant	abaa	C: 11/91.
2	ligne	abea	C: 4/58, 4/102.
1	limons	abba	C: 30/136.
1	linge	abaa	C: 30/181.
1	lions	abba	C: 11/89.
3	liqueurs	abfa	C: 17/99; 18/17, 18/119.
7	lit	abaa	C: 7/6, 7/6; 8/2; 12/7; 22/354, 22/362; 25/18.
1	littèrature	abea	C: 22/124.
6	livre	abaa	C: 21/41; 22/146, 22/239; 25/67, 25/80, 25/87.
9	livres	abba	C: 4/93; 22/122, 22/181, 22/190, 22/238; 25/135, 25/145, 25/163, 25/196.

4	livres	abfa	C: 1/23; 17/95; 18/193; 22/304.
4	logis	abaa	C: 17/83; 22/150, 22/271; 25/7.
3	loi	abea	C: 8/53; 11/54; 12/89.
4	lois	abfa	C: 3/20; 16/112; 18/164; 30/10.
1	longue	abea	C: 25/47.
2	loups	abba	C: 4/99, 4/100.
2	lumière	abea	C: 22/355, 22/357.
1	lumières	abfa	C: 23/16.
1	lundis	abba	C: 8/49.
1	lunette	abea	C: 20/59.
2	lunettes	abfa	C: 1/39, 1/40.
1	lynx	abaa	C: 22/151.
1	macaroni	abba	C: 24/56.
2	machine	abea	C: 18/189, 18/194.
1	machines	abfa	C: 18/174.
15	madame	abea	C: 1/22, 1/35, 1/82; 3/76; 4/30; 9/45; 11/67; 12/17; 22/164, 22/194, 22/277, 22/282, 22/283; 24/73, 24/94.
48	mademoiselle	abea	C: 1/49, 1/53, 1/60; 2/33; 3/33, 3/39, 3/50; 4/13; 6/39; 7/41; 10/21, 10/35, 10/66; 12/38, 12/121; 13/34, 13/41, 13/47; 14/113; 16/83, 16/128; 17/12; 18/145, 18/153, 18/206, 18/209; 19/18, 19/77, 19/86; 20/11; 21/30; 22/84, 22/96, 22/133, 22/134, 22/137, 22/275, 22/281, 22/302, 22/319, 22/323, 22/352, 22/413; 25/217; 27/49, 27/92, 27/127; 30/188.
2	magister	abaa	C: 17/64, 17/72.
1	magnificence	abea	C: 11/25.
1	magnificences	abfa	C: 11/8.
1	mai	abaa	C: 22/402.
14	main	abea	C: 1/74, 1/75; 7/14, 7/15, 7/40; 9/24; 14/52; 15/11, 15/63; 19/29, 19/41; 22/146, 22/362; 30/11.
6	mains	abfa	C: 1/78; 18/107; 20/68; 22/296, 22/418; 25/80.
1	maïs	abaa	C: 14/74.
18	maison	abea	C: 1/8, 1/24, 1/28; 3/42; 7/29, 7/62; 8/36, 8/47, 8/102; 9/52; 12/7; 15/16; 17/81; 18/9; 24/72; 27/36; 29/11; 30/133.
2	maisons	abfa	C: 5/39, 5/52.
39	maître	abaa	C: 1/54; 3/73; 4/1, 4/10; 14/8, 14/8, 14/10; 15/47, 15/55, 15/62,

			15/68; 16/11, 16/43, 16/47, 16/53, 16/76, 16/81, 16/104, 16/108; 17/127; 19/33, 19/95, 19/107; 25/7, 25/26, 25/199; 26/20, 26/30, 26/36, 26/39, 26/48, 26/51, 26/64; 27/33, 27/95, 27/109; 28/66; 29/39; 30/95.
3	maîtres	abba	C: 8/102; 14/92; 15/21.
8	maîtresse	abea	C: 11/29; 18/146; 19/80; 24/26, 24/30, 24/83; 26/25; 30/21.
13	majesté	abea	C: 18/102, 18/106, 18/113, 18/134, 18/136, 18/158, 18/181; 26/32, 26/37, 26/43, 26/49, 26/55, 26/110.
1	majestés	abfa	C: 26/116.
15	mal	abaa	C: 13/11, 13/12; 20/7, 20/8, 20/22, 20/22; 22/118, 22/120, 22/121; 25/191; 29/7, 29/8; 30/101, 30/102, 30/110.
1	maux	abba	C: 30/146.
6	maladie	abea	C: 4/24, 4/65, 4/69; 22/23, 22/35, 22/349.
1	malédiction	abea	C: 5/95.
3	malheur	abaa	C: 4/11; 22/261; 27/96.
10	malheurs	abba	C: 4/106, 4/107; 7/18; 12/1, 12/4, 12/118; 13/52; 19/150, 19/179; 24/72.
1	mamelles	abfa	C: 3/22.
2	manche	abea	C: 5/53; 13/61.
1	manichéens	abba	C: 20/27.
6	manière	abea	C: 3/65; 7/70; 17/104; 18/85, 18/202; 19/58.
1	manoeuvre	abea	C: 5/12.
1	manteau	abaa	C: 3/75.
1	manufactures	abfa	C: 3/70.
1	marais	abba	C: 19/9.
1	maravédis	abaa	C: 10/18.
2	marbre	abaa	C: 14/70; 25/6.
8	marchand	abaa	C: 12/51, 12/52; 13/64; 19/118, 19/123, 19/146; 24/106; 28/67.
1	marchands	abba	C: 17/101.
4	marché	abaa	C: 8/47; 10/24; 19/71; 23/46.
1	marchés	abba	C: 18/117.
1	marche	abea	C: 19/14.
1	mari	abaa	C: 28/51.
1	maris	abba	C: 22/257.
2	mariage	abaa	C: 25/176; 30/5.
1	marmots	abba	C: 24/180.
1	marque	abea	C: 8/13.

10	marquise	abea	C: 4/56; 11/29; 22/156, 22/167, 22/203, 22/233, 22/272, 22/278, 22/285, 22/299.
1	mascarade	abea	C: 26/47.
1	massacre	abaa	C: 8/85.
1	massues	abfa	C: 16/70.
1	masure	abea	C: 7/4.
1	mât	abaa	C: 5/16.
1	mâts	abba	C: 5/9.
7	matelot	abaa	C: 5/12, 5/19, 5/27, 5/42, 5/48, 5/56; 14/6.
1	matelots	abba	C: 11/100.
1	mathématique	abea	C: 18/130.
4	matière	abea	C: 17/48; 18/93; 24/36; 28/104.
2	matin	abaa	C: 18/50; 19/175.
1	matins	abba	C: 18/65.
1	maure	abaa	C: 11/91.
2	maximes	abfa	C: 22/229; 25/98.
1	méchanceté	abea	C: 19/154.
1	médailles	abfa	C: 25/83.
5	médecin	abaa	C: 24/81, 24/83, 24/85, 24/90, 24/99.
2	médecins	abba	C: 22/27, 22/33.
1	médecine	abea	C: 24/92.
1	médecines	abfa	C: 22/34.
1	médisance	abea	C: 22/181.
3	mélancolie	abea	C: 19/153; 24/20, 24/31.
2	mélanges	abba	C: 16/54; 22/192.
1	membres	abba	C: 3/30.
1	mémoire	abaa	C: 30/8.
2	mémoire	abea	C: 15/2; 25/101.
1	ménage	abaa	C: 24/179.
1	mensonge	abaa	C: 13/31.
1	menteurs	abba	C: 21/58.
1	menton	abaa	C: 11/3.
1	menuisier	abaa	C: 30/182.
1	méotides	abba	C: 12/60.
1	mépris	abaa	C: 25/189.
1	méprise	abea	C: 16/106.
13	mer	abea	C: 5/18, 5/22, 5/36; 10/47; 11/52; 12/125; 13/12; 20/1, 20/86; 21/40; 24/145; 27/78; 30/12.
1	mers	abfa	C: 10/48.
1	mercredis	abba	C: 8/49.
19	mère	abea	C: 1/59; 7/56; 8/5, 8/85; 11/32, 11/42, 11/57, 11/59, 11/91, 11/98; 12/18, 12/19, 12/22, 12/47; 15/3,

		15/5; 19/44, 19/49; 26/77.
1 mères	abfa	C: 10/61.
4 mérite	abaa	C: 2/20; 13/5; 22/208; 25/108.
3 merveille	abea	C: 22/262; 28/42; 30/66.
3 messe	abea	C: 8/39, 8/61; 14/59.
1 messiah	abaa	C: 25/167.
1 mesure	abea	C: 13/15.
1 mesures	abfa	C: 16/7.
6 métairie	abea	C: 29/22; 30/27, 30/40, 30/71, 30/119, 30/147.
2 métaphysicien	abaa	C: 2/75; 27/119.
1 métaphysiciens	abba	C: 27/122.
1 métaphysico	abea	C: 1/31.
2 métaphysique	abea	C: 18/41; 30/39.
7 métier	abaa	C: 3/41; 8/87; 19/187; 20/47; 24/101, 24/129; 30/78.
1 métis	abaa	C: 14/5.
1 meule	abea	C: 19/40.
1 meurtre	abaa	C: 20/45.
1 meurtriers	abba	C: 13/71.
1 meute	abea	C: 1/18.
10 milieu	abaa	C: 2/5; 5/48, 5/52, 5/102; 9/55; 11/10; 14/49; 18/102; 20/57; 22/366.
1 mille	abaa	C: 7/29.
2 milles	abba	C: 9/50; 20/61.
1 milliers	abba	C: 3/11.
2 millicn	abaa	C: 19/88; 20/43.
7 millicns	abba	C: 18/192; 19/85; 24/25; 27/44, 27/46, 27/73; 30/82.
1 milord	abaa	C: 22/175.
2 mine	abea	C: 11/115; 24/41.
1 minuit	abaa	C: 9/22.
1 minutes	abfa	C: 9/38.
2 miracle	abaa	C: 14/97; 18/167.
3 misérable	abaa	C: 3/59; 4/8, 4/8.
3 misère	abea	C: 12/99, 12/113; 30/73.
4 misères	abfa	C: 20/52; 24/103, 24/129; 30/56.
1 miserere	abaa	C: 8/90.
1 mission	abea	C: 12/30.
2 mitre	abea	C: 6/19; 8/65.
1 mitres	abfa	C: 6/19.
3 mode	abea	C: 13/31; 22/39, 22/40.
1 modernes	abba	C: 13/32.
1 modestie	abea	C: 2/16.
6 moeurs	abfa	C: 1/5; 9/11; 16/112, 16/126; 18/39, 18/163.
1 moindre	abaa	C: 19/129.
5 moine	abaa	C: 13/63; 14/6; 24/107, 24/132,

			24/137.
3	moines	abba	C: 18/67, 18/72; 28/85.
6	mois	abaa	C: 17/22; 18/141; 21/29; 22/401, 22/402, 22/404.
5	mois	abba	C: 4/93; 8/28, 8/51; 12/45; 24/12.
10	moitié	abea	C: 5/4, 5/8; 12/100; 19/26; 21/7; 22/167, 22/305, 22/306; 24/119, 24/153.
1	moka	abaa	C: 30/137.
1	molinistes	abba	C: 22/254.
16	moment	abaa	C: 2/73; 5/21; 7/35, 7/41, 7/71; 9/26; 11/28, 11/94; 13/81; 17/11, 17/64, 17/73; 19/115; 20/58, 20/58, 20/69.
2	monarque	abaa	C: 12/27; 26/106.
1	monarques	abba	C: 19/139.
1	monastère	abaa	C: 24/155.
52	monde	abaa	C: 2/76; 3/35, 3/74; 4/109; 5/47; 8/82; 9/47; 10/48, 10/50; 11/44; 12/121; 14/25, 14/105; 15/44, 15/56, 15/68; 17/12, 17/15, 17/56, 17/82, 17/87; 18/23, 18/49, 18/54, 18/149; 19/16, 19/137, 19/187; 20/27, 20/32; 21/16, 21/46; 22/37, 22/131, 22/172, 22/195, 22/246, 22/263, 22/389; 23/4, 23/25, 23/34; 24/27, 24/115, 24/138; 25/44, 25/99, 25/166; 28/98, 28/103; 30/25, 30/89.
8	mondes	abba	C: 1/33; 3/8; 4/23, 4/63; 5/96; 6/33; 30/110, 30/186.
3	monnaie	abea	C: 17/114; 18/193; 26/112.
16	monseigneur	abaa	C: 1/21, 1/34, 1/43; 7/9, 7/9; 8/44, 8/58, 8/80; 9/6, 9/23, 9/52; 10/37; 13/71, 13/75; 14/45; 19/80.
61	monsieur	abaa	C: 1/3, 1/9, 1/15, 1/78; 2/19, 2/24, 2/28; 3/38, 3/75; 4/25, 4/29; 5/90, 5/97; 13/54, 13/55; 14/14, 14/62, 14/104, 14/117; 16/14, 16/103; 18/76; 19/33, 19/35, 19/37, 19/106; 20/20, 20/23; 21/4, 21/13; 22/73, 22/95, 22/245, 22/248, 22/302, 22/316, 22/318, 22/338, 22/374, 22/378, 22/387, 22/390, 22/412; 24/64, 24/70, 24/79, 24/89, 24/95, 24/104, 24/128, 24/143; 25/95; 26/111; 27/108, 27/115, 27/116, 27/118, 27/125; 28/15, 28/83, 28/86.

11	messieurs	abba	C: 2/16, 2/22, 2/35, 2/40; 11/44, 11/52; 16/91, 16/100; 17/110; 26/61, 26/107.
1	monstre	abaa	C: 25/49.
2	monstres	abba	C: 11/99; 22/407.
1	mont	abaa	C: 11/88.
7	montagnes	abfa	C: 9/55; 17/19, 17/44; 18/168, 18/176, 18/196, 18/203.
1	monture	abea	C: 18/196.
1	montures	abfa	C: 16/11.
1	monument	abaa	C: 25/82.
2	morale	abea	C: 10/43; 30/39.
2	morceaux	abba	C: 4/30; 8/5.
2	mort	abaa	C: 9/24; 15/66.
4	morts	abba	C: 3/18; 5/53; 11/102; 12/23.
10	mort	abea	C: 3/11, 3/26; 5/35, 5/49, 5/78; 7/72; 11/113; 12/79; 16/4; 25/177.
1	mortel	abaa	C: 22/194.
1	mosquée	abea	C: 28/70.
8	mot	abaa	C: 4/20; 7/27; 14/119; 18/109; 20/52; 22/69; 25/34; 26/21.
9	mots	abba	C: 7/46; 12/5; 18/137, 18/139; 22/209; 24/65; 26/34; 30/112, 30/132.
2	mouches	abba	C: 14/71; 17/96.
2	mouchoir	abaa	C: 1/73; 22/286.
3	mouphti	abaa	C: 30/115, 30/122, 30/125.
2	mourants	abba	C: 3/18; 5/52.
1	mousquetterie	abea	C: 3/8.
1	mousse	abea	C: 16/65.
2	moustache	abea	C: 13/38, 13/50.
8	mouton	abaa	C: 4/33; 20/78, 20/86, 20/99; 22/7, 22/10, 22/12; 24/171.
23	moutons	abba	C: 17/49; 18/81, 18/89, 18/149, 18/182, 18/195, 18/197, 18/203, 18/206; 19/8, 19/10, 19/14, 19/20, 19/74, 19/104, 19/110, 19/125, 19/131, 19/158; 20/13, 20/77; 27/12; 30/192.
2	mouvement	abaa	C: 15/11; 27/87.
1	moyadors	abba	C: 9/45.
3	moyen	abaa	C: 6/5; 16/46; 30/175.
3	mulâtres	abba	C: 11/76, 11/76, 11/101.
1	multitude	abea	C: 23/20.
1	murs	abba	C: 24/156.
1	murailles	abfa	C: 18/170.
1	muscles	abba	C: 2/68.
1	musicien	abaa	C: 12/16.

2 musiciens abba C: 18/66, 18/103.
5 musique abea C: 6/25; 17/83; 25/41, 25/45,
25/51.
2 musulman abaa C: 28/22; 30/140.

3 naissance abea C: 8/42; 10/67; 25/182.
2 nation abea C: 18/27; 22/110.
3 nations abfa C: 11/51; 18/34; 23/11.
10 nature abea C: 1/5; 4/14, 4/67, 4/99; 16/81,
16/129; 17/124; 25/36, 25/37; 30/110.
1 naufrage abaa C: 5/1.
2 nécessité abea C: 5/99; 29/8.
1 négociant abaa C: 19/34.
5 nègre abaa C: 11/66; 19/26, 19/34, 19/37,
19/65.
1 nègres abba C: 12/113.
2 neige abea C: 2/6; 23/12.
3 nerf abaa C: 27/85, 27/102; 28/92.
2 nerfs abba C: 2/68; 5/6.
2 neveu abaa C: 26/68, 26/70.
5 nez abaa C: 3/78; 11/3; 13/21; 30/87, 30/112.
1 nez abba C: 1/39.
1 nigologie abea C: 1/32.
1 noce abea C: 13/36.
2 noces abfa C: 11/24; 14/14.
6 noirs abba C: 11/75, 11/75, 11/75, 11/79,
11/101; 19/54.
1 noisette abea C: 16/28.
4 nom abaa C: 19/7; 22/412; 27/98; 30/125.
1 noms abba C: 13/20.
3 nombre abaa C: 4/78; 12/110; 22/157.
1 nombril abaa C: 28/38.
1 nord abaa C: 22/11.
1 normand abaa C: 22/419.
1 notables abba C: 16/115.
1 nourriture abea C: 19/161.
2 nouveaux abba C: 14/53; 26/130.
2 nouvelle abea C: 14/47; 30/113.
3 nouvelles abfa C: 16/118; 22/179; 24/7.
2 novice abaa C: 4/57; 15/17.
1 nues abfa C: 18/117.
5 nuit abea C: 8/52; 9/48; 16/66; 22/294;
26/56.
1 nuque abea C: 2/67.

1 objections abfa C: 13/14.
1 objet abaa C: 18/206.

1 objets abba C: 29/12.
1 obligations abfa C: 15/46.
1 obole abea C: 13/48.
1 obstacles abba C: 17/20.
3 occasion abea C: 22/426; 27/152; 28/20.
1 occupation abea C: 21/11.
2 odeur abea C: 17/84; 18/122.
6 oeil abaa C: 4/91; 14/78, 14/83; 15/67; 22/158; 30/87.

21 yeux abba C: 1/77; 2/3, 2/71; 3/39, 3/78; 4/22; 7/72, 7/75; 8/9, 8/66; 10/61; 11/2, 11/13, 11/114; 14/122; 15/10; 22/151; 23/22; 24/40, 24/61; 29/17.

1 oeufs abba C: 24/57.
2 oeuvre abaa C: 4/14; 14/35.
1 oeuvre abea C: 16/43.
2 oeuvres abfa C: 25/124; 28/40.
5 officier abaa C: 14/46; 16/109; 18/105, 18/111; 24/130.
2 officiers abba C: 18/100; 24/112.
1 officières abfa C: 18/101.
1 offre abea C: 27/129.
1 oiseau abaa C: 27/131.
3 oiseaux abba C: 14/71, 14/72; 17/96.
2 ombres abfa C: 22/262, 22/264.
1 opéra abaa C: 25/48.
2 opération abea C: 12/16, 12/77.
1 opposé abaa C: 4/66.
1 opprobre abaa C: 12/100.
3 optimisme abaa C: 1/t; 19/61, 19/62.
16 or abaa C: 11/82; 14/70, 14/73; 17/55, 17/60, 17/71, 17/75, 17/79, 17/92, 17/107; 18/10, 18/95, 18/199; 20/12; 22/350, 22/364.
1 oracle abaa C: 1/28.
1 orage abaa C: 28/34.
1 oranges abfa C: 30/136.
1 oranger abaa C: 11/108.
1 orangers abba C: 30/120.
3 orateur abaa C: 3/46, 3/54, 3/60.
1 ordinaire abaa C: 11/47.
4 ordre abaa C: 8/79; 18/13, 18/174, 18/188.
1 ordres abba C: 15/69.
6 oreille abea C: 4/91; 14/78; 22/166, 22/234; 26/30; 30/88.

2	oreilles	abfa	C: 14/121; 28/74.
8	oreillons	abba	C: 16/2, 16/66, 16/69, 16/84, 16/114, 16/118; 17/3; 21/50.
2	orgueil	abaa	C: 25/21; 30/19.
1	origine	abea	C: 30/110.
1	ornement	abaa	C: 17/61.
1	ours	abaa	C: 22/410.
1	ours	abfa	C: 28/75.
1	ouvrage	abaa	C: 25/168.
1	ouvrages	abba	C: 25/148.
1	page	abaa	C: 4/57.
1	page	abea	C: 25/141.
1	pages	abfa	C: 22/201.
1	paiement	abaa	C: 17/113.
1	paille	abea	C: 26/114.
7	pain	abaa	C: 3/52, 3/57, 3/68; 4/17; 5/81; 16/6; 20/46.
1	paix	abea	C: 20/48.
9	palais	abaa	C: 8/41; 11/6; 17/82; 18/90, 18/128; 24/187; 25/4, 25/6; 27/32.
1	palefreniers	abba	C: 1/19.
2	palet	abaa	C: 17/55, 17/63.
2	palets	abba	C: 17/57, 17/68.
1	pâleur	abea	C: 22/148.
6	pape	abaa	C: 3/54, 3/61; 11/5, 11/38; 12/44, 12/101.
1	papier	abaa	C: 6/19.
2	parade	abea	C: 14/59; 18/156.
3	paradis	abaa	C: 2/2; 4/51; 24/17.
3	paravent	abaa	C: 1/72, 1/79; 8/91.
1	parc	abaa	C: 1/57.
4	pardon	abaa	C: 5/93; 22/310; 28/3, 28/4.
5	parents	abba	C: 19/57; 22/257, 22/258; 24/94, 24/146.
2	parlement	abaa	C: 18/124; 22/254.
10	parole	abea	C: 5/89; 7/43, 7/74; 9/42; 22/398; 25/166; 26/35, 26/65, 26/90; 30/94.
6	paroles	abfa	C: 12/3; 14/90; 15/71; 22/178; 25/104, 25/105.
1	parolis	abba	C: 22/152.
1	parricide	abaa	C: 22/401.
7	part	abea	C: 8/43; 14/47; 19/82, 19/112; 22/304; 24/21; 29/32.
1	partage	abaa	C: 12/92.
5	parti	abaa	C: 3/16; 10/19; 11/74; 25/157; 28/11.

1	particulier	abaa	C: 26/123.
8	partie	abea	C: 5/16; 9/9; 17/12; 18/23, 18/132; 22/270, 22/321; 24/59.
1	partisans	abba	C: 26/85.
1	pas	abaa	C: 2/47.
4	pas	abba	C: 5/36; 12/22; 18/129; 29/18.
3	passage	abaa	C: 19/161; 22/56, 22/341.
1	passager	abaa	C: 12/122.
3	passagers	abba	C: 5/4; 13/6; 20/90.
4	passion	abea	C: 13/41; 21/54; 22/285; 25/156.
1	patenôtres	abfa	C: 28/71.
1	patience	abea	C: 30/37.
1	patient	abaa	C: 2/73.
1	pâtisseries	abfa	C: 17/97.
1	pâtissière	abea	C: 30/180.
5	patrie	abea	C: 12/2; 18/22; 25/153, 25/183; 30/24.
18	patron	abaa	C: 19/70, 19/79, 19/103, 19/111, 19/130, 19/133, 19/152; 20/15, 20/88; 23/46, 23/49; 27/3, 27/84, 27/101, 27/115, 27/120, 27/129; 30/13.
1	paupière	abea	C: 15/11.
1	paupières	abfa	C: 11/13.
1	pauvreté	abea	C: 12/45.
1	pauvretés	abfa	C: 25/58.
41	pays	abaa	C: 3/36; 6/4; 11/36, 11/49; 14/57, 14/93; 16/8, 16/24, 16/36, 16/67, 16/103; 17/1, 17/8, 17/10, 17/45, 17/63, 17/78, 17/114, 17/123, 17/125; 18/1, 18/26, 18/30, 18/42, 18/86, 18/144, 18/160, 18/183, 18/193, 18/198; 19/92; 21/50; 22/295, 22/399, 22/409, 22/411; 23/15, 23/41; 27/123, 27/138; 30/193.
4	pays	abba	C: 11/88; 12/109; 16/49; 17/52.
4	peau	abea	C: 2/80; 8/25, 8/71; 28/62.
4	péché	abaa	C: 5/90; 16/32; 25/177, 25/178.
18	peine	abea	C: 5/34; 6/41; 7/36; 8/68; 11/71, 11/79, 11/106; 12/35, 12/80; 22/22, 22/102, 22/197, 22/303; 24/62, 24/185; 25/75; 26/111; 27/27.
1	peines	abfa	C: 19/23.
1	peinture	abea	C: 4/88.
1	penchants	abba	C: 12/103.
1	pendaison	abea	C: 8/89.
1	pendu	abaa	C: 22/263.

1	perdrix	abfa	C: 24/56.
33	père	abaa	C: 1/28; 4/25; 7/56; 8/4, 8/11, 8/85; 10/8; 14/55, 14/58, 14/75, 14/89, 14/102, 14/123; 15/3, 15/6, 15/10, 15/15, 15/18, 15/22, 15/44, 15/72; 18/20; 19/48; 24/137; 26/77, 26/83, 26/87, 26/88, 26/92; 28/4, 28/14; 30/14, 30/100.
3	pères	abba	C: 10/28, 10/62; 15/8.
1	pêril	abaa	C: 16/32.
2	perle	abea	C: 4/13; 6/39.
4	permission	abea	C: 24/192; 25/154; 26/78; 27/48.
3	perroquets	abba	C: 14/71; 17/94; 19/51.
2	personnage	abaa	C: 18/8; 22/215.
2	personnages	abba	C: 3/40; 16/55.
3	personne	abea	C: 8/32, 8/33; 13/5.
6	personnes	abfa	C: 2/19; 6/8; 12/111; 13/66; 16/58; 19/168.
1	perspective	abea	C: 24/113.
1	perte	abea	C: 22/173.
1	pêruvien	abaa	C: 17/86.
3	peste	abea	C: 12/36, 12/39, 12/50.
1	petitesses	abfa	C: 25/20.
2	peu	abaa	C: 8/20, 8/23.
5	peuple	abaa	C: 6/6; 16/126; 22/257, 22/408; 23/20.
3	peuples	abba	C: 11/84; 14/34; 16/87.
6	peur	abea	C: 12/67; 22/155; 25/189; 26/114; 28/48, 28/51.
2	pharaon	abaa	C: 22/145, 22/191.
1	phênomène	abaa	C: 5/45.
13	philosophe	abaa	C: 1/55; 3/13; 5/22, 5/71; 7/52; 9/19; 22/6; 25/68; 27/113; 28/100; 30/22, 30/22, 30/92.
3	philosophes	abba	C: 4/95; 6/36; 30/154.
3	philosophie	abea	C: 4/1; 8/26; 10/39.
1	phrase	abea	C: 5/102.
2	physiciens	abba	C: 18/191, 18/203.
2	physionomie	abea	C: 1/5; 24/140.
3	physique	abea	C: 1/58; 10/43; 18/130.
15	piastres	abfa	C: 19/111, 19/113, 19/119, 19/121, 19/124, 19/127, 19/144, 19/147, 19/162, 19/199; 24/162, 24/163, 24/166; 30/74, 30/82.

			25/148; 27/22.
3	poches	abfa	C: 19/84; 20/17; 24/26.
1	poème	abaa	C: 25/181.
2	poète	abaa	C: 22/214, 22/215.
3	poètes	abba	C: 11/16; 25/110, 25/190.
1	poignard	abaa	C: 9/7.
1	poing	abaa	C: 11/96.
3	point	abaa	C: 11/85; 19/157; 26/11.
2	polaques	abba	C: 26/91, 26/99.
1	politesse	abea	C: 17/102.
2	politesses	abfa	C: 13/4; 22/312.
1	politique	abea	C: 22/180.
3	pommade	abea	C: 7/4, 7/16, 7/20.
1	pompe	abea	C: 11/25.
4	pontes	abba	C: 22/146, 22/149, 22/158, 22/268.
1	porc	abaa	C: 1/45.
7	port	abaa	C: 4/110; 5/37; 6/39; 13/57, 13/69; 19/68; 27/144.
1	portail	abaa	C: 18/91.
13	porte	abea	C: 1/16; 2/10; 7/31, 7/33; 9/21; 15/59; 17/83, 17/85; 18/9; 19/142; 30/47, 30/112, 30/120.
1	porteur	abaa	C: 22/37.
1	possesseurs	abba	C: 19/5.
1	pot	abaa	C: 7/4.
1	potages	abba	C: 17/94.
1	pouces	abba	C: 2/21.
1	poudre	abea	C: 12/28.
1	poulet	abaa	C: 6/12.
1	poursuite	abea	C: 13/69.
1	poussière	abea	C: 18/109.
3	prairie	abea	C: 16/9, 16/26, 16/62.
1	pratiques	abfa	C: 22/155.
3	prêcepteur	abaa	C: 1/28; 17/66, 17/69.
1	prêcheurs	abba	C: 19/55.
4	prêcipices	abba	C: 17/19; 18/33, 18/172; 19/13.
1	prêdicants	abba	C: 19/193.
1	prêfêrence	abea	C: 19/170.
1	prêlat	abaa	C: 9/38.
3	prêsence	abea	C: 14/56; 22/345; 24/117.
10	prêsent	abaa	C: 3/69; 4/53; 7/35; 8/54; 15/2; 16/57; 18/34; 24/47; 26/110, 26/120.
2	prêsents	abba	C: 18/198; 30/80.
1	presse	abea	C: 21/15.
1	prêtendants	abba	C: 19/166.
2	prêtre	abaa	C: 15/25; 28/58.

6 pièce abea C: 22/67, 22/118, 22/131, 22/207, 22/215; 25/75.
5 pièces abfa C: 17/58, 17/107; 22/73, 22/121; 25/137.
12 pied abaa C: 1/81; 4/26, 4/45; 5/34; 7/66; 17/53; 21/23; 23/45; 24/80; 28/63; 30/188, 30/190.
15 pieds abba C: 2/21, 2/44, 2/57; 3/67; 4/87; 7/44; 8/6; 9/13; 14/46; 18/91, 18/169; 27/149; 28/24, 28/81; 29/37.
3 pierre abea C: 4/32, 4/32; 5/60.
1 pierres abfa C: 1/41.
7 pierreries abfa C: 7/38; 13/63; 17/72, 17/79; 18/96, 18/121, 18/199.
1 pigeons abba C: 21/64.
1 pigmée abaa C: 25/170.
1 pintades abfa C: 14/72.
1 piqueurs abba C: 1/19.
3 pirate abaa C: 20/82; 27/49, 27/51.
2 pirates abba C: 11/93; 30/52.
2 pistaches abfa C: 30/137, 30/194.
3 pistoles abfa C: 10/3; 22/386, 22/390.
5 pitié abea C: 16/27; 17/16; 24/81; 27/89; 28/61.
6 place abea C: 11/19; 13/53; 15/72, 15/72; 24/38; 30/44.
3 places abfa C: 5/39; 18/121; 22/5.
1 plaies abfa C: 12/86.
1 plaisanterie abea C: 26/62.
1 plaisanteries abfa C: 22/178.
21 plaisir abaa C: 2/56; 8/96; 9/48; 12/122; 14/26, 14/41; 17/45; 18/127; 19/96; 20/62; 21/16; 22/119, 22/320, 22/346; 25/54, 25/71, 25/96, 25/211, 25/214, 25/215; 30/18.
2 plaisirs abba C: 11/10; 22/58.
1 planche abea C: 5/29.
2 planches abfa C: 5/13; 25/57.
2 plante abea C: 28/24, 28/80.
2 plat abaa C: 15/51; 17/96.
1 plats abba C: 17/98.
1 plein abaa C: 28/104.
1 pleurs abba C: 14/111.
1 plomb abaa C: 2/60.
2 plumes abfa C: 3/67; 18/16.
6 plupart abea C: 17/101; 22/176, 22/179, 22/268;

5 prêtres abba C: 15/58; 18/61, 18/63; 20/23; 28/84.
2 prières abfa C: 5/9; 11/104.
2 prieur abaa C: 10/23; 24/152.
8 prince abaa C: 11/20, 11/21, 11/29, 11/64; 27/35, 27/54, 27/156; 29/11.
2 princes abba C: 18/25; 27/11.
5 princesse abea C: 11/5, 11/57, 11/67; 12/17, 12/20.
3 principes abba C: 10/15; 16/112; 30/69.
1 printemps abaa C: 2/53.
8 prison abea C: 21/21; 22/370; 24/96; 26/78, 26/86, 26/114; 28/11; 30/76.
1 prisons abfa C: 18/126.
1 prisonniers abba C: 16/119.
1 prisonnière abea C: 8/22.
2 privilège abaa C: 2/54; 25/151.
6 prix abaa C: 18/210; 19/43, 19/160; 22/9, 22/10, 22/58.
2 procédé abaa C: 19/149; 29/19.
1 procédés abba C: 24/91.
1 procédures abfa C: 22/382.
2 procès abaa C: 22/46; 24/95.
1 procès abba C: 25/123.
1 procession abea C: 6/23.
1 prochain abaa C: 16/94.
4 prodige abaa C: 2/50; 14/120, 14/120; 27/30.
1 professeur abaa C: 12/114.
1 profession abea C: 24/104.
1 profit abaa C: 25/99.
1 progrès abaa C: 4/74.
1 promenades abfa C: 2/65.
1 promesses abfa C: 29/27.
4 propos abaa C: 21/39; 22/231; 25/52; 28/59.
1 propos abba C: 22/227.
1 proposition abea C: 13/6.
1 propositions abfa C: 12/87.
1 proue abea C: 27/130.
5 providence abea C: 15/27; 17/33; 26/94, 26/100, 26/104.
6 province abea C: 1/44, 1/55; 12/35; 14/94; 19/165; 22/90.
2 provinces abfa C: 14/34; 21/6.
4 provisions abfa C: 3/32, 3/34; 5/75; 17/21.
1 prudence abea C: 13/56.
1 prunelles abfa C: 11/14.
1 pucelle abea C: 11/63.

1	rival	abaa	C: 9/30.
1	rivaux	abba	C: 19/197.
1	rivale	abea	C: 24/100.
4	rivière	abea	C: 17/23, 17/30, 17/36; 18/166.
5	robe	abea	C: 14/51, 14/85; 15/65; 16/107; 24/148.
2	robes	abfa	C: 11/8; 18/99.
2	roche	abea	C: 14/109; 17/98.
2	rocher	abaa	C: 17/43, 17/43.
3	rochers	abba	C: 17/37; 18/32, 18/168.
35	roi	abaa	C: 2/36, 2/72, 2/73, 2/80, 2/81; 12/26; 14/37, 14/37; 15/26; 17/63; 18/20, 18/63, 18/84, 18/90, 18/112, 18/133, 18/137, 18/159, 18/184, 18/199; 19/21; 25/90; 26/82, 26/87, 26/91, 26/95, 26/99, 26/108, 26/109, 26/119; 27/65, 27/74; 30/155, 30/157, 30/158.
16	rois	abba	C: 2/38; 3/15; 10/29; 14/38; 17/78; 18/151; 26/62, 26/102, 26/117, 26/122; 27/8, 27/9, 27/19, 27/23; 30/151, 30/159.
1	rôle	abaa	C: 25/55.
1	roman	abaa	C: 22/184.
1	romans	abba	C: 22/210.
1	roses	abfa	C: 28/73.
1	rouge	abaa	C: 20/74.
1	roulis	abaa	C: 5/5.
5	route	abea	C: 13/66; 16/9; 20/94; 22/15, 22/425.
11	royaume	abaa	C: 14/22, 14/32; 16/107; 18/6, 18/21, 18/28, 18/169, 18/190, 18/211; 26/83, 26/100.
1	rubans	abba	C: 17/92.
3	rubis	abba	C: 17/60, 17/75; 18/13.
2	rue	abea	C: 5/61; 22/102.
2	rues	abfa	C: 5/38; 14/31.
2	ruine	abea	C: 6/5; 20/38.
3	ruines	abfa	C: 3/31; 5/42, 5/52.
1	ruisseau	abaa	C: 11/108.
2	ruisseaux	abba	C: 14/101; 16/9.
2	sabbat	abaa	C: 8/49, 8/102.
1	sable	abaa	C: 18/95.
1	sac	abaa	C: 22/364.
1	sacrement	abaa	C: 10/30.

1 puissance abea C: 12/26.
2 puissants abba C: 20/41, 20/42.
1 punition abea C: 5/92.
1 pupille abaa C: 4/31.
1 pureté abea C: 22/216.
1 pus abaa C: 25/105.
1 pustules abfa C: 3/78.

1 qualité abea C: 22/141.
4 quart abaa C: 7/29; 13/44; 14/5; 16/51.
2 quarts abba C: 6/4; 16/50.
4 quartier abaa C: 8/22; 11/16; 22/36, 22/100.
6 quartiers abba C: 1/12; 10/65; 12/23; 13/47; 15/40, 15/44.
2 querelle abea C: 22/44; 25/103.
3 querelles abfa C: 8/52; 22/253; 25/20.
2 question abea C: 13/27; 30/59.
2 questions abfa C: 17/103; 18/55.
2 queues abfa C: 6/21, 6/22.

3 rade abea C: 5/23; 19/132; 22/419.
2 rafraîchissements abba C: 8/61; 16/120.
5 rage abea C: 11/85, 11/97; 19/63; 24/84, 24/150.
1 ragoûts abba C: 17/97.
20 raison abea C: 1/7, 1/63, 1/66; 2/28; 3/10; 4/38, 4/72; 5/45, 5/55, 5/59; 8/55; 10/28; 13/8; 14/35; 16/66; 22/96; 24/18, 24/134; 27/14; 30/170.
1 raisonnement abaa C: 9/32.
2 raisonnements abba C: 22/180, 22/224.
1 raisonneurs abba C: 22/63.
1 rames abfa C: 27/100.
3 rançon abea C: 27/116, 27/148; 29/40.

5 rang abaa C: 8/43; 13/5; 22/221, 22/250; 25/110.
1 rapacité abea C: 18/34.
1 rapidité abea C: 17/40.
1 rapport abaa C: 30/154.
1 ravages abba C: 12/50.
1 rayons abba C: 25/145.
1 récompense abea C: 24/100.
1 reconnaissance abea C: 24/82.
1 récréation abea C: 24/141.
1 recrue abea C: 15/18.
2 recueils abba C: 25/129, 25/140.

1	rêflexion	abea	C: 25/222.
3	rêflexions	abfa	C: 16/61; 30/60, 30/148.
3	rêgiment	abaa	C: 2/45, 2/60, 2/65.
1	registre	abaa	C: 22/147.
1	règles	abfa	C: 22/220.
1	reine	abea	C: 22/81.
2	reines	abfa	C: 22/88, 22/94.
1	religieux	abba	C: 11/52.
4	religion	abea	C: 3/63; 18/42, 18/46, 18/49.
1	religions	abfa	C: 18/48.
2	rêmission	abea	C: 9/36; 16/129.
2	remords	abba	C: 16/17; 22/301.
2	rendez	abaa	C: 19/72; 22/317.
1	renoncules	abfa	C: 28/74.
2	renverse	abea	C: 14/100; 28/46.
6	repas	abaa	C: 5/81; 12/80; 17/105; 20/18; 24/135; 26/31.
1	rêpêtition	abea	C: 25/71.
1	rêponse	abea	C: 22/332.
1	rêponses	abfa	C: 7/47.
2	repos	abaa	C: 11/111; 30/173.
1	rêpublicain	abaa	C: 25/147.
1	rêserve	abea	C: 5/26.
1	rêsolution	abea	C: 19/94.
2	respect	abaa	C: 7/67; 8/20.
1	respects	abba	C: 11/10.
1	ressemblance	abea	C: 27/90.
1	ressources	abfa	C: 16/97.
9	reste	abaa	C: 1/13; 12/87; 17/124; 19/184; 22/253; 24/153; 25/184; 26/128; 27/51.
1	rêves	abba	C: 22/226.
2	rêveil	abaa	C: 16/65; 22/336.
2	rêvêrence	abea	C: 2/23; 14/64.
1	rêveries	abfa	C: 21/44.
1	revers	abaa	C: 18/176.
1	revers	abba	C: 26/93.
1	rêvolutions	abfa	C: 18/20.
2	revue	abea	C: 13/39; 25/195.
1	rhume	abaa	C: 24/92.
2	richesses	abfa	C: 19/16; 20/84.
1	rideau	abaa	C: 22/357.
1	rideaux	abba	C: 22/354.
1	rime	abea	C: 22/217.
2	rire	abaa	C: 17/108; 22/114.
6	rivage	abaa	C: 5/28; 17/28; 19/138; 23/20; 27/81; 29/11.

1	sacristain	abaa	C: 14/6.
2	sage	abaa	C: 18/58; 22/260.
1	sages	abba	C: 6/4.
1	saignées	abfa	C: 22/34.
1	saint	abaa	C: 10/30.
4	salle	abea	C: 1/17; 18/104, 18/109; 24/121.
1	samedi	abaa	C: 8/53.
3	san	abaa	C: 6/18, 6/20; 8/65.
7	sang	abaa	C: 11/72, 11/84; 12/62; 19/151; 22/376; 24/159; 26/26.
4	santé	abea	C: 2/39; 14/115; 24/139; 26/72.
1	satyres	abba	C: 16/55.
2	sauvages	abba	C: 16/2; 17/20.
1	sauveur	abaa	C: 15/33.
9	savant	abaa	C: 19/185, 19/189, 19/196; 20/2, 20/20; 22/11, 22/236, 22/248, 22/269.
1	savants	abba	C: 25/78.
1	scandale	abaa	C: 22/46.
1	scélérat	abaa	C: 20/84.
1	scène	abea	C: 22/69.
3	scènes	abfa	C: 11/102; 22/62; 25/51.
4	sciences	abfa	C: 1/61; 18/128; 22/8; 25/130.
1	scintillation	abea	C: 11/15.
1	scrupule	abaa	C: 13/54.
1	séance	abea	C: 19/175.
2	secours	abaa	C: 5/17; 9/28.
1	secousse	abea	C: 5/15.
1	secousses	abfa	C: 5/66.
2	secret	abaa	C: 6/9; 25/49.
1	secrétaires	abba	C: 26/113.
10	seigneur	abaa	C: 4/35; 12/94; 13/19, 13/49; 14/67; 22/184; 24/191; 25/1; 26/107; 27/103.
2	seigneurs	abba	C: 1/15; 19/47.
1	séjour	abaa	C: 11/34.
1	selles	abfa	C: 9/44.
1	semaine	abea	C: 8/50.
3	semaines	abfa	C: 2/79; 15/13; 25/219.
5	sénateur	abaa	C: 24/186; 25/16, 25/28, 25/62, 25/139.
1	senor	abaa	C: 27/46.
1	sens	abaa	C: 22/218.
6	sens	abba	C: 4/20; 5/7; 7/45; 8/8, 8/68; 11/110.
1	sensibilité	abea	C: 1/76.
1	sentiment	abaa	C: 28/99.
2	sentiments	abba	C: 8/73; 22/350.

1 sentinelle	abea	C: 15/59.
1 séparation	abea	C: 7/71.
1 sept	abba	C: 22/152.
1 sépulture	abea	C: 22/99.
4 sequins	abba	C: 26/119, 26/121; 27/124, 27/145.
3 sérail	abaa	C: 12/49, 12/59; 26/70.
3 sergent	abaa	C: 14/54, 14/60, 14/65.
3 serment	abaa	C: 12/67; 15/30; 19/171.
2 sermon	abaa	C: 6/24; 12/70.
2 sermons	abba	C: 24/152; 25/141.
1 serpent	abaa	C: 12/107.
2 serpents	abba	C: 11/90; 22/124.
3 servante	abea	C: 11/4; 12/97, 12/115.
1 servantes	abfa	C: 15/6.
2 service	abaa	C: 28/67; 30/182.
1 serviettes	abfa	C: 29/14.
1 servitude	abea	C: 8/87.
2 seul	abaa	C: 11/27; 12/123.
2 sexe	abaa	C: 5/42; 12/63.
2 siècles	abba	C: 2/78; 4/73.
1 siège	abaa	C: 22/169.
1 sièges	abba	C: 12/89.
4 signe	abaa	C: 5/103; 14/52; 26/39; 27/150.
1 signes	abba	C: 17/70.
1 signor	abaa	C: 8/101.
3 silence	abaa	C: 22/148, 22/177; 26/60.
1 sillons	abba	C: 2/6.
1 simplicité	abea	C: 18/14.
10 singes	abba	C: 11/41; 16/2, 16/26, 16/30, 16/38, 16/49; 17/95; 19/51; 21/51; 22/410.
4 sire	abaa	C: 26/32, 26/37, 26/43, 26/54.
1 situation	abea	C: 12/44.
1 situations	abfa	C: 22/210.
1 société	abea	C: 30/176.
2 socinien	abaa	C: 19/194; 20/24.
21 soeur	abea	C: 1/9; 4/31; 13/30; 14/114; 15/4, 15/5, 15/28, 15/36, 15/40, 15/45; 27/137, 27/153; 28/12, 28/26; 29/30, 29/34, 29/35, 29/41, 29/46; 30/9, 30/17.
1 sofa	abaa	C: 18/15.
9 soin	abaa	C: 7/1, 7/10; 8/94; 12/85; 16/5; 22/233, 22/395; 28/63; 30/180.
1 soins	abba	C: 20/49.
7 soir	abaa	C: 7/21, 7/26; 18/50; 22/139;

			24/154; 26/3; 28/18.
5	soldat	abaa	C: 8/19, 8/33, 8/86; 11/92; 14/7.
9	soldats	abba	C: 4/27; 11/38, 11/38, 11/95, 11/100; 12/60; 14/50, 14/53; 23/23.
3	soleil	abaa	C: 6/17; 14/75; 16/19.
1	sommeil	abaa	C: 11/111.
3	songe	abaa	C: 7/34, 7/35; 27/107.
2	sonnets	abba	C: 11/27; 25/21.
1	sorbets	abba	C: 30/134.
1	sorcières	abfa	C: 25/108.
7	sort	abaa	C: 12/109; 20/89; 22/160; 24/182; 26/91, 26/127; 30/150.
1	sorte	abea	C: 4/106.
2	sortes	abfa	C: 16/119; 30/134.
1	sortie	abea	C: 18/165.
1	sortir	abaa	C: 22/131.
1	sots	abba	C: 25/111.
2	sottise	abea	C: 1/47; 18/159.
4	sottises	abfa	C: 21/12; 22/400, 22/405; 25/21.
1	sou	abaa	C: 4/82.
1	souche	abea	C: 4/61.
1	souffre	abaa	C: 5/67.
6	souper	abaa	C: 8/100; 18/136; 22/176, 22/251; 26/1, 26/18.
1	soupers	abba	C: 22/176.
2	soupirs	abba	C: 3/25; 7/47.
2	source	abea	C: 4/54, 4/65.
1	sourcil	abaa	C: 14/78.
1	sourcils	abba	C: 11/13.
1	sourire	abaa	C: 22/168.
1	souris	abaa	C: 22/278.
1	souris	abfa	C: 30/104.
2	sous	abaa	C: 15/24; 28/41.
1	soutien	abaa	C: 2/41.
3	souverain	abaa	C: 4/43; 27/36; 28/27.
2	souverains	abba	C: 15/19; 25/59.
3	spectacle	abaa	C: 6/7; 8/6; 18/201.
3	spectacles	abba	C: 18/39; 22/109; 30/47.
1	spectateurs	abba	C: 22/211.
1	statues	abfa	C: 25/6.
1	stipendiaires	abba	C: 4/75.
1	style	abaa	C: 22/227.
1	succès	abaa	C: 12/16.
3	sucre	abaa	C: 17/100; 18/120; 19/43.
1	sucreries	abfa	C: 19/39.
1	suie	abea	C: 26/6.
3	suite	abea	C: 3/45; 12/1; 20/96.

1	suites	abfa	C: 24/77.
3	suivante	abea	C: 4/50; 22/356, 22/361.
4	sujet	abaa	C: 16/106, 16/124; 22/9; 25/74.
1	sujets	abba	C: 18/177.
6	sultan	abaa	C: 26/67, 26/70, 26/94; 27/3, 27/56, 27/75.
1	supérieur	abaa	C: 15/15.
1	supériorité	abea	C: 18/94.
1	sûreté	abea	C: 18/204.
1	surface	abea	C: 3/10.
2	surlendemain	abaa	C: 2/49; 7/22.
8	surprise	abea	C: 7/41; 8/64; 9/33; 14/84, 14/91; 17/74; 24/61; 26/40.
2	système	abaa	C: 19/182; 20/19.
1	systèmes	abba	C: 25/135.
17	table	abea	C: 1/71; 2/24, 2/31; 8/99; 14/86, 14/123; 17/93, 17/106; 18/133; 22/202; 24/134; 25/63; 26/4, 26/21, 26/26, 26/125; 28/50.
2	tableau	abaa	C: 22/262; 25/36.
2	tableaux	abba	C: 25/26, 25/38.
2	taches	abfa	C: 22/264, 22/265.
3	taille	abea	C: 2/13, 2/22; 7/37.
1	tailles	abfa	C: 22/171.
2	talents	abba	C: 11/10; 30/177.
1	tambours	abba	C: 3/5.
1	tapisserie	abea	C: 1/17.
2	tas	abaa	C: 11/102; 12/23.
1	tas	abba	C: 3/18.
1	te	abba	C: 3/16.
3	témoin	abaa	C: 1/62; 11/82; 18/21.
3	tempête	abea	C: 4/110; 5/1, 5/33.
29	temps	abaa	C: 1/14; 5/55; 9/32, 9/47; 11/34, 11/51; 12/45; 13/68; 14/14; 15/17, 15/50; 16/109; 19/102, 19/133; 21/45; 22/3, 22/253; 23/41, 23/42; 24/8, 24/43, 24/43, 24/78, 24/82, 24/93; 27/79, 27/85, 27/85; 28/12.
1	teneur	abaa	C: 4/93.
1	tentation	abea	C: 24/23.
5	termes	abba	C: 4/48; 7/74; 10/71; 18/18; 22/337.
39	terre	abea	C: 1/55; 3/27; 5/1, 5/35, 5/64, 5/68; 6/2, 6/3, 6/9, 6/29; 8/37, 8/58; 9/24; 10/13; 11/35; 12/38, 12/42, 12/105; 13/12; 16/95; 17/53, 17/68, 17/72, 17/124; 18/36, 18/78,

			18/107; 19/26, 19/184; 20/14; 21/30, 21/39; 23/45; 24/33, 24/47; 27/74; 30/101, 30/143, 30/178.
14	tête	abea	C: 2/71; 3/60; 4/29; 5/15, 5/103; 8/84; 12/126; 14/51; 15/65; 16/85; 18/108; 22/168; 24/155; 27/150.
2	têtes	abfa	C: 6/19; 30/46.
1	tétons	abba	C: 28/73.
8	théatin	abaa	C: 24/38, 24/39, 24/43, 24/49, 24/59, 24/125, 24/135, 24/142.
1	théatins	abba	C: 24/144.
4	théâtre	abaa	C: 3/32; 22/73, 22/221; 25/137.
4	théologie	abea	C: 22/184, 22/188; 25/142, 25/172.
1	théologo	abea	C: 1/31.
2	tigres	abba	C: 11/89; 22/410.
3	tillac	abaa	C: 5/12; 20/66; 23/22.
1	tissu	abaa	C: 18/99.
1	titre	abaa	C: 19/174.
2	toile	abea	C: 19/28, 19/38.
1	toits	abba	C: 5/39.
2	ton	abaa	C: 13/22; 29/28.
2	tort	abaa	C: 22/65; 28/102.
5	tour	abaa	C: 4/73; 12/36; 16/78; 19/136; 30/45.
1	tourbillons	abaa	C: 5/38.
1	tourments	abba	C: 4/51.
9	tout	abaa	C: 2/37; 3/11; 4/62; 10/16; 17/97; 21/43, 21/53; 24/165; 25/31.
1	toux	abea	C: 3/80.
1	tracasserie	abea	C: 12/95.
3	tragédie	abea	C: 22/60, 22/82, 22/239.
6	tragédies	abfa	C: 22/204, 22/205, 22/220, 22/223, 22/238; 25/51.
1	train	abaa	C: 9/31.
1	traînée	abea	C: 5/67.
1	traits	abba	C: 27/89.
1	traité	abaa	C: 12/27.
1	traite	abea	C: 9/50.
1	transports	abba	C: 22/366.
2	travail	abaa	C: 30/33, 30/145.
1	traversée	abea	C: 10/38.
1	treillage	abaa	C: 14/70.
4	tremblement	abaa	C: 5/1, 5/64; 6/3; 12/42.
3	tremblements	abba	C: 6/2; 8/57; 12/38.
2	trentaine	abea	C: 3/12; 12/95.
4	trésors	abba	C: 19/5, 19/20, 19/125; 20/14.
1	tribunaux	abba	C: 22/108.

1	trompettes	abfa	C: 3/4.
2	trône	abaa	C: 17/61; 18/104.
1	trouble	abaa	C: 8/64.
1	troupe	abea	C: 29/24.
3	troupes	abfa	C: 4/78; 10/27; 15/26.
1	troupeaux	abba	C: 20/42.
1	tulipes	abfa	C: 28/73.
2	turc	abaa	C: 24/146; 27/37.
1	tyrannie	abea	C: 18/163.
1	union	abea	C: 22/252.
4	univers	abaa	C: 4/41; 10/40; 28/93; 29/6.
1	univers	abba	C: 10/50.
2	université	abea	C: 6/7; 30/35.
8	usage	abaa	C: 8/11; 11/51; 12/119; 18/103, 18/111; 19/37; 22/321; 25/113.
1	usages	abba	C: 18/86.
1	utile	abaa	C: 17/46.
1	va	abba	C: 22/152.
1	vagabonds	abba	C: 18/200.
1	vainqueurs	abba	C: 15/35.
36	vaisseau	abaa	C: 4/95, 4/109; 5/5, 5/10, 5/15, 5/25; 11/59; 12/120; 13/15, 13/58, 13/69, 13/69; 19/68, 19/91, 19/107, 19/132, 19/156, 19/159, 19/179; 20/5, 20/62, 20/67, 20/75, 20/81, 20/82, 20/91, 20/93; 21/42; 22/419, 22/422; 23/5; 26/33; 27/27; 30/15, 30/103, 30/105.
6	vaisseaux	abba	C: 5/37; 12/28; 20/59, 20/63; 23/23; 24/6.
1	vaisselle	abea	C: 27/156.
11	valet	abaa	C: 14/3; 16/3; 17/1; 18/8, 18/134; 24/25, 24/30; 26/41, 26/50, 26/51; 27/28.
1	valets	abba	C: 10/36.
2	valeur	abea	C: 22/305; 27/145.
1	valise	abea	C: 16/6.
1	vanité	abea	C: 25/29.
2	vases	abba	C: 14/73; 18/17.
1	veines	abfa	C: 11/87.
1	venin	abaa	C: 22/125.
2	vent	abaa	C: 19/133; 20/61.
2	vents	abba	C: 4/108; 10/49.
5	ventre	abaa	C: 6/40; 7/52; 10/60; 15/53; 18/107.
2	venus	abba	C: 14/53; 26/130.

1	verbal	abaa	C: 22/46.
1	verdure	abea	C: 14/69.
13	vérité	abea	C: 8/62, 8/71; 13/33; 16/58, 16/11 16/116; 18/12; 19/150; 20/24; 24/24; 27/94; 28/42; 30/179.
1	vérolés	abba	C: 4/78.
3	vers	abba	C: 25/100, 25/107, 25/163.
1	verse	abea	C: 28/33.
4	vertu	abea	C: 2/63; 8/34; 19/17; 24/33.
1	vêtement	abaa	C: 19/38.
1	vicaire	abaa	C: 1/20.
1	vice	abaa	C: 30/146.
1	victoire	abea	C: 16/100.
19	vie	abea	C: 3/59; 7/34; 11/113; 12/86, 12/102, 12/124; 15/2, 15/61; 16/15, 16/34; 17/24; 22/97, 22/121, 22/345; 26/69, 26/96; 27/135; 30/25, 30/175.
12	vieillard	abaa	C: 18/5, 18/7, 18/15, 18/43, 18/47, 18/53, 18/56, 18/62, 18/70, 18/80; 30/119, 30/150.
1	vieillards	abba	C: 3/21.
53	vieille	abea	C: 6/42; 7/1, 7/3, 7/14, 7/15, 7/19, 7/30, 7/36, 7/39, 7/44, 7/48; 8/94; 9/10, 9/19, 9/25, 9/42, 9/50, 9/54; 10/1, 10/7, 10/20, 10/25, 10/35, 10/54, 10/66, 10/71; 11/1; 12/1, 12/41; 13/2, 13/4, 13/8, 13/17, 13/45, 13/46, 13/56, 13/60, 13/72; 14/10; 17/26; 19/99, 19/177; 22/342; 27/54; 29/2, 29/13, 29/20, 29/23; 30/16, 30/23, 30/29, 30/50, 30/180.
1	vieilles	abfa	C: 25/107.
1	vieillesse	abea	C: 24/113.
1	vigne	abea	C: 15/22.
12	village	abaa	C: 1/20; 3/19, 3/19, 3/28; 17/54, 17/54, 17/64, 17/72, 17/81, 17/88, 17/118; 22/21.
21	ville	abea	C: 2/7; 5/34, 5/65; 9/55; 10/30; 13/62; 15/35; 18/116, 18/132; 19/21, 19/25, 19/160; 20/38, 20/39, 20/50; 21/25; 22/53, 22/57, 22/339; 25/18; 27/130.
1	villes	abfa	C: 20/47.
6	vin	abaa	C: 5/50, 5/63, 5/70, 5/104; 16/7; 24/57.
2	vinaigre	abaa	C: 4/21; 25/106.

1	vingtaine	atea	C: 19/168.
2	vis	ataa	C: 23/23, 23/23.
4	visage	ataa	C: 14/77; 15/51; 24/139; 26/5.
2	visages	abba	C: 14/110; 27/89.
2	visite	abea	C: 25/1; 26/87.
1	vitesse	abea	C: 17/50.
1	vitriol	abaa	C: 11/87.
1	vivacité	atea	C: 1/75.
1	vivant	ataa	C: 29/46.
2	vivres	atba	C: 18/182, 18/197.
1	vizir	abaa	C: 30/126.
2	vizirs	abba	C: 26/69; 30/115.
2	voeu	abaa	C: 18/178, 18/179.
1	voile	abaa	C: 7/38.
5	voile	abea	C: 7/39, 7/40; 19/133; 20/5; 22/422.
1	voiles	abfa	C: 5/9.
3	voirie	abea	C: 9/53; 22/92, 22/94.
5	voisinage	abaa	C: 1/10; 14/117; 15/29; 29/23; 30/91.
1	voitures	atfa	C: 17/47.
1	voituriers	atba	C: 17/102.
6	voix	atea	C: 1/69; 7/68; 8/75; 12/14; 13/22; 22/354.
1	volcan	ataa	C: 5/85.
1	voleur	ataa	C: 21/20.
2	volonté	atea	C: 5/51, 5/100.
1	volontés	atfa	C: 2/61.
2	volumes	abba	C: 25/129, 25/142.
2	vous	abaa	C: 19/72; 22/317.
2	voûte	abea	C: 17/37, 17/39.
1	voûtes	abfa	C: 18/168.
8	voyage	abaa	C: 10/16; 19/106, 19/163, 19/196; 20/8; 22/32; 25/102; 27/1.
2	voyages	abba	C: 5/58; 18/156.
9	voyageurs	abba	C: 16/1, 16/10; 17/38, 17/59, 17/75; 18/82; 19/3; 22/14, 22/371.
8	vue	atea	C: 4/110; 5/18; 8/73; 19/135; 20/35; 23/50; 26/10; 29/15.
1	westphalienne	abea	C: 22/322.
1	z	abaa	C: 22/12.
1	zèle	abaa	C: 3/63.
1	abare	taaa	C: 3/19.
1	abares	tbaa	C: 3/29.
1	abject	taaa	C: 27/43.

5 abominable	baaa	C: 4/47; 8/88; 11/66; 23/6; 24/101.
1 absolu	baaa	C: 29/28.
1 absolue	beaa	C: 5/99.
2 acariâtre	beaa	C: 24/90; 30/29.
1 admirable	baaa	C: 4/80.
3 admirable	beaa	C: 11/43; 14/32; 22/135.
1 admirables	bfaa	C: 13/11.
1 adorable	beaa	C: 15/5.
1 adroit	baaa	C: 12/85.
1 adverse	beaa	C: 9/8.
2 affreuse	beaa	C: 16/89; 24/113.
1 affreuses	bfaa	C: 24/77.
1 âgé	baaa	C: 18/19.
3 âgée	beaa	C: 1/25; 12/44; 22/157.
3 agréable	baaa	C: 1/84; 7/35; 17/46.
3 agréable	beaa	C: 17/83; 19/4; 30/26.
1 agréables	bfaa	C: 17/31.
1 aimable	baaa	C: 8/77.
1 aîné	baaa	C: 24/149.
1 alertes	bbaa	C: 22/54.
6 allemand	baaa	C: 12/114; 14/63, 14/67, 14/87; 16/5; 30/19.
4 allemands	bbaa	C: 11/7; 14/122; 15/19; 25/190.
1 altière	beaa	C: 13/23.
1 ambitieux	bbaa	C: 21/60.
1 amoureux	baaa	C: 9/40.
1 ampoulés	bbaa	C: 22/230.
5 ancien	baaa	C: 4/1; 15/55; 19/137; 27/28, 27/36.
2 anciens	bbaa	C: 1/8; 30/25.
2 ancienne	beaa	C: 8/53; 18/22.
6 andalous	bbaa	C: 9/43; 10/36; 14/9, 14/49, 14/82; 16/8.
2 anglais	baaa	C: 22/175; 23/38.
2 anglais	bbaa	C: 25/146, 25/156.
1 animale	beaa	C: 2/55.
1 apparents	bbaa	C: 19/168.
1 appétissante	beaa	C: 1/27.
1 ardent	baaa	C: 11/85.
1 arides	bbaa	C: 17/35.
1 atrabilaires	bbaa	C: 23/18.
1 attentive	beaa	C: 14/121.
1 auguste	beaa	C: 4/50.
1 avares	bbaa	C: 21/60.
1 barbare	baaa	C: 22/227.
1 bas	baaa	C: 20/64.

29	beau	taaa	C: 1/1, 1/34, 1/43, 1/83; 2/4, 2/52, 2/61; 3/3; 4/12, 4/25; 8/4, 8/37, 8/100; 9/47; 11/21, 11/64; 12/9, 12/70; 13/25; 14/77; 16/43; 18/201; 22/262; 24/187; 25/30, 25/150; 28/73; 30/7, 30/187.
3	beaux	tbaa	C: 3/38; 17/50; 22/61.
4	bel	bdaa	C: 6/1, 6/6; 21/10; 24/69.
30	belle	beaa	C: 1/49; 2/5; 4/46; 6/25; 7/54; 9/10, 9/13, 9/39, 9/52; 10/17; 11/34, 11/59; 12/14, 12/21, 12/116; 13/1, 13/3, 13/49; 14/103; 16/9, 16/15; 19/79; 23/13, 23/54; 24/13, 24/73; 25/6; 27/41; 28/103; 29/16.
3	belles	bfaa	C: 18/97; 22/92; 25/6.
1	bênite	beaa	C: 15/9.
1	bête	baaa	C: 21/9.
2	bizarre	baaa	C: 22/212; 25/181.
2	blanc	baaa	C: 11/115; 14/78.
3	blanche	beaa	C: 8/25, 8/71; 11/12.
1	bleue	beaa	C: 19/28.
31	bon	taaa	C: 1/10; 3/64; 4/89; 5/17, 5/80; 7/72; 9/9, 9/18; 10/12, 10/24; 14/8; 18/56, 18/58, 18/62, 18/80; 19/95, 19/100, 19/189; 23/41; 24/116; 25/66, 25/131; 29/19, 29/28; 30/16, 30/119, 30/139, 30/150, 30/182, 30/191, 30/193.
13	meilleur	taaa	C: 1/33; 3/8; 4/23, 4/63; 5/96; 6/33, 6/38; 10/50; 15/56; 25/68; 30/92, 30/109, 30/186.
5	bons	tbaa	C: 17/25; 18/137, 18/138, 18/190; 22/222.
1	meilleurs	tbaa	C: 25/209.
21	bonne	beaa	C: 1/29; 3/47; 5/51; 7/25; 10/56, 10/58; 11/115; 12/73; 16/74, 16/97, 16/129; 18/183; 19/99; 21/35; 22/4, 22/48, 22/137, 22/297; 24/131; 25/14, 25/180.
4	meilleure	teaa	C: 1/35, 1/38; 18/135; 29/25.
7	bonnes	tfaa	C: 13/52; 16/49, 16/118; 22/77,

22/222; 25/16, 25/140.
1 borgne taaa C: 4/105.
2 brave taaa C: 2/78; 9/44.
1 brutal baaa C: 5/27.
8 bulgare baaa C: 4/35; 8/18, 8/33, 8/72, 8/86, 8/88; 14/24, 14/42.
1 bulgares tbaa C: 4/28.
1 bulgarien baaa C: 10/31.

1 calme beaa C: 10/49.
1 capital baaa C: 28/21.
1 carré taaa C: 15/66.
1 certain taaa C: 18/78.
1 certaine teaa C: 16/59.
1 charitable taaa C: 4/87.
1 charitable teaa C: 12/75.
1 chaud taaa C: 28/19.
26 cher taaa C: 4/9, 4/10, 4/49; 6/35, 6/37; 14/124; 15/14, 15/35, 15/61; 16/31, 16/47, 16/76; 19/45, 19/83; 22/338; 24/19; 25/29; 26/12; 27/13, 27/33, 27/79, 27/133, 27/134, 27/140; 28/29, 28/95.
8 chère beaa C: 14/13; 15/1, 15/28; 22/349, 22/358; 23/4; 26/131; 27/137.
3 chrétien baaa C: 3/36; 16/90; 28/78.
1 chrétiens tbaa C: 27/121.
1 chrétienne beaa C: 12/26.
1 circonspecte beaa C: 17/103.
1 civile teaa C: 22/165.
1 civiles tfaa C: 11/75.
1 colérique taaa C: 9/3.
1 comique beaa C: 25/173.
1 commun baaa C: 27/23.
2 communs tbaa C: 10/13; 22/229.
3 commune beaa C: 11/86; 12/43; 26/40.
1 communes tfaa C: 11/70.
1 communicatif baaa C: 18/6.
2 complet taaa C: 7/7; 9/11.
1 confuse teaa C: 18/30.
2 conséquent taaa C: 1/46, 1/55.
1 constants tbaa C: 10/49.
4 content taaa C: 22/80; 24/124, 24/142; 25/155.
2 contingents tbaa C: 29/5, 29/6.
1 continue beaa C: 22/217.
1 continuel baaa C: 11/77.
1 continuels bbaa C: 11/26.

1	continuelle	teaa	C: 25/72.
1	contraires	tbaa	C: 5/7.
1	convenable	teaa	C: 13/19.
1	convulsionnaire	teaa	C: 21/24.
1	cordelier	taaa	C: 10/8.
1	cornu	taaa	C: 22/147.
2	corsaire	taaa	C: 11/59, 11/65.
1	court	taaa	C: 17/6.
1	criminel	taaa	C: 24/95.
3	cruciale	beaa	C: 28/38, 28/45, 28/51.
1	cruel	baaa	C: 16/82.
1	cruels	bbaa	C: 20/51.
1	cruelle	beaa	C: 3/65.
3	curieux	baaa	C: 18/198; 22/143; 30/121.
1	dangereux	baaa	C: 24/89.
1	dangereuses	bfaa	C: 30/153.
1	décisif	baaa	C: 25/74.
1	délicat	baaa	C: 25/179.
2	délicieuse	beaa	C: 17/84; 25/41.
1	délicieuses	bfaa	C: 17/97.
1	demi	baaa	C: 25/43.
2	dernier	baaa	C: 4/86; 5/47.
1	derniers	tbaa	C: 3/24.
2	dernière	beaa	C: 8/92; 9/36.
1	désagréable	taaa	C: 25/92.
2	détestables	tbaa	C: 22/189; 30/69.
1	détestable	teaa	C: 24/148.
1	détestables	tfaa	C: 22/116.
1	diabclique	teaa	C: 20/73.
1	différent	taaa	C: 18/75.
1	différente	teaa	C: 17/125.
1	difficile	taaa	C: 25/46.
1	difficile	beaa	C: 18/165.
1	difficiles	bfaa	C: 25/46.
2	digne	baaa	C: 1/27; 19/136.
1	divin	baaa	C: 14/36.
1	docile	beaa	C: 1/60.
2	dommage	baaa	C: 13/9; 27/60.
1	douloureux	baaa	C: 19/151.
1	douloureux	tbaa	C: 16/40.
2	doux	baaa	C: 9/37; 21/9.
1	douce	teaa	C: 8/26.
2	douces	tfaa	C: 1/5; 9/12.
3	drcit	taaa	C: 1/6; 2/53; 11/91.
3	drcite	teaa	C: 2/45; 4/58; 19/29.
2	drcites	tfaa	C: 6/23; 18/170.

1	drôle	beaa	C: 22/109.
2	dur	taaa	C: 11/56; 24/175.
1	durs	tbaa	C: 25/163.
1	efficace	taaa	C: 6/5.
1	efficace	beaa	C: 24/93.
1	effrontè	baaa	C: 15/41.
1	effrontès	tbaa	C: 22/55.
1	effroyables	tbaa	C: 20/68.
1	ègal	baaa	C: 10/14.
1	ègaux	tbaa	C: 15/48.
1	ègales	bfaa	C: 4/78.
1	ènergiques	tbaa	C: 25/100.
1	ennemie	teaa	C: 11/80.
1	ennuyeux	taaa	C: 22/194.
1	ènorme	taaa	C: 22/24.
1	ènormes	ttaa	C: 22/296.
1	entier	taaa	C: 17/22.
3	entière	teaa	C: 14/120; 17/43; 24/161.
1	envieux	ttaa	C: 21/60.
2	èperdu	taaa	C: 6/31; 19/134.
1	èperdue	teaa	C: 8/83.
2	épouvantable	baaa	C: 4/4; 6/30.
2	épouvantables	bbaa	C: 17/37; 24/72.
1	èpouvantable	beaa	C: 12/50.
2	èpouvantables	bfaa	C: 11/31; 27/57.
1	èraillès	tbaa	C: 29/17.
1	escarpès	tbaa	C: 17/35.
5	espagnol	baaa	C: 14/63; 16/30; 19/70; 20/81; 28/11.
1	espagnols	tbaa	C: 15/20.
1	estimable	taaa	C: 25/158.
1	èternel	taaa	C: 25/165.
1	èternelle	beaa	C: 22/258.
3	ètrange	baaa	C: 16/48; 21/54; 30/96.
4	ètrange	beaa	C: 4/60; 7/61; 11/48; 14/105.
3	excellent	baaa	C: 14/72; 17/95; 25/63.
1	excellents	tbaa	C: 25/88.
1	excellente	teaa	C: 30/179.
1	excessif	taaa	C: 30/49.
1	expèrimentale	teaa	C: 1/59.
1	exquis	tbaa	C: 17/97.
2	extraordinaire	taaa	C: 21/55; 27/21.
1	extraordinaires	ttaa	C: 18/190.
1	extraordinaires	tfaa	C: 21/55.
1	extrême	taaa	C: 25/106.
9	extrême	beaa	C: 3/75; 6/16; 10/70; 14/91; 17/102

18/14; 22/103; 30/4, 30/73.

1	facile	taaa	C: 17/17.
1	faibles	tbaa	C: 21/59.
1	faible	teaa	C: 7/68.
1	faibles	tfaa	C: 23/16.
3	fameux	taaa	C: 19/33; 24/80; 30/92.
1	fanatiques	tbaa	C: 21/61.
1	faux	taaa	C: 22/84.
2	fausses	bfaa	C: 22/179, 22/229.
1	favorite	beaa	C: 19/80.
1	ferme	beaa	C: 11/12.
1	feu	baaa	C: 18/20.
5	fidèle	baaa	C: 19/73; 22/342; 26/23; 27/2; 30/7.
1	fier	baaa	C: 14/79.
1	fière	beaa	C: 24/41.
1	fort	baaa	C: 25/89.
1	fortes	bfaa	C: 11/68.
3	fou	baaa	C: 23/6; 26/12; 29/39.
1	fous	tbaa	C: 18/70.
1	folle	beaa	C: 21/7.
1	fourtes	bbaa	C: 21/59.
1	frais	baaa	C: 24/39.
1	fraîche	beaa	C: 1/26.
6	français	taaa	C: 19/156; 20/62, 20/80, 20/93; 23/35, 23/37.
1	français	tbaa	C: 12/84.
1	froid	taaa	C: 25/92.
2	funeste	taaa	C: 7/34; 11/34.
1	funestes	tbaa	C: 12/103.
1	furieux	taaa	C: 5/13.
2	gai	taaa	C: 22/252; 24/124.
1	galant	baaa	C: 12/58.
3	gauche	taaa	C: 8/12; 11/92; 25/56.
3	gauche	beaa	C: 2/45; 19/29; 30/11.
1	généalogique	baaa	C: 1/13.
8	général	baaa	C: 4/106; 15/18, 15/22; 22/17; 23/17; 28/14; 30/14, 30/127.
1	gourmands	tbaa	C: 21/60.
1	gracieux	baaa	C: 22/168.
50	grand	taaa	C: 1/20, 1/43, 1/54; 2/74; 4/62, 4/66; 6/36; 8/5, 8/9, 8/39, 8/89, 8/98; 9/1, 9/19, 9/48; 10/37; 11/108;

			12/16; 13/49, 13/64, 13/71; 14/26; 15/51; 16/31, 16/127; 17/61; 18/105, 18/111, 18/187; 20/9; 22/46, 22/65, 22/214, 22/242; 25/68, 25/96, 25/119, 25/160, 25/166, 25/191, 25/193; 26/67, 26/70, 26/107; 27/37, 27/99, 27/113; 28/5, 28/46; 30/117.
14	grands	tbaa	C: 1/80; 4/26; 12/4; 16/36, 16/55; 17/113; 18/100, 18/194; 19/179; 20/14; 22/114; 24/80; 30/146, 30/187.
12	grande	beaa	C: 1/17, 1/23; 3/45; 6/8; 13/61; 14/46; 16/71; 19/198; 22/232; 27/123; 28/88; 30/59.
3	grandes	bfaa	C: 4/74; 18/101, 18/120.
1	grasse	beaa	C: 1/26.
1	graves	tbaa	C: 3/40.
7	gros	taaa	C: 19/107; 20/13; 21/41; 22/49, 22/117; 23/21, 23/29.
4	gros	tbaa	C: 2/6; 17/49; 20/79; 25/142.
1	grosses	tfaa	C: 24/44.
1	grossier	taaa	C: 25/163.
1	grossiers	tbaa	C: 25/107.
1	habile	taaa	C: 19/86.
1	habitable	beaa	C: 24/47.
3	haut	baaa	C: 8/6; 13/21; 14/78.
2	haute	beaa	C: 1/26; 24/41.
1	hautes	bfaa	C: 28/40.
1	héréditaires	tbaa	C: 26/92.
1	héroïque	beaa	C: 3/14.
5	heureux	baaa	C: 14/40; 19/46; 25/205, 25/216; 30/83.
2	heureux	tbaa	C: 24/46, 24/164.
1	heureuse	teaa	C: 24/126.
1	heureuses	tfaa	C: 24/50.
8	hollandais	taaa	C: 19/123, 19/140; 20/15, 20/83, 20/88; 22/419; 23/5, 23/46.
1	hollandais	bbaa	C: 19/52.
10	honnête	baaa	C: 1/10; 4/5; 8/63; 12/30; 19/71, 19/162; 20/47; 22/389; 27/41; 30/183.
1	honnêtes	tbaa	C: 4/75.
4	horrible	taaa	C: 4/11; 15/3; 17/41; 19/31.
4	horrible	teaa	C: 4/110; 12/77; 19/58; 28/25.
2	horribles	tfaa	C: 22/264; 24/94.
2	humain	taaa	C: 4/41; 22/213.
1	humaine	teaa	C: 2/54.
1	hypocrites	tbaa	C: 21/62.

1	ignominieuse	beaa	C: 3/66.
1	illustre	beaa	C: 22/322.
1	imaginables	tbaa	C: 22/388.
1	imaginable	beaa	C: 18/114.
1	imbécile	taaa	C: 25/90.
1	immémorial	taaa	C: 11/51.
1	immense	taaa	C: 17/44.
1	immenses	tbaa	C: 19/126.
1	immenses	tfaa	C: 20/84.
1	impatient	taaa	C: 22/384.
1	impertinents	tbaa	C: 22/187.
1	impertinentes	tfaa	C: 22/253.
1	impitoyable	taaa	C: 22/151.
1	impoli	baaa	C: 22/104.
1	importante	beaa	C: 24/36.
3	impossible	baaa	C: 5/86; 18/92, 18/166.
1	inabordables	bbaa	C: 18/33.
1	inaccessibles	bfaa	C: 17/45.
1	inconcevable	baaa	C: 18/35.
1	inconcevables	bfaa	C: 5/5.
3	inconnu	baaa	C: 16/8, 16/24; 17/123.
1	incontestable	baaa	C: 23/40.
1	indécis	baaa	C: 8/52.
1	indispensable	baaa	C: 4/105.
1	indispensable	beaa	C: 4/63.
1	inespérée	beaa	C: 22/347.
1	inexprimable	baaa	C: 8/96.
1	inexprimable	beaa	C: 22/348.
1	infaillible	baaa	C: 6/9.
1	infirme	teaa	C: 30/30.
1	inflexible	taaa	C: 29/38.
1	infortunés	tbaa	C: 27/11.
1	infortunée	teaa	C: 24/127.
1	ingénieuse	teaa	C: 18/202.
1	ingrats	tbaa	C: 21/59.
1	innées	tfaa	C: 22/71.
1	innocent	taaa	C: 7/65.
1	innocente	beaa	C: 24/75.
1	inouïe	beaa	C: 11/25.
1	insipide	beaa	C: 25/91.
1	insipides	bfaa	C: 22/179.
1	insolent	baaa	C: 15/39.
1	insupportable	beaa	C: 30/29.
1	intime	taaa	C: 19/96.
1	intimes	tbaa	C: 22/28.
1	inutiles	tbaa	C: 8/76.
1	issus	tbaa	C: 19/56.

1	jaloux	taaa	C: 9/40.
1	jalouse	teaa	C: 24/83.
1	jaune	beaa	C: 18/186.
1	jaunes	bfaa	C: 17/58.
1	jésuite	baaa	C: 16/109.
1	jésuites	tbaa	C: 10/28.
17	jeune	taaa	C: 1/4, 1/66, 1/74, 1/75; 2/12, 2/75; 7/40; 12/20; 14/77; 22/279, 22/295, 22/297; 24/37; 26/73; 28/18, 28/19, 28/22.
2	jeunes	bbaa	C: 15/18; 28/84.
2	jeune	beaa	C: 11/57; 28/70.
1	joli	baaa	C: 15/14.
8	jolie	beaa	C: 1/60; 4/49; 8/24; 14/70; 24/42, 24/98, 24/141; 28/71.
1	jolies	bfaa	C: 25/11.
4	juste	baaa	C: 16/93; 19/159, 19/174; 20/64.
1	lâches	tbaa	C: 21/60.
1	laid	taaa	C: 24/85.
7	laide	teaa	C: 27/40, 27/41, 27/61, 27/82; 29/42; 30/28, 30/179.
2	larges	tfaa	C: 17/57, 17/107.
1	las	taaa	C: 25/18.
2	légère	teaa	C: 22/23, 22/303.
1	leste	taaa	C: 3/3.
6	lévanti	baaa	C: 27/84, 27/101, 27/115, 27/120, 27/129; 30/13.
2	libre	baaa	C: 19/92; 21/70.
2	libres	tbaa	C: 5/100; 18/164.
1	libres	bfaa	C: 2/61.
3	long	baaa	C: 9/7; 19/106; 25/162.
6	longue	beaa	C: 14/119; 18/38, 18/80; 25/25, 25/179; 26/96.
1	longues	bfaa	C: 22/227.
1	louable	taaa	C: 30/176.
1	lyriques	tbaa	C: 25/110.
1	magnifique	beaa	C: 30/143.
1	majestueuse	beaa	C: 7/37.
2	malade	baaa	C: 22/31, 22/339.
1	malfaisant	baaa	C: 20/37.
4	malheureux	taaa	C: 12/125; 19/164, 19/195; 27/91.
2	malheureux	tbaa	C: 19/52; 24/167.
3	malheureuse	teaa	C: 10/52, 10/57; 24/86.
1	malheureuses	tfaa	C: 24/115.
3	manichéen	taaa	C: 20/25, 20/53; 22/373.

1 maternelle beaa C: 17/86.
1 maure baaa C: 11/92.
6 mauvais baaa C: 4/21; 16/78; 22/67; 25/102, 25/198; 30/138.

1 pire baaa C: 30/51.

2 mauvais tbaa C: 22/180; 24/151.
4 mauvaise teaa C: 17/117; 22/66, 22/68; 30/30.
1 mauvaises tfaa C: 25/50.
1 méchante teaa C: 16/60.
1 mécontent taaa C: 19/173.
1 mécontents tbaa C: 18/85.
1 médiocre teaa C: 24/184.
1 méridionale teaa C: 13/49.
1 merveilleux baaa C: 4/74.
1 métis baaa C: 24/25.
2 misérables tbaa C: 16/16; 30/81.
1 misérable beaa C: 27/6.
5 moral baaa C: 13/12; 20/7, 20/22; 22/246; 29/7.
1 mortel baaa C: 25/77.

1 naïf baaa C: 8/14.
1 naïve teaa C: 7/70.
1 napolitains tbaa C: 28/84.
1 natal baaa C: 18/26.
4 naturel baaa C: 16/94; 22/213; 27/87; 30/20.
1 naturels tbaa C: 3/24.
1 naturelle beaa C: 24/126.
4 nécessaire baaa C: 4/64; 5/100; 17/115; 19/105.
2 nègres tbaa C: 14/107; 30/52.
1 net taaa C: 9/32.
1 neuf taaa C: 22/212.
5 noble taaa C: 13/21; 22/169; 25/1, 25/4, 25/201.
1 nobles tbaa C: 21/35.
1 noble teaa C: 26/118.
2 noir baaa C: 3/76; 5/88.
2 noirs tbaa C: 11/13; 12/60.
3 noire beaa C: 19/153; 24/20; 27/78.
1 noires bfaa C: 3/79.
3 nouveau baaa C: 6/29; 10/47, 10/50.
1 nouveaux tbaa C: 22/182.
5 nouvelle beaa C: 5/64; 8/54; 22/39, 22/60; 30/90.
3 nouvelles bfaa C: 14/27; 17/32; 30/60.
3 nu baaa C: 8/69; 28/22, 28/90.

2	nus	tbaa	C: 11/41; 16/69.
2	nues	tfaa	C: 16/25; 27/86.
1	obscur	taaa	C: 25/181.
1	officieux	baaa	C: 13/31.
2	ordinaire	baaa	C: 18/103; 24/159.
1	originel	baaa	C: 5/90.
1	paraguayen	baaa	C: 14/46.
1	pareils	tbaa	C: 16/53.
1	pareille	beaa	C: 12/89.
2	pareilles	bfaa	C: 11/103; 28/86.
1	parfait	baaa	C: 8/72.
2	particuliers	bbaa	C: 4/106, 4/107.
2	particulière	beaa	C: 1/76; 4/69.
1	passable	baaa	C: 11/28.
1	patagons	tbaa	C: 19/44.
1	pathétique	baaa	C: 6/24.
6	pauvre	taaa	C: 4/31; 10/39; 17/118; 19/28, 19/185; 22/32.
1	pauvres	tbaa	C: 22/159.
2	pauvre	teaa	C: 24/68; 30/86.
1	pauvres	tfaa	C: 16/32.
1	payable	taaa	C: 22/37.
1	pensive	teaa	C: 1/64.
1	percluse	teaa	C: 16/37.
1	perfides	tbaa	C: 21/59.
9	périgourdin	taaa	C: 22/53, 22/86, 22/160, 22/183, 22/301, 22/367, 22/378, 22/398; 24/15.
1	périssables	bfaa	C: 19/17.
1	pestiférée	beaa	C: 12/48.
1	moindre	baaa	C: 17/61.
18	petit	baaa	C: 1/29, 1/57; 5/88; 6/8; 7/6; 12/59, 12/63; 13/58; 15/11; 17/63; 18/28; 19/132, 19/192; 22/53, 22/146, 22/419; 24/92; 25/89.
5	petits	tbaa	C: 15/6; 16/20; 17/67; 19/129; 22/385.
1	moindre	teaa	C: 24/23.
12	petite	teaa	C: 1/59; 7/31; 9/21, 9/55; 10/32; 17/23, 17/29; 29/22; 30/27, 30/119,

		30/176, 30/178.
1 petites	bfaa	C: 3/32.
1 philosophiques	bfaa	C: 25/125.
5 physique	baaa	C: 13/11; 20/8, 20/22; 22/246; 29/8.
2 pieux	baaa	C: 12/69; 25/88.
1 piteux	baaa	C: 4/39.
1 plats	tbaa	C: 12/82.
1 plate	beaa	C: 22/81.
5 plein	baaa	C: 3/62; 14/75, 14/77; 22/364; 26/24.
2 pleine	teaa	C: 14/114; 18/129.
1 pleines	tfaa	C: 25/105.
1 polis	tbaa	C: 21/25.
1 polie	teaa	C: 22/154.
1 policées	tfaa	C: 11/51.
1 politiques	tbaa	C: 22/225.
1 portugais	taaa	C: 28/62.
6 possible	taaa	C: 14/96, 14/99; 16/45; 23/57; 27/153, 27/155.
7 possibles	tbaa	C: 1/33, 1/84; 5/96; 6/33; 10/50; 30/110, 30/186.
2 possibles	bfaa	C: 1/35; 22/107.
1 potelé	baaa	C: 24/40.
1 potelée	beaa	C: 22/362.
1 précieux	baaa	C: 11/82.
1 précieuse	beaa	C: 25/157.
2 préférable	taaa	C: 24/183; 30/151.
5 prêt	taaa	C: 23/49; 24/155; 26/8, 26/21, 26/33.
3 prête	teaa	C: 8/84; 18/191; 26/38.
1 principale	beaa	C: 21/10.
2 probable	baaa	C: 5/69, 5/71.
1 prodigieux	baaa	C: 12/110.
2 prodigieuse	teaa	C: 14/24; 18/94.
4 profond	taaa	C: 7/67; 22/148; 26/60; 27/118.
1 profondes	teaa	C: 30/148.
2 propre	taaa	C: 7/6; 15/21.
3 provincial	taaa	C: 14/55, 14/58, 14/124.
2 prudent	taaa	C: 19/112; 30/23.
2 prudente	teaa	C: 9/20; 13/72.
2 public	taaa	C: 3/20; 16/112.
2 publics	tbaa	C: 18/40, 18/117.
3 publiques	bfaa	C: 5/39; 20/52; 30/128.
1 puissants	tbaa	C: 1/15.
4 pure	beaa	C: 13/33; 16/81, 16/129; 18/118.

1	raiscnnable	taaa	C: 16/114.
1	raiscnnable	teaa	C: 25/117.
1	raiscnneur	taaa	C: 30/121.
1	rapide	taaa	C: 9/32.
1	rapide	teaa	C: 18/166.
1	rares	tbaa	C: 14/72.
1	rare	teaa	C: 24/190.
1	respectable	taaa	C: 18/58.
1	respectable	beaa	C: 1/25.
1	respectueux	baaa	C: 28/76.
13	rêvêrend	baaa	C: 10/7; 14/55, 14/58, 14/75, 14/89, 14/102, 14/123; 15/15, 15/22, 15/44, 15/72; 28/4; 30/100.
1	rêvêrends	bbaa	C: 10/28.
1	rêveur	baaa	C: 22/334.
3	riche	baaa	C: 3/35; 19/114; 25/8.
2	riches	tbaa	C: 18/11, 18/150.
1	ridicule	beaa	C: 12/102.
1	ridicules	bfaa	C: 25/53.
1	roide	baaa	C: 9/12.
1	rondes	bfaa	C: 17/58.
1	rose	beaa	C: 18/119.
2	rouge	baaa	C: 22/13; 24/171.
4	rouges	tbaa	C: 17/50; 18/195; 20/13; 29/18.
2	rouge	beaa	C: 14/79; 22/10.
1	rouges	tfaa	C: 17/58.
1	royale	teaa	C: 17/66.
1	royales	tfaa	C: 17/71.
2	sage	taaa	C: 8/78; 13/9.
2	sages	tbaa	C: 18/26, 18/179.
1	sage	teaa	C: 19/94.
4	saint	taaa	C: 7/9, 7/10; 9/28; 14/109.
2	sainte	beaa	C: 9/51; 28/41.
1	sale	beaa	C: 14/94.
1	sanglant	baaa	C: 6/31.
1	sanglants	tbaa	C: 11/107.
1	sanglante	beaa	C: 8/18.
1	sanglantes	bfaa	C: 3/23.
1	sanguinaires	bbaa	C: 21/61.
1	sauvages	tbaa	C: 17/22.
3	savant	taaa	C: 4/54; 18/6; 22/202.
1	savante	teaa	C: 1/65.
1	scandaleuse	teaa	C: 22/57.
1	sèche	teaa	C: 29/17.
1	secrets	tbaa	C: 20/51.
1	secrètes	bfaa	C: 8/41.

1	semblable	beaa	C: 18/122.
1	sensibles	tbaa	C: 4/42.
1	septentrionaux	tbaa	C: 11/84.
1	sérénissimes	tfaa	C: 26/126.
1	sérieuse	beaa	C: 22/35.
1	serviable	baaa	C: 22/421.
1	serviables	tbaa	C: 22/55.
5	seul	baaa	C: 3/45; 18/51; 22/400; 25/132; 30/175.
3	seule	beaa	C: 22/101; 25/135; 26/35.
1	sévère	beaa	C: 22/154.
2	simple	baaa	C: 1/7; 24/24.
1	simple	beaa	C: 18/9.
1	simples	tfaa	C: 11/60.
1	sincères	tbaa	C: 25/79.
1	singulier	taaa	C: 17/59.
2	singulière	teaa	C: 17/49; 26/61.
1	singulières	tfaa	C: 18/55.
1	sociables	tbaa	C: 19/169.
1	solide	taaa	C: 19/17.
1	solides	tfaa	C: 16/61.
1	sot	baaa	C: 12/104.
1	sots	bbaa	C: 21/62.
2	souverain	baaa	C: 11/20; 25/189.
1	spiritueuses	bfaa	C: 7/45.
1	sterling	baaa	C: 18/193.
2	stupéfait	baaa	C: 2/51; 19/134.
2	sublime	baaa	C: 22/212; 25/111.
1	sublime	beaa	C: 30/47.
1	subtile	beaa	C: 28/104.
1	supérieur	taaa	C: 25/192.
1	supportable	teaa	C: 30/175.
1	suspects	tbaa	C: 22/368.
2	téméraire	baaa	C: 10/9; 15/42.
5	tendre	baaa	C: 4/42; 8/103; 22/278, 22/313; 29/15.
1	tendre	teaa	C: 15/16.
1	terrestre	taaa	C: 2/2.
1	terribles	tbaa	C: 17/20.
1	timide	teaa	C: 7/40.
1	totale	teaa	C: 6/6.
1	transi	taaa	C: 2/7.
2	triste	taaa	C: 5/81; 27/39.
2	tristes	tbaa	C: 19/156; 22/146.
1	triste	teaa	C: 24/75.
1	tristes	bfaa	C: 25/176.

2	turc	baaa	C: 27/3; 30/77.
2	universelle	teaa	C: 5/55, 5/59.
2	utile	taaa	C: 13/32; 19/96.
1	utile	beaa	C: 25/136.
1	vains	tbaa	C: 25/135.
1	vaste	teaa	C: 30/143.
1	vênitien	taaa	C: 28/67.
1	vêritable	beaa	C: 22/384.
1	vermeilles	bfaa	C: 14/79.
1	vert	baaa	C: 14/70.
1	vertes	bfaa	C: 17/58.
1	vertueux	baaa	C: 5/27.
1	vide	baaa	C: 17/28.
4	vieux	taaa	C: 20/2; 24/106; 26/70; 28/70.
2	vieille	beaa	C: 4/55; 11/29.
2	vif	taaa	C: 14/78; 28/7.
1	vigilant	taaa	C: 16/5.
1	vigoureux	baaa	C: 24/40.
4	vilain	baaa	C: 8/86, 8/88; 22/21, 22/100.
1	violent	baaa	C: 28/34.
2	violente	beaa	C: 3/80; 5/14.
3	voisin	baaa	C: 3/19; 11/108; 28/50.
1	voisins	tbaa	C: 11/89.
5	voisine	teaa	C: 5/74; 2/8; 4/35; 12/7; 20/39.
1	volages	tbaa	C: 21/59.
13	vrai	taaa	C: 5/80; 7/57; 15/28, 15/30; 18/143; 19/55; 20/72; 22/111, 22/280; 24/151, 24/182; 27/137; 28/31.
1	vraie	teaa	C: 25/35.
1	vraisemblable	teaa	C: 27/18.
7	aucun	claz	C: 13/54; 14/56; 18/27; 22/208, 22/215; 30/125, 30/125.
4	aucune	clez	C: 12/83; 16/8; 24/21; 30/2.
20	autre	claz	C: 3/28; 4/8; 5/8; 7/20; 9/21; 10/40; 12/52; 17/56; 18/205, 18/205; 19/91, 19/103; 20/40; 22/37, 22/242, 22/380; 23/10; 26/36, 26/101; 27/159.
20	autres	clbz	C: 2/57; 8/50; 11/46; 12/29; 19/10, 19/197; 22/403, 22/403, 22/404, 22/404, 22/420; 24/21, 24/102; 25/213; 26/117; 27/11, 27/88; 30/43, 30/43, 30/44.

103 ce	cjaz	C: 1/33; 2/73, 2/73, 2/76; 3/35, 3/41, 3/74, 3/75; 4/20, 4/36, 4/43, 4/53, 4/62, 4/83, 4/86; 5/27, 5/45, 5/64; 7/39; 8/6, 8/9, 8/20, 8/31, 8/89, 8/100; 9/6, 9/22, 9/26, 9/28, 9/32; 10/14, 10/47, 10/70; 12/27, 12/94; 13/19, 13/31, 13/63; 14/32, 14/65, 14/67, 14/105; 16/114; 17/10, 17/64, 17/78, 17/123; 18/30, 18/56, 18/95, 18/154; 19/16, 19/28, 19/43, 19/100, 19/149, 19/181, 19/189; 20/32, 20/35, 20/35, 20/78, 20/84, 20/88, 20/92; 21/41, 21/46; 22/10, 22/117, 22/139, 22/150, 22/231, 22/268, 22/409; 23/4, 23/29, 23/41; 24/49, 24/83, 24/85, 24/101, 24/187; 25/42, 25/119, 25/161, 25/163, 25/180, 25/193; 26/117, 26/122; 27/51, 27/54, 27/91, 27/91, 27/91, 27/113, 27/138; 28/59; 30/60, 30/89, 30/139, 30/150, 30/176.
73 ces	cjbz	C: 2/35; 4/48, 4/51, 4/74; 5/4; 7/55, 7/73; 8/62; 10/15, 10/71; 11/44; 12/72; 14/38, 14/90; 15/57, 15/71; 16/22, 16/24, 16/32, 16/38, 16/44, 16/54, 16/60, 16/61, 16/77, 16/87, 16/130; 17/62, 17/107; 18/18, 18/73, 18/94, 18/189; 19/55; 21/14, 21/50, 21/51; 22/54, 22/98, 22/105, 22/124, 22/159, 22/210, 22/219, 22/337, 22/350, 22/368; 23/11; 24/46, 24/65, 24/166, 24/177; 25/23, 25/58, 25/72, 25/82, 25/133, 25/135, 25/140, 25/142, 25/148, 25/176, 25/186; 26/27, 26/29, 26/34, 26/130; 27/9, 27/121; 28/57; 30/47, 30/112, 30/132.
81 cette	cjez	C: 1/7, 1/11, 1/79; 2/71; 3/13; 4/44, 4/45, 4/49, 4/65, 4/69; 7/62; 8/35, 8/51, 8/55, 8/73; 9/18; 10/56; 11/47, 11/63; 12/15, 12/20, 12/35, 12/36, 12/50, 12/77, 12/96, 12/102; 13/27; 14/87, 14/119; 15/5, 15/22; 16/23, 16/23, 16/35; 17/29, 17/39, 17/88, 17/127; 18/14, 18/80; 19/60, 19/94; 20/57, 20/73; 21/25, 21/54; 22/9, 22/17, 22/65, 22/83, 22/97,

		22/109, 22/189, 22/310, 22/322, 22/339, 22/347, 22/347; 23/13; 24/18, 24/36, 24/48, 24/148; 25/37, 25/71, 25/74, 25/76, 25/79, 25/157; 26/56; 27/92, 27/97, 27/108; 28/20, 28/83; 29/15, 29/33; 30/90, 30/113, 30/116.
29 cet	ckaz	C: 1/80; 3/46; 4/4, 4/10, 4/43, 4/97; 5/24; 8/63; 9/3; 11/112; 12/3, 12/30; 17/4, 17/40; 18/141; 19/108, 19/113, 19/118, 19/124, 19/163; 22/17, 22/235; 23/24, 23/32; 25/160, 25/189; 27/151; 28/93; 29/6.
1 ce	claz	C: 23/4.
21 cent	cpaz	C: 1/22; 8/79; 12/101; 18/19, 18/32, 18/91, 18/92; 19/14, 19/199; 20/13, 20/79; 24/145; 25/171; 26/123; 27/12, 27/74, 27/132, 27/146; 28/23, 28/80; 30/52.
8 cents	cpbz	C: 11/104; 12/22; 14/33; 17/95, 17/96, 17/96; 22/331; 26/85.
7 chaque	claz	C: 3/7, 3/80; 4/79; 12/122; 14/119; 19/180; 22/153.
12 cinq	cpaz	C: 2/21, 2/21; 11/104; 18/65; 19/85; 22/75, 22/331; 24/25; 26/117, 26/122; 27/44; 28/84.
8 cinquante	cpaz	C: 1/22; 11/73, 11/74; 18/199; 22/170, 22/304; 27/124, 27/145.
5 cinquième	cqaz	C: 5/t; 25/t; 26/50, 26/51, 26/98.
40 de	ceaz	C: 1/61; 4/107; 9/36; 12/5; 15/20; 16/118; 17/20, 17/107; 18/120; 19/158, 19/179, 19/187; 20/27, 20/38, 20/39, 20/46, 20/50; 21/54; 22/77, 22/179, 22/180, 22/180, 22/181, 22/209, 22/222, 22/227, 22/407; 24/33, 24/33, 24/189; 25/38, 25/50, 25/135; 27/90; 28/59, 28/85; 30/21, 30/24, 30/60, 30/148.
3 de	cebz	C: 12/61; 17/49; 22/114.
25 d	cedz	C: 1/32; 3/25; 8/93; 10/6; 15/64; 17/25, 17/57; 18/205, 18/205; 19/12, 19/90; 21/8, 21/9; 22/403, 22/404, 22/404; 24/152; 25/9, 25/16; 27/11, 27/35, 27/57; 30/43, 30/43, 30/44.
13 de	cfaz	C: 2/17, 2/80; 4/17, 4/21; 5/63,

			5/70; 6/27; 7/48; 8/20, 8/26; 25/215; 27/79; 30/101.
9	d	cfdz	C: 2/9; 5/63, 5/70, 5/74; 8/26; 21/37; 25/216; 27/104, 27/116.
145	deux	cpaz	C: 2/6, 2/11, 2/56, 2/65, 2/65; 3/4, 3/15, 3/67, 3/69; 4/4, 4/93, 4/95; 6/11, 6/15, 6/18, 6/26; 7/55; 8/48, 8/55, 8/62, 8/99; 9/38; 10/10, 10/36, 10/36, 10/59, 10/59, 10/60, 10/61, 10/62, 10/62; 11/14, 11/31; 12/12, 12/60, 12/66, 12/94; 14/9, 14/48, 14/49, 14/53, 14/82, 14/100; 15/6, 15/8, 15/58; 16/1, 16/1, 16/2, 16/10, 16/20, 16/24, 16/26, 16/30, 16/30, 16/32, 16/34, 16/34, 16/38, 16/38, 16/44, 16/63, 16/67, 16/77, 16/115, 16/116, 16/118; 17/38, 17/56, 17/91, 17/91, 17/94, 17/95, 17/95, 17/106; 18/15, 18/48, 18/53, 18/82, 18/91, 18/102, 18/112, 18/129, 18/157, 18/189, 18/194, 18/200; 19/3, 19/8, 19/10, 19/14, 19/20, 19/39, 19/42, 19/74, 19/89, 19/104, 19/110, 19/125, 19/129, 19/131, 19/161; 20/59, 20/63; 21/50, 21/51; 22/5, 22/27, 22/28, 22/171, 22/210, 22/220, 22/296, 22/296, 22/305, 22/331, 22/334, 22/350, 22/368; 23/11, 23/49; 24/93, 24/162; 25/8, 25/11, 25/23, 25/27, 25/52, 25/202; 26/100, 26/112, 26/121; 27/46, 27/83, 27/98, 27/121, 27/136, 27/157; 28/73, 28/85; 29/21; 30/115, 30/133, 30/133, 30/139.
1	deuxième	cqaz	C: 22/t.
16	dix	cpaz	C: 1/26; 2/50; 3/9; 17/t; 18/t, 18/169, 18/171; 19/t, 19/44, 19/111, 19/113, 19/119, 19/144, 19/147, 19/186; 25/163.
1	x	cpaz	C: 11/5.
1	dixième	cqaz	C: 10/t.
9	douze	cpaz	C: 2/60; 10/65; 12/112; 13/47; 15/40; 18/19, 18/81, 18/149; 22/145.
1	douzième	cqaz	C: 12/t.

6 huit cpaz C: 6/18; 19/11; 21/21; 22/338;
26/85; 28/16.

3 huitième cqaz C: 8/t; 18/t; 28/t.

648 le caaz C: 1/3, 1/4, 1/6, 1/7, 1/10, 1/13,
1/15, 1/19, 1/19, 1/27, 1/28, 1/29,
1/33, 1/34, 1/34, 1/43, 1/44, 1/51,
1/52, 1/53, 1/54, 1/54, 1/57, 1/58,
1/71, 1/71, 1/74, 1/78, 1/81, 1/83,
1/83; 2/4, 2/7, 2/36, 2/38, 2/41,
2/42, 2/42, 2/44, 2/47, 2/47, 2/49,
2/59, 2/59, 2/65, 2/72, 2/80; 3/11,
3/16, 3/35, 3/37, 3/38, 3/49, 3/54,
3/61, 3/62, 3/63, 3/77, 3/78; 4/2,
4/5, 4/8, 4/12, 4/13, 4/29, 4/40,
4/41, 4/42, 4/61, 4/63, 4/67, 4/82,
4/89, 4/89, 4/105, 4/106, 4/109;
5/5, 5/10, 5/12, 5/17, 5/22, 5/25,
5/27, 5/28, 5/34, 5/37, 5/42, 5/47,
5/48, 5/57, 5/71, 5/75, 5/81, 5/96,
5/97, 5/102; 6/3, 6/7, 6/12, 6/13,
6/13, 6/19, 6/26, 6/29, 6/33, 6/36,
6/37, 6/39, 6/40; 7/19, 7/21, 7/22,
7/26, 7/28, 7/35, 7/40, 7/40, 7/44,
7/52, 7/52, 7/65, 7/71; 8/10, 8/11,
8/12, 8/14, 8/17, 8/19, 8/19, 8/22,
8/27, 8/35, 8/37, 8/39, 8/45, 8/48,
8/49, 8/57, 8/69, 8/77, 8/82, 8/92,
8/96, 8/99, 8/101, 8/102; 9/3,
9/12, 9/22, 9/24, 9/32, 9/44, 9/47;
10/12, 10/24, 10/32, 10/37, 10/42,
10/49, 10/50, 10/52, 10/60; 11/44,
11/45, 11/59, 11/64, 11/65, 11/72,
11/84, 11/91, 11/91, 11/92, 11/96;
12/26, 12/29, 12/36, 12/49, 12/49,
12/74, 12/78, 12/80, 12/107, 12/108,
12/109, 12/115, 12/121, 12/125;
13/9, 13/11, 13/12, 13/15, 13/16,
13/17, 13/20, 13/20, 13/21, 13/40,
13/42, 13/54, 13/55, 13/57, 13/64,
13/65, 13/69, 13/69, 13/70, 13/71,
13/76, 13/78; 14/5, 14/10, 14/13,
14/14, 14/28, 14/29, 14/30, 14/32,
14/35, 14/40, 14/45, 14/50, 14/50,
14/54, 14/55, 14/57, 14/58, 14/59,
14/62, 14/65, 14/65, 14/75, 14/77,
14/78, 14/85, 14/87, 14/93, 14/95,

14/96, 14/98, 14/102, 14/104, 14/104,
14/107, 14/117, 14/123, 14/124;
15/1, 15/2, 15/10, 15/15, 15/18,
15/19, 15/21, 15/29, 15/29, 15/32,
15/39, 15/49, 15/51, 15/53, 15/56,
15/65, 15/66, 15/66, 15/68, 15/72;
16/4, 16/5, 16/14, 16/14, 16/17,
16/18, 16/19, 16/36, 16/46, 16/63,
16/64, 16/87, 16/93, 16/99, 16/105,
16/124, 16/127; 17/6, 17/15, 17/28,
17/39, 17/41, 17/45, 17/45, 17/46,
17/60, 17/61, 17/64, 17/66, 17/67,
17/72, 17/83, 17/87, 17/97, 17/105,
17/116, 17/121, 17/124, 17/125;
18/1, 18/5, 18/6, 18/7, 18/8, 18/15,
18/21, 18/31, 18/41, 18/43, 18/47,
18/49, 18/53, 18/58, 18/62, 18/63,
18/70, 18/76, 18/77, 18/80, 18/84,
18/91, 18/108, 18/111, 18/112,
18/123, 18/127, 18/127, 18/133,
18/140, 18/143, 18/144, 18/159,
18/162, 18/184, 18/188, 18/198,
18/199, 18/208; 19/7, 19/18, 19/21,
19/33, 19/34, 19/37, 19/40, 19/73,
19/75, 19/79, 19/87, 19/96, 19/100,
19/111, 19/112, 19/118, 19/123,
19/129, 19/130, 19/132, 19/133,
19/133, 19/140, 19/143, 19/144,
19/146, 19/151, 19/157, 19/161,
19/163, 19/164, 19/164, 19/173,
19/173, 19/178, 19/184, 19/195,
19/196, 19/196; 20/2, 20/5, 20/6,
20/8, 20/15, 20/18, 20/22, 20/22,
20/27, 20/30, 20/45, 20/45, 20/58,
20/61, 20/62, 20/62, 20/66, 20/80,
20/80, 20/87, 20/89, 20/92, 20/93,
20/97; 21/10, 21/16, 21/16, 21/67,
21/68, 21/70; 22/8, 22/10, 22/12,
22/20, 22/21, 22/41, 22/43, 22/108,
22/129, 22/130, 22/148, 22/172,
22/176, 22/183, 22/195, 22/213,
22/242, 22/246, 22/246, 22/248,
22/251, 22/253, 22/257, 22/260,
22/269, 22/312, 22/320, 22/336,
22/342, 22/343, 22/357, 22/365,
22/372, 22/389, 22/411, 22/415,
22/419, 22/420, 22/422, 22/423;

23/5, 23/12, 23/14, 23/20, 23/22,
23/25, 23/25, 23/46, 23/49, 23/51,
23/56; 24/8, 24/11, 24/17, 24/39,
24/39, 24/59, 24/69, 24/69, 24/79,
24/80, 24/85, 24/98, 24/122, 24/125,
24/135, 24/135, 24/138, 24/140,
24/145, 24/150, 24/152, 24/153,
24/154, 24/154, 24/157, 24/180,
24/182, 24/192; 25/1, 25/6, 25/7,
25/16, 25/24, 25/28, 25/40, 25/44,
25/49, 25/53, 25/55, 25/68, 25/74,
25/77, 25/80, 25/86, 25/87, 25/87,
25/88, 25/89, 25/93, 25/121, 25/139,
25/151, 25/166, 25/167, 25/169,
25/174, 25/174, 25/176, 25/177,
25/178, 25/196, 25/198, 25/205;
26/6, 26/11, 26/25, 26/28, 26/33,
26/39, 26/39, 26/50, 26/51, 26/64,
26/69, 26/70, 26/70, 26/72, 26/80,
26/81, 26/84, 26/89, 26/90, 26/91,
26/94, 26/95, 26/96, 26/98, 26/104,
26/116, 26/127, 26/128; 27/2, 27/3,
27/27, 27/34, 27/37, 27/50, 27/63,
27/74, 27/75, 27/77, 27/80, 27/84,
27/96, 27/96, 27/100, 27/108, 27/115,
27/118, 27/120, 27/127, 27/129,
27/132, 27/138, 27/143; 28/6, 28/10,
28/12, 28/18, 28/19, 28/35, 28/38,
28/47, 28/56, 28/57, 28/59, 28/62,
28/64, 28/79, 28/83, 28/87, 28/98,
28/104; 29/3, 29/7, 29/7, 29/10,
29/15, 29/15, 29/22, 29/28, 29/31,
29/45; 30/2, 30/4, 30/7, 30/8,
30/11, 30/15, 30/18, 30/22, 30/22,
30/23, 30/51, 30/72, 30/85, 30/87,
30/91, 30/92, 30/98, 30/102, 30/105,
30/107, 30/112, 30/115, 30/120,
30/122, 30/124, 30/125, 30/138,
30/144, 30/145, 30/146, 30/146,
30/148, 30/154, 30/157, 30/158,
30/171, 30/173, 30/174, 30/185,
30/188.

462 les cabz C: 1/5, 1/5, 1/8, 1/18, 1/24,
1/36, 1/38, 1/40, 1/41, 1/44, 1/53,
1/61, 1/62, 1/63, 1/64; 2/1, 2/3,
2/19, 2/26, 2/27, 2/27, 2/44, 2/61,
2/64, 2/68, 2/68, 2/71, 2/77, 2/78,

2/79; 3/1, 3/4, 3/4, 3/4, 3/5, 3/5, 3/5, 3/6, 3/15, 3/20, 3/20, 3/23, 3/24, 3/29, 3/38, 3/51, 3/63, 3/78, 3/79; 4/4, 4/22, 4/34, 4/42, 4/51, 4/70, 4/70, 4/70, 4/70, 4/71, 4/71, 4/94, 4/98, 4/103, 4/104, 4/106, 4/108; 5/6, 5/6, 5/9, 5/9, 5/13, 5/37, 5/38, 5/39, 5/39, 5/39, 5/40, 5/40, 5/50, 5/51, 5/65, 5/78, 5/78, 5/81, 5/83, 5/86; 6/1, 6/3, 6/4, 6/21, 6/22, 6/26, 6/34, 6/35; 7/22, 7/65, 7/71; 8/3, 8/9, 8/31, 8/49, 8/50, 8/55, 8/66, 8/73; 9/11, 9/49; 10/13, 10/13, 10/28, 10/29, 10/31, 10/36, 10/48, 10/49, 10/55; 11/2, 11/6, 11/8, 11/16, 11/16, 11/18, 11/24, 11/51, 11/52, 11/81, 11/84, 11/87, 11/99, 11/99, 11/114; 12/13, 12/13, 12/14, 12/15, 12/46, 12/50, 12/51, 12/56, 12/59, 12/63, 12/64, 12/65, 12/68, 12/80, 12/81, 12/82, 12/103, 12/109, 12/110; 13/4, 13/6, 13/24, 13/32, 13/51, 13/52, 13/61, 13/66, 13/71; 14/1, 14/4, 14/4, 14/9, 14/16, 14/22, 14/31, 14/34, 14/40, 14/49, 14/53, 14/72, 14/72, 14/74, 14/79, 14/82, 14/91, 14/103, 14/107, 14/107; 15/4, 15/19, 15/20, 15/26, 15/44, 15/47, 15/63, 15/70; 16/2, 16/17, 16/20, 16/27, 16/28, 16/30, 16/38, 16/40, 16/44, 16/49, 16/58, 16/66, 16/67, 16/70, 16/71, 16/79, 16/97, 16/105, 16/111, 16/112, 16/112, 16/114, 16/116, 16/118; 17/8, 17/8, 17/38, 17/42, 17/46, 17/50, 17/62, 17/67, 17/75, 17/75, 17/76, 17/77, 17/79, 17/92, 17/98, 17/99, 17/101, 17/108, 17/113, 17/115, 17/120; 18/10, 18/11, 18/15, 18/20, 18/24, 18/25, 18/29, 18/35, 18/39, 18/39, 18/39, 18/40, 18/54, 18/64, 18/65, 18/68, 18/88, 18/100, 18/100, 18/107, 18/116, 18/117, 18/118, 18/119, 18/137, 18/148, 18/151, 18/155, 18/156, 18/164, 18/168, 18/196, 18/200, 18/203; 19/7, 19/16, 19/42,

19/47, 19/50, 19/51, 19/51, 19/52,
19/53, 19/75, 19/104, 19/110, 19/125,
19/127, 19/131, 19/147, 19/167,
19/186, 19/192, 19/194; 20/40,
20/41, 20/42, 20/47, 20/48, 20/48,
20/50, 20/51, 20/67, 20/70, 20/71,
20/71, 20/84, 20/90, 20/92; 21/3,
21/35, 21/36, 21/44, 21/56, 21/63,
21/66, 21/68; 22/14, 22/15, 22/38,
22/41, 22/44, 22/50, 22/52, 22/56,
22/68, 22/88, 22/98, 22/100, 22/106,
22/107, 22/108, 22/109, 22/109,
22/115, 22/115, 22/121, 22/122,
22/123, 22/123, 22/152, 22/152,
22/159, 22/173, 22/192, 22/210,
22/211, 22/223, 22/224, 22/226,
22/265, 22/265, 22/294, 22/354,
22/371, 22/388, 22/392, 22/396,
22/407, 22/418; 23/1, 23/18, 23/22,
23/42; 24/3, 24/3, 24/4, 24/5,
24/6, 24/6, 24/71, 24/77, 24/84,
24/86, 24/87, 24/94, 24/108, 24/108,
24/112, 24/144, 24/156, 24/169,
24/181, 24/181, 24/188; 25/5, 25/8,
25/26, 25/32, 25/33, 25/51, 25/67,
25/69, 25/79, 25/93, 25/104, 25/105,
25/111, 25/111, 25/156, 25/171,
25/174, 25/177, 25/183, 25/185,
25/195, 25/197, 25/202, 25/205,
25/209, 25/210, 25/212, 25/219,
25/219; 26/4, 26/34, 26/39, 26/50,
26/58, 26/58, 26/76, 26/86, 26/93,
26/102, 26/103, 26/117, 26/122;
27/13, 27/34, 27/44, 27/58, 27/71,
27/88, 27/98, 27/101, 27/131; 28/28,
28/42, 28/86; 29/5, 29/7, 29/7,
29/9, 29/12, 29/16, 29/17, 29/18,
29/34, 29/35; 30/10, 30/26, 30/28,
30/37, 30/40, 30/48, 30/53, 30/54,
30/56, 30/62, 30/104, 30/131, 30/132,
30/139, 30/140, 30/153, 30/154,
30/156, 30/159, 30/166, 30/185.

658 la caez C: 1/4, 1/8, 1/9, 1/16, 1/22,
1/24, 1/28, 1/29, 1/31, 1/35, 1/38,
1/44, 1/50, 1/55, 1/55, 1/59, 1/63,
1/66, 1/67, 1/74, 1/75, 1/75, 1/82;
2/4, 2/6, 2/7, 2/10, 2/13, 2/22,

2/46, 2/46, 2/60, 2/61, 2/64, 2/67, 2/69, 2/70, 2/71; 3/8, 3/9, 3/10, 3/10, 3/10, 3/26, 3/26, 3/32, 3/45, 3/47, 3/60, 3/60, 3/60, 3/63, 3/65, 3/75, 3/78, 3/79; 4/13, 4/14, 4/29, 4/30, 4/38, 4/38, 4/54, 4/61, 4/65, 4/65, 4/67, 4/67, 4/69, 4/90, 4/99, 4/103, 4/110, 4/110; 5/4, 5/7, 5/12, 5/15, 5/15, 5/18, 5/18, 5/22, 5/23, 5/26, 5/32, 5/33, 5/34, 5/35, 5/35, 5/36, 5/45, 5/49, 5/50, 5/53, 5/55, 5/61, 5/65, 5/72, 5/78, 5/89, 5/94, 5/95, 5/97, 5/98, 5/99, 5/100; 6/9, 6/19, 6/28, 6/29, 6/39; 7/3, 7/13, 7/13, 7/14, 7/15, 7/19, 7/25, 7/28, 7/30, 7/33, 7/36, 7/39, 7/42, 7/44, 7/48, 7/54, 7/63, 7/70, 7/70, 7/72; 8/13, 8/25, 8/37, 8/39, 8/45, 8/47, 8/50, 8/52, 8/54, 8/61, 8/62, 8/70, 8/70, 8/75, 8/80, 8/84, 8/89, 8/92, 8/102; 9/4, 9/10, 9/13, 9/15, 9/19, 9/24, 9/25, 9/42, 9/42, 9/48, 9/48, 9/50, 9/51, 9/51, 9/53, 9/54, 9/54, 9/55; 10/1, 10/7, 10/8, 10/13, 10/20, 10/23, 10/25, 10/27, 10/30, 10/32, 10/35, 10/38, 10/39, 10/47, 10/54, 10/66, 10/71; 11/1, 11/4, 11/5, 11/9, 11/12, 11/15, 11/23, 11/43, 11/62, 11/62, 11/67, 11/71, 11/85, 11/89, 11/90, 11/106, 11/113, 11/113; 12/1, 12/2, 12/17, 12/17, 12/39, 12/40, 12/41, 12/44, 12/45, 12/47, 12/47, 12/65, 12/79, 12/89, 12/90, 12/97, 12/99, 12/99, 12/100, 12/102, 12/125, 12/126, 12/126; 13/1, 13/2, 13/3, 13/3, 13/5, 13/8, 13/10, 13/12, 13/12, 13/17, 13/22, 13/24, 13/25, 13/26, 13/31, 13/33, 13/39, 13/42, 13/45, 13/46, 13/48, 13/55, 13/56, 13/56, 13/60, 13/61, 13/62, 13/66, 13/67, 13/72; 14/10, 14/21, 14/24, 14/35, 14/35, 14/36, 14/43, 14/44, 14/45, 14/47, 14/51, 14/52, 14/56, 14/59, 14/76, 14/83, 14/85, 14/94, 14/100, 14/103, 14/118; 15/2, 15/11, 15/15, 15/16, 15/27, 15/35, 15/52, 15/52, 15/59, 15/59,

15/62, 15/63, 15/64, 15/65; 16/4,
16/15, 16/25, 16/34, 16/61, 16/64,
16/66, 16/66, 16/79, 16/81, 16/83,
16/85, 16/95, 16/107, 16/111, 16/116,
16/129; 17/12, 17/14, 17/17, 17/26,
17/33, 17/36, 17/38, 17/53, 17/66,
17/73, 17/81, 17/83, 17/85, 17/93,
17/101, 17/103, 17/103, 17/106,
17/114, 17/116, 17/121, 17/124,
17/124, 17/125; 18/5, 18/9, 18/12,
18/27, 18/34, 18/35, 18/38, 18/38,
18/41, 18/46, 18/49, 18/61, 18/75,
18/78, 18/82, 18/90, 18/93, 18/97,
18/98, 18/101, 18/104, 18/108,
18/108, 18/109, 18/109, 18/114,
18/116, 18/122, 18/123, 18/132,
18/132, 18/165, 18/166, 18/183,
18/193, 18/202, 18/210; 19/3, 19/8,
19/17, 19/25, 19/26, 19/28, 19/29,
19/40, 19/41, 19/42, 19/44, 19/48,
19/50, 19/61, 19/63, 19/67, 19/79,
19/80, 19/97, 19/99, 19/132, 19/133,
19/138, 19/139, 19/141, 19/150,
19/154, 19/160, 19/161, 19/165,
19/170, 19/175, 19/177, 19/177,
19/184; 20/14, 20/15, 20/18, 20/24,
20/35, 20/38, 20/38, 20/43, 20/43,
20/48, 20/60, 20/75, 20/85; 21/7,
21/10, 21/11, 21/11, 21/19, 21/23,
21/24, 21/24, 21/27, 21/30, 21/32,
21/39; 22/9, 22/13, 22/15, 22/21,
22/35, 22/40, 22/44, 22/53, 22/57,
22/59, 22/67, 22/69, 22/81, 22/92,
22/94, 22/99, 22/102, 22/118, 22/124,
22/131, 22/144, 22/148, 22/150,
22/156, 22/156, 22/164, 22/167,
22/176, 22/179, 22/197, 22/203,
22/204, 22/215, 22/217, 22/232,
22/234, 22/236, 22/240, 22/268,
22/270, 22/272, 22/278, 22/279,
22/285, 22/289, 22/291, 22/293,
22/296, 22/298, 22/305, 22/308,
22/332, 22/342, 22/345, 22/348,
22/356, 22/356, 22/361, 22/362,
22/377, 22/382, 22/384, 22/398,
22/419, 22/425, 22/426; 23/23,
23/50, 23/50, 23/52, 23/54; 24/5,

24/12, 24/13, 24/23, 24/31, 24/33, 24/38, 24/41, 24/47, 24/58, 24/59, 24/60, 24/62, 24/72, 24/73, 24/73, 24/82, 24/84, 24/86, 24/96, 24/103, 24/119, 24/120, 24/121, 24/136, 24/139, 24/139, 24/145, 24/149, 24/150, 24/150, 24/153, 24/155, 24/160, 24/183, 24/184, 24/187, 24/192; 25/3, 25/18, 25/25, 25/31, 25/35, 25/37, 25/41, 25/45, 25/47, 25/58, 25/64, 25/74, 25/75, 25/90, 25/101, 25/103, 25/116, 25/148, 25/153, 25/154, 25/155, 25/156, 25/162, 25/164, 25/166, 25/172, 25/177, 25/195; 26/5, 26/10, 26/17, 26/22, 26/22, 26/31, 26/37, 26/38, 26/40, 26/65, 26/78, 26/90, 26/91. 26/93, 26/100, 26/103, 26/104, 26/114, 26/126, 26/128; 27/22, 27/34, 27/36, 27/48, 27/54, 27/74, 27/77, 27/81, 27/83, 27/116, 27/129, 27/130, 27/130, 27/142, 27/143, 27/145, 27/148, 27/151, 27/156; 28/23, 28/27, 28/38, 28/41, 28/42, 28/43, 28/46, 28/50, 28/53, 28/80, 28/82, 28/90, 28/103, 28/104; 29/1, 29/8, 29/8, 29/11, 29/11, 29/13, 29/17, 29/20, 29/23, 29/24, 29/33, 29/42; 30/10, 30/12, 30/16, 30/17, 30/23, 30/24, 30/25, 30/25, 30/29, 30/40, 30/44, 30/47, 30/49, 30/63, 30/73, 30/93, 30/94, 30/101, 30/110, 30/112, 30/113, 30/118, 30/175, 30/176, 30/177, 30/179, 30/180.

317 1 ctaz C: 1/t, 1/7, 1/14, 1/28, 1/45; 2/12, 2/35, 2/41, 2/48, 2/54, 2/55, 2/62, 2/62; 3/40, 3/54, 3/55, 3/58, 3/60, 3/61; 4/8, 4/16, 4/16, 4/19, 4/22, 4/38, 4/40, 4/40, 4/40, 4/41, 4/41, 4/65, 4/66, 4/83, 4/88, 4/92, 4/92, 4/108; 5/2, 5/8, 5/11, 5/18, 5/37, 5/49, 5/56, 5/66, 5/88, 5/95; 6/7, 6/14, 6/14; 7/69; 8/46, 8/50, 8/53, 8/59, 8/59, 8/61, 8/69, 8/77, 8/78, 8/79, 8/79, 8/80, 8/85, 8/101; 9/6, 9/11, 9/12, 9/23, 9/24, 9/26, 9/33, 9/40, 9/43; 10/31, 10/45,

10/53, 10/70; 11/11, 11/26, 11/36, 11/61, 11/73, 11/77, 11/78, 11/82, 11/93, 11/103, 11/111; 12/20, 12/36, 12/36, 12/37, 12/45, 12/58, 12/63, 12/77, 12/83, 12/100; 13/3, 13/6, 13/7, 13/27, 13/34, 13/43, 13/49, 13/57, 13/57, 13/61, 13/72; 14/23, 14/30, 14/42, 14/51, 14/52, 14/75, 14/78, 14/78, 14/79, 14/83, 14/83, 14/90, 14/90; 15/17, 15/39, 15/52; 16/12, 16/39, 16/56, 16/63, 16/89, 16/102; 17/5, 17/46, 17/56, 17/56, 17/65, 17/75, 17/79, 17/91, 17/93, 17/99, 17/106, 17/107, 17/108, 17/110, 17/120, 17/123, 17/123; 18/2, 18/12, 18/13, 18/22, 18/34, 18/34, 18/57, 18/84, 18/102, 18/103, 18/111, 18/131, 18/188; 19/4, 19/5, 19/5, 19/6, 19/31, 19/37, 19/39, 19/47, 19/76, 19/130, 19/137, 19/148; 20/3, 20/4, 20/44, 20/45, 20/61, 20/61, 20/63, 20/64, 20/93; 21/11, 21/50, 21/52; 22/7, 22/17, 22/37, 22/41, 22/54, 22/57, 22/66, 22/68, 22/74, 22/78, 22/86, 22/87, 22/90, 22/95, 22/97, 22/113, 22/120, 22/127, 22/130, 22/136, 22/140, 22/149, 22/160, 22/166, 22/166, 22/183, 22/188, 22/192, 22/193, 22/194, 22/198, 22/201, 22/206, 22/237, 22/303, 22/318, 22/323, 22/328, 22/333, 22/352, 22/367, 22/375, 22/378, 22/379, 22/380, 22/385, 22/387, 22/398, 22/406, 22/412, 22/420, 22/424; 23/8, 23/26, 23/37, 23/38, 23/39; 24/11, 24/21, 24/90, 24/111, 24/111, 24/123, 24/147; 25/45, 25/48, 25/59, 25/62, 25/65, 25/68, 25/82, 25/89, 25/90, 25/91, 25/94, 25/134, 25/151, 25/156, 25/165, 25/169, 25/173, 25/173; 26/24, 26/25, 26/29, 26/30, 26/94, 26/125; 27/5, 27/5, 27/10, 27/24, 27/24, 27/64, 27/64, 27/76, 27/105, 27/106, 27/118, 27/150; 28/16, 28/34, 28/40, 28/45, 28/48, 28/77, 28/79, 28/92, 28/102; 29/36; 30/3,

30/10, 30/15, 30/19, 30/49, 30/61, 30/62, 30/63, 30/96, 30/110, 30/111, 30/111, 30/126, 30/146, 30/152, 30/167, 30/170, 30/172, 30/188, 30/189, 30/190.

152 au ccaz C: 1/47, 1/68; 2/3, 2/5, 2/29, 2/45, 2/67, 2/81; 3/28, 3/73; 4/31, 4/45, 4/93; 5/28, 5/48, 5/52, 5/58, 5/90, 5/91, 5/102; 6/6; 7/72; 8/3, 8/28, 8/33, 8/42, 8/53; 9/55; 11/10, 11/28, 11/32, 11/40, 11/85, 11/96, 11/108; 12/7, 12/34, 12/35, 12/42, 12/62, 12/67, 12/87, 12/94; 13/39; 14/9, 14/37, 14/37, 14/39, 14/49, 14/50, 14/51, 14/66, 14/104; 15/12; 16/3, 16/25, 16/86, 16/128, 16/130; 17/1, 17/29, 17/38, 17/41, 17/55, 17/63, 17/69, 17/87; 18/37, 18/50, 18/90, 18/102, 18/113, 18/148, 18/176, 18/191, 18/203; 19/12, 19/23, 19/23, 19/68, 19/95, 19/138, 19/187; 20/6, 20/20, 20/30, 20/57, 20/68, 20/96; 21/41; 22/24, 22/37, 22/91, 22/101, 22/131, 22/144, 22/157, 22/191, 22/218, 22/221, 22/221, 22/245, 22/304, 22/366, 22/379, 22/387, 22/391, 22/401, 22/402, 22/409, 22/412; 23/49; 24/14, 24/26, 24/99, 24/116, 24/137, 24/144, 24/146, 24/191; 25/4, 25/110, 25/183, 25/206; 26/48, 26/51, 26/52, 26/76, 26/83, 26/87, 26/106, 26/119; 27/20, 27/28, 27/46, 27/51, 27/98; 28/3, 28/5, 28/49, 28/54, 28/63, 28/67, 28/82; 29/29; 30/13, 30/14, 30/31, 30/34, 30/112, 30/142, 30/191.

48 aux ccbz C: 2/44; 3/70; 4/87; 8/60; 9/13; 11/104; 12/78; 13/20, 13/32; 14/21, 14/46; 16/1, 16/29, 16/99, 16/99, 16/121; 17/3, 17/39, 17/59, 17/104; 18/52, 18/81, 18/86, 18/99, 18/117, 18/174; 19/22, 19/39, 19/174; 22/71, 22/228, 22/229, 22/296, 22/298, 22/304, 22/382; 24/21; 27/53, 27/58, 27/136, 27/149; 28/8, 28/24, 28/81, 28/97; 29/10; 30/13, 30/55.

217 du cdaz C: 1/10, 1/14, 1/20, 1/27, 1/56, 1/63, 1/65, 1/66, 1/79, 1/80; 2/2, 2/37, 2/63, 2/67, 2/73, 2/73; 3/8, 3/13, 3/20, 3/31, 3/78; 4/25, 4/41, 4/51, 4/62, 4/66, 4/76, 4/109, 4/110; 5/2, 5/6, 5/8, 5/14, 5/15, 5/19, 5/47; 6/4, 6/17; 7/6, 7/72; 8/20, 8/49, 8/53, 8/70, 8/82, 8/84, 8/86, 8/89, 8/91, 8/102; 9/1, 9/22, 9/34, 9/47; 10/16, 10/28, 10/30, 10/39; 11/4, 11/16, 11/30, 11/36, 11/38, 11/54, 11/86, 11/87, 11/87, 11/88, 11/111; 12/51; 13/27, 13/48, 13/64; 14/2, 14/46, 14/75, 14/85; 15/8, 15/19, 15/24, 15/26, 15/44, 15/51, 15/53, 15/56, 15/66; 16/4, 16/67, 16/95, 16/107, 16/112, 16/128, 16/128; 17/12, 17/31, 17/54, 17/54, 17/56, 17/61, 17/61, 17/62, 17/63, 17/64, 17/72, 17/81, 17/114, 17/116; 18/6, 18/20, 18/21, 18/23, 18/26, 18/38, 18/40, 18/50, 18/71, 18/75, 18/86, 18/90, 18/98, 18/104, 18/122, 18/137, 18/183, 18/190, 18/193; 19/43, 19/151, 19/152, 19/159, 19/175; 20/7, 20/7, 20/15, 20/18, 20/24, 20/54, 20/61, 20/67, 20/81, 20/82; 21/17, 21/41, 21/43, 21/50, 21/53; 22/4, 22/9, 22/11, 22/18, 22/36, 22/100, 22/121, 22/144, 22/149, 22/150, 22/160, 22/177, 22/184, 22/232, 22/253, 22/254, 22/263, 22/271, 22/327, 22/354, 22/360, 22/362, 22/389, 22/399; 23/25; 24/17, 24/22, 24/26, 24/45, 24/78, 24/115, 24/129, 24/156, 24/165, 24/186; 25/4, 25/7, 25/12, 25/31, 25/62, 25/68, 25/99, 25/131, 25/162, 25/167, 25/169, 25/176; 26/31, 26/47, 26/128; 27/2, 27/55, 27/65, 27/98, 27/148; 28/5, 28/10, 28/14, 28/98, 28/103; 29/11; 30/4, 30/25, 30/87, 30/109, 30/110, 30/115, 30/131, 30/148, 30/180, 30/193.

140 des cdbz C: 1/15, 1/33, 1/34, 1/35, 1/84; 2/4, 2/5, 2/5, 2/19, 2/36, 2/38, 2/42, 2/72, 2/75, 2/81, 2/81; 3/8,

3/17, 3/17; 4/12, 4/13, 4/23, 4/44, 4/58, 4/63, 4/76, 4/103, 4/103, 4/109; 5/4, 5/48, 5/52, 5/52, 5/53, 5/96; 6/33, 6/36, 6/38, 6/39; 7/75; 8/57; 9/55; 10/20, 10/50; 11/10, 11/10, 11/10, 11/15, 11/85, 11/88, 11/88, 11/89, 11/89, 11/90, 11/102; 12/1, 12/3, 12/5, 12/14, 12/29, 12/55, 12/125; 13/63; 15/45; 16/3, 16/39, 16/50; 17/3, 17/78; 18/10, 18/22, 18/34, 18/112, 18/128, 18/174, 18/176, 18/203; 19/92, 19/93, 19/93, 19/93, 19/154; 20/14, 20/32, 20/63; 21/1, 21/7, 21/50; 22/8, 22/63, 22/119, 22/149, 22/157, 22/158, 22/176, 22/185, 22/198, 22/222, 22/268, 22/298, 22/305, 22/307, 22/334, 22/421; 23/22; 24/91, 24/115, 24/129; 25/18, 25/21, 25/25, 25/80, 25/110, 25/123, 25/130, 25/133, 25/153, 25/153, 25/173; 26/91, 26/99, 26/102; 27/22, 27/71, 27/105, 27/117; 28/24, 28/40, 28/80, 28/93; 29/40; 30/25, 30/45, 30/109, 30/109, 30/109, 30/128, 30/139, 30/151, 30/155.

6 des — cebz — C: 3/21; 8/101; 11/54; 12/117; 25/164; 30/186.

20 du — cfaz — C: 1/45; 3/68; 5/104; 9/28; 14/74; 16/13, 16/74, 16/74; 24/57, 24/58, 24/58, 24/58; 25/71, 25/106, 25/211, 25/214; 30/102, 30/103, 30/135, 30/137.

5 l — cgdz — C: 12/121; 15/9; 17/60; 20/12; 22/324.

5 la — cgez — C: 3/68; 12/28; 21/69; 22/355; 26/112.

30 même — claz — C: 1/83; 5/14; 6/29, 6/32; 7/20, 7/42; 8/83; 10/8, 10/23; 12/22, 12/78, 12/124; 14/113; 15/50; 17/121, 17/121; 18/71, 18/74; 21/20, 21/67; 22/395; 23/55; 24/70, 24/157; 25/37, 25/115; 26/5, 26/126; 28/82, 28/82.

10 mêmes — clbz — C: 5/65, 5/66, 5/66; 7/22; 16/97; 25/171; 26/93; 27/111, 27/111;

			30/135.
45	mille	cpaz	C: 2/66, 2/66; 3/7, 3/9, 3/12; 4/77, 4/78; 5/41; 12/13; 14/109; 16/130; 18/65, 18/103, 18/118, 18/129, 18/169, 18/190; 19/51, 19/111, 19/113, 19/116, 19/119, 19/119, 19/121, 19/122, 19/124, 19/127, 19/144, 19/147, 19/150, 19/161; 22/75, 22/170, 22/304, 22/331, 22/386, 22/390; 24/162, 24/162; 25/139; 26/121; 27/124, 27/145, 27/146; 30/74.
1	millième	cqaz	C: 18/132.
113	mon	chaa	C: 2/18; 3/52, 3/54; 4/10, 4/30, 4/49, 4/83; 5/54; 6/35, 6/37, 6/43; 7/59; 8/2, 8/4, 8/5, 8/11, 8/21, 8/42, 8/46, 8/64, 8/64, 8/72, 8/85, 8/85, 8/86, 8/87, 8/87, 8/88, 8/88; 9/30; 10/44, 10/52, 10/67; 11/3, 11/3, 11/28, 11/29, 11/80, 11/92, 11/95, 11/101, 11/114; 12/48; 14/10, 14/89, 14/102; 15/3, 15/6, 15/12, 15/13, 15/34, 15/44, 15/56, 15/55, 15/56, 15/68; 16/31, 16/43, 16/47, 16/76, 16/104, 16/108; 17/8; 18/20, 18/83, 18/143, 18/160, 18/169; 19/16, 19/31, 19/33, 19/45, 19/83, 19/110; 20/33; 22/32, 22/288, 22/338, 22/411; 24/19, 24/76, 24/96, 24/137, 24/171; 25/18, 25/113; 26/20, 26/68, 26/68, 26/70, 26/76, 26/83, 26/87, 26/88, 26/92, 26/99; 27/13, 27/33, 27/42, 27/133, 27/134, 27/140; 28/4, 28/29, 28/36, 28/46, 28/50, 28/55, 28/66, 28/95, 28/99; 29/46; 30/100.
4	ton	chab	C: 5/58; 19/48, 19/61; 30/99.
136	son	chac	C: 1/6, 1/13, 1/16, 1/20, 1/28, 1/30, 1/30, 1/73; 2/31, 2/55; 3/16, 3/33, 3/76; 4/1, 4/5, 4/6, 4/20, 4/25, 4/87, 4/88, 4/92, 4/94, 4/95; 5/17, 5/20, 5/50, 5/103; 6/13; 7/19; 8/17, 8/22, 8/28, 8/41, 8/103; 9/8, 9/11, 9/19, 9/20; 11/49, 11/81; 12/59, 12/105, 12/106, 12/123;

13/5, 13/5, 13/15, 13/32; 14/7, 14/8, 14/25, 14/124; 15/33, 15/33, 15/51, 15/61; 16/3, 16/11, 16/29; 17/1, 17/74, 17/106, 17/122; 18/2, 18/8, 18/134; 19/27, 19/65, 19/96, 19/133, 19/142, 19/146, 19/154, 19/164, 19/170, 19/172, 19/173, 19/182, 19/190; 20/46, 20/63, 20/75, 20/91, 20/99; 22/5, 22/7, 22/22, 22/25, 22/234, 22/240, 22/250, 22/273, 22/286, 22/294, 22/297, 22/300, 22/306, 22/311, 22/321, 22/336, 22/350, 22/353, 22/376, 22/383, 22/418; 23/28, 23/46; 24/40, 24/43, 24/54, 24/55, 24/116, 24/158; 25/66, 25/87, 25/88, 25/99, 25/101, 25/109, 25/111, 25/168, 25/202; 26/12, 26/23, 26/30, 26/36; 27/5, 27/28, 27/28, 27/38, 27/149; 28/51, 28/75; 29/20; 30/2, 30/78.

27 notre chad C: 4/44, 4/50, 4/68; 8/3; 9/9, 9/36; 10/10, 10/16, 10/48; 11/69; 12/63; 13/36; 15/61; 16/94; 18/27, 18/28, 18/29, 18/36, 18/76, 18/149, 18/186; 19/24; 25/152; 27/26; 28/94; 30/169, 30/196.

48 votre chae C: 2/19, 2/20, 2/42, 2/43; 3/74; 4/9; 5/55, 5/93, 5/98; 7/56, 7/56, 7/58; 8/71; 10/69; 12/19, 12/116; 13/35, 13/53; 14/114, 14/117; 15/45; 16/102, 16/103, 16/106; 18/54, 18/181; 20/21; 22/263, 22/285, 22/341, 22/344, 22/345; 24/26, 24/29, 24/30, 24/139, 24/139, 24/141, 24/142, 24/174; 25/84; 26/32, 26/37, 26/43, 26/49, 26/55, 26/110; 27/71.

43 leur chaf C: 4/73; 5/35, 5/81; 7/71; 10/2; 11/19, 11/74; 12/67, 12/111, 12/113; 13/69; 14/22, 14/120, 14/121; 16/39, 16/65, 16/117; 17/24, 17/42, 17/71; 18/18, 18/25, 18/25, 18/69, 18/158, 18/178, 18/179, 18/201; 19/49; 20/94; 22/56, 22/174, 22/267; 24/179; 25/14, 25/14, 25/14, 25/21; 27/100,

27/123; 30/45, 30/71, 30/105.

28 mes	chba	C: 8/8, 8/68, 8/75; 10/3, 10/3; 11/8, 11/14, 11/99, 11/110; 12/86, 12/91, 12/118; 15/8, 15/10; 16/16; 18/63, 18/177; 19/109; 20/23; 22/292; 23/16; 24/146, 24/156; 26/57, 26/69, 26/85, 26/92; 30/145.
63 ses	chbc	C: 1/18, 1/19, 1/19, 1/29; 2/50, 2/55; 3/34, 3/66, 3/70; 4/20, 4/50, 4/90, 4/95; 7/43; 8/103; 11/116; 12/25; 13/43; 14/60, 14/110; 16/93, 16/98; 18/81, 18/156, 18/188, 18/206; 19/57, 19/76, 19/197; 20/17, 20/77, 20/94; 22/23, 22/29, 22/63, 22/153, 22/155, 22/270, 22/321, 22/351, 22/363, 22/366, 22/369, 22/416, 22/417, 22/421; 24/26, 24/40, 24/43, 24/181; 25/107, 25/124, 25/193; 26/83; 27/80; 28/71, 28/72; 29/27, 29/37; 30/68, 30/133, 30/133, 30/177.
21 nos	chbd	C: 11/38, 11/42, 11/59, 11/60, 11/93, 11/94, 11/97; 12/66, 12/103; 14/14; 16/10; 17/56, 17/113; 18/163, 18/164; 19/3, 19/23, 19/45, 19/47, 19/84; 25/190.
18 vos	chbe	C: 10/61, 10/61, 10/62; 11/7, 11/83, 11/86; 12/117; 13/52; 16/100, 16/102; 18/72, 18/185; 22/264, 22/340; 26/115; 27/67; 30/80, 30/192.
58 leurs	chbf	C: 1/76, 1/77, 1/77, 1/78; 3/21, 3/22, 3/22; 5/36, 5/77, 5/82; 6/19; 7/45; 9/43, 9/44; 10/29; 11/39; 13/7; 14/48, 14/81, 14/110, 14/121, 14/122; 15/31; 16/7, 16/10, 16/45, 16/118, 16/121; 17/21, 17/21, 17/24, 17/57, 17/68, 17/68, 17/71, 17/71; 18/203; 19/8, 19/10, 19/74, 19/176; 22/147, 22/163; 24/180; 25/19, 25/19, 25/19, 25/20, 25/20, 25/21; 26/127; 27/72, 27/86, 27/89, 27/100;

29/4; 30/74, 30/116.

58	ma	chea	C: 2/22; 7/15; 8/5, 8/32, 8/42, 8/64, 8/85, 8/87, 8/94, 8/95; 9/39; 10/17, 10/58, 10/67; 11/11, 11/32, 11/42, 11/59, 11/91, 11/98; 12/2, 12/18, 12/22, 12/30, 12/86, 12/116; 14/13, 14/68; 15/2, 15/3, 15/3, 15/5, 15/11, 15/28, 15/36, 15/40; 16/15; 19/44; 22/287, 22/358; 23/4; 24/68, 24/74; 26/69, 26/71, 26/77; 27/137, 27/153; 28/9, 28/12, 28/26, 28/62; 29/34, 29/35, 29/42, 29/44, 29/46; 30/86.
5	ta	cheb	C: 3/59; 5/59; 19/48; 29/40, 29/41.
88	sa	chec	C: 1/5, 1/17, 1/25, 1/59; 2/39, 2/76; 4/31; 5/102; 6/11; 7/34, 7/68; 8/23, 8/34, 8/43, 8/63; 9/33; 11/57, 11/97; 12/46, 12/92, 12/124; 13/28, 13/30, 13/38, 13/40, 13/41; 14/56, 14/59, 14/64; 15/1; 16/5, 16/37, 16/99, 16/107, 16/124; 17/86; 18/2, 18/102, 18/106, 18/113, 18/134, 18/136, 18/158; 19/153, 19/155, 19/190, 19/190; 20/59; 22/47, 22/101, 22/121, 22/157, 22/173, 22/216, 22/251, 22/303, 22/349, 22/354; 24/41, 24/41, 24/83, 24/91; 25/81, 25/102, 25/179, 25/182, 25/183, 25/221; 26/24, 26/131; 27/6, 27/39; 28/49, 28/63, 28/71; 29/16, 29/30, 29/32; 30/9, 30/16, 30/21, 30/27, 30/28, 30/33, 30/103, 30/120, 30/133, 30/147.
1	neuf	cpaz	C: 3/9.
3	neuvième	cqaz	C: 9/t; 19/t; 29/t.
1	nul	claz	C: 30/9.
1	nulle	clez	C: 21/27.
1	nulles	clfz	C: 24/6.
1	onze	cpaz	C: 1/12.
1	onzième	cqaz	C: 11/t.

10 plusieurs	clbz	C: 3/40; 12/88; 16/55; 17/99; 18/134; 21/6; 22/403; 26/67; 30/116, 30/134.
8 premier	cqaz	C: 1/t; 17/54; 20/97; 22/32; 25/162; 28/59; 30/15, 30/166.
4 premiers	cqbz	C: 12/50; 25/27; 27/117; 29/12.
14 première	cqez	C: 5/15, 5/51; 11/23; 12/126; 13/25; 14/43; 16/107; 17/81; 19/3, 19/67; 22/293, 22/426; 27/129, 27/151.
1 quatorze	cpaz	C: 11/6.
1 quatorzième	cqaz	C: 14/t.
23 quatre	cpaz	C: 2/56, 2/66; 4/100, 4/109; 5/57, 5/58; 11/95; 12/22, 12/47, 12/113, 12/113; 14/53; 17/41, 17/94; 18/54, 18/89; 19/175; 22/142; 23/23; 25/129; 26/126; 28/84; 30/167.
7 quatrième	cqaz	C: 1/54; 4/t; 24/t; 25/87; 26/47, 26/48, 26/90.
3 quel	claz	C: 18/211; 25/104, 25/108.
2 quelle	clez	C: 12/44; 18/93.
20 quel	coaz	C: 3/62; 4/11; 7/41; 10/19; 11/21; 14/40, 14/93, 14/97; 16/126; 17/18, 17/123; 18/185; 22/117, 22/250; 23/28; 25/26, 25/192, 25/193; 26/122; 28/8.
3 quels	ccbz	C: 11/13, 11/13; 16/126.
16 quelle	ccez	C: 4/24; 5/45; 7/41, 7/61; 8/64; 10/1, 10/67; 11/11; 16/88; 18/46, 18/93, 18/109; 20/21; 21/46; 22/87, 22/251.
5 quelles	ccfz	C: 7/24; 11/13, 11/14; 16/126; 27/70.
20 quelque	claz	C: 5/31; 11/33; 12/95; 15/17; 16/60; 17/30; 18/146; 19/68, 19/102; 20/36, 20/40; 21/45; 22/175, 22/207, 22/394; 24/78, 24/82, 24/136; 30/17, 30/35.
39 quelques	clbz	C: 2/30; 3/11, 3/24, 3/32; 4/73; 5/60, 5/75, 5/79; 6/8; 11/50; 12/67, 12/74; 13/14; 15/10; 16/7, 16/20, 16/49; 17/34, 17/54, 17/102; 18/182; 19/11, 19/13, 19/87, 19/174; 22/3, 22/27, 22/61, 22/201, 22/301; 23/12; 24/12, 24/62, 24/151; 25/29; 27/59, 27/85, 27/89; 30/117.

9 quinze cpaz C: 12/44; 18/192; 20/95, 20/96; 22/78, 22/157, 22/293; 24/147; 28/64.
1 quinzième cqaz C: 15/t.

6 second cqaz C: 1/52; 2/t; 18/8; 25/86; 30/164, 30/165.
2 seconde cqez C: 19/8; 21/11.
1 seize cpaz C: 22/78.
1 seizième cqaz C: 16/t.
2 sept cpaz C: 1/26; 19/11.
3 septième cqaz C: 7/t; 17/t; 27/t.
24 six cpaz C: 2/57, 2/59, 2/64; 3/7; 8/6, 8/51; 12/20; 17/96; 18/65, 18/81, 18/88; 19/85; 22/75; 24/25; 26/2, 26/27, 26/30, 26/58; 27/8, 27/9, 27/19, 27/44; 30/151, 30/165.
6 sixième cqaz C: 6/t; 25/87; 26/t, 26/51, 26/52, 26/106.
6 soixante cpaz C: 1/12; 10/65; 13/47; 15/40; 18/19; 25/7.

7 tel claz C: 5/80; 11/83; 14/3; 15/43; 22/401, 22/402, 22/403.
3 telle clez C: 3/6; 29/32, 29/32.
2 telles clfz C: 10/55; 22/408.
37 tout claz C: 2/59; 3/35, 3/53; 4/105; 5/41, 5/42, 5/84; 7/63; 8/28; 10/44; 12/49, 12/58; 15/67, 15/68; 17/11, 17/15, 17/86, 17/124; 18/49, 18/169; 19/38, 19/130; 20/8, 20/21; 21/16; 22/58, 22/172, 22/249, 22/253, 22/288; 23/14, 23/27; 24/138; 25/44, 25/77, 25/178; 27/50.
61 tous clbz C: 1/18, 1/53; 2/77, 2/77; 4/41; 6/15, 6/18; 8/48, 8/73, 8/99; 10/13; 11/6, 11/18; 12/13, 12/46; 13/6; 14/40, 14/72, 14/100; 15/44; 16/63; 17/120; 18/64, 18/65, 18/73, 18/151, 18/164; 19/53, 19/197; 22/14, 22/99, 22/122, 22/151, 22/152, 22/210, 22/388, 22/392, 22/396; 24/3, 24/3, 24/5, 24/6, 24/84, 24/86, 24/144, 24/156; 25/79, 25/134, 25/142, 25/195, 25/205, 25/210; 26/39, 26/58, 26/102; 27/136; 28/86; 30/28, 30/154, 30/185, 30/192.

27	toute	clez	C: 1/29, 1/45, 1/55; 4/83; 7/34; 10/38; 11/26, 11/61, 11/77; 12/86, 12/96; 13/50, 13/56; 15/2; 16/95; 17/124; 18/2, 18/114, 18/131; 19/155; 23/25; 24/12, 24/47, 24/72; 25/152; 29/24; 30/176.
27	toutes	clfz	C: 5/6; 8/54; 11/8, 11/97; 13/4; 16/119; 17/115; 19/76, 19/176; 21/14, 21/44; 22/106, 22/107, 22/121, 22/219; 24/4, 24/6, 24/87, 24/108, 24/108; 25/176, 25/197; 26/27, 26/75; 29/21; 30/10, 30/56.
1	treizième	cqaz	C: 13/t.
12	trente	cpaz	C: 2/47, 2/59, 2/64; 4/77; 5/41; 9/50; 14/33; 18/197; 19/121, 19/122, 19/124, 19/127.
1	III	cpaz	C: 26/67.
38	trois	cpaz	C: 1/22; 2/78; 6/4; 8/28; 9/43, 9/49; 11/104; 12/13, 12/45, 12/113; 14/33, 14/51, 14/57, 14/60; 15/6, 15/13, 15/57, 15/57; 17/96; 18/54, 18/190; 20/60; 22/385, 22/386, 22/389, 22/390, 22/420; 23/24; 25/52, 25/139, 25/140; 27/37; 29/18; 30/74, 30/146, 30/156, 30/165, 30/166.
8	trcisième	cqaz	C: 1/53; 2/69; 3/t; 21/12; 23/t; 26/41, 26/41, 26/81.
481	un	ceaz	C: 1/1, 1/4, 1/10, 1/15, 1/43, 1/56, 1/72; 2/10, 2/12, 2/25, 2/48, 2/50, 2/52, 2/52, 2/54, 2/58, 2/62, 2/74, 2/75, 2/78, 2/80; 3/13, 3/18, 3/19, 3/28, 3/44, 3/61, 3/62, 3/64, 3/64, 3/66, 3/77; 4/17, 4/21, 4/33, 4/33, 4/33, 4/35, 4/39, 4/45, 4/46, 4/53, 4/55, 4/56, 4/57, 4/63, 4/74, 4/84, 4/91, 4/98; 5/5, 5/12, 5/12, 5/21, 5/30, 5/63, 5/70, 5/73, 5/77, 5/79, 5/80, 5/85, 5/88, 5/103; 6/1, 6/5, 6/6, 6/9, 6/10, 6/12, 6/15, 6/18, 6/24, 6/29; 7/4, 7/5, 7/6, 7/29, 7/31, 7/32, 7/32, 7/34, 7/35, 7/38, 7/67, 7/69; 8/5, 8/12, 8/18, 8/29, 8/39, 8/43, 8/46, 8/47,

8/59, 8/65, 8/71, 8/91; 9/2, 9/7, 9/15, 9/18, 9/19, 9/24, 9/38, 9/38, 9/47, 9/56; 10/7, 10/9, 10/14, 10/18, 10/20, 10/23, 10/40, 10/42, 10/63; 11/6, 11/20, 11/27, 11/34, 11/37, 11/45, 11/50, 11/65, 11/77, 11/83, 11/91, 11/92, 11/94, 11/102, 11/108, 11/108, 11/110, 11/115; 12/16, 12/23, 12/27, 12/42, 12/44, 12/51, 12/52, 12/55, 12/58, 12/59, 12/69, 12/70, 12/82, 12/92, 12/100, 12/101, 12/105, 12/110, 12/114, 12/119, 12/119, 12/122, 12/123; 13/10, 13/19, 13/22, 13/44, 13/51, 13/51, 13/58, 13/58, 13/60, 13/64, 13/68, 13/70, 13/81; 14/3, 14/5, 14/5, 14/8, 14/23, 14/25, 14/25, 14/26, 14/42, 14/44, 14/46, 14/52, 14/53, 14/69, 14/72, 14/77, 14/80, 14/80; 15/8, 15/11, 15/23, 15/23, 15/41, 15/43, 15/45, 15/45, 15/50, 15/67, 15/69; 16/8, 16/24, 16/29, 16/31, 16/32, 16/33, 16/33, 16/43, 16/51, 16/62, 16/73, 16/73, 16/77, 16/87, 16/92, 16/101, 16/105, 16/108, 16/127; 17/22, 17/28, 17/40, 17/44, 17/52, 17/58, 17/73, 17/82, 17/87, 17/90, 17/94, 17/95, 17/96, 17/97, 17/118; 18/5, 18/15, 18/30, 18/43, 18/51, 18/81, 18/90, 18/99, 18/105, 18/109, 18/141, 18/171, 18/201; 19/12, 19/25, 19/27, 19/38, 19/70, 19/71, 19/72, 19/81, 19/88, 19/91, 19/92, 19/95, 19/100, 19/103, 19/106, 19/107, 19/113, 19/115, 19/132, 19/136, 19/141, 19/142, 19/156, 19/162, 19/185, 19/189, 19/191, 19/192, 19/194; 20/9, 20/43, 20/44, 20/52, 20/57, 20/69, 20/74, 20/82, 20/86; 21/15, 21/20, 21/29; 22/11, 22/24, 22/35, 22/36, 22/45, 22/46, 22/53, 22/64, 22/69, 22/70, 22/84, 22/100, 22/120, 22/125, 22/127, 22/128, 22/145, 22/146, 22/147, 22/158, 22/168, 22/168, 22/169, 22/169, 22/177, 22/180, 22/202, 22/236, 22/239, 22/241, 22/242,

22/260, 22/262, 22/273, 22/278,
22/279, 22/280, 22/295, 22/313,
22/316, 22/331, 22/334, 22/364,
22/366, 22/375, 22/378, 22/380,
22/391, 22/393, 22/399, 22/401,
22/408, 22/419; 23/15, 23/16, 23/21,
23/31, 23/34, 23/34, 23/42; 24/15,
24/25, 24/37, 24/76, 24/80, 24/88,
24/90, 24/91, 24/92, 24/95, 24/97,
24/103, 24/106, 24/106, 24/107,
24/107, 24/107, 24/110, 24/114,
24/114, 24/117, 24/122, 24/130,
24/131, 24/149, 24/152, 24/173,
24/182, 24/183, 24/189; 25/34,
25/36, 25/41, 25/49, 25/55, 25/56,
25/61, 25/63, 25/64, 25/67, 25/82,
25/96, 25/98, 25/102, 25/105, 25/106,
25/112, 25/118, 25/147, 25/155,
25/159, 25/160, 25/161, 25/166,
25/179, 25/179, 25/180, 25/187,
25/189, 25/200; 26/1, 26/3, 26/5,
26/35, 26/39, 26/41, 26/41, 26/47,
26/59, 26/73, 26/101, 26/108, 26/112,
26/120; 27/30, 27/32, 27/35, 27/36,
27/43, 27/49, 27/86, 27/90, 27/99,
27/107, 27/125, 27/131, 27/144,
27/145, 27/150, 27/156; 28/5, 28/6,
28/11, 28/18, 28/21, 28/21, 28/22,
28/22, 28/27, 28/36, 28/45, 28/49,
28/52, 28/56, 28/58, 28/65, 28/67,
28/69, 28/70, 28/73, 28/76, 28/89,
28/90; 29/27, 29/36; 30/7, 30/18,
30/19, 30/50, 30/54, 30/71, 30/87,
30/91, 30/96, 30/103, 30/108, 30/117,
30/119, 30/120, 30/150, 30/182,
30/187, 30/191.

203 des cebz C: 1/16, 1/21, 1/39, 1/40, 1/41,
1/42, 1/57; 3/15, 3/18, 3/23, 3/26,
3/29, 3/30, 3/31; 4/6, 4/27, 4/77,
4/101, 4/101; 5/8, 5/8, 5/38, 5/42,
5/76; 6/16; 7/46, 7/46, 7/46, 7/47,
7/47, 7/47, 7/72; 8/41, 8/61; 9/9,
9/25, 9/45, 9/45; 10/5, 10/5, 10/27,
10/55; 11/25, 11/26, 11/26, 11/27,
11/31, 11/38, 11/41, 11/47, 11/54,
11/54, 11/70, 11/79; 12/15, 12/28,

12/28, 12/33, 12/38, 12/82, 12/84, 12/87, 12/120; 13/11, 13/53, 13/58; 14/12, 14/26, 14/38, 14/71, 14/71, 14/71, 14/72, 14/73, 14/74, 14/101, 14/108; 15/69; 16/21, 16/49, 16/50, 16/54, 16/54, 16/55, 16/56, 16/68, 16/72, 16/84, 16/89, 16/120, 16/120; 17/15, 17/19, 17/19, 17/19, 17/19, 17/20, 17/31, 17/31, 17/34, 17/48, 17/48, 17/60, 17/60, 17/92, 17/97, 17/97, 17/98, 17/101, 17/101, 17/110; 18/16, 18/17, 18/45, 18/55, 18/61, 18/64, 18/126, 18/138, 18/162, 18/168, 18/170, 18/172, 18/198; 19/9, 19/13, 19/65, 19/98, 19/105, 19/125, 19/150; 20/12, 20/42, 20/68, 20/98; 21/12, 21/19, 21/25, 21/64; 22/58, 22/62, 22/94, 22/151, 22/178, 22/205, 22/223, 22/224, 22/225, 22/226, 22/227, 22/229, 22/229, 22/262, 22/264, 22/325, 22/400, 22/405, 22/410, 22/410, 22/410, 22/411; 24/48, 24/49, 24/56, 24/56, 24/56, 24/60, 24/94, 24/154; 25/46, 25/57, 25/59, 25/78, 25/98, 25/100, 25/107, 25/108, 25/134, 25/145, 25/199, 25/212, 25/213; 26/119, 26/120; 27/23, 27/73, 27/122, 27/122, 27/158; 29/13, 29/14, 29/41; 30/32, 30/40, 30/46, 30/52, 30/136, 30/136, 30/136, 30/137, 30/137, 30/194, 30/194.

240 une ceez C: 1/16, 1/17, 1/18, 1/23, 1/24, 1/37, 1/47, 1/58, 1/69, 1/75, 1/76, 1/76; 2/16, 2/76; 3/5, 3/12, 3/42, 3/45, 3/45, 3/67, 3/80, 3/80; 4/32, 4/34, 4/55, 4/56, 4/60, 4/62, 4/64, 4/72, 4/88, 4/91; 5/14, 5/16, 5/29, 5/64, 5/67, 5/74; 6/5, 6/16, 6/24, 6/42; 7/1, 7/4, 7/20, 7/29, 7/31, 7/37, 7/37, 7/40, 7/43, 7/74; 8/33, 8/34, 8/65, 8/65, 8/97; 9/10, 9/21, 9/21, 9/35, 9/46, 9/50, 9/52; 10/22, 10/26, 10/29, 10/34, 10/70; 11/24, 11/25, 11/28, 11/32, 11/34, 11/35, 11/40, 11/43, 11/54, 11/56, 11/79,

11/93; 12/7, 12/14, 12/26, 12/72, 12/75, 12/94; 13/4, 13/19, 13/22, 13/48, 13/49, 13/50, 13/79; 14/24, 14/31, 14/70, 14/79, 14/90, 14/91, 14/105; 15/5, 15/7, 15/18, 15/24; 16/9, 16/28, 16/58, 16/59, 16/69, 16/71; 17/23, 17/29, 17/37, 17/40, 17/43, 17/47, 17/48, 17/49, 17/82, 17/83, 17/84, 17/98, 17/102, 17/104, 17/124; 18/9, 18/23, 18/29, 18/35, 18/42, 18/85, 18/121, 18/122, 18/128, 18/143, 18/159, 18/163, 18/189; 19/21, 19/58, 19/153, 19/159, 19/166, 19/166, 19/168, 19/198; 20/50, 20/64, 20/66; 21/15, 21/40; 22/4, 22/23, 22/25, 22/39, 22/60, 22/80, 22/81, 22/102, 22/140, 22/154, 22/186, 22/207, 22/209, 22/217, 22/220, 22/232, 22/239, 22/258, 22/270, 22/302, 22/303, 22/321, 22/336, 22/348, 22/362, 22/367, 22/377; 23/10, 23/20; 24/14, 24/20, 24/22, 24/29, 24/39, 24/85, 24/89, 24/92, 24/100, 24/109, 24/113, 24/125, 24/138, 24/140, 24/168, 24/190; 25/6, 25/25, 25/34, 25/35, 25/42, 25/53, 25/75, 25/130, 25/135, 25/141, 25/154, 25/167; 26/35, 26/47, 26/61, 26/87, 26/96, 26/118; 27/14, 27/17, 27/25, 27/80, 27/123, 27/159; 28/3, 28/25, 28/37, 28/64, 28/69, 28/70, 28/87, 28/90; 29/22, 29/24, 29/31, 29/32; 30/53, 30/59, 30/66, 30/68, 30/88, 30/142, 30/179.

2	de	cebz	C: 12/4; 16/36.
1	unième	cqaz	C: 21/t.
29	vingt	cpaz	C: 2/49; 4/45, 4/78, 4/100; 12/60, 12/64, 12/93; 14/53; 17/41; 18/91, 18/97, 18/192, 18/197; 19/116, 19/119, 19/139; 21/t; 22/t, 22/71; 23/t; 24/t; 25/t; 26/t, 26/118; 27/t; 28/t, 28/92; 29/t; 30/144.
1	vingts	cpbz	C: 25/129.
1	vingtième	cqaz	C: 20/t.

2 auquel djaz C: 11/6; 19/179.

30 autre dkaz C: 2/62; 3/58; 4/19, 4/40; 5/56; 6/14; 8/79; 9/35; 11/93; 13/7; 14/25, 14/90; 17/5, 17/97, 17/123; 20/4, 20/45, 20/61, 20/64; 22/78, 22/97; 23/16, 23/39; 24/29, 24/111; 25/105; 26/109; 27/5, 27/106, 27/150.

24 autres dkbz C: 2/27; 3/25; 5/78; 6/34; 10/6; 12/14, 12/15; 15/64; 16/71; 18/148; 19/12, 19/174, 19/194; 20/71, 20/92; 21/8, 21/9; 22/198, 22/224, 22/226; 23/42; 25/185; 26/50; 27/58.

141 ce dhjz C: 1/70; 2/1, 2/28, 2/58, 2/74; 3/1; 4/2, 4/24, 4/37, 4/61; 5/1, 5/84; 6/28; 7/2, 7/12, 7/13, 7/15, 7/46, 7/64, 7/70; 8/10, 8/51, 8/69; 9/1, 9/5, 9/26; 10/42, 10/45, 10/46; 11/32, 11/44, 11/58, 11/69, 11/70, 11/74, 11/82, 11/97; 12/10, 12/24; 13/25, 13/50, 13/59, 13/60, 13/72, 13/75; 14/16, 14/98, 14/102; 15/37, 15/49; 16/1, 16/34, 16/59, 16/106; 17/2, 17/68; 18/1, 18/28, 18/44, 18/48, 18/59, 18/71, 18/77, 18/126, 18/127, 18/139, 18/139, 18/140, 18/156, 18/180, 18/198, 18/201; 19/1, 19/35, 19/62, 19/81, 19/83, 19/105, 19/176; 20/1, 20/16, 20/76, 20/76; 21/17, 21/19, 21/53; 22/1, 22/18, 22/45, 22/98, 22/102, 22/175, 22/195, 22/196, 22/199, 22/203, 22/209, 22/262, 22/265, 22/267, 22/314, 22/314, 22/315, 22/320, 22/371, 22/423; 23/2, 23/16, 23/27, 23/43, 23/44; 24/49, 24/105, 24/111, 24/168; 25/9, 25/16, 25/30, 25/46, 25/113, 25/115, 25/151, 25/152, 25/157, 25/184, 25/206, 25/208; 26/47; 27/38, 27/72, 27/96, 27/107, 27/108, 27/109, 27/122; 28/1, 28/21; 30/88, 30/98, 30/130, 30/172.

118 c dhmz C: 1/7; 2/22, 2/28, 2/38, 2/41, 2/54, 2/75; 3/19; 4/40, 4/62; 6/33; 7/42, 7/50; 8/55, 8/102; 9/18, 9/22, 9/47; 10/40, 10/49; 11/24, 11/25, 11/43, 11/45, 11/49, 11/50,

			11/54, 11/65, 11/77, 11/87, 11/87; 12/22, 12/89; 13/9, 13/29; 14/4, 14/26, 14/31, 14/34, 14/77; 15/37, 15/49; 16/57, 16/60, 16/73, 16/73, 16/92, 16/94, 16/96, 16/101, 16/102; 17/60, 17/60, 17/86, 17/90, 17/118, 17/125; 18/28, 18/163; 19/27, 19/37, 19/42, 19/60, 19/63, 19/67, 19/91, 19/100, 19/183; 20/10, 20/76, 20/83; 21/15, 21/15; 22/39, 22/70, 22/76, 22/79, 22/99, 22/113, 22/120, 22/123, 22/125, 22/127, 22/129, 22/200, 22/236, 22/242, 22/258, 22/399; 23/10, 23/16, 23/31, 23/33, 23/54; 24/68, 24/70, 24/85, 24/105, 24/128, 24/174, 24/176, 24/189; 25/30, 25/151, 25/214, 25/218; 27/25, 27/39, 27/60, 27/73, 27/105, 27/106, 27/111, 27/111, 27/113; 30/59, 30/70, 30/174.
3	ceci	dhjz	C: 5/84; 18/75; 23/27.
27	cela	dhjz	C: 2/66; 3/53; 4/105; 5/54; 7/63; 8/7; 9/7; 14/39, 14/99; 15/67; 16/56, 16/90; 20/21, 20/55; 22/61, 22/104, 22/249, 22/261, 22/400; 23/40; 24/164, 24/184; 25/77, 25/191; 27/21, 27/76; 30/195.
18	celui	dhaz	C: 10/41; 12/4; 19/69, 19/152, 19/172; 20/82, 20/83; 22/58, 22/149, 22/401, 22/402; 23/38, 23/47; 24/90, 24/183; 25/168; 27/148; 30/151.
1	icelui	dhaz	C: 1/2.
8	ceux	dhbz	C: 1/46; 11/100; 13/23; 22/52; 25/153, 25/209; 26/79; 30/127.
9	celle	dhez	C: 8/66, 8/72; 11/12, 11/80; 12/14; 14/80, 14/80; 18/122; 29/40.
3	celles	dhgz	C: 11/88; 13/64; 18/119.
16	chacun	dkaz	C: 3/16; 10/14; 11/73; 13/15; 17/94; 19/84, 19/171, 19/199; 20/59; 22/146, 22/386, 22/390; 23/24; 26/118, 26/124; 30/177.
3	chacune	dkfz	C: 12/72; 18/103, 18/171.
4	chose	dkaz	C: 5/44; 11/114; 20/72; 23/6.
36	dont	djaz	C: 1/62; 3/66; 4/52; 8/12, 8/80,

8/100; 9/7; 11/27; 12/5; 13/27; 14/91; 15/21; 17/60; 18/21, 18/85, 18/202; 19/67, 19/129, 19/152, 19/187; 20/42, 20/84; 21/51; 22/46, 22/152, 22/179, 22/239, 22/332, 22/380; 24/152; 25/98, 25/104, 25/105, 25/177; 27/55; 30/126.

119 en cdaz C: 1/42; 2/31, 2/41, 2/49, 2/69; 3/6, 3/9, 3/38, 3/52, 3/58; 4/2, 4/15, 4/34, 4/52, 4/52, 4/61, 4/92, 4/104; 5/23, 5/49, 5/49; 6/12; 8/32, 8/34, 8/45; 9/29, 9/35; 10/6; 11/61, 11/71, 11/83; 12/13, 12/43, 12/48, 12/73, 12/112, 12/123; 14/3; 15/10, 15/64; 16/11, 16/56, 16/58, 16/66, 16/105; 17/27, 17/59, 17/111, 17/115, 17/126, 17/127; 18/4, 18/31, 18/36, 18/44, 18/53, 18/87, 18/93, 18/124, 18/136, 18/172, 18/174, 18/186; 19/6, 19/20, 19/57, 19/60, 19/89, 19/122; 20/37, 20/52, 20/78; 21/7, 21/37, 21/38, 21/43, 21/64; 22/3, 22/37, 22/50, 22/76, 22/192, 22/266, 22/326, 22/356; 24/29, 24/77, 24/93, 24/93, 24/133, 24/165, 24/168; 25/31, 25/34, 25/37, 25/49, 25/126, 25/132, 25/139, 25/196, 25/200; 26/19, 26/50, 26/85, 26/102; 27/10, 27/45, 27/66, 27/123, 27/147; 28/6; 29/23, 29/26, 29/42; 30/6, 30/16, 30/63, 30/67, 30/124.

386 je daaa C: 1/7; 2/17, 2/29, 2/37; 3/50, 3/52, 3/52, 3/56, 3/57, 3/74; 4/10, 4/15, 4/43, 4/59, 4/59, 4/82, 4/82, 4/102; 5/56, 5/63, 5/71, 5/93; 6/34, 6/34, 6/37; 7/10, 7/16, 7/24, 7/50, 7/63; 8/2, 8/8, 8/8, 8/8, 8/8, 8/9, 8/12, 8/22, 8/23, 8/24, 8/33, 8/41, 8/41, 8/55, 8/60, 8/61, 8/65, 8/66, 8/67, 8/67, 8/67, 8/68, 8/68, 8/70, 8/74, 8/74, 8/77, 8/80, 8/91, 8/92, 8/92, 8/93; 9/30, 9/46; 10/7, 10/20, 10/21, 10/44, 10/63, 10/64, 10/67; 11/2, 11/4, 11/4, 11/9, 11/20, 11/22, 11/28, 11/56,

11/63, 11/82, 11/97, 11/102, 11/106, 11/107, 11/113, 11/114; 12/3, 12/5, 12/6, 12/12, 12/18, 12/24, 12/30, 12/31, 12/33, 12/35, 12/48, 12/53, 12/85, 12/95, 12/96, 12/96, 12/97, 12/101, 12/112, 12/116, 12/117, 12/121; 13/12, 13/53; 14/21, 14/22, 14/30, 14/31, 14/35, 14/68, 14/94, 14/113, 14/118; 15/3, 15/12, 15/14, 15/17, 15/21, 15/23, 15/24, 15/26, 15/37, 15/37, 15/38, 15/40, 15/48, 15/56, 15/57; 16/13, 16/14, 16/17, 16/23, 16/41, 16/50, 16/52, 16/56, 16/59, 16/76, 16/87, 16/103, 16/106, 16/110, 16/111, 16/127, 16/131; 17/8, 17/9, 17/89, 17/127; 18/4, 18/4, 18/19, 18/49, 18/54, 18/144, 18/159, 18/161, 18/173, 18/185; 19/19, 19/21, 19/21, 19/31, 19/42, 19/49, 19/54, 19/61, 19/78, 19/79, 19/182; 20/25, 20/28, 20/29, 20/34, 20/36, 20/37, 20/53, 20/55, 20/74, 20/100, 20/100; 21/21, 21/21, 21/23, 21/26, 21/27, 21/31, 21/37, 21/38, 21/43, 21/51, 21/53; 22/31, 22/33, 22/33, 22/71, 22/85, 22/132, 22/133, 22/185, 22/189, 22/190, 22/248, 22/249, 22/282, 22/283, 22/286, 22/289, 22/292, 22/293, 22/323, 22/326, 22/328, 22/329, 22/330, 22/330, 22/339, 22/340, 22/340, 22/373, 22/390, 22/393, 22/409, 22/411, 22/413, 22/414; 23/17, 23/54, 23/55; 24/14, 24/16, 24/29, 24/46, 24/49, 24/51, 24/53, 24/69, 24/71, 24/74, 24/78, 24/82, 24/88, 24/96, 24/97, 24/99, 24/114, 24/124, 24/131, 24/143, 24/154, 24/155, 24/160, 24/164, 24/165, 24/169, 24/172, 24/173, 24/174, 24/183, 24/190; 25/17, 25/18, 25/28, 25/35, 25/36, 25/36, 25/38, 25/86, 25/91, 25/95, 25/101, 25/103, 25/106, 25/108, 25/112, 25/113, 25/119, 25/121, 25/123, 25/124, 25/127, 25/137, 25/143, 25/147, 25/155, 25/182, 25/184, 25/184, 25/184,

25/198, 25/200, 25/217; 26/19,
26/19, 26/44, 26/57, 26/63, 26/66,
26/66, 26/68, 26/72, 26/75, 26/79,
26/82, 26/86, 26/88, 26/91, 26/93,
26/96, 26/99, 26/103, 26/104, 26/107,
26/109, 26/112, 26/115; 27/12,
27/12, 27/16, 27/41, 27/55, 27/55,
27/59, 27/66, 27/67, 27/70, 27/72,
27/94, 27/95, 27/96, 27/104, 27/107,
27/108, 27/133, 27/140; 28/6, 28/7,
28/8, 28/10, 28/13, 28/14, 28/17,
28/20, 28/20, 28/24, 28/26, 28/30,
28/32, 28/35, 28/39, 28/44, 28/58,
28/59, 28/59, 28/63, 28/66, 28/67,
28/75, 28/76, 28/77, 28/81, 28/88,
28/99, 28/100; 29/31, 29/39, 29/43;
30/51, 30/79, 30/108, 30/124, 30/124,
30/127, 30/129, 30/130, 30/131,
30/144, 30/145, 30/168.

19 tu daab C: 3/58; 5/58; 14/18, 14/28; 16/13;
19/31, 19/47, 19/48, 19/59, 19/84,
19/85, 19/89; 27/31, 27/44, 27/123;
29/42, 29/45, 29/45; 30/98.

458 il daac C: 1/2, 1/6, 1/9, 1/11, 1/21,
1/32, 1/36, 1/49, 1/50, 1/51, 1/70;
2/5, 2/9, 2/22, 2/30, 2/33, 2/37,
2/40, 2/48, 2/48, 2/50, 2/52, 2/52.
2/56, 2/58, 2/61, 2/62, 2/63, 2/64,
2/71, 2/73, 2/74, 2/74, 2/76, 2/79;
3/2, 3/6, 3/13, 3/16, 3/17, 3/19,
3/29, 3/34, 3/36, 3/37, 3/38, 3/40,
3/41, 3/44, 3/48, 3/57, 3/57, 3/67,
3/77; 4/4, 4/16, 4/18, 4/32, 4/37,
4/37, 4/44, 4/54, 4/72, 4/78, 4/81,
4/86, 4/90, 4/91, 4/94, 4/98, 4/107,
4/108; 5/12, 5/14, 5/14, 5/15,
5/16, 5/18, 5/18, 5/22, 5/25, 5/31,
5/44, 5/51, 5/54, 5/60, 5/61, 5/67,
5/80, 5/84, 5/84, 5/85, 5/85; 6/41;
7/2, 7/2, 7/3, 7/12, 7/13, 7/40,

7/41, 7/42, 7/43, 7/43, 7/67, 7/69,
7/70; 8/18, 8/21, 8/23, 8/23, 8/25,
8/25, 8/27, 8/29, 8/32, 8/39, 8/40,
8/42, 8/59, 8/81, 8/86, 8/103;
9/5, 9/7, 9/8, 9/9, 9/11, 9/11,
9/17, 9/23, 9/27, 9/28, 9/29, 9/30,
9/30, 9/33; 10/10, 10/10, 10/16,
10/24, 10/35, 10/38; 11/30, 11/82,
11/96; 12/4, 12/5, 12/7, 12/9,
12/10, 12/12, 12/19, 12/24, 12/25,
12/34, 12/52, 12/70, 12/72, 12/76,
12/76, 12/82, 12/85, 12/87, 12/87,
12/88, 12/107, 12/115, 12/119,
12/124; 13/10, 13/20, 13/24, 13/25,
13/26, 13/27, 13/28, 13/29, 13/32,
13/34, 13/41, 13/42, 13/58, 13/65,
13/66; 14/5, 14/7, 14/8, 14/33,
14/41, 14/52, 14/59, 14/63, 14/67,
14/109, 14/110; 15/10, 15/11, 15/16,
15/33, 15/34, 15/50, 15/54, 15/55,
15/65, 15/70; 16/19, 16/27, 16/28,
16/29, 16/37, 16/38, 16/41, 16/45,
16/62, 16/81, 16/82, 16/86, 16/104,
16/105, 16/109, 16/123, 16/123,
16/126; 17/53, 17/54, 17/89, 17/107;
18/7, 18/17, 18/21, 18/44, 18/48,
18/57, 18/59, 18/61, 18/63, 18/76,
18/78, 18/83, 18/125, 18/128, 18/185,
18/188, 18/208; 19/19, 19/65, 19/66,
19/72, 19/77, 19/81, 19/82, 19/83,
19/88, 19/94, 19/104, 19/108, 19/114,
19/115, 19/115, 19/120, 19/120,
19/130, 19/136, 19/138, 19/138,
19/140, 19/141, 19/141, 19/142,
19/144, 19/145, 19/150, 19/152,
19/155, 19/158, 19/159, 19/160,
19/168, 19/170, 19/180, 19/181,
19/182, 19/185, 19/186, 19/191,
19/192, 19/198; 20/10, 20/12, 20/13,
20/14, 20/16, 20/17, 20/18, 20/20,
20/32, 20/33, 20/64, 20/74, 20/78,
20/89, 20/100; 21/14, 21/46; 22/5,
22/6, 22/7, 22/20, 22/22, 22/22,
22/24, 22/26, 22/27, 22/39, 22/42,
22/43, 22/48, 22/83, 22/122, 22/139,
22/195, 22/196, 22/197, 22/198,
22/199, 22/199, 22/200, 22/208,

22/219, 22/221, 22/234, 22/237,
22/239, 22/241, 22/244, 22/288,
22/303, 22/307, 22/309, 22/310,
22/311, 22/314, 22/315, 22/316,
22/320, 22/321, 22/334, 22/350,
22/353, 22/354, 22/355, 22/363,
22/368, 22/369, 22/395, 22/416,
22/416, 22/425; 23/29, 23/33, 23/34,
23/35, 23/44, 23/44, 23/44, 23/45,
23/46; 24/2, 24/2, 24/5, 24/8,
24/20, 24/27, 24/28, 24/28, 24/28,
24/54, 24/54, 24/66, 24/95, 24/98,
24/133, 24/160, 24/164; 25/26,
25/43, 25/43, 25/67, 25/69, 25/104,
25/110, 25/111, 25/115, 25/122,
25/125, 25/147, 25/159, 25/182,
25/186, 25/187, 25/188, 25/206,
25/206, 25/207, 25/208, 25/221;
26/9, 26/11, 26/12, 26/34, 26/45,
26/53, 26/61, 26/107, 26/130; 27/4,
27/27, 27/27, 27/29, 27/50, 27/51,
27/63, 27/68, 27/79, 27/93, 27/94,
27/130, 27/146, 27/147, 27/154;
28/30, 28/37, 28/43, 28/47, 28/47,
28/62, 28/69, 28/79, 28/87, 28/101;
29/29, 29/29, 29/38; 30/6, 30/6,
30/8, 30/26, 30/36, 30/37, 30/64,
30/64, 30/66, 30/132, 30/149, 30/171,
30/172, 30/182.

103 nous dabd C: 1/39, 1/41, 1/45; 2/24, 2/25,
2/35; 4/33, 4/67; 5/100; 9/14,
9/15, 9/36; 10/4, 10/5, 10/22,
10/40; 11/35, 11/46, 11/46, 11/50,
11/58, 11/69, 11/72, 11/79, 11/81,
11/90; 12/69, 12/79, 12/81, 12/83;
13/35; 14/18, 14/18, 14/63; 15/23,
15/25, 15/34, 15/49, 15/69; 16/73,
16/74, 16/80, 16/95, 16/96; 17/10,
17/10, 17/14, 17/27, 17/27, 17/30,
17/31, 17/77, 17/110, 17/111, 17/112;
18/5, 18/21, 18/32, 18/33, 18/48,
18/49, 18/58, 18/59, 18/60, 18/63,
18/70, 18/71, 18/71, 18/95, 18/145,
18/147, 18/147, 18/148, 18/150,
18/151, 18/152, 18/181, 18/208,
18/211, 18/212; 19/22, 19/39, 19/41,

19/53, 19/56, 19/84, 19/127; 21/31; 22/16, 22/186; 23/18; 25/199; 26/18, 26/55, 26/63; 27/9, 27/18, 27/24; 28/91, 28/91; 30/57, 30/95, 30/151.

213 vous dabe C: 2/17, 2/20, 2/28, 2/32, 2/35, 2/41; 3/47, 3/47, 3/54; 4/9, 4/12, 4/23, 4/49, 4/52; 5/54, 5/55; 6/38; 7/23, 7/50, 7/60, 7/60, 7/61, 7/64, 7/65, 7/66; 8/15, 8/36, 8/76, 8/97; 9/37; 10/54, 10/54, 10/58, 10/59, 10/62, 10/63, 10/66, 10/68, 10/68, 10/68; 11/58, 11/83; 12/19, 12/21, 12/37, 12/39, 12/41, 12/41, 12/73, 12/73, 12/75, 12/118; 13/47, 13/51, 13/74, 13/74, 13/79; 14/15, 14/20, 14/24, 14/40, 14/60, 14/87, 14/93, 14/106, 14/106, 14/112, 14/114; 15/13, 15/39; 16/43, 16/43, 16/45, 16/47, 16/48, 16/57, 16/58, 16/91, 16/97, 16/100, 16/101, 16/102, 16/103, 16/109, 16/110, 16/111; 17/4, 17/110, 17/112, 17/113, 17/117, 17/118, 17/119; 18/44, 18/45, 18/51, 18/67, 18/72, 18/85, 18/86, 18/146, 18/159, 18/165, 18/167, 18/173, 18/187; 19/16, 19/43, 19/56, 19/108, 19/117, 19/122; 20/21, 20/26, 20/30, 20/87; 21/4, 21/13, 21/28, 21/33, 21/38, 21/39, 21/49, 21/56, 21/63, 21/67; 22/65, 22/73, 22/105, 22/107, 22/126, 22/141, 22/141, 22/183, 22/193, 22/245, 22/274, 22/279, 22/284, 22/286, 22/289, 22/291, 22/291, 22/316, 22/339, 22/359, 22/359, 22/374, 22/388, 22/388, 22/394; 23/8, 23/11; 24/18, 24/24, 24/45, 24/53, 24/71, 24/75, 24/88, 24/104, 24/114, 24/119, 24/123, 24/125, 24/125, 24/126, 24/127, 24/137, 24/140, 24/141, 24/165, 24/175, 24/179; 25/96, 25/119, 25/143, 25/204, 25/207; 26/62; 27/63, 27/104, 27/116, 27/125, 27/126, 27/134, 27/135; 28/7, 28/8, 28/31, 28/32, 28/55, 28/56, 28/94, 28/96, 28/97, 28/97; 30/81, 30/82,

30/86, 30/87, 30/88, 30/126, 30/142, 30/160, 30/167, 30/170, 30/186, 30/189, 30/190, 30/191, 30/192, 30/193.

126 ils dabf C: 1/20, 1/21; 2/14; 4/29, 4/72, 4/99, 4/99, 4/101; 5/30, 5/30, 5/32, 5/34, 5/35, 5/76, 5/77; 6/18, 6/23; 7/29, 7/45, 7/45, 7/56; 8/4, 8/100, 8/101; 9/51, 9/56; 11/38, 11/45, 11/53, 11/85; 12/61, 12/66, 12/67, 12/80; 14/22, 14/41, 14/43, 14/86, 14/91, 14/99, 14/100, 14/100, 14/119, 14/122, 14/123; 15/19, 15/20, 15/21; 16/7, 16/8, 16/21, 16/22, 16/50, 16/65, 16/65, 16/68, 16/115, 16/131; 17/2, 17/3, 17/15, 17/17, 17/22, 17/34, 17/41, 17/44, 17/80, 17/109, 17/123; 18/1, 18/8, 18/26, 18/30, 18/62, 18/104, 18/138, 18/141, 18/179, 18/196, 18/202; 19/4, 19/25, 19/46, 19/50, 19/67, 19/70, 19/97, 19/193; 20/7, 20/41, 20/67, 20/95, 20/96, 20/97, 20/98, 20/98; 21/37, 21/57, 21/58, 21/64, 21/71; 22/266, 22/298; 23/2, 23/19; 24/164, 24/178; 25/28, 25/31, 25/78, 25/196; 26/2; 27/112, 27/142, 27/142, 27/143, 27/158; 28/52; 29/4, 29/6, 29/10; 30/71, 30/73, 30/93, 30/129, 30/134.

136 j dada C: 2/33; 3/51; 4/50; 5/57; 7/61; 8/2, 8/6, 8/9, 8/14, 8/36, 8/38, 8/54, 8/55, 8/84, 8/96, 8/98; 10/45, 10/45, 10/46, 10/51, 10/65; 11/11, 11/49, 11/52, 11/62, 11/62, 11/63, 11/108, 11/112, 11/114; 12/6, 12/16, 12/20, 12/43, 12/55, 12/92, 12/99, 12/101, 12/102, 12/109, 12/110, 12/114, 12/117, 12/121; 13/53, 13/53; 14/29; 15/2, 15/14, 15/45, 15/55; 16/14, 16/31, 16/32, 16/82, 16/86, 16/128; 17/9, 17/27; 18/19; 19/33, 19/49, 19/90, 19/91; 20/37, 20/52; 21/6, 21/14, 21/18, 21/18, 21/19, 21/54; 22/32, 22/96, 22/118,

22/140, 22/260, 22/281, 22/319, 22/329, 22/332, 22/339, 22/341, 22/341, 22/393, 22/410; 24/8, 24/71, 24/75, 24/81, 24/103, 24/119, 24/129, 24/145, 24/151, 24/176; 25/38, 25/48, 25/57, 25/70, 25/77, 25/92, 25/123, 25/125, 25/126, 25/126, 25/168, 25/188; 26/17, 26/20, 26/67, 26/69, 26/75, 26/76, 26/78, 26/83, 26/86, 26/99, 26/101, 26/108, 26/111, 26/112, 26/113, 26/114; 27/10, 27/59, 27/109, 27/110; 28/17, 28/53, 28/78; 29/40, 29/40, 29/42, 29/43; 30/126.

196 il daec C: 1/3, 1/32, 1/36, 1/47; 2/38, 2/62; 3/50, 3/51; 4/11, 4/68, 4/84, 4/98; 5/86, 5/91, 5/99; 6/6, 6/36, 6/38, 6/40; 7/6, 7/15, 7/57, 7/63; 8/3, 8/24, 8/37, 8/42, 8/51, 8/52, 8/58, 8/77; 9/6, 9/21, 9/31, 9/35, 9/43, 9/47; 10/23, 10/41; 11/27, 11/56, 11/67, 11/86; 12/63, 12/73, 12/84, 12/104, 12/123; 13/43, 13/48, 13/81; 14/13, 14/54, 14/96, 14/105; 15/13, 15/28, 15/57, 15/61, 15/62; 16/49, 16/98; 17/17, 17/18, 17/42, 17/59, 17/77, 17/114, 17/126, 17/126; 18/31, 18/42, 18/48, 18/53, 18/59, 18/70, 18/78, 18/78, 18/86, 18/92, 18/105, 18/124, 18/125, 18/143, 18/161, 18/166, 18/180, 18/194; 19/14, 19/17, 19/28, 19/60, 19/68, 19/83, 19/114, 19/143, 19/166, 19/178, 19/179, 19/186, 19/194; 20/26, 20/28, 20/30, 20/46, 20/54, 20/72, 20/72, 20/86, 20/90; 21/7, 21/17, 21/25, 21/55, 21/69; 22/3, 22/53, 22/76, 22/90, 22/111, 22/175, 22/202, 22/204, 22/211, 22/222, 22/252, 22/280, 22/294, 22/318, 22/338, 22/344, 22/406, 22/418; 23/15, 23/41, 23/56; 24/16, 24/32, 24/52, 24/89, 24/130, 24/151, 24/168, 24/170, 24/181; 25/22, 25/29, 25/30, 25/37, 25/57, 25/81, 25/91, 25/98, 25/109, 25/131, 25/131, 25/132,

25/134, 25/139, 25/150, 25/191, 25/208, 25/211, 25/214, 25/216; 26/10, 26/20, 26/106, 26/125; 27/9, 27/11, 27/23, 27/45, 27/66, 27/73, 27/83, 27/137, 27/153; 28/16, 28/18, 28/31, 28/33, 28/70, 28/83, 28/88; 29/22; 30/12, 30/20, 30/27, 30/91, 30/100, 30/102, 30/106, 30/168, 30/181, 30/195.

108 elle	dafc	C: 1/61, 1/62, 1/62, 1/65, 1/68, 1/69, 1/74, 1/81, 1/82; 4/19, 4/24, 4/27, 4/46, 4/52, 4/52, 4/73; 7/4, 7/5, 7/8, 7/20, 7/21, 7/22, 7/25, 7/27, 7/28, 7/31, 7/36, 7/72, 7/73; 8/17, 8/95, 8/95; 9/14, 9/20; 10/18, 10/48, 10/58; 11/34, 11/85; 12/42, 12/42; 13/5, 13/6, 13/26, 13/28, 13/29, 13/30, 13/62, 13/74, 13/78, 13/79; 14/16, 14/16; 15/9, 15/46, 15/46; 17/36, 17/81; 18/38, 18/94, 18/191; 19/45, 19/178; 22/84, 22/101, 22/103, 22/134, 22/139, 22/153, 22/169, 22/274, 22/324, 22/329, 22/357, 22/361; 24/42, 24/62, 24/63, 24/93, 24/173; 26/13, 26/14, 26/16, 26/32, 26/49; 27/29, 27/30, 27/31, 27/35, 27/39, 27/40, 27/43, 27/60, 27/82, 27/155; 28/44, 28/50, 28/51, 28/72, 28/75; 29/19, 29/25, 29/27, 29/41, 29/41; 30/9, 30/104, 30/179.
9 elles	dagf	C: 5/87; 11/70; 13/66; 15/26; 18/170; 22/92, 22/93; 23/12; 25/12.
3 le	dcac	C: 1/8; 8/21, 8/95.
1 duquel	djaz	C: 19/192.
14 lequel	djaz	C: 5/31, 5/88; 8/47, 8/90; 12/27, 12/70; 16/42; 18/13, 18/128; 22/74; 26/101; 28/41; 30/8, 30/51.
2 lesquels	djbz	C: 6/17; 20/41.
5 laquelle	djfz	C: 11/43, 11/55; 18/167; 21/16; 22/8.
1 lesquelles	djgz	C: 30/56.
71 me	dcaa	C: 4/52; 8/7, 8/7, 8/8, 8/18,

8/21, 8/23, 8/29, 8/35, 8/40, 8/44, 8/74; 9/46; 10/9, 10/21; 11/17, 11/95, 11/106, 11/107, 11/113; 12/7, 12/8, 12/8, 12/8, 12/34, 12/34, 12/35, 12/52, 12/52, 12/53, 12/92, 12/100, 12/101, 12/115, 12/116; 13/12; 14/18, 14/39; 16/14, 16/130; 18/83; 19/44, 19/78, 19/109; 21/20, 21/21; 22/31, 22/199, 22/200, 22/343, 22/359, 22/390; 24/76, 24/84, 24/146, 24/147, 24/153, 24/169; 25/50, 25/101, 25/124, 25/184; 26/79; 28/11, 28/24, 28/37, 28/50, 28/64, 28/66, 28/79; 29/45.

3 te dcab C: 19/31, 19/46; 29/43.

104 le dcac C: 1/50, 1/73; 2/11, 2/14, 2/30, 2/44, 2/45, 2/57, 2/57, 2/72; 3/37, 3/46, 3/57, 3/57, 3/68; 4/5, 4/16, 4/82, 4/90; 5/13, 5/19, 5/19, 5/25, 5/53, 5/80; 7/20, 7/28, 7/32; 8/46, 8/67; 9/33, 9/34; 10/34, 10/51; 11/63; 12/33, 12/61; 13/23, 13/24; 14/25, 14/68; 15/12, 15/14, 15/67; 16/96; 17/28, 17/104; 18/58, 18/60, 18/112, 18/126; 19/97, 19/103, 19/120, 19/130, 19/134, 19/134, 19/153, 19/193, 19/193, 19/196; 20/55, 20/65; 21/17, 21/26; 22/28, 22/44, 22/45, 22/214, 22/233, 22/273, 22/307; 23/46, 23/47; 24/4, 24/60, 24/192; 25/71, 25/120, 25/121, 25/171, 25/182, 25/223; 26/6, 26/20, 26/24, 26/60, 26/63, 26/124; 27/16, 27/67, 27/69, 27/150; 28/67, 28/75, 28/76, 28/77; 30/4, 30/5, 30/12, 30/13, 30/66, 30/93, 30/129.

21 nous dcbd C: 11/37; 12/59, 12/64, 12/71, 12/85, 12/88, 12/107; 15/7, 15/27; 16/110; 17/16, 17/112; 18/36, 18/45; 19/40; 21/48; 22/190, 22/374; 27/50, 27/51; 28/94.

45 vous dcbe C: 2/24; 4/81; 6/36; 7/50, 7/51; 8/68, 8/90, 8/92, 8/93, 8/94, 8/96,

8/96; 10/44, 10/54; 12/31, 12/122; 13/76, 13/77; 14/13, 14/22; 15/27, 15/40, 15/68; 16/46; 18/84, 18/84, 18/175, 18/176, 18/177; 19/78; 21/38; 22/140, 22/281, 22/356, 22/359, 22/391, 22/394, 22/414; 24/79, 24/124; 27/133; 28/30, 28/93; 30/85, 30/95.

81 les	dcbf	C: 2/3, 2/30; 5/82, 5/82; 7/44, 7/48; 8/99; 9/44; 11/41, 11/99, 11/100; 12/66, 12/76, 12/91; 13/64, 13/65, 13/68; 14/39; 16/17, 16/26, 16/67, 16/68, 16/121; 17/40, 17/57, 17/64, 17/69, 17/70, 17/72, 17/93, 17/121, 17/122; 18/66, 18/82, 18/98, 18/99, 18/101, 18/114, 18/114, 18/132, 18/204; 19/46, 19/117, 19/170, 19/198; 20/42, 20/61; 22/43, 22/91, 22/91, 22/92, 22/107, 22/153, 22/161, 22/162, 22/297, 22/335, 22/369, 22/370, 22/418; 24/52, 24/54, 24/55, 24/166, 24/179; 25/13, 25/17, 25/28, 25/38, 25/143; 26/84; 27/87, 27/93, 27/125, 27/149; 29/14, 29/21, 29/37; 30/81, 30/90, 30/145.
37 m	dcda	C: 3/59; 4/25; 5/98; 7/61; 8/21, 8/35, 8/39, 8/60, 8/73, 8/81; 9/30; 11/5; 12/7, 12/18, 12/52, 12/96, 12/119; 13/35; 15/47; 18/4; 19/52; 21/33; 24/75, 24/97, 24/98; 25/23; 26/20, 26/68, 26/77, 26/92, 26/109, 26/110, 26/111; 27/30; 28/8, 28/36, 28/81.
4 t	dcdb	C: 19/36, 19/91; 20/100; 29/39.
77 l	dcdc	C: 1/20; 2/37, 2/57; 3/29, 3/37, 3/42, 3/56, 3/67, 3/73; 4/28, 4/43, 4/54, 4/55, 4/57, 4/57; 5/13, 5/17, 5/23; 6/14, 6/35, 6/42; 7/53; 8/24; 10/64; 11/23, 11/30; 12/5, 12/28, 12/41, 12/57; 13/29, 13/30, 13/42; 15/30, 15/33, 15/38, 15/38, 15/48, 15/52; 16/33, 16/76; 17/119; 18/12, 18/30, 18/140, 18/157; 19/19, 19/73,

		19/97, 19/145; 20/36; 21/31, 21/40; 22/38, 22/61, 22/86, 22/186, 22/349; 23/38; 24/27, 24/65, 24/69; 25/44, 25/81; 26/6, 26/10; 27/42, 27/69, 27/92, 27/93; 28/7, 28/40, 28/58; 29/26; 30/14, 30/16, 30/79.
35 la	dcfc	C: 1/24, 1/53; 4/29, 4/56, 4/56, 4/59, 4/71, 4/72; 7/42, 7/75; 8/14, 8/15; 11/92, 11/93, 11/93; 14/21; 15/53, 15/65; 16/107; 22/85, 22/216, 22/282, 22/288, 22/289, 22/290, 22/311, 22/330, 22/330, 22/357; 24/27, 24/28, 24/28, 24/92, 24/110; 29/28.
62 me	ddaa	C: 2/17; 3/73; 7/53, 7/65; 8/11, 8/40, 8/40, 8/42, 8/59, 8/75, 8/81, 8/86; 9/28; 10/3; 11/15, 11/17, 11/44, 11/47, 11/65, 11/66; 12/8, 12/9, 12/12, 12/15, 12/24, 12/30, 12/87, 12/93; 13/34; 15/16, 15/41; 16/16, 16/52; 19/45, 19/53; 22/83, 22/118, 22/279, 22/289, 22/344, 22/345, 22/345; 23/16; 24/137, 24/153, 24/155; 25/31, 25/70, 25/77; 26/71; 28/23, 28/33, 28/37, 28/45, 28/60, 28/64, 28/69, 28/79, 28/101; 29/33; 30/126, 30/150.
156 lui	ddac	C: 1/50, 1/69, 1/70, 1/74; 2/19, 2/41, 2/44, 2/47, 2/49, 2/58, 2/66, 2/67, 2/70, 2/71, 2/76; 3/34, 3/41, 3/42, 3/46, 3/54, 3/62, 3/68, 3/68, 3/69; 4/17, 4/18, 4/87, 4/95; 5/14, 5/23, 5/54, 5/73, 5/103; 6/42; 7/4, 7/5, 7/5, 7/8, 7/14, 7/19, 7/20, 7/23, 7/43, 7/50, 7/67, 7/69, 7/69; 8/20, 8/33, 8/41; 10/34, 10/58; 11/81; 12/4, 12/11, 12/24, 12/27; 13/4, 13/7, 13/13, 13/25, 13/41, 13/41, 13/44; 14/47, 14/68, 14/87; 15/34, 15/43, 15/50, 15/61, 15/66; 16/11, 16/42; 17/70, 17/70; 18/3, 18/59, 18/124, 18/126, 18/127; 19/30, 19/76, 19/83, 19/96, 19/98, 19/104, 19/105, 19/143, 19/145, 19/168, 19/172, 19/176, 19/180;

20/16; 22/15, 22/17, 22/36, 22/50, 22/52, 22/63, 22/98, 22/102, 22/235, 22/244, 22/248, 22/259, 22/274, 22/278, 22/290, 22/308, 22/309, 22/310, 22/316, 22/328, 22/330, 22/356, 22/387, 22/395, 22/400, 22/416; 23/24, 23/31, 23/33, 23/40; 24/22, 24/23, 24/32, 24/43, 24/63, 24/67, 24/91, 24/160; 25/159, 25/170, 25/194; 26/7, 26/11, 26/31, 26/36, 26/42, 26/53, 26/120; 27/29, 27/31, 27/90, 27/146, 27/151, 27/151; 28/76, 28/77, 28/95; 29/39; 30/27, 30/94, 30/122.

30 nous ddbd C: 4/69; 9/17; 10/15; 11/45; 12/61, 12/77, 12/77, 12/87, 12/88, 12/107; 13/10; 15/9, 15/61; 16/35, 16/60, 16/77, 16/94, 16/113; 17/112; 18/28, 18/59; 19/19, 19/38, 19/40, 19/41; 21/44; 27/22, 27/69; 28/85; 30/95.

47 vous ddbe C: 2/35; 4/11; 6/40; 7/23, 7/24, 7/52, 7/63, 7/64; 8/70, 8/91, 8/97; 9/12; 10/16, 10/67; 11/56; 12/74, 12/118; 14/113, 14/118; 15/26; 16/76, 16/106, 16/109, 16/110, 16/111; 17/89; 18/54, 18/87, 18/180, 18/187; 20/34; 21/51; 22/71, 22/195; 23/14; 24/27, 24/29, 24/74, 24/101, 24/164; 25/95; 26/19, 26/63; 27/55, 27/104; 28/4, 28/8.

44 leur ddbf C: 2/16; 3/26; 4/100; 5/31, 5/79; 7/48; 8/48; 10/54, 10/71; 12/70, 12/70, 12/81; 14/41, 14/54, 14/55, 14/81, 14/82; 16/26, 16/87, 16/88, 16/119, 16/119, 16/120; 17/78; 18/16, 18/83, 18/116, 18/159, 18/195; 19/1, 19/14, 19/72, 19/170, 19/197, 19/198; 22/56, 22/57; 24/54; 25/80; 26/85; 27/141; 30/50, 30/112, 30/133.

32 m ddda C: 2/29; 4/44; 7/64; 10/6, 10/12; 11/16; 12/24, 12/25, 12/109; 15/46, 15/47; 16/130; 19/57; 20/23; 21/17; 22/119, 22/135, 22/237, 22/241,

22/261, 22/280; 24/45, 24/126, 24/152; 25/80, 25/122; 26/83, 26/100; 27/45, 27/123; 28/31; 30/87.

15 me deaa C: 4/59; 5/63; 12/85; 17/127; 19/42; 22/190, 22/293; 24/53; 26/93, 26/103; 28/20, 28/66, 28/101; 30/108, 30/130.

2 te deab C: 30/98, 30/107.

146 se deac C: 1/56, 1/72, 1/77; 2/5, 2/7, 2/27, 2/31, 2/55, 2/63; 3/1, 3/11, 3/13, 3/63, 3/71, 3/77; 4/21, 4/83, 4/86, 4/102; 5/22, 5/32, 5/41, 5/76; 6/41; 7/4, 7/45, 7/47; 8/7, 8/19, 8/19, 8/76, 8/78, 8/99, 8/100; 9/9, 9/26, 9/40; 10/42, 10/56; 11/11, 11/38, 11/39, 11/80, 11/94, 11/99, 11/103, 11/110; 12/5, 12/37, 12/65, 12/120; 13/1, 13/44, 13/45, 13/70, 13/81, 13/82; 14/48, 14/86, 14/90, 14/99; 15/21, 15/32, 15/54, 15/67; 16/9, 16/20, 16/22, 16/124; 17/11, 17/22, 17/23, 17/36, 17/42, 17/43, 17/84, 17/84, 17/93, 17/109; 18/56, 18/106, 18/133, 18/155; 19/4, 19/9, 19/88, 19/90, 19/95, 19/107, 19/140, 19/154, 19/155, 19/166, 19/176, 19/185; 20/32, 20/71, 20/98, 20/98; 21/29, 21/56; 22/5, 22/7, 22/18, 22/60, 22/124, 22/143, 22/155, 22/156, 22/161, 22/167, 22/238, 22/244, 22/253, 22/263, 22/351, 22/377, 22/381; 24/134, 24/158, 24/170; 25/24, 25/54, 25/56, 25/63, 25/100, 25/131, 25/147; 26/3, 26/9, 26/26, 26/34, 26/40; 27/31, 27/62, 27/79, 27/148; 28/19, 28/30, 28/78; 29/12, 29/29, 29/37; 30/122, 30/127, 30/177.

2 nous debd C: 11/35; 19/41.

7 vous debe C: 13/50; 16/45; 20/26; 24/105; 25/119; 28/33, 28/55.

5 m deda C: 12/31; 16/41; 26/66, 26/75;

30/129.

1 t	dedb	C: 29/43.
119 s	dedc	C: 1/64, 1/77, 1/78, 1/81; 2/8, 2/9, 2/14, 2/52, 2/53, 2/73; 3/28, 3/44, 3/72; 4/20, 4/36, 4/37, 4/60, 4/103, 4/108; 5/7, 5/11, 5/25, 5/26, 5/36, 5/39, 5/47, 5/49, 5/50; 6/41; 7/33; 8/29, 8/31, 8/34; 9/14, 9/21, 9/51; 10/35; 11/33, 11/97, 11/114; 12/19, 12/123; 14/7, 14/96, 14/97, 14/100; 15/10; 16/7, 16/62, 16/64, 16/76, 16/79, 16/116, 16/116; 17/36, 17/37, 17/39, 17/57, 17/77, 17/82, 17/85; 18/106, 18/125; 19/9, 19/59, 19/67, 19/70, 19/71, 19/97, 19/111, 19/191; 20/2, 20/3, 20/7, 20/67, 20/85; 22/2, 22/4, 22/44, 22/50, 22/86, 22/114, 22/166, 22/198, 22/234, 22/266, 22/300, 22/382, 22/406, 22/407, 22/416; 23/15, 23/26; 25/13, 25/78, 25/130, 25/219; 26/30, 26/36, 26/41; 27/5, 27/6, 27/88, 27/99, 27/103, 27/140, 27/142; 28/47, 28/52, 28/62; 29/23; 30/6, 30/74, 30/75, 30/75, 30/76, 30/77, 30/104, 30/113.
1 me	dfaa	C: 8/66.
12 se	dfac	C: 4/101; 6/32; 12/124; 17/108; 19/118, 19/123, 19/147; 24/109, 24/136; 25/40, 25/72, 25/175.
1 nous	dfbd	C: 11/46.
1 vous	dfbe	C: 24/24.
1 m	dfda	C: 8/74.
2 s	dfdc	C: 1/23; 30/150.
1 mien	dgaa	C: 10/52.

2 nôtre	dgad	C: 10/42; 17/125.
1 vôtre	dgae	C: 29/33.
1 leur	dgaf	C: 21/68.
1 siens	dgbc	C: 18/155.
1 leurs	dgbf	C: 24/181.
1 mienne	dgfa	C: 19/50.
2 sienne	dgfc	C: 1/67; 15/52.
3 miennes	dgga	C: 10/55; 12/117; 25/69.
1 siennes	dggc	C: 17/104.
23 moi	dbaa	C: 8/47; 12/22; 16/103; 19/86; 21/27; 22/248, 22/395; 24/70, 24/86, 24/96; 25/79, 25/168, 25/175, 25/185, 25/217; 26/57, 26/62, 26/63, 26/88; 27/12, 27/55; 28/88, 28/88.
3 lui	dbac	C: 5/14; 9/50; 19/195.
6 nous	dbbd	C: 10/8; 16/98; 17/16; 19/52; 27/111, 27/111.
18 vous	dbbe	C: 2/26; 4/10, 4/10; 7/50; 9/37; 14/102, 14/102, 14/103, 14/104, 14/104; 15/39; 19/79; 20/20; 24/68; 26/56, 26/108; 28/29; 30/82.
2 eux	dbbf	C: 18/202; 30/135.
4 elle	dbfc	C: 7/20, 7/42; 10/57; 13/7.
13 moi	dcaa	C: 6/43; 11/42; 12/9, 12/125; 15/6; 17/5; 18/83; 19/109; 22/392, 22/412; 26/43; 27/125, 27/127.
1 lui	dcac	C: 19/104.
3 nous	dcbd	C: 12/85; 19/126; 24/103.

4 vous	dcbe	C: 7/16; 13/75; 14/98; 16/108.
2 elle	dcfc	C: 11/30; 25/37.
34 moi	ddaa	C: 4/59; 5/63; 7/27; 8/29, 8/54, 8/83, 8/93; 9/7, 9/15; 10/64; 11/21, 11/27, 11/33, 11/62, 11/68; 14/35, 14/63; 15/16, 15/23; 16/45; 18/179; 20/26, 20/28; 21/20; 22/360; 23/55; 24/81; 25/57, 25/113, 25/143; 26/55; 27/65; 28/61, 28/63.
1 toi	ddab	C: 19/90.
29 lui	ddac	C: 2/54; 3/68, 3/72; 5/22, 5/89; 6/32; 7/28; 8/49; 11/96; 12/58, 12/124; 18/74; 19/88, 19/89, 19/107, 19/163; 20/85; 22/27, 22/48, 22/72, 22/244; 23/36; 24/28; 25/110, 25/115, 25/126; 26/74; 28/37, 28/52.
12 nous	ddbd	C: 4/74, 4/85; 10/11; 11/37; 14/11; 15/70; 17/112; 22/250; 26/8, 26/124; 30/86, 30/146.
13 vous	ddbe	C: 4/46; 7/10; 8/94; 12/43, 12/115; 13/48, 13/50; 14/113; 22/293, 22/391, 22/395; 24/102; 30/109.
15 eux	ddbf	C: 5/30, 5/79; 12/84; 14/21, 14/84; 16/10; 18/204; 19/71; 22/174; 26/118; 27/25, 27/88, 27/97, 27/101; 28/53.
8 elle	ddfc	C: 1/83; 16/17; 22/66, 22/86, 22/233, 22/285, 22/328; 24/14.
2 elles	ddgf	C: 14/17; 25/22.
2 soi	ddnc	C: 4/37; 19/112.
4 nous	debd	C: 17/28, 17/29, 17/33; 18/211.
4 vous	debe	C: 2/24; 12/122; 22/327; 26/21.
244 on	dkjc	C: 1/8, 1/57, 1/71; 2/30, 2/31, 2/31, 2/41, 2/44, 2/44, 2/45, 2/47, 2/49, 2/58, 2/63, 2/68, 2/70, 2/71,

2/72; 3/25, 3/36, 3/36, 3/42, 3/66, 3/70; 4/28, 4/76, 4/83, 4/96; 5/80; 6/1, 6/10, 6/12, 6/17, 6/19, 6/26, 6/40; 7/31, 7/51, 7/51, 7/54; 8/27, 8/43, 8/60, 8/90, 8/100; 9/3, 9/39, 9/40, 9/52, 9/52; 10/26, 10/27, 10/28, 10/33, 10/42, 10/60, 10/61; 11/5, 11/23, 11/41, 11/48, 11/48, 11/55, 11/61, 11/71, 11/89, 11/103, 11/104; 12/12, 12/15, 12/27, 12/51, 12/61, 12/62, 12/77, 12/78, 12/78, 12/91, 12/105; 13/4, 13/16, 13/57, 13/68, 13/68, 13/71, 13/77; 14/3, 14/24, 14/25, 14/45, 14/48, 14/68, 14/69, 14/80, 14/81; 15/4, 15/5, 15/62, 15/70; 16/95; 17/78, 17/86, 17/88, 17/93; 18/57, 18/89, 18/93, 18/106, 18/107, 18/108, 18/116, 18/124, 18/125, 18/126, 18/132, 18/135, 18/135, 18/154, 18/156, 18/160, 18/172, 18/176, 18/193; 19/38, 19/40, 19/41, 19/57, 19/64, 19/69, 19/90, 19/92, 19/180, 19/187; 20/43, 20/57, 20/59, 20/62, 20/75; 21/3, 21/8, 21/8, 21/10, 21/20, 21/25, 21/29, 21/29, 21/34, 21/36, 21/40, 21/44; 22/25, 22/41, 22/46, 22/49, 22/59, 22/82, 22/88, 22/90, 22/91, 22/92, 22/97, 22/98, 22/111, 22/114, 22/115, 22/145, 22/171, 22/178, 22/181, 22/203, 22/205, 22/205, 22/210, 22/228, 22/240, 22/371, 22/380, 22/392, 22/396; 23/8, 23/29, 23/31, 23/33, 23/35, 23/40, 23/50, 23/50, 23/51, 23/52; 24/111, 24/134, 24/136, 24/169, 24/170, 24/186, 24/188; 25/30, 25/34, 25/49, 25/63, 25/64, 25/70, 25/76, 25/76, 25/151, 25/152, 25/152; 26/54, 26/69, 26/77, 26/84, 26/85, 26/109, 26/110, 26/111, 26/125; 27/19, 27/77, 27/144, 27/157; 28/11, 28/25, 28/33, 28/34, 28/35, 28/39, 28/79; 29/9, 29/9, 29/20; 30/14, 30/16, 30/18, 30/36, 30/39, 30/42, 30/43, 30/46, 30/46, 30/48, 30/114, 30/115, 30/122, 30/130.

1	où	diaz	C: 12/83.
31	où	djaz	C: 4/16, 4/88; 5/29; 11/46, 11/85; 12/65, 12/110; 15/3; 16/8; 17/88, 17/124, 17/126; 18/21, 18/144, 18/144; 19/31, 19/92; 20/48; 21/7, 21/8, 21/8, 21/10, 21/16; 22/118, 22/252, 22/352, 22/409, 22/413; 24/34, 24/69; 25/51.
16	personne	dkaz	C: 4/59; 5/10, 5/11; 12/10; 16/4; 18/177; 19/178; 21/17; 22/161, 22/250; 24/34; 25/44, 25/127, 25/144, 25/175; 29/26.
12	que	diaz	C: 6/33; 8/36; 14/15, 14/18; 16/18; 19/30; 20/21; 22/105; 25/122; 27/29, 27/63; 30/106.
10	qu	didz	C: 4/10, 4/12; 9/14; 19/62; 22/126, 22/192; 23/4, 23/27; 30/88, 30/102.
1	que	dijz	C: 3/47.
76	que	djaz	C: 1/11; 3/20; 5/5; 7/65, 7/66; 8/20, 8/91, 8/92; 10/45, 10/46; 11/58, 11/69, 11/83; 12/3, 12/6, 12/10, 12/20, 12/81, 12/109; 13/56; 14/14, 14/114; 15/37, 15/49, 15/57, 15/65; 16/23, 16/59, 16/80, 16/102, 16/103, 16/106; 17/12; 18/72, 18/95, 18/198; 19/5, 19/20, 19/21, 19/110, 19/130, 19/176; 20/76; 21/19, 21/50, 21/53; 22/14, 22/82, 22/98, 22/195, 22/203, 22/237, 22/307, 22/314, 22/362; 23/16, 23/18; 24/88, 24/105, 24/138, 24/149; 25/59, 25/123, 25/157, 25/184; 26/1; 27/18, 27/24, 27/44, 27/72, 27/104, 27/109, 27/110; 28/12; 29/9; 30/131.
87	qu	djdz	C: 1/57, 1/70; 2/58, 2/63, 2/74; 3/2, 3/70; 4/4, 4/37; 5/14, 5/18, 5/51, 5/84; 7/2, 7/12, 7/13, 7/15, 7/70; 8/23, 8/86; 9/3; 10/28; 11/82; 12/78, 12/78, 12/105; 13/4, 13/25, 13/26, 13/66; 14/3, 14/16, 14/81, 14/119; 17/2, 17/54, 17/107; 18/1, 18/59, 18/78, 18/156, 18/180; 19/69, 19/83, 19/144, 19/166, 19/178, 19/180; 20/28, 20/89; 21/17, 21/44; 22/7, 22/27, 22/178, 22/199, 22/205,

22/205, 22/210, 22/241, 22/314, 22/315, 22/320, 22/363; 23/2, 23/29, 23/44, 23/44; 24/111, 24/170; 25/12, 25/22, 25/30, 25/34, 25/76, 25/76, 25/115, 25/151, 25/152, 25/206, 25/208; 26/125; 30/42, 30/46, 30/122, 30/130, 30/134.

2 que djjz C: 2/1, 2/28.
4 quelque dkaz C: 5/44; 11/113; 20/72; 23/6.
4 quelques dkbz C: 13/63; 17/59; 18/87; 21/8.
1 quelqu dkdz C: 4/85.
351 qui djaz C: 1/4, 1/22, 1/24, 1/46, 1/58, 1/66; 2/4, 2/8, 2/13, 2/57, 2/57, 2/57, 2/67, 2/77; 3/9, 3/12, 3/22, 3/40, 3/44, 3/61, 3/64, 3/67; 4/2, 4/21, 4/29, 4/35, 4/38, 4/51, 4/54, 4/55, 4/56, 4/56, 4/57, 4/57, 4/61, 4/65, 4/66, 4/75, 4/80, 4/85, 4/103; 5/1, 5/10, 5/19, 5/20, 5/21, 5/27, 5/37, 5/103; 6/3, 6/11, 6/21, 6/26; 7/23, 7/23, 7/47, 7/64, 7/74, 7/74; 8/10, 8/30, 8/31, 8/44, 8/63, 8/65, 8/73, 8/74, 8/93, 8/99; 9/1, 9/26. 9/37; 10/3, 10/5, 10/8, 10/36, 10/42, 10/50; 11/16, 11/16, 11/29, 11/44, 11/52, 11/64, 11/66, 11/74, 11/87, 11/90, 11/97, 11/99, 11/100, 11/111, 11/114, 11/115, 11/115; 12/21, 12/24, 12/36, 12/45, 12/53, 12/55, 12/56, 12/58, 12/70, 12/84, 12/92, 12/93, 12/107, 12/111, 12/112, 12/123, 12/124; 13/12, 13/19, 13/23, 13/49, 13/59, 13/61, 13/73, 13/75, 13/76; 14/23, 14/36, 14/37, 14/38, 14/39, 14/42, 14/62, 14/71, 14/80, 14/103, 14/108; 15/40, 15/59, 15/64, 15/69; 16/1, 16/21, 16/25, 16/49, 16/58, 16/67; 17/15, 17/24, 17/25, 17/37, 17/50, 17/52, 17/58, 17/63, 17/68, 17/95, 17/102, 17/104; 18/5, 18/22, 18/23, 18/25, 18/28, 18/35, 18/36, 18/40, 18/51, 18/67, 18/67, 18/68, 18/68, 18/68, 18/69, 18/87, 18/113, 18/114, 18/120, 18/121, 18/126, 18/127, 18/139, 18/140, 18/163, 18/167, 18/168, 18/175, 18/197; 19/1, 19/35, 19/52, 19/69,

19/71, 19/75, 19/104, 19/105, 19/162,
19/168, 19/169, 19/172, 19/185,
19/189, 19/191; 20/1, 20/2, 20/16,
20/38, 20/39, 20/47, 20/60, 20/67,
20/75, 20/83, 20/91; 21/41; 22/1,
22/11, 22/28, 22/29, 22/45, 22/52,
22/55, 22/63, 22/66, 22/70, 22/80,
22/102, 22/117, 22/119, 22/120,
22/124, 22/137, 22/143, 22/159,
22/167, 22/170, 22/190, 22/196,
22/203, 22/211, 22/225, 22/225,
22/235, 22/235, 22/236, 22/252,
22/260, 22/265, 22/268, 22/342,
22/377, 22/379, 22/404, 22/408,
22/408, 22/422; 23/21, 23/29; 24/25,
24/38, 24/61, 24/65, 24/68, 24/76,
24/83, 24/101, 24/102, 24/117,
24/152, 24/168, 24/187, 24/187,
24/189; 25/9, 25/46, 25/50, 25/50,
25/53, 25/54, 25/54, 25/58, 25/67,
25/72, 25/73, 25/74, 25/75, 25/83,
25/99, 25/113, 25/114, 25/141,
25/153, 25/155, 25/161, 25/161,
25/164, 25/164, 25/168, 25/169,
25/170, 25/171, 25/172, 25/178,
25/209; 26/2, 26/4, 26/10, 26/26,
26/27, 26/29, 26/52, 26/73, 26/79,
26/95, 26/123, 26/124, 26/127,
26/128; 27/3, 27/8, 27/10, 27/22,
27/25, 27/35, 27/37, 27/38, 27/63,
27/83, 27/84, 27/97, 27/122, 27/144,
27/146; 28/1, 28/53, 28/60, 28/65,
28/71, 28/79, 28/85; 29/12, 29/13;
30/31, 30/32, 30/44, 30/45, 30/72,
30/92, 30/104, 30/119, 30/121,
30/127, 30/137, 30/151, 30/172,
30/182.

2 quiconque dkjz C: 22/122, 22/219.

3 quoi dijz C: 7/50; 12/19; 16/16.

31 quoi djjz C: 2/17; 7/73; 9/5; 10/4, 10/15;
14/102; 16/96; 17/127; 18/17, 18/67,
18/100, 18/208; 19/139; 20/7, 20/74;
21/21, 21/22; 22/171, 22/406, 22/407;
24/8, 24/174; 25/34; 27/105, 27/106,
27/113; 28/55, 28/66; 30/14, 30/98,
30/139.

45 rien dkaz C: 2/20; 3/3; 5/69; 7/25; 8/37, 8/46; 10/16; 12/9, 12/104; 13/75; 14/34, 14/36; 15/30, 15/45; 16/86, 16/92; 18/59; 19/17, 19/92, 19/124; 20/11; 21/30, 21/43, 21/55; 22/38, 22/218, 22/247, 22/249, 22/268; 24/165; 25/34, 25/73, 25/92, 25/114, 25/194, 25/198; 27/66, 27/155; 30/16, 30/27, 30/58, 30/64, 30/67, 30/78, 30/124.

80 tout dkaz C: 1/27, 1/37, 1/37, 1/46, 1/47, 1/83; 2/29, 2/74; 3/49, 3/73; 4/37, 4/96, 4/107; 5/26, 5/87, 5/91; 7/12, 7/12, 7/64, 7/70; 8/10, 8/82; 10/41, 10/47; 11/48, 11/58, 11/69, 11/96, 11/101; 12/24, 12/71; 13/72; 14/34; 15/37; 16/23, 16/48, 16/59, 16/82, 16/129; 17/9, 17/68, 17/126, 17/128; 18/13, 18/59, 18/139, 18/180; 19/64, 19/105, 19/183; 20/69; 21/19; 22/114, 22/195, 22/245, 22/249, 22/261, 22/313, 22/314, 22/315, 22/344; 23/55, 23/56, 23/56; 24/19, 24/71, 24/182; 25/23, 25/112, 25/126, 25/157, 25/206, 25/208, 25/212; 26/44; 27/14, 27/58, 27/72; 28/98; 30/66.

23 tous dkbz C: 1/21; 3/41; 11/39, 11/45; 13/23; 16/72; 17/102; 18/36, 18/63, 18/71; 19/54, 19/56; 20/67, 20/79; 22/162, 22/187; 25/72, 25/141; 26/62; 27/142, 27/142, 27/158; 30/57.

5 toutes dkgz C: 11/94; 12/79, 12/88; 19/169; 21/10.

34 un dkaz C: 2/12, 2/19, 2/35, 2/62; 3/66; 4/58, 4/85; 6/14; 8/78, 8/101; 11/93; 12/84, 12/103; 13/6; 14/90; 17/123, 17/126; 20/3, 20/61, 20/63, 20/76; 22/54, 22/63, 22/123, 22/185; 23/22; 24/111; 25/132, 25/200; 26/29; 27/5, 27/10, 27/105, 27/117.

6 uns dkbz C: 2/27; 12/13; 16/71; 17/59; 18/87; 20/71.

4 une dkfz C: 11/8; 18/175; 24/115, 24/129.

4 unes dkgz C: 13/63; 21/8; 22/223; 27/58.

3	abandonner	eaaz	C: 14/13; 16/99; 17/39.
1	abandonné	efec	C: 20/36.
1	abandonné	effc	C: 19/190.
1	abattu	efoc	C: 16/28.
1	abîmés	egch	C: 19/9.
1	abîmé	ejca	C: 25/221.
1	abîmé	ekca	C: 19/138.
1	aborder	eaaz	C: 30/71.
2	aborde	emac	C: 11/37; 24/54.
4	aborda	emcc	C: 6/42; 13/16; 23/52; 26/6.
2	abordèrent	emch	C: 23/19; 29/10.
1	absous	ekca	C: 6/42.
1	abusé	effc	C: 22/379.
1	accablés	ekcc	C: 11/110.
1	accable	emac	C: 7/44.
1	accablaient	embh	C: 8/73.
1	accabla	emcc	C: 22/349.
1	accepter	eaaz	C: 2/30.
2	accepta	emcc	C: 13/5; 24/59.
2	accommoder	eaaz	C: 22/4; 29/24.
1	accommodants	edac	C: 22/55.
1	accommodé	efda	C: 25/124.
2	accompagner	eaaz	C: 18/84, 18/177.
1	accompagné	eeca	C: 26/79.
1	accompagnent	emah	C: 18/66.
1	accompagnait	embc	C: 18/8.
1	accompagnerez	emdg	C: 21/33.
2	accorda	emcc	C: 2/76; 19/111.
1	accouche	emac	C: 25/178.
1	accourait	embc	C: 27/101.
2	accourut	emcc	C: 15/60; 28/49.
1	accoutumé	ejca	C: 28/43.
1	accoutumés	ejcc	C: 17/111.
1	accroché	ejca	C: 5/16.
1	accroire	eaaz	C: 25/70.
1	accumulait	embc	C: 14/120.
1	accusé	efeh	C: 20/24.
1	accusait	embc	C: 10/28.
1	acheter	eaaz	C: 18/212.
1	acheté	efeb	C: 27/32.
1	achète	emac	C: 5/50.
1	achetai	emca	C: 25/29.
4	acheta	emcc	C: 10/24; 12/52; 19/105; 28/36.
2	achever	eaaz	C: 10/16; 22/186.
1	achève	emaa	C: 26/69.
2	acheva	emcc	C: 19/149; 30/68.
1	achevât	eobc	C: 3/25.

1	acquièrent	emah	C: 12/14.
1	acquittèrent	emch	C: 16/116.
1	adjugé	efcc	C: 22/11.
1	admirer	eaaz	C: 16/124.
1	admirent	emah	C: 25/112.
1	adore	elab	C: 19/46.
1	adorons	emaf	C: 18/49.
1	adorez	emag	C: 18/51.
1	adressa	emcc	C: 3/44.
1	adressèrent	emch	C: 19/70.
4	advint	emcd	C: 4/2; 5/2; 9/1; 16/1.
1	affaiblis	ekcc	C: 5/4.
1	affectant	ebab	C: 13/22.
1	affermit	emcc	C: 8/35.
1	affligé	efbc	C: 25/186.
1	affligé	effc	C: 20/78.
1	affligée	ekcd	C: 11/33.
1	affronte	emac	C: 5/48.
1	agacent	emah	C: 22/410.
1	agit	emac	C: 16/95.
1	agissent	emah	C: 25/73.
1	agissait	embc	C: 22/406.
1	agité	ekca	C: 26/25.
2	agitée	ekcd	C: 1/64; 8/83.
1	agitées	ekce	C: 5/6.
1	agitait	embc	C: 11/114.
2	aider	eaaz	C: 12/28; 17/16.
1	aide	emac	C: 5/17.
1	aidait	embc	C: 5/11.
2	aimer	eaaz	C: 22/282; 27/42.
1	aimé	efea	C: 22/281.
1	aimée	ehea	C: 8/56.
3	aime	emaa	C: 2/33; 25/92, 25/113.
5	aime	emac	C: 10/44; 11/23; 13/76; 18/154; 27/30.
3	aimez	emag	C: 2/32, 2/36; 22/274.
1	aiment	emah	C: 15/20.
3	aimais	emba	C: 11/23; 12/102; 24/88.
7	aimait	embc	C: 2/59; 7/2; 8/31; 13/24; 14/7; 22/321; 25/187.
1	aimerai	emda	C: 25/36.
1	aimerais	enaa	C: 25/48.
1	ajoutez	emag	C: 10/64.
1	ajouta	emcc	C: 22/219.
1	alarma	emcc	C: 13/27.
24	aller	eaaz	C: 2/53; 3/16; 4/93; 12/56, 12/91; 13/39; 15/7, 15/22; 16/101, 16/115;

		17/7, 17/17, 17/29; 18/23, 18/206; 21/32; 24/9, 24/35, 24/109, 24/146; 26/131; 27/80, 27/159; 28/14.
1 allant	ebaa	C: 19/177.
1 va	elab	C: 19/86.
3 allons	elaf	C: 14/10, 14/21; 17/33.
11 vais	emaa	C: 12/30; 16/87; 17/8; 18/174; 21/31; 22/394; 25/200; 26/44, 26/57, 26/86; 28/58.
12 va	emac	C: 3/58, 3/58; 7/33; 8/82; 14/14; 15/62, 15/69; 17/126; 19/183; 22/249; 23/56, 23/56.
7 allons	emaf	C: 9/14, 9/46; 10/40; 14/18; 16/80; 22/16; 23/18.
3 allez	emag	C: 13/79; 14/40; 16/102.
3 vont	emah	C: 12/15; 17/15; 23/1.
14 allait	embc	C: 2/68; 13/70; 16/37; 17/128; 22/422; 26/3; 27/3; 28/33, 28/65, 28/98; 29/29; 30/32, 30/47, 30/66.
1 alliez	embg	C: 14/20.
1 allai	emca	C: 24/103.
4 alla	emcc	C: 4/86; 14/45, 14/65; 24/21.
4 allèrent	emch	C: 13/17; 19/73; 25/3; 30/93.
1 irai	emda	C: 19/91.
3 ira	emdc	C: 10/47; 24/26; 25/50.
2 aille	eoaa	C: 22/319; 26/20.
1 allumer	eaaz	C: 28/35.
1 alluma	emcc	C: 19/152.
3 amener	eaaz	C: 8/94; 22/209; 25/52.
1 amené	effc	C: 14/3.
1 amenée	ekcd	C: 14/15.
1 amène	emac	C: 22/237.
2 amena	emcc	C: 3/67; 20/61.
1 amènera	emdc	C: 24/27.
1 amuser	eaaz	C: 25/42.
1 amusant	ecaa	C: 24/135.
1 amusèrent	emch	C: 17/57.
1 annonce	emac	C: 24/140.
1 annonçait	embc	C: 1/6.

1	apaisa	emcc	C: 19/198.
1	apercevant	ebaa	C: 25/159.
1	apercevant	ebab	C: 16/79.
1	aperçu	efea	C: 17/128.
1	aperçu	effc	C: 22/25.
1	aperçu	efkz	C: 22/296.
1	aperçois	emaa	C: 17/27.
1	aperçoit	emac	C: 20/59.
7	aperçut	emcc	C: 8/39; 15/10; 20/74, 20/80; 21/3; 24/37; 25/145.
1	aperçurent	emch	C: 20/65.
1	appartenir	eaaz	C: 8/43.
1	appartenante	edad	C: 19/22.
1	appartenu	effh	C: 10/36.
1	appartient	emac	C: 21/41.
4	appartenait	embc	C: 3/29; 4/35; 8/53; 9/23.
1	appartins	emca	C: 12/55.
1	appartiendraient	enah	C: 8/48.
1	appeler	eaaz	C: 22/156.
1	appelé	efec	C: 26/110.
1	appelé	efeh	C: 18/30.
2	appelle	emaa	C: 26/66, 26/75.
3	appelle	emac	C: 2/8; 9/28; 26/111.
1	appelez	emag	C: 22/126.
1	appellent	emah	C: 22/98.
4	appelait	embc	C: 1/57; 14/7; 15/33; 20/2.
1	appelaient	embh	C: 1/20.
1	applaudies	eece	C: 22/220.
1	applaudit	emcc	C: 19/94.
1	appliquait	embc	C: 27/85.
1	appliqua	emcc	C: 12/77.
2	apporter	eaaz	C: 16/117; 22/355.
1	apportés	egfb	C: 27/44.
3	apporte	emac	C: 7/19, 7/21, 7/21.
2	apporta	emcc	C: 5/73; 7/26.
1	apporterai	emda	C: 22/71.
1	apprécier	eaaz	C: 27/72.
2	apprendre	eaaz	C: 3/43, 3/69.
1	appris	effc	C: 16/27.
1	apprends	emaa	C: 22/339.
1	apprend	emac	C: 17/79.
1	appreniez	embg	C: 7/64.
4	appris	emca	C: 8/41; 11/49; 18/19; 22/329.
3	apprit	emcc	C: 2/74; 12/25; 22/261.
1	apprendrait	enac	C: 27/69.
1	apprivoiser	eaaz	C: 8/35.
1	approcher	eaaz	C: 22/136.

1 approchant ebaa C: 19/25.

2 approchant ebab C: 26/36, 26/41.

1 approché efec C: 18/31.

3 approche emac C: 3/59; 5/20; 7/40.

2 approchent emah C: 21/1; 22/187.

5 approcha emcc C: 17/85; 22/166, 22/234; 26/30; 27/88.

2 approchèrent emch C: 17/80; 18/104.

1 approprie emac C: 22/198.

1 approuva emcc C: 30/16.

1 appuya emcc C: 22/203.

1 armés ekcc C: 16/70.

2 arracher eaaz C: 8/9; 11/33.

1 arraché efec C: 26/84.

1 arraché effh C: 6/12.

1 arrangé ejca C: 18/14.

1 arrangé ekca C: 3/49.

3 arrêtez elag C: 8/74; 27/103, 27/103.

2 arrête emac C: 22/392, 22/396.

2 arrêta emcc C: 2/9; 22/2.

1 arrêtèrent emch C: 27/99.

2 arrivant ebaa C: 15/24; 21/18.

1 arrivés eecc C: 24/72.

1 arrivé efec C: 7/64.

1 arrivé efed C: 4/11.

2 arrivé effd C: 12/24; 13/59.

1 arrivé efsd C: 19/179.

1 arrivés egeg C: 18/167.

1 arrivés egfh C: 16/54.

1 arrivés eggh C: 14/43.

1 arrivée ehfe C: 12/89.

1 arrivées eiei C: 27/22.

2 arrive emac C: 9/51; 22/366.

3 arrivent emah C: 7/29; 10/2; 12/81.

1 arrivait embc C: 8/10.

1 arrivaient embh C: 28/86.

9 arriva emcc C: 3/31; 8/102; 18/89; 19/1; 20/1; 22/1; 26/125; 27/77; 28/1.

1 arrivâmes emcf C: 11/72.

3 arrivèrent emch C: 10/26; 21/71; 25/4.

1 arriverons emdf C: 10/22.

1 arrondies ejce C: 25/32.

1 arrose emac C: 22/363.

1 arrosaient embh C: 5/81.

1 assailli efcc C: 4/110.

1 assassiné efcc C: 30/155.

1 assemblait embc C: 10/27.

1 assembla emcc C: 19/170.
1 asseoir eaaz C: 22/273.
1 assise ekcd C: 22/150.
1 assiégée ekcd C: 20/50.
1 assiège emac C: 25/76.
1 assiégeaient embh C: 12/57.
1 assouvi efjz C: 3/23.
1 assurer eaaz C: 4/76.
1 assurant ebaa C: 5/82.
1 assuré effc C: 7/53.
1 assuré ejca C: 24/41.
1 assurée ejcd C: 2/43.
1 assure emac C: 21/40.
1 assurait embc C: 30/64.
2 assura emcc C: 12/88; 15/30.
1 assurèrent emch C: 22/38.
1 attachée ehea C: 12/116.
1 attacha emcc C: 8/31.
1 attaqué efca C: 28/10.
1 attaqué efcc C: 22/23.
1 attaquée ehca C: 12/43.
1 atteignent emah C: 2/57.
1 atteler eaaz C: 18/80.
5 attendre eaaz C: 14/54; 19/73, 19/91; 21/31; 22/413.
8 attendant ebaa C: 4/73; 14/64, 14/123; 18/116; 24/37, 24/122; 25/40; 29/24.
2 attends emaa C: 19/33; 22/332.
1 attend emac C: 26/20.
1 attendais emba C: 16/41.
1 attendit emcc C: 19/103.
1 attendri ejca C: 14/112.
1 attirait embc C: 1/23.
1 attraper eaaz C: 30/18.
1 attrapé effc C: 4/64.
1 attrape emac C: 19/40.
1 attrista emcc C: 27/93.
1 augmenta emcc C: 24/32.
1 avancé efeh C: 1/46.
1 avancés ejcc C: 20/97.
1 avancée ekcd C: 14/44.
1 avançons emaf C: 14/39.
1 avançait embc C: 13/16.
1 avança emcc C: 29/19.
1 avancèrent emch C: 2/14.
1 avertir eaaz C: 14/45.
1 avertie ehfc C: 29/26.

1	avertissait	embc	C: 22/158.
1	avisant	ebab	C: 3/61.
1	avisez	emag	C: 28/55.
1	avisa	emcc	C: 2/52.
47	avoir	eaaz	C: 2/70; 3/23; 4/25, 4/28; 5/32; 6/11, 6/14, 6/14, 6/36; 8/94, 8/97; 10/29; 12/105; 14/23, 14/59; 16/52, 16/63, 16/83; 17/115; 18/36, 18/48, 18/94, 18/131, 18/204; 22/31, 22/200, 22/207, 22/208, 22/301, 22/335; 24/113; 25/81, 25/109, 25/154, 25/195, 25/215; 26/23, 26/119; 27/48, 27/90, 27/135; 28/4, 28/9, 28/39, 28/102; 30/52, 30/142.
1	ayant	ebaa	C: 2/8.
22	ayant	ebab	C: 3/35, 3/60; 4/37; 5/50, 5/75; 8/28; 10/31; 12/94, 12/100; 13/3; 14/83; 19/26; 22/296, 22/327, 22/376; 24/171; 26/34, 26/58; 28/66; 30/23, 30/65, 30/132.
3	eu	efea	C: 11/2; 24/8; 26/112.
4	eu	efec	C: 5/91; 20/89; 22/260; 24/189.
2	eu	efef	C: 27/24; 30/152.
1	eu	efeg	C: 12/39.
3	eu	efeh	C: 13/52; 18/29; 21/67.
2	eu	effa	C: 16/127; 27/96.
1	eu	effc	C: 16/5.
1	eu	effe	C: 22/233.
1	eu	efoh	C: 20/7.
1	eue	ehef	C: 27/18.
2	eue	ehfc	C: 4/55, 4/58.
1	eue	ehfg	C: 12/41.
1	ayez	elag	C: 28/61.
110	ai	emaa	C: 2/17, 2/37; 4/43, 4/50, 4/82; 5/57; 6/35; 8/33, 8/38, 8/54, 8/55, 8/96, 8/98; 10/45, 10/45, 10/46, 10/51, 10/65; 11/2, 11/4, 11/52; 12/16, 12/20, 12/99, 12/109, 12/110, 12/112, 12/114, 12/117, 12/121; 14/29; 15/45, 15/55; 16/14, 16/31, 16/32, 16/33, 16/110, 16/111; 18/19, 18/162; 19/49; 20/37, 20/52, 20/100; 21/6, 21/14, 21/18, 21/27, 21/37, 21/51, 21/54; 22/118, 22/185, 22/260, 22/281, 22/326, 22/330, 22/341,

22/341, 22/393, 22/410, 22/411; 24/8, 24/14, 24/16, 24/46, 24/69, 24/71, 24/119, 24/124, 24/129, 24/145, 24/151, 24/160, 24/176; 25/38, 25/57, 25/77, 25/106, 25/123, 25/125, 25/126, 25/188; 26/67, 26/75, 26/76, 26/78, 26/83, 26/86, 26/99, 26/101, 26/108, 26/111, 26/112, 26/113, 26/114; 27/10, 27/12, 27/55, 27/59, 27/109, 27/110, 27/133; 29/39, 29/40, 29/40, 29/42; 30/125, 30/144.

5 as emab C: 5/58; 14/28; 19/47, 19/89; 27/31.

142 a emac C: 1/32, 1/43; 2/13, 2/29; 3/48, 3/50; 4/27, 4/30, 4/44, 4/46, 4/72, 4/73, 4/78, 4/100, 4/107; 5/67, 5/84, 5/85, 5/91; 7/23, 7/51, 7/52, 7/59; 8/51, 8/51, 8/52, 8/81, 8/95, 8/100; 9/30, 9/31, 9/35, 9/43, 9/45; 10/3, 10/14; 11/3, 11/55; 12/36, 12/84, 12/104, 12/109; 13/49; 14/24, 14/32; 15/40, 15/46, 15/47, 15/57; 16/108; 18/28, 18/31, 18/31, 18/53, 18/59, 18/87, 18/156, 18/198; 19/17, 19/36, 19/68, 19/92; 20/26, 20/28, 20/36, 20/46, 20/54, 20/72, 20/89, 20/92, 20/92; 21/7, 21/17, 21/25, 21/29, 21/46, 21/54, 21/55, 21/69; 22/76, 22/84, 22/96, 22/135, 22/222, 22/239, 22/240, 22/241, 22/260, 22/285, 22/324, 22/338, 22/344, 22/399, 22/400; 23/15, 23/33, 23/34, 23/35; 24/25, 24/52, 24/74, 24/111, 24/180, 24/189; 25/29, 25/30, 25/37, 25/57, 25/98, 25/134, 25/139, 25/158, 25/168, 25/175, 25/178, 25/208, 25/208, 25/211, 25/214, 25/216; 26/68, 26/69, 26/77, 26/83, 26/84, 26/85, 26/92, 26/93, 26/100, 26/109, 26/110; 27/10, 27/11, 27/35, 27/39, 27/45, 27/50, 27/51, 27/73; 28/93; 30/96, 30/100.

18 avons emaf C: 1/39, 1/41; 4/33; 16/96; 17/27; 18/5, 18/33, 18/49, 18/59, 18/208; 19/84; 22/186; 25/199; 27/9, 27/18,

		27/24; 30/57, 30/152.
45 avez	emag	C: 2/20, 2/28; 4/49; 7/60, 7/61; 9/37; 10/55; 12/38, 12/39; 13/47, 13/51, 13/74, 13/75; 14/114; 16/43, 16/44, 16/97; 17/112, 17/114, 17/117; 18/67, 18/146; 21/4, 21/13, 21/38; 22/65, 22/73, 22/183, 22/316, 22/394; 24/18, 24/68, 24/75, 24/126, 24/140; 25/96; 28/8, 28/31, 28/94, 28/96, 28/97, 28/97; 30/81, 30/87, 30/170.
35 ont	emah	C: 1/39, 1/41, 1/46, 1/46; 4/29, 4/34, 4/51; 5/34; 7/56; 11/84, 11/85; 13/52; 14/34; 16/59, 16/130, 16/131; 18/29, 18/30, 18/35, 18/169, 18/178, 18/186; 19/50, 19/52; 20/23, 20/40; 21/37, 21/64, 21/66; 22/119; 24/152, 24/181; 25/80; 26/77, 26/102.
17 avais	emba	C: 3/56; 8/6, 8/36, 8/84, 8/91, 8/92; 12/6; 16/76, 16/127; 21/19; 24/97; 25/70, 25/127; 27/94, 27/95; 28/40; 30/79.
2 avais	embb	C: 19/59; 27/44.
128 avait	embc	C: 1/3, 1/5, 1/6, 1/12, 1/13, 1/16, 1/60; 2/74, 2/80; 3/37, 3/64, 3/67, 3/73; 4/4, 4/38, 4/54, 4/54, 4/55, 4/57, 4/57, 4/64; 5/7, 5/24, 5/27; 6/3, 6/10; 7/6, 7/12, 7/13, 7/53, 7/70; 8/23, 8/27, 8/37, 8/40, 8/63; 9/10, 9/17; 10/12, 10/23; 11/29, 11/34, 11/64, 11/82, 11/96; 12/4, 12/9, 12/10, 12/25, 12/45, 12/46, 12/46, 12/47, 12/76; 13/8, 13/19, 13/25, 13/60, 13/66, 13/81; 14/3, 14/5, 14/81; 15/18, 15/64; 16/5, 16/27; 17/68, 17/107; 18/21, 18/40, 18/42, 18/76, 18/78, 18/124, 18/125, 18/194; 19/75, 19/138, 19/144, 19/150, 19/158, 19/177, 19/178, 19/178, 19/185, 19/187, 19/189; 20/9, 20/11, 20/12, 20/78, 20/83; 22/24, 22/25, 22/27, 22/53, 22/202, 22/204, 22/233, 22/303, 22/379, 22/419; 24/33, 24/65, 24/81, 24/134; 25/49, 25/114, 25/133; 26/10; 27/2, 27/14, 27/19, 27/83,

			27/130; 28/16, 28/70, 28/72, 28/83, 28/87; 29/22, 29/26; 30/2, 30/8, 30/65, 30/91, 30/115.
3	avions	embf	C: 11/50; 12/69, 12/81.
10	aviez	embg	C: 12/41, 12/119; 14/106; 22/142; 24/123; 30/186, 30/189, 30/190, 30/191, 30/192.
24	avaient	embh	C: 3/20, 3/29; 5/60; 6/4, 6/12, 6/21, 6/27; 10/36; 11/60, 11/73, 11/100; 12/64, 12/111; 16/54, 16/56, 16/67, 16/68; 17/71; 20/4; 21/51; 22/404; 26/127; 30/73, 30/75.
1	eus	emca	C: 22/33.
18	eut	emcc	C: 2/61; 3/6; 5/14; 11/27; 18/61, 18/136, 18/136, 18/205; 20/62, 20/77, 20/86; 22/26, 22/48; 28/51, 28/63; 30/18, 30/180, 30/181.
1	eûmes	emcf	C: 11/58.
1	eûtes	emcg	C: 8/76.
3	eurent	emch	C: 12/80; 17/38; 25/202.
2	aurai	emda	C: 15/2; 22/140.
5	aura	emdc	C: 5/44; 17/16; 18/176; 19/20; 22/395.
2	aurons	emdf	C: 15/69; 18/151.
4	aurez	emdg	C: 12/74; 19/117, 19/122; 27/125.
1	auront	emdh	C: 14/41.
1	eut	emgc	C: 2/56.
1	aurais	enaa	C: 12/118.
13	aurait	enac	C: 8/49, 8/50; 11/90; 16/28; 17/61; 18/77; 19/167; 20/5; 22/280; 24/97; 25/132, 25/191; 27/71.
1	aurions	enaf	C: 4/67.
1	auriez	enag	C: 15/39.
5	auraient	enah	C: 8/75; 11/7, 11/18; 18/196; 20/7.
1	aie	eoaa	C: 3/51.
16	ait	eoac	C: 4/85; 6/40; 10/60, 10/61; 12/107, 12/123; 13/10; 16/49; 17/126; 21/40; 25/91, 25/122, 25/131, 25/189; 28/25; 30/102.
5	ayez	eoag	C: 6/38; 10/58, 10/59, 10/62; 20/30.
6	aient	eoah	C: 4/98; 11/86; 12/112; 21/58,

21/63, 21/68.

10	eût	eobc	C: 3/38; 8/25; 9/3, 9/9, 9/11; 13/31; 20/13, 20/14; 24/79; 29/24.
1	eussiez	eobg	C: 22/388.
5	avouer	eaaz	C: 8/24; 10/41; 14/105; 19/194; 25/44.
1	avoué	efeh	C: 25/80.
6	avoue	emaa	C: 16/82; 18/54; 19/19; 20/34; 26/63; 28/7.
1	avoue	emac	C: 13/53.
1	avouait	embc	C: 30/64.
3	avoua	emcc	C: 13/65; 19/76; 24/133.
1	avouèrent	emch	C: 13/8.
2	avouerez	emdg	C: 19/57; 24/45.
1	avoueriez	enag	C: 12/41.
2	baigner	eaaz	C: 28/19, 28/20.
1	baignés	ejcc	C: 14/111.
2	baigna	emcc	C: 27/149; 29/37.
4	baiser	eaaz	C: 7/14, 7/15; 14/60; 18/112.
2	baisa	emcc	C: 1/74; 14/85.
1	balancer	eaaz	C: 9/31.
1	bandés	ekcc	C: 23/22.
1	bande	emac	C: 2/71.
1	baptisé	effc	C: 3/64.
1	bâtie	ejcd	C: 17/81.
1	battre	eaaz	C: 13/24.
1	battu	efec	C: 26/85.
1	battu	effc	C: 19/190.
1	battue	ehea	C: 24/130.
1	battue	ehiz	C: 24/87.
1	battues	eidi	C: 15/27.
1	battait	embc	C: 24/84.
1	béni	efpc	C: 14/67.
1	béni	ekca	C: 6/42.
1	bénis	elab	C: 19/45.
1	blanchissais	emba	C: 8/22.
1	blessé	effh	C: 5/60.
6	boire	eaaz	C: 2/39; 5/103; 7/5; 14/108; 24/57; 26/29.
1	buvez	elag	C: 7/8.
1	boit	emac	C: 2/40.
1	buvait	embc	C: 24/122.

1	buvaient	embh	C: 22/269.
1	bordé	ekca	C: 17/44.
1	bordés	ekcc	C: 11/2.
1	bordée	ekcd	C: 17/23.
1	bouillir	eaaz	C: 16/71.
1	bouillis	egiz	C: 16/80.
1	bouilli	ekca	C: 17/94.
1	bouillonnant	ebaa	C: 5/36.
1	bouleversé	ekca	C: 26/25.
1	bridés	ekcc	C: 18/195.
1	briller	eaaz	C: 30/34.
1	brillant	ebab	C: 11/22.
1	brillant	ecab	C: 3/3.
1	brillants	ecac	C: 24/40.
2	brillante	edad	C: 7/37; 17/48.
1	brille	emac	C: 24/139.
1	brillaient	embh	C: 11/14.
1	brisés	egbh	C: 5/9.
1	brise	emac	C: 5/37.
1	broda	emcc	C: 30/180.
1	brouillés	egfh	C: 30/75.
3	brûler	eaaz	C: 8/62; 9/29; 18/68.
1	brûlant	ebab	C: 11/22.
1	brûlé	efaa	C: 17/10.
1	brûlé	effh	C: 3/20.
2	brûlé	efiz	C: 13/80; 28/32.
1	brûlés	egch	C: 6/27.
2	brûlées	ekce	C: 3/25; 6/8.
1	brûlait	embc	C: 28/42.
1	cabalante	edad	C: 21/24.
1	cabalent	emah	C: 18/68.
1	caché	efff	C: 11/50.
1	cachée	ejcd	C: 11/95.
1	cacha	emcc	C: 3/13.
2	caresser	eaaz	C: 12/106; 24/106.
1	caressants	edac	C: 22/55.
1	caressait	embc	C: 20/99.
1	caressiez	embg	C: 24/125.
2	casser	eaaz	C: 2/71; 24/155.
1	cassé	efeh	C: 4/29.
1	causant	ebaa	C: 23/19.
1	causée	ehkz	C: 22/23.
1	causait	embc	C: 25/77.
1	causa	emcc	C: 22/45.
1	céder	eaaz	C: 8/44.
1	cédé	efec	C: 26/83.

1	célébrer	eaaz	C: 8/59.
2	cessait	embc	C: 18/142; 24/32.
1	changé	efqh	C: 21/68.
1	chanter	eaaz	C: 3/15.
1	chante	emac	C: 22/408.
2	chantent	emah	C: 18/64; 24/178.
2	chantait	embc	C: 6/26; 24/42.
1	chantiez	embg	C: 24/125.
1	chaponne	emad	C: 12/12.
1	chargés	ejcc	C: 30/41.
8	chargés	ekcc	C: 18/149, 18/182, 18/197, 18/199; 19/158; 20/13, 20/79; 25/145.
1	charmant	edaa	C: 2/38.
2	charmante	edad	C: 2/16; 22/347.
1	charmantes	edae	C: 22/325.
1	charmés	ejcc	C: 14/23.
1	charmé	ekca	C: 26/23.
1	chasser	eaaz	C: 4/25.
1	chassé	efcc	C: 1/2.
1	chassé	effg	C: 30/187.
1	chassé	efkz	C: 22/327.
1	chassé	efra	C: 3/50.
1	chassé	efsc	C: 3/38.
1	chassée	ehca	C: 24/100.
1	chassé	ekca	C: 2/2.
2	chassa	emcc	C: 1/80; 22/45.
1	chauffer	eaaz	C: 22/29.
1	chaussées	eiiz	C: 1/41.
4	chercher	eaaz	C: 24/2, 24/26; 27/81; 28/58.
1	cherche	emac	C: 21/16.
2	choisir	eaaz	C: 19/167, 19/172.
1	choqué	efcc	C: 23/43.
1	circoncire	eaaz	C: 12/78.
1	coffrés	egiz	C: 26/56.
1	combattu	efea	C: 26/84.
1	combattent	emah	C: 4/77.
1	combattaient	embh	C: 20/60.
1	combattit	emcc	C: 11/89.
2	commander	eaaz	C: 10/34; 25/22.
1	commandé	efcc	C: 12/56.
1	commandait	embc	C: 5/11.
1	commencé	efec	C: 22/285.
1	commençons	emaf	C: 8/98.
1	commencent	emah	C: 25/23.
1	commençait	embc	C: 9/20.
2	commença	emca	C: 19/143; 27/78.

1	commettre	eaaz	C: 22/400.
1	commis	efea	C: 16/32.
1	commis	efsg	C: 22/388.
1	commis	ekcc	C: 22/403.
1	communiquaient	embh	C: 20/98.
1	compatissant	edaa	C: 12/69.
1	composé	efbc	C: 2/65.
1	composées	ekce	C: 4/75.
1	composaient	embh	C: 1/18.
1	composa	emcc	C: 2/66.
1	comprit	emcc	C: 2/74.
1	compté	efdc	C: 22/221.
1	compte	emaa	C: 23/55.
1	comptez	emag	C: 16/91.
1	comptais	emba	C: 15/38.
1	comptait	embc	C: 22/425.
1	conçue	ekcd	C: 22/337.
1	conçois	emaa	C: 18/185.
1	concevez	emag	C: 11/58.
1	conçut	emcc	C: 22/232.
2	conclure	eaaz	C: 12/26; 30/4.
1	conclu	efea	C: 25/126.
1	concluait	embc	C: 1/51.
3	conclut	emcc	C: 8/47; 30/11, 30/61.
1	conclueriez	enag	C: 24/114.
1	condamné	ejca	C: 16/15.
1	condamna	emcc	C: 28/24.
5	conduire	eaaz	C: 7/62; 18/82; 19/120; 22/351; 23/47.
1	conduit	efec	C: 28/93.
1	conduits	eggc	C: 18/176.
1	conduite	ehca	C: 8/41.
1	conduit	emac	C: 14/69.
1	conduisit	emcc	C: 12/34.
1	conduisirent	emch	C: 18/98.
1	confessent	emah	C: 14/38.
1	confit	ekca	C: 30/136.
1	confits	ekcc	C: 30/194.
1	confirmer	eaaz	C: 30/68.
1	confonde	eoac	C: 24/149.
1	connaître	eaaz	C: 22/213.
1	connu	efea	C: 4/43.
1	connu	efeg	C: 4/49.
1	connue	ejcd	C: 13/68.
4	connais	emaa	C: 12/121; 14/30, 14/31; 20/56.
2	connaît	emac	C: 9/41; 22/238.
2	connaissez	emag	C: 16/111; 23/8.

2	connaissent	emah	C: 4/71, 4/72.
1	connaissait	embc	C: 17/88.
1	connus	emca	C: 21/23.
1	connaîtrez	emdg	C: 22/141.
1	conseille	emaa	C: 24/29.
1	conservé	efec	C: 18/28.
1	considérée	ehfc	C: 24/65.
1	considéra	emcc	C: 27/93.
1	consoler	eaaz	C: 12/88.
1	consolant	ecaa	C: 24/31.
1	console	emac	C: 24/169.
1	consolaient	embh	C: 20/98.
2	consola	emcc	C: 5/82; 12/8.
1	consterné	efcc	C: 1/83.
2	consulter	eaaz	C: 13/45; 30/93.
1	consultons	elaf	C: 9/19.
1	consulta	emcc	C: 30/6.
1	consumées	eici	C: 17/22.
1	contenir	eaaz	C: 19/167.
1	contente	emaa	C: 30/130.
4	conter	eaaz	C: 12/120, 12/122; 13/7; 27/19.
1	conté	efea	C: 21/51.
1	content	emah	C: 22/56.
1	contait	embc	C: 19/180.
1	contaient	embh	C: 29/4.
1	contai	emca	C: 12/24.
3	conta	emcc	C: 12/24; 19/75; 22/321.
2	continuer	eaaz	C: 16/37; 24/101.
1	continuons	elaf	C: 8/15.
1	continuez	elag	C: 8/16.
3	continuait	embc	C: 3/41; 22/43; 30/77.
3	continua	emcc	C: 17/74; 20/94; 21/49.
1	continuèrent	emch	C: 20/94.
1	contraignirent	emch	C: 12/66.
1	convaincu	ejca	C: 16/57.
1	convaincu	ekca	C: 6/10.
1	conviens	emaa	C: 25/86.
1	convient	emad	C: 28/101.
2	convenait	embc	C: 19/143; 30/63.
1	conviendrez	emdg	C: 25/204.
1	converti	efeh	C: 19/53.
1	cornait	embc	C: 22/153.
1	corrompu	efqh	C: 4/98.
1	corrompaient	embh	C: 25/157.
1	côtoyer	eaaz	C: 24/11.
1	côtoya	emcc	C: 23/50.
2	coucher	eaaz	C: 2/46; 25/17.

Count	Word	Code	References
1	couchait	embc	C: 16/20.
2	coucha	emcc	C: 2/5; 10/8.
1	couler	eaaz	C: 15/31.
1	coule	emac	C: 11/88.
1	coulaient	embh	C: 18/120.
1	coula	emcc	C: 20/65.
1	couper	eaaz	C: 12/46.
1	coupé	efec	C: 26/69.
1	coupée	ehee	C: 4/30.
1	coupées	eikz	C: 11/98.
1	coupés	ekcc	C: 3/27.
2	coupée	ekcd	C: 12/23; 30/53.
1	coupez	elag	C: 12/72.
2	coupe	emac	C: 19/40, 19/41.
1	coupèrent	emch	C: 8/5.
2	courir	eaaz	C: 15/70; 18/155.
1	courant	ebab	C: 20/44.
1	couru	effg	C: 30/190.
2	courons	elaf	C: 14/11, 14/17.
5	court	emac	C: 5/17, 5/48; 13/78; 17/69; 18/167.
1	courent	emah	C: 11/52.
1	couraient	embh	C: 16/25.
1	courut	emcc	C: 14/46.
1	coûté	efeg	C: 30/87.
1	coûtent	emah	C: 19/124.
1	coûta	emcc	C: 18/192.
1	coûte	eoac	C: 22/218.
1	couvert	ejca	C: 5/61.
1	couverts	ejcc	C: 17/47.
1	couvert	ekca	C: 3/78.
1	couverts	ekcc	C: 17/55.
1	couverte	ekcd	C: 7/38.
2	couvrent	emah	C: 5/38; 13/12.
1	couvrait	embc	C: 23/20.
1	crachant	ebab	C: 3/80.
3	craindre	eaaz	C: 13/75; 18/152; 19/92.
2	crains	emaa	C: 16/59; 22/282.
1	criblés	ekcc	C: 3/21.
1	crier	eaaz	C: 28/60.
2	criant	ebaa	C: 15/71; 16/122.
1	crie	emac	C: 19/142.
2	criaient	embh	C: 3/25; 16/72.
1	criai	emca	C: 8/8.
2	cria	emcc	C: 19/136; 28/79.
1	critiquer	eaaz	C: 25/212.
2	croire	eaaz	C: 16/46; 21/26.
3	croyant	ebab	C: 2/54; 9/8; 28/47.

1	cru	effa	C: 8/36.
1	crue	eheg	C: 14/114.
2	croyez	elag	C: 17/5; 26/43.
10	crois	emaa	C: 1/7; 8/55; 18/49; 21/43; 22/323; 24/165, 24/183; 25/91, 25/147; 28/25.
3	croit	emac	C: 5/90, 5/97; 22/70.
4	croyez	emag	C: 3/54; 16/101; 21/56, 21/63.
2	croient	emah	C: 15/21; 25/213.
1	croyais	emba	C: 29/44.
6	croyait	embc	C: 1/48; 7/33; 11/66; 22/424; 24/170; 30/67.
3	crut	emcc	C: 7/41; 17/105; 22/20.
1	croirai	emda	C: 25/36.
1	croirais	enaa	C: 27/96.
1	croisent	emah	C: 7/47.
1	croissais	emba	C: 11/9.
2	cuire	eaaz	C: 16/89; 28/34.
2	cultiver	eaaz	C: 30/168, 30/196.
1	cultivé	efbc	C: 17/45.
2	cultive	emaa	C: 30/131, 30/145.
1	cuvé	efkz	C: 5/50.
2	daigner	eaaz	C: 5/19; 13/35.
1	danse	emac	C: 22/408.
1	débarquer	eaaz	C: 13/70.
1	débarquées	eigi	C: 11/79.
1	débarrasser	eaaz	C: 22/381.
1	débarrassai	emca	C: 11/106.
1	débattis	emca	C: 8/8.
1	débauchés	ejcc	C: 21/61.
1	débite	emac	C: 21/44.
1	déchirées	eibi	C: 5/9.
1	déchirées	eikz	C: 11/98.
1	déchirés	ekcc	C: 17/55.
1	décidé	efbd	C: 6/7.
1	décident	emah	C: 4/76.
1	décida	emcc	C: 30/12.
2	déclara	emcc	C: 12/37; 13/41.
1	déconcerta	emcc	C: 25/9.
1	décorner	eaaz	C: 22/154.
1	découverte	ejcd	C: 28/72.
3	découvrirent	emch	C: 2/68; 16/8; 17/44.
1	dédié	efec	C: 22/241.
2	dédire	eaaz	C: 28/101; 30/6.
2	défendre	eaaz	C: 4/30; 12/56.
1	défendirent	emch	C: 11/38.

1 défiera emdc C: 19/90.
1 défigurés ekcc C: 27/89.
1 défigure emac C: 25/164.
1 défiler eaaz C: 22/130.
1 défraierons emdf C: 2/25.
2 dégoûtant edaa C: 24/110; 25/181.
1 dégoûté efac C: 25/207.
1 dégoûté efkc C: 8/29.
1 dégoûté ejca C: 19/164.
1 dégoûté ejcc C: 19/188.
1 dégoûte emac C: 22/199.
1 dégoûtera emdc C: 22/200.
1 déguise emac C: 25/169.
2 déjeuner eaaz C: 7/19; 14/64.
1 délièrent emch C: 16/118.
1 délivrer eaaz C: 27/159.
1 délivré efea C: 16/31.
1 délivré efiz C: 22/424.
1 délivrerai emda C: 27/59.
9 demander eaaz C: 13/26; 18/41, 18/59, 18/62, 18/158; 22/36, 22/235; 24/191; 25/95.
1 demandant ebaa C: 11/39.
1 demandé efea C: 25/78.
1 demandez elag C: 18/179.
2 demande emaa C: 3/52; 5/93.
2 demandons emaf C: 2/35; 18/181.
2 demandait embc C: 14/44; 19/130.
1 demandai emca C: 28/13.
14 demanda emcc C: 2/58, 2/70; 3/40; 13/44; 18/46, 18/105, 18/123; 19/108; 22/87, 22/204; 23/29; 25/26, 25/159; 30/122.
1 demanderait enac C: 22/310.
1 démarre emac C: 19/133.
1 démêlait embc C: 2/51.
1 demeurez elag C: 13/77.
1 demeure emac C: 24/187.
2 demeurait embc C: 18/73; 22/352.
1 demeurai emca C: 11/102.
1 demeura emcc C: 13/40.
1 demeurèrent emch C: 26/59.
1 demeure eoac C: 14/57.
1 démoli efqc C: 10/60.
1 démontrer eaaz C: 19/182.
1 démontré efad C: 1/36.
1 démontrée ejcd C: 5/72.
1 démontra emcc C: 22/11.

1 dénoncés egfi C: 16/67.
1 dépensent emah C: 23/13.
1 déplaisent emah C: 18/87.
1 déplut emcc C: 25/10.
1 dépouillés egec C: 27/50.
1 dépouillé ekca C: 8/69.
1 dépouilla emcc C: 11/41.
1 députèrent emch C: 16/115.
1 dérangeait embc C: 8/19.
1 dérobé ekca C: 7/32.
1 dérogé efec C: 11/55.
1 désarmés egch C: 14/48.
1 descendre eaaz C: 18/172.
1 descendirent emch C: 25/196.
1 désennuyer eaaz C: 12/120.
1 désennuierait enac C: 19/196.
1 désespérer eaaz C: 19/149.
1 désespérez elag C: 16/86.
1 désespéra emcc C: 28/34.
1 déshabillent emah C: 11/44.
1 déshabillaient embh C: 11/17.
1 désirât eobc C: 20/38.
1 désolé ekca C: 16/86.
1 détacha emcc C: 20/75.
1 déterminer eaaz C: 13/45.
1 déterminée ekcd C: 5/101.
1 déterminait embc C: 30/4.
3 détermina emcc C: 2/63; 4/86; 19/185.
2 détourner eaaz C: 8/57; 22/18.
1 détrompée ehea C: 8/38.
1 détrôné efea C: 26/76.
1 détrôné efec C: 26/68.
1 détrônés egph C: 27/23.
2 détrôné ekca C: 26/87; 27/56.
2 détrônés ekcc C: 27/8, 27/20.
1 détrônai emca C: 26/68.
1 détruire eaaz C: 4/102.
1 détruit effc C: 6/3.
1 détruits egch C: 18/24.
1 détruites ekce C: 5/52.
2 devenir eaaz C: 9/14; 26/11.
1 devenant ebab C: 30/28.
1 devenu effc C: 22/420.
1 devenu efkz C: 19/95.
1 devenus egeh C: 4/100.
2 devenue ehee C: 4/13; 27/40.
1 devenue ehqe C: 27/60.

1	devins	emca	C: 15/14.
7	devint	emcc	C: 2/1; 3/2; 16/37; 22/35; 30/28, 30/179, 30/183.
1	deviendra	emdc	C: 14/16.
1	deviendrez	emdg	C: 14/15.
1	deviné	effb	C: 19/60.
1	deviné	effe	C: 13/60.
1	devinez	emag	C: 21/28.
1	dû	efoc	C: 20/5.
2	dois	emaa	C: 16/17; 22/413.
5	doit	emac	C: 1/44; 13/34; 24/138; 25/147; 26/43.
3	devez	emag	C: 8/97; 16/57; 30/142.
1	doivent	emah	C: 22/342.
1	devais	emba	C: 28/32.
6	devait	embc	C: 4/37, 4/56; 10/15; 13/4; 18/94; 22/13.
1	dut	emcc	C: 22/102.
2	dût	eobc	C: 19/187; 23/46.
1	dévorante	edad	C: 8/97.
1	dévorés	egah	C: 20/49.
1	dévoré	ekca	C: 4/52.
1	dévore	emac	C: 12/107.
1	dévorait	embc	C: 7/75.
1	dévoraient	embh	C: 8/74.
4	dîner	eaaz	C: 2/14; 7/21; 17/115; 24/52.
26	dire	eaaz	C: 1/47, 1/50; 2/61; 3/35, 3/56; 4/37; 8/40, 8/74; 9/20; 13/28, 13/29; 16/53; 18/72, 18/142; 19/27; 21/12; 22/99, 22/121, 22/400, 22/405; 23/14; 25/109, 25/214; 26/19; 30/50, 30/95.
1	disant	ebaa	C: 9/7.
1	dit	efac	C: 30/195.
1	dit	efea	C: 16/111.
3	dit	efec	C: 2/29; 15/47; 25/208.
1	dit	efeh	C: 1/46.
1	dit	effa	C: 16/76.
1	dit	effc	C: 3/73.
1	dit	effe	C: 19/177.
1	dit	efjz	C: 14/59.
3	dit	efkz	C: 4/37; 26/34; 30/132.
2	dit	efoc	C: 18/77; 22/280.
1	dit	efqc	C: 12/124.
2	dites	elag	C: 7/27; 26/21.
2	dis	emaa	C: 16/106; 25/184.
5	dit	emac	C: 19/120; 21/34; 22/97, 22/195,

22/361.

1 dites emag C: 22/193.
2 disent emah C: 19/53, 19/55.
2 disais emba C: 8/77; 14/113.
41 disait embc C: 1/36, 1/70; 4/98; 5/42, 5/46, 5/54, 5/61; 6/32; 7/23; 8/81; 10/4, 10/40, 10/44, 10/51; 11/115; 13/9; 14/19; 16/13, 16/126; 18/73; 19/45, 19/62, 19/181; 20/55; 22/30, 22/118, 22/203, 22/314; 23/5; 24/8, 24/117; 25/192; 27/7, 27/105, 27/106, 27/113, 27/138, 27/154; 28/53, 28/71; 30/183.
5 disaient embh C: 11/15; 17/123; 22/15, 22/173; 26/122.
301 dit emcc C: 1/69; 2/12, 2/16, 2/19, 2/22, 2/28, 2/35, 2/37, 2/41; 3/46, 3/54, 3/58; 4/8, 4/15, 4/18, 4/27, 4/40, 4/43, 4/80, 4/82; 5/69, 5/84, 5/89, 5/97, 5/98; 6/42; 7/8, 7/15, 7/27, 7/39, 7/50, 7/54, 7/57; 8/14, 8/15, 8/16; 9/5, 9/17, 9/35, 9/42; 10/7, 10/12, 10/18, 10/19, 10/20, 10/54, 10/58; 12/9, 12/12, 12/30, 12/72, 12/87; 13/34, 13/46, 13/74, 13/79; 14/16, 14/20, 14/28, 14/29, 14/44, 14/54, 14/58, 14/62, 14/67, 14/87, 14/89, 14/93, 14/94, 14/98, 14/99, 14/113; 15/34, 15/37, 15/49, 15/55, 15/61; 16/41, 16/57, 16/86, 16/88, 16/91; 17/4, 17/7, 17/14, 17/26, 17/33, 17/52, 17/62, 17/66, 17/89, 17/110, 17/127; 18/3, 18/44, 18/48, 18/51, 18/53, 18/58, 18/63, 18/70, 18/83, 18/111, 18/124, 18/126, 18/159, 18/181, 18/185, 18/208; 19/15, 19/19, 19/30, 19/35, 19/37, 19/63, 19/79, 19/83, 19/112, 19/117, 19/118, 19/123; 20/20, 20/26, 20/28, 20/30, 20/32, 20/70, 20/72, 20/87, 20/90, 20/100; 21/5, 21/6, 21/25, 21/28, 21/34, 21/39, 21/43, 21/47, 21/53, 21/56, 21/63, 21/65, 21/66, 21/69; 22/64, 22/74, 22/76, 22/79, 22/83, 22/90, 22/94, 22/95, 22/104, 22/105, 22/111, 22/113, 22/117, 22/126, 22/127, 22/133, 22/139, 22/165, 22/183, 22/193, 22/194,

22/236, 22/242, 22/244, 22/263, 22/265, 22/267, 22/274, 22/283, 22/285, 22/288, 22/289, 22/291, 22/310, 22/316, 22/318, 22/323, 22/326, 22/356, 22/358, 22/368, 22/372, 22/373, 22/374, 22/375, 22/387, 22/397, 22/398, 22/415, 22/416; 23/10, 23/27, 23/33, 23/37, 23/53; 24/23, 24/45, 24/51, 24/52, 24/63, 24/67, 24/70, 24/123, 24/137, 24/143, 24/160, 24/164, 24/165, 24/168, 24/173, 24/175, 24/176, 24/177, 24/180, 24/186, 24/190; 25/16, 25/28, 25/30, 25/42, 25/67, 25/69, 25/85, 25/86, 25/95, 25/98, 25/104, 25/118, 25/132, 25/137, 25/139, 25/147, 25/161, 25/188, 25/191, 25/198, 25/204, 25/207, 25/211, 25/216, 25/218; 26/7, 26/14, 26/31, 26/36, 26/42, 26/48, 26/50, 26/53, 26/61, 26/65, 26/74, 26/81, 26/90, 26/98, 26/107; 27/16, 27/17, 27/21, 27/29, 27/41, 27/45, 27/58, 27/63, 27/66, 27/68, 27/70, 27/76, 27/94, 27/107, 27/115; 28/3, 28/6, 28/29, 28/31, 28/95; 29/31, 29/39, 29/45; 30/16, 30/59, 30/79, 30/85, 30/94, 30/98, 30/100, 30/102, 30/106, 30/107, 30/108, 30/142, 30/149, 30/153, 30/168, 30/170, 30/174.

1	dirent	emch	C: 28/85.
4	dirai	emda	C: 7/63; 8/70; 11/56; 28/9.
1	dira	emdc	C: 16/18.
2	dirait	enac	C: 13/11; 16/81.
1	dise	eoac	C: 25/34.
1	discute	emac	C: 22/196.
1	disparu	efkz	C: 26/58.
1	disparut	emcc	C: 26/45.
1	dispenser	eaaz	C: 22/266.
1	dispersent	emah	C: 5/41.
1	disputer	eaaz	C: 25/172.
1	disputant	ebaa	C: 24/36.
1	disputent	emah	C: 18/68.
1	disputait	embc	C: 30/49.
1	disputions	embf	C: 28/91.
3	disputaient	embh	C: 11/99; 29/6; 30/38.
1	disputa	emcc	C: 25/61.

1	disputèrent	emch	C: 20/95.
1	disséquer	eaaz	C: 28/56.
1	disséqué	efeg	C: 28/96.
1	disséqué	efiz	C: 30/55.
1	disséquait	embc	C: 28/47.
1	disséqua	emcc	C: 28/37.
1	dissipés	egnh	C: 30/80.
1	distinguer	eaaz	C: 22/90.
1	distingue	emac	C: 22/178.
1	distingua	emcc	C: 19/168.
1	divisé	ejca	C: 14/33.
1	divisé	ekca	C: 22/12.
17	donner	eaaz	C: 3/26; 6/6; 9/32; 12/8; 14/47; 15/69; 16/127; 18/174; 19/174; 22/169, 22/395; 25/40; 26/123; 27/45, 27/147; 28/23, 28/80.
2	donnant	ebab	C: 9/25; 19/198.
1	donnés	eecc	C: 22/306.
2	donné	efec	C: 4/100; 18/59.
1	donné	efee	C: 26/100.
1	donné	effa	C: 8/91.
1	donné	effc	C: 1/5.
1	donné	effg	C: 30/191.
1	donné	efjz	C: 28/5.
2	donne	elab	C: 19/88, 19/89.
1	donnez	elag	C: 12/122.
8	donne	emac	C: 2/47, 2/49; 16/12; 19/38, 19/113, 19/119; 26/124; 27/37.
3	donnent	emah	C: 10/6; 13/52, 13/57.
3	donnait	embc	C: 1/58; 12/93; 17/25.
20	donna	emcc	C: 3/68; 4/3; 5/14; 7/4, 7/72; 8/12, 8/87; 10/34; 15/16, 15/50, 15/66; 18/81, 18/188; 19/72, 19/170; 22/17; 24/22, 24/91, 24/162; 26/118.
1	donnâtes	emcg	C: 7/65.
2	donnèrent	emch	C: 5/79; 16/120.
2	donnerai	emda	C: 4/59; 27/104.
1	donneras	emdb	C: 27/124.
2	donnerait	enac	C: 9/18; 19/161.
1	donne	eoac	C: 26/96.
1	doré	ekca	C: 7/32.
1	dorée	ekcd	C: 11/36.
1	dormir	eaaz	C: 25/93.
2	dormez	elag	C: 7/8, 7/17.
1	dormais	emba	C: 8/2.
1	dormit	emcc	C: 7/18.
1	doubler	eaaz	C: 2/47.

1	douter	eaaz	C: 18/44.
1	doute	emaa	C: 24/174.
2	doutait	embc	C: 3/61; 25/125.
1	douta	emcc	C: 3/36.
1	doutèrent	emch	C: 26/46.
1	dure	emac	C: 25/43.
1	dura	emcc	C: 19/175.
1	écaillés	ekcc	C: 29/18.
1	échappé	efjz	C: 5/32.
1	échappés	ekcc	C: 5/78.
1	échauffa	emcc	C: 22/44.
1	échus	emca	C: 12/92.
1	éclairé	ecca	C: 22/383.
1	éclatant	edaa	C: 20/74.
1	éclatèrent	emch	C: 17/108.
1	écoulaient	embh	C: 25/219.
1	écoutant	ebaa	C: 19/176.
1	écouté	efjz	C: 6/15.
4	écoutait	embc	C: 1/29, 1/48; 17/121; 22/333.
2	écouta	emcc	C: 19/145; 22/231.
1	écoutèrent	emch	C: 26/117.
1	écrasés	egah	C: 5/42.
3	écriait	embc	C: 3/72; 5/47; 27/140.
2	écriai	emca	C: 8/74; 12/18.
12	écria	emcc	C: 4/60; 9/14; 12/19; 14/96, 14/97; 16/76, 16/79; 17/77; 19/59; 22/407; 25/130; 27/103.
2	écrire	eaaz	C: 22/328; 25/150.
1	écrivante	edad	C: 21/23.
2	écrits	ekcc	C: 22/224; 25/148.
2	écrit	emac	C: 22/324; 25/152.
1	écrivait	embc	C: 4/91.
1	écrivit	emcc	C: 19/7.
1	écroulent	emah	C: 5/39.
1	écure	emac	C: 27/156.
2	effaçaient	embh	C: 11/15; 18/12.
1	effarée	ekcd	C: 9/25.
1	effarouchée	ekcd	C: 10/45.
1	effrayé	ekca	C: 4/6.
1	égarèrent	emch	C: 1/78.
1	égorgé	efqc	C: 10/61.
1	égorgés	ekcc	C: 15/7.
1	égorgées	ekce	C: 3/22.
1	égorgent	emah	C: 17/9.
1	égorgèrent	emch	C: 8/4.
1	égratignai	emca	C: 8/9.

1 élargissait embc C: 17/36.
1 élargit emcc C: 24/98.
1 élevant ebab C: 13/21.
1 élevé efcc C: 1/1.
1 élevé efec C: 26/77.
2 élevé effc C: 8/27; 25/114.
1 élevée ehea C: 12/20.
1 élevés ejcc C: 17/78.
1 élevé ekca C: 22/87.
2 élevés ekcc C: 4/75; 18/117.
1 élève emac C: 5/36.
1 élevaient embh C: 17/37.
1 éleva emcc C: 11/5.
1 élu efec C: 26/109.
1 éloigne emac C: 30/145.
1 éloignaient embh C: 9/51.
2 embarquer eaaz C: 12/31; 19/159.
1 embarqués egch C: 19/131.
1 embarquons elaf C: 18/211.
2 embarque emac C: 10/35; 22/421.
1 embarqua emcc C: 20/3.
1 embarquâmes emcf C: 11/35.
1 embarrasser eaaz C: 30/70.
1 embarrassé ejca C: 19/181.
1 embarrassées ejce C: 14/17.
1 embarrasse emac C: 30/104.
3 embrasser eaaz C: 15/32; 16/38; 18/111.
1 embrassant ebaa C: 23/53.
1 embrassés egjz C: 22/335.
1 embrasse emac C: 26/12.
1 embrassent emah C: 14/100.
1 embrassaient embh C: 27/142.
4 embrassa emcc C: 18/200; 27/132; 29/20, 29/20.
1 embrassèrent emch C: 19/97.
1 emmène emac C: 22/417.
1 emmena emcc C: 8/21.
1 ému efrc C: 22/173.
1 ému ekca C: 4/3.
1 émut emcc C: 27/92.
1 empaillées ekce C: 30/46.
1 empalé effc C: 30/116.
1 emparé effc C: 20/85.
2 empare emac C: 4/103; 5/49.
3 empêcher eaaz C: 6/1, 6/9; 25/13.
1 empêche emac C: 5/23.
1 empêcha emcc C: 22/61.
1 emplissons elaf C: 17/28.

1	empoisonne	emac	C: 4/65.
1	emporter	eaaz	C: 10/64.
1	emportez	elag	C: 18/186.
3	emporta	emcc	C: 12/7; 19/97; 28/36.
1	empressé	ejca	C: 22/132.
1	empressés	ekcc	C: 22/54.
1	empressait	embc	C: 17/82.
1	emprunter	eaaz	C: 24/109.
1	enchaîné	efca	C: 28/81.
1	enchaînés	egah	C: 30/185.
1	enchaîné	ekca	C: 3/49.
1	enchaînées	ekce	C: 27/57.
1	encourager	eaaz	C: 23/42.
1	encouragés	egbh	C: 19/4.
1	endorment	emah	C: 22/225.
1	endormirent	emch	C: 16/64.
1	endosser	eaaz	C: 24/147.
1	enfermés	efeh	C: 26/77.
1	enfermerait	enac	C: 3/42.
1	enflammèrent	emch	C: 1/77.
1	enfoncer	eaaz	C: 16/62.
1	enfonce	emac	C: 15/52.
1	enfonçait	embc	C: 20/67.
2	enfoncèrent	emch	C: 16/7; 19/9.
1	enfuir	eaaz	C: 19/41.
1	enfuis	egfh	C: 30/76.
3	enfuit	emac	C: 3/28; 28/47, 28/52.
1	enfuis	emca	C: 12/96.
1	engagé	eeca	C: 22/320.
1	engagée	ejcd	C: 22/139.
1	engagez	elag	C: 12/122.
2	engagea	emcc	C: 13/6; 30/90.
1	engagèrent	emch	C: 16/61.
1	englouti	efac	C: 5/21.
1	englouti	efcc	C: 20/69.
1	enhardit	emcc	C: 28/62.
1	enivre	emac	C: 5/50.
1	enlaidie	ejcd	C: 29/26.
3	enlever	eaaz	C: 11/81; 19/77, 19/191.
1	enlevé	efca	C: 28/11.
1	ennuyer	eaaz	C: 25/23.
1	ennuyaient	embh	C: 25/78.
1	enquit	emcc	C: 4/37.
1	enrager	eaaz	C: 21/48.
1	enrageant	ecaa	C: 22/113.
1	enrégimentés	ekcc	C: 20/44.
1	enseignés	ekcc	C: 2/79.

1 enseigne emac C: 16/94.
1 enseignent emah C: 18/67.
1 enseignait embc C: 1/31.
1 ensevelies eici C: 20/85.
1 entassés ekcc C: 11/107.
5 entendre eaaz C: 1/54; 8/97; 12/2; 17/70, 17/84.
1 entendu efec C: 22/400.
1 entendu effa C: 3/56.
1 entendu effh C: 22/405.
1 entendu efjz C: 16/52.
2 entendu efkz C: 3/35; 13/3.
1 entendus ejcc C: 25/5.
2 entends emaa C: 4/10; 16/86.
1 entendons emaf C: 18/71.
3 entendait embc C: 5/11; 23/44; 25/115.
1 entendaient embh C: 22/268.
1 entendis emca C: 28/53.
2 entendit emcc C: 17/85; 20/57.
2 entendirent emch C: 6/24; 16/20.
1 enterrer eaaz C: 15/7.
1 enterrée ehce C: 22/101.
1 enterre emac C: 9/52.
2 enterrerait enac C: 22/42, 22/43.
1 entourés egaf C: 18/32.
1 entourés egbh C: 16/69.
1 entourée ekcd C: 7/30.
2 entourent emah C: 14/53; 18/168.
1 entrecoupés ekcc C: 7/46.
2 entrecoupée ekcd C: 1/70; 16/9.
6 entrer eaaz C: 13/57; 15/35, 15/62; 28/69; 29/34; 30/132.
1 entré effa C: 28/17.
1 entrée ehge C: 24/62.
1 entrons elaf C: 17/89.
3 entre emac C: 9/23; 19/142; 22/353.
1 entraient embh C: 5/95.
10 entra emcc C: 8/18; 10/10; 14/76; 15/10; 19/66; 22/20, 22/303; 23/51; 25/64; 30/176.
1 entrèrent emcc C: 18/9.
1 entrèrent emch C: 22/161.
2 entretenir eaaz C: 20/7; 24/153.
1 entrouvert efbc C: 5/10.
1 entrouvre emac C: 5/26.
1 envier eaaz C: 24/138.
3 envoyer eaaz C: 8/3; 19/69; 30/131.
1 envoyé efca C: 15/17.

1 envoyé efea C: 22/331.
1 envoyé effc C: 12/25.
2 envoie emac C: 15/27; 30/103.
1 envoient emah C: 14/39.
2 envoyait embc C: 24/5; 30/42.
2 envoya emcc C: 13/68; 28/81.
1 enverrait enac C: 30/14.
8 épouser eaaz C: 1/11; 13/35, 13/54; 15/38, 15/40, 15/47; 30/3, 30/10.
1 épousé effc C: 8/63.
1 épousé efjz C: 6/11.
1 épouserai emda C: 15/48.
1 épouseras emdb C: 29/46.
1 épousera emdc C: 29/36.
1 épouserait enac C: 13/42.
1 épouvanté ekca C: 6/31.
2 éprouver eaaz C: 29/9; 30/56.
2 éprouvé efea C: 10/46; 20/53.
1 éprouvé efec C: 26/93.
1 éprouvé efeg C: 10/55.
1 éprouvé effc C: 7/70.
1 éprouvé effe C: 12/45.
1 éprouve emac C: 20/50.
1 éprouva emcc C: 5/65.
1 éprouvâmes emcf C: 11/69.
1 équipait embc C: 10/26.
1 équiperai emda C: 19/90.
1 éraillés ekcc C: 11/2.
2 espérer eaaz C: 20/12; 25/218.
2 espère emaa C: 8/14; 15/38.
2 espérait embc C: 19/196; 20/10.
1 espéraient embh C: 5/32.
1 esprit ebaa C: 25/156.
2 essuyé effc C: 19/150; 28/87.
1 essuyé effe C: 12/47.
1 essuyées eifa C: 12/6.
1 essuya emcc C: 2/65.
1 estimé ekca C: 25/112.
1 estimerais enaa C: 25/168.
1 établi ekca C: 11/51.
1 établies ekce C: 17/116.
2 étendu ejca C: 5/61; 28/50.
2 étendu ekca C: 9/24; 19/26.
2 étend emac C: 5/13; 9/12.
1 étendaient embh C: 29/13.
1 étincelante ecad C: 14/122.
1 étonner eaaz C: 26/10.

1 étonnantes edae C: 18/20.
6 étonné ejca C: 14/112; 16/48; 21/49; 22/49, 22/172; 25/115.
2 étonné ekca C: 7/12; 26/23.
1 étonnés ekcc C: 26/34.
1 etonnée ekcd C: 12/2.
2 étonnait embc C: 18/139; 22/51.
1 étonna emcc C: 18/140.
1 étourdi efcc C: 23/43.
2 étrangler eaaz C: 30/114, 30/123.
87 être eaaz C: 1/37, 1/41, 1/42, 1/44, 1/45, 1/51, 1/52, 1/65, 1/66, 1/67; 2/59; 3/53; 4/28, 4/53; 5/45, 5/83, 5/85; 8/34, 8/79; 10/57; 11/19, 11/57; 12/21, 12/103, 12/114; 13/32, 13/48, 13/65, 13/79; 14/40; 15/34; 16/34, 16/57, 16/80, 16/83, 16/104; 17/11, 17/16, 17/119; 18/157, 18/210; 19/22, 19/47, 19/96, 19/187, 19/192; 20/24, 20/33, 20/55, 20/76; 22/13, 22/21, 22/197, 22/212, 22/212, 22/214, 22/247, 22/261, 22/424; 24/34, 24/87, 24/90, 24/105, 24/107, 24/108, 24/110, 24/111, 24/127, 24/166, 24/185; 25/48, 25/83, 25/127; 26/56, 26/114; 27/6, 27/10, 27/43, 27/76, 27/82; 28/22, 28/32, 28/90; 30/51, 30/54, 30/55, 30/150.
8 étant ebab C: 1/37, 1/44; 4/57, 4/93; 8/29; 19/157; 25/99; 28/102.
1 été efca C: 8/27.
15 été efea C: 6/35; 10/51, 10/65; 11/4; 12/16 12/117; 14/29; 24/129, 24/145; 26/67, 26/75, 26/76, 26/86, 26/108, 26/113.
1 été efeb C: 14/28.
5 été efec C: 7/59; 8/52, 8/52; 21/46; 30/96.
3 été efee C: 4/27, 4/30; 24/74.
2 été efef C: 4/34; 18/33.
3 été efeg C: 13/51; 21/4; 28/96.
2 été efeh C: 1/39; 26/77.
1 été efei C: 1/42.
2 été effa C: 24/97; 28/40.
10 été effc C: 1/13; 3/37, 3/64; 9/17; 12/25; 14/6; 18/21; 19/189; 20/78; 25/114.
4 été effe C: 5/24; 11/29, 11/64; 12/46.
4 été effg C: 14/106; 22/142; 30/187, 30/189.

1	été	effh	C: 30/76.
1	été	efgg	C: 8/76.
5	été	efjz	C: 4/28; 22/31; 27/135; 28/9, 28/39.
2	été	efkz	C: 12/94; 22/327.
1	été	efoc	C: 17/61.
1	été	efoh	C: 8/75.
1	été	efqc	C: 13/10.
1	été	efqe	C: 21/40.
2	été	efqg	C: 6/38; 10/59.
1	été	efqh	C: 21/58.
2	été	efsc	C: 3/38; 13/31.
1	été	egeh	C: 7/56.
2	été	ehea	C: 8/38, 8/56.
1	soyez	elag	C: 26/8.
46	suis	emaa	C: 3/74; 5/56; 8/80; 9/30; 10/64; 11/4; 12/12, 12/116; 14/94; 15/24, 15/56; 16/50, 16/103; 17/9, 17/127; 18/4, 18/19, 18/144; 19/42, 19/54; 20/25, 20/53; 22/189, 22/190, 22/339, 22/373; 24/115, 24/155; 25/18; 26/19, 26/66, 26/72, 26/79, 26/82, 26/88, 26/91, 26/96, 26/99, 26/104, 26/107, 26/109; 27/41, 27/55, 27/108; 28/99, 28/100.
1	es	emab	C: 19/85.
282	est	emac	C: 1/7, 1/36, 1/37, 1/46, 1/47; 2/22, 2/28, 2/29, 2/38, 2/41, 2/42, 2/43, 2/50; 3/49, 3/73; 4/11, 4/12, 4/19, 4/23, 4/24, 4/32, 4/40, 4/53, 4/61, 4/66, 4/69, 4/80, 4/107; 5/18, 5/21, 5/54, 5/64, 5/69, 5/72, 5/80, 5/84, 5/86, 5/87, 5/91; 6/9, 6/33; 7/15, 7/50, 7/57, 7/64; 8/45, 8/55, 8/71; 9/5, 9/30, 9/37, 9/39, 9/47; 10/40, 10/41, 10/48, 10/49, 10/50, 10/52, 10/67; 11/32, 11/43, 11/45, 11/48, 11/50, 11/54, 11/56, 11/85, 11/87, 11/87; 12/22, 12/22, 12/30, 12/42, 12/43, 12/103; 13/9, 13/50, 13/75; 14/26, 14/31, 14/33, 14/34, 14/58, 14/59, 14/63, 14/63, 14/67, 14/96, 14/99, 14/105, 14/114; 15/28, 15/37, 15/49; 16/57, 16/60, 16/73, 16/73, 16/81, 16/82, 16/82,

16/89, 16/90, 16/92, 16/92, 16/94,
16/96, 16/101, 16/102, 16/104,
16/123, 16/123, 16/129; 17/90,
17/114, 17/118, 17/123, 17/124,
17/125; 18/5, 18/22, 18/28, 18/44,
18/48, 18/75, 18/78, 18/92, 18/111,
18/143, 18/146, 18/160, 18/161,
18/163, 18/163, 18/165, 18/166;
19/27, 19/35, 19/37, 19/42, 19/60,
19/62, 19/63, 19/64, 19/64, 19/67,
19/80, 19/91, 19/183; 20/10, 20/21,
20/25, 20/72, 20/88; 21/7, 21/8,
21/9, 21/11, 21/15, 21/15, 21/35;
22/66, 22/66, 22/67, 22/69, 22/70,
22/76, 22/79, 22/99, 22/104, 22/111,
22/113, 22/117, 22/120, 22/123,
22/125, 22/127, 22/129, 22/139,
22/200, 22/236, 22/242, 22/245,
22/250, 22/251, 22/252, 22/258,
22/261, 22/267, 22/280, 22/371,
22/399, 22/416; 23/4, 23/8, 23/10,
23/16, 23/27, 23/31, 23/33, 23/40,
23/41, 23/54, 23/56; 24/13, 24/15,
24/19, 24/68, 24/70, 24/89, 24/102,
24/105, 24/128, 24/151, 24/174,
24/176, 24/181, 24/182, 24/189;
25/30, 25/31, 25/45, 25/46, 25/74,
25/75, 25/110, 25/113, 25/150,
25/151, 25/180, 25/206, 25/207,
25/214, 25/219; 26/13, 26/13, 26/14,
26/15, 26/33, 26/37, 26/38, 26/122,
26/123; 27/14, 27/21, 27/23, 27/25,
27/29, 27/36, 27/38, 27/39, 27/40,
27/42, 27/60, 27/73, 27/105, 27/106,
27/107, 27/108, 27/109, 27/111,
27/111, 27/113, 27/122, 27/137,
27/153, 27/155; 28/26, 28/31, 28/57;
29/9, 29/41; 30/36, 30/51, 30/59,
30/70, 30/88, 30/98, 30/173, 30/174,
30/195.

14 sommes emaf C: 9/15, 9/36; 17/77, 17/111,
17/112; 18/22, 18/32, 18/63, 18/71,
18/145; 19/23, 19/53, 19/56; 26/63.

23 êtes emag C: 3/47; 4/12, 4/23; 7/23, 7/60;
9/37; 12/21; 14/87, 14/93; 16/47;

17/110; 18/167; 21/49; 22/291, 22/340, 22/389; 24/24, 24/71, 24/175; 26/62; 27/134, 27/135; 30/83.

55 sont emah C: 1/40; 2/26, 2/61; 4/99, 4/99, 4/101; 5/37, 5/40, 5/42, 5/87; 6/33; 7/46; 10/13; 11/70; 14/17, 14/49; 15/48; 16/34, 16/50; 17/62, 17/116; 18/69, 18/164, 18/170, 18/179; 19/17, 19/51; 20/49, 20/51; 22/92, 22/93, 22/105, 22/179, 22/223, 22/262, 22/264, 22/265; 23/11, 23/18; 24/46, 24/49, 24/157; 25/16, 25/28, 25/32, 25/51, 25/88, 25/209; 27/22, 27/97, 27/121; 30/104, 30/105, 30/153, 30/185.

18 étais emba C: 6/34; 7/61; 8/2; 11/62, 11/62, 11/63, 11/112; 12/101; 13/53; 15/14; 16/128, 16/131; 22/32, 22/96; 24/75, 24/81; 28/17, 28/78.

161 était embc C: 1/9, 1/15, 1/17, 1/20, 1/26, 1/28, 1/34, 1/52; 2/52, 2/54, 2/65, 2/75; 3/3, 3/19, 3/19, 3/35, 3/36; 4/52, 4/62, 4/88, 4/96, 4/96, 4/105; 5/12, 5/61, 5/81, 5/89, 5/99, 5/102; 6/6, 6/17; 7/42; 8/11, 8/42, 8/102; 9/3, 9/8, 9/18, 9/20, 9/21, 9/22; 11/24, 11/49, 11/59, 11/65, 11/77; 12/24, 12/58, 12/84, 12/89, 12/89, 12/119, 12/125; 13/26, 13/28, 13/29, 13/29, 13/30, 13/33, 13/59, 13/67, 13/69, 13/73; 14/4, 14/8, 14/50, 14/73, 14/77, 14/80, 14/121; 15/9, 15/30; 16/66; 17/17, 17/45, 17/46, 17/60, 17/60, 17/80, 17/81, 17/86, 17/87; 18/9, 18/12, 18/13, 18/46, 18/77, 18/91, 18/93, 18/109, 18/139; 19/70, 19/94, 19/100, 19/105, 19/141, 19/152, 19/189, 19/191; 20/76, 20/81, 20/82, 20/83, 20/85; 22/10, 22/18, 22/39, 22/40, 22/49, 22/87, 22/136, 22/143, 22/145, 22/148, 22/157, 22/165, 22/172, 22/209, 22/235, 22/306, 22/329, 22/377, 22/423; 23/21, 23/29, 23/35, 23/37, 23/38; 24/31, 24/42, 24/66, 24/76,

		24/83, 24/85, 24/85, 24/121; 25/115, 25/186, 25/220; 26/52, 26/73, 26/130; 27/68; 28/41, 28/43, 28/43, 28/72, 28/89; 29/26; 30/20, 30/29, 30/33, 30/34, 30/36, 30/49, 30/61, 30/77, 30/113, 30/121, 30/138, 30/178.
3 étions	embf	C: 11/81; 12/79, 12/83.
42 étaient	embh	C: 1/19; 3/26; 5/9; 6/20, 6/23; 8/101; 9/54; 11/25; 13/23; 14/91, 14/110, 14/122; 16/22, 16/53, 16/69; 17/20, 17/47, 17/57, 17/101; 18/10, 18/62; 19/4, 19/195; 20/91, 20/96; 22/63, 22/162; 24/40; 25/5, 25/26, 25/105, 25/106, 25/223; 26/2, 26/28; 27/143; 30/45, 30/72, 30/74, 30/75, 30/75, 30/76.
27 fus	emca	C: 8/41, 8/60, 8/61; 11/20, 11/63, 11/82; 12/35, 12/43, 12/53, 12/97; 15/12, 15/17, 15/21, 15/23; 21/18, 21/21; 24/78, 24/82, 24/96, 24/99; 28/6, 28/10, 28/14, 28/35, 28/63, 28/77, 28/81.
64 fut	emcc	C: 1/1, 1/2, 1/62, 1/81, 1/82, 1/83; 3/10, 3/34; 4/17, 4/61, 4/109; 6/2, 6/25, 6/28; 8/64, 8/69; 9/32; 11/65, 11/101; 12/55, 12/62; 13/1, 13/26, 13/60; 16/27; 17/105; 18/38, 18/127, 18/191, 18/201; 19/3, 19/81; 20/69; 22/6, 22/10, 22/22, 22/23, 22/80, 22/101, 22/176; 23/43, 23/49; 24/2, 24/62, 24/135; 25/25, 25/62, 25/181, 25/183; 26/11; 27/27; 28/34, 28/44; 29/38; 30/15, 30/17, 30/26, 30/30, 30/155, 30/156, 30/157, 30/171, 30/171, 30/182.
1 fûmes	emcf	C: 11/79.
1 fûtes	emcg	C: 14/103.
27 furent	emch	C: 5/29, 5/30; 6/15, 6/18, 6/27; 11/24; 12/51, 12/66, 12/86; 14/1, 14/43, 14/48; 15/4; 16/3; 17/3, 17/21; 18/24, 18/26, 18/202; 19/9, 19/131; 20/85; 24/61, 24/77; 28/52; 29/13; 30/160.
4 sera	emdc	C: 2/77; 22/221; 24/168; 29/33.
3 serons	emdf	C: 16/73; 18/147, 18/150.

4	serez	emdg	C: 12/75; 17/118; 18/85; 27/126.
3	seront	emdh	C: 14/23; 15/26; 24/164.
4	serais	enaa	C: 19/79; 22/85; 25/124, 25/155.
7	serait	enac	C: 4/24; 14/98, 14/102; 16/45; 19/146, 19/164, 19/181.
3	seriez	enag	C: 12/19; 14/106, 14/112.
1	seraient	enah	C: 30/80.
2	sois	eoaa	C: 22/132; 26/115.
16	soit	eoac	C: 3/54, 3/57, 3/57; 6/28; 12/124; 14/67; 15/29; 16/31; 19/114; 22/175; 23/53, 23/56; 27/60, 27/63, 27/137, 27/153.
4	soient	eoah	C: 5/86; 17/78; 21/57; 27/23.
2	fusse	eoba	C: 3/50; 27/67.
10	fût	eobc	C: 3/61; 7/68, 7/68; 8/25; 19/179, 19/182; 22/173; 26/16, 26/47; 28/21.
3	fussions	eobf	C: 5/100; 11/68; 18/70.
1	fussent	eobh	C: 24/144.
3	évanouit	emcc	C: 1/81; 4/20, 4/36.
1	éventrée	ehee	C: 4/27.
1	éventrée	ejcd	C: 14/114.
1	éventrées	ekce	C: 3/23.
1	examiner	eaaz	C: 19/146.
1	examiné	efiz	C: 24/185.
1	excédé	efbc	C: 30/33.
3	excepté	eeca	C: 22/251; 24/34, 24/47.
1	excepte	emac	C: 20/37.
1	excommuniées	eidi	C: 15/27.
1	excommuniés	ejcc	C: 9/36.
1	excusez	elag	C: 18/83.
1	excusera	emdc	C: 5/98.
1	exécuter	eaaz	C: 25/45.
1	exécuté	efee	C: 8/95.
1	exécutée	ehce	C: 30/17.
2	exercer	eaaz	C: 24/103; 30/177.
2	exerce	emac	C: 20/45; 23/28.
1	exorciser	eaaz	C: 28/58.
1	expirants	edac	C: 5/4.
1	expliquer	eaaz	C: 8/103.
2	expliquait	embc	C: 17/120; 18/137.
3	expliqua	emcc	C: 4/95; 22/206, 22/406.
1	exposer	eaaz	C: 22/382.
1	exposée	ehiz	C: 24/107.
1	expose	emac	C: 19/142.
1	exprimer	eaaz	C: 18/92.

1	expulsés	egbh	C: 30/45.
2	exterminer	eaaz	C: 12/29; 20/39.
1	extorqués	eecc	C: 22/306.
1	fabrique	emac	C: 3/71.
1	fâché	ejca	C: 22/6.
1	fâchait	embc	C: 22/155.
67	faire	eaaz	C: 1/42; 2/31, 2/62; 3/41, 3/47; 4/81, 4/84; 7/48; 8/46, 8/77; 9/29; 10/9; 11/66; 13/13, 13/34, 13/36, 13/39, 13/54, 13/73; 14/14, 14/21, 14/21, 14/26, 14/118; 16/89, 16/96, 16/113; 17/64; 18/56, 18/155, 18/155, 18/175, 18/189; 19/71, 19/139, 19/144, 19/162; 20/5, 20/28; 21/48; 22/38, 22/102, 22/214, 22/220, 22/294, 22/315, 22/355, 22/393, 22/422; 24/110, 24/146, 24/171; 25/22, 25/49, 25/73, 25/99, 25/134, 25/200; 26/54, 26/87, 26/103; 28/36; 29/14, 29/42; 30/58, 30/69, 30/106.
1	faisant	ebaa	C: 2/22.
2	faisant	ebab	C: 17/70; 27/7.
3	fait	eeca	C: 7/54; 12/71; 22/169.
1	faites	eece	C: 17/99.
1	fait	efad	C: 19/60.
1	fait	efbc	C: 30/77.
4	fait	efea	C: 19/49; 26/101, 26/111; 27/10.
5	fait	efec	C: 9/30; 12/109; 22/239, 22/400; 23/33.
2	fait	efee	C: 4/73; 12/36.
4	fait	efeg	C: 7/62; 9/37; 16/43; 17/117.
6	fait	efeh	C: 4/34, 4/101; 16/130; 18/178; 19/50; 22/119.
1	fait	effc	C: 19/145.
1	fait	efgc	C: 2/56.
1	fait	efgh	C: 12/80.
4	fait	efjz	C: 10/29; 22/301; 25/195; 30/150.
1	fait	efkz	C: 1/37.
1	fait	efqc	C: 28/25.
1	faits	egeh	C: 1/39.
1	faits	egkz	C: 1/45.
2	faite	ehfe	C: 19/178, 19/191.
1	faites	eiai	C: 25/51.
3	fait	ejca	C: 8/25; 16/92; 25/218.
2	faits	ejcc	C: 2/26; 22/106.
4	faite	ejcd	C: 2/43; 12/30; 16/82; 30/88.

2 fait ekca C: 2/13; 28/18.
1 faisons elaf C: 19/126.
2 fais emaa C: 22/292; 25/17.
2 fais emab C: 19/31, 19/48.
19 fait emac C: 2/45, 2/48, 2/72; 9/47; 19/87; 21/10; 22/115, 22/351, 22/369, 22/416; 24/54; 25/69, 25/161, 25/166, 25/170, 25/171, 25/174; 27/29; 30/130.
3 faites emag C: 2/17; 10/68; 18/159.
12 font emah C: 4/106; 9/50; 14/36; 15/44; 16/10; 18/55, 18/68; 21/57; 22/265; 25/53, 25/58, 25/178.
1 faisais emba C: 8/23.
16 faisait embc C: 1/21, 1/24; 5/8; 15/11, 15/59; 17/84, 17/85; 19/197; 22/81, 22/153, 22/156, 22/314; 25/67; 27/131; 28/19; 30/117.
6 faisaient embh C: 3/15; 16/71; 22/29, 22/52; 30/48, 30/135.
1 fis emca C: 21/21.
65 fit emcc C: 3/68; 4/17, 4/87, 4/90, 4/92; 5/18, 5/103; 6/1; 7/22; 8/7, 8/21, 8/40, 8/59; 10/31, 10/70; 11/27; 12/7, 12/8, 12/15, 12/70, 12/77, 12/87, 12/91, 12/92; 13/4, 13/26, 13/27; 14/52, 14/82, 14/107; 15/67, 15/67; 18/16, 18/41, 18/61, 18/80, 18/116, 18/127, 18/135; 19/2, 19/147, 19/160; 22/46, 22/169, 22/273; 23/46; 24/2, 24/191; 25/40, 25/70, 25/221; 26/39, 26/120; 27/144, 27/157; 28/23, 28/37, 28/45, 28/65, 28/80; 29/27; 30/7, 30/60, 30/132, 30/147.
5 firent emch C: 12/83; 16/119; 17/102; 25/12; 26/1.
2 fera emdc C: 9/28; 22/345.
3 ferons emdf C: 10/5; 14/18; 16/74.
2 ferez emdg C: 12/73; 14/24.
1 feront emdh C: 19/46.
2 ferais enaa C: 13/53; 22/390.
1 ferait enac C: 19/171.
1 fasses eoab C: 19/84.
3 fasse eoac C: 14/23; 18/187; 24/173.
1 fassent eoah C: 16/60.
1 fît eobc C: 7/69.

2	fallu	efed	C: 3/50; 27/45.
38	faut	emad	C: 2/38; 3/51; 4/68, 4/81, 4/98; 6/36, 6/38, 6/40; 7/15, 7/63; 8/24; 9/6; 10/41; 12/73; 14/13, 14/54, 14/105; 15/62; 17/77, 17/126; 18/60, 18/78, 18/161; 19/83, 19/114, 19/194; 20/30; 22/90, 22/175, 22/212, 22/294, 22/318; 24/130; 25/22; 26/20; 30/106, 30/168, 30/196.
8	fallait	embd	C: 1/47; 11/67; 17/18; 18/105; 20/90; 22/3; 25/81; 30/12.
2	fallut	emcd	C: 2/62; 17/42.
2	faudra	emdd	C: 16/109; 19/60.
2	faudrait	enad	C: 18/70; 27/66.
1	fatigue	emac	C: 25/43.
1	favorise	emac	C: 19/134.
1	fendu	efec	C: 7/52.
1	fendu	efqc	C: 6/40.
1	fend	emac	C: 27/131.
1	fermé	ejca	C: 10/53.
1	fermées	ejce	C: 12/87.
1	ferma	emcc	C: 30/112.
2	fessé	efcc	C: 6/2, 6/25.
1	fessé	efgg	C: 8/76.
1	fessé	ejca	C: 6/34.
2	fessé	ekca	C: 6/41; 9/24.
1	fessait	embc	C: 8/90.
1	fiancée	ehca	C: 11/20.
1	figurer	eaaz	C: 24/24.
2	figurez	elag	C: 12/43; 22/327.
1	fini	efcc	C: 17/105.
1	fini	efea	C: 12/114.
1	flattais	emba	C: 30/108.
1	flatta	emcc	C: 12/8.
1	fleuris	ekcc	C: 17/35.
1	fleurissent	emah	C: 20/48.
1	fondre	eaaz	C: 16/39.
1	fond	emac	C: 11/37.
1	forcèrent	emch	C: 24/147.
2	formé	efec	C: 21/47; 30/97.
1	formée	ehfe	C: 5/24.
1	formées	eiei	C: 1/42.
1	formait	embc	C: 11/11.
1	formaient	embh	C: 3/5.
1	fouetter	eaaz	C: 9/30.
1	fouetté	efiz	C: 30/54.
1	fouetté	ejca	C: 9/40.

1	fouettés	ejcc	C: 10/63.
1	fourni	efff	C: 12/81.
1	fournirait	enac	C: 12/27.
1	fracassa	emcc	C: 17/42.
1	franchi	efoh	C: 18/196.
1	frapper	eaaz	C: 26/111.
3	frappe	emac	C: 5/13; 7/30; 19/141.
1	frappera	emdc	C: 25/111.
1	fredonner	eaaz	C: 25/55.
1	frêmis	emca	C: 28/59.
1	frêmit	emcc	C: 23/51.
1	friponné	efcc	C: 30/26.
1	frotter	eaaz	C: 7/5.
1	frottez	elag	C: 7/16.
1	frotte	emac	C: 7/20.
1	frottai	emca	C: 8/66.
1	frustrer	eaaz	C: 4/104.
1	fuir	eaaz	C: 13/74.
1	fuyant	ebaa	C: 28/49.
1	fuyez	elag	C: 13/79.
1	fuyait	embc	C: 13/62.
1	fumante	edad	C: 15/54.
1	fustigé	efiz	C: 2/59.
2	gage	emaa	C: 24/49, 24/51.
4	gagner	eaaz	C: 3/52; 5/44; 20/46; 21/22.
2	gagné	efea	C: 24/119, 24/160.
1	gagné	efec	C: 24/111.
1	gagne	emac	C: 22/121.
1	gagnait	embc	C: 30/78.
1	gagna	emcc	C: 3/18.
1	galopons	elaf	C: 15/68.
1	gardé	ekca	C: 12/60.
1	garde	elac	C: 10/9.
1	gardez	elag	C: 22/356.
1	gardent	emah	C: 26/79.
1	garderai	emda	C: 19/78.
1	garnis	ekcc	C: 17/94.
1	garrottés	egfh	C: 16/68.
1	gâté	efec	C: 25/168.
1	gâte	emac	C: 22/199.
1	gémir	eaaz	C: 10/42.
1	glissant	ebaa	C: 5/76.
1	glissa	emcc	C: 28/44.
2	goûté	efea	C: 4/50; 8/96.
1	gouverner	eaaz	C: 12/15.
1	gouvernent	emah	C: 18/68.

1	gravent	emah	C: 25/100.
3	guérir	eaaz	C: 4/81, 4/90; 24/92.
1	guéri	efjz	C: 28/9.
1	guéris	emca	C: 22/33.
3	guérit	emcc	C: 2/78; 12/85; 22/47.
1	guettent	emah	C: 22/56.
1	guinder	eaaz	C: 18/189.
1	habillés	ekcc	C: 2/11.
1	habillaient	embh	C: 11/16.
1	habité	ekca	C: 17/30.
1	habite	emac	C: 17/13.
2	habitent	emah	C: 24/150; 25/153.
1	hait	emac	C: 22/122.
1	haïssent	emah	C: 22/123.
1	hausser	eaaz	C: 2/46.
1	hésiter	eaaz	C: 30/69.
2	hésita	emcc	C: 4/89; 19/111.
1	hissés	egch	C: 18/202.
1	honoré	efca	C: 15/23.
1	honora	emcc	C: 22/167.
1	ignorant	ecaa	C: 25/128.
2	ignorant	edaa	C: 2/75; 18/4.
1	ignore	emaa	C: 30/126.
2	imaginer	eaaz	C: 24/105; 30/20.
1	imaginez	elag	C: 22/106.
1	imitant	ebaa	C: 25/172.
2	importe	emad	C: 25/122; 30/102.
1	importuner	eaaz	C: 22/43.
1	imposant	edaa	C: 13/22.
1	incommodé	efbc	C: 6/17.
1	incrustée	ejcd	C: 18/12.
1	indiqua	emcc	C: 13/66.
1	infectée	ejcd	C: 4/52.
1	infectaient	embh	C: 3/9.
1	informer	eaaz	C: 16/116.
1	informez	elag	C: 16/108.
1	informe	emaa	C: 30/129.
1	informe	emac	C: 2/73.
1	informent	emah	C: 19/67.
1	informa	emcc	C: 18/125.
1	inondent	emah	C: 22/190.
1	inquiéter	eaaz	C: 5/7.
1	insistons	elaf	C: 19/126.
1	inspiré	efec	C: 7/24.
2	inspire	emac	C: 16/24; 25/156.

1	inspirais	emba	C: 11/11.
1	instituées	eiai	C: 1/40.
1	instruit	ejca	C: 24/71.
1	instruisis	emca	C: 12/5.
1	intentèrent	emch	C: 24/95.
1	interdit	ejca	C: 7/68.
1	interdit	ekca	C: 6/31.
1	interroger	eaaz	C: 18/56.
1	interrompus	ekcc	C: 22/227.
1	intimider	eaaz	C: 8/58.
1	intimidé	ekca	C: 8/47.
1	introduire	eaaz	C: 22/86.
1	introduits	egah	C: 14/49.
1	inventé	effc	C: 25/133.
1	inviter	eaaz	C: 8/60.
1	invite	emac	C: 24/55.
1	invitent	emah	C: 17/93.
1	invita	emcc	C: 11/30.
1	isolée	ekcd	C: 7/30.
6	jeter	eaaz	C: 4/86; 5/22; 12/105; 22/40; 28/45; 30/11.
3	jetant	ebaa	C: 11/39; 17/105; 20/35.
1	jetons	elaf	C: 17/28.
1	jetez	elag	C: 12/125.
4	jette	emac	C: 9/9, 9/34, 9/53; 22/92.
2	jetait	embc	C: 5/8; 18/106.
2	jetaient	embh	C: 17/58; 20/68.
5	jeta	emcc	C: 15/9; 17/72; 27/79, 27/149; 29/37.
1	joindre	eaaz	C: 19/132.
1	jouées	eikz	C: 22/62.
2	joue	emac	C: 22/66, 22/82.
1	jouent	emah	C: 17/63.
4	jouait	embc	C: 18/7; 22/49, 22/59, 22/205.
1	jouaient	embh	C: 17/55.
1	joueraient	enah	C: 16/77.
3	jouir	eaaz	C: 8/103; 20/48; 24/138.
1	juger	eaaz	C: 25/114.
1	jugé	efca	C: 15/21.
1	juge	emaa	C: 25/124.
1	juge	emac	C: 11/48.
2	jugea	emcc	C: 19/186; 22/376.
1	jurant	ebaa	C: 5/43.
1	juré	effh	C: 12/65.
1	jure	emaa	C: 24/74.
3	jura	emcc	C: 22/41, 22/42; 27/146.

1 lâcha	emcc	C: 20/64.
2 laisser	eaaz	C: 10/15; 24/148.
2 laissant	ebaa	C: 17/67; 22/364.
1 laissé	efea	C: 22/342.
1 laissons	elaf	C: 17/29.
1 laissez	elag	C: 22/392.
3 laisse	emac	C: 7/32, 7/49; 22/418.
1 laissons	emaf	C: 11/46.
1 laissent	emah	C: 14/99.
1 laissait	embc	C: 16/19.
6 laissa	emcc	C: 1/73; 5/19; 7/5; 22/7, 22/144; 28/75.
1 laissèrent	emch	C: 27/100.
1 languir	eaaz	C: 22/292.
1 lasser	eaaz	C: 15/32.
1 lassez	emag	C: 25/119.
2 lassait	embc	C: 16/124; 18/56.
1 lave	emac	C: 27/34.
1 lavait	embc	C: 29/41.
1 léchait	embc	C: 18/108.
1 lever	eaaz	C: 24/110.
1 levant	ebab	C: 2/3.
1 lève	emac	C: 7/40.
1 levait	embc	C: 7/71.
1 levaient	embh	C: 20/67.
2 leva	emcc	C: 22/161, 22/167.
1 levèrent	emch	C: 16/22.
2 lier	eaaz	C: 6/13; 23/15.
1 lient	emah	C: 2/57.
3 lire	eaaz	C: 22/206; 25/96, 25/120.
1 lisant	ebaa	C: 25/71.
1 lu	efea	C: 25/106.
1 lu	efjz	C: 22/200.
2 lis	emaa	C: 25/112, 25/121.
1 livré	efec	C: 23/34.
1 livra	emcc	C: 2/81.
1 livrèrent	emch	C: 11/110..
1 logé	ejca	C: 1/44.
1 logeaient	embh	C: 26/4.
1 logea	emcc	C: 12/59.
1 lorgna	emcc	C: 8/40.
1 louer	eaaz	C: 25/13.
1 loué	efac	C: 16/31.
1 loué	efpc	C: 23/53.
1 louée	ehde	C: 2/77.
1 louai	emca	C: 8/92.
4 loua	emcc	C: 19/159; 22/297; 25/65, 25/197.

1	maltraite	emac	C: 13/77.
1	mandês	egfc	C: 22/27.
18	manger	eaaz	C: 3/58; 4/17; 6/27; 7/5; 12/8, 12/66, 12/68; 14/83; 16/11, 16/19, 16/91, 16/96, 16/98, 16/100, 16/110, 16/130; 24/56, 24/122.
1	mangeant	ebaa	C: 6/12.
1	mangé	efba	C: 16/129.
1	mangé	effh	C: 30/73.
1	mangé	efqc	C: 12/107.
1	mangé	efqh	C: 21/64.
1	mangés	egaz	C: 1/45.
2	mangez	elag	C: 7/8, 7/16.
3	mangeons	emaf	C: 1/45; 16/74, 16/74.
1	mangez	emag	C: 19/43.
1	mangea	emcc	C: 7/18.
1	mangèrent	emch	C: 14/74.
1	mangeriez	enag	C: 30/193.
1	mange	eoaa	C: 16/13.
2	manquez	elag	C: 16/88; 26/8.
1	manque	emaa	C: 3/57.
1	manque	emac	C: 7/43.
1	manquez	emag	C: 5/55.
1	manquent	emah	C: 11/53.
1	manquait	embc	C: 19/28.
1	manqua	emcc	C: 8/75.
2	manquèrent	emch	C: 3/34; 17/75.
1	manque	eoac	C: 2/26.
1	manquât	eobc	C: 11/104.
3	marcher	eaaz	C: 2/80; 12/91; 17/18.
2	marchant	ebab	C: 2/53; 3/30.
1	marchè	efea	C: 5/57.
1	marché	efef	C: 17/27.
1	marchons	elaf	C: 18/210.
1	marche	emac	C: 7/28.
1	marcha	emcc	C: 2/2.
2	marchèrent	emch	C: 5/30; 6/23.
1	marier	eaaz	C: 29/30.
1	marié	eeca	C: 30/21.
1	massacrés	egqh	C: 21/57.
1	massacrées	eikz	C: 11/98.
1	matelassè	ekca	C: 18/16.
1	maudit	efjz	C: 16/63.
1	maudit	efqc	C: 12/124.
1	maudit	ekca	C: 24/149.
1	maudite	ekcd	C: 24/18.
1	maudissait	embc	C: 30/33.

1	médire	eaaz	C: 21/11.
1	mêlé	efbc	C: 30/138.
1	mêles	emab	G: 30/98.
1	mêle	emac	C: 20/32.
1	mêlent	emah	C: 30/127.
1	menaça	emcc	C: 8/46.
8	mener	eaaz	C: 12/34; 19/103, 19/109; 22/140, 22/144, 22/391, 22/394, 22/414.
1	menés	egch	C: 6/15.
1	menés	egec	C: 27/51.
1	menée	ehiz	C: 11/57.
2	menez	elag	C: 22/412; 27/127.
1	mènes	emab	C: 14/18.
7	mène	emac	C: 2/44; 4/16; 7/31; 14/68; 17/30; 18/7; 22/91.
1	menez	emag	C: 22/374.
1	mènent	emah	C: 2/58.
7	mena	emcc	C: 4/94; 8/35; 12/52, 12/58; 22/58, 22/272; 28/79.
1	menèrent	emch	C: 18/101.
1	mènerai	emda	C: 14/22.
1	mènerait	enac	C: 30/25.
1	menti	efea	C: 16/110.
1	mépris	efec	C: 22/417.
1	mépriser	eaaz	C: 17/79.
1	méprisé	efcc	C: 25/181.
1	mériter	eaaz	C: 19/169.
1	mérites	emab	C: 3/58.
1	mérite	emac	C: 27/25.
1	méritez	emag	C: 17/119.
1	méritent	emah	C: 30/129.
1	méritait	embc	C: 20/89.
10	mettre	eaaz	C: 2/72; 4/102; 10/27; 11/46; 12/7; 16/101; 17/93; 23/45; 24/145; 26/4.
1	mis	efaa	C: 22/190.
1	mis	efac	C: 25/110.
3	mis	efcc	C: 12/62; 30/171, 30/171.
1	mis	efea	C: 26/86.
1	mis	efeg	C: 24/69.
1	mis	efeh	C: 5/34.
1	mis	effe	C: 4/39.
1	mis	effg	C: 30/189.
2	mis	efiz	C: 16/83; 17/11.
1	mis	efkz	C: 3/60.
1	mis	efqh	C: 12/112.
1	mis	egef	C: 17/112.

1 mis egfh C: 30/76.
1 mis egjz C: 18/204.
1 mise ehca C: 24/96.
1 mise ehiz C: 18/210.
1 mises ekce C: 25/11.
1 mettez elag C: 2/24.
4 met emac C: 2/31, 2/44; 12/78; 19/133.
1 mettent emah C: 8/99.
1 mettait embc C: 18/107.
1 mis emca C: 28/67.
17 mit emcc C: 8/7, 8/19; 10/56; 12/115; 15/5,
15/11, 15/54, 15/65; 17/53; 18/133,
18/193; 24/134; 25/63; 26/26; 28/11,
28/78; 30/177.
3 mirent emch C: 11/39, 11/45; 14/86.
2 monter eaaz C: 3/12; 15/67.
1 montons elaf C: 9/45.
1 montent emah C: 18/88.
1 monterai emda C: 10/20.
1 montrais emba C: 10/67.
1 montra emcc C: 7/5.
2 moquez emag C: 16/45; 20/26.
1 moquait embc C: 22/263.
1 mordant ebaa C: 16/26.
1 mordis emca C: 8/8.
1 mouillée ejcd C: 28/44.
6 mourir eaaz C: 3/21; 8/84; 15/63; 22/13, 22/345;
24/16.
1 mourant ebaa C: 28/48.
1 mourant ebab C: 2/9.
1 mourante ecad C: 11/102.
1 morte ehec C: 4/53.
4 morte ehee C: 4/19, 4/23, 4/24; 24/15.
1 morte ehfe C: 22/329.
1 mortes elei C: 22/93.
1 mort ejca C: 9/12.
1 morte ejcd C: 24/82.
1 morts ekcc C: 3/78.
2 meurs emaa C: 4/59; 5/63.
2 meurt emac C: 7/54; 14/62.
1 meurent emah C: 12/13.
1 mourait embc C: 12/47.
1 mourus emca C: 12/48.
2 mourut emcc C: 11/30; 24/93.
2 moururent emch C: 17/21; 19/10.
1 mousser eaaz C: 25/13.

2	nageait	embc	C: 11/72; 20/75.
1	nagea	emcc	C: 5/28.
2	naître	eaaz	C: 10/70; 30/60.
1	né	eeca	C: 14/5.
5	né	efea	C: 5/57; 12/12; 14/95; 16/103; 18/144.
1	né	efec	C: 30/173.
1	né	efeg	C: 9/37.
2	né	effc	C: 17/87; 30/61.
1	né	efjz	C: 1/51.
1	nés	egeh	C: 4/99.
1	née	ehea	C: 10/64.
1	nettoya	emcc	C: 3/68.
1	nierai	emda	C: 8/24.
1	nommé	efca	C: 28/14.
5	nommé	ekca	C: 3/65; 8/29; 12/114; 18/31; 27/37.
1	nommés	ekcc	C: 16/2.
1	nomme	emac	C: 2/63.
1	nommons	emaf	C: 18/95.
1	nommait	embc	C: 30/122.
1	nommait	embd	C: 1/8.
1	nouée	ehce	C: 28/44.
1	nourrissent	emah	C: 22/124.
1	nourrissait	embc	C: 19/155.
1	nourrirent	emch	C: 17/22.
1	noyé	efec	C: 20/92.
1	noyé	effc	C: 5/27.
1	noyé	efqg	C: 6/38.
1	noyât	eobc	C: 5/25.
2	obéit	emcc	C: 7/67; 13/40.
1	obligé	efcc	C: 13/1.
1	obligé	efkz	C: 4/93.
2	obligée	ehca	C: 24/78, 24/100.
1	obligée	ehiz	C: 24/105.
1	obscurcis	egch	C: 24/61.
1	obscurcit	emcc	C: 4/108.
1	observer	eaaz	C: 4/68.
1	observe	emac	C: 22/219.
1	observa	emcc	C: 1/61.
1	obtenu	effc	C: 27/2.
1	obtiennent	emah	C: 16/49.
1	obtint	emcc	C: 2/71.
2	occupé	efbc	C: 22/145; 24/66.
1	occupés	egbh	C: 22/163.
1	occupé	ejca	C: 26/130.

1 occupée ejcd C: 12/117.
1 occupent emah C: 18/170.
1 offert efeg C: 17/113.
1 offrent emah C: 22/57.
2 offrit emcc C: 19/71; 22/86.
1 offrirent emch C: 16/120.
1 opposer eaaz C: 29/43.
1 opposait embc C: 11/97.
1 ordonné ejca C: 3/4.
1 ordonnées ekce C: 11/105.
1 ordonne emac C: 22/369.
1 ordonna emcc C: 13/39.
1 ordonnèrent emch C: 18/26.
2 ornés ejcc C: 17/47; 25/5.
1 ornée ejce C: 1/17.
1 orné ekca C: 14/69.
1 ornés ekcc C: 18/118.
1 orna emcc C: 6/19.
2 oser eaaz C: 13/13; 15/41.
1 osent emah C: 25/154.
1 osait embc C: 13/29.
3 osa emcc C: 13/28; 29/28; 30/50.
1 oserais enaa C: 25/95.
1 ose eoac C: 25/44.
1 ôter eaaz C: 22/416.
1 otez elag C: 7/39.
1 ôta emcc C: 3/8.
2 oublier eaaz C: 19/99; 24/29.
1 oubliant ebab C: 3/33.
1 oublié effh C: 17/71.
1 ouï effc C: 27/19.
1 outré ekca C: 24/91.
1 ouvrir eaaz C: 22/354.
1 ouvre emaa C: 25/143.
1 ouvre emac C: 7/31.
1 ouvrait embc C: 24/116.
1 ouvris emca C: 11/114.
1 ouvrit emcc C: 9/21.
1 ouvre eoac C: 14/56.

1 pâlit emcc C: 29/15.
1 palpiter eaaz C: 15/12.
1 palpitant edaa C: 6/32.
1 palpitants edac C: 3/31.
1 palpite emac C: 22/353.
1 pâmera emdc C: 25/54.
1 panser eaaz C: 8/21.

1	paru	efed	C: 21/18.
1	paru	efee	C: 22/135.
1	paru	efeg	C: 24/126.
3	paraît	emac	C: 22/252; 24/101; 30/150.
2	paraissez	emag	C: 24/137, 24/141.
1	paraissent	emah	C: 20/47.
5	paraissait	embc	C: 1/27; 11/47; 15/13; 22/333; 24/39.
3	paraissaient	embh	C: 16/21; 18/138; 19/169.
2	parut	emcc	C: 13/25; 17/64.
1	parurent	emch	C: 27/90.
1	paraîtrait	enac	C: 19/173.
1	paraisse	eoaa	C: 24/131.
1	paraisse	eoac	C: 22/215.
1	parcourir	eaaz	C: 12/109.
1	parcouru	efea	C: 21/6.
1	parcouru	efjz	C: 18/131.
1	pardonnez	elag	C: 17/112.
1	pardonna	emcc	C: 12/62.
1	pardonnerez	emdg	C: 18/86.
1	parfumèrent	emch	C: 30/140.
14	parler	eaaz	C: 3/44; 8/40, 8/97; 14/45, 14/55, 14/68; 15/41; 16/87; 22/214, 22/216, 22/228, 22/320, 22/361; 26/106.
2	parlant	ebaa	C: 16/19; 20/74.
1	parlant	ebab	C: 3/79.
1	parlé	efea	C: 27/55.
1	parlé	efec	C: 8/101.
1	parlé	efjz	C: 6/14.
1	parlé	efoa	C: 12/118.
1	parlons	elaf	C: 28/6.
1	parlez	elag	C: 22/360.
2	parle	emac	C: 11/71; 24/186.
1	parlez	emag	C: 30/127.
1	parlent	emah	C: 7/45.
5	parlait	embc	C: 13/20, 13/56; 17/86; 20/17; 22/235.
3	parlaient	embh	C: 9/56; 20/97; 27/142.
10	parla	emcc	C: 1/70; 7/73; 10/71; 14/124; 22/181, 22/203, 22/309; 24/136; 26/52, 26/74.
1	parleriez	enag	C: 10/68.
1	partagé	eeca	C: 22/350.
1	partagé	ekca	C: 26/22.
1	partage	eoac	C: 9/6.
5	partir	eaaz	C: 18/173; 19/116, 19/157; 26/8; 28/13.

2 partons elaf C: 14/11; 26/17.
1 partez elag C: 18/164.
1 partaient embh C: 16/24.
3 partit emcc C: 10/10; 19/99; 26/39.
1 partîmes emcf C: 15/23.
2 partira emdc C: 26/32, 26/49.
1 partirons emdf C: 26/18.
15 passer eaaz C: 2/64; 19/78; 22/5; 24/9, 24/12; 26/28, 26/72, 26/80, 26/89, 26/96, 26/104, 26/116, 26/128; 30/40, 30/53.
1 passé efec C: 21/29.
1 passé efef C: 30/57.
1 passé efhf C: 15/69.
1 passé efqa C: 3/51.
1 passés eghh C: 12/51.
1 passée ekcd C: 5/66.
1 passons elaf C: 11/70.
4 passe emac C: 2/72; 6/34; 10/42; 22/253.
1 passait embc C: 30/92.
1 passaient embh C: 11/103.
5 passa emcc C: 1/79; 3/17; 9/26; 22/97; 23/50.
3 passerent emch C: 10/25; 18/141; 22/298.
1 pavées ekce C: 18/121.
8 payer eaaz C: 2/18; 4/84; 17/106; 18/208; 19/127, 19/144, 19/147; 28/66.
1 payé efdg C: 27/126.
2 payé efea C: 29/40, 29/40.
1 payées eiai C: 17/116.
1 paie emac C: 4/85.
2 paient emah C: 2/20; 25/59.
2 paya emcc C: 19/130; 27/147.
1 paierait enac C: 19/160.
1 peints ejcc C: 6/20.
1 penchait embc C: 20/18.
6 pendre eaaz C: 6/36; 8/67; 27/95, 27/110; 28/32, 28/43.
1 pendu efca C: 28/35.
2 pendu efcc C: 6/28; 30/156.
1 pendu efeg C: 28/96.
1 pendu effc C: 9/17.
1 pendu effg C: 14/106.
4 pendu efiz C: 8/79; 13/65; 22/261; 30/54.
2 pendu efjz C: 27/135; 28/39.
1 pendu efna C: 19/79.
1 pendu efqc C: 13/10.
2 penser eaaz C: 20/29; 25/116.

1 pensé	efeg	C: 28/98.
4 pense	emaa	C: 20/36; 22/249; 25/119, 25/184.
3 pense	emac	C: 25/84, 25/151, 25/152.
5 pensez	emag	C: 20/21; 21/39; 22/245; 25/143; 27/63.
1 pensent	emah	C: 25/185.
1 pensait	embc	C: 22/103.
1 percé	efcc	C: 30/156.
1 perce	emac	C: 9/33.
5 perdre	eaaz	C: 13/68, 13/81; 20/78; 22/155; 27/79.
1 perdues	eece	C: 22/304.
2 perdu	efea	C: 26/99; 27/12.
1 perdu	efee	C: 27/39.
1 perdu	effa	C: 8/7.
2 perdu	effc	C: 1/13; 19/139.
1 perdu	effg	C: 30/192.
1 perdu	effi	C: 26/127.
1 perdu	efjz	C: 16/83.
1 perdu	efkc	C: 8/28.
1 perdu	efsc	C: 20/13.
1 perdus	ejcc	C: 9/16.
1 perd	emac	C: 19/134.
3 perdait	embc	C: 7/74; 16/85; 17/36.
1 perdis	emca	C: 22/330.
4 perdit	emcc	C: 4/90; 5/73; 15/64; 22/170.
1 périr	eaaz	C: 5/19.
1 périssent	emah	C: 30/128.
1 périt	emcc	C: 5/26.
3 périrent	emch	C: 12/49; 19/11; 30/161.
1 périssent	eoah	C: 20/91.
1 permis	efbd	C: 28/89.
2 permet	emac	C: 14/55; 26/71.
1 permettent	emah	C: 23/17.
1 persécutaient	embh	C: 19/193.
1 persuadé	efbc	C: 30/36.
2 persuada	emcc	C: 12/70, 12/76.
1 peser	eaaz	C: 27/71.
1 pesante	edad	C: 22/26.
2 pesait	embc	C: 1/22; 17/95.
1 pétrifié	efjz	C: 15/43.
1 pétri	ekca	C: 11/21.
1 philosopher	eaaz	C: 30/90.
1 pille	emac	C: 22/199.
1 pinçait	embc	C: 24/43.
1 piquer	eaaz	C: 13/50.
1 piquée	ehfg	C: 12/119.

1	piqué	ekca	C: 30/135.
1	placer	eaaz	C: 22/233.
1	placée	ehca	C: 8/60.
1	placé	ejca	C: 22/60.
1	plaidé	efqc	C: 25/122.
1	plaidait	embc	C: 18/125.
3	plaindre	eaaz	C: 19/173; 27/64, 27/74.
1	plaignez	emag	C: 10/54.
1	plaint	emag	C: 22/114.
1	plaignait	embc	C: 12/5.
5	plaire	eaaz	C: 24/131; 25/148, 25/175, 25/194; 26/11.
2	plaisant	ecaa	C: 24/102; 26/66.
1	plaisante	edad	C: 10/57.
2	plaît	emac	C: 22/83; 25/47.
1	plaisent	emah	C: 25/31.
3	plut	emcc	C: 8/3, 8/58; 18/154.
1	plaira	emdc	C: 18/180.
1	plairait	enac	C: 13/43.
1	planter	eaaz	C: 25/200.
3	pleurer	eaaz	C: 15/54; 22/62, 22/65.
6	pleurant	ebaa	C: 5/34; 7/57; 10/4; 12/19; 19/66; 22/358.
1	pleurant	ebab	C: 2/3.
1	pleuré	efea	C: 22/119.
1	pleura	emcc	C: 19/81.
1	plut	emcc	C: 28/33.
1	plongea	emcc	C: 19/153.
1	ponter	eaaz	C: 22/190.
1	ponte	emac	C: 22/236.
2	porter	eaaz	C: 1/39; 12/104.
2	portant	ebab	C: 3/32; 17/48.
1	portés	egch	C: 5/29.
1	portez	elab	C: 16/107.
5	porte	emac	C: 3/63; 5/5; 8/12; 16/105; 27/31.
1	portez	emag	C: 22/359.
1	portent	emah	C: 19/125.
4	portait	embc	C: 13/19, 13/21, 13/58; 15/65.
2	portaient	embh	C: 6/22; 18/198.
2	porta	emcc	C: 17/40; 30/94.
1	possède	emaa	C: 26/112.
2	possède	emac	C: 25/206, 25/208.
1	postés	ekcc	C: 23/23.
1	pourrir	eaaz	C: 22/99.
1	poursuivait	embc	C: 13/71.
1	pourvoir	eaaz	C: 26/57.
1	pourvu	ejca	C: 9/8.

1	pourvoit	emac	C: 14/17.
1	poussés	ejcc	C: 16/21.
1	poussèrent	emch	C: 27/99.
2	pouvant	ebab	C: 2/69; 28/101.
1	pu	efea	C: 22/186.
2	pu	efec	C: 10/3; 25/175.
1	pu	efee	C: 4/46.
1	pu	efeh	C: 26/103.
1	pu	effc	C: 1/12.
1	pu	efoc	C: 27/71.
1	pu	efoe	C: 19/167.
5	peux	emaa	C: 4/15; 14/68; 20/29; 22/414; 26/19.
2	puis	emaa	C: 4/82; 7/24.
1	peux	emab	C: 29/45.
36	peut	emac	C: 4/28, 4/53, 4/76, 4/83, 4/96; 5/45, 5/99; 7/43; 8/34, 8/77; 11/61; 12/103; 14/55; 15/34; 16/34, 16/35; 17/16; 18/48, 18/172, 18/209; 19/57; 20/55; 22/220, 22/361; 24/34, 24/166; 25/42, 25/48, 25/99, 25/109, 25/131, 25/194; 27/10, 27/43; 28/30; 29/9.
1	pouvons	emaf	C: 17/27.
3	pouvez	emag	C: 13/74; 18/44; 22/359.
4	peuvent	emah	C: 1/36; 15/20; 22/266; 25/83.
1	pouvais	emba	C: 22/340.
24	pouvait	embc	C: 1/66; 2/80; 3/11, 3/53; 5/10, 5/80, 5/85; 8/32; 12/10; 15/32; 19/115, 19/120; 20/76; 22/5, 22/206, 22/207, 22/247, 22/308, 22/380; 24/35; 27/147; 28/39; 30/6, 30/9.
1	pouviez	embg	C: 24/104.
3	pouvaient	embh	C: 5/83; 16/65; 19/6.
1	pus	emca	C: 22/328.
3	put	emcc	C: 3/13; 25/13; 28/35.
1	purent	emch	C: 12/91.
2	pourrai	emda	C: 20/100; 22/409.
6	pourra	emdc	C: 9/29; 14/16; 18/177; 24/168, 24/170; 25/55.
3	pourrons	emdf	C: 15/34; 18/152, 18/212.
2	pourrez	emdg	C: 14/60; 16/109.
1	pourront	emdh	C: 17/16.
1	pourrais	enaa	C: 4/102.
6	pourrait	enac	C: 1/65; 8/95; 10/42; 20/33; 22/307; 27/76.
2	pourrions	enaf	C: 14/63; 26/56.
1	pourraient	enah	C: 29/34.

5	puisse	eoac	C: 3/52; 9/46; 10/21; 15/70; 18/175.
1	puissiez	eoag	C: 10/63.
4	pût	eobc	C: 13/32; 19/69; 26/10; 27/82.
1	prêché	efea	C: 24/151.
1	prêché	ekca	C: 6/41.
1	précipité	efac	C: 5/18.
2	préétablie	ekcd	C: 28/102; 30/111.
8	prendre	eaaz	C: 4/84; 10/19; 11/30; 12/64; 18/106; 19/86; 24/182; 25/166.
2	prenant	ebab	C: 13/22; 26/6.
1	pris	efec	C: 22/344.
1	pris	effc	C: 24/81.
1	pris	efgh	C: 25/202.
1	pris	egfh	C: 11/100.
2	prenez	elag	C: 6/43; 16/107.
7	prend	emac	C: 2/30; 7/28; 16/29; 19/133; 20/59; 22/350; 25/76.
2	prenez	emag	C: 5/55; 18/45.
2	prennent	emah	C: 7/10; 11/53.
1	prenais	emba	C: 16/56.
3	prenait	embc	C: 22/313; 30/37, 30/120.
3	prenaient	embh	C: 13/67; 19/194; 30/44.
1	pris	emca	C: 28/20.
23	prit	emcc	C: 1/74; 3/16; 5/89; 7/1, 7/3; 9/42; 11/93; 12/85; 15/16, 15/65; 17/59; 19/104; 21/20; 22/44, 22/234, 22/334, 22/398; 24/20, 24/95; 26/64, 26/90, 26/129; 28/69.
1	prirent	emch	C: 18/204.
3	prendra	emdc	C: 15/68; 24/27, 24/29.
1	prît	eobc	C: 1/50.
1	préparer	eaaz	C: 26/44.
1	préparées	eici	C: 11/24.
1	préparé	ekca	C: 14/73.
1	prépare	emac	C: 9/44.
1	préparaient	embh	C: 16/72.
4	présenter	eaaz	C: 18/16, 18/206; 19/107; 30/47.
1	présente	emac	C: 17/70.
2	présentait	embc	C: 19/154; 27/141.
3	présenta	emcc	C: 8/42; 16/10; 19/166.
3	présentèrent	emch	C: 11/80; 29/12; 30/134.
1	pressée	ehca	C: 11/113.
1	pressait	embc	C: 30/5.
2	présume	emaa	C: 27/73; 30/127.
1	prétendre	eaaz	C: 10/57.
1	prétends	emab	C: 29/43.
1	prétend	emac	C: 24/188.

1	prétendez	emag	C: 24/127.
1	prétendais	emba	C: 28/88.
2	prétendait	embc	C: 22/377; 28/87.
1	prétendaient	embh	C: 19/169.
1	prévenir	eaaz	C: 6/5.
1	prévu	effa	C: 30/79.
2	prier	eaaz	C: 24/52; 30/95.
1	prie	emac	C: 2/30.
1	prions	emaf	C: 18/58.
1	priait	embc	C: 18/57.
1	pria	emcc	C: 18/115.
1	prièrent	emch	C: 2/14.
1	privé	efec	C: 26/92.
1	privé	efiz	C: 19/192.
1	prive	emac	C: 18/83.
1	procéder	eaaz	C: 2/69.
2	procurer	eaaz	C: 16/35; 22/308.
1	procure	elab	C: 5/63.
1	produire	eaaz	C: 4/46.
1	produisant	ebab	C: 25/165.
1	produit	efei	C: 4/51.
1	produit	effh	C: 16/54.
1	produisait	embc	C: 11/74.
2	proférer	eaaz	C: 7/43; 26/35.
1	proférait	embc	C: 12/3.
1	profiter	eaaz	C: 22/307.
1	profitai	emca	C: 12/96.
1	prolonger	eaaz	C: 16/16.
2	promener	eaaz	C: 2/53; 25/56.
2	promenant	ebaa	C: 1/56; 3/77.
1	promenant	ebab	C: 25/24.
1	promettant	ebab	C: 19/172.
1	promettait	embc	C: 12/21.
2	promit	emcc	C: 19/145; 27/151.
2	prononçant	ebaa	C: 14/90; 15/71.
1	prononcèrent	emch	C: 14/119.
2	propose	emac	C: 16/11; 22/385.
3	proposa	emcc	C: 8/43; 22/8; 29/23.
1	prosternant	ebab	C: 3/71.
1	prosternés	egjz	C: 27/6.
1	protesta	emcc	C: 13/42.
2	prouver	eaaz	C: 1/12; 24/32.
1	prouvant	ebaa	C: 5/23.
1	prouvé	effc	C: 10/13.
1	prouve	emac	C: 30/172.
3	prouvait	embc	C: 1/32; 5/25; 30/8.
1	prouva	emcc	C: 22/208.

1 punir eaaz C: 30/19.
1 puni efac C: 20/88.
1 puni efec C: 20/92.

3 quitter eaaz C: 16/61; 17/12; 19/97.
1 quittés egfh C: 30/74.
2 quittèrent emch C: 17/67; 22/28.

1 raccommodés egfh C: 30/75.
1 racheter eaaz C: 27/78.
1 rachetés egeg C: 28/94.
1 racheta emcc C: 29/21.
1 raconter eaaz C: 19/171.
1 racontait embc C: 13/15.
2 raconta emcc C: 7/69; 22/270.
3 raisonner eaaz C: 3/17; 30/108, 30/174.
1 raisonnant ebaa C: 21/71.
1 raisonnent emah C: 21/2.
1 raisonnait embc C: 4/108.
2 raisonnaient embh C: 22/130; 29/5.
2 raisonna emcc C: 9/27; 22/269.
1 raisonnèrent emch C: 10/38.
2 ramasser eaaz C: 17/59, 17/75.
1 ramassant ebaa C: 22/286.
1 ramassées eifc C: 17/107.
1 ramasse emac C: 17/69.
2 ramassai emca C: 28/59, 28/75.
2 ramassa emcc C: 1/73; 22/288.
1 ramassiez eoag C: 22/286.
1 ramène emac C: 30/86.
1 ramenait embc C: 8/93.
1 ramènerai emda C: 12/31.
2 ramer eaaz C: 27/131; 30/55.
1 ramé efeg C: 28/97.
1 rament emah C: 27/97.
1 ramaient embh C: 27/84.
1 rampent emah C: 20/41.
1 rançonnée ehiz C: 24/112.
1 rangée ekcd C: 4/77.
1 rappela emcc C: 4/20.
1 rapporté efkz C: 30/24.
1 rapporta emcc C: 30/178.
1 rassasié ejca C: 22/189.
1 rassembler eaaz C: 19/6.
1 ravissante ecad C: 11/62.
1 ravie ehce C: 11/65.
1 ravie ekcd C: 12/2.

1 ravit emcc C: 14/39.
1 rebattre eaaz C: 25/171.
2 rebutent emah C: 22/226; 25/210.
2 recevoir eaaz C: 2/60; 8/78.
1 reçu efea C: 22/326.
1 reçu efei C: 16/59.
1 reçu effc C: 9/10.
1 reçu efqg C: 10/59.
1 reçus egch C: 14/1.
1 reçus egdg C: 17/118.
1 reçus egfc C: 4/4.
1 reçue ehfc C: 4/57.
1 reçue ehfe C: 4/55.
3 reçoit emac C: 2/49; 21/36; 24/188.
1 reçoivent emah C: 15/19.
1 recevions embf C: 28/91.
4 reçut emcc C: 18/15, 18/114; 22/336; 25/8.
1 reçûtes emcg C: 7/66.
1 reçurent emch C: 18/97.
1 recevra emdc C: 18/84.
1 recevrons emdf C: 15/25.
1 recevrait enac C: 27/4.
1 réchappé efea C: 29/39.
1 réchappa emcc C: 12/82.
1 recommandons elaf C: 17/33.
1 recommande emac C: 7/48.
1 recommandai emca C: 8/93.
1 recommanda emcc C: 19/98.
1 recommencèrent emch C: 15/31.
1 reconduire eaaz C: 27/3.
1 reconduisirent emch C: 16/121.
1 reconnaît emac C: 24/64.
1 reconnaissez emag C: 4/9.
1 reconnut emcc C: 13/64.
1 recousut emcc C: 28/62.
2 recueillir eaaz C: 4/89; 13/44.
1 recule emac C: 4/7.
1 recula emcc C: 29/18.
1 redoubler eaaz C: 30/48.
1 redouble emac C: 20/58.
1 redoublait embc C: 22/312.
1 redoublaient embh C: 27/102.
2 redoubla emcc C: 8/73; 26/40.
1 réduit efbc C: 4/88.
1 réduits egch C: 12/66.
2 réduite ehiz C: 24/109; 27/43.
1 refait ejca C: 4/17.

1 regardai emca C: 8/67.
2 referme emac C: 7/33; 22/357.
1 réfugier eaaz C: 13/82.
1 réfugié ekca C: 28/28.
1 refuser eaaz C: 29/29.
1 refusa emcc C: 22/98.
3 regarder eaaz C: 5/20; 14/11; 17/57.
3 regardant ebaa C: 11/17; 19/65; 24/60.
1 regardant ebab C: 3/46.
1 regardé efac C: 2/50.
1 regardez elag C: 24/177.
1 regarde emaa C: 25/39.
4 regardait embc C: 7/34; 23/20; 24/42; 25/160.
3 regardaient embh C: 3/21; 14/90; 26/35.
4 regarda emcc C: 4/5; 17/73; 22/162; 27/87.
1 regardèrent emch C: 26/40.
1 régnait embc C: 22/148.
1 regorgé efeg C: 30/81.
1 regretté effc C: 12/10.
1 réitérées ekce C: 1/62.
1 relevant ebab C: 13/38.
1 relevé ekca C: 14/78.
1 relié ekca C: 25/65.
1 remarqué efiz C: 22/197.
1 remarquez elag C: 1/38.
1 remarquait embc C: 22/151.
1 remarquèrent emch C: 2/11.
1 rembrunie ejcd C: 25/32.
1 rembrunie ekcd C: 29/16.
1 remenez elag C: 27/125.
1 remena emcc C: 18/133.
1 remercier eaaz C: 25/223.
1 remercions emaf C: 18/60.
1 remerciai emca C: 12/33.
2 remercia emcc C: 14/109; 27/150.
4 remettre eaaz C: 2/46; 28/77, 28/89; 30/13.
1 remis emca C: 28/76.
1 remit emcc C: 22/290.
1 remirent emch C: 17/109.
1 remettiez eoag C: 22/289.
2 remonter eaaz C: 5/17; 18/166.
1 remonté effc C: 4/54.
2 remplir eaaz C: 16/5, 16/39.
2 remplie ekcd C: 1/65; 8/84.
1 remplit emac C: 22/363.
2 remuer eaaz C: 16/66; 22/341.
1 rencontré efea C: 24/14.

1 rencontré efkz C: 24/171.
1 rencontrée ehea C: 24/124.
1 rencontre emaa C: 24/172.
1 rencontre emac C: 5/51.
5 rencontra emcc C: 1/68; 3/77; 4/1; 17/54; 22/15.
3 rencontrèrent emch C: 1/77; 19/25; 30/119.
7 rendre eaaz C: 7/24; 12/11, 12/65; 14/65; 27/151; 30/12, 30/175.
1 rends emaa C: 22/293.
1 rend emac C: 19/89.
2 rendait embc C: 1/25; 17/122.
1 rendaient embh C: 3/24.
1 rendit emcc C: 14/81.
2 rendirent emch C: 12/61; 27/5.
1 rendra emdc C: 22/345.
1 rendrez emdg C: 24/166.
1 rendraient enah C: 30/81.
1 rendît eobc C: 30/182.
2 renfermait embc C: 2/4; 14/71.
1 renoncé efea C: 25/58.
1 renonce emaa C: 19/61.
1 renoués ekcc C: 17/92.
1 rentrer eaaz C: 17/65.
1 rentre emaa C: 24/154.
1 renversés egah C: 5/40.
1 renversées ekce C: 6/20.
1 renversèrent emch C: 3/7.
1 renvoyé efsc C: 24/79.
1 renvoie emac C: 22/417.
1 repaître eaaz C: 16/10.
1 répandue ehfe C: 30/114.
1 répandues ejce C: 3/26.
1 répandaient embh C: 18/121.
2 répandit emcc C: 3/62; 13/70.
1 reparaît emac C: 5/21.
1 reparut emcc C: 7/36.
1 réparer eaaz C: 22/159.
1 réparé efea C: 16/33.
1 réparait embc C: 18/14.
1 réparèrent emch C: 5/77.
1 repartit emcc C: 16/47.
1 repartirent emch C: 27/158.
1 replacent emah C: 8/100.
3 répliquait embc C: 4/105; 10/47; 20/54.
8 répliqua emcc C: 4/62; 5/71; 7/63; 16/42; 22/78, 22/259, 22/278; 23/40.
2 réponds emaa C: 15/26; 24/164.

1	rêpondez	emag	C: 22/279.
3	rêpondait	embc	C: 7/25; 23/7; 27/139.
1	rêpondaient	embh	C: 27/112.
1	rêpondis	emca	C: 12/4.
33	rêpondit	emcc	C: 2/33; 3/48, 3/56; 4/48; 5/56, 5/65, 5/94; 9/39; 10/66; 12/40; 14/59; 15/39, 15/43; 19/34, 19/122; 20/23; 21/48; 22/39, 22/74, 22/120, 22/185, 22/248, 22/277; 23/31; 24/128; 25/121, 25/150; 27/33, 27/120; 28/100; 30/124, 30/144, 30/195.
2	rêpondirent	emch	C: 3/41; 17/104.
1	rêpondrai	emda	C: 22/283.
4	reprendre	eaaz	C: 15/36; 18/152; 22/425; 27/49.
1	repris	efkz	C: 22/376.
1	reprennent	emah	C: 7/45.
1	reprenais	emba	C: 8/68.
1	repris	emca	C: 8/8.
7	reprit	emcc	C: 4/19; 8/17; 12/41; 16/52; 25/214; 26/18; 27/155.
1	reprêsenter	eaaz	C: 16/88.
1	reprêsente	emac	C: 25/165.
1	reprochêe	ehde	C: 29/33.
1	requise	ekcd	C: 2/13.
1	rêservêe	ehfe	C: 11/64.
2	rêsigne	emaa	C: 26/93, 26/103.
1	rêsister	eaaz	C: 11/68.
2	rêsistê	efea	C: 8/33, 8/54.
1	rêsoudre	eaaz	C: 17/12.
2	rêsolurent	emch	C: 12/68; 18/157.
1	respecte	emac	C: 22/91.
1	respectait	embc	C: 25/186.
1	respirais	emba	C: 28/45.
2	ressemblent	emah	C: 25/33, 25/72.
1	ressemblait	embc	C: 8/66.
1	resserrêes	eikz	C: 25/99.
1	resserrê	ekca	C: 17/39.
1	ressouvenait	embc	C: 19/176.
4	rester	eaaz	C: 18/161; 24/17; 26/44; 30/57.
1	restê	efed	C: 4/32.
1	restê	effc	C: 24/121.
1	reste	emac	C: 19/19.
3	reste	emad	C: 10/16; 15/61; 22/344.
2	restons	emaf	C: 17/10; 18/147.
4	restait	embc	C: 5/16, 5/31; 20/16; 26/106.
2	restaient	embh	C: 19/104; 28/60.

4	resta	emcc	C: 12/63; 19/14, 19/102; 30/27.
1	restèrent	emch	C: 18/25.
1	retenir	eaaz	C: 18/162.
1	retint	emcc	C: 11/92.
1	retirer	eaaz	C: 14/107.
1	retirant	ebaa	C: 15/53.
1	retirés	egch	C: 15/4.
1	retiré	ekca	C: 18/5.
1	retombai	emca	C: 12/6.
3	retourner	eaaz	C: 17/7; 21/22; 28/13.
3	retournant	ebaa	C: 22/300; 30/118, 30/147.
1	retournons	elaf	C: 17/5.
1	retourne	emaa	C: 17/9.
2	retourne	emac	C: 19/138; 26/9.
1	retournons	emaf	C: 18/148.
1	retournait	embc	C: 6/41.
2	retourna	emcc	C: 1/64; 23/26.
1	retroussée	ekcd	C: 14/51.
4	retrouver	eaaz	C: 20/77, 20/101; 24/170; 26/24.
1	retrouvé	efea	C: 20/100.
2	retrouve	emac	C: 7/51; 24/169.
1	retrouvai	emca	C: 22/330.
2	retrouva	emcc	C: 7/2; 29/1.
1	retuerais	enab	C: 29/43.
1	réussit	emcc	C: 22/122.
1	revendue	ehca	C: 12/54.
1	revendit	emcc	C: 12/53.
4	revenir	eaaz	C: 8/7; 9/33; 12/73; 24/17.
1	revenant	ebaa	C: 1/68.
1	revenant	ebab	C: 19/115.
1	revenu	eeca	C: 4/36.
1	revenu	efoc	C: 19/147.
1	revenus	eggh	C: 28/53.
1	revenus	eghh	C: 5/30.
1	revenue	ehge	C: 1/82.
1	revient	emac	C: 7/21.
1	revenait	embc	C: 25/220.
2	revint	emcc	C: 7/25; 19/120.
1	revinrent	emch	C: 16/117.
2	reviendrai	emda	C: 7/11, 7/16.
1	rêver	eaaz	C: 7/34.
1	revêtus	egch	C: 6/18.
6	revoir	eaaz	C: 8/96; 16/15; 19/18; 20/10; 22/132, 22/384.
1	revu	efjz	C: 26/23.
1	revois	emaa	C: 27/140.
1	revirent	emch	C: 17/41.

2	reverrai	emda	C: 23/54; 25/217.
1	revoie	ecaa	C: 28/30.
1	révolter	eaaz	C: 10/29.
1	révolte	emac	C: 25/50.
1	ridées	ekce	C: 29/17.
1	rimés	ekcc	C: 22/224.
2	rire	eaaz	C: 10/56; 17/112.
1	riant	ebaa	C: 22/115.
1	rit	emac	C: 22/111.
1	riaient	embh	C: 1/21.
1	rit	emcc	C: 18/184.
1	risquons	emaf	C: 17/10.
1	rompre	eaaz	C: 18/179.
1	rompue	ekcd	C: 5/16.
1	rompit	emcc	C: 26/60.
1	rongé	ekca	C: 3/78.
1	rôtir	eaaz	C: 16/103.
1	rôtis	egiz	C: 16/80.
1	rôtis	ekcc	C: 17/95.
1	roué	efeg	C: 28/96.
1	roué	efkz	C: 12/94.
5	rougit	emcc	C: 1/68, 1/69; 18/43, 18/47; 24/59.
1	rouillées	ekce	C: 25/83.
1	roula	emcc	C: 18/38.
1	rouvre	emac	C: 4/22.
1	rusé	ejca	C: 21/8.
1	saigner	eaaz	C: 4/84.
1	saisir	eaaz	C: 22/369.
1	saisi	eeca	C: 29/18.
1	saisi	effc	C: 6/10.
1	saisies	eifc	C: 14/82.
1	saisie	ejcd	C: 8/62.
2	saisit	emac	C: 11/91; 14/48.
1	salée	ekcd	C: 15/9.
2	saluer	eaaz	C: 18/106; 22/85.
1	saluaient	embh	C: 13/23.
1	salua	emcc	C: 22/162.
1	sanglote	emac	C: 22/354.
1	satisfaire	eaaz	C: 17/104.
1	satisfaite	ekcd	C: 23/26.
1	satisfit	emcc	C: 18/17.
2	sauta	emcc	C: 4/6; 27/28.
1	sautèrent	emch	C: 18/113.
1	sauver	eaaz	C: 5/32.
1	sauvant	ebaa	C: 16/34.
1	sauvée	ehoe	C: 24/97.

1	sauvé	ekca	C: 20/86.
1	sauva	emcc	C: 3/1.
9	savoir	eaaz	C: 1/70; 2/3; 11/90; 18/57; 22/215; 27/67; 28/7, 28/26; 30/51.
1	sachant	ebab	C: 8/10.
4	su	efea	C: 11/52; 22/341; 24/71; 30/125.
1	su	efeg	C: 7/61.
1	su	efeh	C: 16/131.
12	sais	emaa	C: 14/21; 18/159; 19/49; 20/28, 20/74; 23/17; 25/104, 25/198; 27/66, 27/70; 30/124, 30/168.
7	sait	emac	C: 11/103; 14/42; 17/87; 22/68, 22/196, 22/228, 22/250.
8	savez	emag	C: 10/66; 15/13; 23/11; 24/88; 28/56; 30/86, 30/160, 30/167.
2	savais	emba	C: 25/126; 28/21.
3	savait	embc	C: 4/91; 16/4; 29/25.
2	savaient	embh	C: 16/21; 17/17.
1	saura	emdc	C: 12/74.
1	sauront	emdh	C: 14/41.
1	saurait	enac	C: 27/69.
1	sache	eoac	C: 6/37.
1	sécher	eaaz	C: 29/14.
1	seconder	eaaz	C: 15/28.
1	secourir	eaaz	C: 2/27.
1	secourus	eecc	C: 5/79.
1	secouru	efca	C: 15/12.
1	secourus	egdh	C: 12/75.
1	séduisent	emah	C: 22/211.
1	séduisit	emcc	C: 24/77.
1	séjourné	efea	C: 21/18.
1	sellés	ekcc	C: 18/195.
1	selle	emac	C: 9/49.
1	sella	emcc	C: 14/8.
1	semble	emac	C: 11/86.
2	sentir	eaaz	C: 17/85; 25/212.
1	sentent	emah	C: 5/35.
1	sentis	emca	C: 11/113.
2	sentit	emcc	C: 15/12; 22/301.
1	sentirent	emch	C: 16/65.
1	sentirais	enaa	C: 13/13.
4	séparer	eaaz	C: 13/1, 13/81; 19/95; 22/7.
1	serrait	embc	C: 14/110.
4	servir	eaaz	C: 2/55; 18/195; 26/20; 28/14.
1	servi	efea	C: 12/110.
1	servi	effc	C: 17/68.
1	servi	efkz	C: 10/31.

1	servi	efoh	C: 11/7.
1	sert	emac	C: 24/153.
1	servent	emah	C: 27/54.
2	servait	embc	C: 5/103; 18/51.
1	servaient	embh	C: 14/108.
3	servit	emcc	C: 8/60; 12/8; 17/93.
1	servirent	emch	C: 25/12.
1	servirai	emda	C: 17/89.
1	servira	emdc	C: 16/16.
1	sifflant	ebaa	C: 5/43.
1	sifflée	ekcd	C: 22/239.
1	signifier	eaaz	C: 19/160.
2	signifia	emcc	C: 19/115; 29/29.
1	situé	ekca	C: 18/90.
1	songeant	ebab	C: 1/65.
2	songeait	embc	C: 19/180; 20/16.
3	sortir	eaaz	C: 18/178; 22/409; 24/78.
1	sorti	efec	C: 11/49.
1	sortent	emah	C: 25/33.
2	sortait	embc	C: 1/71; 26/125.
2	sortit	emcc	C: 26/34, 26/50.
1	sortirent	emch	C: 18/22.
1	sortirait	enac	C: 18/27.
2	soucie	emaa	C: 25/101, 25/184.
1	soucie	emac	C: 21/29.
1	souffler	eaaz	C: 1/62.
1	soufflèrent	emch	C: 4/109.
1	souffletée	ehce	C: 1/82.
1	souffrir	eaaz	C: 11/58.
2	souffert	effc	C: 7/13; 30/65.
1	souffert	effh	C: 20/4.
1	souffrirai	emda	C: 29/31.
1	souffrira	emdc	C: 13/76.
1	souffrirons	emdf	C: 2/25.
3	souhaite	emaa	C: 15/37; 24/173; 27/16.
1	soulager	eaaz	C: 5/78.
2	soupçonne	emaa	C: 10/7; 19/21.
1	soupçonnaient	embh	C: 1/9.
12	souper	eaaz	C: 2/5; 7/22, 7/26; 8/98; 18/115; 19/171; 22/48, 22/134, 22/237, 22/272; 27/25; 30/152.
1	soupé	efef	C: 27/9.
1	soupez	elag	C: 26/21.
2	soupa	emcc	C: 16/62; 22/171.
1	soupassent	eobh	C: 27/20.
1	soupirait	embc	C: 11/115.
1	souriant	ebaa	C: 17/72.

2 sourit emcc C: 13/38; 18/62.
2 soutenir eaaz C: 19/63; 26/84.
1 soutenant ebab C: 6/41.
1 soutenu efkz C: 30/65.
1 soutiens emaa C: 5/71.
2 soutenait embc C: 7/36; 30/66.
1 soutinrent emch C: 17/24.
1 souvenir eaaz C: 29/27.
1 souvenant ebab C: 12/100.
2 souviens emaa C: 16/52; 22/31.
1 souvenez emag C: 28/33.
1 souviendrai emda C: 12/86.
1 subjuguer eaaz C: 18/23.
1 submergeant edaa C: 20/81.
1 submergé ekca C: 20/82.
1 subsister eaaz C: 5/99.
1 subsiste emac C: 8/51.
1 subsistait embc C: 19/192.
1 succéderait enac C: 24/99.
6 suffisante edad C: 1/63, 1/66; 3/10; 4/38, 4/72; 5/45.
1 suivre eaaz C: 22/343.
1 suivant ebab C: 10/15.
2 suivi eeca C: 22/367; 26/3.
1 suivi efcc C: 6/24.
1 suivons elaf C: 14/10.
1 suivez elag C: 6/43.
1 suivait embc C: 19/131.
1 suivaient embh C: 16/26.
1 suivis emca C: 28/67.
3 suivit emcc C: 7/3; 13/68; 24/60.
1 suivrai emda C: 21/38.
1 supplantée ehca C: 24/99.
1 supplions emaf C: 13/35.
1 surpassaient embh C: 17/50.
1 surpris efcc C: 25/25.
1 surpris ejca C: 17/80.
1 surprise ekcd C: 12/3.
2 surprit emcc C: 11/44; 18/126.
1 suspendu ejca C: 5/16.
1 suspendriez enag C: 10/68.

1 tâchaient embh C: 22/159.
1 taillées eiiz C: 1/42.
1 taillée ekcd C: 11/12.
1 taire eaaz C: 30/107.
1 témoignait embc C: 8/20.

1	têmoigna	emcc	C: 18/2.
3	tenir	eaaz	C: 9/46; 10/21; 12/106.
1	tenez	elag	C: 26/21.
1	tient	emac	C: 13/48.
6	tenait	embc	C: 4/53, 4/56; 11/93, 11/95, 11/111; 24/38.
2	tenaient	embh	C: 3/22; 22/146.
1	tient	emca	C: 21/14.
2	tinrent	emch	C: 14/123; 17/108.
1	tenté	efea	C: 24/145.
1	tentés	ejcc	C: 13/23.
3	tirer	eaaz	C: 2/46; 16/28; 25/174.
1	tiré	efea	C: 15/45.
1	tirées	eiiz	C: 11/94.
5	tire	emac	C: 9/7, 9/11; 15/52; 16/30; 22/362.
1	tirait	embc	C: 5/53.
1	tira	emcc	C: 19/82.
1	tirèrent	emch	C: 23/24.
4	tomber	eaaz	C: 1/73; 14/100; 27/100; 28/75.
2	tombe	emac	C: 7/43, 7/44.
2	tombait	embc	C: 2/6; 25/80.
1	tombaient	embh	C: 11/17.
2	tombai	emca	C: 8/67; 11/109.
5	tomba	emcc	C: 5/15; 24/20; 28/46, 28/48, 28/52.
1	tombèrent	emch	C: 19/12.
1	toucher	eaaz	C: 16/29.
1	touchante	edad	C: 4/88.
1	touché	efcc	C: 16/27.
1	touché	efec	C: 11/3.
1	touché	ejca	C: 3/74.
1	touchai	emca	C: 11/28.
1	tourmenté	ekca	C: 3/80.
1	tourner	eaaz	C: 2/45.
4	tournant	ebab	C: 2/3; 22/244; 24/158; 27/62.
1	tourné	effc	C: 27/130.
1	tournons	elaf	C: 17/14.
1	tracer	eaaz	C: 25/167.
1	traduits	ekcc	C: 18/138.
1	trafiquait	embc	C: 8/30.
1	trahir	eaaz	C: 13/33.
3	traîner	eaaz	C: 16/17; 17/43; 22/370.
1	traînés	ekcc	C: 17/49.
1	traînai	emca	C: 11/107.
1	traîna	emcc	C: 2/7.
1	traiter	eaaz	C: 16/93.
1	traité	efcc	C: 25/183.

2 traité	efec	C: 4/31; 19/36.
1 traité	effh	C: 3/30.
1 traité	efiz	C: 26/115.
1 traite	emaa	C: 25/182.
1 traite	emac	C: 22/371.
2 traitent	emah	C: 20/42, 20/71.
2 traitait	embc	C: 3/66; 22/88.
1 traitât	eobc	C: 3/37.
1 transporter	eaaz	C: 18/175.
1 transporté	ekca	C: 19/7.
1 transporte	emac	C: 19/140.
1 transporta	emcc	C: 22/348.
2 travailler	eaaz	C: 3/70; 15/22.
1 travaillé	effc	C: 19/186.
1 travaillés	ejcc	C: 18/11.
1 travaillons	elaf	C: 30/174.
1 travaillons	emaf	C: 19/39.
2 travaillait	embc	C: 5/10; 30/31.
2 travaillèrent	emch	C: 5/77; 18/191.
1 travaillât	eobc	C: 30/172.
1 traverser	eaaz	C: 24/11.
1 traversai	emca	C: 12/96.
1 traverserons	emdf	C: 21/32.
2 trembler	eaaz	C: 5/36; 6/9.
1 tremblant	ebaa	C: 22/353.
1 tremblante	ecad	C: 7/68.
1 tremblante	edad	C: 7/37.
1 tremblait	embc	C: 3/12.
1 trembla	emcc	C: 6/29.
1 tremblèrent	emch	C: 1/78.
1 triompher	eaaz	C: 8/32.
1 trompée	ehec	C: 8/81.
1 trompe	emaa	C: 24/53.
1 troublé	ejca	C: 19/141.
6 trouver	eaaz	C: 5/49; 10/5; 11/61; 22/9, 22/319; 26/131.
1 trouvé	efcc	C: 30/15.
2 trouvé	efea	C: 19/42; 24/46.
1 trouvé	efeb	C: 5/58.
1 trouvé	efec	C: 23/35.
1 trouvé	efeh	C: 21/64.
1 trouvé	effc	C: 25/49.
1 trouvé	effh	C: 6/5.
1 trouvé	efiz	C: 28/22.
1 trouvé	efkz	C: 5/75.
4 trouve	emaa	C: 15/41; 18/4; 22/249; 25/35.
8 trouve	emac	C: 5/49; 12/123; 14/3, 14/25;

			21/17; 22/210; 24/28, 24/28.
1	trouvons	emaf	C: 17/31.
2	trouvez	emag	C: 16/48, 16/110.
1	trouvent	emah	C: 8/78.
3	trouvait	embc	C: 1/49; 8/24; 25/116.
1	trouvai	emca	C: 28/17.
7	trouva	emcc	C: 4/21; 10/56; 15/4; 22/60; 24/4; 25/41; 28/64.
5	trouvèrent	emch	C: 1/72; 11/94; 16/114; 17/23; 19/197.
2	trouverons	emdf	C: 17/15, 17/31.
14	tuer	eaaz	C: 9/31, 9/38; 12/71, 12/102; 15/3; 16/94, 16/105; 22/391; 23/29, 23/32, 23/33, 23/41; 27/96; 29/45.
1	tuant	ebaa	C: 16/33.
2	tué	efcc	C: 11/102; 30/157.
1	tué	efcg	C: 14/103.
4	tué	efea	C: 15/55; 16/14; 27/109, 27/133.
1	tué	efeb	C: 19/89.
2	tué	efec	C: 7/59; 16/108.
2	tué	efeg	C: 13/75; 16/44.
1	tués	egeh	C: 7/56.
1	tué	ekca	C: 9/15.
3	tue	emac	C: 15/57; 16/30; 22/357.
1	tuent	emah	C: 14/38.
1	tuait	embc	C: 11/96.
3	tua	emcc	C: 8/21; 12/61; 15/1.
1	tueraient	enah	C: 18/36.
1	unis	ekcc	C: 17/35.
1	user	eaaz	C: 19/57.
1	usons	emaf	C: 16/95.
1	usent	emah	C: 16/58.
2	valoir	eaaz	C: 18/155; 25/53.
1	valu	efec	C: 4/44.
1	valu	efeh	C: 24/152.
8	vaut	emad	C: 10/48; 16/98; 17/5, 17/52; 18/144; 22/196; 23/14; 24/184.
2	valent	emah	C: 11/71; 25/141.
3	valait	embc	C: 11/8; 19/129; 24/16.
1	veillé	emaa	C: 27/107.
5	vendre	eaaz	C: 13/63; 15/61; 22/3; 30/32, 30/131.
2	vendue	ehca	C: 12/35, 12/53.
1	vend	emac	C: 20/43.
1	vendons	emaf	C: 10/20.

8	vendit	emcc	C: 8/29; 12/35, 12/51, 12/52; 19/44, 19/129; 27/144, 27/157.
1	vengés	egdf	C: 16/73.
1	vengés	egef	C: 4/34.
5	venir	eaaz	C: 24/55, 24/192; 27/144, 27/157; 30/43.
5	venu	efea	C: 26/72, 26/79, 26/88, 26/96, 26/104.
1	venu	efqa	C: 26/115.
2	venus	egfh	C: 25/223; 26/28.
2	venue	ehee	C: 9/37; 24/13.
3	venez	elag	C: 3/47; 7/27; 22/344.
4	vient	emac	C: 9/15; 12/78; 14/42; 16/104.
1	venons	emaf	C: 30/95.
1	venais	emba	C: 14/118.
7	venait	embc	C: 3/44; 8/103; 19/191; 23/29; 28/12; 30/114, 30/122.
1	venaient	embh	C: 26/128.
3	vint	emcc	C: 6/12; 19/107; 22/36.
1	vinssent	eobh	C: 22/50.
1	vérifier	eaaz	C: 16/106.
1	versant	ebaa	C: 19/98.
1	versent	emah	C: 14/100.
2	versait	embc	C: 19/65; 26/29.
1	versaient	embh	C: 17/99.
2	versa	emcc	C: 4/6; 14/12.
2	vêtus	ekcc	C: 6/24; 17/92.
1	vêtirent	emch	C: 18/99.
1	vieilli	efea	C: 12/99.
3	violer	eaaz	C: 8/7; 12/67; 15/3.
1	violée	ehec	C: 7/51.
1	violée	eheg	C: 13/51.
2	violée	ehfe	C: 8/34; 12/46.
1	violée	ehiz	C: 30/52.
1	violée	ehjz	C: 4/28.
1	violée	ehqg	C: 10/59.
1	visite	emac	C: 7/19.
3	vivre	eaaz	C: 3/43; 19/46; 30/62.
1	vivant	ebab	C: 30/22.
1	vivant	edaa	C: 22/120.
1	vécu	efea	C: 24/176.
1	vivez	emag	C: 7/50.
1	vivrons	emdf	C: 10/4.
1	voguèrent	emch	C: 17/34.
23	voir	eaaz	C: 1/53; 7/41; 8/14; 11/49; 14/26; 17/111; 18/61, 18/116, 18/123; 19/4; 20/62, 20/76; 21/27, 21/30;

		22/17, 22/359; 23/18; 24/190, 24/192; 25/37, 25/50, 25/213; 26/24.
6 voyant	ebaa	C: 8/62; 22/130, 22/282; 25/55, 25/64; 29/16.
3 voyant	ebab	C: 1/79; 8/6; 28/78.
14 vu	efea	C: 2/37; 10/45; 12/109, 12/112; 20/38, 20/52; 21/14, 21/54; 22/260, 22/410, 22/411; 24/69; 25/125; 27/110.
2 vu	efec	C: 18/156; 22/240.
5 vu	efeg	C: 12/38; 21/13; 22/183; 28/8, 28/31.
2 vu	effa	C: 8/92; 27/95.
6 vu	effc	C: 7/12; 12/9; 13/25; 15/64; 18/76; 27/19.
1 vu	effe	C: 12/46.
2 vu	effh	C: 16/56; 20/4.
2 vu	efjz	C: 4/25; 6/36.
1 vu	efqg	C: 10/62.
1 vu	efsc	C: 9/4.
1 vue	eheg	C: 24/76.
11 vois	emaa	C: 2/29; 10/63; 14/36; 16/15; 19/21, 19/32; 21/53; 24/71, 24/169; 25/108, 25/137.
4 voit	emac	C: 5/20; 9/23; 18/93; 26/9.
1 voyons	emaf	C: 17/110.
12 voyez	emag	C: 4/52; 8/36; 11/83; 16/58, 16/104; 17/4; 19/16; 20/87; 22/291; 24/119, 24/179; 25/207.
1 voient	emah	C: 23/2.
9 voyait	embc	C: 7/42; 8/27; 16/81; 22/137; 23/44; 26/26; 30/39, 30/43, 30/46.
6 vis	emca	C: 8/65, 8/67, 8/68; 11/97, 11/114; 15/3.
9 vit	emcc	C: 1/57, 1/63; 3/65; 8/18; 13/57, 13/72; 16/38; 18/128; 28/50.
3 virent	emch	C: 17/2; 18/1; 30/71.
3 verrons	emdf	C: 15/49; 18/211; 19/128.
3 verrez	emdg	C: 8/15; 22/108; 24/53.
1 verrait	enac	C: 22/311.
2 voler	eaaz	C: 10/3; 23/47.
1 volé	efbc	C: 19/152.
1 volé	efca	C: 21/18.
2 volé	effc	C: 19/190; 20/83.
1 volée	ehea	C: 24/130.
1 volée	ehiz	C: 24/110.
1 volées	eifc	C: 13/66.

2	vole	emaa	C: 26/17; 27/12.
1	vole	emac	C: 24/153.
3	volait	embc	C: 14/120; 15/70; 27/143.
1	volaient	embh	C: 18/89.
1	vola	emcc	C: 13/61.
1	volerais	enaa	C: 22/340.
1	vomir	eaaz	C: 25/178.
1	vouloir	eaaz	C: 12/104.
1	voulant	ebab	C: 19/167.
1	voulu	effh	C: 6/27.
1	voulu	efoh	C: 11/18.
3	veux	emaa	C: 21/26; 22/286, 22/289.
1	veux	emab	C: 16/13.
8	veut	emac	C: 2/30, 2/31; 5/22; 12/105; 15/46; 22/354, 22/355; 26/54.
1	voulons	emaf	C: 19/41.
7	voulez	emag	C: 18/72, 18/173; 19/108; 21/67; 22/105; 27/115; 28/7.
1	voulais	emba	C: 8/9.
4	voulait	embc	C: 2/62; 4/29; 19/77; 22/315.
2	voulus	emca	C: 8/74; 12/101.
12	voulut	emcc	C: 1/11; 3/69; 7/14; 8/45; 11/33; 13/63; 18/57; 22/38, 22/40; 23/45; 24/133; 28/19.
1	voulurent	emch	C: 12/64.
4	voudra	emdc	C: 25/50, 25/54; 26/32, 26/49.
4	voudrez	emdg	C: 18/165, 18/187; 22/284; 27/104.
6	voudrais	enaa	C: 19/182; 22/133; 24/144, 24/190; 28/26; 30/51.
1	voudrait	enac	C: 19/162.
1	voudriez	enag	C: 16/100.
1	veuille	eoac	C: 10/51.
3	voulût	eobc	C: 2/70; 19/103; 20/39.
4	voyager	eaaz	C: 9/48; 18/79; 26/71, 26/78.
4	absolument	faaa	C: 17/126; 18/173; 22/319; 30/126.
1	admirablement	faaa	C: 1/32.
12	ailleurs	feca	C: 3/17; 5/85; 8/26; 13/76; 16/96; 17/118; 18/180; 19/189; 20/34; 22/384; 28/103; 30/24.
23	ainsi	feaa	C: 3/66; 6/23; 8/17; 9/56; 11/95; 13/43; 14/82, 14/124; 16/19, 16/93, 16/94; 17/105; 19/36; 20/74; 21/71; 22/106, 22/129, 22/371; 23/19; 24/116; 25/84, 25/195; 26/88.
5	aisément	faaa	C: 16/152; 21/28; 22/381; 24/77; 27/59.

1	aisément	fdaa	C: 19/119.
1	aisément	ffaa	C: 25/100.
10	alors	faba	C: 9/42; 20/18; 22/244, 22/320, 22/362, 22/398, 22/406; 26/46, 26/64, 26/90.
1	amèrement	faaa	C: 13/38.
1	amoureusement	faaa	C: 24/42.
2	apparemment	faea	C: 5/90; 18/53.
33	assez	fada	C: 1/6; 2/41; 7/6; 9/5; 11/58, 11/84; 13/13; 14/22, 14/77; 15/46; 17/27, 17/57, 17/128; 18/93; 19/3, 19/169; 21/9, 21/9; 22/81, 22/200, 22/209, 22/252, 22/252; 23/21, 23/34, 23/35; 24/135, 24/188; 25/16, 25/32, 25/33, 25/117, 25/123.
2	assurément	faaa	C: 15/48; 18/162.
4	attentivement	faaa	C: 1/48; 8/67; 22/333; 23/21.
2	attentivement	ffaa	C: 27/87, 27/93.
8	aujourdhui	faba	C: 4/68; 15/25; 16/92; 21/58; 24/130; 25/45, 25/58, 25/182.
1	auparavant	faba	C: 7/64.
16	aussi	fada	C: 3/37; 5/79; 9/7; 11/21; 12/21; 17/25, 17/80; 19/119, 19/195; 20/97; 23/8, 23/38; 24/126; 28/103; 30/96, 30/121.
14	aussitôt	faba	C: 4/16; 9/49; 11/41; 14/52, 14/69; 17/67, 17/91; 18/7; 22/26, 22/416; 24/54, 24/191; 28/45; 27/157.
10	autant	fada	C: 4/28, 4/34; 9/29; 12/74; 22/2, 22/307; 25/79, 25/126; 26/51, 26/123.
3	autrefois	faba	C: 13/31; 16/53; 25/70.
6	autrement	faaa	C: 1/37; 3/53; 5/83; 13/43; 20/29; 22/247.
2	bas	faaa	C: 19/118; 25/188.
25	beaucoup	fada	C: 1/61; 2/17; 8/32, 8/40; 10/38; 11/66, 11/106; 12/76; 14/4; 17/73; 20/4, 20/4; 21/37; 22/18, 22/76, 22/79, 22/84, 22/181, 22/309; 23/13; 24/166; 25/38; 27/11; 28/89; 30/178.
101	bien	faaa	C: 1/38, 1/46, 1/66; 2/29, 2/51, 2/70; 3/11, 3/73; 4/34, 4/75, 4/91, 4/98, 4/107; 5/54, 5/58, 5/87; 8/14, 8/27, 8/76, 8/81; 9/35; 10/15, 10/41, 10/47; 11/33, 11/48, 11/68; 12/42, 12/62, 12/86; 13/9; 14/112; 15/28, 15/41, 15/64; 16/33, 16/76,

		16/82, 16/82, 16/104; 17/18, 17/78, 17/106, 17/110, 17/126; 18/4, 18/14, 18/55, 18/75, 18/160, 18/165; 19/64, 19/78, 19/114, 19/181, 19/183; 20/33, 20/101; 21/49, 21/69; 22/85, 22/104, 22/224, 22/224, 22/235, 22/310, 22/324, 22/356, 22/425; 23/6, 23/6, 23/56, 23/56; 24/24, 24/171, 24/175, 24/188; 25/5, 25/18, 25/123, 25/143, 25/188, 25/216, 25/218; 26/56, 26/114; 27/15, 27/17, 27/38, 27/60, 27/76, 27/137, 27/153; 28/26; 30/57, 30/73, 30/79, 30/87, 30/151, 30/179, 30/195.
3 bien	fdaa	C: 3/3, 3/37; 28/103.
13 mieux	ffaa	C: 8/33; 10/48; 11/8; 15/20; 16/98; 17/5, 17/52; 18/78; 24/17; 25/48, 25/93, 25/124; 28/36.
14 mieux	fhaa	C: 1/44, 1/47; 2/29, 2/59; 3/13, 3/50, 3/73; 4/96; 5/84, 5/91; 8/82; 22/246; 23/56; 28/98.
10 bien	fiaa	C: 2/13; 8/25, 8/60, 8/95; 13/60; 16/92; 21/36; 22/206; 25/12; 28/18.
12 bientôt	faba	C: 7/36; 11/49, 11/110; 12/55; 16/117; 19/134; 20/80; 22/328, 22/334, 22/343; 24/99; 30/80.
1 bravement	faaa	C: 27/50.
5 certainement	faaa	C: 5/67; 10/49; 16/80, 15/98; 19/183.
1 certes	faaa	C: 11/67.
1 chèrement	faaa	C: 25/60.
14 ci	faaa	C: 16/130; 17/4, 17/10; 19/124; 22/58, 22/98, 22/105; 23/4, 23/38, 23/41; 24/46, 24/90; 25/189; 27/148.
1 civilement	fiaa	C: 2/15.
1 clairement	faaa	C: 1/63.
3 combien	fada	C: 11/56; 16/89; 24/89.
5 combien	fcda	C: 8/42; 19/108; 22/73, 22/76; 27/116.
21 comment	faaa	C: 1/1, 1/2; 2/52; 3/1; 4/1, 4/96; 6/1, 6/2; 7/2; 12/25; 13/1; 14/1; 15/1; 16/58; 18/57, 18/105; 19/1; 22/207; 29/1; 30/122, 30/161.
21 comment	fcaa	C: 2/38; 4/45, 4/82; 5/71; 7/60;

			8/76; 9/27, 9/37; 10/4; 13/81; 16/13; 17/7, 17/11; 18/44; 22/88, 22/359; 27/31, 27/43, 27/133, 27/134; 28/30.
1	commodément	faaa	C: 18/175.
1	communément	faaa	C: 21/9.
3	continuellement	faaa	C: 12/104; 18/120; 24/87.
1	cruellement	faaa	C: 8/81.
1	curieusement	faaa	C: 22/195.
8	davantage	fada	C: 11/45; 15/15; 18/127; 19/126; 24/133; 26/11, 26/19; 27/147.
1	debout	faaa	C: 25/93.
16	déjà	faba	C: 2/80; 8/100; 9/54; 10/48; 11/11 12/21; 13/67, 13/69; 14/28, 14/32; 15/57, 15/71; 24/119; 27/2, 27/130, 27/143.
4	demain	faba	C: 7/11, 7/16; 22/71; 25/200.
1	différemment	faaa	C: 26/52.
1	distinctement	faaa	C: 20/66.
1	également	faaa	C: 30/36.
2	en	faca	C: 18/22; 28/13.
3	encore	faba	C: 4/71; 7/69; 8/13.
44	encore	fada	C: 1/25; 2/51; 3/56; 4/3, 4/36, 4/68; 5/94; 6/34; 7/13, 7/22; 8/71; 10/45; 11/59, 11/66; 12/74, 12/102; 15/14, 15/38; 16/4; 17/83; 18/47, 18/143; 19/19, 19/102, 19/120, 19/123; 20/51; 22/67, 22/67; 24/128, 24/167; 26/40; 27/9, 27/14, 27/59, 27/93, 27/158; 28/3, 28/45, 28/48, 28/51; 29/43, 29/45; 30/30.
41	enfin	faba	C: 3/15, 3/31; 5/100; 8/46, 8/57; 10/26; 11/97, 11/101; 12/55, 12/106, 12/120; 16/9, 16/41; 17/23, 17/36, 17/44, 17/81, 17/109; 18/24, 18/40, 18/145; 19/13, 19/82, 19/106, 19/138, 19/156, 19/185; 20/63, 20/97; 21/3; 22/17; 23/52; 26/60, 26/108; 28/44, 28/62, 28/100; 30/56, 30/76, 30/154, 30/186.
6	ensemble	faaa	C: 15/34; 18/151; 22/187; 25/141; 26/102; 27/20.
1	entièrement	faaa	C: 25/62.
7	environ	fada	C: 1/22; 3/9; 4/78; 7/29; 18/32; 20/60; 22/386.
1	éperdument	faaa	C: 22/275.

1	etc	faza	C: 28/2.
1	évidemment	faaa	C: 4/66.
1	exprès	faaa	C: 5/24.
2	extrêmement	faaa	C: 1/49; 23/26.
1	fermement	faaa	C: 30/36.
1	fidèlement	faaa	C: 19/172.
1	fixement	faaa	C: 4/6.
31	fort	fada	C: 2/75; 8/24; 9/12, 9/20; 10/7, 10/57; 12/43, 12/85; 14/7, 14/8; 15/14; 18/4, 18/9; 20/32; 21/25; 22/32, 22/66; 23/18; 24/75, 24/174; 25/8, 25/23, 25/29, 25/101, 25/115, 25/184; 27/79, 27/84; 28/19; 30/15, 30/153.
1	froidement	faaa	C: 25/69.
1	gaiement	flaa	C: 22/172.
1	gravement	faaa	C: 26/64.
2	guère	fada	C: 20/38; 24/74.
1	haut	ffaa	C: 19/143.
1	heureusement	faaa	C: 5/28.
2	hier	faba	C: 10/8; 24/129.
5	horriblement	faaa	C: 10/52; 15/9; 27/40; 30/55, 30/101.
5	hors	faca	C: 3/31; 8/83; 14/112; 18/190; 22/240.
2	humblement	faaa	C: 17/70; 18/46.
1	humblement	fiaa	C: 5/93.
28	ici	faca	C: 3/21, 3/47; 5/44; 6/33; 8/94; 12/22; 14/36, 14/38; 15/27; 17/90, 17/115, 17/117; 18/5, 18/71, 18/147; 19/182; 22/331; 23/54; 25/199; 26/13, 26/14, 26/44, 26/115; 27/68; 29/41; 30/57, 30/86, 30/193.
3	impitoyablement	faaa	C: 9/30; 13/21; 24/84.
1	imprudemment	flaa	C: 18/23.
3	incontinent	faba	C: 5/48; 22/369; 27/147.
1	indifféremment	faaa	C: 24/106.
1	infailliblement	faaa	C: 9/29.
1	infiniment	faaa	C: 3/74.
3	innocemment	faaa	C: 1/48, 1/74, 1/75.
16	jamais	faba	C: 1/50; 2/20, 2/25, 2/37; 5/21; 11/83; 12/39, 12/40; 13/25; 21/4;

		22/214, 22/217, 22/373; 25/143; 30/70, 30/90.
34 jamais	fbba	C: 1/11; 3/6, 3/33; 4/44; 6/17; 7/25; 11/53, 11/55; 12/10, 12/65, 12/118; 14/17; 16/85; 18/27, 18/125, 18/135, 18/135, 18/178; 19/20; 22/50, 22/221, 22/240, 22/326; 24/170, 24/189; 25/114, 25/121; 26/102; 27/19; 29/31, 29/33, 29/35; 30/125, 30/129.
1 juridiquement	faaa	C: 2/58.
1 justement	faaa	C: 19/70.
25 là	faca	C: 1/23; 3/23, 3/36; 8/36, 8/69; 10/41; 11/50; 16/43; 19/31, 19/48; 20/83; 21/15, 21/25; 22/141; 24/65, 24/129; 25/35, 25/119, 25/131, 25/137; 27/108, 27/109, 27/113; 28/57; 30/98.
2 légèrement	faaa	C: 16/25; 22/197.
1 librement	faaa	C: 25/149.
4 loin	faca	C: 14/15; 16/17, 16/104; 19/21.
1 loin	fdca	C: 23/38.
12 longtemps	faba	C: 2/2; 10/11; 11/63; 12/97; 14/123; 17/108; 19/81; 22/363; 25/57, 25/208; 26/113; 28/77.
2 longtemps	ffba	C: 25/43; 26/44.
1 magnifiquement	faaa	C: 25/65.
6 mal	faaa	C: 5/55; 7/69; 17/128; 19/64; 28/44; 30/37.
1 mal	feda	C: 2/48.
1 mal	ffaa	C: 28/39.
1 pis	fhaa	C: 22/260.
2 mal	fiaa	C: 25/52; 27/84.
15 même	faaa	C: 1/17; 3/30, 3/69; 5/7; 11/63; 12/118; 18/31; 19/100; 20/83; 22/115, 22/181; 25/221; 26/115; 28/63; 30/183.
1 misérablement	faaa	C: 30/128.
1 modestement	faaa	C: 3/48.
18 moins	feda	C: 2/48; 7/48; 10/58; 11/31, 11/33; 12/3; 15/19; 17/31; 18/89; 19/52, 19/116, 19/121, 19/195; 21/17; 22/12, 22/360; 24/45, 24/74.

1 moins fgda C: 18/140.
1 mutuellement faaa C: 21/57.

2 naturellement faaa C: 22/143; 28/32.
264 ne fbza C: 1/11, 1/36, 1/50; 2/20, 2/25, 2/26, 2/37, 2/48, 2/49, 2/51, 2/62; 3/36, 3/37, 3/53, 3/56, 3/57, 3/58, 3/59; 4/8, 4/24, 4/44, 4/59, 4/71, 4/83, 4/90, 4/96, 4/99, 4/100; 5/11, 5/11, 5/83, 5/85, 5/86, 5/90, 5/97; 6/28; 7/3, 7/25, 7/27, 7/43, 7/51, 7/51, 7/54, 7/74; 8/10, 8/19, 8/24, 8/25, 8/32; 9/8, 9/40, 9/46; 10/16, 10/21, 10/63, 10/66, 10/68; 11/46, 11/56, 11/63, 11/70; 12/10, 12/62, 12/63, 12/65, 12/71, 12/82, 12/83, 12/117, 12/118, 12/124; 13/29, 13/30, 13/48, 13/53, 13/74, 13/76; 14/17, 14/36, 14/54, 14/55, 14/60, 14/63; 15/4, 15/32, 15/61, 15/64; 16/4, 16/8, 16/15, 16/19, 16/21, 16/41, 16/60, 16/55, 16/85, 16/86, 16/88, 16/100, 16/112, 16/124; 17/5, 17/30, 17/75, 17/88, 17/111; 18/7, 18/11, 18/27, 18/56, 18/58, 18/69, 18/85, 18/125, 18/135, 18/142, 18/144, 18/157, 18/172, 18/177, 18/178, 18/181, 18/185, 18/192; 19/14, 19/49, 19/54, 19/57, 19/88, 19/90, 19/98, 19/115, 19/120, 19/124, 19/143, 19/155, 19/179; 20/28, 20/29, 20/38, 20/39, 20/55, 20/74; 21/17, 21/29, 21/32, 21/53; 22/2, 22/5, 22/28, 22/50, 22/50, 22/61, 22/68, 22/70, 22/137, 22/155, 22/161, 22/173, 22/178, 22/196, 22/200, 22/205, 22/221, 22/228, 22/236, 22/247, 22/248, 22/250, 22/266, 22/282, 22/328, 22/359, 22/361, 22/409, 22/414; 23/14, 23/16, 23/44; 24/4, 24/20, 24/22, 24/28, 24/32, 24/34, 24/64, 24/65, 24/97, 24/170, 24/178, 24/179, 24/184; 25/10, 25/13, 25/31, 25/32, 25/33, 25/33, 25/35, 25/38, 25/47, 25/51, 25/69, 25/73, 25/76, 25/83, 25/84, 25/91,

25/103, 25/108, 25/112, 25/114,
25/119, 25/121, 25/141, 25/143,
25/152, 25/157, 25/160, 25/194,
25/198, 25/207, 25/209, 25/220,
25/221; 26/19, 26/21, 26/43, 26/46,
26/47, 26/54, 26/63, 26/66, 26/107,
26/112, 26/129; 27/25, 27/45, 27/50,
27/51, 27/70, 27/131, 27/133; 28/20,
28/25, 28/35, 28/39, 28/56, 28/101,
28/101; 29/25, 29/26, 29/31, 29/33,
29/34; 30/6, 30/27, 30/34, 30/49,
30/57, 30/80, 30/129, 30/182, 30/193.

249 n fbzb C: 1/12, 1/32; 2/8, 2/17, 2/20,
2/31, 2/32, 2/36, 2/56, 2/69; 3/3,
3/6, 3/33, 3/48, 3/64; 4/12, 4/15,
4/32, 4/61, 4/64, 4/67, 4/82, 4/89,
4/96; 5/7, 5/54, 5/64, 5/69, 5/91;
6/4, 6/17, 6/21, 6/27, 6/34; 7/15,
7/26, 7/57; 8/25, 8/27, 8/37, 8/45,
8/51; 9/5, 9/17, 9/31, 9/35; 10/55,
10/58, 10/59, 10/60, 10/61, 10/62;
11/2, 11/3, 11/4, 11/7, 11/27,
11/32, 11/48, 11/50, 11/53, 11/55,
11/61, 11/83, 11/84, 11/85; 12/9,
12/10, 12/48, 12/100, 12/112, 12/119,
12/123; 13/26, 13/28, 13/29, 13/74,
13/75, 13/81; 14/24, 14/53, 14/80,
14/91, 14/99, 14/106; 15/13, 15/30,
15/44; 16/59, 16/92, 16/95, 16/97,
16/108, 16/123, 16/123, 16/127,
16/131; 17/17, 17/27, 17/114, 17/114;
18/9, 18/10, 18/12, 18/51, 18/53,
18/59, 18/67, 18/71, 18/77, 18/124,
18/136, 18/139, 18/146, 18/147,
18/151, 18/162, 18/163, 18/205;
19/6, 19/17, 19/20, 19/25, 19/50,
19/59, 19/68, 19/89, 19/92, 19/111,
19/126, 19/158, 19/167, 19/178,
19/187; 20/11, 20/26, 20/37, 20/46,
20/50, 20/73, 20/86; 21/27, 21/35,
21/37, 21/43, 21/49, 21/55; 22/18,
22/27, 22/33, 22/37, 22/40, 22/42,
22/136, 22/185, 22/187, 22/208,
22/209, 22/219, 22/240, 22/267,
22/268, 22/303, 22/326, 22/371,
22/411, 22/423; 23/33, 23/35; 24/13,
24/14, 24/16, 24/19, 24/31, 24/46,

			24/52, 24/66, 24/74, 24/81, 24/88, 24/97, 24/102, 24/113, 24/133, 24/160, 24/165, 24/189; 25/36, 25/37, 25/44, 25/45, 25/46, 25/49, 25/96, 25/106, 25/113, 25/127, 25/134, 25/152, 25/154, 25/175, 25/180, 25/189, 25/191, 25/199, 25/211, 25/215, 25/216, 25/223; 26/8, 26/10, 26/14, 26/102, 26/130; 27/12, 27/19, 27/21, 27/66, 27/94, 27/95, 27/147, 27/155; 28/6, 28/16, 28/43, 28/66, 28/70; 29/28, 29/36, 29/46; 30/2, 30/8, 30/16, 30/63, 30/64, 30/67, 30/78, 30/83, 30/124, 30/125, 30/138, 30/144, 30/173, 30/181, 30/186, 30/189, 30/190, 30/191, 30/192.
3	nécessairement	faaa	C: 1/38; 3/49; 5/95.
1	noblement	fiaa	C: 22/103.
15	non	fbza	C: 2/24, 2/35; 4/27; 12/3; 13/30; 18/126; 19/183; 21/43; 22/401; 24/51; 26/55; 27/127; 29/5, 29/35; 30/105.
1	originairement	faaa	C: 21/40.
6	où	faca	C: 2/3; 4/23; 5/86; 10/5; 18/62; 25/212.
9	où	fcca	C: 13/82; 14/18, 14/18, 14/58, 14/116; 17/7, 17/77; 22/374; 26/13.
1	ouais	faza	C: 19/118.
17	oui	faza	C: 2/22, 2/33; 14/29, 14/89; 19/37; 20/90; 21/6, 21/14, 21/65; 22/95, 22/113, 22/185, 22/277, 22/318; 25/139, 25/150; 27/139.
1	paisiblement	fhaa	C: 23/25.
4	parfaitement	faaa	C: 4/92; 22/62, 22/216, 22/238.
1	part	faca	C: 18/161.
11	partout	faca	C: 12/84; 17/20, 17/46, 17/118; 20/34, 20/40; 21/38; 23/28; 30/37, 30/78, 30/117.
210	pas	fbza	C: 2/17, 2/21, 2/32, 2/36, 2/51, 2/56; 3/36, 3/56, 3/57, 3/58; 4/32, 4/32, 4/33, 4/33, 4/33, 4/61, 4/64, 4/71, 4/82, 4/89, 4/96; 5/7, 5/54, 5/64, 5/86, 5/90, 5/97; 6/4, 6/28; 7/15, 7/51, 7/54, 7/74; 8/10, 8/19,

			8/24, 8/27, 8/51; 9/5, 9/8, 9/17, 9/31; 10/18, 10/55, 10/63, 10/66, 10/68; 11/2, 11/3, 11/4, 11/7, 11/27, 11/48, 11/50, 11/63, 11/71, 11/84, 11/85; 12/48, 12/71, 12/82, 12/119; 13/28, 13/29, 13/30, 13/48, 13/75, 13/76, 13/81; 14/25, 14/56, 14/91, 14/99, 14/106; 15/13; 16/19, 16/41, 16/59, 16/88, 16/95, 16/97, 16/100, 16/108, 16/113, 16/124, 16/127, 16/131; 17/5, 17/17, 17/31, 17/75, 17/111, 17/114, 17/114; 18/12, 18/56, 18/69, 18/71, 18/85, 18/140, 18/144, 18/146, 18/162, 18/185, 18/192; 19/49, 19/50, 19/54, 19/57, 19/59, 19/89, 19/111, 19/126, 19/183; 20/46, 20/56; 21/33, 21/49, 21/53; 22/18, 22/27, 22/28, 22/51, 22/62, 22/68, 22/70, 22/136, 22/173, 22/187, 22/196, 22/209, 22/219, 22/267, 22/371, 22/401, 22/423; 23/17, 23/33, 23/35, 23/45; 24/22, 24/28, 24/31, 24/65, 24/81, 24/88, 24/97, 24/133, 24/160, 24/178, 24/179, 24/184; 25/32, 25/49, 25/69, 25/84, 25/91, 25/96, 25/108, 25/135, 25/140, 25/141, 25/153, 25/157, 25/160, 25/191, 25/207, 25/209, 25/211, 25/215, 25/221, 25/223; 26/9, 26/43, 26/46, 26/107, 26/112, 26/129; 27/21, 27/26, 27/45, 27/50, 27/51, 27/94, 27/95, 27/133; 28/16, 28/21, 28/25, 28/39, 28/43, 28/56, 28/66, 28/101, 28/102; 29/25, 29/28, 29/46; 30/34, 30/49, 30/64, 30/83, 30/173, 30/181, 30/187, 30/189, 30/190, 30/191, 30/192, 30/193.
1	passablement	faaa	C: 18/161.
1	passionnément	faaa	C: 8/31.
1	patiemment	faaa	C: 19/145.
1	pesamment	faaa	C: 22/196.
46	peu	fada	C: 2/48, 2/80; 3/7; 4/17, 4/21, 4/98; 5/12, 5/30, 5/63, 5/70, 5/74, 5/77; 7/69; 8/26, 8/26; 10/42; 12/5, 12/119; 16/87, 16/90, 16/109; 17/18; 18/43, 18/132, 18/160; 19/141, 19/142; 21/18; 22/180, 22/208,

			22/334; 24/33, 24/33, 24/97, 24/152; 25/61, 25/179, 25/187; 27/18, 27/35, 27/77, 27/90; 28/6, 28/52, 28/59; 30/108.
4	peu	fida	C: 22/222; 25/9, 25/101, 25/185.
28	plus	fbza	C: 4/9, 4/12, 4/15; 13/30; 17/27; 18/8, 18/77, 18/151, 18/157, 18/205; 19/26, 19/158; 20/26; 21/30, 21/43, 21/55; 22/5, 22/200, 22/282; 24/16, 24/64; 25/39, 25/45; 26/54, 26/55; 28/6; 30/27, 30/78.
86	plus	ffda	C: 1/25; 2/69; 3/74; 4/3, 4/107, 4/107; 6/5; 7/13; 8/71, 8/72; 9/35, 9/41; 10/49, 10/49, 10/57; 11/61, 11/82, 11/103, 11/111; 12/4, 12/14, 12/104, 12/117; 14/32, 14/57, 14/112, 14/112, 14/112; 15/21, 15/30; 16/92; 17/6, 17/83; 18/26, 18/136, 18/150, 18/171, 18/192; 19/5, 19/20, 19/58, 19/85, 19/130, 19/143, 19/151, 19/174, 19/187; 20/12, 20/47, 20/49, 20/51, 20/77; 22/12, 22/67, 22/68, 22/70, 22/165, 22/373; 23/13, 23/15; 24/148, 24/167; 25/43, 25/92, 25/100, 25/201; 26/44, 26/101; 27/11, 27/21, 27/39, 27/74, 27/87, 27/93, 27/131; 28/25, 28/39, 28/51, 28/87, 28/89; 30/28, 30/30, 30/69, 30/81, 30/83, 30/90.
62	plus	fhda	C: 1/5, 1/7, 1/15, 1/34, 1/43, 1/54, 1/83, 1/83; 2/4, 2/4, 2/38; 3/28; 4/12, 4/110; 5/69, 5/94; 6/36; 7/70; 9/3, 9/47; 12/103, 12/125; 13/20, 13/25, 13/48; 14/9, 14/40, 14/72; 15/16; 16/40; 17/50, 17/61, 17/103; 18/5, 18/6, 18/11, 18/127, 18/198; 19/164, 19/164, 19/167, 19/173, 19/173; 20/14; 22/21, 22/115, 22/379, 22/389, 22/409, 22/420; 23/25; 24/85, 24/86, 24/115; 25/30, 25/77, 25/205; 27/63, 27/118; 28/103; 30/25, 30/73.
3	plutôt	faaa	C: 17/47; 20/35; 22/382.
53	point	fbza	C: 1/32; 2/9, 2/31, 2/37; 3/48, 3/64; 4/24, 4/62, 4/99; 6/27; 7/3, 7/26, 7/52; 11/56; 13/26, 13/29; 14/63, 14/64; 15/4, 15/64; 16/123,

			16/123; 18/58, 18/67, 18/124; 19/68, 19/89, 19/90, 19/99, 19/187; 20/39; 21/37, 21/53; 22/40, 22/42, 22/155, 22/178, 22/228, 22/236; 24/4, 24/13; 25/10, 25/31, 25/33, 25/35, 25/37, 25/47, 25/76, 25/120, 25/220; 26/14, 26/66; 30/138.
2	poliment	faaa	C: 5/89; 18/115.
1	poliment	fhaa	C: 5/94.
1	poliment	fiaa	C: 25/8.
1	pourquoi	faza	C: 6/37.
12	pourquoi	fcza	C: 4/11; 7/60; 16/48; 21/67; 22/9, 22/204, 22/396; 23/32; 26/62; 27/135; 28/26; 30/96.
1	précipitamment	faaa	C: 16/23.
3	précisément	faaa	C: 4/31; 23/14; 28/82.
2	près	faca	C: 20/61; 23/36.
3	près	fada	C: 3/7; 17/18; 18/132.
8	presque	fada	C: 3/71; 10/53, 10/56; 11/94; 12/46, 12/49; 21/17; 22/208.
1	priori	faaa	C: 5/25.
1	probablement	faea	C: 17/125.
2	prodigieusement	faaa	C: 12/61; 22/26.
2	profondément	faaa	C: 8/2; 22/162.
2	proprement	faaa	C: 25/11; 30/46.
2	que	fcda	C: 25/137; 27/57.
1	quelque	faaa	C: 27/82.
1	quelque	faca	C: 18/161.
12	quelquefois	faba	C: 20/88; 22/82, 22/205, 22/237, 22/292; 25/17, 25/78; 26/71, 26/78; 30/38, 30/128, 30/184.
1	rapidement	faaa	C: 17/49.
1	respectueusement	faaa	C: 13/13.
3	rudement	faaa	C: 5/13; 19/141; 22/45.
1	séparément	faaa	C: 6/16.
1	sérieusement	faaa	C: 25/172.
10	seulement	faaa	C: 2/24; 5/19; 12/72; 18/149; 22/6; 23/17, 23/45; 25/133, 25/223; 26/129.
55	si	fada	C: 3/3, 3/3, 3/3, 3/3; 4/39, 4/46, 4/88; 5/14; 8/37; 9/37; 10/51; 11/34, 11/70; 12/9, 12/75; 13/21, 13/21, 13/22, 13/23; 14/15, 14/36; 15/41; 16/48; 17/125; 19/146; 20/32,

		20/61, 20/64, 20/64; 22/189, 22/235, 22/297; 23/43, 23/43; 24/92, 24/102, 24/124, 24/124, 24/184, 24/190; 25/60, 25/92, 25/148, 25/198, 25/220; 26/107; 27/43, 27/61, 27/155; 28/34, 28/46, 28/77; 29/28; 30/5, 30/49.
1 si	faza	C: 7/54.
1 solemnellement	faaa	C: 18/65.
1 soudain	faaa	C: 22/357.
10 souvent	faba	C: 2/4; 8/52; 10/12; 12/123, 12/124; 17/128; 22/212; 24/109, 24/169; 30/39.
4 surtout	faaa	C: 4/74; 8/91; 20/18; 30/61.
21 tant	fada	C: 7/18, 7/24; 8/93; 10/32; 11/107; 12/10; 13/20; 16/41; 18/11, 18/154, 18/187; 20/52, 20/53; 21/54; 22/118, 22/118, 22/119; 27/104; 30/21, 30/24, 30/26.
8 tantôt	faba	C: 8/83, 8/83; 17/34, 17/35, 17/35, 17/35; 25/170, 25/170.
6 tendrement	faaa	C: 2/32, 2/33, 2/36; 16/38; 18/200; 22/335.
1 tôt	faba	C: 19/146.
49 toujours	faba	C: 2/29; 3/30; 7/12, 7/23, 7/55; 8/56; 9/8; 11/2, 11/3, 11/4; 12/101, 12/105; 14/83; 15/47; 16/47, 16/110; 17/25, 17/30, 17/36; 18/33, 18/40, 18/52, 18/138; 19/46; 20/10, 20/15, 20/37; 21/57, 21/58, 21/64, 21/67; 22/54, 22/54, 22/111, 22/211, 22/213, 22/274, 22/384; 25/73, 25/81, 25/218; 27/30, 27/30, 27/42; 28/57, 28/98, 28/99; 30/65, 30/67.
24 tout	faaa	C: 1/64; 2/7, 2/51, 2/53; 3/44, 3/77; 6/31, 6/32; 8/69; 10/45; 14/120; 16/69; 17/55; 19/113, 19/118; 20/63; 22/49, 22/169; 24/161; 25/188; 26/108; 28/22, 28/90; 30/20.
8 toute	faac	C: 1/64, 1/64, 1/76; 8/18; 15/53; 18/129; 22/101; 28/72.
1 toutes	faad	C: 16/25.
60 très	fada	C: 1/23, 1/43, 1/60, 1/60; 2/12, 2/15, 2/40; 4/54; 5/93; 6/24; 8/25, 8/60, 8/95; 11/34, 11/59; 12/16, 12/58, 12/69, 12/69, 12/73; 13/31, 13/49, 13/60; 14/26, 14/70, 14/77;

16/36, 16/92, 16/114; 17/83; 18/22; 19/100, 19/179; 21/34, 21/36; 22/6, 22/48, 22/80, 22/103, 22/132, 22/171, 22/206, 22/222, 22/338; 24/42, 24/50, 24/140, 24/142; 25/8, 25/9, 25/12, 25/32, 25/52; 27/23, 27/35; 28/18, 28/71, 28/76; 30/91, 30/182.

2	tristement	faaa	C: 2/10; 16/77.
7	trop	fada	C: 2/51; 7/57; 13/33; 16/111; 18/179; 21/8; 28/7.
1	vigoureusement	faaa	C: 15/25.
1	visiblement	faaa	C: 1/40.
3	vite	faaa	C: 9/45; 28/58; 30/73.
1	vite	ffaa	C: 27/131.
3	vite	fhaa	C: 3/28; 22/379, 22/409.
1	vite	fhda	C: 14/9.
1	vivement	faaa	C: 30/5.
6	voici	faca	C: 5/47; 9/26, 9/35; 13/59; 19/83; 25/118.
24	voilà	faca	C: 2/12, 2/41, 2/56; 4/60, 4/80; 8/99; 10/34; 11/37, 11/48; 15/57; 16/105; 17/52, 17/66; 19/110, 19/136; 20/70; 22/368; 25/67, 25/129, 25/205; 26/61; 27/8, 27/17; 30/88.
1	volontairement	faaa	C: 12/112.
2	volontiers	fiaa	C: 2/40; 21/34.
2	vraiment	faaa	C: 14/29; 22/95.
140	y	faca	C: 1/3, 1/32; 3/6, 3/36, 3/47, 3/48; 4/72, 4/78, 4/85, 4/107; 5/25, 5/44, 5/67, 5/84, 5/85, 5/91; 7/6, 7/61; 8/37, 8/51, 8/60, 8/101; 9/31, 9/35, 9/43; 10/14, 10/23, 10/26, 10/27; 11/27, 11/53, 11/108; 12/4, 12/12, 12/73, 12/84, 12/103; 13/81; 14/17, 14/34; 15/13, 15/44, 15/57; 16/49, 16/62; 17/2, 17/7, 17/9, 17/9, 17/14, 17/126; 18/31, 18/42, 18/48, 18/53, 18/78, 18/87, 18/106, 18/124, 18/125, 18/146, 18/147, 18/161, 18/191, 18/194; 19/9, 19/17, 19/68, 19/73, 19/178, 19/187; 20/26, 20/28, 20/28, 20/54, 20/72, 20/86; 21/7, 21/18, 21/18, 21/25, 21/36, 21/55, 21/69; 22/53, 22/59, 22/76, 22/114, 22/115, 22/142,

		22/145, 22/202, 22/204, 22/222, 22/338, 22/340, 22/341, 22/394, 22/418; 23/2, 23/8, 23/15; 24/33, 24/52; 25/29, 25/30, 25/37, 25/57, 25/91, 25/98, 25/109, 25/131, 25/132, 25/134, 25/139, 25/191, 25/208, 25/211, 25/214, 25/216; 26/8, 26/10, 26/17; 27/5, 27/9, 27/11, 27/73, 27/83; 28/16, 28/70, 28/83; 29/22, 29/43; 30/78, 30/91, 30/100, 30/102, 30/131, 30/171, 30/181.
20 aussi	gaaa	C: 1/39, 1/43, 1/67, 1/69; 3/10; 7/59; 11/42, 11/42, 11/42; 12/25; 19/79; 20/91; 22/31; 24/172; 26/41, 26/99, 26/104; 28/20, 28/55; 30/168.
2 aussi	gbaa	C: 15/15; 22/32.
40 car	gaaa	C: 1/16, 1/37, 1/49; 2/37; 3/74; 4/34, 4/54, 4/59, 4/64, 4/99; 5/84, 5/85, 5/86, 5/87, 5/91, 5/94, 5/99, 5/100; 8/52; 9/18; 10/41; 12/103; 15/37; 17/86, 17/126; 18/9, 18/177; 19/138; 21/70; 22/5, 22/103, 22/113, 22/134, 22/326; 25/18, 25/205; 28/100; 30/154, 30/170, 30/186.
2 ce	gbaa	C: 3/52; 12/107.
12 cependant	gaaa	C: 5/53; 18/173; 19/43; 20/9, 20/16, 20/93; 21/36; 22/14, 22/34, 22/69, 22/166; 25/219.
31 comme	gaaa	C: 2/50, 2/55; 3/13; 4/31, 4/69; 5/78; 7/34, 7/35; 10/68; 11/12, 11/36, 11/38, 11/41; 17/45, 17/82; 18/148, 18/170; 20/34, 20/42; 22/176, 22/279, 22/395; 23/47, 23/55; 25/82, 25/82, 25/160; 26/50, 26/94, 26/115; 27/125.
38 comme	gbaa	C: 1/60, 1/71; 2/26, 2/68, 2/73; 7/52; 11/15, 11/23, 11/48, 11/103; 14/31, 14/63, 14/122; 16/50, 16/81; 17/119; 18/32; 19/16, 19/140, 19/157; 20/70; 21/40, 21/57; 22/24, 22/97, 22/122, 22/141, 22/195, 22/196, 22/197, 22/198, 22/199, 22/232, 22/283; 25/182, 25/185; 26/108; 30/88.

28 donc gaaa C: 4/11; 5/91, 5/97; 6/34; 7/51;
8/81; 10/3, 10/16; 14/28, 14/87;
16/91; 17/123; 18/44; 19/122; 20/3;
21/46; 22/267, 22/274, 22/316,
22/368; 23/27; 24/68; 25/216; 26/122;
27/140; 29/29; 30/86, 30/106.

15 ensuite gaaa C: 3/8, 3/44; 5/77; 7/21; 8/21;
14/86; 18/211; 19/12, 19/145; 22/177,
22/203, 22/329, 22/364; 27/62;
29/19.

910 et gaaa C: 1/1, 1/10, 1/10, 1/12, 1/12,
1/16, 1/21, 1/23, 1/29, 1/30, 1/33,
1/35, 1/41, 1/42, 1/44, 1/48, 1/54,
1/55, 1/60, 1/63, 1/64, 1/68, 1/70,
1/72, 1/79, 1/80, 1/83, 1/83; 2/9,
2/13, 2/14, 2/20, 2/29, 2/30, 2/38,
2/40, 2/43, 2/44, 2/47, 2/48, 2/50,
2/62, 2/68, 2/73, 2/76, 2/77, 2/80;
3/1, 3/17, 3/18, 3/27, 3/29, 3/33,
3/36, 3/49, 3/51, 3/60, 3/65, 3/68,
3/69, 3/76, 3/79, 3/80; 4/2, 4/6,
4/17, 4/31, 4/37, 4/38, 4/38, 4/45,
4/66, 4/74, 4/83, 4/87, 4/91, 4/91,
4/99, 4/101, 4/101, 4/103, 4/106,
4/107, 4/109; 5/1, 5/2, 5/6, 5/8,
5/13, 5/16, 5/17, 5/21, 5/27, 5/29,
5/37, 5/38, 5/39, 5/40, 5/41, 5/43,
5/50, 5/52, 5/52, 5/56, 5/56, 5/61,
5/63, 5/70, 5/73, 5/89, 5/95; 6/2,
6/11, 6/13, 6/14, 6/19, 6/19, 6/21,
6/22, 6/22, 6/24, 6/26, 6/27, 6/42,
6/42; 7/1, 7/5, 7/8, 7/9, 7/13,
7/16, 7/18, 7/21, 7/26, 7/27, 7/28,
7/30, 7/33, 7/34, 7/34, 7/38, 7/46,
7/48, 7/56, 7/58, 7/60, 7/60, 7/61,
7/65, 7/67, 7/68, 7/73, 7/74; 8/2,
8/5, 8/5, 8/19, 8/20, 8/21, 8/24,
8/25, 8/26, 8/29, 8/30, 8/31, 8/40,
8/45, 8/47, 8/49, 8/50, 8/55, 8/58,
8/61, 8/63, 8/65, 8/71, 8/75, 8/77,
8/79, 8/83, 8/90, 8/94, 8/99, 8/103;
9/2, 9/8, 9/12, 9/20, 9/23, 9/25,
9/27, 9/32, 9/32, 9/34, 9/38, 9/40,
9/42, 9/44, 9/45, 9/46, 9/47, 9/50,
9/52, 9/54, 9/56; 10/1, 10/2, 10/3,
10/5, 10/10, 10/22, 10/25, 10/26,

10/27, 10/30, 10/36, 10/43, 10/56,
10/62, 10/62, 10/65, 10/55, 10/67,
10/68, 10/71; 11/2, 11/4, 11/5,
11/7, 11/10, 11/11, 11/13, 11/14,
11/16, 11/18, 11/18, 11/21, 11/22,
11/26, 11/32, 11/37, 11/39, 11/41,
11/42, 11/54, 11/63, 11/68, 11/82,
11/88, 11/90, 11/96, 11/98, 11/101,
11/102, 11/107, 11/109, 11/112,
11/113, 11/115, 11/115; 12/2, 12/2,
12/6, 12/9, 12/16, 12/21, 12/25,
12/28, 12/31, 12/34, 12/35, 12/37,
12/47, 12/47, 12/49, 12/49, 12/52,
12/59, 12/60, 12/62, 12/62, 12/69,
12/75, 12/85, 12/89, 12/93, 12/99,
12/106, 12/110, 12/114, 12/116,
12/119, 12/123; 13/2, 13/5, 13/7,
13/11, 13/12, 13/12, 13/17, 13/30,
13/32, 13/35, 13/39, 13/45, 13/47,
13/47, 13/51, 13/54, 13/57, 13/58,
13/58, 13/61, 13/66, 13/67, 13/71,
13/74, 13/76, 13/82; 14/1, 14/4,
14/7, 14/11, 14/26, 14/30, 14/34,
14/35, 14/37, 14/37, 14/38, 14/47,
14/56, 14/58, 14/60, 14/70, 14/70,
14/72, 14/73, 14/81, 14/90, 14/91,
14/93, 14/107, 14/109, 14/118,
14/121, 14/124; 15/3, 15/3, 15/5,
15/6, 15/6, 15/12, 15/12, 15/23,
15/24, 15/25, 15/27, 15/35, 15/38,
15/40, 15/45, 15/48, 15/50, 15/52,
15/56, 15/57, 15/67, 15/69, 15/71;
16/2, 16/3, 16/3, 16/6, 16/11,
16/14, 16/17, 16/18, 16/23, 16/28,
16/30, 16/33, 16/35, 16/39, 16/54,
16/58, 16/62, 16/63, 16/64, 16/70,
16/72, 16/74, 16/79, 16/83, 16/89,
16/94, 16/99, 16/101, 16/104, 16/112,
16/117, 16/121; 17/1, 17/2, 17/7,
17/8, 17/23, 17/24, 17/40, 17/47,
17/48, 17/51, 17/68, 17/69, 17/71,
17/74, 17/76, 17/79, 17/83, 17/84,
17/85, 17/91, 17/92, 17/96, 17/99,
17/101, 17/104, 17/107, 17/108,
17/121, 17/121, 17/123, 17/124,
17/127; 18/4, 18/6, 18/8, 18/10,
18/13, 18/16, 18/19, 18/19, 18/23,

18/28, 18/29, 18/30, 18/33, 18/35,
18/36, 18/58, 18/63, 18/65, 18/68,
18/71, 18/73, 18/75, 18/81, 18/86,
18/88, 18/89, 18/92, 18/95, 18/95,
18/98, 18/100, 18/112, 18/113,
18/114, 18/122, 18/124, 18/126,
18/127, 18/130, 18/134, 18/135,
18/138, 18/146, 18/152, 18/157,
18/167, 18/169, 18/179, 18/183,
18/187, 18/192, 18/194, 18/195,
18/198, 18/199, 18/201, 18/202,
18/205, 18/205, 18/211; 19/1, 19/6,
19/18, 19/21, 19/23, 19/29, 19/40,
19/48, 19/48, 19/51, 19/54, 19/65,
19/65, 19/73, 19/76, 19/79, 19/103,
19/104, 19/105, 19/110, 19/120,
19/127, 19/134, 19/140, 19/142,
19/147, 19/152, 19/153, 19/160,
19/161, 19/164, 19/169, 19/170,
19/173, 19/174, 19/177, 19/183,
19/190, 19/192; 20/1, 20/4, 20/4,
20/5, 20/7, 20/11, 20/12, 20/13,
20/17, 20/22, 20/42, 20/43, 20/45,
20/47, 20/48, 20/49, 20/52, 20/61,
20/64, 20/65, 20/68, 20/81, 20/86,
20/93, 20/94, 20/96; 21/1, 21/2,
21/9, 21/10, 21/11, 21/16, 21/20,
21/24, 21/51, 21/62; 22/1, 22/4,
22/10, 22/13, 22/20, 22/25, 22/28,
22/33, 22/34, 22/45, 22/47, 22/50,
22/57, 22/59, 22/69, 22/70, 22/88,
22/92, 22/115, 22/119, 22/121,
22/125, 22/129, 22/141, 22/150,
22/155, 22/158, 22/161, 22/168,
22/169, 22/172, 22/180, 22/192,
22/202, 22/205, 22/208, 22/211,
22/213, 22/213, 22/224, 22/231,
22/232, 22/234, 22/237, 22/238,
22/239, 22/239, 22/246, 22/246,
22/251, 22/252, 22/266, 22/269,
22/269, 22/273, 22/288, 22/290,
22/305, 22/309, 22/312, 22/313,
22/324, 22/330, 22/330, 22/333,
22/342, 22/348, 22/351, 22/351,
22/357, 22/363, 22/367, 22/369,
22/380, 22/383, 22/394, 22/396,
22/398, 22/403, 22/404, 22/408,

22/417, 22/417, 22/418, 22/421, 22/425; 23/1, 23/6, 23/12, 23/20, 23/25, 23/28, 23/32, 23/35, 23/43, 23/44, 23/45, 23/51, 23/51; 24/1, 24/4, 24/6, 24/11, 24/13, 24/15, 24/19, 24/20, 24/27, 24/30, 24/32, 24/33, 24/36, 24/42, 24/43, 24/49, 24/53, 24/55, 24/57, 24/58, 24/60, 24/61, 24/73, 24/86, 24/96, 24/100, 24/102, 24/112, 24/114, 24/122, 24/130, 24/130, 24/135, 24/135, 24/141, 24/146, 24/156, 24/162, 24/171, 24/187; 25/3, 25/4, 25/5, 25/10, 25/11, 25/14, 25/21, 25/33, 25/46, 25/56, 25/56, 25/59, 25/63, 25/75, 25/76, 25/82, 25/87, 25/88, 25/89, 25/89, 25/90, 25/90, 25/91, 25/92, 25/93, 25/99, 25/102, 25/103, 25/105, 25/107, 25/108, 25/116, 25/127, 25/135, 25/139, 25/142, 25/153, 25/156, 25/164, 25/169, 25/176, 25/177, 25/177, 25/179, 25/181, 25/184, 25/220, 25/222; 26/1, 26/2, 26/6, 26/9, 26/11, 26/21, 26/22, 26/27, 26/31, 26/38, 26/39, 26/40, 26/45, 26/46, 26/49, 26/55, 26/56, 26/59, 26/65, 26/72, 26/74, 26/77, 26/79, 26/85, 26/88, 26/88, 26/90, 26/95, 26/96, 26/104, 26/110, 26/112, 26/113, 26/119, 26/120, 26/124, 26/128; 27/4, 27/5, 27/9, 27/12, 27/24, 27/39, 27/42, 27/49, 27/54, 27/55, 27/69, 27/72, 27/75, 27/79, 27/84, 27/88, 27/91, 27/93, 27/95, 27/98, 27/100, 27/101, 27/118, 27/122, 27/126, 27/130, 27/132, 27/133, 27/134, 27/135, 27/141, 27/146, 27/148, 27/149, 27/151, 27/158; 28/11, 28/24, 28/37, 28/44, 28/47, 28/48, 28/52, 28/59, 28/64, 28/67, 28/70, 28/74, 28/76, 28/78, 28/81, 28/82, 28/85, 28/91, 28/94, 28/97, 28/102, 28/104; 29/1, 29/4, 29/7, 29/7, 29/8, 29/13, 29/18, 29/19, 29/20, 29/32, 29/37, 29/42; 30/5, 30/7, 30/9, 30/13, 30/18, 30/18, 30/22, 30/23, 30/29,

30/30, 30/31, 30/33, 30/38, 30/39,
30/45, 30/48, 30/54, 30/61, 30/67,
30/70, 30/72, 30/76, 30/78, 30/80,
30/82, 30/82, 30/83, 30/88, 30/88,
30/94, 30/109, 30/111, 30/115,
30/115, 30/118, 30/124, 30/129,
30/133, 30/139, 30/141, 30/143,
30/146, 30/149, 30/156, 30/183,
30/183, 30/194.

2 jusque gbaa C: 8/36; 24/65.
16 jusqu gbba C: 8/54; 11/6, 11/69; 12/20, 12/107;
15/52; 16/121; 17/38; 18/33, 18/37,
18/50, 18/117; 19/175; 24/46; 28/38;
30/181.

2 lorsque gbaa C: 19/44; 28/92.
5 lorsqu gbba C: 6/42; 13/62; 26/35; 28/33;
29/9.

145 mais gaaa C: 2/17, 2/25; 3/34, 3/57; 4/24,
4/33, 4/36, 4/71, 4/80; 5/14, 5/69,
5/82; 6/21, 6/35; 7/3, 7/54, 7/56,
7/63; 8/15, 8/32, 8/34, 8/63, 8/75;
9/9; 10/10, 10/44, 10/51; 11/32,
11/44, 11/70; 12/38, 12/48, 12/61,
12/94, 12/102, 12/111; 13/81; 14/62,
14/79; 15/28, 15/53; 16/22, 16/37,
16/56, 16/82, 16/97, 16/100, 16/111,
16/129; 17/11, 17/18, 17/42, 17/114,
17/118; 18/4, 18/10, 18/13, 18/32,
18/145, 18/160, 18/165, 18/186;
19/19, 19/50, 19/55, 19/96, 19/151,
19/195, 19/198; 20/20, 20/24, 20/29,
20/34, 20/55, 20/90, 20/97; 21/13,
21/35, 21/46; 22/113, 22/139, 22/154,
22/185, 22/187, 22/199, 22/211,
22/221, 22/260, 22/281, 22/289,
22/293, 22/344, 22/374, 22/392,
22/402, 22/424; 23/37, 23/41; 24/48,
24/123, 24/154, 24/168, 24/174,
24/177, 24/183; 25/9, 25/22, 25/31,
25/38, 25/43, 25/61, 25/71, 25/81,
25/88, 25/101, 25/125, 25/134,
25/200, 25/211; 26/16, 26/51, 26/100,
26/108, 26/129; 27/17, 27/38, 27/42,
27/58, 27/127, 27/153; 28/7, 28/26,

			28/29, 28/32, 28/42, 28/66; 29/45; 30/3, 30/26, 30/64, 30/65, 30/100, 30/129, 30/179, 30/195.
41	ni	gaab	C: 2/62, 2/62; 4/67, 4/67, 4/83, 4/84, 4/100, 4/101; 5/91, 5/91; 6/21, 6/21; 12/62, 12/63; 14/80, 14/80; 18/53, 18/54, 18/54, 18/163, 18/163; 19/92, 19/93, 19/93, 19/93; 22/33, 22/33, 22/161, 22/162, 22/250, 22/251; 24/21; 25/143, 25/144, 25/175, 25/175; 26/55, 26/63, 26/63; 27/19; 30/125.
2	or	gaaa	C: 19/56; 25/204.
39	ou	gaaa	C: 1/t; 2/60; 3/31, 3/57; 4/84; 5/104; 8/53; 12/13; 13/43, 13/79; 16/22, 16/80; 17/47; 18/55, 18/107, 18/108; 19/11, 19/85; 20/35; 22/75, 22/78, 22/209, 22/220, 22/225, 22/345; 24/25; 25/22, 25/52, 25/54, 25/122; 27/41, 27/44, 27/65; 29/5; 30/51, 30/57, 30/62, 30/103, 30/105.
13	parce	gbaa	C: 1/11; 13/28, 13/30; 14/8; 17/117; 19/193; 20/46; 22/228, 22/294, 22/399; 23/33; 24/66; 28/35.
5	pourtant	gaaa	C: 12/48; 17/52; 20/54; 22/134; 27/8.
4	puis	gaaa	C: 12/97; 19/115, 19/127; 22/178.
6	puisque	gbaa	C: 16/16, 16/130; 18/173; 20/100; 27/121; 28/7.
3	puisqu	gbba	C: 14/67; 17/78; 27/155.
62	quand	gbaa	C: 1/21; 2/80; 3/34; 4/17, 4/76; 5/30, 5/102; 8/3, 8/64, 8/76, 8/81, 8/101; 9/21, 9/39; 11/28, 11/48, 11/53, 11/72, 11/113; 12/50, 12/86; 14/24, 14/41; 15/4; 16/14, 16/37; 17/3, 17/105, 17/112; 18/104, 18/160, 18/165, 18/176, 18/196; 19/39, 19/41, 19/64; 20/5, 20/16, 20/17; 21/28, 21/37, 21/64; 22/91, 22/92, 22/96, 22/311; 24/75, 24/124, 24/154; 25/36, 25/125, 25/202, 25/217; 26/32, 26/49; 28/17, 28/52, 28/96; 30/48, 30/103, 30/170.

377 que gbaa C: 1/12, 1/12, 1/33, 1/36, 1/38, 1/46, 1/47; 2/26, 2/29, 2/49, 2/50, 2/54, 2/56, 2/61, 2/75; 3/4, 3/15, 3/35, 3/41, 3/50, 3/51, 3/51, 3/52, 3/54, 3/61, 3/73, 3/75; 4/3, 4/68, 4/76, 4/89, 4/98, 4/107; 5/23, 5/24, 5/72, 5/81, 5/83, 5/86, 5/90, 5/100; 6/6, 6/7, 6/34, 6/37, 6/38; 7/8, 7/57, 7/61, 7/64; 8/10, 8/37, 8/48, 8/50, 8/51, 8/55, 8/55, 8/68, 8/71, 8/72, 8/77, 8/82; 9/6, 9/8, 9/44, 9/46; 10/8, 10/13, 10/14, 10/22, 10/41, 10/48, 10/52, 10/55, 10/58, 10/59, 10/62, 10/63, 10/64, 10/65; 11/8, 11/21, 11/33, 11/43, 11/47, 11/49, 11/52, 11/67, 11/79, 11/86, 11/111; 12/4, 12/9, 12/9, 12/14, 12/21, 12/36, 12/63, 12/81, 12/86, 12/88, 12/89, 12/91, 12/100, 12/101, 12/104, 12/112, 12/117; 13/8, 13/9, 13/15, 13/23, 13/29, 13/42, 13/53, 13/56, 13/60; 14/8, 14/32, 14/36, 14/54, 14/55, 14/60, 14/73, 14/82, 14/105, 14/106, 14/113; 15/11, 15/14, 15/28, 15/30, 15/47; 16/13, 16/14, 16/26, 16/48, 16/54, 16/55, 16/57, 16/60, 16/66, 16/77, 16/93, 16/96, 16/97, 16/98, 16/110, 16/131; 17/4, 17/5, 17/25, 17/52, 17/71, 17/77, 17/80, 17/87, 17/88, 17/105, 17/110, 17/117, 17/122, 17/128; 18/8, 18/9, 18/10, 18/11, 18/13, 18/44, 18/54, 18/70, 18/77, 18/126, 18/143, 18/147, 18/148, 18/150, 18/156, 18/160, 18/172, 18/182, 18/187, 18/201, 18/206; 19/14, 19/17, 19/26, 19/40, 19/43, 19/52, 19/53, 19/64, 19/84, 19/86, 19/100, 19/119, 19/130, 19/146, 19/156, 19/163, 19/171, 19/194, 19/195, 19/196, 19/197; 20/11, 20/25, 20/30, 20/36, 20/51, 20/53, 20/80, 20/82, 20/87, 20/90, 20/97; 21/28, 21/30, 21/34, 21/35, 21/36, 21/39, 21/44, 21/56, 21/63, 21/68; 22/12, 22/38, 22/50, 22/68, 22/129, 22/137, 22/172, 22/175, 22/190,

22/209, 22/214, 22/217, 22/245,
22/247, 22/249, 22/250, 22/261,
22/281, 22/286, 22/289, 22/297,
22/319, 22/323, 22/328, 22/330,
22/330, 22/339, 22/339, 22/373,
22/376, 22/382, 22/401, 22/402,
22/403, 22/411; 23/4, 23/11, 23/13,
23/15, 23/27, 23/38, 23/54; 24/17,
24/18, 24/46, 24/48, 24/49, 24/51,
24/66, 24/71, 24/74, 24/79, 24/105,
24/114, 24/119, 24/127, 24/131,
24/133, 24/144, 24/151, 24/176,
24/184, 24/188; 25/30, 25/36, 25/45,
25/46, 25/52, 25/57, 25/70, 25/79,
25/80, 25/86, 25/109, 25/112, 25/113,
25/119, 25/126, 25/126, 25/127,
25/135, 25/143, 25/152, 25/165,
25/180, 25/185, 25/189, 25/193,
25/199, 25/205, 25/209, 25/217,
25/222; 26/3, 26/10, 26/20, 26/46,
26/63, 26/88, 26/102, 26/108, 26/123,
26/130; 27/12, 27/19, 27/22, 27/23,
27/66, 27/74, 27/88, 27/96, 27/137,
27/153; 28/17, 28/21, 28/30, 28/31,
28/39, 28/46, 28/51, 28/56, 28/77,
28/78, 28/83, 28/85, 28/88, 28/90,
28/94, 28/97, 28/98, 28/104; 29/3,
29/24, 29/28; 30/8, 30/27, 30/30,
30/49, 30/61, 30/66, 30/69, 30/80,
30/81, 30/83, 30/87, 30/89, 30/90,
30/96, 30/121, 30/144, 30/172.

219 qu gbba C: 1/8, 1/9, 1/11, 1/32, 1/51,
1/65, 1/82; 2/25, 2/62, 2/70; 3/6,
3/13, 3/25, 3/36, 3/36, 3/37, 3/38,
3/57, 3/57; 4/28, 4/45, 4/72, 4/84,
4/91, 4/108; 5/15, 5/25, 5/35,
5/80; 6/26, 6/40; 8/6, 8/25, 8/25,
8/27, 8/33, 8/37, 8/40, 8/95; 9/51;
10/33, 10/42, 10/57, 10/60, 10/61;
11/32, 11/37, 11/45, 11/61, 11/70,
11/71, 11/104; 12/4, 12/9, 12/42,
12/107, 12/124; 13/28, 13/28, 13/30,
13/32, 13/43, 13/48, 13/65, 13/70,
13/71, 13/77; 14/41, 14/43, 14/44,
14/54, 14/56, 14/56, 14/68; 15/19,
15/26, 15/61, 15/70; 16/53, 16/65,
16/82, 16/95, 16/131; 17/86, 17/126,

17/127; 18/27, 18/48, 18/51, 18/53, 18/78, 18/124, 18/125, 18/136; 19/57, 19/61, 19/62, 19/77, 19/103, 19/114, 19/115, 19/120, 19/143, 19/160, 19/178, 19/182, 19/186, 19/193; 20/10, 20/33, 20/34, 20/46, 20/50, 20/62, 20/64, 20/72, 20/78, 20/86; 21/25, 21/55, 21/58; 22/2, 22/3, 22/22, 22/25, 22/39, 22/41, 22/42, 22/111, 22/211, 22/228, 22/241, 22/251, 22/294, 22/303, 22/307, 22/310, 22/324, 22/327, 22/329, 22/329, 22/371, 22/399, 22/414, 22/416; 23/9, 23/12, 23/17, 23/33, 23/35, 23/44, 23/45, 23/56; 24/2, 24/14, 24/16, 24/19, 24/25, 24/32, 24/52, 24/63, 24/66, 24/93, 24/98, 24/103, 24/113, 24/164, 24/169, 24/171, 24/173, 24/182; 25/81, 25/91, 25/106, 25/122, 25/125, 25/131, 25/147, 25/207, 25/214, 25/221; 27/4, 27/27, 27/39, 27/40, 27/60, 27/73, 27/82, 27/131, 27/146; 28/9, 28/25, 28/33, 28/34, 28/35, 28/47, 28/70, 28/87, 28/88; 29/4, 29/6, 29/25, 29/29, 29/36; 30/6, 30/9, 30/12, 30/20, 30/27, 30/36, 30/64, 30/71, 30/102, 30/114, 30/115, 30/127, 30/129, 30/168, 30/172.

10 quoique	gbaa	C: 6/28; 7/68, 7/69; 9/46; 10/21; 13/30; 18/138; 22/132; 25/44; 26/115.
5 quoiqu	gbba	C: 1/50; 7/67; 9/11; 20/13, 20/14.
65 si	gbaa	C: 2/35; 4/64; 5/91; 6/33, 6/34; 8/52; 9/15, 9/17, 9/28; 10/67; 11/50; 12/41, 12/118; 13/26, 13/53; 14/106, 14/113; 16/21, 16/32, 16/95, 16/108, 16/110, 16/111, 16/127; 17/8, 17/9, 17/10, 17/30, 17/112; 18/41, 18/76, 18/83, 18/106, 18/107, 18/108, 18/147, 18/148, 18/209; 19/49, 19/55, 19/87, 19/183; 21/66; 22/141, 22/340, 22/359, 22/394; 24/53, 24/80, 24/97, 24/104; 25/48, 25/96, 25/132, 25/156; 27/68, 27/94, 27/95; 29/43; 30/104, 30/186, 30/189, 30/190, 30/191, 30/192.

17 s gbba C: 3/41; 5/85; 12/73, 12/119, 12/123; 16/81; 18/86, 18/125; 19/68, 19/88; 22/43; 24/28, 24/28; 25/43, 25/78, 25/110, 25/159.

1 soit gaaa C: 16/82.

7 tandis gbaa C: 3/15; 4/108; 5/25; 13/56; 14/73; 16/26; 25/164.

644 à haaa C: 1/4, 1/59, 1/80, 1/82; 2/6, 2/10, 2/14, 2/24, 2/31, 2/39, 2/45, 2/45, 2/55, 2/60, 2/64, 2/69, 2/72; 3/7, 3/9, 3/12, 3/22, 3/25, 3/27, 3/29, 3/31, 3/40, 3/41, 3/43, 3/44, 3/52, 3/60, 3/62, 3/67, 3/69, 3/75, 3/80; 4/4, 4/6, 4/8, 4/20, 4/25, 4/29, 4/35, 4/36, 4/36, 4/54, 4/56, 4/59, 4/72, 4/89, 4/90, 4/94, 4/110; 5/12, 5/16, 5/17, 5/17, 5/18, 5/25, 5/26, 5/30, 5/32, 5/34, 5/37, 5/44, 5/55, 5/57, 5/62, 5/68, 5/76, 5/78, 5/78, 5/85, 5/89, 5/93, 5/97, 5/103, 5/103; 6/8, 6/32, 6/41; 7/5, 7/5, 7/19, 7/21, 7/22, 7/26, 7/29, 7/31, 7/39, 7/43, 7/72, 7/74; 8/6, 8/7, 8/9, 8/29, 8/32, 8/39, 8/40, 8/41, 8/43, 8/43, 8/44, 8/48, 8/53, 8/53, 8/54, 8/54, 8/58, 8/62, 8/66, 8/68, 8/78, 8/93, 8/94, 8/99; 9/19, 9/20, 9/23, 9/24, 9/31, 9/32, 9/34, 9/45, 9/47, 9/53; 10/2, 10/9, 10/13, 10/22, 10/26, 10/27, 10/34, 10/37, 10/53, 10/56, 10/58, 10/61; 11/3, 11/6, 11/19, 11/20, 11/30, 11/34, 11/39, 11/45, 11/55, 11/57, 11/58, 11/68, 11/69, 11/69, 11/79, 11/90, 11/97, 11/110; 12/8, 12/12, 12/20, 12/22, 12/28, 12/31, 12/34, 12/35, 12/52, 12/52, 12/53, 12/53, 12/54, 12/54, 12/55, 12/62, 12/62, 12/63, 12/66, 12/71, 12/72, 12/79, 12/80, 12/83, 12/88, 12/92, 12/92, 12/97, 12/97, 12/98, 12/98, 12/98, 12/98, 12/98, 12/99, 12/99, 12/106, 12/107, 12/112, 12/116, 12/122, 12/124; 13/4, 13/7, 13/15, 13/19, 13/24, 13/31, 13/42, 13/43, 13/46, 13/48, 13/50, 13/50, 13/53, 13/61, 13/64,

13/68, 13/69, 13/73, 13/74, 13/75,
13/78, 13/81; 14/23, 14/39, 14/43,
14/44, 14/45, 14/45, 14/51, 14/52,
14/59, 14/75, 14/81, 14/81, 14/86,
14/100, 14/108, 14/124; 15/2, 15/8,
15/17, 15/31, 15/52, 15/54, 15/59,
15/61, 15/63, 15/67; 16/11, 16/15, 16/16,
16/27, 16/30, 16/34, 16/41. 16/42,
16/53, 16/57, 16/61, 16/62. 16/65, 16/67.
16/83, 16/94, 16/107; 17/4, 17/11,
17/12, 17/17, 17/18, 17/26, 17/30,
17/33, 17/53, 17/56, 17/57, 17/65,
17/68, 17/68, 17/79, 17/82, 17/89,
17/93, 17/93, 17/103, 17/104, 17/111,
17/112, 17/120, 17/124; 18/2, 18/12,
18/17, 18/33, 18/34, 18/59, 18/73,
18/81, 18/82, 18/90, 18/98, 18/101,
18/105, 18/107, 18/107, 18/115,
18/122, 18/123, 18/131, 18/133,
18/136, 18/137, 18/142, 18/152,
18/154, 18/154, 18/155, 18/155,
18/158, 18/181, 18/188, 18/206, 18/210;
19/1, 19/8, 19/15, 19/27, 19/28,
19/43, 19/61, 19/61, 19/69, 19/69,
19/71, 19/76, 19/78, 19/82, 19/86,
19/91, 19/92, 19/94, 19/102, 19/107,
19/108, 19/109, 19/111, 19/112,
19/116, 19/121, 19/121, 19/124,
19/132, 19/133, 19/141, 19/150,
19/154, 19/159, 19/159, 19/162,
19/163, 19/171, 19/171, 19/173,
19/174, 19/175, 19/177, 19/180,
19/180, 19/181, 19/186, 19/198;
20/1, 20/1, 20/12, 20/16, 20/36,
20/44, 20/60, 20/63, 20/64, 20/65,
20/87; 21/17, 21/19, 21/23, 21/31, 21/39,
21/46, 21/71; 22/1, 22/1, 22/5.
22/7 , 22/11, 22/16, 22/22, 22/31, 22/34,
22/40, 22/43, 22/48, 22/56, 22/58,
22/59, 22/62, 22/63, 22/74, 22/83,
22/86, 22/91, 22/92, 22/94, 22/96,
22/97, 22/99, 22/111, 22/121, 22/136,
22/167, 22/169, 22/170, 22/190,
22/202, 22/233, 22/237, 22/261,
22/262, 22/268, 22/270, 22/293,
22/295, 22/302, 22/305, 22/310,
22/311, 22/313, 22/314, 22/314,

22/317, 22/331, 22/336, 22/341,
22/352, 22/369, 22/385, 22/393,
22/394, 22/412, 22/417, 22/419,
22/420, 22/426; 23/15, 23/19, 23/21,
23/23, 23/34, 23/45, 23/48, 23/50,
23/52; 24/2, 24/5, 24/8, 24/9,
24/9, 24/10, 24/10, 24/12, 24/16,
24/21, 24/27, 24/45, 24/46, 24/52,
24/52, 24/55, 24/55, 24/57, 24/62, 24/65,
24/72, 24/73, 24/80, 24/84, 24/95, 24/98,
24/102, 24/104, 24/108, 24/108,
24/109, 24/118, 24/122, 24/123,
24/131, 24/134, 24/147, 24/149,
24/153, 24/162, 24/163, 24/182,
24/183; 25/10, 25/23, 25/34, 25/47,
25/52, 25/58, 25/63, 25/75, 25/78,
25/79, 25/93, 25/96, 25/102, 25/109,
25/109, 25/113, 25/114, 25/148,
25/173, 25/175, 25/182, 25/188,
25/191, 25/204, 25/212, 25/212,
25/214, 25/215; 26/4, 26/5, 26/8,
26/15, 26/16, 26/17, 26/21, 26/26,
26/28, 26/29, 26/29, 26/37, 26/55,
26/55, 26/57, 26/69, 26/72, 26/80,
26/85, 26/86, 26/89, 26/93, 26/95,
26/97, 26/104, 26/105, 26/106,
26/110, 26/110, 26/113, 26/116,
26/129, 26/130, 26/131; 27/1, 27/4,
27/7, 27/10, 27/18, 27/24, 27/27, 27/32,
27/37, 27/43, 27/52, 27/52, 27/52,
27/52, 27/53, 27/53, 27/63, 27/74,
27/84, 27/94, 27/126, 27/142, 27/144,
27/151; 28/1, 28/1, 28/1, 28/2,
28/12, 28/13, 28/13, 28/15, 28/33,
28/38, 28/42, 28/42, 28/43, 28/46,
28/53, 28/59, 28/65, 28/68, 28/77,
28/79; 29/11, 29/15, 29/23, 29/37;
30/4, 30/11, 30/14, 30/16, 30/32,
30/42, 30/42, 30/43, 30/45, 30/47,
30/57, 30/66, 30/79, 30/85, 30/90,
30/105, 30/112, 30/114, 30/118,
30/120, 30/130, 30/149, 30/149,
30/151, 30/177, 30/178, 30/181,
30/184, 30/187, 30/189, 30/190.

47	après	haaa	C: 1/51, 1/71; 3/23; 4/28; 5/22, 5/32; 6/3, 6/13, 6/18; 7/73; 8/99; 9/22; 11/81, 11/110; 13/6; 14/59; 15/17, 15/70; 16/63, 16/129; 18/17, 18/80, 18/100, 18/131, 18/204; 19/11, 19/13, 19/115; 21/21; 22/171, 22/272, 22/329, 22/335; 24/79; 25/22, 25/24, 25/63, 25/195; 26/18, 26/74; 27/5, 27/58, 27/135; 28/9; 30/14, 30/20, 30/139.
18	auprès	haaa	C: 1/56, 1/79; 3/50; 7/6; 10/30; 11/35; 12/115; 14/83; 17/23, 17/53; 20/75; 22/26, 22/61, 22/150; 26/53, 26/73; 28/13, 28/15.
4	avant	haaa	C: 3/38; 10/11; 13/65; 15/70.
124	avec	haaa	C: 1/6, 1/24, 1/29, 1/75; 2/16, 2/76, 2/79; 4/20; 5/31, 5/58, 5/99; 6/15, 6/29; 7/27, 7/28, 7/36, 7/67; 8/71; 9/7, 9/10, 9/43; 10/32, 10/35, 10/64; 11/23, 11/24, 11/31, 11/43, 11/57, 11/89, 11/106; 12/16, 12/27, 12/33, 12/37, 12/58, 12/94; 13/20, 13/40, 13/56, 13/62; 14/90; 16/1, 16/7, 16/23, 16/62, 16/68, 16/122; 17/40, 17/53, 17/73, 17/92, 17/103, 17/121; 18/11, 18/72, 18/114, 18/149; 19/2, 19/10, 19/20, 19/57, 19/71, 19/73, 19/163; 20/3, 20/45, 20/85, 20/95; 22/36, 22/66, 22/99, 22/114, 22/134, 22/151, 22/154, 22/216, 22/217, 22/231, 22/269, 22/278, 22/300, 22/322, 22/351; 23/46; 24/60, 24/66, 24/111, 24/125, 24/134, 24/136, 24/158, 24/164, 24/166, 24/179; 25/9, 25/61, 25/106; 26/2, 26/4, 26/8, 26/26, 26/27, 26/118; 27/8, 27/25, 27/44, 27/70, 27/80, 27/88, 27/90, 27/91; 28/22, 28/50, 28/76, 28/90; 29/27, 29/30; 30/21, 30/22, 30/109, 30/138, 30/145, 30/151.
33	chez	haaa	C: 3/67; 6/35; 9/15; 10/31; 11/30; 12/26, 12/115; 13/17, 13/31; 14/1, 14/117; 15/29; 16/28; 18/7, 18/133, 18/155; 19/140; 22/48, 22/86, 22/140, 22/144, 22/250, 22/408; 24/4; 25/1;

27/35, 27/54, 27/127, 27/156; 28/28,
28/37, 28/79; 30/53.

20 contre haaa C: 4/77; 10/29; 11/75, 11/75,
11/76, 11/76; 12/56; 13/10; 17/42;
22/72, 22/254, 22/255, 22/255,
22/256, 22/257, 22/257, 22/257;
24/156; 25/107, 25/108.

320 dans haaa C: 1/1, 1/3, 1/19, 1/33, 1/56,
1/81, 1/83; 2/58, 2/60, 2/72, 2/77,
2/77; 3/16, 3/28, 3/33, 3/35, 3/37,
3/42, 3/45, 3/63, 3/70, 3/74; 4/10,
4/12, 4/16, 4/21, 4/34, 4/39, 4/50,
4/63, 4/64, 4/68, 4/73, 4/74, 4/83,
4/90, 4/94; 5/6, 5/6, 5/18, 5/22,
5/34, 5/37, 5/57, 5/61, 5/80, 5/95;
6/16, 6/17, 6/38; 7/4, 7/28, 7/32,
7/62; 8/2, 8/3, 8/10, 8/12, 8/22,
8/35, 8/65; 9/4, 9/18, 9/26, 9/26,
9/43, 9/51, 9/52, 9/54, 9/56; 10/1,
10/8, 10/10, 10/23, 10/40, 10/41,
10/42, 10/52, 10/60, 10/63, 10/70;
11/6, 11/14, 11/45, 11/58, 11/61,
11/72, 11/77, 11/83, 11/87, 11/88,
11/103, 11/112; 12/7, 12/37, 12/48,
12/59, 12/74, 12/88, 12/99, 12/100,
12/109, 12/110, 12/119, 12/125;
13/10, 13/16, 13/57, 13/62, 13/69,
13/72, 13/79; 14/4, 14/5, 14/13,
14/22, 14/25, 14/25, 14/28, 14/29,
14/57, 14/60, 14/68, 14/69, 14/73,
14/74, 14/76, 14/95, 14/108, 14/117,
14/119, 14/121, 14/122; 15/5, 15/7,
15/10, 15/22, 15/29, 15/35, 15/51,
15/52, 15/57, 15/62; 16/4, 16/8,
16/17, 16/17, 16/24, 16/29, 16/36,
16/48, 16/62, 16/95, 16/103; 17/8,
17/10, 17/29, 17/64, 17/83, 17/87,
17/96, 17/96, 17/98; 18/1, 18/9,
18/13, 18/17, 18/25, 18/41, 18/57,
18/120, 18/128, 18/141, 18/148,
18/156, 18/163, 18/164; 19/9, 19/12,
19/13, 19/31, 19/42, 19/66, 19/72,
19/84, 19/132, 19/138, 19/153,
19/155, 19/160, 19/170, 19/183,
19/184, 19/196; 20/17, 20/27, 20/33,
20/47, 20/73, 20/85; 21/10, 21/15,

21/25, 21/29, 21/41; 22/2, 22/15,
22/21, 22/22, 22/25, 22/32, 22/64,
22/81, 22/100, 22/108, 22/108,
22/109, 22/109, 22/174, 22/210,
22/246, 22/246, 22/272, 22/303,
22/340, 22/371, 22/375, 22/391,
22/403, 22/404, 22/410, 22/411,
22/422; 23/15, 23/15, 23/24, 23/41,
23/51, 23/52; 24/3, 24/3, 24/17,
24/18, 24/20, 24/25, 24/34, 24/38,
24/47, 24/47, 24/62, 24/69, 24/80,
24/94, 24/117, 24/121, 24/150,
24/154, 24/157, 24/179, 24/187;
25/17, 25/24, 25/64, 25/81, 25/100,
25/101, 25/112, 25/134, 25/151,
25/167, 25/174, 25/183, 25/196,
25/221; 26/4, 26/59, 26/70, 26/101,
26/125, 26/126; 27/9, 27/13, 27/27,
27/36, 27/38, 27/67, 27/79, 27/83,
27/97, 27/108, 27/123, 27/137,
27/143, 27/158; 28/12, 28/27, 28/57,
28/69, 28/82, 28/83, 28/93; 29/22,
29/34; 30/2, 30/11, 30/34, 30/54,
30/62, 30/63, 30/68, 30/71, 30/72,
30/91, 30/105, 30/132, 30/147,
30/171, 30/176, 30/185, 30/188.

1240 de haaa C: 1/3, 1/4, 1/8, 1/9, 1/9, 1/13,
1/16, 1/18, 1/24, 1/26, 1/27, 1/28,
1/30, 1/30, 1/34, 1/44, 1/50, 1/51,
1/52, 1/53, 1/55, 1/55, 1/58, 1/59,
1/59, 1/71, 1/75, 1/78, 1/81; 2/9,
2/9, 2/11, 2/19, 2/20, 2/21, 2/35,
2/47, 2/52, 2/53, 2/54, 2/55, 2/55,
2/55, 2/57, 2/60, 2/60, 2/63, 2/65,
2/66, 2/70, 2/74, 2/76; 3/7, 3/10,
3/11, 3/12, 3/18, 3/18, 3/21, 3/24,
3/25, 3/27, 3/27, 3/30, 3/32, 3/37,
3/39, 3/42, 3/44, 3/45, 3/46, 3/50,
3/57, 3/59, 3/60, 3/63, 3/66, 3/68,
3/69, 3/70, 3/74, 3/75, 3/75, 3/76,
3/78, 3/79, 3/79; 4/1, 4/3, 4/5,
4/14, 4/16, 4/24, 4/25, 4/25, 4/26,
4/37, 4/38, 4/38, 4/41, 4/41, 4/44,
4/45, 4/50, 4/56, 4/58, 4/65, 4/65,
4/66, 4/79, 4/83, 4/87, 4/88, 4/93,
4/93, 4/94, 4/96, 4/100, 4/102,
4/106, 4/110, 4/110; 5/1, 5/2,

5/2, 5/4, 5/7, 5/16, 5/18, 5/23, 5/26, 5/26, 5/27, 5/27, 5/32, 5/35, 5/38, 5/38, 5/41, 5/41, 5/45, 5/49, 5/50, 5/51, 5/60, 5/61, 5/64, 5/65, 5/67, 5/75, 5/82, 5/84, 5/88, 5/89, 5/94, 5/102, 5/103, 5/104; 6/2, 6/3, 6/4, 6/6, 6/7, 6/7, 6/9, 6/19, 6/19, 6/20, 6/20, 6/21, 6/22, 6/29; 7/1, 7/4, 7/9, 7/10, 7/10, 7/12, 7/12, 7/13, 7/13, 7/16, 7/18, 7/24, 7/29, 7/30, 7/30, 7/33, 7/38, 7/48, 7/55, 7/66, 7/70, 7/71, 7/73; 8/1, 8/4, 8/6, 8/11, 8/12, 8/17, 8/22, 8/23, 8/28, 8/29, 8/36, 8/37, 8/38, 8/42, 8/43, 8/44, 8/45, 8/45, 8/50, 8/57, 8/59, 8/60, 8/66, 8/69, 8/69, 8/70, 8/72, 8/79, 8/80, 8/83, 8/84, 8/84, 8/85, 8/85, 8/85, 8/85, 8/86, 8/86, 8/87, 8/87, 8/87, 8/87, 8/88, 8/88, 8/89, 8/89, 8/94, 8/94, 8/96, 8/96, 8/97, 8/102, 8/103; 9/1, 9/1, 9/5, 9/6, 9/10, 9/13, 9/26, 9/29, 9/31, 9/33, 9/33, 9/48, 9/48, 9/55; 10/2, 10/4, 10/9, 10/13, 10/15, 10/23, 10/29, 10/30, 10/30, 10/32, 10/32, 10/33, 10/33, 10/37, 10/42, 10/44, 10/45, 10/45, 10/47, 10/48, 10/57, 10/60, 10/61, 10/62, 10/70, 10/71; 11/1, 11/5, 11/5, 11/7, 11/8, 11/9, 11/12, 11/12, 11/20, 11/21, 11/27, 11/28, 11/29, 11/31, 11/35, 11/36, 11/36, 11/37, 11/48, 11/49, 11/51, 11/53, 11/60, 11/61, 11/64, 11/67, 11/73, 11/75, 11/75, 11/76, 11/76, 11/77, 11/80, 11/80, 11/82, 11/90, 11/91, 11/93, 11/102, 11/103, 11/104, 11/106, 11/106, 11/107, 11/107, 11/109, 11/109, 11/110, 11/111, 11/112, 11/113, 11/115; 12/1, 12/2, 12/9, 12/17, 12/17, 12/17, 12/18, 12/19, 12/20, 12/23, 12/26, 12/27, 12/34, 12/35, 12/36, 12/36, 12/37, 12/38, 12/42, 12/44, 12/45, 12/50, 12/53, 12/54, 12/65, 12/65, 12/67, 12/67, 12/67, 12/68, 12/71, 12/72, 12/78, 12/85, 12/88, 12/90, 12/93, 12/94,

12/95, 12/95, 12/96, 12/97, 12/103, 12/104, 12/104, 12/106, 12/106, 12/110, 12/115, 12/117, 12/118, 12/120, 12/121; 13/1, 13/1, 13/2, 13/3, 13/5, 13/5, 13/13, 13/20, 13/24, 13/25, 13/26, 13/35, 13/35, 13/39, 13/42, 13/49, 13/50, 13/54, 13/55, 13/61, 13/62, 13/67, 13/67, 13/68, 13/69, 13/71, 13/82; 14/3, 14/6, 14/10, 14/15, 14/26, 14/26, 14/30, 14/30, 14/31, 14/33, 14/33, 14/35, 14/35, 14/36, 14/37, 14/40, 14/47, 14/48, 14/49, 14/50, 14/57, 14/62, 14/65, 14/69, 14/70, 14/70, 14/74, 14/83, 14/84, 14/84, 14/85, 14/93, 14/94, 14/94, 14/95, 14/101, 14/103, 14/104, 14/108, 14/109, 14/111, 14/112, 14/115, 14/117; 15/1, 15/7, 15/8, 15/9, 15/13, 15/15, 15/17, 15/18, 15/29, 15/50, 15/51, 15/59, 15/65, 15/66; 16/5, 16/6, 16/6, 16/6; 16/6, 16/6, 16/7, 16/9, 16/11, 16/14, 16/15, 16/16, 16/18, 16/19, 16/22, 16/22, 16/24, 16/25, 16/27, 16/35, 16/41, 16/44, 16/45, 16/46, 16/48, 16/55, 16/63, 16/64, 16/70, 16/70, 16/70, 16/70, 16/86, 16/87, 16/88, 16/89, 16/93, 16/96, 16/96, 16/99, 16/102, 16/105, 16/106, 16/108, 16/109, 16/116, 16/116, 16/119, 16/121, 16/124, 16/127, 16/128, 16/130; 17/1, 17/1, 17/16, 17/18, 17/21, 17/22, 17/24, 17/28, 17/37, 17/38, 17/41, 17/43, 17/44, 17/47, 17/51, 17/51, 17/55, 17/56, 17/60, 17/66, 17/73, 17/73, 17/75, 17/78, 17/81, 17/82, 17/84, 17/85, 17/91, 17/92, 17/93, 17/94, 17/98, 17/98, 17/99, 17/100, 17/100, 17/106, 17/108, 17/113, 17/114, 17/119, 17/120, 17/124, 17/125, 17/126; 18/5, 18/11, 18/13, 18/16, 18/16, 18/17, 18/19, 18/20, 18/25, 18/27, 18/27, 18/30, 18/32, 18/33, 18/34, 18/34, 18/36, 18/49, 18/52, 18/54, 18/56, 18/61, 18/64, 18/64, 18/67, 18/69, 18/75, 18/75, 18/77,

18/78, 18/81, 18/84, 18/84, 18/89, 18/90, 18/91, 18/91, 18/92, 18/92, 18/97, 18/99, 18/99, 18/100, 18/101, 18/102, 18/102, 18/103, 18/104, 18/109, 18/112, 18/113, 18/118, 18/119, 18/119, 18/120, 18/121, 18/122, 18/123, 18/127, 18/129, 18/129, 18/130, 18/132, 18/139, 18/142, 18/150, 18/156, 18/157, 18/157, 18/160, 18/162, 18/166, 18/168, 18/169, 18/171, 18/171, 18/178, 18/178, 18/182, 18/182, 18/183, 18/189, 18/192, 18/192, 18/193, 18/196, 18/197, 18/197, 18/198, 18/198, 18/199, 18/199, 18/208, 18/209; 19/3, 19/4, 19/5, 19/5, 19/7, 19/8, 19/10, 19/12, 19/13, 19/14, 19/16, 19/17, 19/18, 19/20, 19/21, 19/23, 19/23, 19/25, 19/27, 19/28, 19/38, 19/45, 19/47, 19/48, 19/48, 19/56, 19/63, 19/78, 19/80, 19/81, 19/85, 19/90, 19/95, 19/96, 19/97, 19/98, 19/116, 19/121, 19/135, 19/136, 19/139, 19/139, 19/148, 19/149, 19/157, 19/158, 19/164, 19/165, 19/166, 19/168, 19/171, 19/172, 19/173, 19/174, 19/176, 19/177, 19/184, 19/190, 19/193; 20/5, 20/6, 20/7, 20/12, 20/12, 20/14, 20/17, 20/19, 20/21, 20/26, 20/32, 20/38, 20/44, 20/48, 20/49, 20/49, 20/57, 20/58, 20/58, 20/62, 20/73, 20/75, 20/77, 20/77, 20/77, 20/79, 20/86, 20/88, 20/96, 20/96; 21/1, 21/3, 21/11, 21/12, 21/14, 21/19, 21/22, 21/27, 21/30, 21/44, 21/50, 21/69; 22/3, 22/5, 22/6, 22/7, 22/8, 22/9, 22/9, 22/10, 22/13, 22/15, 22/17, 22/19, 22/21, 22/26, 22/34, 22/34, 22/35, 22/52, 22/54, 22/57, 22/61, 22/62, 22/65, 22/70, 22/73, 22/73, 22/84, 22/85, 22/97, 22/99, 22/99, 22/101, 22/101, 22/102, 22/109, 22/110, 22/114, 22/114, 22/118, 22/118, 22/119, 22/121, 22/122, 22/123, 22/124, 22/125, 22/125, 22/127, 22/131,

22/132, 22/136, 22/140, 22/140,
22/147, 22/147, 22/150, 22/151,
22/152, 22/155, 22/155, 22/156,
22/157, 22/159, 22/159, 22/163,
22/164, 22/166, 22/167, 22/168,
22/170, 22/173, 22/174, 22/176,
22/177, 22/181, 22/188, 22/188,
22/189, 22/189, 22/192, 22/194,
22/201, 22/202, 22/204, 22/206,
22/210, 22/215, 22/233, 22/234,
22/234, 22/240, 22/240, 22/249,
22/249, 22/255, 22/256, 22/270,
22/275, 22/279, 22/282, 22/288,
22/292, 22/294, 22/295, 22/297,
22/297, 22/298, 22/298, 22/306,
22/308, 22/309, 22/311, 22/312,
22/320, 22/320, 22/321, 22/324,
22/343, 22/346, 22/349, 22/349,
22/355, 22/363, 22/364, 22/366,
22/367, 22/370, 22/375, 22/379,
22/379, 22/382, 22/382, 22/384,
22/390, 22/391, 22/395, 22/401,
22/402, 22/402, 22/402, 22/406,
22/409, 22/412, 22/418, 22/420,
22/423, 22/424, 22/425; 23/6, 23/6,
23/10, 23/12, 23/14, 23/15, 23/20,
23/23, 23/24, 23/29, 23/34, 23/36,
23/38, 23/39, 23/41, 23/41, 23/43,
23/44, 23/47, 23/49, 23/50; 24/1,
24/1, 24/4, 24/5, 24/6, 24/7, 24/8,
24/9, 24/9, 24/10, 24/10, 24/11,
24/11, 24/12, 24/17, 24/24, 24/31,
24/32, 24/43, 24/56, 24/57, 24/61,
24/61, 24/62, 24/63, 24/66, 24/71,
24/73, 24/78, 24/80, 24/81, 24/83,
24/86, 24/86, 24/91, 24/93, 24/94,
24/101, 24/103, 24/105, 24/111,
24/112, 24/112, 24/117, 24/120,
24/131, 24/139, 24/142, 24/142,
24/144, 24/145, 24/147, 24/148,
24/155, 24/174, 24/192; 25/5, 25/6,
25/7.

25/13, 25/18, 25/19, 25/19,
25/19, 25/20, 25/20, 25/21, 25/21,
25/25, 25/26, 25/28, 25/30, 25/35,
25/37, 25/54, 25/55, 25/56, 25/59,
25/62, 25/68, 25/72, 25/73, 25/74,

25/75, 25/82, 25/83, 25/84, 25/87, 25/92, 25/92, 25/93, 25/101, 25/102, 25/103, 25/103, 25/105, 25/111, 25/114, 25/115, 25/116, 25/116, 25/120, 25/124, 25/125, 25/127, 25/129, 25/133, 25/134, 25/137, 25/137, 25/140, 25/141, 25/142, 25/142, 25/145, 25/148, 25/151, 25/155, 25/157, 25/162, 25/163, 25/173, 25/177, 25/186, 25/195, 25/198, 25/202, 25/205, 25/206, 25/208; 26/3, 26/5, 26/10, 26/11, 26/12, 26/23, 26/24, 26/24, 26/26, 26/29, 26/30, 26/30, 26/36, 26/37, 26/53, 26/64, 26/71, 26/75, 26/78, 26/79, 26/85, 26/91, 26/92, 26/101, 26/103, 26/111, 26/115, 26/121, 26/123, 26/124, 26/125, 26/127; 27/1, 27/13, 27/24, 27/24, 27/28, 27/28, 27/30, 27/34, 27/42, 27/48, 27/49, 27/50, 27/52, 27/64, 27/64, 27/65, 27/77, 27/77, 27/81, 27/85, 27/85, 27/86, 27/89, 27/92, 27/96, 27/98, 27/101, 27/102, 27/116, 27/117, 27/117, 27/118, 27/120, 27/121, 27/129, 27/145, 27/146, 27/148, 27/149, 27/149, 27/150, 27/151, 27/156; 28/4, 28/9, 28/15, 28/16, 28/20, 28/23, 28/27, 28/41, 28/48, 28/51, 28/55, 28/55, 28/57, 28/61, 28/63, 28/63, 28/65, 28/66, 28/73, 28/73, 28/74, 28/74, 28/80, 28/84, 28/85, 28/89, 28/92, 28/92, 28/93, 28/96, 28/99, 28/101; 29/6, 29/11, 29/11, 29/23, 29/27, 29/32, 29/32, 29/34, 29/36, 29/37, 29/41, 29/46; 30/2, 30/10, 30/10, 30/18, 30/24, 30/30, 30/33, 30/34, 30/39, 30/39, 30/40, 30/41, 30/41, 30/53, 30/55, 30/57, 30/62, 30/63, 30/68, 30/69, 30/82, 30/82, 30/92, 30/95, 30/98, 30/108, 30/110, 30/110, 30/111, 30/111, 30/116, 30/130, 30/134, 30/136, 30/137, 30/138, 30/139, 30/140, 30/140, 30/141, 30/146, 30/152, 30/154, 30/156, 30/157, 30/162, 30/166, 30/175,

30/188, 30/188.

351 d hbaa C: 1/2, 1/10, 1/17, 1/51, 1/52, 1/54, 1/65, 1/69; 2/10, 2/17, 2/26, 2/30, 2/59; 3/1, 3/7, 3/11, 3/16, 3/18, 3/48, 3/50, 3/58, 3/80; 4/3, 4/51, 4/53, 4/55, 4/55, 4/56, 4/57, 4/58, 4/75, 4/93; 5/5, 5/74, 5/104; 6/11, 6/15, 6/16, 6/18, 6/24; 7/9, 7/20, 7/37, 7/38, 7/40, 7/45, 7/46; 8/3, 8/11, 8/26, 8/34, 8/43, 8/46, 8/62, 8/71, 8/94; 9/2, 9/33, 9/35, 9/50, 9/55; 10/29, 10/30, 10/33, 10/33, 10/34; 11/3, 11/7, 11/22, 11/22, 11/22, 11/42, 11/47, 11/57, 11/60, 11/67, 11/79, 11/83, 11/84, 11/108, 11/109, 11/109, 11/112; 12/2, 12/21, 12/22, 12/33, 12/42, 12/44, 12/49, 12/54, 12/75, 12/76, 12/84, 12/100, 12/101, 12/105, 12/119; 13/39, 13/44, 13/48, 13/50, 13/54, 13/65, 13/76; 14/4, 14/5, 14/5, 14/17, 14/23, 14/37, 14/48, 14/70, 14/73, 14/79, 14/80, 14/80, 14/85, 14/93; 15/18, 15/24, 15/26, 15/32, 15/40, 15/41, 15/41, 15/43, 15/45, 15/45, 15/46, 15/67; 16/17, 16/31, 16/41, 16/50, 16/51, 16/52, 16/68, 16/68, 16/69, 16/69, 16/77, 16/83, 16/83, 16/96, 16/99, 16/104, 16/117, 16/124, 16/127; 17/1, 17/11, 17/17, 17/23, 17/47, 17/48, 17/49, 17/51, 17/55, 17/59, 17/82, 17/89, 17/92, 17/95, 17/98, 17/102, 17/104, 17/107, 17/115, 17/124; 18/1, 18/10, 18/10, 18/13, 18/46, 18/52, 18/64, 18/85, 18/92, 18/99, 18/111, 18/118, 18/119, 18/121, 18/129, 18/136, 18/150, 18/151, 18/174, 18/180, 18/186, 18/199, 18/204, 18/206; 19/21, 19/27, 19/47, 19/54, 19/58, 19/95, 19/107, 19/113, 19/127, 19/131, 19/146, 19/156, 19/185, 19/189, 19/192, 19/192; 20/24, 20/43, 20/44, 20/49, 20/49, 20/60, 20/66, 20/74, 20/78, 20/79; 21/22, 21/54, 21/55; 22/4, 22/23, 22/31, 22/58, 22/69, 22/80, 22/89, 22/145,

22/158, 22/158, 22/168, 22/168,
22/177, 22/186, 22/197, 22/200,
22/209, 22/226, 22/233, 22/252,
22/255, 22/261, 22/301, 22/313,
22/328, 22/331, 22/348, 22/353,
22/364, 22/367, 22/384, 22/386,
22/387, 22/399; 23/1, 23/22; 24/9,
24/14, 24/29, 24/57, 24/87, 24/90,
24/90, 24/92, 24/105, 24/107, 24/108,
24/110, 24/111, 24/138, 24/146,
24/147, 24/180, 24/182, 24/183,
24/185; 25/6, 25/11, 25/45, 25/49,
25/53, 25/56, 25/102, 25/130, 25/150,
25/155, 25/158, 25/179, 25/200,
25/218; 26/1, 26/23, 26/41, 26/73,
26/82, 26/113, 26/114, 26/118,
26/120, 26/131; 27/36, 27/73, 27/88,
27/119; 28/5, 28/13, 28/15, 28/22,
28/27, 28/35, 28/37, 28/49, 28/65,
28/67, 28/69, 28/74, 28/74, 28/90,
28/90, 28/103; 29/19, 29/35, 29/42;
30/3, 30/18, 30/19, 30/20, 30/24,
30/35, 30/41, 30/51, 30/52, 30/54,
30/55, 30/56, 30/70, 30/114, 30/120,
30/123, 30/125, 30/125, 30/131,
30/135, 30/164, 30/171, 30/187,
30/191, 30/193.

1 delà haaa C: 16/3.
8 depuis haaa C: 2/67; 5/68; 7/65, 7/71; 9/4;
21/44; 22/260; 28/38.
7 derrière haaa C: 1/72; 8/91; 10/21; 11/18, 11/96;
14/11; 26/6.
9 dès haaa C: 1/82; 8/94; 12/91; 14/43; 16/131
19/99; 22/293; 24/2; 25/200.
1 dessous haaa C: 8/42.
3 dessus haaa C: 3/18; 12/42; 25/206.
7 devant haaa C: 2/53; 3/71; 10/32; 11/18; 16/10;
20/41; 27/6.

255 en haaa C: 1/3, 1/26, 1/27, 1/56, 1/64,
1/68; 2/22, 2/46, 2/63, 2/70, 2/78;
3/6, 3/19, 3/34, 3/71, 3/77; 4/30,
4/46, 4/48, 4/58, 4/73, 4/77, 4/78,
4/102; 5/7, 5/23, 5/34, 5/36, 5/43,
5/43, 5/66, 5/76, 5/82; 6/8, 6/10,
6/11, 6/23, 6/25, 6/25, 6/41; 7/33,
7/42, 7/49, 7/51, 7/57, 7/60, 7/73;

8/19, 8/30, 8/30, 8/48, 8/62, 8/67,
8/90; 9/4, 9/7, 9/31, 9/33, 9/38;
10/4, 10/20, 10/43, 10/43, 10/71;
11/9, 11/9, 11/9, 11/17, 11/17,
11/30, 11/39, 11/39, 11/74, 11/86,
11/94; 12/5, 12/6, 12/19, 12/23,
12/31, 12/34, 12/43, 12/45, 12/47,
12/92, 12/106, 12/111; 13/28, 13/62;
14/33, 14/37, 14/51, 14/56, 14/64,
14/75, 14/78, 14/87, 14/90, 14/123;
15/24, 15/35, 15/50, 15/53, 15/67,
15/71, 15/71, 15/71; 16/19, 16/26,
16/32, 16/33, 16/39, 16/93, 16/101,
16/115, 16/117, 16/121; 17/6, 17/9,
17/11, 17/40, 17/43, 17/50, 17/67,
17/72, 17/106, 17/113, 17/128;
18/18, 18/73, 18/74, 18/88, 18/89,
18/109, 18/116, 18/147, 18/171,
18/204; 19/25, 19/30, 19/43, 19/65,
19/65, 19/98, 19/103, 19/109, 19/175,
19/177, 19/185, 19/198; 20/34,
20/40, 20/52, 20/58, 20/69, 20/74;
21/4, 21/18, 21/21, 21/23, 21/32,
21/71; 22/1, 22/69, 22/74, 22/87,
22/88, 22/90, 22/115, 22/130, 22/146,
22/171, 22/184, 22/188, 22/208,
22/223, 22/226, 22/238, 22/238,
22/253, 22/281, 22/286, 22/300,
22/300, 22/337, 22/339, 22/353,
22/358, 22/364, 22/370, 22/393,
22/414, 22/423; 23/9, 23/11, 23/17,
23/19, 23/26, 23/30, 23/41, 23/53;
24/24, 24/36, 24/37, 24/43, 24/60,
24/96, 24/113, 24/117, 24/122;
25/3, 25/30, 25/34, 25/34, 25/40,
25/51, 25/55, 25/64, 25/71, 25/138,
25/138, 25/138, 25/163, 25/170,
25/170, 25/172, 25/175; 26/65,
26/78, 26/86, 26/109, 26/114, 26/123;
27/77, 27/85, 27/94, 27/134, 27/136,
27/153; 28/11, 28/17, 28/48, 28/49,
28/78; 29/10, 29/16, 29/24, 29/43;
30/37, 30/42, 30/76, 30/103, 30/118,
30/127, 30/147.

17 entre haaa C: 1/57; 2/6; 3/1; 8/61; 11/112,
11/116; 14/110; 17/34; 18/133;
19/167; 22/174, 22/350, 22/418;

25/103, 25/192; 26/22; 28/72.

1	hors	haaa	C: 5/15.
5	jusqu	hbaa	C: 2/67; 3/52; 4/68; 5/28, 5/68.
1	malgrê	haaa	C: 7/18.
2	outre	haaa	C: 9/33, 9/34.
123	par	haaa	C: 1/13, 1/23, 1/46, 1/55, 1/82; 2/50, 2/59, 2/64, 2/74, 2/79; 3/17, 3/51; 4/21, 4/27; 5/53, 5/79; 6/7; 7/31, 7/61; 8/5, 8/27, 8/47, 8/79, 8/93, 8/98; 9/24, 9/40; 10/25, 10/25, 10/26, 10/59; 11/17, 11/18, 11/65, 11/91, 11/92, 11/93, 11/93, 11/95, 11/98, 11/105, 11/105; 12/26, 12/27, 12/60, 12/64, 12/70, 12/93, 12/105, 12/114; 13/51; 14/103; 15/21, 15/30; 16/21, 16/84; 17/6, 17/15, 17/49, 17/70, 17/72, 17/116; 18/24, 18/41, 18/167, 18/172; 19/4, 19/26, 19/48, 19/143, 19/190, 19/190, 19/191; 20/6; 21/19; 22/11, 22/12, 22/20, 22/23, 22/41, 22/44, 22/304, 22/320, 22/383, 22/404; 24/82, 24/100, 24/110, 24/111, 24/112, 24/130; 25/29, 25/110, 25/115, 25/166, 25/167, 25/174, 25/183; 26/6, 26/6, 26/127; 27/38, 27/78, 27/86, 27/146, 27/150; 28/8, 28/10, 28/11, 28/92; 29/19; 30/8, 30/15, 30/26, 30/52, 30/53, 30/56, 30/155, 30/156, 30/158, 30/158, 30/158, 30/159.
5	parmi	haaa	C: 2/1; 4/74; 11/51; 22/52; 30/86.
13	pendant	haaa	C: 3/13; 6/26; 8/90; 9/48, 9/50; 10/38; 16/66; 17/43; 20/8; 22/47; 29/3; 30/113, 30/117.
179	pour	haaa	C: 1/7, 1/37, 1/38, 1/39, 1/40, 1/42, 1/42, 1/45, 1/61; 2/26; 3/38, 3/42, 3/47, 3/49; 4/59, 4/72, 4/85, 4/94, 4/102, 4/104; 5/21, 5/24, 5/49, 5/69; 6/1, 6/5, 6/9, 6/14,

6/14; 7/4; 8/35, 8/40, 8/49, 8/54, 8/55, 8/57, 8/58, 8/78, 8/79, 8/92; 9/38; 10/27; 11/23, 11/27, 11/33, 11/49, 11/56, 11/62, 11/64, 11/68, 11/81, 11/90; 12/26, 12/28, 12/44, 12/56, 12/95, 12/120; 13/13, 13/33, 13/44, 13/45, 13/45, 13/64; 14/21, 14/35, 14/118; 15/7, 15/16, 15/22, 15/27, 15/68, 15/72; 16/56, 16/103, 16/106, 16/112, 16/115; 17/45, 17/45, 17/64, 17/101, 17/115, 17/116; 18/23, 18/35, 18/35, 18/36, 18/41, 18/45, 18/82, 18/106, 18/179, 18/186, 18/189, 18/195; 19/38, 19/81, 19/85, 19/106, 19/109, 19/132, 19/144, 19/147, 19/157, 19/186, 19/194, 19/195; 20/3, 20/18, 20/46, 20/76; 21/20, 21/22, 21/27, 21/32, 21/35, 21/48, 21/51; 22/3, 22/4, 22/8, 22/37, 22/139, 22/285, 22/327, 22/391, 22/422; 23/11, 23/13, 23/42, 23/47; 24/28, 24/48, 24/88, 24/89, 24/92, 24/102, 24/109, 24/131, 24/141, 24/148; 25/22, 25/52, 25/57, 25/73, 25/88, 25/113, 25/118, 25/122, 25/123, 25/127, 25/140, 25/167, 25/180, 25/189; 26/62, 26/71, 26/84, 26/119; 27/12, 27/48, 27/67, 27/80, 27/116, 27/145, 27/159; 28/14, 28/21, 28/58, 28/60; 29/14; 30/17, 30/35, 30/62, 30/92, 30/172, 30/173, 30/188.

1 quant haaa C: 4/31.

45 sans haaa C: 1/33, 1/61, 1/70; 2/3, 2/5; 3/48, 3/67; 4/84, 4/84; 5/19; 6/37; 8/52; 9/32; 10/41; 11/104; 13/68; 14/11, 14/18; 15/62; 16/29, 16/129; 17/62, 17/114; 18/60, 18/86, 18/146; 19/125; 21/65; 22/198, 22/212, 22/214, 22/217, 22/245; 23/47; 24/16, 24/100, 24/178; 25/154; 26/13, 26/35; 27/31, 27/79, 27/122; 28/91; 30/174.

5 selon haaa C: 3/20; 18/103; 22/321; 30/9, 30/154.

14	sous	haaa	C: 5/36, 5/42, 5/67; 7/28; 8/65; 11/108; 12/23; 17/37, 17/39; 18/168; 24/38; 28/23; 30/40, 30/120.
131	sur	haaa	C: 2/44; 3/26, 3/30, 3/45, 3/62; 4/32; 5/12, 5/13, 5/29, 5/40, 5/51, 5/57; 7/21, 7/25, 7/32, 7/44; 8/21, 8/37, 8/100; 9/9, 9/12, 9/46; 10/22, 10/39, 10/64; 11/35, 11/37, 11/52, 11/102, 11/114; 12/59, 12/81; 13/11, 13/11, 13/78; 14/4, 14/65, 14/84, 14/120, 14/121; 15/12, 15/51, 15/66; 16/39, 16/64; 17/28, 17/106; 18/15, 18/38, 18/39, 18/39, 18/39, 18/40, 18/78, 18/94, 18/95, 18/108, 18/108, 18/166, 18/188, 18/193; 19/7, 19/44, 19/75, 19/97, 19/157, 19/178; 20/1, 20/9, 20/15, 20/18, 20/22, 20/35, 20/35, 20/66, 20/91; 21/30; 22/130, 22/148, 22/149, 22/273, 22/365; 23/1, 23/5, 23/22, 23/55, 23/55; 24/33, 24/36, 24/135, 24/139, 24/187; 25/3, 25/14, 25/14, 25/14, 25/57, 25/66, 25/172; 26/11, 26/31, 26/103, 26/114; 27/5, 27/34, 27/73, 27/77, 27/80, 27/86, 27/99, 27/101, 27/127, 27/129; 28/18, 28/48, 28/50, 28/52, 28/63, 28/80, 28/90; 29/5, 29/6, 29/7, 29/7, 29/8, 29/8, 29/10, 29/14; 30/9, 30/101, 30/148.
7	travers	haaa	C: 3/31, 3/46, 3/79; 5/76; 16/128; 22/249; 28/5.
11	vers	haaa	C: 2/4, 2/7, 2/14; 5/31; 17/14; 18/210; 22/244; 23/12; 24/158; 27/62, 27/130.
20	ah	iaaa	C: 2/19, 2/24; 4/23; 15/34; 16/80; 22/194, 22/387, 22/407; 23/3, 23/3, 23/4; 24/16, 24/104, 24/128; 25/129; 26/16; 27/41, 27/68; 30/85, 30/85.
8	bien	iaaa	C: 4/18; 19/117; 20/70; 21/66; 22/274; 24/160; 27/29; 28/95.
1	bon	iaaa	C: 27/45.
3	ciel	iaaa	C: 3/62; 14/96; 26/16.

1	compostelle	iaaa	C: 14/20.
1	de	iaaa	C: 14/20.
2	dieu	iaaa	C: 15/55; 19/30.
13	eh	iaaa	C: 4/18, 4/82; 14/29; 19/30, 19/117; 20/70; 21/66; 22/274; 24/64, 24/160; 27/29, 27/115; 28/95.
2	foi	iaaa	C: 24/143; 26/54.
18	hélas	iaaa	C: 4/8, 4/40, 4/43; 5/63; 8/14; 10/7, 10/12, 10/54, 10/58; 15/55; 16/52; 19/49, 19/63, 19/136; 22/283; 24/68, 24/70; 25/188.
1	jacques	iaaa	C: 14/20.
2	ma	iaaa	C: 24/143; 26/54.
2	mon	iaaa	C: 15/55; 19/30.
9	o	iaaa	C: 3/62; 4/49, 4/60; 6/37, 6/39; 14/13, 14/96, 14/105; 19/59.
1	ô	iaaa	C: 6/35.
10	oh	iaaa	C: 2/33, 2/40; 19/112, 19/112, 19/123, 19/123; 21/69; 25/118, 25/192, 25/216.
1	par	iaaa	C: 14/20.
1	quoi	iaaa	C: 24/64.
1	saint	iaaa	C: 14/20.
1	sainte	iaaa	C: 9/14.
1	sang	iaaa	C: 5/56.
1	tête	iaaa	C: 5/56.
1	vierge	iaaa	C: 9/14.

7	l	z	C: 17/88; 19/92; 21/8, 21/8, 21/10; 22/82; 29/9.
20	t	z	C: 4/46; 9/14; 12/19, 12/104; 19/108, 19/136; 21/46; 22/76, 22/219, 22/396; 23/40; 25/211; 26/111; 27/11, 27/30, 27/31, 27/45, 27/50, 27/51; 30/104.
1	articulo		C: 11/40.
1	buffa		C: 11/26.
2	che		C: 11/117; 12/32.
2	coglioni		C: 11/117; 12/32.
2	d		C: 11/117; 12/32.
2	essere		C: 11/117; 12/32.
1	eum		C: 30/172.
1	in		C: 11/40.
5	los		C: 14/31, 14/34, 14/36, 14/41; 16/108.
1	ma		C: 12/32.
1	moda		C: 24/21.
1	mortis		C: 11/40.
1	o		C: 11/117.
2	opera		C: 11/26; 24/21.
1	operaretur		C: 30/171.
5	padres		C: 14/31, 14/34, 14/36, 14/41; 16/108.
2	sciagura		C: 11/117; 12/32.
2	senza		C: 11/117; 12/32.
1	ut		C: 30/171.

TABLEAUX ANALYTIQUES DES DONNEES QUANTITATIVES.

L'analyse des données, que nous présentons sous forme de tableaux analytiques, quantitatifs ou de pourcentages, est le résultat d'un dénombrement manuel des données obtenues: index, concordance et dictionnaires de fréquence. Bien que notre but n'ait pas été de nous livrer à une analyse des résultats quantitatifs obtenus, nous pensons que les tableaux que nous avons établis permettront d'avoir une vue d'ensemble plus rapide des caractéristiques du texte, de sorte que des analyses comparatives puissent être entreprises sans avoir à recourir à des dénombrements de nos index, concordances et dictionnaires de fréquence. Il est bien entendu que les dénombrements que nous avons effectués sont loin d'être aussi poussés qu'ils devraient l'être pour arriver à décrire toutes les caractéristiques de Candide. Nous n'avons pas renoncé à une telle entreprise, mais nous devons la remettre à une date ultérieure. En effet, nous ne possédons pas encore les programmes requis pour que l'ordinateur effectue tous les dénombrements possibles, à partir de nos index. Ceci revient à dire que les essais d'interprétation des données auxquels nous nous livrons ne sont qu'une modeste tentative. Nous aurions aimé nous livrer à quelques études de nature comparative en ce qui concerne les résultats quantitatifs de Candide par rapport à d'autres ouvrages. Toutefois, il aurait fallu que nous reprenions les index actuellement disponibles et que nous en fassions un dénombrement, de manière à pouvoir les comparer aux résultats de nos données. Cela nous aurait entraînés au-delà des limites de cet ouvrage. Parmi les raisons qui nous ont poussés à dresser les tableaux quantitatifs et analytiques qui suivent, se trouve le fait que la plupart, pour ne pas dire la majorité, des index que nous avons examinés, ne comportent pas de tableaux analytiques comparables aux nôtres et qu'il est assez difficile de les exploiter tels quels. Par contre, certains travaux, tels que ceux de MM. P. Guiraud et Ch. Muller, présentent des tableaux d'analyse statistique, tableaux que nous n'avons pu fournir, n'étant pas statisticiens. Nous pensons toutefois que nos tableaux analytiques, ainsi que les pourcentages que nous donnons, devraient permettre d'établir des tableaux statistiques sans trop d'efforts.

Tableau général des catégories grammaticales.

Catégorie	NF	NF%	VF	VF%	VL	VL%
Noms propres	1493	4,44	281	5,20	268	8,36
Noms communs	5772	17,18	1888	34,95	1501	46,80
Adjectifs	1269	3,77	539	9,98	371	11,60
Déterminatifs	5556	16,51	98	1,80	56	1,75
Pronoms	4783	14,23	81	1,50	20	,62
Verbes	6452	19,15	2269	42,00	776	24,16
Adverbes	2419	7,20	162	3,00	152	4,75
Conjonctions	2144	6,38	30	,54	25	,78
Prépositions	3642	10,84	34	,62	33	1,03
Interjections	101	,30	23	,41	5	,15
Total	33.631	100%	5.405	100%	3.207	100%

NF: Nombre de formes dans le texte.

VF: Nombre de formes différentes. VF: 16,116% de NF.

VL: Nombre de lemmes différents. VL: 9,54% de NF et 59,38% de VF.

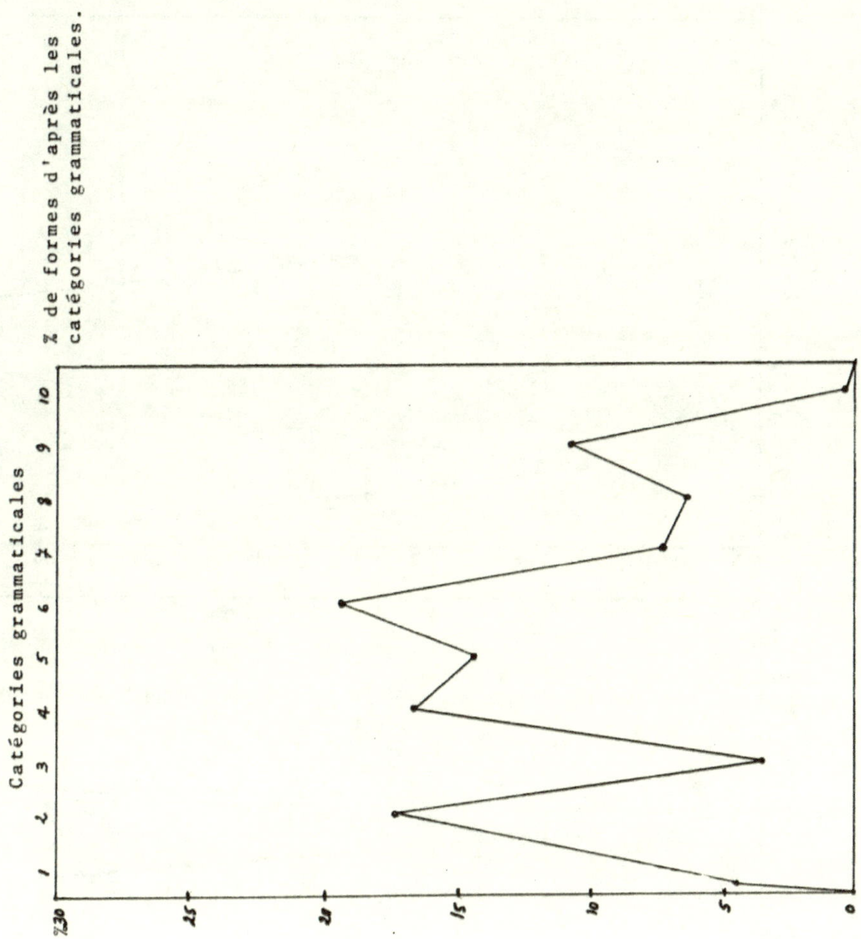
% de formes d'après les catégories grammaticales.
Catégories grammaticales
1 2 3 4 5 6 7 8 9 10
%30
25
20
15
10
5
0

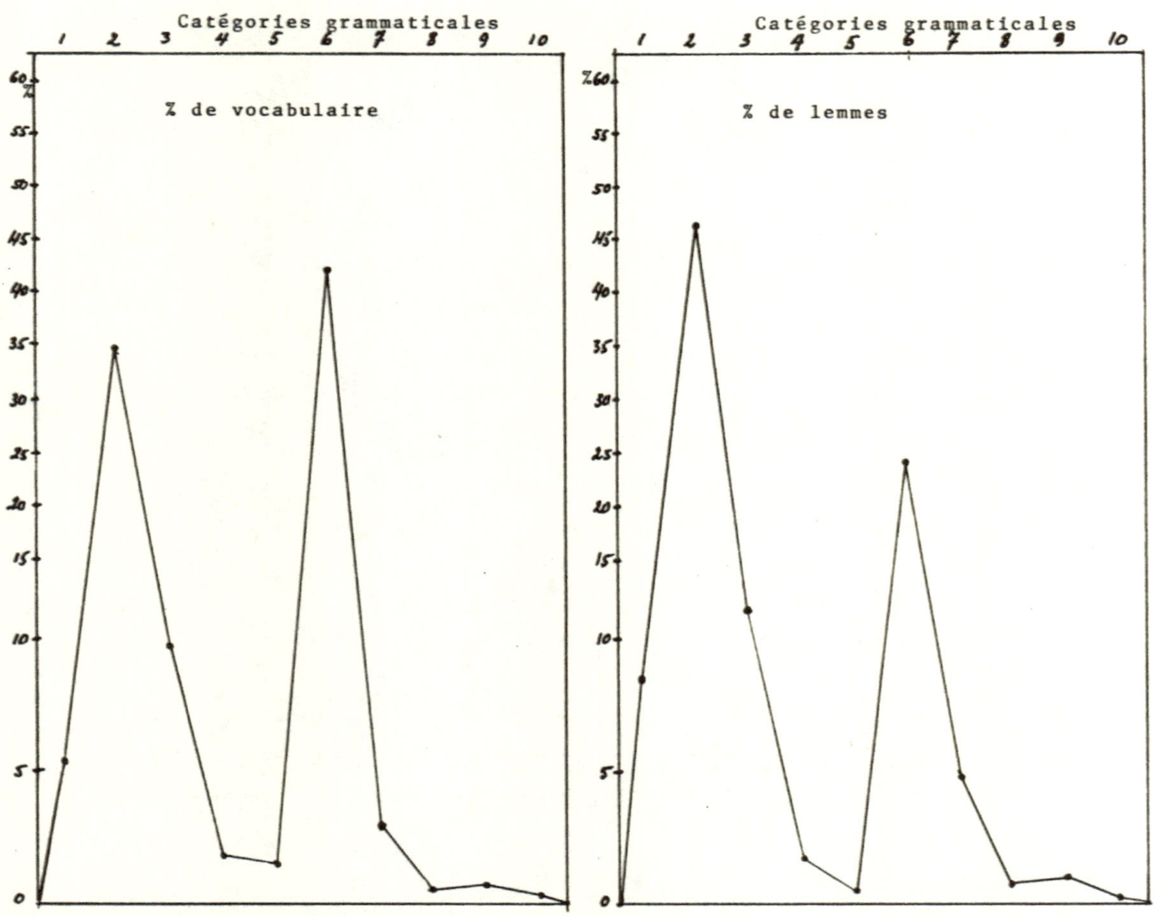
Catégories grammaticales
1 2 3 4 5 6 7 8 9 10
% de vocabulaire
60% 55 50 45 40 35 30 25 20 15 10 5 0
Catégories grammaticales
1 2 3 4 5 6 7 8 9 10
% de lemmes
%60 55 50 45 40 35 30 25 20 15 10 5 0

Tableau général des formes par chapitre (1).

Chap.	Par.	Phr.	NF	NF%	Npr.	Nc.	Adj.	Dét.	Pron.
1	8	43	823	2,44	35	166	49	162	74
2	2	44	804	2,40	23	139	19	142	137
3	7	38	797	2,34	16	148	27	136	101
4	6	68	1093	3,10	47	195	48	192	150
5	7	56	956	2,85	35	179	28	175	114
6	3	22	415	1,23	16	74	21	70	40
7	4	58	697	2,07	27	111	21	98	127
8	6	58	1098	3,27	29	193	39	175	186
9	6	31	546	1,62	27	91	29	90	69
10	3	36	671	2,00	34	103	26	110	94
11	7	69	1178	3,56	29	235	46	197	177
12	11	73	1296	3,86	41	209	33	189	237
13	5	51	810	2,41	53	137	24	132	111
14	7	77	1161	3,44	63	219	56	212	142
15	3	46	718	2,10	26	135	32	125	113
16	8	64	1277	3,80	31	239	46	217	177
17	11	65	1247	3,71	43	243	50	236	147
18	16	88	1928	5,74	60	353	66	331	271
19	14	95	1791	5,33	76	288	62	305	283
20	8	42	872	2,60	40	140	31	139	130
21	2	28	576	1,71	36	69	28	75	104
22	30	157	3515	10,50	159	630	130	570	504
23	4	24	477	1,42	31	58	19	61	79
24	12	79	1652	4,91	88	268	67	263	225
25	16	76	1907	5,67	94	277	83	305	271
26	13	58	1094	3,26	56	188	22	183	156
27	10	67	1278	3,80	109	193	44	189	190
28	4	38	961	2,86	24	166	38	139	144
29	3	14	384	1,10	21	66	17	73	49
30	10	69	1609	4,90	124	260	68	265	181
Total 30	246	1239	33631	100%	1493	5772	1269	5556	4783

Tableau général des formes par chapitre (2).

	Verbes	Adv.	Conj.	Prép.	Int.	Ponct.	1	t	M.E.
	150	50	55	82	0	119	0	0	0
	151	75	43	71	4	152	0	0	0
	152	63	50	102	2	114	0	1	0
	212	82	57	101	9	199	0	0	0
	186	63	63	110	3	152	0	0	0
	92	22	30	47	3	69	0	0	0
	152	46	45	70	0	143	0	0	0
	214	65	68	128	1	174	0	0	0
	106	37	35	60	2	96	0	1	0
	126	49	48	77	4	117	0	0	0
	183	77	75	159	0	167	0	0	12
	267	79	78	163	0	216	0	2	7
	156	58	55	84	0	115	0	0	0
	209	63	63	124	10	228	0	0	8
	139	37	38	69	4	122	0	0	0
	267	87	81	129	3	207	0	0	2
	223	86	73	146	0	193	1	0	0
	342	146	135	224	0	281	0	0	0
	337	125	111	191	13	292	1	2	0
	170	65	71	84	2	132	0	0	0
	121	60	35	45	3	140	3	1	0
	672	243	222	379	6	641	1	3	0
	88	45	34	59	3	90	0	1	0
	331	108	102	189	11	285	0	0	3
	336	213	134	189	5	317	0	1	0
	241	65	67	113	3	194	0	1	0
	248	96	74	129	6	283	0	6	0
	197	75	66	110	2	148	0	0	0
	71	23	26	38	0	61	1	0	0
	313	116	110	170	2	286	0	1	3
Total	6452	2419	2144	3642	101	5733	7	14	35

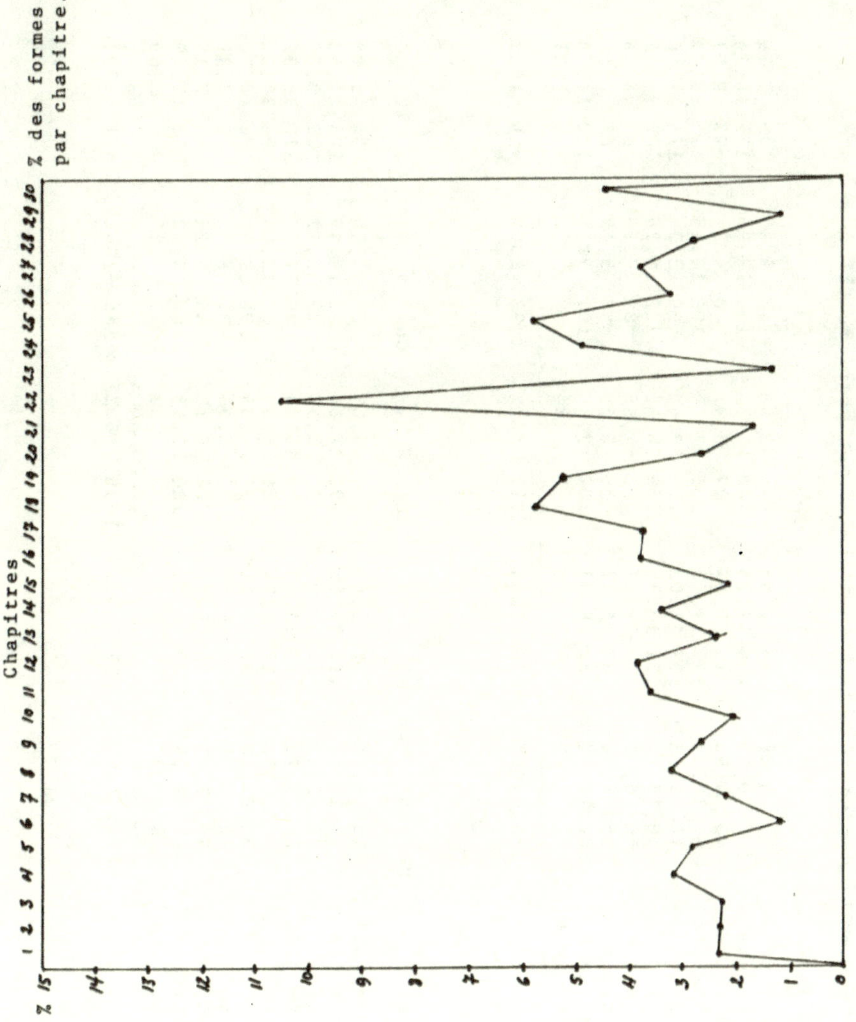
Chapitres
% des formes
par chapitre.
1 2 3 4 5 6 7 8 9 10 11 12 13 14 15 16 17 18 19 20 21 22 23 24 25 26 27 28 29 30
% 15 14 13 12 11 10 9 8 7 6 5 4 3 2 1 0

Tableau général des catégories grammaticales par chapitre (1).

Catégorie	Ch. 1		Ch. 2		Ch. 3		Ch. 4		Ch. 5	
Noms propres	35	4,26	23	2,87	16	2,00	47	4,28	35	3,79
Noms communs	166	20,20	139	17,25	148	18,74	195	17,96	179	18,74
Adjectifs	49	5,95	19	2,37	27	3,37	48	4,36	28	2,91
Déterminatifs	162	19,65	142	17,63	136	17,20	192	17,58	175	18,32
Pronoms	74	9,02	137	17,02	101	12,62	150	13,74	114	11,80
Verbes	150	18,13	151	18,75	152	18,95	212	19,38	186	19,52
Adverbes	50	6,09	75	9,37	63	7,88	82	7,50	63	6,56
Conjonctions	55	6,70	43	5,37	50	6,25	57	5,19	63	6,56
Prépositions	82	10.00	71	8,87	102	12,75	101	9,19	110	11,49
Interjections	0	0	4	,50	2	,24	9	,82	3	,31
Total	823	100%	804	100%	797	100%	1093	100%	956	100%

Catégorie	Ch. 6		Ch. 7		Ch. 8		Ch. 9		Ch. 10	
Noms propres	16	3,86	27	3,85	29	2,63	27	4,90	34	5,08
Noms communs	74	18,01	111	15,86	193	17,64	91	16,40	103	15,33
Adjectifs	21	5,10	21	3,00	39	3,54	29	5,17	26	3,88
Déterminatifs	70	16,76	98	14,10	175	15,94	90	17,98	110	16,37
Pronoms	40	9,62	127	18,24	186	16,90	69	12,44	94	14,02
Verbes	92	22,10	152	21,91	214	19,55	106	19,07	126	18,76
Adverbes	22	5,34	46	6,57	65	5,90	37	6,62	49	7,3[illegible]
Conjonctions	30	7,21	45	6,47	68	6,18	35	6,26	49	7,16
Prépositions	47	11,29	70	10,00	128	11,63	60	10,80	77	11,49
Interjections	3	,71	0	0	1	,09	2	,36	4	,60
Total	414	100%	697	100%	1098	100%	546	100%	671	100%

Tableau général des catégories grammaticales par chapitre (2).

Catégorie	Ch. 11		Ch. 12		Ch. 13		Ch. 14		Ch. 15	
Noms propres	29	2,41	41	3,15	53	6,54	63	5,25	26	3,17
Noms communs	235	20,05	209	16,18	137	16,92	219	18,90	135	18,85
Adjectifs	46	3,90	33	2,53	24	2,96	56	4,82	32	4,44
Déterminatifs	197	16,75	189	14,46	132	16,29	212	18,30	125	17,36
Pronoms	177	15,00	237	18,33	111	13,70	142	12,30	113	15,69
Verbes	183	15,55	267	20,67	156	19,27	209	18,01	139	19,40
Adverbes	77	6,52	79	6,07	58	7,16	63	5,43	37	5,13
Conjonctions	75	6,35	78	6,00	55	6,79	63	5,43	38	5,27
Prépositions	159	13,47	163	12,61	84	10,37	124	10,70	69	9,60
Interjections	0	0	0	0	0	0	10	,86	4	,55
Total	1178	100%	1296	100%	810	100%	1161	100%	718	100%

Catégorie	Ch. 16		Ch. 17		Ch. 18		Ch. 19		Ch. 20	
Noms propres	31	2,58	43	3,50	60	3,15	76	4,22	40	4,54
Noms communs	239	18,87	243	19,34	353	18,18	288	16,00	140	16,10
Adjectifs	46	3,59	50	4,00	66	4,41	62	3,44	31	3,56
Déterminatifs	217	17,10	236	18,78	331	17,30	305	16,92	139	15,76
Pronoms	177	13,24	147	11,66	271	14,04	283	15,73	130	14,95
Verbes	267	21,10	223	18,40	342	17,77	337	18,70	170	19,58
Adverbes	87	6,80	86	6,80	146	7,56	125	6,94	65	7,47
Conjonctions	81	6,32	73	5,84	135	6,99	111	6,72	71	8,16
Prépositions	129	10,17	146	11,68	224	11,60	191	10,61	84	9,65
Interjections	3	,23	0	0	0	0	13	,72	2	,23
Total	1277	100%	1247	100%	1928	100%	1791	100%	872	100%

Tableau général des catégories grammaticales par chapitre (3).

Catégorie	Ch. 21		Ch. 22		Ch. 23		Ch. 24		Ch. 25	
Noms propres	36	6,31	159	4,53	31	6,50	88	5,50	94	5,00
Noms communs	69	12,10	630	18,00	58	12,20	268	16,15	277	14,57
Adjectifs	28	4,91	130	3,70	19	4,00	67	4,06	83	4,36
Déterminatifs	75	13,19	570	16,14	61	12,10	263	15,83	305	16,00
Pronoms	104	18,24	504	14,30	79	16,55	225	13,63	271	14,20
Verbes	121	21,11	672	19,16	88	18,72	331	20,00	336	17,55
Adverbes	60	10,12	243	6,94	45	9,57	108	6,54	213	11,21
Conjonctions	35	6,00	222	6,34	34	7,25	102	6,18	134	7,05
Prépositions	45	7,50	379	10,72	59	12,50	189	11,45	189	9,80
Interjections	3	,52	6	,17	3	,61	11	,66	5	,26
Total	576	100%	3515	100%	477	100%	1652	100%	1907	100%

Catégorie	Ch. 26		Ch. 27		Ch. 28		Ch. 29		Ch. 30	
Noms propres	56	5,00	109	8,20	24	2,40	21	5,21	124	7,81
Noms communs	188	17,20	193	15,00	166	17,25	66	17,20	260	16,24
Adjectifs	22	2,01	44	3,46	38	3,95	17	4,40	68	4,24
Déterminatifs	183	16,75	189	14,80	139	14,45	73	19,00	265	16,56
Pronoms	156	14,31	190	15,70	144	15,00	49	12,70	181	11,31
Verbes	241	22,00	248	19,00	197	20,52	71	18,60	313	19,75
Adverbes	65	5,96	96	7,55	75	7,91	23	6,05	116	7,25
Conjonctions	67	6,14	74	5,82	66	6,87	26	6,84	110	6,10
Prépositions	113	10,36	129	10,00	110	11,45	38	10,00	170	10.62
Interjections	3	,27	6	,47	2	,20	0	0	2	,12
Total	1094	100%	1278	100%	961	100%	384	100%	1609	100%

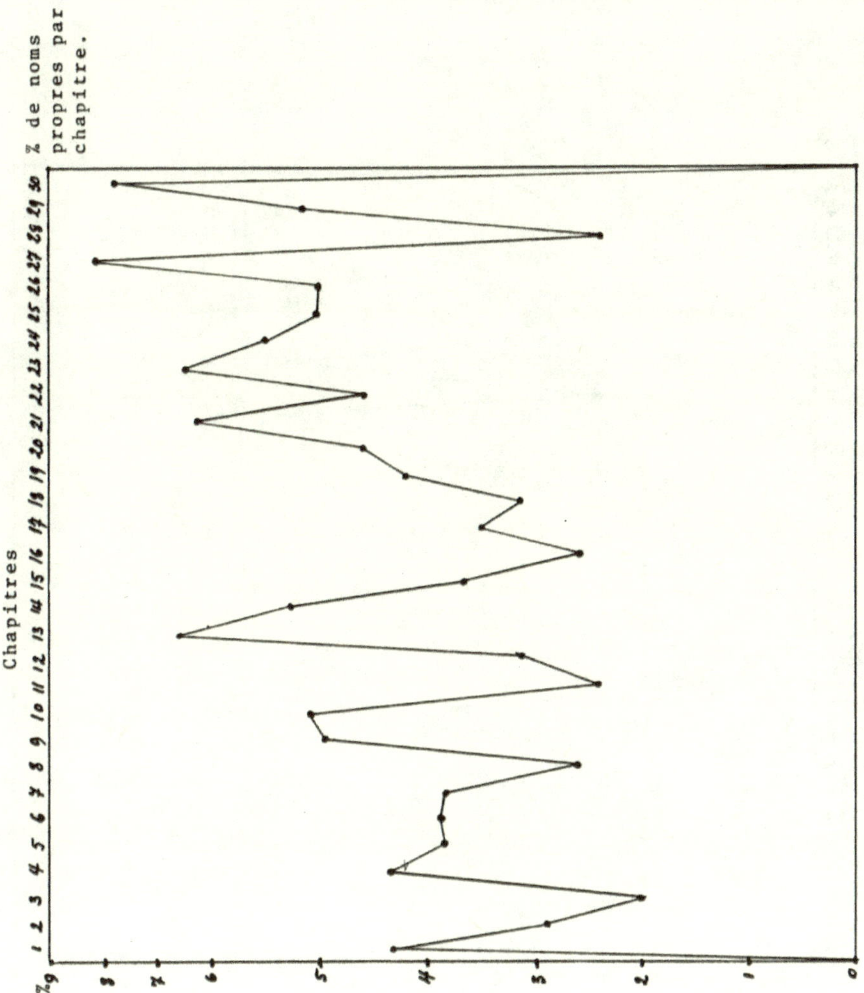
Chapitres
% de noms propres par chapitre.
1 2 3 4 5 6 7 8 9 10 11 12 13 14 15 16 17 18 19 20 21 22 23 24 25 26 27 28 29 30
%9
8
7
6
5
4
3
2
1
0

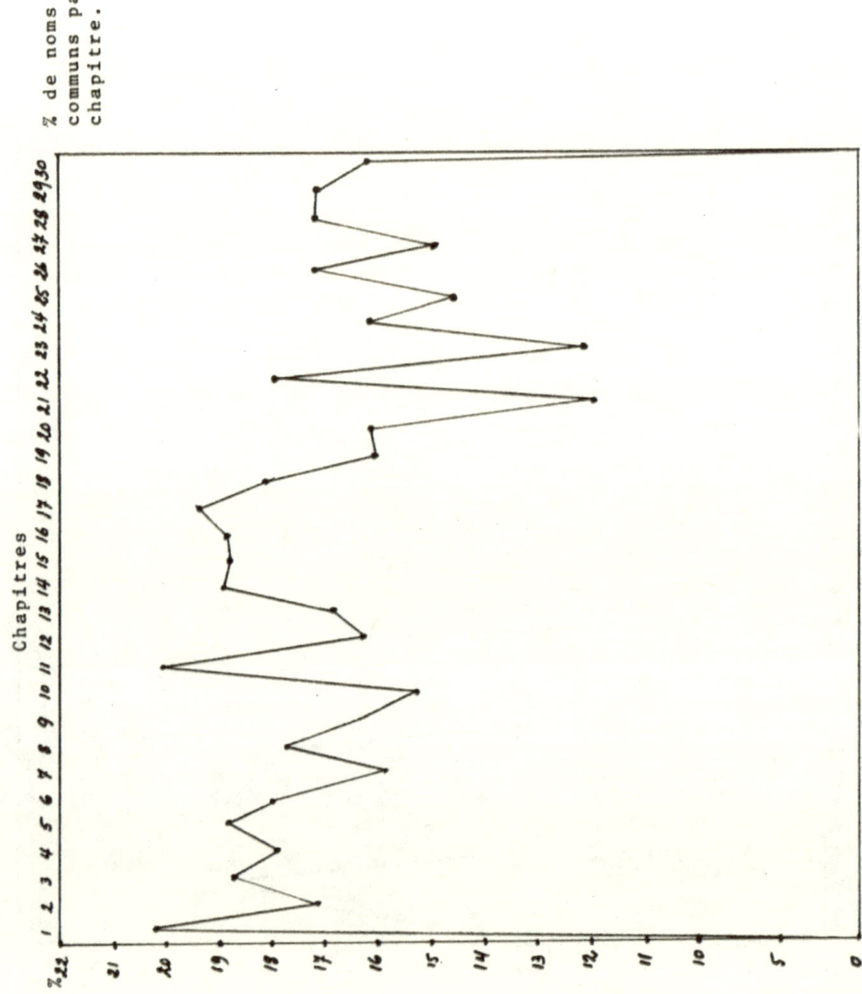
% de noms communs par chapitre.
Chapitres
1 2 3 4 5 6 7 8 9 10 11 12 13 14 15 16 17 18 19 20 21 22 23 24 25 26 27 28 29 30
%22 21 20 19 18 17 16 15 14 13 12 11 10 5 0

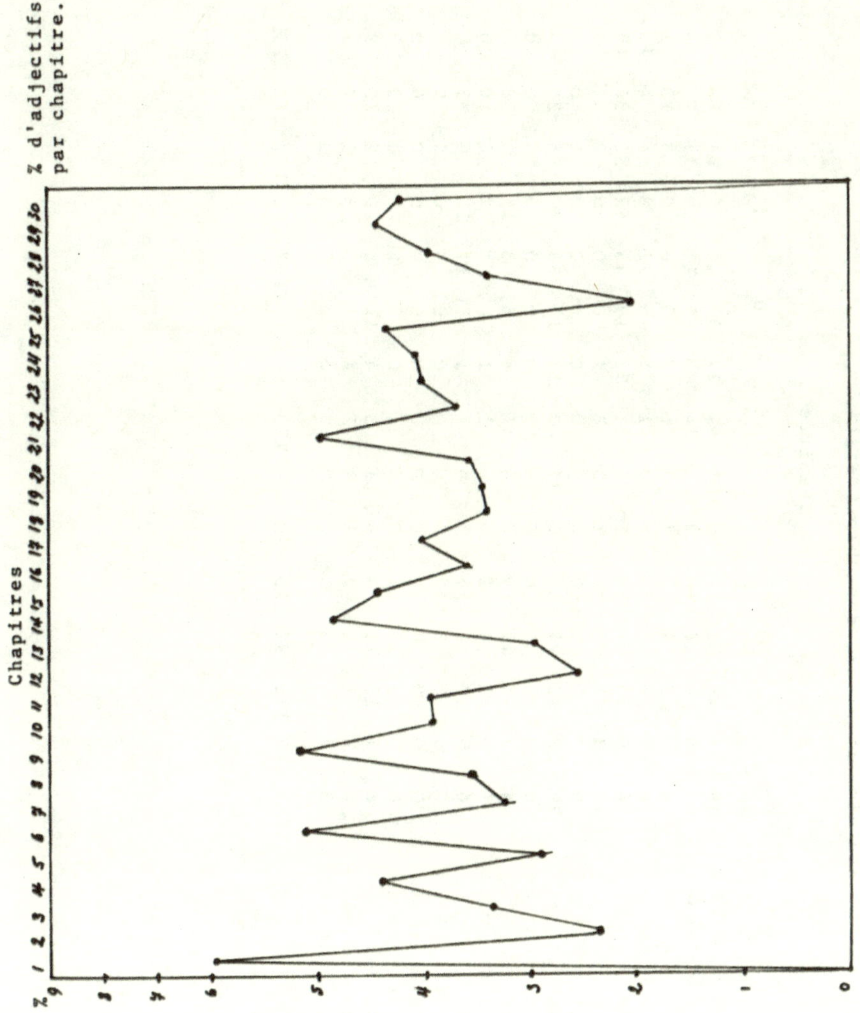
% d'adjectifs
par chapitre.
Chapitres
%
0
1
2
3
4
5
6
7
8
9
1 2 3 4 5 6 7 8 9 10 11 12 13 14 15 16 17 18 19 20 21 22 23 24 25 26 27 28 29 30

Tableau détaillé des déterminatifs, par chapitre(1).

Déterminatifs	Chapitre 1	2	3	4	5	6	7	8	9	10	11	12	13	14	15
Art. déf.	69	46	49	53	72	26	36	51	27	35	44	56	61	78	42
Art. déf. pré-voc.	5	8	6	18	10	3	1	14	9	5	11	10	11	13	3
Art. déf. _à_	3	7	2	4	7	1	1	6	2	0	8	9	3	20	1
Art. déf. _de_	15	17	8	18	13	6	3	11	5	6	22	8	4	4	10
Art. indéf.	28	16	28	34	25	15	29	21	22	19	43	42	23	36	18
Art. part.	1	3	1	2	6	1	1	3	1	0	0	0	0	1	0
Art. part. _de_	0	0	1	0	0	0	0	0	0	0	0	2	0	0	1
Adj. poss. atone	20	12	13	24	16	6	11	40	11	17	38	27	16	25	28
Adj. poss. tonique	0	0	0	0	0	0	0	0	0	0	0	0	0	0	0
Adj. dém.	4	5	5	15	4	0	4	11	6	6	3	11	4	8	4
Adj. dém. pré-voc.	1	0	1	4	1	0	0	1	1	0	1	2	0	0	0
Adj. indéf.	6	5	10	6	14	5	6	7	1	7	11	18	6	7	8
Adj. indéf. pré-voc.	0	0	0	0	0	0	0	0	0	0	0	0	0	0	0
Adj. relatif	0	0	0	0	0	0	0	0	0	0	0	0	0	0	0
Adj. inter., excl.	0	0	1	2	1	0	4	1	0	3	6	0	0	3	0
Adj. num. card.	6	21	10	11	4	6	1	8	4	11	8	20	2	15	9
Adj. num. ord.	4	2	1	1	2	1	1	1	1	1	2	3	2	2	1
Adj. nég. indéf.	0	0	0	0	0	0	0	0	0	0	0	0	0	0	0
Total	162	142	136	192	175	70	98	175	90	110	197	208	132	212	125

Tableau détaillé des déterminatifs, par chapitre (2).

Déterminatifs	Chapitre															
	16	17	18	19	20	21	22	23	24	25	26	27	28	29	30	Tot.
Art. déf.	62	67	110	94	52	26	149	20	87	92	61	52	35	32	88	1772
Art. déf. pré-voc.	6	17	13	12	9	3	52	5	7	18	6	12	9	1	21	318
Art. déf. <u>à</u>	10	12	15	10	6	1	28	1	9	4	8	9	11	2	9	209
Art. déf. <u>de</u>	10	16	27	10	13	8	40	2	13	23	6	9	9	2	19	357
Art. indéf.	40	55	42	49	21	12	115	9	58	61	22	31	33	9	44	1000
Art. part.	3	0	0	0	0	1	0	0	4	6	0	3	0	0	5	42
Art. part. <u>de</u>	0	1	0	0	1	1	2	0	0	0	1	0	0	0	0	10
Adj. poss. atone	33	19	43	42	13	0	64	4	33	33	32	25	21	15	29	710
Adj. poss. tonique	0	0	0	0	0	0	0	0	0	0	0	0	0	0	0	0
Adj. dém.	15	10	10	10	9	7	30	5	13	23	7	12	4	2	11	258
Adj. dém. pré-voc.	0	2	1	5	0	0	2	2	0	2	0	1	1	1	0	29
Adj. indéf.	10	15	20	18	5	8	43	6	29	19	12	10	3	4	20	339
Adj. indéf. pré-voc.	0	0	0	0	0	0	0	0	0	0	0	0	0	0	0	0
Adj. relatif	0	0	0	0	0	0	0	0	0	0	0	0	0	0	0	0
Adj. inter., excl.	4	2	4	0	1	1	4	1	0	3	1	1	1	0	0	44
Adj. num. card.	22	17	43	51	7	4	37	5	9	16	17	20	10	3	15	412
Adj. num. ord.	2	3	3	4	2	3	4	1	1	5	10	4	2	2	4	75
Adj. nég. indéf.	0	0	0	0	0	0	0	0	0	0	0	0	0	0	0	0
Total	217	236	331	305	139	75	570	61	263	305	183	189	139	73	265	5575

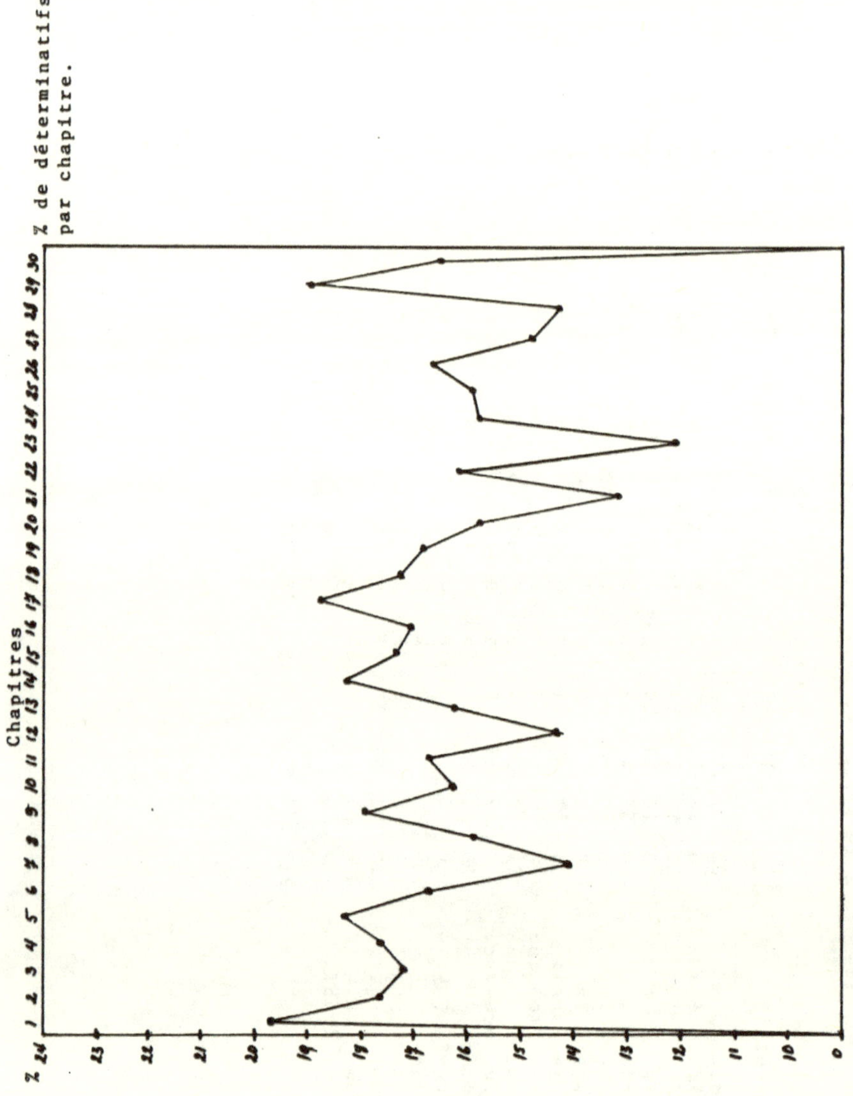
% de déterminatifs
par chapitre.
Chapitres
1 2 3 4 5 6 7 8 9 10 11 12 13 14 15 16 17 18 19 20 21 22 23 24 25 26 27 28 29 30
%
24
23
22
21
20
19
18
17
16
15
14
13
12
11
10
0

Tableau détaillé des pronoms par chapitre (1).

Pronoms	Chapitre 1	2	3	4	5	6	7	8	9	10	11	12	13	14	15
Pers. sujet atone	30	40	32	50	41	11	48	76	30	37	51	85	39	54	48
Pers. sujet tonique	0	1	0	2	1	0	3	1	2	2	0	1	1	5	1
Pers. compl. direct	6	13	12	19	12	4	13	32	5	7	18	40	13	9	18
Pers. compl. ind.	6	20	18	21	15	4	25	24	6	13	20	37	11	18	17
Réfl. compl. direct	7	13	9	11	14	2	4	10	6	3	12	9	7	8	5
Réfl. compl. ind.	1	0	0	1	0	1	0	2	0	0	1	1	0	0	0
Possessif	1	0	0	0	0	0	0	0	0	3	0	1	0	0	1
Démonstratif	4	11	3	7	4	2	10	8	7	6	23	6	10	12	5
Inter., excl.	9	14	12	24	16	5	14	20	6	11	27	31	15	19	10
Relatif	10	25	14	13	11	10	9	12	6	12	25	24	15	15	8
Indéfini	0	0	1	2	0	1	1	1	1	0	0	2	0	2	0
Explétif	0	0	0	0	0	0	0	0	0	0	0	0	0	0	0
Nég. indéfini	0	0	0	0	0	0	0	0	0	0	0	0	0	0	0
Total	74	137	101	150	114	40	127	186	69	94	177	237	111	142	113

Tableau détaillé des pronoms par chapitre (2).

Pronoms	Chapitre															
	16	17	18	19	20	21	22	23	24	25	26	27	28	29	30	Total
Pers. sujet atone	75	49	99	101	49	40	163	21	95	97	63	75	67	22	65	1753
Pers. sujet tonique	2	1	1	4	1	1	2	0	4	5	6	4	3	0	2	56
Pers. compl. direct	14	15	27	31	6	9	52	3	28	19	18	18	20	8	15	504
Pers. compl. ind.	29	12	31	38	9	9	66	8	30	26	22	23	22	5	19	604
Réfl. compl. direct	13	21	7	22	10	2	35	2	5	13	13	11	11	5	15	305
Réfl. compl. ind.	0	1	0	3	0	0	0	0	3	3	0	0	0	0	1	18
Possessif	0	2	1	1	0	1	0	0	1	1	0	0	0	1	0	14
Démonstratif	15	8	21	19	11	5	46	15	16	21	2	10	2	1	10	320
Inter., excl.	15	21	50	36	20	15	76	8	26	52	17	26	11	3	27	636
Relatif	12	17	34	26	23	22	61	20	17	33	15	21	8	4	24	546
Indéfini	2	0	0	2	1	0	3	2	0	1	0	2	0	0	3	27
Explétif	0	0	0	0	0	0	0	0	0	0	0	0	0	0	0	0
Nég. indéfini	0	0	0	0	0	0	0	0	0	0	0	0	0	0	0	0
Total	177	147	271	283	130	104	504	79	225	271	156	190	144	49	181	4783

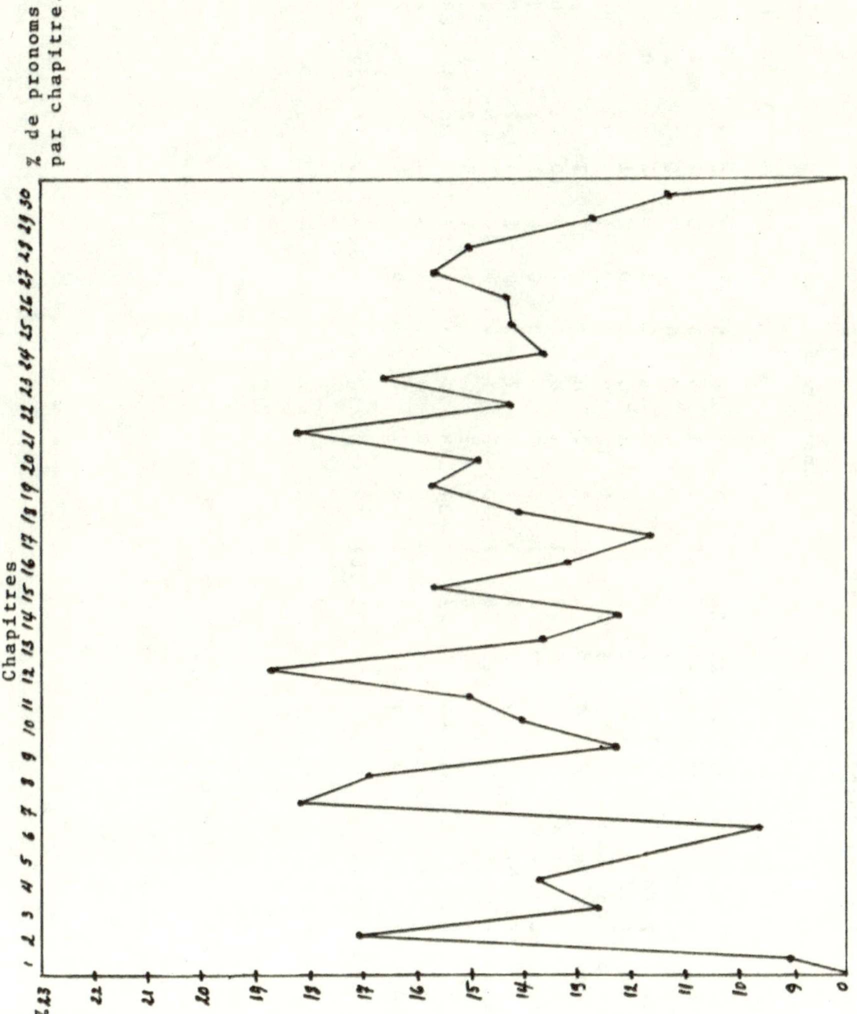
% de pronoms
par chapitre.
Chapitres
1 2 3 4 5 6 7 8 9 10 11 12 13 14 15 16 17 18 19 20 21 22 23 24 25 26 27 28 29 30
%23
22
21
20
19
18
17
16
15
14
13
12
11
10
9
0

Tableau détaillé des verbes par chapitre (1).

Verbe	Chapitre														
	1	2	3	4	5	6	7	8	9	10	11	12	13	14	15
Infinitif	22	27	19	24	17	12	15	36	15	18	12	40	33	25	26
Part. prés. pur	6	9	11	4	10	2	1	5	3	3	5	4	5	4	4
Part. prés. attrib.	0	0	1	0	0	0	1	0	0	0	2	0	0	1	0
Part. prés. épith.	2	2	2	4	1	1	2	1	0	1	0	2	1	0	1
Part. passé isolé	0	0	0	1	1	0	1	0	0	0	0	1	0	1	0
Part. passé conj. m.s.	14	6	15	27	14	19	11	20	7	15	12	33	13	10	10
Part. passé conj. m.p.	3	0	0	4	5	3	2	0	0	0	1	3	0	4	1
Part. passé conj. f.s.	2	1	0	12	1	0	1	8	1	2	5	10	1	1	0
Part. passé conj. f.p.	4	0	0	0	1	0	0	0	0	0	6	1	1	1	2
Part. passé attrib.	2	3	3	2	5	2	1	2	5	2	1	3	2	7	0
Part. passé épith.	4	5	12	6	7	10	7	5	4	1	10	5	0	6	2
Impératif	1	1	1	0	1	2	9	3	2	1	1	5	2	6	1
Indicatif	88	95	77	123	120	37	98	127	63	72	122	152	90	134	89
Conditionnel	1	0	1	3	0	0	0	5	1	3	3	4	5	5	1
Subjonctif	1	2	10	2	3	4	3	2	5	8	3	4	3	4	2
Total	150	151	152	212	186	92	152	214	106	126	183	267	156	209	139

Tableau détaillé des verbes par chapitre (2).

Verbe	Chapitre 16	17	18	19	20	21	22	23	24	25	26	27	28	29	30	Tot
Infinitif	53	30	57	52	17	11	113	11	60	55	37	34	33	12	54	970
Part. prés. pur	6	5	1	12	3	2	12	2	6	10	5	2	7	2	7	158
Part. prés. attrib.	0	0	0	0	0	0	2	0	4	1	1	0	0	0	0	13
Part. prés. épith.	0	1	2	1	2	2	7	0	1	1	0	0	0	0	0	37
Part. passé isolé	0	1	0	0	0	0	9	0	3	0	2	0	0	1	1	22
Part. passé conj. m.s.	27	12	14	24	20	18	46	6	24	23	38	22	26	3	41	570
Part. passé conj. m.p.	6	2	6	3	1	1	3	0	1	1	2	5	2	0	8	67
Part. passé conj. f.s.	1	0	1	2	0	0	3	0	20	0	0	4	1	2	3	82
Part. passé conj. f.p.	0	3	0	0	1	0	2	0	0	2	0	1	0	0	0	25
Part. passé attrib.	6	6	3	4	1	3	8	0	3	7	1	0	4	1	2	89
Part. passé épith.	4	15	14	4	6	0	10	3	3	6	7	6	3	3	6	174
Impératif	5	10	6	7	0	0	7	0	1	0	7	4	2	0	0	85
Indicatif	150	135	230	209	110	79	430	63	195	217	134	155	115	44	182	3935
Conditionnel	5	1	5	12	3	0	10	0	5	7	1	7	1	2	6	97
Subjonctif	4	2	3	7	6	5	10	3	5	6	6	8	3	1	3	128
Total	267	223	342	337	170	121	672	88	331	336	241	248	197	71	313	6452

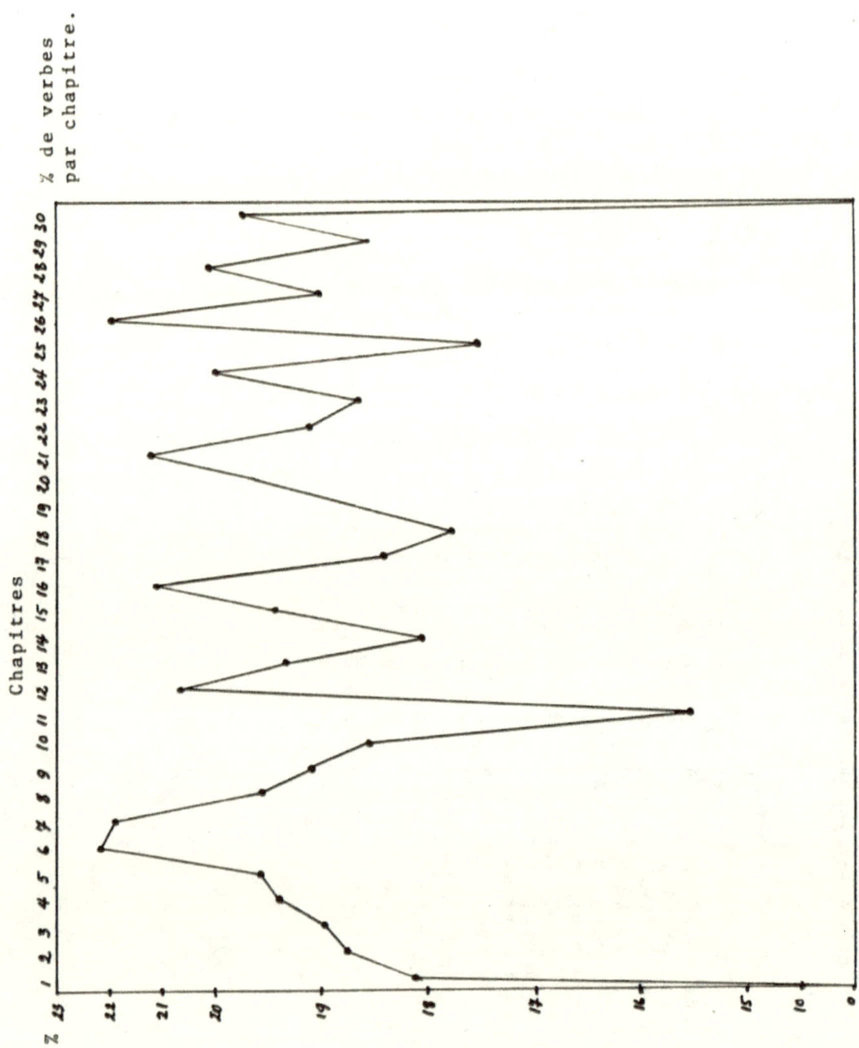
Chapitres
% de verbes
par chapitre.
1 2 3 4 5 6 7 8 9 10 11 12 13 14 15 16 17 18 19 20 21 22 23 24 25 26 27 28 29 30
% 23 22 21 20 19 18 17 16 15 10 0

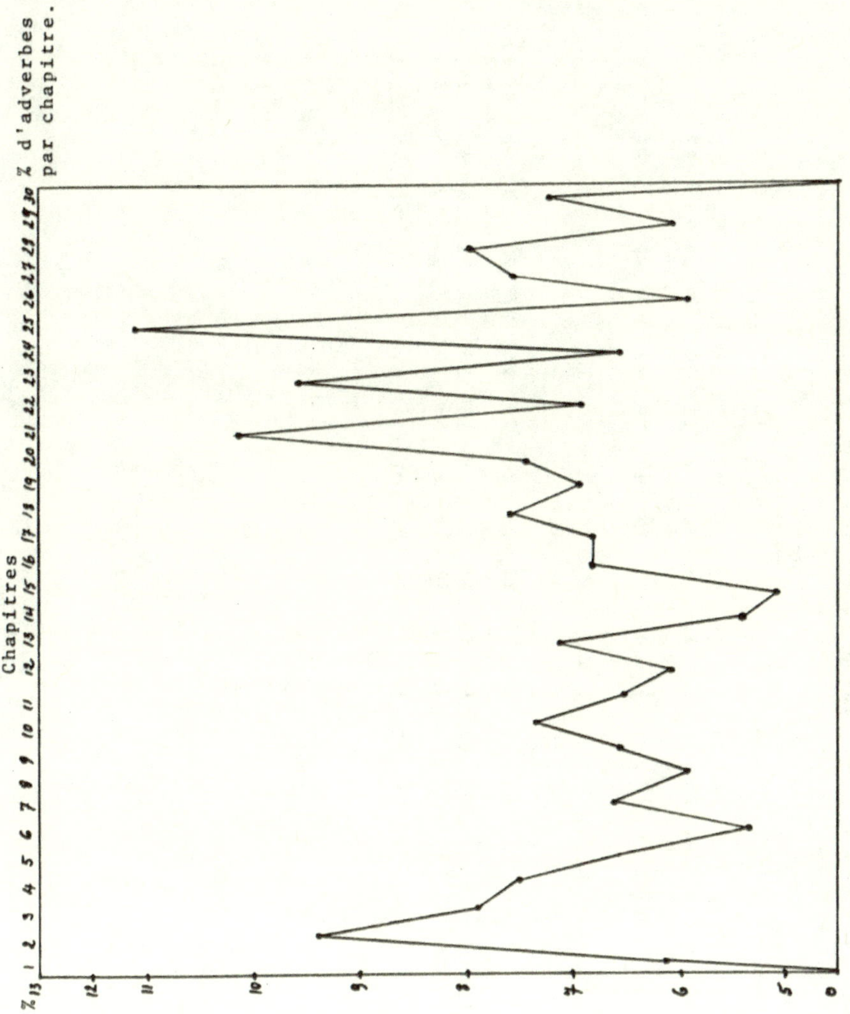
Chapitres
% d'adverbes
par chapitre.
%
1 2 3 4 5 6 7 8 9 10 11 12 13 14 15 16 17 18 19 20 21 22 23 24 25 26 27 28 29 30
13 12 11 10 9 8 7 6 5 0

Tableau détaillé des conjonctions par chapitre.

Conjonctions	Chapitre 1	2	3	4	5	6	7	8	9	10	11	12	13	14	15
Coordination	36	27	25	41	46	19	37	40	23	27	45	46	29	35	26
Subordination	19	16	25	16	17	11	8	28	12	21	30	32	26	28	12
Total	55	43	50	57	63	30	45	68	35	48	75	78	55	63	38

	Chapitre 16	17	18	19	20	21	22	23	24	25	26	27	28	29	30	Total
Coordination	44	44	83	61	42	16	138	18	51	78	52	50	31	16	67	1293
Subordination	37	29	52	50	29	19	84	16	51	56	15	24	35	10	43	851
Total	81	73	135	111	71	35	222	34	101	134	67	74	66	26	110	2144

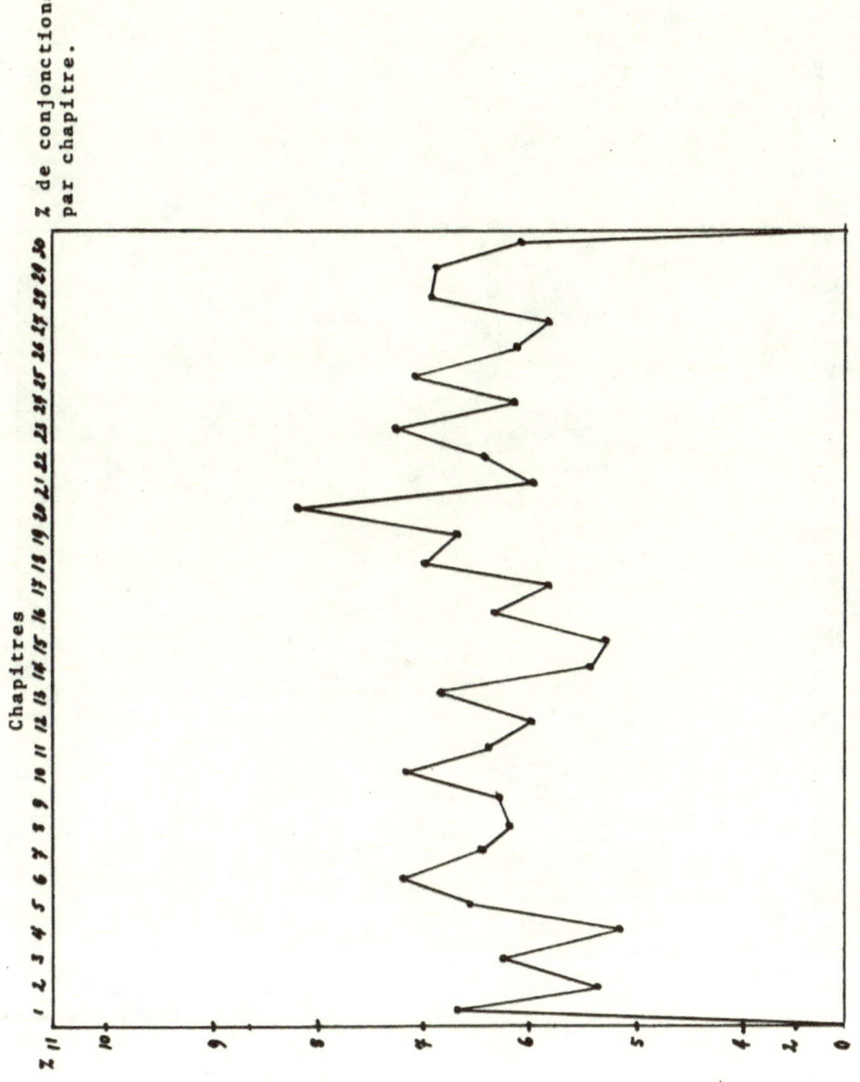
% de conjonctions
par chapitre.
Chapitres
%

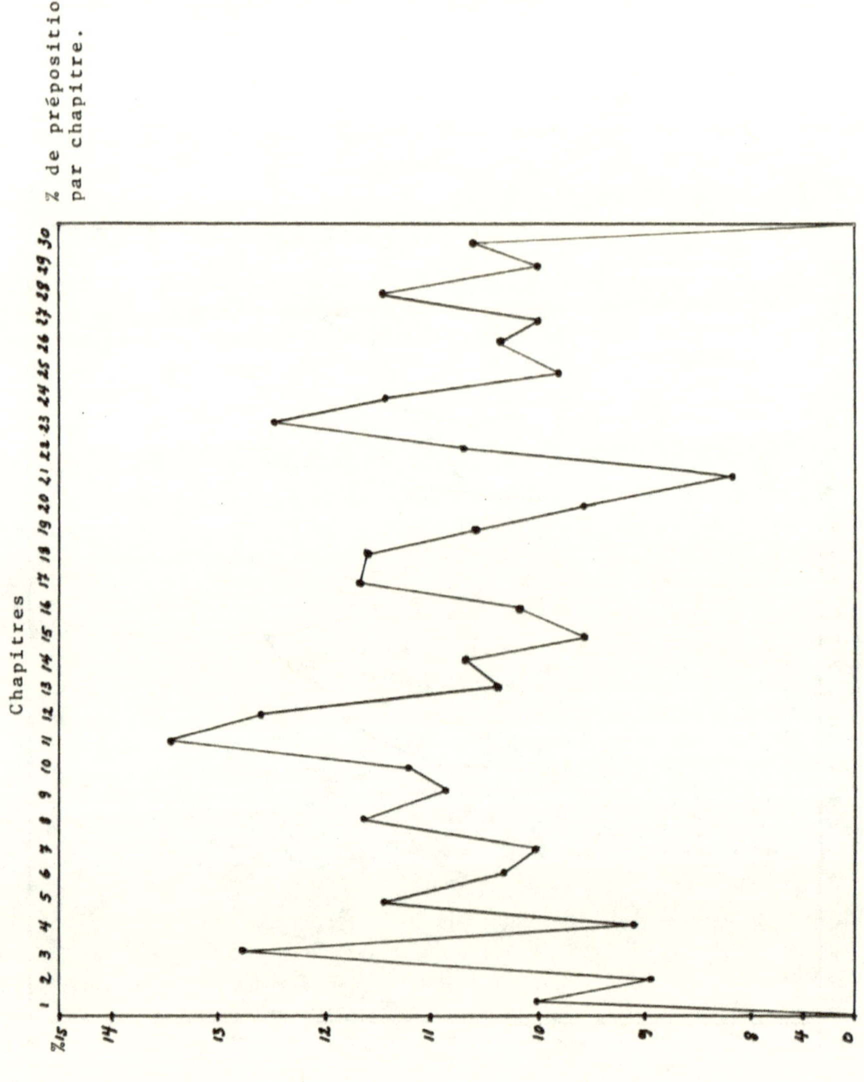
% de prépositions
par chapitre.
Chapitres
1 2 3 4 5 6 7 8 9 10 11 12 13 14 15 16 17 18 19 20 21 22 23 24 25 26 27 28 29 30
%15 14 13 12 11 10 9 8 4 0

Tableau détaillé de la ponctuation par chapitre (1).

Ponctuation	Chapitre														
	1	2	3	4	5	6	7	8	9	10	11	12	13	14	15
Points de suspension	0	0	1	0	1	0	0	0	0	0	0	0	0	0	0
Point	26	12	23	56	34	7	29	40	20	25	54	47	35	49	27
Tiret	0	13	6	16	14	2	13	7	7	13	9	19	5	23	10
Trait d'union mots comp.	13	6	3	3	1	4	4	10	0	3	2	4	3	7	5
Trait d'union verbal	2	7	3	13	4	4	9	3	5	4	1	13	4	10	3
Virgule	58	74	60	82	68	35	56	92	44	54	74	97	50	83	50
Point d'inter. final	0	2	2	8	0	1	7	1	3	4	0	5	2	3	1
Point d'inter. non fin.	0	1	1	4	3	0	1	0	1	2	0	0	0	9	0
Point d'excl. final	0	0	1	0	1	3	3	1	0	0	1	1	0	5	1
Point d'excl. non fin.	0	4	1	11	1	3	2	1	3	4	5	3	0	10	5
Guillemets	0	0	0	0	0	0	0	0	0	0	6	2	0	2	0
Deux points final	5	4	4	6	6	6	6	4	3	0	5	1	4	3	6
Deux points non final	0	0	0	0	0	0	0	2	0	0	0	0	0	0	0
Point-virgule final	11	16	7	18	14	4	13	12	5	7	9	19	10	17	11
Point virgule non fin.	4	3	2	2	5	0	0	1	5	1	1	5	2	7	3
Total	119	152	114	199	152	69	143	174	96	117	167	216	115	228	122

Tableau détaillé de la ponctuation par chapitre (2).

Ponctuation	Chapitre 16	17	18	19	20	21	22	23	24	25	26	27	28	29	30	Tot.
Points de suspension	0	0	0	0	0	1	2	0	0	0	0	0	0	0	1	6
Point	44	54	64	77	37	17	123	21	66	67	41	55	26	14	51	1231
Tiret	16	12	19	19	13	17	62	11	24	29	18	32	9	3	21	462
Trait d'union mots comp.	4	6	8	6	2	6	24	7	10	11	3	9	3	1	1	169
Trait d'union verbal	8	9	14	14	4	10	27	8	6	8	9	35	4	0	7	248
Virgule	90	87	127	123	59	67	279	27	133	145	73	108	71	34	155	2555
Point d'inter. final	3	2	2	3	1	7	8	2	3	8	2	8	4	0	6	98
Point d'inter. non fin.	3	2	3	1	2	2	10	4	0	3	1	14	1	0	3	71
Point d'excl. final	1	0	0	1	0	0	0	0	4	0	0	0	1	0	0	24
Point d'excl. non fin.	5	0	1	7	0	1	17	5	8	5	2	8	0	0	5	117
Guillemets	0	0	2	2	0	0	4	0	2	6	0	0	0	0	2	28
Deux points final	7	3	6	4	0	0	9	0	3	1	13	2	4	0	5	120
Deux points non final	2	2	3	2	1	0	9	0	3	6	1	1	9	3	0	44
Point-virgule final	9	6	16	10	4	3	15	1	3	0	2	2	3	0	6	253
Point-virgule non fin.	15	10	16	23	9	9	52	4	20	28	29	9	13	6	23	307
Total	207	193	281	292	132	140	641	90	285	317	194	283	148	61	286	5733

CANDIDE

DECOMPTE GRAPHEMIQUE

GRAPHEME	MAJUSCULES	MINUSCULES	`	´	^	¸	¨	'	TOTAL	%
A	158	12,114	686	0	106	0	0	0	12,272	8.5
B	59	1,388	0	0	0	0	0	0	1,447	1.0
C	739	3,577	0	0	0	80	0	118	4,316	3.0
D	60	6,125	0	0	0	0	0	386	6,185	4.3
E	152	23,930	571	2,561	269	0	3	0	24,082	16.7
F	23	1,396	0	0	0	0	0	0	1,419	1.0
G	19	1,458	0	0	0	0	0	0	1,477	1.0
H	35	1,114	0	0	0	0	0	0	1,149	.8
I	186	10,569	0	0	105	0	17	0	10,755	7.5
J	151	826	0	0	0	0	0	137	977	.7
K	0	20	0	0	0	0	0	0	20	.0
L	209	7,444	0	0	0	0	0	402	7,653	5.3
M	248	4,044	0	0	0	0	0	75	4,292	3.0
N	45	10,388	0	0	0	0	0	249	10,433	7.2
O	95	7,889	0	0	102	0	0	0	7,984	5.5
P	230	3,600	0	0	0	0	0	0	3,830	2.7
Q	57	1,856	0	0	0	0	0	0	1,913	1.3
R	26	9,037	0	0	0	0	0	3	9,063	6.3
S	72	11,220	0	0	0	0	0	137	11,292	7.8
T	68	9,883	0	0	0	0	0	5	9,951	6.9
U	28	9,608	47	0	75	0	0	348	9,636	6.7
V	122	2,518	0	0	0	0	0	0	2,640	1.8
W	0	0	0	0	0	0	0	0	0	.0
X	1	584	0	0	0	0	0	0	585	.4
Y	0	461	0	0	0	0	0	0	461	.3
Z	2	344	0	0	0	0	0	0	346	.2
TOTAL	2,785	141,393	1,304	2,561	657	80	20	1,860	144,178	100

PONCTUATION

.	,	;	:	!	?	...	"	-	(	)	TOTAL	%
1,194	2,676	679	194	178	170	0	417	674	1	1	6,184	4.3

MAJUSCULES

*	@	%	#	TOTAL
1,162	162	1,283	177	2,784

SOULIGNES
0

PARAGRAPHES
243

NOMBRE DE GRAPHEMES PAR MOT

GRAPHEMES	MOTS
1	2,475
2	8,047
3	4,930
4	4,500
5	3,554
6	2,971
7	2,591
8	1,921
9	1,105
10	629
11	306
12	210
13	56
14	39
15	15
16	4
17	2
TOTAL	33,355

NOMBRE DE GRAPHEMES PAR PHRASE

GRAPHEMES	PHRASES				
2	1	60	9	111	3
4	1	61	11	112	2
8	1	62	15	113	3
9	2	63	7	114	8
11	1	64	9	115	8
12	1	65	12	116	3
14	1	66	10	117	7
15	2	67	10	118	8
17	2	68	8	119	8
18	4	69	6	120	8
19	3	70	9	121	6
20	9	71	7	122	11
21	5	72	15	123	8
22	3	73	11	124	1
23	8	74	11	125	6
24	8	75	10	126	8
25	9	76	11	127	2
26	5	77	5	128	6
27	7	78	13	129	6
28	6	79	8	130	4
29	10	80	10	131	8
30	5	81	11	132	5
31	11	82	4	133	3
32	6	83	10	134	1
33	7	84	7	135	4
34	9	85	6	136	9
35	5	86	12	137	8
36	9	87	11	138	3
37	15	88	14	139	4
38	10	89	6	140	7
39	16	90	6	141	2
40	13	91	4	142	3
41	13	92	4	143	3
42	11	93	3	144	1
43	10	94	6	145	4
44	16	95	5	146	4
45	11	96	7	147	8
46	7	97	8	148	3
47	7	98	8	149	5
48	13	99	9	150	6
49	15	100	8	151	6
50	7	101	7	152	5
51	9	102	9	153	3
52	6	103	7	154	2
53	7	104	7	155	3
54	11	105	9	156	3
55	12	106	7	157	2
56	12	107	6	158	5
57	10	108	12	159	1
58	13	109	9	160	3
59	17	110	7	161	7

GRAPHEMES	PHRASES				
162	2	218	1	301	1
163	5	219	1	304	2
164	5	220	4	305	1
165	2	222	1	315	1
166	3	223	1	325	2
167	6	226	1	327	1
168	2	227	2	329	1
169	3	228	2	331	2
170	1	230	3	333	1
171	1	232	1	338	1
172	5	233	1	340	1
173	1	234	1	344	1
174	4	236	2	346	2
175	2	238	2	349	1
176	3	239	2	352	1
177	3	240	1	356	1
178	2	241	2	358	1
179	2	244	3	366	1
180	1	245	2	372	1
181	2	246	2	378	2
182	2	248	1	384	1
183	5	249	2	392	1
184	2	250	1	400	1
185	1	252	2	412	1
186	3	254	1	418	1
187	2	256	1	419	1
188	3	257	1	429	1
189	3	258	1	451	1
191	2	260	1	459	2
192	1	261	1	467	1
193	1	263	4	468	1
194	4	264	1	473	1
195	4	265	2	485	1
196	1	266	3	495	1
197	1	267	1	515	1
198	2	268	2	612	1
199	2	269	3	TOTAL	1,327
200	3	270	1		
201	2	271	2		
203	1	275	1		
204	2	276	1		
206	1	280	1		
207	1	281	1		
208	1	284	1		
209	3	286	1		
210	3	288	1		
211	1	291	2		
212	2	294	1		
214	2	295	1		
215	1	297	1		
217	3	299	2		

NOMBRE DE MOTS PAR PHRASE

MOTS	PHRASES
1	2
2	1
3	10
4	11
5	25
6	32
7	40
8	33
9	49
10	42
11	49
12	48
13	29
14	59
15	51
16	45
17	38
18	54
19	29
20	28
21	40
22	29
23	28
24	35
25	23
26	29
27	30
28	25
29	18
30	23
31	17
32	19
33	26
34	15
35	18
36	16
37	13
38	20
39	16
40	14
41	10
42	5
43	8
44	15
45	6
46	4
47	10
48	11
49	5
50	9
51	4
52	8
53	5
54	3
55	2
56	8
57	5
58	2
59	1
60	6
61	1
62	2
63	5
64	6
65	2
66	5
67	4
68	1
69	1
71	4
72	1
73	2
74	1
76	3
77	1
78	2
79	2
80	1
81	2
82	1
83	1
84	2
87	1
88	2
92	1
93	2
94	1
95	2
96	2
97	1
108	3
109	1
115	1
117	1
122	1
126	1
134	1
TOTAL	1,327

NOMBRE DE MOTS PAR PARAGRAPHE

MOTS	PARAGRAPHES				
18	1	91	2	170	1
19	1	92	3	171	1
27	1	94	3	175	1
28	2	95	1	178	1
31	1	96	1	180	1
32	1	97	1	181	2
33	1	98	1	186	2
34	1	101	2	188	1
35	2	103	2	189	1
37	2	104	2	191	1
38	1	107	2	192	1
39	1	108	1	193	1
42	2	109	1	195	1
43	1	110	1	197	1
45	3	112	1	198	1
46	3	113	4	199	1
47	3	114	2	200	1
50	2	115	2	202	1
51	1	116	1	204	1
53	2	118	2	205	1
55	1	120	2	208	1
56	1	121	1	210	2
57	1	122	1	211	2
58	1	123	2	212	2
60	2	124	1	214	1
61	2	125	1	216	1
63	1	126	2	219	1
64	1	128	1	223	1
65	1	129	1	224	1
66	2	130	1	226	1
67	4	131	2	227	1
68	4	132	4	231	1
69	1	134	1	234	2
71	2	138	1	243	1
72	1	141	4	244	2
74	1	142	2	246	2
75	2	143	5	247	1
76	4	144	1	248	1
77	5	145	1	250	1
78	1	146	2	251	1
80	1	148	1	252	1
81	1	149	2	255	1
82	3	152	1	256	1
83	1	153	1	257	1
84	1	155	1	259	1
85	2	159	1	268	1
86	1	160	2	274	1
87	1	164	2	278	1
88	2	166	2	288	1
89	2	167	1	289	1
90	1	169	1	302	1

MOTS	PARAGRAPHES
309	1
310	1
314	2
328	1
336	1
340	1
341	1
343	1
368	1
423	1
452	1
TOTAL	243

NOMBRE DE PHRASES PAR PARAGRAPHES

PHRASES	PARAGRAPHES
1	25
2	29
3	36
4	41
5	20
6	15
7	13
8	17
9	12
10	8
11	6
12	8
13	2
14	5
15	1
18	3
19	1
21	1
TOTAL	243

RESUME

NO. DE PARAGRAPHES	243
NO. DE PHRASES	1,324
NO. DE MOTS	33,355
NO. DE GRAPHEMES	144,178
NO. DE SIGNES DIACRITIQUES	6,482
NO. DE SIGNES DE PONCTUATION	6,184
NO. DE MAJUSCULES TYPE *	1,162
NO. DE MAJUSCULES TYPE @	162
NO. DE MANUSCULES TYPE %	1,283
NO. DE MAJUSCULES TYPE #	177

MOYENNES

NO. DE PHRASES PAR PARAGRAPHE	5.4
NO. DE MOTS PAR PARAGRAPHE	137.3
NO. DE GRAPHEMES PAR PARAGRAPHE	593.3
NO. DE SIGNES DIACRITIQUES PAR PARAGRAPHE	26.7
NO. DE SIGNES DE PONCTUATION PAR PARAGRAPHE	25.4
NO. DE MAJUSCULES TYPE * PAR PARAGRAPHE	4.8
NO. DE MAJUSCULES TYPE @ PAR PARAGRAPHE	.7
NO. DE MAJUSCULES TYPE % PAR PARAGRAPHE	5.3
NO. DE MAJUSCULES TYPE # PAR PARAGRAPHE	.7
NO. DE MOTS PAR PHRASE	25.2
NO. DE GRAPHEMES PAR PHRASE	108.9
NO. DE SIGNES DIACRITIQUES PAR PHRASE	4.9
NO. DE MAJUSCULES TYPE * PAR PHRASE	.9
NO. DE MAJUSCULES TYPE @ PAR PHRASE	.1
NO. DE MAJUSCULES TYPE % PAR PHRASE	1.0
NO. DE MAJUSCULES TYPE # PAR PHRASE	.1
NO. DE GRAPHEMES PAR MOT	4.3
NO. DE SIGNES DIACRITIQUES PAR MOT	.2

* CARACTERES MAJUSCULES EN INITIALE DE PHRASE

@ NOMS PROPRES EN INITIALE DE PHRASE

% NOMS PROPRES A L'INTERIEUR DE LA PHRASE

\# CARACTERES MAJUSCULES A L'INTERIEUR DE LA PHRASE

DECOMPTE GRAPHEMIQUE - POSITIONS INITIALES & FINALES

GRAPHEME	INITIALE ABSOLUE		FINALE ABSOLUE		INITIALE DE MOT		FINALE DE MOT	
A	71	5.4	14	1.1	2,873	8.6	2,172	6.5
B	2	.2	1	.1	720	2.2	5	.0
C	247	18.6	6	.5	2,569	7.7	300	.9
D	30	2.3	6	.5	3,946	11.8	623	1.9
E	77	5.8	540	40.7	3,106	9.3	9,320	27.9
F	3	.2	2	.2	950	2.8	33	.1
G	2	.2	0	.0	337	1.0	21	.1
H	14	1.1	2	.2	342	1.0	60	.2
I	144	10.9	34	2.6	1,049	3.1	1,307	3.9
J	123	9.3	0	.0	862	2.6	137	.4
K	0	.0	1	.1	1	.0	4	.0
L	180	13.6	18	1.4	3,075	9.2	1,279	3.8
M	83	6.3	3	.2	2,007	6.0	103	.3
N	32	2.4	98	7.4	992	3.0	2,552	7.7
O	82	6.2	17	1.3	581	1.7	128	.4
P	51	3.8	2	.2	2,578	7.7	53	.2
Q	55	4.1	0	.0	1,442	4.3	12	.0
R	4	.3	103	7.8	802	2.4	1,786	5.4
S	21	1.6	314	23.7	1,792	5.4	6,431	19.3
T	27	2.0	110	8.3	1,102	3.3	4,848	14.5
U	25	1.9	18	1.4	796	2.4	1,252	3.8
V	54	4.1	0	.0	1,258	3.8	0	.0
W	0	.0	0	.0	0	.0	0	.0
X	0	.0	29	2.2	1	.0	467	1.4
Y	0	.0	1	.1	171	.5	153	.5
Z	0	.0	8	.6	3	.0	309	.9
TOTAL	1,327		1,327		33,355		33,355	

POURCENTAGE

DE GRAPHEMES EN POSITION INITIALE ABSOLUE	.9
DE GRAPHEMES EN POSITION FINALE ABSOLUE	.9
DE GRAPHEMES EN POSITION INITIALE DE MOT	23.1
DE GRAPHEMES EN POSITION FINALE DE MOT	23.1

INTERPRETATION GENERALE DES TABLEAUX
ANALYTIQUES QUANTITATIFS.

L'ASPECT LINGUISTIQUE.

L'intérêt intellectuel qui incite à élaborer des index et des concordances est primordialement la curiosité que suscitent les formes linguistiques d'un texte par rapport, soit à lui-même, soit à l'ensemble des signes linguistiques qui composent une langue, que ce soit du point de vue synchronique ou diachronique. Les niveaux auxquels cette curiosité se place sont variés: philologie, sémantique, lexicologie, syntaxe, morphologie, phonétique. Ce qui intéresse au sujet de ces formes est de savoir d'abord celles qui persistent, disparaissent, apparaissent ou réapparaissent. En-deçà des fins pédagogiques que cette curiosité implique, réside l'espoir, surtout au XXe siècle, que des dénombrements exhaustifs permettront d'observer une certaine continuité, un certain absolu, dans le comportement des formes du langage. De même que dans les sciences naturelles on observe, au niveau le plus microscopique, une base constante sur laquelle sont construits les organismes les plus complexes, on aimerait aussi pouvoir déterminer non seulement les bases organiques du langage, mais encore la façon dont ces particules se combinent pour former l'ensemble de ce que l'on appelle le discours. On possède, grâce à la phonétique et à la phonologie, une analyse structurale qui nous informe des bases fondamentales sur lesquelles est établi l'ensemble des manifestations du langage sous forme de discours. Ceci correspond, si l'on veut, à une analyse microscopique des faits de langue. Mais, de même que l'organisme vivant laisse perplexe dans sa totalité, la langue, dès que l'on dépasse l'analyse de ses structures phonologiques, morphologiques et syntaxiques fondamentales, échappe par sa complexité à notre analyse. Ceci ne signifie pas qu'il doive toujours en être ainsi. Mais, pour l'instant, une des façons d'essayer de résoudre le problème est d'accumuler le plus de données possible, de façon à pouvoir avoir une vue d'ensemble suffisante pour percevoir des rapports qui nous échappent au niveau du seul discours. C'est ce désir, peut-être vain, d'éliminer le plus possible cette apparence arbitraire du langage, qui nous a poussés à contribuer par le dénombrement d'un texte, à l'accumulation des données requises pour aboutir à une vue d'ensemble. Nous nous sommes surtout intéressés à l'élaboration d'une méthode et les tableaux analytiques que nous présentons ne sont qu'un essai de synthèse. Quant à l'interprétation que nous donnons de ces tableaux, elle est, évidemment, très élémentaire.

Par contre, nous espérons que ces tableaux permettront à d'autres d'étudier les rapports qui existent peut-être entre nos résultats et ceux d'autres index verborum, dictionnaires de fréquence et concordances.

Comme on l'observera dans les tableaux analytiques et dans les courbes de pourcentages que nous soumettons ci-dessus (pp. 401 et seq.), le vocabulaire de Candide consiste en une très forte proportion de noms et de verbes, car malgré la haute fréquence des prépositions, des conjonctions, le nombre de ces formes est, comme il fallait s'y attendre, très limité, puisqu'elles appartiennent à des séries fermées. Il en va de même pour les déterminatifs et les pronoms. Ce phénomène est particulièrement visible lorsqu'on observe les pourcentages, d'après leur catégorie grammaticale, des lemmes et des formes. Ce texte est proportionnellement pauvre en adjectifs et en adverbes héréditaires. Nous n'avons pas relevé les locutions adverbiales, adjectivales et autres, ce qui changerait peut-être les rapports quantitatifs que nous percevons à première vue. Une comparaison avec des dénombrements d'autres ouvrages du XVIIIe siècle ferait peut-être ressortir si cette caractéristique est commune à cette époque; une comparaison avec d'autres ouvrages du même auteur pourrait indiquer si c'est une caractéristique de Candide. Une comparaison avec des dénombrements d'ouvrages d'époques différentes indiquerait si c'est là un phénomène constant ou purement dû au hasard et à la personnalité de l'auteur.

Dans notre tableau général des catégories grammaticales, nous avons établi trois distinctions: le nombre total de formes (NF); le vocabulaire (VF): le nombre de formes différentes, indépendamment de leur fréquence, et enfin le nombre de lemmes différents (VL). Nous avons pensé que ces trois indices permettraient de mieux évaluer les caractéristiques d'un texte, le nombre total des formes n'étant qu'un indice assez superficiel. Au tableau no. 3, nous avons découpé le texte en ses trente chapitres et donné le nombre de formes, par catégories grammaticales. Un coup d'oeil rapide permet de voir que ce tableau, à quelques exceptions près, présente les mêmes caractéristiques que le tableau général des catégories grammaticales (NF, VF, VL): Tableau no. 1. Vient ensuite un tableau détaillé des déterminatifs. Sous cette rubrique, l'article défini, l'article indéfini et l'adjectif possessif sont les formes les plus fréquentes. Pour les pronoms, que nous avons aussi séparés, le pronom personnel sujet, le pronom interrogatif ou exclamatif, le pronom personnel complément indirect, le pronom relatif et le pronom personnel complément direct occupent les premières places. Pour le verbe,

l'indicatif vient, comme on peut s'y attendre, en premier lieu, suivi, mais de très loin, par l'infinitif et le participe passé. Nous n'avons pas établi de détails pour les adverbes. Pour la conjonction, la coordination dépasse largement la subordination, à moins que l'on ne considère le pronom relatif comme une conjonction, dans quel cas la subordination et la coordination sont à peu près égales. Nous n'avons pas non plus établi de détails pour la préposition et l'interjection. Il est évident que l'analyse sous forme de tableaux pourrait être poussée plus loin et que peut-être, alors, certaines caractéristiques ressortiraient. Mais il nous semble que c'est au niveau stylistique que ces différences seraient les plus importantes. Nous avons enfin dressé un tableau quantitatif de la ponctuation: Tableau no. 8. Il nous a semblé que celui-ci pourrait être utile pour déterminer la structure des phrases à un niveau linguistique aussi bien que stylistique. Ceci tout en étant conscient que la ponctuation au dix-huitième siècle était le domaine du typographe plutôt que de l'auteur, et qu'en conséquence, elle est d'une valeur informative relativement minime.

Il est évident que, pris individuellement, ce résumé des caractéristiques de Candide n'offre pas de découvertes sensationnelles. Tout ce que nous avons cherché à faire est de dégager de façon assez détaillée les différentes catégories grammaticales et, à l'intérieur de certaines, de présenter un dénombrement plus détaillé afin d'éviter à celui qui voudrait se servir de nos travaux d'avoir à faire trop de dénombrements.

L'ASPECT STYLISTIQUE.

L'analyse stylistique des résultats obtenus grâce à un dénombrement des formes d'un texte peut s'envisager de plusieurs façons. Tout d'abord, de façon externe: une comparaison avec un ou plusieurs textes de nature semblable, de la même époque ou d'une époque antérieure ou postérieure. A l'heure actuelle, le premier problème qui se pose à cette analyse stylistique externe est le manque d'index verborum et de concordances établis d'après la méthode que nous présentons ici. Comme nous l'avons déjà dit, il y a bien un certain nombre d'index d'oeuvres littéraires françaises, mais les données quantitatives des dénombrements qui ont été faits sont trop réduites. Il faut donc opérer des dénombrements supplémentaires, ce qui, dans notre cas, nous entraînerait trop loin. Un second problème qui se pose à l'entreprise d'une analyse stylistique externe est qu'il est assez difficile de trouver, à des époques différentes, et même à la même époque, des oeuvres d'auteurs différents qui

soient vraiment comparables. Au niveau linguistique, le problème ne se pose pas de la même façon, car ce qui intéresse est la structure de la langue; mais au niveau stylistique, ce qui intéresse est bien la structure linguistique de l'oeuvre, mais aussi l'ensemble du vocabulaire d'un auteur, en fonction d'un sujet donné et d'un genre. Comparer _Candide_, du point de vue stylistique, avec _L'Etranger_ de Camus semble, sinon inutile, du moins futile, car le sujet et le genre de ces oeuvres se prêtent mal à une comparaison stylistique, si ce n'est pour faire ressortir les différences qui sautent aux yeux. Au niveau linguistique, le problème ne serait évidemment pas le même.

C'est donc du point de vue interne qu'il nous semble préférable de rechercher une méthode d'analyse stylistique basée sur un dénombrement des formes d'un texte. On peut envisager alors une comparaison entre diverses oeuvres du même auteur. Alors qu'il est assez difficile d'établir une norme de langage à une époque donnée, norme à laquelle on comparerait l'oeuvre d'un auteur, il semble plus accessible d'essayer d'établir la norme d'un certain auteur et, à la lumière de cette norme interne, de déterminer les écarts et les similitudes de ses oeuvres par rapport à cette norme. Il faut ajouter que, si l'on pouvait arriver à établir la norme d'un certain nombre d'auteurs d'une ou de plusieurs époques, on pourrait alors chercher à établir une norme littéraire à laquelle on comparerait des oeuvres d'auteurs différents. Il semble qu'une norme littéraire du XVIIIe siècle, fondée sur la norme de plusieurs auteurs, serait un idéal qui permettrait d'évaluer la valeur stylistique des oeuvres de cette époque. Il est évident que l'on n'en est pas encore à ce stade. Mais c'est en fonction de cette manière d'envisager le problème que nous avons essayé d'organiser et d'interpréter les données quantitatives fondamentales que nous avons obtenues en dénombrant le _Candide_ de Voltaire. Bien entendu, ce que nous présentons ici n'est qu'une esquisse méthodologique extrêmement sommaire et sujette à vérification ultérieure.

Les tableaux analytiques quantitatifs que nous avons dressés indiquent un certain nombre de rapports que l'on peut chercher à interpréter en fonction du style de Voltaire. Que les caractéristiques stylistiques de _Candide_ correspondent primordialement au sujet traité par Voltaire n'est pas forcément évident. Seule une comparaison entre plusieurs contes de Voltaire permettrait de déterminer si le style est fonction du sujet ou de l'auteur. Il est évident que nous parlons de style en fonction des proportions de formes qui existent dans _Candide_. C'est

donc d'une stylistique formelle qu'il s'agit. La valeur du vocabulaire: le choix des vocables, est un autre aspect que nous laissons arbitrairement de côté pour l'instant. Nous comptons le retrouver plus tard sous son aspect sémantique, car, pour le moment, nous ne disposons pas de données qui nous permettraient de considérer cet aspect du style. L'examen du tableau quantitatif général des catégories grammaticales fait ressortir, pour l'ensemble du texte, une forte proportion de noms: noms propres et noms communs. Ce nombre de formes nominales (NF) se maintient et augmente même proportionnellement quand on considère le vocabulaire des formes (VF): le nombre de formes différentes, indépendamment de leur fréquence. Enfin, au niveau du lemme (VL): le nombre de lemmes différents, la proportion relative du nom augmente encore. De ces trois indices, il ressort que le nom occupe une position privilégiée dans _Candide_: presque du simple au double par rapport au verbe, si l'on se base sur les lemmes (VL). Vient en second lieu le verbe, et enfin, encore d'un rapport du simple au double, l'adjectif. Par contre le pronom, qui a une fréquence assez élevée, se réduit à moins de 1% des lemmes. S'éliminent aussi, pour les mêmes raisons et malgré une fréquence assez élevée, la conjonction, la préposition et les déterminatifs. L'adverbe, dont les rapports avec l'adjectif sont encore du simple au double, est au bas de la liste des formes significatives. On obtient donc le schéma suivant pour la distribution des catégories dans _Candide_:

Pour VL:

1. Noms propres et noms communs	55,16%
(8,36% 46,80%)	
2. Verbes	24,16%
3. Adjectifs	11,60%
4. Adverbes	4,75%
	95,67%

ce qui représente 95,67% de toutes les formes du texte, indépendamment de leur fréquence et de leurs variantes formelles. Les 4,33% représentent les caractères euphoniques et les mots étrangers, et les mots outils.

Que conclure de cette proportion des formes significatives par rapport aux formes grammaticales? Il est évident que cette oeuvre peut être considérée comme une oeuvre à très haute proportion de formes significatives: très riche du point de vue sémantique. Il reste à savoir, bien entendu, si ce type de proportion est semblable pour toutes les oeuvres romanesques de Voltaire et du XVIIIe siècle. Le premier indice stylistique que nous pourrions donc établir, est que nous avons affaire

à une oeuvre nomino-verbale.

Le découpage en 30 tranches du texte, qui correspondent à la division interne de l'oeuvre, ses chapitres, permet de contrôler si, dans l'ensemble, les caractéristiques observées plus haut sont régulières. Elles le sont dans l'ensemble, mais avec des écarts plus ou moins marqués dans quelques cas. Nous reviendrons sur l'utilisation de ce découpage en tranches du texte quand nous essaierons de déterminer une norme pour le style formel de Voltaire dans Candide.

Bien que les formes grammaticales: les déterminatifs, les pronoms, les conjonctions et les prépositions ne représentent que moins de 5% du total des formes (VL) utilisées par Voltaire, ce sont des indices dont il nous a semblé bon d'examiner la répartition de plus près. Mais, comme le nombre de déterminatifs est fini, puisque c'est une série fermée, c'est à la fréquence des formes (NF) que nous faisons appel pour déterminer l'importance respective des formes grammaticales. Pour les déterminatifs, c'est l'article défini qui domine, suivi de l'article indéfini. Vient ensuite l'adjectif possessif, les autres déterminatifs venant se ranger assez loin derrière celui-ci. Que peut-on conclure de cette répartition? Pour les articles définis et indéfinis, la large proportion de noms communs l'explique assez facilement. Par contre, la grande quantité d'adjectifs possessifs peut être interprétée comme un indice stylistique valable. Vient donc s'ajouter aux indices stylistiques formels du nom et du verbe celui du déterminatif possessif.

L'examen des pronoms, en fonction de leur fréquence (NF), apporte les résultats suivants: le pronom personnel sujet, le pronom interrogatif ou exclamatif, le pronom personnel complément indirect et complément direct, les autres pronoms venant se ranger après ceux-ci. La proportion des pronoms personnels sujets est justifiée par la large proportion des verbes, de même que celle des pronoms compléments indirects et directs. Par contre, la grande quantité de pronoms interrogatifs et exclamatifs semble être un autre indice stylistique formel qui vient s'ajouter aux précédents, si l'on consent à considérer la ponctuation logique dictée par le texte comme significative.

Pour la conjonction, la conjonction de coordination prime sur la conjonction de subordination. Mais si l'on tient compte des pronoms relatifs, dont le nombre est assez considérable, l'équilibre se rétablit et les conjonctions de coordination et de subordination s'égalisent en

nombre. Ce qui ne permet pas, à première vue, de considérer cette catégorie comme apportant un indice significatif.

Pour ce qui est du verbe, l'examen des différents modes apporte un certain indice stylistique. L'indicatif domine considérablement. Nous parlons ici du point de vue du nombre des formes (NF): presque trois fois plus d'indicatifs que d'infinitifs. Après l'indicatif et l'infinitif, vient le participe passé conjugué, dans lequel évidemment se trouvent tous les participes passés qui servent à former les temps composés de l'indicatif. Tous les autres modes suivent, avec une fréquence proportionnellement très basse, l'indicatif, l'infinitif et le participe passé conjugué. Que peut-on conclure, à première vue, de ces proportions? Il faudrait pousser plus loin l'analyse des temps à l'indicatif pour essayer de dégager un indice stylistique plus précis. A ce niveau, cette large proportion d'indicatifs par rapport aux autres modes verbaux utilisés par Voltaire est significative, mais on ne peut pas déterminer de quel indice stylistique il s'agit.

La ponctuation nous semble receler, sous réserves déjà énoncées, un certain nombre d'indices stylistiques formels. C'est pourquoi nous l'avons dénombrée et en avons établi un tableau quantitatif. Le signe de ponctuation le plus fréquent est, évidemment, la virgule. Viennent ensuite le point, le point-virgule, le point d'exclamation et le point d'interrogation. Pour ce qui est de la virgule, du point et du point-virgule, seul un examen plus approfondi et individuel pourrait fournir un indice stylistique formel. Par contre, le nombre assez considérable de points d'exclamation et d'interrogation indique à priori que l'on a affaire à un texte affectif. Si l'on examine le tiret qui, dans notre cas, sert à introduire le discours direct (nous distinguons tiret de trait d'union), on constate une assez forte proportion de discours direct (462 sur 1239 phrases), ce qui tend à corroborer l'indice stylistique suggéré par la forte proportion de points d'exclamation et d'interrogation.

Enfin, nous avons tenté d'établir, sur les bases des tableaux analytiques quantitatifs que nous avons dressés, ce qui nous semble à première vue pouvoir être considéré comme la norme stylistique formelle de _Candide_. Nous présentons, avec une extrême prudence, ce qui suit, et avec l'espoir que d'autres travaux viendront confirmer ce que nous avançons de façon très schématique. En établissant la moyenne des écarts, du point de vue numérique (NF), nous arrivons à un chapitre idéal duquel nous cherchons à rapprocher les chapitres de _Candide_, en essayant d'en

trouver un qui corresponde à cette moyenne. Nous en arrivons à concevoir un chapitre qui aurait idéalement les proportions suivantes:

Longueur du chapitre: 1700 formes
Pourcentage de noms propres: 5%
Pourcentage de noms communs: 16%
Pourcentage d'adjectifs: 4%
Pourcentage de déterminatifs: 17%
Pourcentage de pronoms: 13,80%
Pourcentage de verbes: 19,10%
Pourcentage d'adverbes: 8%
Pourcentage de conjonctions: 6,60%
Pourcentage de prépositions: 10,50%

En comparant les divers chapitres à ce critère, le seul qui remplisse plus ou moins ces conditions est le chapitre 19. Il est évident que nous aurions aimé établir les écarts en fonction de VL ou VF plutôt que de NF. Mais cela aurait dépassé le cadre de notre travail à ce stade. Bien que l'analyse stylistique formelle que nous avons ébauchée ici pèche par bon nombre d'aspects, il nous a semblé que nous devions quand même essayer de la dégager, quitte à la reprendre sous d'autres formes et à aboutir à d'autres résultats. Nous reviendrons sur les dénombrements qu'il serait utile de faire pour arriver à cerner de plus près le problème de l'analyse stylistique formelle et quantitative que nous avons essayé d'exposer.

CONCLUSION.

APPORTS DE LA METHODE.

Bien que les résultats qu'offrent notre index verborum, notre dictionnaire de fréquence et notre concordance ne soient que partiels, ils illustrent une méthode et font une contribution au problème que pose l'élaboration de de concordances, d'index verborum et de dictionnaires de fréquence. Le problème de l'édition définitive d'un texte et de ses index et concordances est en partie résolu, bien qu'il pose à son tour celui du volume qu'elle représente. Il est évident que, pour la publication, ce problème est considérablement réduit, puisque l'on peut, grâce à des procédés photographiques, réduire le format sous lequel les données apparaissent à la sortie de l'ordinateur. Par contre, si l'on conserve le format de sortie de l'ordinateur, étant donné le format typographique des imprimés, on se voit confronté avec une masse énorme d'imprimés. Il faut aussi ajouter que, dans le cas de concordances de textes en prose, le contexte de chaque forme, à moins de le limiter arbitrairement à une ligne (si l'on considère qu'une concordance doit présenter chacune des formes concordées dans une phrase, une phrase allant d'un point à un autre), ne consiste plus en une ligne par forme, comme nous le présentons, mais en un minimum de deux ou trois lignes imprimées. Pour un texte tel que _Candide_, de 33.000 formes environ, une concordance de toutes les formes avec leur contexte (une phrase complète) représente à elle seu environ 5.000 pages recto. Si l'on ajoute à cela un dictionnaire de fréquence et un index verborum des formes, on arrive assez facilement à 5.500 pages. On comprend aisément que c'est là un problème considérable. La solution est, d'après nous, l'utilisation de microfiches pour la concordance, telle qu'elle sort de l'imprimante de l'ordinateur (environ 100 feuilles par microfiche) et de l'offset pour la partie descriptive et analytique des résultats et du texte s'il y a lieu, avec ou sans réduction de format, formule choisie pour cet ouvrage. Une autre façon d'envisager la solution du problème serait, puisque nous disposons de formes indicées et regroupables à l'aide d'un lemme, d'envisager des concordances partielles d'après un critère variable, par exemple une concordance des noms propres seulement, ou des adjectifs, ou des verbes à l'indicatif présent. Enfin, au lieu de fournir des concordances ou des dictionnaires de fréquence, on pourrait se contenter d'une concordance générale ou d'un index verborum plus nuancé et de tableaux analytiques quantitatifs poussés. Ceci, évidemment, ramènerait le

nombre de feuilles imprimées à quelques centaines. Mais, d'une façon ou d'une autre, ces travaux ne nous paraissent rentables en temps humain et financièrement que s'ils sont publiés. Notre concordance partielle, notre index et nos dictionnaires de fréquence en sont un exemple assez frappant (1122 pages), ou 150 en offset recto verso et 822 sous forme de microfiches.

L'adjonction d'un lemme et d'indices permet des dénombrements plus significatifs, comme nous avons essayé très sommairement, puisque ce n'était pas notre but, de le faire entrevoir dans notre interprétation des aspects linguistiques et stylistiques qui résultent des quelques tableaux quantitatifs que nous avons établis. Il est évident, et nous en sommes conscients, que nous n'avons exploité les possibilités qu'offrent ces travaux que très sommairement. Le volume des travaux explique pourquoi nous avons fait un effort constant pour nous limiter. Néanmoins, la méthode suivie paraît valable, mais dépasse de loin dans son exploitation les limites d'un seul ouvrage. Cette expérience est valable en ce qu'elle implique que le reste de l'information que ces index ou concordances fournissent, comparativement ou non, doit être traité en dehors du cadre d'un seul ouvrage. La deuxième question que pose l'élaboration d'une concordance et d'un index est, csmme nous l'avons déjà vu, celle de la rentabilité de ces répertoires, en fonction de leur volume et de leur emploi. Un index, avec la référence des formes dans le texte, possède tous les avantages d'une concordance si des dénombrements assez poussés l'accompagnent. Il en va de même pour une concordance ayant les mêmes caractéristiques. Le seul avantage d'une concordance complète de toutes les formes d'un texte et de leur contexte n'intervient que lors d'une recherche sémantique d'une certaine catégorie de formes. Quand le recensement d'une grande partie des oeuvres littéraires aura été fait, peut-être l'utilisation d'une concordance de certaines catégories grammaticales pour chaque texte s'avérera-t-elle préférable à une concordance intégrale ou linéaire. On pourrait ajouter à chacune de ces concordances des tableaux analytiques quantitatifs des autres catégories grammaticales. Nous soumettons un exemple des deux possibilités (Voir microfiches).

AUTRES UTILISATIONS DE LA METHODE.

Comme nous l'avons déjà indiqué précédemment, la méthode dont nous nous sommes servis peut s'appliquer

à d'autres études. Du point de vue des textes anciens, à formes de graphie variable, l'utilisation du lemme permet un regroupement des formes indépendamment de leur graphie. Pour des recherches de phonétique ou de phonologie, la substitution automatique au lemme d'une transcription phonétique ou phonologique peut permettre le regroupement des formes d'après leurs caractères phoniques. Enfin, le lemme peut être remplacé par tout autre critère de regroupement, selon les besoins. Le code, avec les 12 indices, dont nous nous sommes servis en conjonction avec le lemme, à des fins de regroupement morphologique, peut être utilisé à nombre d'autres fins. Vient s'ajouter à ce qui précède l'intérêt d'un dictionnaire cumulatif (sur ruban magnétique), permettant de coder fondamentalement à l'aide de l'ordinateur toute nouvelle forme, pouvu que cette forme ait déjà été traitée antérieurement. Cet aspect est surtout de grand intérêt pour des études sur diverses oeuvres d'un même auteur. Grâce au dictionnaire des formes d'une première oeuvre, on peut rapidement déterminer la différence de vocabulaire entre cette première oeuvre et toute autre à laquelle on la compare, le procédé pouvant être répété indéfiniment. La rétention de ces dictionnaires sur ruban magnétique permet aussi de lesrecopier extrêmement rapidement et de changer la signification du code pour des études d'ordre sémantique, phonologique ou autre. Il en va de même pour le lemme. Une autre utilisation des rubans magnétiques est la possibilité de se livrer à une analyse syntaxique générale des phrases et des propositions.

ASPECTS ANALYTIQUES ET QUANTITATIFS NON TRAITES.

Nos dénombrements, comme nous l'avons déjà dit, ont été manuels, puisque nous ne disposions pas des programmes pour ordinateur requis. Ces dénombrements, comme on peut le voir, ont été, en conséquence, restreints. Toutefois, on pourrait envisager l'élaboration de programmes qui permettraient de faire des dénombrements exhaustifs de données. Nous avons le sentiment, peut-être à tort, que tous les dénombrements possibles devraient être faits, de façon à pouvoir déterminer les niveaux linguistiques et stylistiques d'un texte. Le dénombrement des catégories grammaticales à lui seul est insuffisant. Il doit s'appuyer sur des tableaux analytiques quantitatifs de la syntaxe des phrases, des propositions, des verbes. Il doit aussi s'appuyer sur des tableaux quantitatifs de l'infrastructure du texte: les graphèmes et, si possible, les terminaisons et la phonologie du texte. Nous incluons un décompte graphémique comme exemple. Nous envisageons que toutes ces

études de dénombrement se fassent primordialement à l'aide de programmes pour ordinateur et que les tableaux analytiques quantitatifs soient dressés par celui-ci. Ceci est possible. Outre l'intérêt que tous ces dénombrements peuvent offrir en fonction d'un texte donné, il semble intéressant de chercher à déterminer les phénomènes constants du langage, proportionnellement, afin d'établir des tableaux de probabilité sur l'occurence de certains faits de langue. Evidemment, tous les travaux que nous anticipons sont affaire de temps. Toutefois les travaux linguistiques qui se font à l'heure actuelle à l'aide d'ordinateurs sont tellement nombreux qu'il semble fort probable que la réalité des recherches dépasse largement l'anticipation que nous nous permettons de faire.

TRAVAUX ULTERIEURS A ENVISAGER.

La méthode que nous avons adoptée et que nous avons cherché à illustrer en l'appliquant à *Candide* n'est, nous l'espérons, qu'un début. En effet, comme nous l'avons déjà indiqué, nous aimerions la voir appliquer d'abord aux autres contes de Voltaire, mais surtout au dépouillement et à l'analyse de la *Correspondance*. A nos yeux, le grand intérêt d'un outil tel que l'ordinateur est l'entreprise de travaux précédemment inconcevables pour des raisons matérielles. L'idéal serait éventuellement le recensement total de l'oeuvre de Voltaire. Nous sommes conscients qu'une telle entreprise doit s'étaler dans le temps et qu'elle n'est pas l'ouvrage d'un seul. Toutefois, si de près ou de loin, ce travail pouvait contribuer à l'avancement d'une telle entreprise, nous serions satisfaits.

NOTES.

On consultera la bibliographie pour plus de détails.

1. Cf. Guiraud, P. *Problèmes et méthodes de la linguistique statistique*. Paris, P.U.F., 1960, et 2 infra.

2. Cf. Mounin, G. *Histoire de la linguistique des origines au XXe siècle*. Paris, P.U.F., 1967.

3. Cf. supra Guiraud, P. *Problèmes*, pp. 25-61. Cf. aussi les travaux de M. Ch. Muller de l'Université de Strasbourg.

4. Cf. supra 1 et Guiraud, P. *Bibliographie de la linguistique statistique*. Utrecht, 1954.

 Cf. *Language and Automation*, Center for Applied Linguistics, Washington, 1969-

5. Le premier Centre de recherches à l'aide de moyens électro-mécaniques, en France, celui de l'Université de Besançon, date de 1957.

6. Cf. infra Bibliographie linguistique générale.

7. Cf. Delavenay, E. *La Machine à traduire*. Paris, P.U.F., "Que sais-je?", 1963.

8. Cf. Gougenheim, G.; Rivenc, P.; Michéa, R. et Sauvageot, A. *L'Elaboration du français élémentaire*. Paris, 1956, 2e ed. Paris, Didier, 1964. Cf. L'introduction pour l'historique des travaux quantitatifs sur le vocabulaire français.

9. Cf. Demarne, P. et Rouquerol, M. *Les Ordinateurs électroniques*. Paris, P.U.F., "Que sais-je?".

10. Cf. Guiraud, P. *Index du vocabulaire de la tragédie classique*. Paris, Klincksieck, sd. et *Index du vocabulaire du symbolisme*. Paris, Klincksieck, sd.

 Muller, Ch. *Essai de statistique lexicale* (basé sur *l'Illusion comique*). Paris, Klincksieck, 1964, *Etude de statistique lexicale*. Paris, Larousse, 1967.
 Initiation à la statistique linguistique. Paris, Larousse, 1970.

11. Cf. Gougenheim, G. "De l'utilité d'un index complet des oeuvres de Montaigne." in _Mémorial du Ier Congrès International des Etudes Montaignistes_. 1963. (Il y a, bien entendu, bon nombre de dictionnaires du vocabulaire d'un auteur: cf. Bibliographie).

12. Cf. Gougenheim, G. c.r. de Menemencioglu, K.: _Concordance des Fleurs du mal, de Baudelaire_. Paris, Larousse, 1965. in _Bulletin de la Société de linguistique_, 2, 1966, pp. 76-79.

 et Muller, Ch. in _Etude de statistique lexicale_, supra, pp. 26-36.

13. Cf. Morize, A. Ed. _Voltaire. Candide ou l'optimisme_. S.T.F.M., Paris, Didier, 1957 (3e tirage).

14. Cf. Bénac, H. Ed. _Voltaire. Romans et contes_. Paris, Garnier, 1960.

15. Cf. Pomeau, R. Ed. _Voltaire. Candide ou l'optimisme_. Paris, Nizet, 1966 (2e ed.).

16. Nous partageons entièrement l'opinion de M. G. Gougenheim: "(la machine)... si elle ne peut accomplir ce qui apparaît nécessaire...", in c.r. de Cargo, R.T. "A Concordance to Baudelaire's _Fleurs du mal_" (non publié).

17. Cf. Delavenay, E. _La Machine à traduire_. pp. 27-28.

18. Cf. _Etudes de statistique lexicale_, op. cit. p. 21, et _Bulletin d'information du laboratoire d'analyse lexicologique de la Faculté des Lettres de l'Université de Besançon_. Paris, Didier, 1960-.

19. Brunet, E. Ed. _CUMFID_, _Cahiers des Utilisateurs de Machines à des Fins d'Information et de Documentation._ Faculté des Lettres et des Sciences Humaines de Nice, 1969-

19a Cf. Delavenay, E. _La Machine à traduire_, op. cit., pp. 124-125.

20. Cf. Busa, P.R. _Santi Thomae...varia concordantianum_. Milan, Bocca, 1951.

21. Cf. Wilkins, E.H. et Bergins, G. _A Concordance to the Divine Comedy of Dante Alighieri_. Harvard University Press, Mass., 1965.

22. Cf. Ruiz-Fornells, E. A Concordance to _Don Quijote_.

University of Alabama. (En cours).

23. Cf. Spevack, M. Complete Concordance to Shakespeare. Université de Münster.

24. Un individuel relatif, bien entendu, puisque l'utilisation des ordinateurs présuppose un Centre de Calcul, donc une certaine main-d'oeuvre générale.

25. Cf. Vinay, J.P. et Darbelnet, J. _Stylistique comparée du français et de l'anglais_. Paris, Didier, 1964.

26. Cf. l'excellente mise au point de M. Ch. Muller in "Le mot, unité de texte et unité de lexique en statistique lexicologique", in _Travaux de linguistique et de littérature_, publiés par le Centre de Philologie et de Littérature Romanes de l'Université de Strasbourg, I, 1963, pp. 155-173.

27. Cf. op. cit. Muller, Ch. _Essai_, pp. 125-129; _Etude_, pp. 29-38 et supra 26.

28. Cf. les travaux de Chomsky, N. et de Harris, Z. sur l'analyse automatique de la syntaxe.

29. Cf. op. cit. Muller, Ch. _Etude_, p. 32.

BIBLIOGRAPHIE

I. Bibliographie des principaux ouvrages de référence ayant trait à l'étude quantitative du langage.

1. Bibliographies

A. Livres et articles

Bailey, R. W. et al. An Annotated Bibliography of Statistical Linguistics. Ann Arbor, Michigan U. Press, 1968.

Bibliographie linguistique. Comité International Permanent des Linguistes. Utrech-Anvers, Spectrum, 1949- (Rétroactive à 1939).

Carlson, G. "Literary Works in Machine Readable Form." (Xeroxed). Utah, 1965.

Current Abstracts: Linguistics in Documentation. (Committee on Linguistics in Documentation of the Fédération internationale de documentation). 1970-

Dostert, B. et al. Computational Linguistics: Bibliography. Santa Monica, Rand Corporation, 1970.

Fortier, P.A. "Etat présent de l'utilisation des ordinateurs pour l'étude de la littérature française", in CHUM, 5:3, 1971, pp. 143-154.

Gougenheim, G. et al. L'Elaboration du français fondamental. Paris, Didier, 1964. (Cf. Bibliographie pp. 293-298).

Guiraud, P. Bibliographie critique de la statistique linguistique. Utrech-Anvers, Spectrum, 1954. (Complétée par c.r. de Michéa, R. et Gougenheim, G. in Les Temps Modernes, 49 (6), décembre 1955, pp. 62-65).

•Hayes, A. S., Vis, J. Language Research in Progress: A Cross-Referenced List of Documented Language Research Projects. Washington, Center for Applied Linguistics, 1969-

Lévy, R. Répertoire des lexiques du vieux français. New York, 1937.

Recent European Progress in Old French Studies. sd.

Meserole, H.T. et al. Linguistics in MLA Bibliography, New York, MLA, 1970-

Muller, Ch. Essai de statistique lexicale. Paris, Klincksieck, 1964. (Cf. Bibliographie pour la statistique et la linguistique quantitative, pp. 201-202).

_____ *Etude de statistique lexicale.* Paris, Klincksieck, 1967. (Cf. Bibliographie statistique, pp. 374-375).

_____ *Initiation à la statistique linguistique.* Paris, Larousse, 1970.

Osburn, Ch.B. *The Present State of French Studies: a Collection of Research Reviews*. Metuchen, N.J., Scarecrow Press, 1971.

Quemada, B. et Wexler, P. "Notes bibliographiques" in *Cahiers de Lexicologie*, Université de Besançon, 2, 1960, pp. 152-174; 4 (1), 1964, pp. 83-126; 4 (2), 1964, pp. 111-132.

Smith, J.B. "A Cumulative Bibliography of Computer Applications in Humanities Disciplines.", Computation Center, Penna., State University. En cours.

Tesitelova, M., ed. *Kvantitativni Lingvistika 1966.* (Bibliography of Quantitative Linguistics 1966). Prague, Ceskoslovenska Akademie Ved-Ustav pro jazyk Cesky, 1968, et 1967-68 pub. 1969.

Trnka, B. *A tentative Bibliography*. CIPL. Publication du Comité de Statistique Linguistique. Utrech-Anvers, Spectrum, 1950.

Widman, R.L. "Recent Scholarship in Literary and Linguistics Studies.", in *CHUM*, 7:1, pp. 3-27.

B. Périodiques

American Bibliographic Service Quarterly Check-Lists. (Linguistics) Darien, Conn., 1958-

Bulletin d'information du laboratoire d'analyse lexicologique de la Faculté des Lettres de l'Université de Besançon. Paris, Didier, 1960-

Cahiers de lexicologie. Publication du Centre pour l'étude du vocabulaire français, Faculté des Lettres et des Sciences Humaines de l'Université de Besançon, Paris, Didier, 1959-

Center for Computer Research in the Humanities Newsletter. Texas A & M University.

Computers and the Humanities. Queens College, CUNY, Flushing, 1962-

Etudes de linguistique appliquée. Paris, Didier, 1962-

IRAL. Ed. H. Walz, Heidelberg, Plöch, 1963-

Language and Automation. An International Reference Publication. Center for Applied Linguistics, Washington, 1969-

Revue (du Laboratoire d'analyse statistique des langues anciennes) Université de Liège, Belgique, 1966.

The Finite String. Newsletter of the Association for Machine Translation and Computational Linguistics. Center for Applied Linguistics, Washington, 1964-

Zisa, C. et al. "A Survey of Journals in the Language Sciences", in LINCS 18-69, 1969.

2. Méthodologie

A. Générale

Ducretet, P.R. "Concordance de Candide. Introduction." Thèse d'Université, Paris, 1968 (non publiée).

"Quantitative Stylistics: an Essay in Methodology." in CHUM, 4:3, 1970, pp. 187-192 (70 pages of tables on microfiches, NAPS document 00676).

"Computers in the Humanities." in Computers and Old English Concordances, Cameron, F. & Leyerle, J. eds., University of Toronto Press, Toronto, 1970, pp. 10-21.

Gougenheim, G. "Baudelaire, Les Fleurs du mal, concordance établie par le Centre d'Etude du Vocabulaire français de Besançon", C.R. in Bulletin de la Société de Linguistique de Paris, 2, 1966, pp. 76-79.

"Statistique linguistique et histoire du vocabulaire", in Cahiers de lexicologie, 2, 1960, pp. 31-40.

"Les enseignements de la statistique de vocabulaire", in Etudes de Linguistique Appliquée, 2, 1963, pp. 5-11.

Guiraud, P. "La mécanique de l'analyse quantitative en linguistique" in Etudes de linguistique appliquée, 2, 1963, pp. 35-46.

Problèmes et méthodes de la statistique linguistique. Paris, PUF, 1960.

Les caractères statistiques du vocabulaire. Essai de méthodologie. Paris, PUF, 1954.

Lebrun, Y. "Linguistique quantitative", in Statistique et analyse linguistique, Paris, PUF, 1966, pp. 105-109.

Levison, M. "The Computer and its Role in Literary Studies", Institute of Classical Studies, U. of London, no. 11, 1964, pp. 65-69.

Michéa, R. "Introduction à une statistique du langage", in Langues Modernes, 43, 1949, pp. 73-186, 314-322.

"Mots fréquents et mots disponibles. Un aspect nouveau de la statistique du langage", in Français Moderne, 47, 1953, pp. 338-344.

Milic, L.T. "Winged Words: Varieties of Computer Application to Literature", CHUM, Vol. 2 (1), Sept. 1967, pp. 24-37.

Mitterand, H., Petit, J. "Index et concordances dans l'étude des textes littéraires", in Cahiers de lexicologie, 3, 1962, pp. 160-175.

Muller, Ch. Essai de statistique lexicale. L'Illusion Comique de Corneille. Paris, Klincksieck, 1964.

Etude de statistique lexicale. Le vocabulaire du théâtre de P. Corneille. Paris, Klincksieck, 1967.

Initiation à la statistique linguistique. Paris, Larousse, 1970.

"Les index de vocabulaire", in Bulletin des Jeunes Romanistes, 4, 1961, pp. 9-17.

"Le mot, unité de texte et unité de lexique en statistique lexicologique", in Travaux de linguistique et de littérature, publié par le Centre de Philologie et de Littératures Romanes de l'Université de Starsbourg, 1, 1963, pp. 155-173.

Statistique et analyse linguistique. Faculté des Lettres et des Sciences Humaines de Strasbourg. Paris, PUF, 1966.

Raben, J. "Computers and Literary Studies", Data Processor, X, i, March 1967, pp. 11-16.

Stindlova, J. "Quelques mots sur la lemmatisation", in Actes du colloque sur la recherche computationelle en philologie, Université de Liège, Laboratoire d'analyse statistique des langues anciennes, 7-9, sept. 1969.

Le Traitement automatique des textes d'ancien français. Nancy, Faculté des Sciences Humaines, 1969.

Wagner, R.L., Guiraud, P. "La Méthode statistique en lexicologie", in Revue de l'Enseignement Supérieur, 1959.

Wier, D. "A Suggested Basis for Literary Evaluation by Computer Processing", in Journal for Aesthetics and Art Criticism, XXVI, pp. 47-52.

B. Critique

Duggan, J.J. "The Value of Computer-Generated Concordances in Linguistic and Literary Research", in Revue, 4, 1966, pp. 51-66.

Garvin, P.L. "Moderation in Linguistic Theory", Lang. Sci. 9.1-4, 1970.

Herdan, G. "The Jig-Saw Puzzle of Saussurian and Quantitative Linguistics", _Lingua Stile_, 1969, 4, pp.69-76.

Milic, L.T. "Some Risks of Technological Overindulgence for the Humanities", in _IBM Literary Data Processing Conference Proceedings_, Yorktown Heights, 1964.

Savard, J.-G., Richards, J. "Measuring the Utility of a basic French Vocabulary", Te Reo, 1969, 12, pp. 35-40.

Siliakus, H., Morris, K. "Some Reflexions on the lack of accuracy of Word Frequency Lists", in Rev ITL , 1970.

3. Utilisation de certains aspects quantitatifs.

A. Stylistique quantitative et statìstique.

Bodson, A. "Analyse quantitative dans l'étude littéraire de l'Enéide. Statistique et analyse linguistique." _Colloque de Strasbourg,_ avril 1964, pp. 79-83, Paris, PUF, 1966.

Chandler, P. "Gerard Manley Hopkins and Dylan Thomas, A Study in Computational Stylistics", Ph.D. Thesis, Louisiana State University, 1970.

Chatman, S. "Stylistics: Quantitative and Qualitative", in _Style_, 1, 1967, pp. 29-43.

Delatte, L. "L'ordinateur et la création littéraire", in _Revue_, 3, 1966, pp. 5-20.

DiRoccaferrera, G. J. "Poetry by Computer", _CompA_, 18: 9, 1969, pp. 34-35.

Dolezel, L., Bailey. R.N. _Statistics and Style_. New York, American Elsevier, 1969.

Donow, H.S. "Concordance and Stylistic Analysis of Six Elizabethan Sonnet Sequence", _CHUM_, vol. 3 (4), March 1969, pp. 205-208.

Finkenstadt, T., Wolff, D. "Statistische Untersuchungen des englischen Wortschatzes mit Hilfe eines computers (Zwischen bericht)". (Statistical Investigation of the English Lexicor with the Aid of a Computer. Interim Report). _BLI_, 16, 1969, pp. 7-34.

Fogel, E.G. "Electronic Computers and Elizabethan Texts", in _Studies in Bibliography_, XV, 1962.

Francis, I.S. "An Exposition of Statistical Approach to the Federalist Dispute", in _The Computer & Literary Style_, Leed, J. Ed., Kent State U. Press, Kent, 1966, pp. 38-78.

Good, I.J. "Statistics of Language: Introduction", in A.R. Meetham & R.A. Hudson, eds. _Encyclopaedia of Linguistics, Information and Control_. Oxford, Pergamon Press, 1969.

Kotz, S., Johnston, N. "Literature on Statistical Distributions, a Proposal of an Information Retrieval System", _AFOSR_-70-1853TR, 1970.

Kroeber, K. _A Computer Study of Fictional Prose Style_, U. of Wisconsin, sd.

Leed, J. ed. The Computer and Literary Style. Kent State U. Press, 1966.

Margalith, A. "The Cognitive Status of Metaphors", Scientific-8 AFOSR-70-1631TR. April 1970.

Martin, W. "Statistics in Linguistics" TTTL, 1, 1968, pp. 13-21.

Milic, L.T. A Quantitative Approach to the Style of Jonathan Swift. La Haye, Mouton & Co., 1967.

Style and Stylistics. New York, The Free Press, 1967.

"The Computer Approach to Style", The Art of Victorian Prose, Levine, G. & Madden, W. eds., New York, Oxford U. Press, 1968, pp. 338-362.

Moerk, E.L. "Quantitative Analysis of Writing Styles", J. Linguist, 1970.

Muller, Ch. Introduction à la statistique linguistique. Paris, Larousse, 1968.

Raben, J. "A Computer-Aided Investigation of Literary Influence: Milton to Shelley", Proceedings of the Literary Data Processing Conference. IBM Corporation, Yorktown Heights, N.Y., 1964.

"Computers/Stylistics Seminar: a Report", in CHUM, Vol. 3 (4), 1969, pp. 209-210.

Riffaterre, M. "Criteria for Style Analysis", in Word, XV, 1959.

Essai de stylistique structurale. Présentation et traduction par Delas, D. Paris, Flammarion, 1971.

Sedelow, S. "Stylistic Analysis: Report on the Second Year of Research", System Development Corp.

"Stylistic Analysis: Report on the Third Year of Research", System Development Corp., Santa Monica.

Sedelow, S. et al. "Automated Analysis of Language Style and Structure", Sept. 1970.

Shapiro, B.J. "The Subjective Estimation of Relative Word Frequency", JVLVB, 8:2, 1969, pp. 248-251.

Sohers, H.H. Analyse statistique du style. Paris, Béatrice-Mannelaerts, 1967.

Verburg, P.A. "Hobbes' Calculus of Words", Statist Method Linguist, 1970.

Walker, D. "Computational Linguistic Techniques in an on-line System for Textual Analysis", Bedford, Mass. MITRE Corp., 1969.

Webster, R.J. "On Certain Formal Properties of Zipf's Law", Pens Linguag Oper, 1970.

Wood, G.R. "Computer Research, an Adjunct to Literary Studies", PLL, 4:4, 1968, pp. 459-478.

B. Syntaxe.

Barbaud, P. "Syntaxe transformationnelle d'un type de mot composé en français". M.A. Thesis, University of Montreal, 1970.

Borillo, A., Virbel, J. "Problèmes syntaxiques de l'indexation automatique de documents." TAI, 2, 1968, pp. 33-51.

Burt, M.K. From Deep to Surface Structure: an Introduction to Transformational Syntax. New York, Harper & Row, 1971.

Culioli, A. et al. "Considérations théoriques à propos du traitement formel du langage. Tentative d'application au problème des déterminants." Documents de linguistique quantitative 7, Paris: Centre de Linguistique Quantitative de la Faculté des Sciences de l'Université de Paris, 1970.

D'Aoust-Blais, D. "Etude de quelques aspects syntaxiques du parler français de Montreal selon le modèle et la grammaire transformationnelle." M.A. Thesis, Univ. de Montreal, 1970.

De Bie, J. "Recherche sur la syntaxe et l'ordre des mots en grec". in Actes du colloque sur la recherche computationnelle en philologie. Univ. de Liège, Laboratoire d'Analyse Statistique des Langues Anciennes, 7-9, Sept, 1969.

Dugas, A. et al. "Description syntaxique élémentaire du français inspirée des théories transformationnelles", CETADOL, Montreal, 1969.

"Description syntaxique élémentaire du français inspirée des théories transformationnelles" (version révisée et corrigée). Rapport interne 23. Grant 69-0464. Août 1970.

Kayne, R. "The Transformational Cycle in French Syntax." Ph.D. Thesis, Massachusetts Institute of Technology, 1969.

Leunbach, G. "Syntactic Analysis by Alternating Computation and Inspection." Proceedings of the International Conference on Computational Linguistics, 1969.

Mossner, F. "Welchen Einblick gibt uns die Faktoranalyse in den Satzbau der naturlichen Sprachen?" (What insights into the sentence structure of natural languages can be obtained through factor analysis?), XPSK, 22:3, 1969, pp. 243-254.

Roulet, E. Syntax of the Nuclear Proposition in Spoken French: A Tagmemic and Transformational Study. Bruxelles, Association Internationale pour la recherche et la diffusion des méthodes audio-visuelles et structures globales, 1969.

"Syntaxe de la proposition nucléaire en français parlé: étude tagmémique et transformationnelle". Univ. de Neuchâtel, Centre de linguistique appliquée, 1969.

Ruwet, N., ed. "Tendances nouvelles en syntaxe générative". Languages 14, 1969.

Uhlirova, L. "On Statistical Experimenting in Syntax". SMIL, 5, 1969, pp. 18-33.

C. Graphémie, longueur des mots et des phrases.

Avram, A. "Sur quelques particularités des systèmes graphématiques" in Cahiers de linguistique théorique et appliquée. Voll, 1962, pp. 9-16.

Crossland, R.A. "Graphic Linguistics and its Terminology", in Proceedings of the University of Durham Philosophical Society, Ser. B., BD. I.2, 1957.

Delatte, L. " A propos de la mesure des longueurs de phrases dans les textes classiques.", in Revue, 1, 1966, pp. 51-65.

Ducretet, P.R. "GRC. Graphemic and Related Counts Programme." in CUMFID, Faculté des Lettres et des Sciences Humaines, Nice, 1972 pp. 3-33.

Genovese, C. "Graphic Activity and Computer Use." CSHVB, 1:1, 1968, pp. 31-35.

Hall, R. "A theory of Graphemics". Ithaca 1957.

Hanon, S. "A Graphemic Analysis of Modern French." Univ. of Aarhus, Danemark. (En cours).

Piirainen, I.T. "Quantitative Analyse der Graphem- und Phonemebene." (Quantitative analysis of the graphemic and phonologic level), PBML, 11, 1968, pp. 3-15.

Pulgram, E. " Phoneme and Grapheme: a Parallel." in Word, 7, 1951, pp. 15-20.

Sherman, L.A. "Some Observations upon the Sentence-Lenght in English Prose.", in U. of Nebraska Studies, I, 188, pp.119-130.

"On Certain Facts and Principles of the development of form in Literature.", in U. of Nebraska Studies, I, 1892, pp. 337-366.

"Constant Characteristics in Sentence-Lenght (and other possible constants)", Study of Macaulay's Essays and History of England.

Stetson, R.H. "The Phoneme and the Grapheme.", in Mélanges de linguistique et de philologie offerts à J. van Ginneken, Paris, 1937, pp. 353-356.

Vachek, J. "Written Language and Printed Language", in Vachek, J. ed. A Prague School Reader in Linguistics. Bloomington, 1964, pp. 453-460. Der Artikel ist früher erschienen in Recueil Linguistique de Bratislava, I, 1948, pp. 67-75.

Zettersten, A. "A Statistical Study of the Graphic System of Present-Day American English." Lund, Studentlitteratur, 1969.

D. Attribution de textes.

Bazin de Bezons, J. de. Etude de l'attribution de la Princesse de Clèves par des moyens de statistique du vocabulaire. Paris, Nizet, 1970.

Dearing, V.A. "Methods of Textual Editing" (A paper delivered at a seminar on Bibliography, William Andrews Clark Memorial Library). Los Angeles, 1962.

Froger, J. "La collation des manuscrits à la machine électronique" Bulletin d'information de l'Institut de Recherche et d'Histoire des Textes, XIII, 1964-65, pp. 135-171.

La critique des textes et son automation. Paris, Dunod, 1968.

Kasher, A. The Book of Isaiah: Morphological Clusters and Disputed Authorship. Jerusalem, Information Processing Association of Israel, 1970.

Morton, A.Q. Rev. "Identifying Classical Authors by Graph", The London Times, Nov. 25, 1965.

Mosteller, F. & Wallace, D. "Inference in an Authorship Problem", Journal of the American Statistical Association, LVIII, 1963.

Silva, G. & Love, H. "The Identification of Text Variants by Computer." Inf. Stor & Retr., 1969.

E. Edition de textes.

Dearing, V.A. "Methods of Textual Editing" (A paper delivered at a seminar on Bibliography, William Andrews Clark Memorial Library), Los Angeles, 1962.

F. Sémantique et traduction automatique.

Binnick, R.I. "An Application of an Extended Generative Semantic Model of Language to man-machine Interaction." Proceedings of the International Conference on Computational Linguistics, Sept. 1969, pp. 1-4, Sanga-Saby, Sweden.

Blois, J. et al. "Problèmes de la traduction automatique", Revue Roumaine de Linguistique, 1969, 14:5, pp. 491-494.

Problems of Automatic Translation. Univ. of Alabama Press, 1968.

Booth, A.D. Machine Translation, Amsterdam, North-Holland, 1967.

Bowers, F. "The Deep Structure of Abstract Nouns", Vancouver, _Found Lang_, 5:4, 1969, pp. 520-533.

Brekel, H.E. "Generative Semantics vs. Deep Syntax", in Ferenc Kiefer ed. _Studies in Syntax and Semantics_, Dordrecht, Holland, D. Reidel, 1970.

Brodda, B. & Karlgren, H. "Synonyms and Synonyms of Synonyms", _SMIL_, 5, 1969, pp. 3-17.

Chitoran, D. "The Semantic Field of English Factitive Verbs", _Revue Roumaine de Linguistique_, 14:4, 1969, pp. 333-341.

Collins, A.M. & Quillian, R.M. "Retrieval Time for Semantic Memory", _JVLVB_, 8:2, 1969, pp. 240-245.

Coseriu, E. "Semantics, Internal Language Form and Deep Structure", _Folia Linguist_, 4:1/2, 1970, pp. 53-63.

Davis, S. "Meaning and the Transformational Stew", _Found Lang_, 6:1, 1970, pp. 67-88.

Delavenay, E. "Quelques réflexions après dix ans...", _TA Info_, 2, 1969, pp. 62-64.

Deweze, A. & Vauquois, B. "Dix ans d'_Atala_: de la traduction automatique au traitement automatique des langues", _TA Info_, 2, 1969, pp. 57-61.

Dugas, A. et al. "(The machine translation project at the Univ. of Montreal). Le projet de traduction automatique à l'Univ. de Montreal, International Conference on Computational Linguistics (COLING), 1969". Preprint no 55, Stockholm, Sweden: Research Group for Quantitative Linguistics (KVAL), 1969.

Dupraz, M. , Rouault, J. "Lexis-affirmation-négation: Etude fondée sur les classes", in Ferenc Kiefer ed., _Studies in Syntax and Semantics_, Dordrecht, Holland, D. Reidel, 1970.

Dorofeef, G.V. "On Formalization of Elementary Meanings", Moscow: Ministerstvo, SSSR, 1969, pp. 140-152.

Essays in Semiotics. Essais de sémiotique. Recueil sous la direction de Julia Kristeva, Josette Rey-Debove et Donna Jean Umiker. The Hague, Mouton, 1971.

Friant, J. "Grammaires de Chomsky: contraintes sur l'ordre d' application des règles", in: _Recherche sur la traduction automatique_. 11th Semester Report, Univ. of Montreal, 1968.

"Systèmes réguliers (de Buchi)", in: Recherche sur la traduction automatique, 11th Semester Report, Montreal, Univ. of Montreal, 1968.

Gardin, J-C. "Semantic Analysis Procedures in the Sciences of Man", SSI, 8:1, 1969, pp. 2-42.

Garvin, P.L. "The Place of Heuristics in the Fulcrum Approach to Machine Translation", Lingua 21, 1968, pp. 162-182.

Gode, A. "Reflections on Machine Translation", American Translator, 2:4, 1968, pp. 4-6.

Gonzales, A.P. "Outline of a Generative Semantic Description", Ph.D. Thesis, Univ. of California, Berkeley, 1970.

Hill, A. "The Hypothesis of Deep Structure", Stud Linguist, 24:1, 1970, pp. 1-16.

Hofmann, T.R., Harris, B. "Pidgin Translation: Pre-Publication Draft", Montreal, Univ. of Montreal, 1969.

Hofmann, T.R. "Underlying vs. Superficial Grammatical Relations", in: Recherche sur la traduction automatique, 11th Semester Report, Montreal, Univ. of Montreal, 1968.

Horn, W. "(Translation Methods with Text-Related Querying) Ubersetzungsverfahren mit text-bezogener Abfrage", Sprachmittler, 8:1, 1970, pp. 17-20.

Hutchins, W.J. The Generation of Syntactic Structures from a Semantic Base. Amsterdam, North-Holland, 1971.

Jackendoff, R. "Some Rules of Semantic Interpretation for English", Ph.D. Thesis, Massachusetts Institute of Technology, 1969.

Kiparsky, P. "Semantic Rules in Grammar", in: Hreinn Benediktsson ed., The Nordic Languages and Modern Linguistics. Reykjavik: Visindafelag Islendinga, 1970, pp. 262-285.

Kjellmer, G. Context and Meaning; A Study of Distributional and Semantic Relations in a Group of Middle English Words. Stockholm, Almqvist & Wiksell, 1970.

Kuznetsov, V.I. "The Development of Machine (automatic) Systems Translations from one Language to Another and Their Application", Symposium 10-13, Oct. 1967, Budapest.

Leech, G.N. Towards a Semantic Description of English. Bloomington, Indiana Univ. Press, 1970.

Lefkowitz, R. "Semantic Structure", Ph.D. Thesis, Indiana Univ., 1969.

Lerot, J. "(On the integration of semantics into transformational grammar) Zur Integration der Semantik in die Transformationgrammatik", Beitr. Linguist Inform., 18, 1970, pp. 7-21.

"Pour une sémantique formelle", TITL, 4, 1969, pp. 5-8.

Linsky, L. "Analytic/Syntetic and Semantic Theory", Synthese, 21:3/4, 1970, pp. 439-448.

Lippmann, E. & Plath, W. "Time Sharing and Computer Aided Translation", Finite String, 7:8, 1970, pp. 1-4.

Ludskanoff, A. "Quelques résultats d'une analyse comparative des catégories sémantiques et des procédures de génération utilisés dans trois systèmes de traduction automatique", Sofia, Bulgaria: Institut de Mathématiques de l'Académie des Sciences, 1969. (Photostat copy held at CETADOL, Univ. of Montreal).

Lyons, J. "The Meaning of Meaning", Times Lit. Suppl., 23 July 1970.

Makinouchi, A. "Algorithmes de traduction automatique du japonais en français", thèse présentée pour l'obtention du titre de Docteur-Ingénieur en Mathématiques Appliquées, Univ. de Grenoble, 1970.

Masterman, M. "Semantic Message Detection Research for Machine Translation", Contract N62528-3789, July 1970.

Nakano, H. "(A Plan for recognition of meaning in language data processing)", Math. Linguist., 53, 1970 (in Japanese).

Olney, J. & Revard, C. "Toward the Development of Computational Aids for Obtaining a Formal Semantic Description of English", Santa Monica, Calif., System Development Corp., 1968.

Oomen, U. "The Translating Process and its Automatization", Folia Linguist, 3:1/2, 1969, pp. 153-166.

Pacak, M.G.; Pratt, A.W. The Function of Semantics in Automated Language Processing. 1970.

Pashchenko, N.A. "An Approach to the problem of eliminating homonyny in automatic processing of texts in natural languages". Automat Doc & Math Linguist., 1:2, 1967, pp. 5-10. (Transl. from the Russian, Nauch-Tekh Inform. Series 2, 1967, 4, pp. 13-18, Faraday Press.).

Paterson, M.B. "Aspects of 'aspects': A discussion of some of the psychological implications of the notion of deep structure", Te Reo, 10-11, 1967-68, pp. 52-57.

Poirier, M. "La Composante sémantique d'une description transformationnelle du français". M.A. Thesis, Univ. of Montreal, 1970.

"Rapport d'activité pour l'année 1968." Grenoble, France: Centre d'Etudes pour la traduction automatique.

Rey, A. " La Sémantique et l'exploitation théorique du corpus lexicographique", TA Inform., 1, 1970, pp. 32-35.

Savard, J.G. La Valence lexicale. Paris, Didier, 1970.

Schank, R.C. "A Conceptual dependency representation for a computer-oriented semantics", Stanford Artificial Intelligence Project. Memo A1-83. Stanford Univ., 1969.

Smith, S.B. "Generative Semantics." Ph.D. Thesis, Univ. of California, Los Angeles, 1970.

Suci, G.J. "Relations between Semantic and Syntactical Factors in the Structuring of Language", Language & Speech, 12:2, 1969, pp. 69-79.

Studies in Linguistic Semantics. Edited by Fillmore, C.J. & Langendoen, D.T., New York, Holt, Rinehart & Winston, 1971.

Szanser, A.J. "Machine Translation at the NPL (National Physical Laboratory, Teddington, England", Physica Bulletin, 20, pp. 92-94.

Vasilieu, E. "Interpenetration between Grammar and Semantics: A Critical Approach", Cah. Linguist. Theor. Appl., 6, 1969, pp. 101-112.

Vauquois, B. "Structures profondes et traduction automatique", Revue Roumaine de Linguistique, 13:2, 1968, pp. 105-130.

Veillon, G. "Où en est la traduction automatique?", CAUPELF, 3, 1969, pp. 71-77.

Walmsley, J.B. "Transformation Theory and Translation", *IRAL*, 8:3, 1970, pp. 185-199.

Wilks, Y. "On-line Semantic Analysis of English Texts", *MT:Mech. Transl. & Comput. Linguist.*, 1968.

4. Ordinateurs.

A. Général.

Aurel, D. *La Cybernétique et l'humain*. Paris, Gallimard, 1965.

Bernstein, *The Analytical Engine*. 1966.

Booth, J. et al. *Mechanical Resolution of Linguistic Problems*. Butterworths Scientific Publication, London, 1958.

Booth, J. *Synopsis of Content Analysis Studies. Quantitative Analysis. Stylistic Analysis of Plato's Dialogues*.

Borko, H. ed. *Automated Language Processing*. Information Sciences Series, New York, John Wiley, 1967.

Bowles, E.A. *Computers in Humanistic Research: Readings and Perspectives*. Englewood Cliffs, Prentice Hall, 1967.

Clark, J.O. *Les Ordinateurs*. Paris, Larousse, 1971.

Cline, H.F. "Computer Introduction for Scholars in the Humanities", *CHUM*, Vol 3 (1), 1968, pp. 31-40.

"Computerized Research in the Humanities: A Survey", *ACLS Newsletter*, Special Supplement, June 1966.

The Computer in Literary and Linguistic Research. Papers from a Cambridge Symposium, edited with an introduction by P.A. Wisbey. Cambridge, Univ. Press, 1971.

Dearing, V.A. *Introduction to Computer Programming for Literary Students*. Berkeley, 1967.

Deweze, A. *Traitement de l'information linguistique par l'homme, par la machine*. Paris, Dunod, 1966.

Goldberg, M.H. "Technological Change and the Humanities", *Educational Record*, XLVI, 1965.

Graham, W. *The Impact of Future Developments in Computer Technology*. Rand Corp. , Santa Monica, 1970.

Hays, D.G. *Introduction to Computational Linguistics*. New York, American Elsevier, 1967.

Heller, J.; Logemann, G.W. *Computer Methods in the Humanities*. New York, McGraw Hill, 1967.

Lamb, S.M. "What Computers may Do with the Printed Word", *Computers for the Humanities?* (A Record of the Conference Sponsored by Yale University on a Grant from IBM), New Haven, 1965.

MacKay, D.M. "The Use of Behavioral Language to Refer to Mechanical Processes", Brit. Jour. of Phil. Science,XIII, 1962, pp. 98-103.

Rusch, R. Computers: Their Hi. ry and how they Work. New York, Simon and Schuster, 1969.

Sammet, J.E. Programming Languages: History and Fundamentals. Englewood Cliffs, Prentice-Hall, 1968.

"Specimens de travaux réalisés par le Laboratoire", Centre d' Etude du Vocabulaire Français, Besançon, 1960.

Stone, P.J. The General Inquirer: A Computer Approach to Content Analysis. Cambridge, MIT Press, 1966.

Tasman, P. "Literary Data Processing", IBM Journal of Research and Development, I, 1957.

"The Humanist and the Computer: Vision and Actuality" (Revised Edition), The American Behavioral Scientist, IX, 1965-66.

Vogel, E. "The Humanist and the Computer", Journal of Higher Education, XXXVI, 1965.

Venezky, R.L. "Computer-Aided Humanities Research at the University of Wisconsin", CHUM, Vol. 3 (3), 1969, pp. 129-139.

Wachal, R.S. "The Machine in the Garden: Computers and Literary Scholarship, 1970", CHUM, Vol. 5 (1), 1970, pp. 23-28.

Whalley, G. "Literary Computing", Bulletin of the Computer Society of Canada, Summer 1967, pp. 9-13.

B. Programmes pour ordinateurs.

Colloquium on Machine Language Processing, Mannheim, 26-27 November 1968. (Colloquium maschinelle Sprachverarbeitung, Mannheim, 26-27 November 1968). Bonn, Germany: Bundesministerium der Verteidigung, 1969.

"Computer Programs Designed to Solve Humanistic Problems", CHUM, Vol. 2, Nov. 1966, pp. 39-55; Vol. 1 (3), Jan. 1967.

Davis, H.J. "Computer Typesetting in the U.K.: A Review". OSTI/DPC Report 4001. Report 1 on DPC Information Display Project, 1969.

Flowerdew, S.J. A Language for Editing and Formating Text. Report no 291, COO-1018-1158. Urbana, Ill.: Univ. of Illinois.

Remy, E. "Learning to use PL/1", Datamation, 16:7, 1970, pp. 47-51.

Ross, D. & Rasche, R. "Eyeball: a Computer Program for description of Style." Univ. of Minnesota. (En cours).

Salton, G. "Automated Language Processing", in: Carlos A. Cuadra, ed., Annual Review of Information Science and Technology. Vol. 3, Chicago: Encyclopaedia Britannica, Inc. William Benton, 1968.

Selvige, J.E.; Rabb, T.K. "DATA-TEXT: A Simple and Flexible Programming System for Historians, Linguists, and other Social Scientists", CSHVB, 1:3, 1968, pp. 107-114.

C. Etablissement de concordances, index, dictionnaires de fréquence.

Borko, H. "Experiments in Book Indexing by Computer", Inf. Storage & retr., 1970.

Golden, R. "A Generalized Index Formatting System with Photo-composition Capabilities", CHUM, 4:2, 1969, pp. 97-108.

Hines, T.C. et al. "An Experimental Concordance Program", CHUM, 4:3, 1970, pp. 161-171.

Muller, Ch. "Les index de vocabulaire", BJR, 8, 1963, pp. 44-45.

Parrish, S.M. "Problems in the Making of Computer Concordances", Studies in Bibliography, XV, 1962.

Smith, P.H. "A Computer Program to Generate a Text Concordance", Proceedings of the Literary Data Processing Conference, IBM Corporation, Yorktown Heights, N.Y., 1964.

Stevens, M.E. "Automatic Indexing: A State of the Art Report", NBS-Monogr-91, 1970.

Venezky, R.L. "BIBSON: a 3600 program for producing concordances to prose, poetry, and bibliographic references", (Computer Sciences Technical Report, no 34), Univ. of Wisconsin Computer Sciences Dept., 1969.

Wisbey, R. "Concordances Making by Electronic Computer: Some Experiences with the 'Wiener Genesis'", Modern Language Review, LVII, 1962.

II. Bibliographie des lexiques, index, concordances et autres ouvrages d'analyse quantitative publiés, disponibles ou en cours.

1. Moyen Age.

A. Généralités.

Old French Oral Formulaic Poetry. Glossaire. Etabli par Duggan, J.J., Univ. of California. En cours.

Old French Fabliaux. Ed. Montaiglon-Raynaud. Concordance. Etablie par Honeycutt, B.L., Ohio State Univ. En cours.

"Concordance of Old Provençal and Old French Lyric Poets." Etablie par Akehurst, F.R., Univ. of Minnesota. En cours.

Modern French, Old French Lexique. Ed. Godefroy: Lexique de l'ancien français. Lexique. Etabli par Gorog, R.P., Univ. of Georgia. En cours.

Syntax of Twelfth Century French. Glossaire. Etabli par Woleldge, B., University College, London, England. En cours.

Traitement automatique des textes d'ancien français. Glossaire, Index. Etablis par Naïs, H. CRAL, Université de Nancy. En cours.

B. Auteurs et Oeuvres.

Anonyme. Aucassin et Nicolette. Index. Etabli par Roques, M. 1935.

La Chanson de Roland. Ed. Bédier. Index. Etabli par Foulet, L., 1927.

La Chanson de Roland. Concordance. Etablie par Moody, J.E. Westport, Conn.

La Chanson de Sainte Foi d'Agen. Lexique. Etabli par Thomas, A., 1925.

Le Charroi de Nîmes. Etabli par Duggan, J.J., Univ. of California. En cours.

Le Couronnement de Louis. Etabli par Duggan, J.J., Univ. of California. En cours.

Le Couronnement de Louis. Lexique. Etabli par Langlois, E. 1888.

Les Evangiles des Quenouilles. Glossaire et table analytique. Etablis par Jannet, P., Paris, 1855.

Le Livre Roisin, coutumier Lillois de la fin du XIIIe siècle. Glossaire. Etabli par la Société d'histoire du droit des pays flamands, picards et wallons, Paris, Lille, 1932.

Passiun de Seint Edmund. Concordance. Etablie par Grant, J., Univ. of Auckland, New Zealand. En cours.

La Prise d'Orange. Etabli par Duggan, J.J., Univ. of California. En cours.

La Sainte Résurrection. Index. Etabli par Pope, M.K. & Wright, H.J., Oxford, 1943.

Le siège de Barbastre. Etabli par Duggan, J.J., Univ. of California. En cours.

La Vie de Saint Alexis. Index. Etabli par Pais, G. Paris, 1917.

Adam de la Halle. *Oeuvres.* Lexique. Etabli par Mayer, G., Paris, Droz, 1950.

Adenet le Roi. *Buevon de Conmarchis*. Etabli par Duggan, J.J., Univ. of California. En cours.

Aimeric de Belenoi. *Poésies.* Index. Etabli par Dumitrescu, M., Paris, SATF, 1935.

Bernard, saint. *Sermons*. Etabli par Angst, B. Univ. of California. En cours.

Bodel, J. *Fabliaux*. Lexique. Etabli par Nardin, P. Paris, Droz, 1942.

Cholières, Seigneur de. *Oeuvres*. Index et glossaire. Etablis par Jouast, D., Paris, Librairie des Bibliophiles, 1879.

Chrétien de Troyes. *Oeuvres.* Lexique. Etabli par Foester, W. Halle, 1914.

Conon de Béthune. *Chansons*. Ed. Wallensköld. Index. Etabli par le Centre d'Etude du Vocabulaire Français, sous la direction de B. Quemada, Univ. de Besançon.

Cortebarbe. *Les Trois aveugles de Compiègne*. Index. Etabli par Gougenheim, G., Paris, 1932.

Folquet de Marseilles. *Oeuvres*. Index. Etabli par Stronski, E., Cracovie, Académie des Sciences, 1910.

Gerbert de Montreuil. *Le Roman de la Voilette ou de G. de Nevers*. Lexique. Etabli par Buffum, D.L., Paris, 1928.

Giraud de Bornelh. *Poèmes*. Index. Etabli par Kolsen, A., Halle, 1910.

Guiot de Provins. *Oeuvres*. Lexique. Etabli par Orr, G., Manchester, 1915.

Huon le Roi. *Le Vair Palefroi*. Ed. Langfors. Index. Etabli par le Centre d'Etude du Vocabulaire Français, Univ. de Besançon, 1960.

Jehan de Paris. *Le Roman de Jehan de Paris Roy de France*. Index et glossaire. Etablis par Montaiglon, A. de, Paris, Flammarion, 1917.

Marie de France. *Lai de Guingamor et de Tydorel*. Index. Etabli par Lommatzch, E. & Wagner, M.L., Berlin, 1922.

Orléans, C. d'. *Ballades*. Lexique. Etabli par Poirion, D. Thèse Comp., 1953.

Poésies complètes. Glossaire. Etabli par Hericault,d', Paris, Flammarion.

Thomas. *Le Roman de Tristan*. (Vol.I). Ed. Bédier. Etabli par Wexler, P.J., Univ. de Manchester, England. En cours.

Villehardouin, G. de. *Conquête de Constantinople* avec la continuation de Henri de Valenciennes. Glossaire et index. Etablis par Natalis de Wailly, M., Paris, Didot, 1874.

Villon, F. *Langue de Villon*. Lexique. Etabli par Burger, A., Paris, Droz, 1957.

2. Seizième siècle.
A. Généralités.

B. Auteurs et oeuvres.

Des Masures, J. David Combattant. Ed. Comte, Ch.
David Fugitif. Ed. Comte, Ch.
David Triomphant. Ed. Comte, Ch. Index.
Etablis par le C.E.V.F., Univ. de Besançon, 1961.

Desportes, P. Les Amours d'Hippolyte. Etabli par Angst, B., Univ. of California. En cours.

Garnier, R. Antigone. Ed. Lebègue.
Bradamante. Ed. Lebègue.
Les Juives. Ed. Lebègue.
La Troade. Ed. Lebègue. Index. Etablis par le C.E.V.F., Univ. de Besançon, 1959.

Marguerite de Navarre. "A Concordance of Heptameron des Nouvelles by Marguerite de Navarre". Etablie par Hanon, S., Univ. of Aarhus, Danemark. En cours.

Marot, C. Oeuvres complètes. Glossaire. Etabli par Jannet, P., Lemerre, 1873.

Montaigne, M. Essais. Concordance. Etablie par Masters, G.M., State Univ. of New York, Binghampton. En cours.

Essais. Ed. P. Villey. Index, dictionnaire de fréquence, concordance (?). Etablis par Ducretet, P.R., Univ. of Toronto. En cours.

Rabelais, F. Oeuvres. Index. Etabli par Dixon, J.E., Univ. of Winnipeg. En cours.

"Une concordance du Gargantua de Rabelais." Etablie par Dixon, J.E. Ph.D. Dissertation, Stanford Univ. in: Dissertation Abst. Intern. 31:5, Nov. 1970.

Ronsard, P. Sonnets pour Hélène. (I et II). Ed. Michéa, R. Index. Etabli par le C.E.V.F., Univ. de Besançon, 1959.

Second Livre des Amours. Ed. Michéa, R. Index. Etabli par le C.E.V.F., Univ. de Besançon, 1959.

A Word-Index to the Poetic Works of Ronsard. Etabli par Creore, A.E., Maney & Son Ltd, Leeds, England, 1972.

Lexique de Ronsard. Etabli par Mellerio, L. Paris, Plon, 1895.

Scève, M. La Délie. Ed. Parturier. Index. Etabli par le C.E.V.F., Univ. de Besançon, 1960.

Sponde, J. de Poésies. Etabli par Angst, B. Univ. of California. En cours.

Vauquelin de la Fresnaye. L'Art poétique. Glossaire. Etabli par Pellisier. Paris, Garnier, 1885.

3. Dix-septième siècle.
 A. Généralités.

 B. Auteurs et oeuvres.
 Boileau, N. Les Epîtres. Ed. Cohen. Index. Etabli par le C.E.V.F., Univ. de Besançon, 1960.

Brantome. Lexique des oeuvres de Brantome. Etabli par Lalanne, L., Genève, Slatkine Reprints, 1970.

Corneille, P. Aspects of Corneille's Use of Vocabulary in Attila. Edmonton, Linguistic Research Inc., 1972.

Le Cid. Index. Etabli par Guiraud, P. & Wagner, R.L., Paris, Klincksieck, 1956.

Le Cid.Index, concordance. Etablis par le C.E.V.F., Univ. de Besançon, Paris, Larousse, 1966.

Cinna. Index. Etabli par Guiraud, P. & Wagner, R.L., Paris, Klincksieck, 1955.

Horace. Index. Etabli par Guiraud. P. & Wagner, R.L., Paris, Klincksieck, 1956.

La langue de Corneille et le lexique. Ed. Grands Ec. de la France. Lexique. Etabli par Marty-Lavaux. Grands Ec. de la France (XI & XII).

Lexique Comp. de la langue de Corneille. Etabli par Godefroy, F. Paris, 1862.

Nicomède. Index. Etabli par Guiraud, P. & Wagner, R.L., Paris, Klincksieck, 1959.

Oeuvres complètes.Ed. Marty-Lavaux. Index. Etabli par le C.E.V.F., Univ. de Besançon, 1960.

Polyeucte. Index. Etabli par Guiraud, P. & Wagner, R.L., Paris, Klincksieck, 1957.

Polyeucte. Index, concordance. Etablis par le C.E.V.F., Univ. de Besançon, 1967.

Sophonisbe. Ed. GEF. Etabli par Wexler, P.J., Univ. of Manchester, England. En cours.

Théâtre. Etabli par Freeman, B. Univ. of Virginia. En cours.

Descartes, R. Word Usage. Etabli par Morris, J. Michigan State Univ. En cours.

Discours de la méthode et Méditations. Ed. Adam et Tannery. Etabli par Morris, J. Michigan State Univ. En cours.

La Fayette, Mme de. La Princesse de Clèves. Ed. Magne. Index. Etabli par le C.E.V.F., Univ. de Besançon, 1962.

La Princesse de Montpensier. Index. Etabli par Bazin de Bezons, J., Paris, Nizet, 1970.

La Comtesse de Tende. Index. Etabli par Bazin de Bezons, J., Paris, Nizet, 1970.

La Fontaine, J. Fables et Contes. Index, concordance. Etablis par Tyler, J.A., Univ. of Virginia, En cours.

Lavergne de Guilleragues. Lettres portugaises et Les Valentins. Index. Etabli par le C.E.V.F., Univ. de Besançon, sd.

Mairet, J. Arimand et Chryséide. Ed. Carrington-Lancaster. Index. Etabli par le C.E.V.F., Univ. de Besançon, 1961.

La Sophonisbe. Ed. Dédéyan. Index. Etabli par le C.E.V.F., Univ. de Besançon, 1962.

Sylvie. Ed. Marsan. Index. Etabli par le C.E.V.F., Univ. de Besançon, 1962.

Molière. L'Avare. Lexique. Etabli par Livet. Ch.-L. Paris, 1888.

Théâtre complet et Poésie. Etabli par Batson, A. & Freeman, B.C., Univ. of Virginia. En cours.

Oeuvres complètes. Ed. GEF. Index. Etabli par le C.E.V.F., Univ. de Besançon, 1962.

Pascal. Lettres Provinciales. Concordance. Etablie par Davidson, H.M. & Dubé, P. Univ. of Ohio. En cours.

Racine, J. Alexandre. Index. Etabli par Hartle, R.W., C.E.V.F., Univ. de Besançon, 1960.

Alexandre. Index. Etabli par Guiraud, P. & Wagner, R.L., Paris, Klincksieck, 1955.

Andromaque. Index. Etabli par Hartle, R.W., C.E.V.F., Univ. de Besançon, 1960.

Andromaque. Index. Etabli par Guiraud, P. & Wagner, R.L. Paris, Klincksieck, 1955.

Athalie. Index. Etabli par Bandy, W.T., Paris, Klincksieck, 1955.

Athalie. Index. Etabli par Guiraud, P. & Wagner, R.L., Paris, Klincksieck, 1955.

Bajazet. Index. Etabli par Guiraud, P. & Wagner, R.L., Paris, Klincksieck, 1955.

Bérénice. Index. Etabli par Hartle, R.W., C.E.V.F., Univ. de Besançon, 1960.

Bérénice. Index. Etabli par Guiraud, P. & Wagner, R.L., Paris, Klincksieck, 1955.

Britannicus. Index. Etabli par Hartle, R.W., Paris, Klincksieck, 1956.

Britannicus. Index. Etabli par Guiraud, P. & Wagner, R.L., Paris Klincksieck, 1955.

Complete Theatre and Poetry. Concordance. Etablie par Batson, A. & Freeman, B.C., Univ. of Virginia, 1970.

Complete work with variants. Etabli par Freeman, B.C., Univ. of Virginia. En cours.

Esther. Index. Etabli par Guiraud, P. & Wagner, R.L., Paris, Klincksieck, 1955.

Iphigénie. Index. Etabli par Guiraud, P. & Wagner, R.L., Paris, Klincksieck, 1955.

Mithridate. Index. Etabli par Wexler, P.J., Univ. of Manchester, England. En cours.

Mithridate. Index. Etabli par Guiraud, P. & Wagner, R.L., Paris, Klincksieck, 1955.

Oeuvres complètes. Ed. Mesnard. Index. Etabli par le C.E.V.F., Univ. de Besançon, 1962.

Phèdre. Index, concordance. Etablis par Quemada, B., 1966.

Phèdre. Etabli par Angst, B. Univ. of California. En cours.

_____ Phèdre.Index. Etabli par Guiraud, P. & Wagner, R.L., Paris, Klincksieck, 1955.

_____ Les Plaideurs. Etabli par Wexler, P.J., Univ. of Manchester, England. En cours.

_____ La Thébaïde. Index. Etabli par Guiraud, P. & Wagner, R.L., Paris, Klincksieck, 1955.

Rotrou, J. Cosroes. Ed. Schérer. Index. Etabli par le C.E.V.F., Univ. de Besançon, sd.

_____ Cosroes. Index. Etabli par Guiraud, P. & Wagner, R.L., Paris, Klincksiek, sd.

_____ Wenceslas. Index. Etabli par Leiner, W., Paris, Klincksieck, 1960.

_____ Wenceslas. Ed. Leiner. Index. Etabli par le C.E.V.F., Univ. de Besançon, sd.

_____ Wenceslas. Index. Etabli par Guiraud, P. & Wagner, R.L., Paris, Klincksieck, sd.

Saint-Simon. Lexique sommaire de la langue de Saint-Simon. Etabli par Pilastre, E., Genève, Slatkine Reprints, 1970.

Schélandre, J. Le Tyr et Sidon Haraszti.Index. Etabli par le C.E.V.F., Univ. de Besançon, 1961.

Sorel, Ch. Histoire comique de Francion. Lexique. Etabli par Aldallah, N. Thèse d'Université, Paris, 1956.

Tristan l'Hermite. La Mariane. Ed. Madeleine. Index. Etabli par le C.E.V.F., Univ. de Besançon, 1961.

_____ La Mort de Sénèque. Index. Etabli par le C.E.V.F., Univ. de Besançon, 1961.

Viau, T. de Pyrame et Thisbé. Ed. Haukiss. Index. Etabli par le C.E.V.F., Univ. de Besançon, 1962.

4. Dix-huitième siècle.

A. Généralités.

Authorship Attribution to Certain Articles in Diderot's "Encyclopédie". Etabli par Frautschi, R.L., Univ. of North Carolina. En cours.

B. Auteurs et oeuvres.

Prévost, Abbé *Manon Lescaut*. Ed. Allem. Index. Etabli par le C.E.V.F., Univ. de Besançon, 1961.

Le Pour et le contre. Index. Etabli par Sgard, J. Thèse comp. , 1959.

Voltaire *Romans et Contes*. Ed. Bénac, H. Index, Dictionnaire de fréquence, concordance. Etablis par Ducretet, P.R. & Ducretet, M.-P., Univ. of Toronto. En cours.

Zadig. Ed. Bénac, H. Index, dictionnaire de fréquence, concordance. Etablis par Ducretet, P. & Ducretet, M-P, Univ. of Toronto. En cours.

Dix-neuvième siècle.
A. Généralités.

B. Auteurs et oeuvres.

Balzac, H. de Selections. Etabli par Angst, B. Univ. of California. En cours.

Baudelaire, Ch. Les Fleurs du mal. Concordance. Etablie par Cargo, R.T., Univ. of North Carolina Press, 1965.

Les Fleurs du mal. Ed. Crépet-Blin. Concordance. Etablie par Menemencioglu, K., C.E.V.F., Paris, Larousse, 1965.

Les Fleurs du mal. Ed. Crépet-Blin. Index. Etabli par le C.E.V.F., Univ. de Besançon, 1960.

Les Fleurs du mal. Etabli par Angst, B., Univ. of California. En cours.

Petits poèmes en prose. Concordance. Etablie par Cargo, R.T., Univ. of Alabama. En cours.

Poems. Ed. Crépet. Index. Etabli par Bandy, W.T., Madison, Wisc., 1939.

Spleen de Paris. Etabli par Angst, B. Univ. of California. En cours.

Constant, B. Adolphe.Etabli par Angst, B. Univ. of California. En cours.

Flaubert, G. L'Education sentimentale. Etabli par Angst, B. Univ. of California. En cours.

Gautier, T. Emaux et Camées. Ed. Pommier. Index. Etabli par le C.E.V.F., Univ. de Besançon, 1961.

Hugo, V. Les Châtiments. Ed. Berret, P. Index. Etabli par le C.E.V.F., Univ. de Besançon, 1961.

Les Contemplations. Index. Etabli par Journet, R. & Robert, G., Annales Littéraires de l'Univ. de Besançon, 1958.

Dictionnaire de Victor Hugo, par Van Tieghem, P., Paris, Larousse, 1969.

Les Quatre vents de l'Esprit. Ed. Ollendorf. Index. Etabli par le C.E.V.F., Univ. de Besançon, sd.

Laforgue, J. Short Text in Prose. Etabli par Angst, B. Univ. of California. En cours.

Mallarmé, S. Poèmes en prose. Etabli par Angst, B. Univ. of California. En cours.

Poésies. Etabli par Angst, B. Univ. of California. En cours.

Poésies. Index. Etabli par Guiraud, P. & Wagner, R.L., Paris, Klincksieck, 1953.

Maupassant, G. Contes de la bécasse. Ed. Conard. Index. Etabli par le C.E.V.F., Univ. de Besançon, 1962.

Nerval, G. de Chimères.
Sylvie.
Aurélia. Concordances. Etablies par Turner, R.K., Univ. of Wisconsin, En cours.

Chimères. Ed. Moulin, G. Index. Etabli par le C.E.V.F., Univ. de Besançon, 1962.

Rimbaud, A. Les Illuminations. Etabli par Angst, B. Univ. of California. En cours.

Les Illuminations. Index. Etabli par Guiraud, P. & Wagner, R.L., Paris, Klincksieck, 1954.

Une Saison en enfer. Index. Etabli par Guiraud, P. & Wagner, R.L., Paris, Klincksieck, 1954.

Stendhal. Sélections. Etabli par Angst, B. Univ. of California, En cours.

Verlaine, P. La Bonne chanson. Index. Etabli par Guiraud, P. et Wagner, R.L., Paris, Klincksieck, 1954.

Les Fêtes galantes. Index. Etabli par Guiraud, P. & Wagner, R.L., Paris, Klincksieck, 1954.

Romances sans paroles. Index. Etabli par Guiraud, P. & Wagner, R.L., Paris, Klincksieck, 1954.

Vigny, A. de Les Destinées. Ed. Saulnier, V. Index. Etabli par le C.E.V.F., Univ. de Besançon, 1961.

6. Vingtième siècle.

A. Généralités.

<u>Dictionnaire Littré Inversé</u>. Etabli par le C.E.V.F., Univ. de Besançon, 1961.

<u>Petit Larousse Inversé</u>. Dictionnaire. Etabli par le C.E.V.F., Univ. de Besançon, 1961.

<u>Dictionnaire inversé de la langue française</u>. Etabli par Juilland, A., La Haye, Mouton, 1965.

Index to the Cahiers du Sud. Etabli par Ohayon, V. & Wasserman, S.P. New York University. En cours.

<u>Frequency Dictionary of French Words</u>. Etabli par Juilland, A. et al., La Haye, Mouton, 1970.

Miscellaneus French Corpus. Etabli par Haden, E.F., Univ. of Texas. En cours.

Recherche sur le vocabulaire français. Glossaire. Etabli par le C.E.V.F., Univ. de Besançon. En cours.

<u>Trésor de la langue française</u>. Dictionnaire de la langue du 19e et du 20e siècle (1789-1960). Publié sous la direction de Paul Imbs. Paris, Editions du Centre national de la recherche scientifique, 1971.

B. Auteurs et oeuvres.

Apollinaire, G. <u>Alcools</u>. Etabli par Angst, B., Univ. of California. En cours.

<u>Alcools</u>. Index. Etabli par Guiraud, P. & Wagner, R.L., Paris, Klincksieck, 1953.

<u>Calligrammes</u>. Index, concordance, statistiques. Etablis par Quemada, B., 1968.

Beckett, S. <u>En attendant Godot</u>.
<u>Fin de partie</u>. Etabli par Angst, B., Univ. of California. En cours.

Camus, A. <u>La Chute</u>. Etabli par Jacobs, R., Western Reserve Univ., Cleveland. En cours.

<u>Selected Texts</u>. Etabli par Roeming, R.F., Univ. of Wisconsin. En cours.

Claudel, P. _Cinq grandes odes_. Index. Etabli par Guiraud, P. & Wagner, R.L., Paris, Klincksieck, 1954.

La Ville. Ed. La Pléiade. Index. Etabli par le C.E.V.F., Univ. de Besançon, 1961.

Agamemnon.
Connaissance de l'Est.
L'Echange.
L'Endormie.
Partage de Midi.
Le Soulier de satin.
Tête d'or (Version I).
Tête d'or. (Version II).
La Ville I.
Etablis par Angst, B. , Univ. of California. En cours.

Colette. _Duo_.
Julie de Carneilhan.
La Seconde.
La Chatte.
Chéri. Index. Etablis par Resch, Y., Thèse d'Université, 1971.

Companeez, N. _Ce soir ou jamais_.Etabli par Wexler, P.J., Univ. of Manchester, England. En cours.

Demy, J. _Lola, Avant-scène du cinéma_. Etabli par Wexler, P.J., Univ. of Manchester, England. En cours.

Deville, M. _Avant-scène du cinéma_. Etabli par Wexler, P.J., Univ. of Manchester, England. En cours.

Eluard, P. Two Poems. Etabli par Angst, B. Univ. of California, En cours.

Gide, A. _Oeuvres_. Concordance. Etablie par Bo, C., Univ. di Urbino, Italie. En cours.

Ionesco, E. _Les Chaises_. Etabli par Angst, B., Univ. of California. En cours.

Proust, M. _Cambray_. Etabli par Angst, B., Univ. of California. En cours.

Rouch, J. et Morin, E. _Chronique d'un été_. Etabli par Wexler, P.J., Univ. of Manchester, England. En cours.

Saint-Exupéry, A. de _Le Petit Prince_. Etabli par Rohrer, Univ. of Texas. En cours.

Saint-John Perse _Oeuvre poétique I & II_. Etabli par Angst, B., Univ. of California. En cours.

Valéry, P. _Poésies_. Etabli par Angst, B., Univ. of California, En cours.

Poésies. Index. Etabli par Guiraud, P. & Wagner, R.L., Paris, Klincksieck, 1953.

III. Bibliographie des principaux ouvrages de linguistique consultés pour l'élaboration de la méthode.

1. Linguistique générale.

Benveniste, E. Problèmes de linguistique générale. Paris, Gallimard, NRF, 1966.

Fages, J.B. Comprendre le structuralisme. Paris, Privat, 1967.

Martinet, A. Eléments de linguistique générale. Paris, A. Colin, 1961.

Mounin, G. Histoire de la linguistique. Des origines au XXe siècle. Paris, PUF, 1967.

Perrot, J. La linguistique. Paris, PUF, Collection "Que sais-je?", 1963.

Rondeau, G. Initiation à la linguistique appliquée. Centre Educationnel et culturel, Montreal, 1965.

Togeby, K. Structure immanente de la langue française. Paris, Larousse, "Langue et Langage", 1965.

2. Grammaire.

Chevalier, J-C. et al. Grammaire Larousse du français contemporain. Paris, Larousse, 1964.

Dubois, J. Grammaire structurale du français. Paris, Larousse, "Langue et Langage", 1965.

Galichet, G. Grammaire expliquée de la langue française. Paris, Bourrelier, 1962.

Galichet, G. & Leriche, G. Guide panoramique de la grammaire française. Paris, Charles-Lavanzelle, 1965.

Galichet, G. Méthodologie grammaticale. Paris, PUF, 1953.

Gougenheim, G. Système grammatical de la langue française. Paris, D'Artrey, 1962.

Grevisse, M. Le bon usage. Gembloux, J. Duculot, 1958 (7e éd.)

Précis de grammaire française. Gembloux, J. Duculot.

Guiraud, P. La Grammaire. Paris, PUF, Collection "Que sais-je?",1961

Wagner, R.L. & Pinchon, J. Grammaire du français classique et moderne.

3. Sémantique, stylistique, syntaxe.
Cressot, M. Le Style. Paris, PUF, 1959.

Galichet, G. "Valeurs sémantiques et valeurs grammaticales", J.P., 41, 1948, pp. 206-215.

Greimas, A.J. Sémantique structurale. Paris, Larousse, "Langue et Langage", 1966.

Guiraud, P. La Sémantique. Paris, PUF, Collection "Que sais-je",1962.

La Stylistique. Paris, PUF, "Que sais-je?", 1961.

La Syntaxe du français. Paris, PUF, "Que sais-je?",1962.

Todorov, T. "Recherches sémantiques", Langage, 1, 1966. Didier, Paris,

Ullmann, S. Précis de sémantique française. Berne, Francke, 1952.

Vinay, J-P. & Darbelnet, J. Stylistique comparée du français et de l'anglais. Paris, Didier, 1964.

4. Dictionnaires.
Petit Larousse Illustré. Paris, Larousse.

Le Petit Robert. Paris, Société du Nouveau Littré.

IV. Bibliographie relative à Voltaire.

1. Bibliographies.

Barr, M.M. *A Century of Voltaire Study: a Bibliography of Writings on Voltaire, 1825-1925*. New York, 1929.

Barr, M.M. & Spear, F.A. *Quarante années d'études voltairiennes: Bibliographie analytique des livres et articles sur Voltaire, 1926-1965*. Paris, Colin.

Vercruysse, J. "Bibliographie des écrits français relatifs à Voltaire, 1719-1830." (F10)7-71.

2. Editions.

On trouvera la liste des éditions des oeuvres complètes de Voltaire dans les bibliographies citées ci-dessus. Nous ne citons que la dernière, à notre connaissance.

Voltaire *The Complete Works*. Ed. Th. Besterman. Genève, Institut et Musée Voltaire, 1968-1970.

3. Quelques ouvrages sur Voltaire.

Abraham, P. et al. *Voltaire; Seize études sur Voltaire*. Paris, 1959.

Aldington, R. *Voltaire*. Londres, W. Heinemann, 1934.

Besterman, Th. *Voltaire*. Londres, Longmans, 1969.

Voltaire. New York, Harcourt, Brace & World, 1969.

Bottiglia, W.F. *Voltaire, a Collection of Critical Essays*. Englewood Cliffs, N.J., Prentice-Hall, 1968.

Bungener, L. *Voltaire et son temps*. Cherbuliez, 1851.

Brailsford, H.N. *Voltaire*. London, New York, Oxford Univ. Press, 1963.

Brandes, G.M. *Voltaire*. New York, F. Unger Publ. Co., 1964.

Champion, E. *Voltaire; études critiques*. Paris, A. Colin, 1921.

Charpentier, J. *Voltaire*.Paris, Tallandier, 1938.

Cresson, A. *Voltaire. Sa vie, son oeuvre, sa philosophie*. Paris, P.U.F., 1948.

Girnus, W. *Voltaire*.Berlin, Aufbau Verlag, 1958.

Holmsten, G. *Voltaire in Selbstzeugnissen und Bilddokumenten*. Hamburg, Rowohlt, 1971.

Lanson, G. *Voltaire*. New York, John Wiley & Sons, 1966.

Voltaire. Edition revue et mise à jour par Pommeau, R. Paris, Hachette, 1960.

Loire, L. *La Vie de Voltaire et son esprit*. Paris, Périnet, 1878.

Maurois, A. *Voltaire*. Paris, Gallimard, 1935.

The Living Thoughts of Voltaire. Trad. par Barrows Mussey. Greenwich, Conn., Fawcette Publications, 1963.

Morley, J.M. viscount *Voltaire*. London, Macmillan, 1923.

Naves, R. *Voltaire*. Paris, Hatier, 1966 (8e éd.)

Le Goût de Voltaire. Paris, Garnier, 1938.

Orieux, J. *Voltaire ou la royauté de l'esprit*. Paris, Flammarion, 1966.

Palissot de Montenoy, G. *Le Génie de Voltaire*. Paris, 1800.

Plesner, K.F. *Voltaire*. Kobenhavn, Munksgaard, 1965.

Pomeau, R. "Voltaire, 1959", in *Europe*, mai-juin 1959, pp. 33-47.

Voltaire par lui-même. Paris, Editions du Seuil, 1963.

Pompéry, E. de *La Vie de Voltaire; l'homme et son oeuvre*. Paris, Dentu, 1878.

Voltaire, sa vie, son caractère, ses oeuvres. Paris, Costes, 1880.

Le Vrai Voltaire. Paris, Agence générale de librairie, 1867.

Sakmann, P. *Voltaire's Geistesart und Gedankenwelt*. Stuttgart, 1910.

Sareil, J. *Voltaire et la critique*. New Jersey, Prentice-Hall, 1966.

Smollett, T. éd. *The Writings of Voltaire*. Paris, E.R. du Mont, 1901 (42 vol.)

Torrey, N. The Spirit of Voltaire. Oxford, The Marston Press, 1963.

Treich, L. L'Esprit de Voltaire. Paris, Gallimard, 1927.

Vézinet, V. Autour de Voltaire. Paris, Champion, 1925.

Vial, F. Voltaire, sa vie, son oeuvre. Paris, Didier, 1953.

Vulliamy, C.E. Voltaire. Port Washington, Kennikat Press, 1970.

Wade, I.O. The Search for a New Voltaire. Philadelphie, The American Philosophical Society, 1958.

4. La Langue de Voltaire.

Amato, J. La Grammaire et le lexique de Voltaire. Palerme, 1938.

Faguet, E. "Les romans et les contes de Voltaire", in Revue Politique et Littéraire, 1894, pp. 620-625.

Gautier, R. Deux aspects du style classique. Bossuet, Voltaire. La Rochelle, Pijollet, 1939.

Guiragossian, D. Voltaire's Facéties. Genève, Droz; Paris, Minard, 1963.

Lanson, G. "La prose de Voltaire", in Annales politiques et littéraires, 1906.

"L'art de la prose", in Annales politiques et littéraires, 1909 (supplément à l'article de 1906).

Lefort, G. et Buguet, P. Les Mots de Voltaire. Paris, Libr. ill. , 1886.

Marinet, G. "Notes de syntaxe, Particularité de la langue de Voltaire", in Revue de Philologie Française et de Littérature, 27, 1913, pp. 54-65.

Maurois, A. "Le Style de Voltaire", in Europe, 1959, pp. 5-7.

Mc Ghee, D.M. Fortunes of a Tale. The Philosophic Tale in France, Bridging the Eighteenth and Nineteenth Centuries. Menesha, Wisconsin, sd.

Miller, J.W. "Voltaire's Introduction of the Spelling 'ai' in Such Words as 'français'". in Romanic Review, 14, 1923. pp. 316-318.

Nash, J.V. "Voltaire's weapon: the Smile", in The American Parade, Vol. 3, Oct.-Dec. 1928, pp. 103-108.

Price, W.R. The Symbolism of Voltaire's Novels, with Special Reference to Zadig. New York, Columbia Univ. Press, 1911.

Proal, L. "Le Rire moqueur de Voltaire", in La Nouvelle Revue, 82, 1926, pp. 211-224; 317-331.

Sareil, J. "La répétition dans les contes de Voltaire", in French Review, XXXV, pp. 137-146.

Shaddens, V. Voltaire, Genius of Mockery. New York, Brentano, 1928.

Souriau, M. "La langue de Voltaire dans sa correspondance", in Revue d'Histoire Littéraire, 28, 1921, pp. 105-131.

Vernier, L. Etude sur Voltaire grammairien et la grammaire au XVIIIe siècle. Paris, Hachette, 1888.

Whitworth, K.B. Contes Philosophiques. Dissertation, Princeton, sd.

V. Bibliographie relative à *Candide*.

1. Editions de *Candide*.
Dans son édition critique, A. Morize déclare; "De 1759 à 1778, *Candide* a été réimprimé plus de quarante fois." Depuis lors, il semble presque impossible de savoir combien il y a eu d'éditions et de rééditions du texte. C'est pourquoi nous nous contentons de citer les éditions critiques qui font autorité.

Bénac, H. *Voltaire. Romans et contes*. Avec une présentation et des notes. Paris, Garnier, 1965. (Texte établi sur l'édition de 1775).

Castex, P.G. Voltaire: *Micromégas, Candide, L'Ingénu*. CDU, 1960.

Crocker, L.G. *Candide ou l'Optimisme*. Univ. of London Press, 1968.

Groos, R. *Voltaire. Romans et contes*. Paris, Gallimard, La Pléiade, 1967.

Havens, G.R. *Candide ou l'Optimisme*. Avec introduction et notes. New York, Holt, 1962, 1969.

Martineau, F. *Candide, suivi de Micromégas et autres contes.* Avec avant-propos et notes. Paris, Club des Editeurs, 1960.

Morize, A. *Voltaire: Candide ou l'Optimisme*. Edition critique avec introduction et commentaire. Paris, Didier, 1931 (1ère éd.), 1957 (3e tirage).

Pomeau, R. *Voltaire: Candide ou l'Optimisme*. Edition critique avec introduction et commentaire. Paris, Nizet, 1959 (1ère éd.), 1966 (2e éd.).

2. Ouvrages ayant trait à l'édition originale de *Candide*.

Gagnebin, B. "L'édition originale de *Candide*", in *Bulletin du Bibliophile et du Bibliothécaire*, IV, 1952, pp. 169-181.

"L'édition originale de *Candide*", réponse au professeur Wade", in *Bulletin du Bibliophile et du Bibliothécaire* I, 1960, pp. 22-31.

Meuron, P. "A propos de l'originale de *Candide*", in *Bulletin du Bibliophile et du Bibliothécaire*, 1938, pp. 479-480.

Morize, A. "Le *Candide* de Voltaire", in *Revue du dix-huitième siècle*, I, 1913, pp. 1-27.

Muir, P.H. "A Letter to the Editor on Candide", in PULC, XXI, pp. 168-170. (Cf. Wade, J.O. PMLA, 1959).

Shane, E.P. "A Note on the Publication of Candide", in Modern Language Notes, LXXI, 1956, pp. 430-431.

Tannery, J. "L'édition originale de Candide", in Bulletin du Bibliophile et du Bibliothécaire, 12, 1933, pp. 7-15; 13, 1934, pp. 62-70; 17, 1938, pp. 246-251; 337-339.

Torrey, N.L. "The Date of Composition of Candide and Voltaire's Corrections", in Modern Language Notes, 44, 1929, pp. 445-447.

"The First Edition of Candide", in Modern Language Notes, 48, 1933, pp. 307-310.

Vandérem, F. "Les deux Candide", in Bulletin du Bibliophile et du Bibliothécaire, 1937.

"Précisions et conclusions sur l'originale de Candide, in Bulletin du Bibliophile et du Bibliothécaire, 17, 1938, pp. 289-293; 340-344; 432-436.

"La véritable originale de Candide et les conclusions de M. Jean Tannery", in Bulletin du Bibliophile et du Bibliothécaire, 1938, pp. 337-344.

Wade, J.O. "The La Vallière Ms. of Candide", in French Review, XXX, 1956, pp. 3-4.

"The La Vallière Ms. of Candide", in Proceedings of The American Philosophical Society, 1957.

"The First Edition of Candide", in Princeton Library Chronicle, XX, Winter 1959.

3. Genèse, thèmes, structure et style.

Barber, W.H. "L'Angleterre dans Candide", in Revue de Littérature Comparée, XXXVII, pp. 202-215.

Voltaire: Candide",in Studies in French Literature, no 5, Londres, Arnold, 1960.

Bertrand, M. "L'amour et la sexualité dans Candide", in French Review XXXVII, 1964, pp. 619-625.

Besterman, Th., éd. Studies on Voltaire and the Eighteenth Century. Transactions of the Second International Congress on the Enlightment, 4 vols., Genève, Droz, 1967.

Bongie, L.L. "Crisis and the Birth of the Voltairian Conte", in Modern Language Quaterly, XXIII, pp. 53-64.

Bottiglia, N.F. Voltaire's Candide: Analysis of a Classic. Studies on Voltaire and the Eighteenth Century, Vol. VII, Genève, Institut et Musée Voltaire, 1959.

"The Art of Caracterization in Voltaire's Candide", in Dissertation Abstracts, XV, pp. 409-410, Princeton, 1955.

"The Eldorado Episode in Candide", in PMLA, LXXIII, pp. 339-347.

"Candide's Garden", in PMLA, LXVI, pp. 718-733.

Broome, J.H. "Voltaire and Fougeret de Monbron: A Candide Problem Reconsidered", in Modern Language Review, LV, pp. 509-518.

Brown, J.L. "Reference to Cunégonde in 1756", in Modern Language Notes, LXXIII, pp. 490-491.

Brumfitt, J.H. "Voltaire: Extract from Candide",in Studies on Voltaire and the Eighteenth Century, F 37, pp. 129-138.

Castels, F. "Candide, de Voltaire; Simplicius, de Grimmelshausenn et Candido, dans l'Honnête courtisane, de Decker et Middleton", in Revue des langues romanes, 48, 1905, pp. 481-491.

Cherel, A. De Télémaque à Candide. Paris, Gigord, 1933.

Choptrayanon, G. Essai sur Candide. Paris, Nizet, 1957.

Flower, D. "Candide: a Perennial Problem", in Book Collector, VIII, pp. 284-288.

Flowers, R.G. Voltaire's Stylistic Transformation of Rabelaisian Satirical Devices. Washington, 1951.

Foster, M.P. Candide and the Critics. Wadsworth, Belmont, 1964.

Friebel, L.A. "The Bicentenary of Candide", in Contemporary Review, 1119, pp. 181-183.

Haffter, P. "L'usage satirique des causales dans les contes de Voltaire", in Studies on Voltaire and the Eighteenth Century, F 9, pp. 7-28.

Havens, G.R. "The Composition of Voltaire's Candide", in Modern Language Notes, XLVII, 1932, pp. 225-234.

Josephson, M. "The Technique of Voltaire", in The New Republic, 65, Dec. 1930, pp. 196-197.

Kahn, L.W. "Voltaire's Candide and the Problem of Secularization", in PMLA, LXVII, pp. 886-888.

Lanson, G. "Note sur Candide. (De l'Avocat Général et du Procureur Général Joly de Fleury)", in Quelques documents sur la condamnation de l'Emile, Annales de la Société Jean-Jacques Rousseau, Tome I.

Mc Ghee, D.M. "Voltaire's Candide and Gracian's El Criticon", in PMLA, 1937, pp. 778-784.

Voltairian Narrative Devices as Considered in the Author's Contes Philosophiques. G. Banda, Menasha, Wisc., 1933.

Mylne, V. "Literary Techniques and Methods in Voltaire's Contes Philosophiques", in Studies on Voltaire and the Eighteenth Century, F 7, pp. 1055-1080.

Paraf, P. "Voltaire au pays de Candide", in Europe, mai-juin 1959, pp. 75-87.

Perin, G. "La structure de Candide", in Dialogues, II, 1951, pp. 119-125.

Pomeau, R. "La Genèse de Candide", in Bulletin de la Société Toulousaine d'Etudes Classiques, 119, 1958, pp. 1-5.

Pommier, J. "Notes sur les sources de Candide", in Bulletin de la Faculté des Lettres de Strasbourg, IV, 14, 1925.

Price, W.R. The Symbolism of Voltaire's Novels, with Special Reference to Zadig. New York, Columbia Univ. Press, 1911.

Rousseau, A.M. "En marge de Candide: Voltaire et l'affaire Byng", in Revue de Littérature Comparée, XXXIV, pp. 261-273.

Sareil, J. "L'Amour dans Candide", in Symposium, XVIII, pp. 273-278.

Essai sur Candide. Genève, Droz, 1967.

Soptrajanov, G. Essai sur Candide. Paris, Nizet, 1969.

Thaddeus, V. Voltaire, Genius of Mockery. New York, Brentano, 1928.

Wade, J.O. Voltaire et Candide. A Study in the Fusion of History, Art, and Philosophy. With the Text of the La Vallière Manuscript of Candide. Princeton, Princeton Univ. Press, 1959.

Weightman, J.G. "The Quality of Candide", Essays Presented to Girdlestone, C.M., 8, pp. 333-347.

4. Imitations et influences.
Berthaut, H. De Candide à Atala. Paris, Del Duca, 1958.

Clifford, J.L. "Some Remarks on Candide and Rasselas", in Bicentenary Essays on Rasselas,pp. 7-14, sd.

Doyon, R.L. Candide et sa suite. Paris, Collection Reflets, sd.

Johnson, S. Voltaire's Candide; or, the Optimist; and Rasselas, Prince of Abyssinia. Indrod. H. Morley. London, Routledge, 1884.

Mornet, D. "Les Imitations du Candide de Voltaire au XVIIIe siècle", in Mélanges offerts par ses amis et ses élèves à M. Gustave Lanson, Paris, Hachette, 1922, pp. 298-303.

Naves, R. De Candide à Saint-Preux. Paris, 1940.

Thacker, C. "Son of Candide", in Studies on Voltaire and the Eighteenth Century, F. &, pp. 1515-1531, 1967.

Trudel, M. L'Influence de Voltaire au Canada. Montréal, Fides, 1945.

CANDIDE
OU
L'OPTIMISME

CHAPITRE PREMIER

Comment Candide fut élevé dans un beau château et comment il fut chassé d'icelui.

Il y avait en Westphalie, dans le château de Monsieur le baron de Thunder-ten-tronckh, un jeune garçon à qui la nature avait donné les moeurs les plus douces. Sa physionomie annonçait son âme. Il avait le jugement assez droit, avec l'esprit le plus simple; c'est, je crois, pour cette raison qu'on le nommait Candide. Les anciens domestiques de la maison soupçonnaient qu'il était fils de la soeur de Monsieur le baron, et d'un bon et honnête gentilhomme du voisinage, que cette demoiselle ne voulut jamais épouser, parce qu'il n'avait pu prouver que soixante et onze quartiers, et que le reste de son arbre généalogique avait été perdu par l'injure du temps.

Monsieur le baron était un des plus puissants seigneurs de la Westphalie, car son château avait une porte et des fenêtres. Sa grande salle, même, était ornée d'une tapisserie. Tous les chiens de ses basses-cours composaient une meute dans le besoin; ses palefreniers étaient ses piqueurs; le vicaire du village était son grand aumônier. Ils l'appelaient tous Monseigneur, et ils riaient quand il faisait des contes.

Madame la baronne qui pesait environ trois cent cinquante livres s'attirait par là une très grande considération, et faisait les honneurs de la maison avec une dignité qui la rendait encore plus respectable. Sa fille Cunégonde âgée de dix-sept ans était haute en couleur, fraîche, grasse, appétissante. Le fils du baron paraissait en tout digne de son père. Le précepteur Pangloss était l'oracle de la maison et le petit Candide écoutait ses leçons avec toute la bonne foi de son âge et de son caractère.

Pangloss enseignait la métaphysico-théologo-cosmolonigologie. Il prouvait admirablement qu'il n'y a point d'effet sans cause, et que dans ce meilleur des mondes possibles, le château de Monseigneur le baron était le plus beau des châteaux, et Madame la meilleure des baronnes possibles.

- Il est démontré, disait-il, que les choses ne peuvent être autrement: car tout étant fait pour une fin, tout est nécessairement pour la meilleure fin. Remarquez bien que les nez ont été faits pour porter des lunettes, aussi avons-nous des lunettes. Les jambes sont visiblement instituées pour être chaussées, et nous avons des chausses. Les pierres ont été formées pour être taillées, et pour en faire des châteaux; aussi Monseigneur a un très beau château; le plus grand baron de la province doit être le mieux logé: et les cochons étant faits pour être mangés, nous mangeons du porc toute l'année: par conséquent, ceux qui ont avancé que tout est bien, ont dit une sottise: il fallait dire que tout est au mieux.

Candide écoutait attentivement, et croyait innocemment; car il trouvait Mademoiselle Cunégonde extrêmement belle, quoiqu'il ne prît jamais la hardiesse de le lui dire. Il concluait qu'après le bonheur d'être né baron de Thunder-ten-tronckh, le second degré de bonheur était d'être Mademoiselle Cunégonde, le troisième de la voir tous les jours, et le quatrième d'entendre Maître Pangloss, le plus grand philosophe de la province, et par conséquent de toute la terre.

Un jour Cunégonde en se promenant auprès du château dans le petit bois qu'on appelait parc, vit entre des broussailles le docteur Pangloss qui donnait une leçon de physique expérimentale à la femme de chambre de sa mère, petite brune très jolie et très docile. Comme Mademoiselle Cunégonde avait beaucoup de dispositions pour les sciences, elle observa, sans souffler, les expériences réitérées dont elle fut témoin; elle vit clairement la raison suffisante du docteur, les effets et les causes: et s'en retourna tout agitée, toute pensive, toute remplie du désir d'être savante; songeant qu'elle pourrait bien être la raison suffisante du jeune Candide, qui pouvait aussi être la sienne.

Elle rencontra Candide en revenant au château, et rougit; Candide rougit aussi; elle lui dit bonjour d'une voix entrecoupée, et Candide lui parla sans savoir ce qu'il disait. Le lendemain après le dîner, comme on sortait de table, Cunégonde et Candide se trouvèrent derrière un paravent; Cunégonde laissa tomber son mouchoir, Candide le ramassa, elle lui prit innocemment la main, le jeune homme baisa innocemment la main de la jeune demoiselle avec une vivacité, une sensibilité, une grâce toute particulière; leurs bouches se rencontrèrent, leurs yeux s'enflammèrent, leurs genoux tremblèrent, leurs mains s'égarèrent. Monsieur le baron de

Thunder-ten-tronckh passa auprès du paravent, et voyant cette cause et cet effet chassa Candide du château à grands coups de pied dans le derrière; Cunégonde s'évanouit; elle fut souffletée par Madamè la baronne dès qu'elle fut revenue à elle-même; et tout fut consterné dans le plus beau et le plus agrêable des châteaux possibles.

CHAPITRE SECOND

Ce que devint Candide parmi les Bulgares.

Candide chassé du Paradis terrestre, marcha longtemps sans savoir où, pleurant, levant les yeux au ciel, les tournant souvent vers le plus beau des châteaux qui renfermait la plus belle des baronnettes; il se coucha sans souper au milieu des champs entre deux sillons; la neige tombait à gros flocons. Candide tout transi se traîna le lendemain vers la ville voisine, qui s'appelle Waldberghoff-trarbk-dikdorff, n'ayant point d'argent, mourant de faim et de lassitude, il s'arrêta tristement à la porte d'un cabaret.
Deux hommes habillés de bleu le remarquèrent:

- Camarade, dit l'un, voilà un jeune homme très bien fait et qui a la taille requise;
ils s'avancèrent vers Candide et le prièrent à dîner très civilement.

- Messieurs, leur dit Candide, avec une modestie charmante, vous me faites beaucoup d'honneur, mais je n'ai pas de quoi payer mon écot.

- Ah! Monsieur, lui dit un des bleus, les personnes de votre figure et de votre mérite ne paient jamais rien: n'avez-vous pas cinq pieds cinq pouces de haut?

- Oui, Messieurs, c'est ma taille, dit-il en faisant la révérence.

- Ah! Monsieur, mettez-vous à table; non seulement nous vous défraierons, mais nous ne souffrirons jamais qu'un homme comme vous manque d'argent; les hommes ne sont faits que pour se secourir les uns les autres.

- Vous avez raison, dit Candide, c'est ce que Monsieur Pangloss m'a toujours dit, et je vois bien que tout est au mieux.
On le prie d'accepter quelques écus, il les prend et veut faire son billet, on n'en veut point, on se met à table:

- N'aimez-vous pas tendrement?...

- Oh! oui, répondit-il, j'aime tendrement Mademoiselle Cunégonde.

- Non, dit l'un de ces messieurs; nous vous demandons si vous n'aimez pas tendrement le roi des Bulgares.

- Point du tout, dit-il, car je ne l'ai jamais vu.

- Comment? C'est le plus charmant des rois, et il faut boire à sa santé.

- Oh! très volontiers, Messieurs; et il boit.

- C'en est assez, lui dit-on, vous voilà l'appui, le soutien, le défenseur, le héros des Bulgares; votre fortune est

faite, et votre gloire est assurée. On lui met sur-le-champ les fers aux pieds, et on le mène au régiment. On le fait tourner à droite, à gauche, hausser la baguette, remettre la baguette, coucher en joue, tirer, doubler le pas, et on lui donne trente coups de bâton; le lendemain il fait l'exercice un peu moins mal, et il ne reçoit que vingt coups; le surlendemain on ne lui en donne que dix, et il est regardé par ses camarades comme un prodige.

Candide tout stupéfait ne démêlait pas encore trop bien comment il était un héros: il s'avisa un beau jour de printemps de s'aller promener, marchant tout droit devant lui, croyant que c'était un privilège de l'espèce humaine, comme de l'espèce animale, de se servir de ses jambes à son plaisir. Il n'eut pas fait deux lieues, que voilà quatre autres héros de six pieds qui l'atteignent, qui le lient, qui le mènent dans un cachot; on lui demanda juridiquement ce qu'il aimait le mieux, d'être fustigé trente-six fois par tout le régiment, ou de recevoir à la fois douze balles de plomb dans la cervelle; il eut beau dire que les volontés sont libres, et qu'il ne voulait ni l'un, ni l'autre, il fallut faire un choix; il se détermina en vertu du don de Dieu, qu'on nomme la liberté, à passer trente-six fois par les baguettes; il essuya deux promenades. Le régiment était composé de deux mille hommes; cela lui composa quatre mille coups de baguette, qui, depuis la nuque du cou jusqu'au cul lui découvrirent les muscles et les nerfs. Comme on allait procéder à la troisième course, Candide n'en pouvant plus demanda en grâce qu'on voulût bien avoir la bonté de lui casser la tête; il obtint cette faveur; on lui bande les yeux, on le fait mettre à genoux; le roi des Bulgares passe dans ce moment, il s'informe du crime du patient; et comme ce roi avait un grand génie, il comprit par tout ce qu'il apprit de Candide que c'était un jeune métaphysicien, fort ignorant des choses de ce monde, et il lui accorda sa grâce avec une clémence qui sera louée dans tous les journaux et dans tous les siècles. Un brave chirurgien guérit Candide en trois semaines avec les émollients enseignés par Dioscoride. Il avait déjà un peu de peau, et pouvait marcher, quand le roi des Bulgares livra bataille au roi des Abares.

CHAPITRE TROISIEME

Comment Candide se sauva d'entre les Bulgares et ce qu'il devint.

Rien n'était si beau, si leste, si brillant, si bien ordonné que les deux armées. Les trompettes, les fifres, les hautbois, les tambours, les canons formaient une harmonie telle qu'il n'y en eut jamais en enfer. Les canons renversèrent d'abord à peu près six mille hommes de chaque côté; ensuite la mousquetterie ôta du meilleur des mondes environ neuf à dix mille coquins qui en infectaient la surface. La bayonnette fut aussi la raison suffisante de la mort de quelques milliers d'hommes. Le tout pouvait bien se monter à une trentaine de mille âmes. Candide, qui tremblait comme un philosophe, se cacha du mieux qu'il put pendant cette boucherie héroïque.

Enfin tandis que les deux rois faisaient chanter des Te-Deum, chacun dans son camp, il prit le parti d'aller raisonner ailleurs des effets et des causes. Il passa par-dessus des tas de morts et de mourants, gagna d'abord un village voisin; il était en cendres, c'était un village abare que les Bulgares avaient brûlé selon les lois du droit public. Ici des vieillards criblés de coups regardaient mourir leurs femmes égorgées, qui tenaient leurs enfants à leurs mamelles sanglantes; là des filles éventrées après avoir assouvi les besoins naturels de quelques héros, rendaient les derniers soupirs; d'autres à demi brûlées criaient qu'on achevât de leur donner la mort. Des cervelles étaient répandues sur la terre, à côté de bras et de jambes coupés.

Candide s'enfuit au plus vite dans un autre village: il appartenait à des Bulgares; et les héros abares l'avaient traîté de même. Candide toujours marchant sur des membres palpitants, ou à travers des ruines, arriva enfin hors du théâtre de la guerre, portant quelques petites provisions dans son bissac, et n'oubliant jamais Mademoiselle Cunégonde. Ses provisions lui manquèrent quand il fut en Hollande: mais ayant entendu dire que tout le monde était riche dans ce pays-là, et qu'on y était chrétien, il ne douta pas qu'on ne le traitât aussi bien qu'il l'avait été dans le château de Monsieur le baron avant qu'il en eût été chassé pour les beaux yeux de Mademoiselle Cunégonde.

Il demanda l'aumône à plusieurs graves personnages qui lui répondirent tous que, s'il continuait à faire ce métier, on l'enfermerait dans une maison de correction pour lui apprendre à vivre.

Il s'adressa ensuite à un homme qui venait de parler tout seul une heure de suite sur la charité dans une grande assemblée. Cet orateur le regardant de travers, lui dit:

- Que venez-vous faire ici? Y êtes-vous pour la bonne cause?

- Il n'y a point d'effet sans cause, répondit modestement Candide, tout est enchaîné nécessairement, et arrangé pour le mieux. Il a fallu que je fusse chassé d'auprès de Mademoiselle Cunégonde, que j'aie passé par les baguettes, et il faut que je demande mon pain, jusqu'à ce que je puisse en gagner; tout cela ne pouvait être autrement.

- Mon ami, lui dit l'orateur, croyez-vous que le pape soit l'antéchrist?

- Je ne l'avais pas encore entendu dire, répondit Candide; mais qu'il le soit, ou qu'il ne le soit pas, je manque de pain.

- Tu ne mérites pas d'en manger, dit l'autre; va coquin, va misérable, ne m'approche de ta vie.

La femme de l'orateur ayant mis la tête à la fenêtre, et avisant un homme qui doutait que le pape fût l'antéchrist, lui répandit sur le chef un plein...O Ciel! à quel excès se porte le zèle de la religion dans les dames!

Un homme qui n'avait point été baptisé, un bon anabaptiste, nommé Jacques, vit la manière cruelle et ignominieuse dont on traitait ainsi un de ses frères, un être à deux pieds sans plumes, qui avait une âme; il l'amena chez lui, le nettoya, lui donna du pain et de la bière, lui fit présent de deux florins, et voulut même lui apprendre à travailler dans ses manufactures aux étoffes de Perse qu'on fabrique en Hollande. Candide se prosternant presque devant lui s'écriait:

- Maître Pangloss me l'avait bien dit que tout est au mieux dans ce monde, car je suis infiniment plus touché de votre extrême générosité que de la dureté de ce monsieur à manteau noir, et de Madame son épouse.

Le lendemain en se promenant, il rencontra un gueux tout couvert de pustules, les yeux morts, le bout du nez rongé, la bouche de travers, les dents noires, et parlant de la gorge, tourmenté d'une toux violente, et crachant une dent à chaque effort.

CHAPITRE QUATRIEME

Comment Candide rencontra son ancien maître de philosophie le docteur Pangloss, et ce qui en advint.

Candide plus ému encore de compassion que d'horreur, donna à cet épouvantable gueux les deux florins qu'il avait reçus de son honnête anabaptiste Jacques. Le fantôme le regarda fixement, versa des larmes et sauta à son cou. Candide effrayé recule.

- Hélas! dit le misérable à l'autre misérable, ne reconnaissez-vous plus votre cher Pangloss?

- Qu'entends-je? Vous mon cher maître! Vous dans cet état horrible! Quel malheur vous est-il donc arrivé? Pourquoi n'êtes-vous plus dans le plus beau des châteaux? Qu'est devenue Mademoiselle Cunégonde, la perle des filles, le chef-d'oeuvre de la nature?

- Je n'en peux plus, dit Pangloss.

Aussitôt Candide le mène dans l'étable de l'anabaptiste, où il lui fit manger un peu de pain; et quand Pangloss fut refait:

- Eh bien, lui dit-il, Cunégonde?

- Elle est morte, reprit l'autre.

Candide s'évanouit à ce mot; son ami rappela ses sens, avec un peu de mauvais vinaigre qui se trouva par hasard dans l'étable. Candide rouvre les yeux:

- Cunégonde est morte! Ah! meilleur des mondes, où êtes-vous? Mais de quelle maladie est-elle morte? Ne serait-ce point de m'avoir vu chasser du beau château de Monsieur son père à grands coups de pied?

- Non, dit Pangloss, elle a été éventrée par des soldats bulgares, après avoir été violée autant qu'on peut l'être; ils ont cassé la tête à Monsieur le baron qui voulait la défendre; Madame la baronne a été coupée en morceaux; mon pauvre pupille traité précisément comme sa soeur; et quant au château, il n'est pas resté pierre sur pierre, pas une grange, pas un mouton, pas un canard, pas un arbre: mais nous avons été bien vengés, car les Abares en ont fait autant dans une baronnie voisine qui appartenait à un seigneur bulgare.

A ce discours Candide s'évanouit encore: mais revenu à soi, et ayant dit tout ce qu'il devait dire, il s'enquit de la cause et de l'effet, et de la raison suffisante qui avait mis Pangloss dans un si piteux état.

- Hélas! dit l'autre, c'est l'amour; l'amour, le consolateur du genre humain, le conservateur de l'univers, l'âme de tous

les êtres sensibles, le tendre amour.

- Hélas! dit Candide, je l'ai connu cet amour, ce souverain des coeurs, cette âme de notre âme; il ne m'a jamais valu qu'un baiser et vingt coups de pied au cul. Comment cette belle cause a-t-elle pu produire en vous un effet si abominable?

Pangloss répondit en ces termes:

- O mon cher Candide! vous avez connu Paquette, cette jolie suivante de notre auguste baronne; j'ai goûté dans ses bras les délices du Paradis, qui ont produit ces tourments d'enfer dont vous me voyez dévoré; elle en était infectée, elle en est peut-être morte. Paquette tenait ce présent d'un cordelier très savant, qui avait remonté à la source; car il l'avait eue d'une vieille comtesse, qui l'avait reçue d'un capitaine de cavalerie, qui la devait à une marquise, qui la tenait d'un page, qui l'avait reçue d'un jésuite, qui étant novice l'avait eue en droite ligne d'un des compagnons de Christophe Colomb. Pour moi je ne la donnerai à personne, car je me meurs.

- O Pangloss! s'écria Candide, voilà une étrange généalogie! N'est-ce pas le diable qui en fut la souche?

- Point du tout, répliqua ce grand homme; c'était une chose indispensable dans le meilleur des mondes, un ingrédient nécessaire; car si Colomb n'avait pas attrapé dans une île de l'Amérique, cette maladie qui empoisonne la source de la génération, et qui est évidemment l'opposé du grand but de la nature, nous n'aurions ni le chocolat, ni la cochenille; il faut encore observer que jusqu'aujourd'hui dans notre continent, cette maladie nous est particulière comme la controverse. Les Turcs, les Indiens, les Persans, les Chinois, les Siamois, les Japonais ne la connaissent pas encore; mais il y a une raison suffisante pour qu'ils la connaissent à leur tour dans quelques siècles. En attendant, elle a fait un merveilleux progrès parmi nous, et surtout dans ces grandes armées composées d'honnêtes stipendiaires bien élevés, qui décident du destin des états; on peut assurer que quand trente mille hommes combattent en bataille rangée contre des troupes égales en nombre, il y a environ vingt mille vérolés de chaque côté.

- Voilà qui est admirable, dit Candide, mais il faut vous faire guérir.

- Eh! comment le puis-je? dit Pangloss. Je n'ai pas le sou, mon ami; et dans toute l'étendue de ce globe on ne peut ni se faire saigner, ni prendre un lavement sans payer, ou sans qu'il y ait quelqu'un qui paie pour nous.

Ce dernier discours détermina Candide; il alla se jeter aux pieds de son charitable anabaptiste Jacques, et lui fit une peinture si touchante de l'état où son ami était réduit, que le bon homme n'hésita pas à recueillir le docteur Pangloss; il le fit guérir à ses dépens. Pangloss dans la cure ne perdit qu'un oeil et une oreille. Il écrivait bien, et savait parfaitement l'arithmétique. L'anabaptiste Jacques en fit son teneur de livres. Au bout de deux mois étant obligé d'aller à Lisbonne pour les affaires de son commerce, il mena dans son vaisseau ses deux philosophes. Pangloss lui expliqua comment tout était on ne peut mieux. Jacques n'était pas de cet avis.

- Il faut bien, disait-il, que les hommes aient un peu corrompu la nature, car ils ne sont point nés loups, et ils sont devenus loups: Dieu ne leur a donné ni canon de vingt-quatre, ni bayonnettes, et ils se sont fait des bayonnettes et des canons pour se détruire. Je pourrais mettre en ligne de compte les banqueroutes; et la justice qui s'empare des biens des banqueroutiers pour en frustrer les créanciers.

- Tout cela était indispensable, répliquait le docteur borgne, et les malheurs particuliers font le bien général, de sorte que plus il y a de malheurs particuliers, et plus tout est bien. Tandis qu'il raisonnait, l'air s'obscurcit, les vents soufflèrent des quatre coins du monde, et le vaisseau fut assailli de la plus horrible tempête à la vue du port de Lisbonne.

CHAPITRE CINQUIEME

Tempête, naufrage, tremblement de terre, et ce qui advint du docteur Pangloss, de Candide, et de l'anabaptiste Jacques.

La moitié des passagers affaiblis, expirants de ces angoisses inconcevables que le roulis d'un vaisseau porte dans les nerfs et dans toutes les humeurs du corps agitées en sens contraires, n'avait pas même la force de s'inquiéter du danger. L'autre moitié jetait des cris et faisait des prières; les voiles étaient déchirées, les mâts brisés, le vaisseau entrouvert. Travaillait qui pouvait, personne ne s'entendait, personne ne commandait. L'anabaptiste aidait un peu à la manoeuvre; il était sur le tillac; un matelot furieux le frappe rudement et l'étend sur les planches; mais du coup qu'il lui donna, il eut lui-même une si violente secousse qu'il tomba hors du vaisseau la tête la première. Il restait suspendu et accroché à une partie de mât rompue. Le bon Jacques court à son secours, l'aide à remonter, et de l'effort qu'il fit il est précipité dans la mer à la vue du matelot, qui le laissa périr sans daigner seulement le regarder. Candide approche, voit son bienfaiteur qui reparaît un moment et qui est englouti pour jamais. Il veut se jeter après lui dans la mer, le philosophe Pangloss l'en empêche, en lui prouvant que la rade de Lisbonne avait été formée exprès pour que cet anabaptiste s'y noyât. Tandis qu'il le prouvait à priori, le vaisseau s'entrouvre, tout périt à la réserve de Pangloss, de Candide, et de ce brutal de matelot qui avait noyé le vertueux anabaptiste; le coquin nagea heureusement jusqu'au rivage, où Pangloss et Candide furent portés sur une planche.

Quand ils furent revenus un peu à eux, ils marchèrent vers Lisbonne; il leur restait quelque argent avec lequel ils espéraient se sauver de la faim après avoir échappé à la tempête.

A peine ont-ils mis le pied dans la ville en pleurant la mort de leur bienfaiteur, qu'ils sentent la terre trembler sous leurs pas, la mer s'élève en bouillonnant dans le port, et brise les vaisseaux qui sont à l'ancre. Des tourbillons de flamme et de cendres couvrent les rues et les places publiques, les maisons s'écroulent, les toits sont renversés sur les fondements, et les fondements

se dispersent; trente mille habitants de tout âge et de tout sexe sont écrasés sous des ruines. Le matelot disait en sifflant et en jurant:

- Il y aura quelque chose à gagner ici.

- Quelle peut être la raison suffisante de ce phénomène? disait Pangloss.

- Voici le dernier jour du monde, s'écriait Candide.

Le matelot court incontinent au milieu des débris, affronte la mort pour trouver de l'argent, en trouve, s'en empare, s'enivre, et ayant cuvé son vin, achète les faveurs de la première fille de bonne volonté qu'il rencontre sur les ruines des maisons détruites et au milieu des mourants et des morts. Pangloss le tirait cependant par la manche:

- Mon ami, lui disait-il, cela n'est pas bien, vous manquez à la raison universelle, vous prenez mal votre temps.

- Tête et sang, répondit l'autre, je suis matelot et né à Batavia; j'ai marché quatre fois sur le Crucifix dans quatre voyages au Japon; tu as bien trouvé ton homme avec ta raison universelle!

Quelques éclats de pierre avaient blessé Candide; il était étendu dans la rue et couvert de débris. Il disait à Pangloss:

- Hélas! procure-moi un peu de vin et d'huile, je me meurs.

- Ce tremblement de terre n'est pas une chose nouvelle, répondit Pangloss; la ville de Lima éprouva les mêmes secousses en Amérique l'année passée; mêmes causes, mêmes effets; il y a certainement une traînée de souffre sous terre depuis Lima jusqu'à Lisbonne.

- Rien n'est plus probable, dit Candide; mais, pour Dieu, un peu d'huile et de vin.

- Comment probable? répliqua le philosophe; je soutiens que la chose est démontrée.

Candide perdit connaissance, et Pangloss lui apporta un peu d'eau d'une fontaine voisine.

Le lendemain, ayant trouvé quelques provisions de bouche en se glissant à travers des décombres, ils réparèrent un peu leurs forces. Ensuite ils travaillèrent comme les autres à soulager les habitants échappés à la mort. Quelques citoyens secourus par eux leur donnèrent un aussi bon dîner qu'on le pouvait dans un tel désastre: il est vrai que le repas était triste, les convives arrosaient leur pain de leurs larmes; mais Pangloss les consola, en les assurant que les choses ne pouvaient être autrement:

- Car, dit-il, tout ceci est ce qu'il y a de mieux. Car s'il y a un volcan à Lisbonne, il ne pouvait être ailleurs.

Car il est impossible que les choses ne soient pas où elles sont. Car tout est bien.

Un petit homme noir, familier de l'Inquisition, lequel était à côté de lui, prit poliment la parole, et dit:

- Apparemment que Monsieur ne croit pas au péché originel; car si tout est au mieux, il n'y a donc eu ni chute ni punition.

- Je demande très humblement pardon à Votre Excellence, répondit Pangloss encore plus poliment, car la chute de l'homme et la malédiction entraient nécessairement dans le meilleur des mondes possibles.

- Monsieur ne croit donc pas à la liberté? dit le familier.

- Votre Excellence m'excusera, dit Pangloss; la liberté peut subsister avec la nécessité absolue, car il était nécessaire que nous fussions libres; car enfin la volonté déterminée...

Pangloss était au milieu de sa phrase, quand le familier fit un signe de tête à son estafier qui lui servait à boire du vin de Porto, ou d'Opporto.

CHAPITRE SIXIEME

Comment on fit un bel autodafé pour empêcher les tremblements de terre, et comment Candide fut fessé.

Après le tremblement de terre qui avait détruit les trois quarts de Lisbonne, les sages du pays n'avaient pas trouvé un moyen plus efficace pour prévenir une ruine totale que de donner au peuple un bel autodafé; il était décidé par l'Université de Coimbre, que le spectacle de quelques personnes brûlées à petit feu en grande cérémonie, est un secret infaillible pour empêcher la terre de trembler.

On avait en conséquence saisi un Biscayen convaincu d'avoir épousé sa commère, et deux Portugais qui en mangeant un poulet en avaient arraché le lard; on vint lier après le dîner le docteur Pangloss, et son disciple Candide, l'un pour avoir parlé, et l'autre pour l'avoir écouté avec un air d'approbation: tous deux furent menés séparément dans des appartements d'une extrême fraîcheur, dans lesquels on n'était jamais incommodé du soleil: huit jours après ils furent tous deux revêtus d'un san-benito, et on orna leurs têtes de mitres de papier: la mitre et le san-benito de Candide étaient peints de flammes renversées et de diables qui n'avaient ni queues ni griffes: mais les diables de Pangloss portaient griffes et queues, et les flammes étaient droites. Ils marchèrent en procession ainsi vêtus, et entendirent un sermon très pathétique, suivi d'une belle musique en faux-bourdon. Candide fut fessé en cadence pendant qu'on chantait; le Biscayen et les deux hommes qui n'avaient point voulu manger de lard furent brûlés, et Pangloss fut pendu quoique ce ne soit pas la coutume. Le même jour la terre trembla de nouveau avec un fracas épouvantable.

Candide épouvanté, interdit, éperdu, tout sanglant, tout palpitant, se disait à lui-même:

- Si c'est ici le meilleur des mondes possibles, que sont donc les autres? Passe encore si je n'étais que fessé, je l'ai été chez les Bulgares; mais, ô! mon cher Pangloss, le plus grand des philosophes, faut-il vous avoir vu pendre sans que je sache pourquoi! O! mon cher anabaptiste, le meilleur des hommes, faut-il que vous ayez été noyé dans le port! O! Mademoiselle Cunégonde, la perle des filles, faut-il qu'on vous ait fendu le ventre!

Il s'en retournait se soutenant à peine, prêché, fessé, absous et béni, lorsqu'une vieille l'aborda, et lui dit:

- Mon fils, prenez courage, suivez-moi.

CHAPITRE SEPTIEME

Comment une vieille prit soin de Candide, et comment il retrouva ce qu'il aimait.

Candide ne prit point courage, mais il suivit la vieille dans une masure: elle lui donna un pot de pommade pour se frotter, lui laissa à manger et à boire; elle lui montra un petit lit assez propre; il y avait auprès du lit un habit complet.

- Mangez, buvez, dormez, lui dit-elle, et que Notre-Dame d'Atocha, Monseigneur saint Antoine de Padoue, et Monseigneur saint Jacques de Compostelle prennent soin de vous. Je reviendrai demain.

Candide toujours étonné de tout ce qu'il avait vu, de tout ce qu'il avait souffert, et encore plus de la charité de la vieille, voulut lui baiser la main.

- Ce n'est pas ma main qu'il faut baiser, dit la vieille; je reviendrai demain. Frottez-vous de pommade, mangez et dormez.

Candide malgré tant de malheurs mangea et dormit. Le lendemain la vieille lui apporte à déjeuner, visite son dos, le frotte elle-même d'une autre pommade: elle lui apporte ensuite à dîner; elle revient sur le soir et apporte à souper. Le surlendemain elle fit encore les mêmes cérémonies.

- Qui êtes-vous? lui disait toujours Candide; qui vous a inspiré tant de bonté? quelles grâces puis-je vous rendre?

La bonne femme ne répondait jamais rien: elle revint sur le soir, et n'apporta point à souper:

- Venez avec moi, dit-elle, et ne dites mot.

Elle le prend sous le bras, et marche avec lui dans la campagne environ un quart de mille: ils arrivent à une maison isolée, entourée de jardins et de canaux. La vieille frappe à une petite porte. On ouvre; elle mène Candide par un escalier dérobé dans un cabinet doré, le laisse sur un canapé de brocart, referme la porte, et s'en va. Candide croyait rêver, et regardait toute sa vie comme un songe funeste, et le moment présent comme un songe agréable.

La vieille reparut bientôt; elle soutenait avec peine une femme tremblante, d'une taille majestueuse, brillante de pierreries, et couverte d'un voile.

- Otez ce voile, dit la vieille à Candide.

Le jeune homme approche, il lève le voile d'une main timide.

Quel moment! quelle surprise! Il crut voir Mademoiselle Cunégonde, il la voyait en effet, c'était elle-même. La force lui manque, il ne peut proférer une parole, il tombe à ses pieds. Cunégonde tombe sur le canapé. La vieille les accable d'eaux spiritueuses; ils reprennent leurs sens, ils se parlent: ce sont d'abord des mots entrecoupés, des demandes et des réponses qui se croisent, des soupirs, des larmes, des cris. La vieille leur recommande de faire moins de bruit et les laisse en liberté.

- Quoi! c'est vous, lui dit Candide, vous vivez! Je vous retrouve en Portugal! On ne vous a donc pas violée? On ne vous a point fendu le ventre, comme le philosophe Pangloss me l'avait assuré?

- Si-fait, dit la belle Cunégonde; mais on ne meurt pas toujours de ces deux accidents.

- Mais votre père et votre mère ont-ils été tués?

- Il n'est que trop vrai, dit Cunégonde, en pleurant.

- Et votre frère?

- Mon frère a été tué aussi.

- Et pourquoi êtes-vous en Portugal, et comment avez-vous su que j'y étais, et par quelle étrange aventure m'avez-vous fait conduire dans cette maison?

- Je vous dirai tout cela, répliqua la dame; mais il faut auparavant que vous m'appreniez tout ce qui vous est arrivé depuis le baiser innocent que vous me donnâtes, et les coups de pied que vous reçûtes.

Candide lui obéit avec un profond respect; et quoiqu'il fût interdit, quoique sa voix fût faible et tremblante, quoique l'échine lui fît encore un peu mal, il lui raconta de la manière la plus naïve tout ce qu'il avait éprouvé depuis le moment de leur séparation. Cunégonde levait les yeux au ciel; elle donna des larmes à la mort du bon anabaptiste, et de Pangloss; après quoi elle parla en ces termes à Candide, qui ne perdait pas une parole, et qui la dévorait des yeux.

CHAPITRE HUITIEME

Histoire de Cunégonde

- J'étais dans mon lit et je dormais profondément, quand il plut au Ciel d'envoyer les Bulgares dans notre beau château de Thunder-ten-tronckh; ils égorgèrent mon père et mon frère, et coupèrent ma mère par morceaux. Un grand Bulgare, haut de six pieds, voyant qu'à ce spectacle j'avais perdu connaissance, se mit à me violer; cela me fit revenir, je repris mes sens, je criai, je me débattis, je mordis, j'égratignai, je voulais arracher les yeux à ce grand Bulgare, ne sachant pas que tout ce qui arrivait dans le château de mon père était chose d'usage: le brutal me donna un coup de couteau dans le flanc gauche dont je porte encore la marque.
- Hélas! j'espère bien la voir, dit le naïf Candide.
- Vous la verrez, dit Cunégonde, mais continuons.
- Continuez, dit Candide.

Elle reprit ainsi le fil de son histoire:
- Un capitaine bulgare entra, il me vit toute sanglante, et le soldat ne se dérangeait pas. Le capitaine se mit en colère du peu de respect que lui témoignait ce brutal, et le tua sur mon corps. Ensuite il me fit panser et m'emmena prisonnière de guerre dans son quartier. Je blanchissais le peu de chemises qu'il avait, je faisais sa cuisine; il me trouvait fort jolie, il faut l'avouer; et je ne nierai pas qu'il ne fût très bien fait, et qu'il n'eût la peau blanche et douce; d'ailleurs peu d'esprit, peu de philosophie; on voyait bien qu'il n'avait pas été élevé par le docteur Pangloss. Au bout de trois mois ayant perdu tout son argent, et s'étant dégoûté de moi, il me vendit à un juif nommé Don Issachar, qui trafiquait en Hollande et en Portugal, et qui aimait passionnément les femmes. Ce juif s'attacha beaucoup à ma personne, mais il ne pouvait en triompher; je lui ai mieux résisté qu'au soldat bulgare. Une personne d'honneur peut être violée une fois, mais sa vertu s'en affermit. Le juif pour m'apprivoiser me mena dans cette maison de campagne que vous voyez. J'avais cru, jusque-là, qu'il n'y avait rien sur la terre de si beau que le château de Thunder-ten-tronckh. J'ai été détrompée.

- Le Grand Inquisiteur m'aperçut un jour à la messe, il me lorgna beaucoup et me fit dire qu'il avait à me parler pour

des affaires secrètes. Je fus conduite à son palais, je lui appris ma naissance; il me présenta combien il était au-dessous de mon rang d'appartenir à un israélite. On proposa de sa part à Don Issachar de me céder à Monseigneur. Don Issachar qui est le banquier de la cour, et homme de crédit, n'en voulut rien faire. L'inquisiteur le menaça d'un autodafé. Enfin mon juif intimidé conclut un marché, par lequel la maison et moi leur appartiendraient à tous deux en commun, que le juif aurait pour lui les lundis, mercredis et le jour du Sabbat, et que l'inquisiteur aurait les autres jours de la semaine. Il y a six mois que cette convention subsiste. Ce n'a pas été sans querelles, car souvent il a été indécis si la nuit du samedi au dimanche appartenait à l'ancienne loi, ou à la nouvelle. Pour moi j'ai résisté jusqu'à présent à toutes les deux, et je crois que c'est pour cette raison que j'ai toujours été aimée.

- Enfin pour détourner le fléau des tremblements de terre, et pour intimider Don Issachar, il plut à Monseigneur l'inquisiteur de célébrer un autodafé. Il me fit l'honneur de m'y inviter. Je fus très bien placée; on servit aux dames des rafraîchissements entre la messe et l'exécution. Je fus à la vérité saisie d'horreur en voyant brûler ces deux juifs et cet honnête Biscayen qui avait épousé sa commère: mais quelle fut ma surprise, mon effroi, mon trouble, quand je vis dans un san-benito, et sous une mitre, une figure qui ressemblait à celle de Pangloss! Je me frottai les yeux, je regardai attentivement, je le vis pendre; je tombai en faiblesse; à peine reprenais-je mes sens que je vous vis dépouillé tout nu; ce fut là le comble de l'horreur, de la consternation, de la douleur, du désespoir. Je vous dirai, avec vérité, que votre peau est encore plus blanche, et d'un incarnat plus parfait que celle de mon capitaine bulgare. Cette vue redoubla tous les sentiments qui m'accablaient, qui me dévoraient. Je m'écriai, je voulus dire: arrêtez, barbares, mais la voix me manqua, et mes cris auraient été inutiles. Quand vous eûtes été bien fessé: comment se peut-il faire, disais-je, que l'aimable Candide et le sage Pangloss se trouvent à Lisbonne, l'un pour recevoir cent coups de fouet, et l'autre pour être pendu par l'ordre de Monseigneur l'inquisiteur dont je suis la bien-aimée? Pangloss m'a donc bien cruellement trompée quand il me disait que tout va le mieux du monde.

- Agitée, éperdue, tantôt hors de moi-même, et tantôt prête de mourir de faiblesse, j'avais la tête remplie du massacre de mon père, de ma mère, de mon frère, de l'insolence

de mon vilain soldat bulgare, du coup de couteau qu'il me donna, de ma servitude, de mon métier de cuisinière, de mon capitaine bulgare, de mon vilain Don Issachar, de mon abominable inquisiteur, de la pendaison du docteur Pangloss, de ce grand miserere en faux-bourdon pendant lequel on vous fessait, et surtout du baiser que je vous avais donné derrière un paravent, le jour que je vous avais vu pour la dernière fois. Je louai Dieu qui vous ramenait à moi par tant d'épreuves. Je recommandai à ma vieille d'avoir soin de vous, et de vous amener ici dès qu'elle le pourrait. Elle a très bien exécuté ma commission; j'ai goûté le plaisir inexprimable de vous revoir, de vous entendre, de vous parler. Vous devez avoir une faim dévorante, j'ai grand appétit, commençons par souper.

Les voilà qui se mettent tous deux à table, et après le souper ils se replacent sur ce beau canapé dont on a déjà parlé: ils y étaient quand le Signor Don Issachar, l'un des maîtres de la maison, arriva. C'était le jour du Sabbat. Il venait jouir de ses droits, et expliquer son tendre amour.

CHAPITRE NEUVIEME

Ce qui advint de Cunégonde, de Candide, du Grand Inquisiteur et d'un juif.

Cet Issachar était le plus colérique Hébreu qu'on eût vu dans Israël depuis la captivité en Babylone.

- Quoi! dit-il, chienne de galiléenne, ce n'est pas assez de Monseigneur l'inquisiteur? il faut que ce coquin partage aussi avec moi? En disant cela, il tire un long poignard dont il était toujours pourvu, et ne croyant pas que son adverse partie eût des armes, il se jette sur Candide: mais notre bon Westphalien avait reçu une belle épée de la vieille avec l'habit complet. Il tire son épée, quoiqu'il eût les moeurs fort douces, et vous étend l'israélite roide mort sur le carreau aux pieds de la belle Cunégonde.

- Sainte Vierge! s'écria-t-elle, qu'allons-nous devenir? Un homme tué chez moi! Si la justice vient, nous sommes perdus.

- Si Pangloss n'avait pas été pendu, dit Candide, il nous donnerait un bon conseil dans cette extrémité, car c'était un grand philosophe. A son défaut consultons la vieille. Elle était fort prudente, et commençait à dire son avis, quand une autre petite porte s'ouvrit. Il était une heure après minuit, c'était le commencement du dimanche. Ce jour appartenait à Monseigneur l'inquisiteur. Il entre et voit le fessé Candide l'épée à la main, un mort étendu par terre, Cunégonde effarée, et la vieille donnant des conseils.

Voici dans ce moment ce qui se passa dans l'âme de Candide, et comment il raisonna:

- Si ce saint homme appelle du secours, il me fera infailliblement brûler; il pourra en faire autant de Cunégonde; il m'a fait fouetter impitoyablement; il est mon rival; je suis en train de tuer, il n'y a pas à balancer.
Ce raisonnement fut net et rapide, et sans donner le temps à l'inquisiteur de revenir de sa surprise, il le perce d'outre en outre, et le jette à côté du juif.

- En voici bien d'une autre, dit Cunégonde; il n'y a plus de rémission; nous sommes excommuniés, notre dernière heure est venue. Comment avez-vous fait, vous qui êtes né si doux, pour tuer en deux minutes un juif et un prélat?

- Ma belle demoiselle, répondit Candide, quand on est amoureux, jaloux et fouetté par l'Inquisition, on ne se

connaît plus.

La vieille prit alors la parole et dit:
- Il y a trois chevaux andalous dans l'écurie avec leurs selles et leurs brides, que le brave Candide les prépare; Madame a des moyadors et des diamants; montons vite à cheval, quoique je ne puisse me tenir que sur une fesse, et allons à Cadix, il fait le plus beau temps du monde, et c'est un grand plaisir de voyager pendant la fraîcheur de la nuit.

Aussitôt Candide selle les trois chevaux. Cunégonde, la vieille et lui font trente milles d'une traite. Pendant qu'ils s'éloignaient, la Sainte Hermandad arrive dans la maison; on enterre Monseigneur dans une belle église, et on jette Issachar à la voirie.

Candide, Cunégonde et la vieille étaient déjà dans la petite ville d'Avacéna au milieu des montagnes de la Sierra Morena; et ils parlaient ainsi dans un cabaret.

CHAPITRE DIXIEME

Dans quelle détresse Candide, Cunégonde et la vieille arrivent à Cadix, et de leur embarquement.

- Qui a donc pu me voler mes pistoles et mes diamants? disait en pleurant Cunégonde; de quoi vivrons-nous? Comment ferons-nous? Où trouver des inquisiteurs et des juifs qui m'en donnent d'autres?

- Hélas! dit la vieille, je soupçonne fort un révérend père cordelier qui coucha hier dans la même auberge que nous à Badajoz; Dieu me garde de faire un jugement téméraire, mais il entra deux fois dans notre chambre, et il partit longtemps avant nous.

- Hélas! dit Candide, le bon Pangloss m'avait souvent prouvé que les biens de la terre sont communs à tous les hommes, que chacun y a un droit égal. Ce cordelier devait bien suivant ces principes nous laisser de quoi achever notre voyage. Il ne vous reste donc rien du tout, ma belle Cunégonde?

- Pas un maravédis, dit-elle.

- Quel parti prendre? dit Candide.

- Vendons un des chevaux, dit la vieille, je monterai en croupe derrière Mademoiselle, quoique je ne puisse me tenir que sur une fesse, et nous arriverons à Cadix.

Il y avait dans la même hôtellerie un prieur de bénédictins, il acheta le cheval bon marché. Candide, Cunégonde et la vieille passèrent par Lucéna, par Chillas, par Lebrixa, et arrivèrent enfin à Cadix. On y équipait une flotte, et on y assemblait des troupes pour mettre à la raison les révérends pères jésuites du Paraguay qu'on accusait d'avoir fait révolter une de leurs hordes contre les rois d'Espagne et de Portugal, auprès de la ville du Saint-Sacrement. Candide ayant servi chez les Bulgares fit l'exercice bulgarien devant le général de la petite armée avec tant de grâce, de célérité, d'adresse, de fierté, d'agilité, qu'on lui donna une compagnie d'infanterie à commander. Le voilà capitaine; il s'embarque avec Mademoiselle Cunégonde, la vieille, deux valets, et les deux chevaux andalous qui avaient appartenu à Monseigneur le grand inquisiteur de Portugal.

Pendant toute la traversée, il raisonnèrent beaucoup sur la philosophie du pauvre Pangloss.

- Nous allons dans un autre univers, disait Candide; c'est

dans celui-là sans doute que tout est bien. Car il faut avouer qu'on pourrait gémir un peu de ce qui se passe dans le nôtre en physique et en morale.

- Je vous aime de tout mon coeur, disait Cunégonde, mais j'ai encore l'âme tout effarouchée de ce que j'ai vu, de ce que j'ai éprouvé.

- Tout ira bien, répliquait Candide; la mer de ce nouveau monde vaut déjà mieux que les mers de notre Europe, elle est plus calme, les vents plus constants. C'est certainement le Nouveau-Monde qui est le meilleur des univers possibles.

- Dieu le veuille, disait Cunégonde; mais j'ai été si horriblement malheureuse dans le mien, que mon coeur est presque fermé à l'espérance.

- Vous vous plaignez, leur dit la vieille; hélas! vous n'avez pas éprouvé des infortunes telles que les miennes.

Cunégonde se mit presque à rire, et trouva cette bonne femme fort plaisante, de prétendre être plus malheureuse qu'elle.

- Hélas! lui dit-elle, ma bonne, à moins que vous n'ayez été violée par deux Bulgares, que vous n'ayez reçu deux coups de couteau dans le ventre, qu'on n'ait démoli deux de vos châteaux, qu'on n'ait égorgé à vos yeux deux mères et deux pères, et que vous n'ayez vu deux de vos amants fouettés dans un autodafé, je ne vois pas que vous puissiez l'emporter sur moi; ajoutez que je suis née baronne avec soixante et douze quartiers, et que j'ai été cuisinière.

- Mademoiselle, répondit la vieille, vous ne savez pas quelle est ma naissance, et si je vous montrais mon derrière, vous ne parleriez pas comme vous faites, et vous suspendriez votre jugement.

Ce discours fit naître une extrême curiosité dans l'esprit de Cunégonde et de Candide. La vieille leur parla en ces termes.

CHAPITRE ONZIEME

Histoire de la vieille

- Je n'ai pas eu toujours les yeux éraillés et bordés d'écarlate; mon nez n'a pas toujours touché à mon menton, et je n'ai pas toujours été servante. Je suis la fille du pape Urbain X et de la princesse de Palestrine. On m'éleva jusqu'à quatorze ans dans un palais auquel tous les châteaux de vos barons allemands n'auraient pas servi d'écurie; et une de mes robes valait mieux que toutes les magnificences de la Westphalie: je croissais en beauté, en grâces, en talents, au milieu des plaisirs, des respects et des espérances. J'inspirais déjà l'amour. Ma gorge se formait, et quelle gorge! blanche, ferme, taillée comme celle de la Vénus de Médicis; et quels yeux! quelles paupières! quels sourcils noirs! quelles flammes brillaient dans mes deux prunelles, et effaçaient la scintillation des étoiles, comme me disaient les poètes du quartier. Les femmes qui m'habillaient et qui me déshabillaient tombaient en extase en me regardant par devant et par derrière, et tous les hommes auraient voulu être à leur place.

- Je fus fiancée à un prince souverain de Massa Carara. Quel prince! aussi beau que moi, pétri de douceur et d'agréments, brillant d'esprit et brûlant d'amour, je l'aimais comme on aime pour la première fois, avec idolâtrie, avec emportement. Les noces furent préparées. C'était une pompe, une magnificence inouïe; c'étaient des fêtes, des carrousels, des "opera-buffa" continuels, et toute l'Italie fit pour moi des sonnets dont il n'y eut pas un seul de passable. Je touchai au moment de mon bonheur, quand une vieille marquise qui avait été maîtresse de mon prince l'invita à prendre du chocolat chez elle. Il mourut en moins de deux heures avec des convulsions épouvantables. Mais ce n'est qu'une bagatelle. Ma mère au désespoir, et bien moins affligée que moi, voulut s'arracher pour quelque temps à un séjour si funeste. Elle avait une très belle terre auprès de Gaïette. Nous nous embarquâmes sur une galère du pays, dorée comme l'autel de Saint-Pierre de Rome. Voilà qu'un corsaire de Salé fond sur nous et nous aborde. Nos soldats se défendirent comme des soldats du pape: ils se mirent tous à genoux en jetant leurs armes et en demandant au corsaire une absolution "in articulo mortis".

- Aussitôt on les dépouilla nus comme des singes, et ma mère aussi, nos filles d'honneur aussi, et moi aussi. C'est une chose admirable que la diligence avec laquelle ces messieurs déshabillent le monde. Mais ce qui me surprit davantage, c'est qu'ils nous mirent à tous le doigt dans un endroit où nous autres femmes nous ne nous laissons mettre d'ordinaire que des canules. Cette cérémonie me paraissait bien étrange; voilà comme on juge de tout quand on n'est pas sorti de son pays. J'appris bientôt que c'était pour voir si nous n'avions pas caché là quelques diamants. C'est un usage établi de temps immémorial parmi les nations policées qui courent sur mer. J'ai su que Messieurs les religieux chevaliers de Malte n'y manquent jamais quand ils prennent des Turcs et des Turques. C'est une loi du droit des gens à laquelle on n'a jamais dérogé.

- Je ne vous dirai point combien il est dur pour une jeune princesse d'être menée esclave à Maroc avec sa mère. Vous concevez assez tout ce que nous eûmes à souffrir dans le vaisseau corsaire. Ma mère était encore très belle; nos filles d'honneur, nos simples femmes de chambre avaient plus de charmes qu'on n'en peut trouver dans toute l'Afrique. Pour moi, j'étais ravissante, j'étais la beauté, la grâce même, et j'étais pucelle. Je ne le fus pas longtemps: cette fleur qui avait été réservée pour le beau prince de Massa Carara, me fut ravie par le capitaine corsaire. C'était un nègre abominable, qui croyait encore me faire beaucoup d'honneur. Certes il fallait que Madame la princesse de Palestrine, et moi, fussions bien fortes pour résister à tout ce que nous éprouvâmes jusqu'à notre arrivée à Maroc. Mais passons; ce sont des choses si communes qu'elles ne valent pas la peine qu'on en parle.

- Maroc nageait dans le sang quand nous arrivâmes. Cinquante fils de l'empereur Muley-Ismaël avaient chacun leur parti: ce qui produisait en effet cinquante guerres civiles, de noirs contre noirs, de noirs contre basanés, de basanés contre basanés, de mulâtres contre mulâtres. C'était un carnage continuel dans toute l'étendue de l'empire.

- A peine fûmes-nous débarquées, que des noirs d'une faction ennemie de celle de mon corsaire, se présentèrent pour lui enlever son butin. Nous étions, après les diamants et l'or, ce qu'il avait de plus précieux. Je fus témoin d'un combat tel que vous n'en voyez jamais dans vos climats d'Europe. Les peuples septentrionaux n'ont pas le sang assez

ardent. Ils n'ont pas la rage des femmes au point où elle est commune en Afrique. Il semble que vos européens aient du lait dans les veines; c'est du vitriol, c'est du feu qui coule dans celles des habitants du mont Atlas et des pays voisins. On combattit avec la fureur des lions, des tigres et des serpents de la contrée, pour savoir à qui nous aurait. Un Maure saisit ma mère par le bras droit, le lieutenant de mon capitaine la retint par le bras gauche; un soldat maure la prit par une jambe, un de nos pirates la tenait par l'autre. Nos filles se trouvèrent presque toutes en un moment tirées ainsi par quatre soldats. Mon capitaine me tenait cachée derrière lui. Il avait le cimeterre au poing, et tuait tout ce qui s'opposait à sa rage. Enfin, je vis toutes nos Italiennes et ma mère déchirées, coupées, massacrées par les monstres qui se les disputaient. Les captifs mes compagnons, ceux qui les avaient pris, soldats, matelots, noirs, blancs, mulâtres, et enfin mon capitaine, tout fut tué, et je demeurai mourante sur un tas de morts. Des scènes pareilles se passaient, comme on sait, dans l'étendue de plus de trois cents lieues, sans qu'on manquât aux cinq prières par jour ordonnées par Mahomet.

– Je me débarrassai avec beaucoup de peine de la foule de tant de cadavres sanglants entassés, et je me traînai sous un grand oranger au bord d'un ruisseau voisin; j'y tombai d'effroi, de lassitude, d'horreur, de désespoir et de faim. Bientôt après mes sens accablés se livrèrent à un sommeil qui tenait plus de l'évanouissement que du repos. J'étais dans cet état de faiblesse et d'insensibilité, entre la mort et la vie, quand je me sentis pressée de quelque chose qui s'agitait sur mon corps. J'ouvris les yeux, je vis un homme blanc et de bonne mine qui soupirait, et qui disait entre ses dents:

– "O che sciagura d'essere senza coglioni!"

CHAPITRE DOUZIEME

Suite des malheurs de la vieille.

- Etonnée et ravie d'entendre la langue de ma patrie, et non moins surprise des paroles que proférait cet homme, je lui répondis qu'il y avait de plus grands malheurs que celui dont il se plaignait. Je l'instruisis en peu de mots des horreurs que j'avais essuyées, et je retombai en faiblesse. Il m'emporta dans une maison voisine, me fit mettre au lit, me fit donner à manger, me servit, me consola, me flatta, me dit qu'il n'avait rien vu de si beau que moi, et que jamais il n'avait tant regretté ce que personne ne pouvait lui rendre.

- Je suis né à Naples, me dit-il, on y chaponne deux ou trois mille enfants tous les ans, les uns en meurent, les autres acquièrent une voix plus belle que celle des femmes, les autres vont gouverner des états. On me fit cette opération avec un très grand succès, et j'ai été musicien de la chapelle de Madame la princesse de Palestrine.

- De ma mère! m'écriai-je.

- De votre mère! s'écria-t-il en pleurant. Quoi! vous seriez cette jeune princesse que j'ai élevée jusqu'à l'âge de six ans, et qui promettait déjà d'être aussi belle que vous êtes?

- C'est moi-même; ma mère est à quatre cents pas d'ici coupée en quartiers sous un tas de morts.

- Je lui contai tout ce qui m'était arrivé; il me conta aussi ses aventures, et m'apprit comment il avait été envoyé chez le roi de Maroc par une puissance chrétienne pour conclure avec ce monarque un traité, par lequel on lui fournirait de la poudre, des canons et des vaisseaux pour l'aider à exterminer le commerce des autres chrétiens.

- Ma mission est faite, me dit cet honnête eunuque; je vais m'embarquer à Ceuta, et je vous ramènerai en Italie. "Ma che sciagura d'essere senza coglioni!"

- Je le remerciai avec des larmes d'attendrissement, et au lieu de me mener en Italie, il me conduisit à Alger, et me vendit au dey de cette province. A peine fus-je vendue, que cette peste qui a fait le tour de l'Afrique, de l'Asie et de l'Europe, se déclara dans Alger avec fureur. Vous avez vu des tremblements de terre; mais, Mademoiselle, avez-vous jamais eu la peste?

- Jamais, répondit la baronne.

- Si vous l'aviez eue, reprit la vieille, vous avoueriez qu'elle est bien au-dessus d'un tremblement de terre. Elle est fort commune en Afrique; j'en fus attaquée. Figurez-vous quelle situation pour la fille d'un pape âgée de quinze ans, qui en trois mois de temps avait éprouvé la pauvreté, l'esclavage avait été violée presque tous les jours, avait vu couper sa mère en quatre, avait essuyé la faim et la guerre, et mourait pestiférée dans Alger. Je n'en mourus pourtant pas. Mais mon eunuque et le dey, et presque tout le sérail d'Alger périrent.

- Quand les premiers ravages de cette épouvantable peste furent passés, on vendit les esclaves du dey. Un marchand m'acheta et me mena à Tunis. Il me vendit à un autre marchand, qui me revendit à Tripoli; de Tripoli je fus vendue à Alexandrie, d'Alexandrie revendue à Smyrne, de Smyrne à Constantinople. J'appartins enfin à un aga des janissaires, qui fut bientôt commandé pour aller défendre Asof contre les Russes qui l'assiégeaient.

- L'aga qui était un très galant homme mena avec lui tout son sérail, et nous logea dans un petit fort sur les Palus Méotides, gardé par deux eunuques noirs et vingt soldats. On tua prodigieusement de Russes, mais ils nous le rendirent bien. Asof fut mis à feu et à sang, et on ne pardonna ni au sexe, ni à l'âge; il ne resta que notre petit fort; les ennemis voulurent nous prendre par famine. Les vingt janissaires avaient juré de ne se jamais rendre. Les extrémités de la faim où ils furent réduits les contraignirent à manger nos deux eunuques, de peur de violer leur serment. Au bout de quelques jours ils résolurent de manger les femmes.

- Nous avions un iman très pieux et très compatissant, qui leur fit un beau sermon, par lequel il leur persuada de ne nous pas tuer tout à fait.

- Coupez, dit-il, seulement une fesse à chacune de ces dames, vous ferez très bonne chère; s'il faut y revenir, vous en aurez encore autant dans quelques jours; le Ciel vous saura gré d'une action si charitable, et vous serez secourus.

- Il avait beaucoup d'éloquence; il les persuada. On nous fit cette horrible opération. L'iman nous appliqua le même baume qu'on met aux enfants qu'on vient de circoncire. Nous étions toutes à la mort.

- A peine les janissaires eurent-ils fait le repas que nous leur avions fourni, que les Russes arrivent sur

des bateaux plats; il ne réchappa pas un janissaire. Les Russes ne firent aucune attention à l'état où nous étions. Il y a partout des chirurgiens français; un d'eux qui était fort adroit prit soin de nous, il nous guérit; et je me souviendrai toute ma vie, que quand mes plaies furent bien fermées, il me fit des propositions. Au reste, il nous dit à toutes de nous consoler; il nous assura que dans plusieurs sièges pareille chose était arrivée, et que c'était la loi de la guerre.

- Dès que mes compagnes purent marcher, on les fit aller à Moscou. J'échus en partage à un boyard, qui me fit sa jardinière, et qui me donnait vingt coups de fouet par jour. Mais ce seigneur ayant été roué au bout de deux ans avec une trentaine de boyards, pour quelque tracasserie de cour, je profitai de cette aventure; je m'enfuis; je traversai toute la Russie; je fus longtemps servante de cabaret à Riga, puis à Rostock, à Vismar, à Leipzig, à Cassel, à Utrecht, à Leyde, à La Haye, à Rotterdam; j'ai vieilli dans la misère et dans l'opprobre, n'ayant que la moitié d'un derrière, me souvenan toujours que j'étais fille d'un pape: je voulus cent fois me tuer, mais j'aimais encore la vie. Cette faiblesse ridicule est peut-être un de nos penchants les plus funestes. Car y a-t-il rien de plus sot que de vouloir porter continuellement un fardeau qu'on veut toujours jeter par terre? D'avoir son être en horreur, et de tenir à son être? Enfin de caresser le serpent qui nous dévore, jusqu'à ce qu'il nous ait mangé le coeur?

- J'ai vu dans les pays que le sort m'a fait parcourir, et dans les cabarets où j'ai servi, un nombre prodigieux de personnes qui avaient leur existence en exécration; mais je n'en ai vu que douze qui aient mis volontairement fin à leur misère, trois nègres, quatre Anglais, quatre Genevois et un professeur allemand nommé Robek. J'ai fini par être servante chez le juif don Issachar; il me mit auprès de vous, ma belle demoiselle; je me suis attachée à votre destinée, et j'ai été plus occupée de vos aventures que des miennes. Je ne vous aurais même jamais parlé de mes malheurs, si vous ne m'aviez pas un peu piquée, et s'il n'était d'usage dans un vaisseau de conter des histoires pour se désennuyer. Enfin, Mademoiselle, j'ai de l'expérience, je connais le monde; donnez-vous un plaisir, engagez chaque passager à vous conter son histoire; et s'il s'en trouve un seul qui n'ait souvent maudit sa vie, qui ne se soit souvent dit à lui-même qu'il était le plus malheureux des hommes, jetez-moi dans la mer la tête la première.

CHAPITRE TREIZIEME

Comment Candide fut obligé de se séparer de la belle Cunégonde et de la vieille.

La belle Cunégonde ayant entendu l'histoire de la vieille, lui fit toutes les politesses qu'on devait à une personne de son rang et de son mérite. Elle accepta la proposition; elle engagea tous les passagers l'un après l'autre à lui conter leurs aventures; Candide et elle avouèrent que la vieille avait raison.

- C'est bien dommage, disait Candide, que le sage Pangloss ait été pendu contre la coutume dans un autodafé, il nous dirait des choses admirables sur le mal physique et sur le mal moral qui couvrent la terre et la mer, et je me sentirais assez de force pour oser lui faire respectueusement quelques objections.

A mesure que chacun racontait son histoire, le vaisseau avançait. On aborda dans Buenos Aires. Cunégonde, le capitaine Candide et la vieille allèrent chez le gouverneur Don Fernando d'Ibaraa, y Figueora, y Mascarenes, y Lampourdos, y Souza. Ce seigneur avait une fierté convenable à un homme qui portait tant de noms. Il parlait aux hommes avec le dédain le plus noble, portait le nez si haut, élevant si impitoyablement la voix, prenant un ton si imposant, affectant une démarche si altière, que tous ceux qui le saluaient étaient tentés de le battre. Il aimait les femmes à la fureur. Cunégonde lui parut ce qu'il avait jamais vu de plus beau. La première chose qu'il fit, fut de demander si elle n'était point la femme du capitaine. L'air dont il fit cette question alarma Candide: il n'osa pas dire qu'elle était sa femme, parce qu'en effet elle ne l'était point; il n'osait pas dire que c'était sa soeur, parce qu'elle ne l'était pas non plus; et quoique ce mensonge officieux eût été autrefois très à la mode chez les anciens et qu'il pût être utile aux modernes, son âme était trop pure pour trahir la vérité.

- Mademoiselle Cunégonde, dit-il, doit me faire l'honneur de m'épouser, et nous supplions Votre Excellence de daigner faire notre noce.

Don Fernando d'Ibaraa, y Figueora, y Mascarenes, y Lampourdos, y Souza, relevant sa moustache, sourit amèrement, et ordonna au capitaine Candide d'aller faire la revue de sa compagnie. Candide obéit; le gouverneur demeura avec

Mademoiselle Cunégonde. Il lui déclara sa passion, lui protesta que le lendemain il l'épouserait à la face de l'Eglise, ou autrement, ainsi qu'il plairait à ses charmes. Cunégonde lui demanda un quart d'heure pour se recueillir, pour consulter la vieille et pour se déterminer.

La vieille dit à Cunégonde:

- Mademoiselle, vous avez soixante et douze quartiers, et pas une obole; il ne tient qu'à vous d'être la femme du plus grand seigneur de l'Amérique méridionale, qui a une très belle moustache; est-ce à vous de vous piquer d'une fidélité à toute épreuve? Vous avez été violée par les Bulgares; un juif et un inquisiteur ont eu vos bonnes grâces. Les malheurs donnent des droits. J'avoue qui si j'étais à votre place, je ne ferais aucun scrupule d'épouser Monsieur le gouverneur, et de faire la fortune de Monsieur le capitaine Candide.

Tandis que la vieille parlait avec toute la prudence que l'âge et l'expérience donnent, on vit entrer dans le port un petit vaisseau; il portait un alcade et des alguazils, et voici ce qui était arrivé.

La vieille avait très bien deviné, que ce fut un cordelier à la grande manche qui vola l'argent et les bijoux de Cunégonde dans la ville de Badajoz, lorsqu'elle fuyait en hâte avec Candide. Ce moine voulut vendre quelques-unes des pierreries à un joaillier. Le marchand les reconnut pour celles du Grand Inquisiteur. Le cordelier avant d'être pendu avoua qu'il les avait volées. Il indiqua les personnes et la route qu'elles prenaient. La fuite de Cunégonde et de Candide était déjà connue. On les suivit à Cadix. On envoya sans perdre de temps un vaisseau à leur poursuite. Le vaisseau était déjà dans le port de Buenos Aires. Le bruit se répandit qu'un alcade allait débarquer, et qu'on poursuivait les meurtriers de Monseigneur le grand inquisiteur. La prudente vieille vit dans l'instant tout ce qui était à faire.

- Vous ne pouvez fuir, dit-elle à Cunégonde, et vous n'avez rien à craindre; ce n'est pas vous qui avez tué Monseigneur; et d'ailleurs, le gouverneur qui vous aime ne souffrira pas qu'on vous maltraite; demeurez.

Elle court sur-le-champ à Candide:

- Fuyez, dit-elle, ou dans une heure vous allez être brûlé.

Il n'y avait pas un moment à perdre: mais comment se séparer de Cunégonde, et où se réfugier?

CHAPITRE QUATORZIEME

Comment Candide et Cacambo furent reçus chez les jésuites du Paraguay.

Candide avait amenê de Cadix un valet tel qu'on en trouve beaucoup sur les côtes d'Espagne et dans les colonies. C'ètait un quart d'Espagnol, nê d'un mêtis dans le Tucuman; il avait êtê enfant de choeur, sacristain, matelot, moine, facteur, soldat, laquais. Il s'appelait Cacambo, et aimait fort son maître, parce que son maître était un fort bon homme. Il sella au plus vite les deux chevaux andalous.

- Allons, mon maître, suivons le conseil de la vieille, partons et courons sans regarder derrière nous.

Candide versa des larmes:

- O ma chère Cunègonde! faut-il vous abandonner dans le temps que Monsieur le gouverneur va faire nos noces! Cunégonde amenêe de si loin, que deviendrez-vous?

- Elle deviendra ce qu'elle pourra, dit Cacambo; les femmes ne sont jamais embarrassêes d'elles; Dieu y pourvoit, courons.

- Où me mènes-tu? Où allons-nous? Que ferons-nous sans Cunégonde? disait Candide.

- Par saint Jacques de Compostelle, dit Cacambo, vous alliez faire la guerre aux jésuites; allons la faire pour eux; je sais assez les chemins, je vous mènerai dans leur royaume, ils seront charmés d'avoir un capitaine qui fasse l'exercice à la bulgare, vous ferez une fortune prodigieuse; quand on n'a pas son compte dans un monde, on le trouve dans un autre. C'est un très grand plaisir de voir et de faire des choses nouvelles.

- Tu as donc êtê dêjà dans le Paraguay? dit Candide.

- Eh! vraiment oui, dit Cacambo, j'ai été cuistre dans le collège de l'Assomption, et je connais le gouvernement de "los padres" comme je connais les rues de Cadix. C'est une chose admirable que ce gouvernement. Le royaume a dêjà plus de trois cents lieues de diamètre; il est divisé en trente provinces; los padres y ont tout; et les peuples rien; c'est le chef-d'oeuvre de la raison et de la justice. Pour moi je ne vois rien de si divin que los padres, qui font ici la guerre au roi d'Espagne et au roi de Portugal, et qui en Europe confessent ces rois; qui tuent ici des Espagnols, et qui à Madrid les envoient au Ciel; cela me ravit, avançons; vous allez être le plus heureux de tous les hommes. Quel plaisir auront los padres quand ils sauront qu'il leur

vient un capitaine qui sait l'exercice bulgare!

Dès qu'ils furent arrivés à la première barrière, Cacambo dit à la garde avancée qu'un capitaine demandait à parler à Monseigneur le commandant. On alla avertir la grande garde. Un officier paraguayen courut aux pieds du commandant lui donner part de la nouvelle. Candide et Cacambo furent d'abord désarmés; on se saisit de leurs deux chevaux andalous. Les deux étrangers sont introduits au milieu de deux files de soldats: le commandant était au bout, le bonnet à trois cornes en tête, la robe retroussée, l'épée au côté, l'esponton à la main. Il fit un signe, aussitôt vingt-quatre soldats entourent les deux nouveaux-venus. Un sergent leur dit qu'il faut attendre, que le commandant ne peut leur parler, que le révérend père provincial ne permet pas qu'aucun Espagnol ouvre la bouche qu'en sa présence, et demeure plus de trois heures dans le pays.

- Et où est le révérend père provincial? dit Cacambo.

- Il est à la parade après avoir dit sa messe, répondit le sergent; et vous ne pourrez baiser ses éperons que dans trois heures.

- Mais, dit Cacambo, Monsieur le capitaine qui meurt de faim comme moi, n'est point espagnol, il est allemand; ne pourrions-nous point déjeuner en attendant Sa Révérence?

Le sergent alla sur-le-champ rendre compte de ce discours au commandant.

- Dieu soit béni, dit ce seigneur; puisqu'il est allemand, je peux lui parler; qu'on le mène dans ma feuillée.
Aussitôt on conduit Candide dans un cabinet de verdure orné d'une très jolie colonnade de marbre vert et or, et de treillage qui renfermait des perroquets, des colibris, des oiseaux-mouches, des pintades, et tous les oiseaux les plus rares. Un excellent déjeuner était préparé dans des vases d'or; et tandis que les paraguayens mangèrent du maïs dans des écuelles de bois en plein champ à l'ardeur du soleil, le révérend père commandant entra dans la feuillée.

C'était un très beau jeune homme, le visage plein, assez blanc, haut en couleur, le sourcil relevé, l'oeil vif, l'oreille rouge, les lèvres vermeilles, l'air fier, mais d'une fierté qui n'était ni celle d'un Espagnol, ni celle d'un jésuite. On rendit à Candide et à Cacambo leurs armes qu'on leur avait saisies, ainsi que les deux chevaux andalous; Cacambo leur fit manger l'avoine auprès de la feuillée, ayant toujours l'oeil sur eux, de crainte de surprise.

Candide baisa d'abord le bas de la robe du commandant, ensuite ils se mirent à table.

- Vous êtes donc allemand? lui dit le jésuite en cette langue.

- Oui, mon révérend père, dit Candide.

L'un et l'autre en prononçant ces paroles se regardaient avec une extrême surprise, et une émotion dont ils n'étaient pas les maîtres.

- Et de quel pays d'Allemagne êtes-vous? dit le jésuite.

- De la sale province de Westphalie, dit Candide: je suis né dans le château de Thunder-ten-tronckh.

- O Ciel! est-il possible! s'écria le commandant.

- Quel miracle! s'écria Candide.

- Serait-ce vous? dit le commandant.

- Cela n'est pas possible, dit Candide. Ils se laissent tomber tous deux à la renverse, ils s'embrassent, ils versent des ruisseaux de larmes.

- Quoi! serait-ce vous, mon Révérend Père? vous le frère de la belle Cunégonde! vous qui fûtes tué par les Bulgares! vous le fils de Monsieur le baron! vous jésuite au Paraguay! Il faut avouer que ce monde est une étrange chose. O Pangloss! Pangloss! que vous seriez aise si vous n'aviez pas été pendu!

Le commandant fit retirer les esclaves nègres et les paraguayens qui servaient à boire dans des gobelets de cristal de roche. Il remercia Dieu et saint Ignace mille fois; il serrait Candide entre ses bras; leurs visages étaient baignés de pleurs.

- Vous seriez bien plus étonné, plus attendri, plus hors de vous-même, dit Candide, si je vous disais que Mademoiselle Cunégonde votre soeur que vous avez crue éventrée, est pleine de santé.

- Où?

- Dans votre voisinage, chez Monsieur le gouverneur de Buenos Aires; et je venais pour vous faire la guerre.

Chaque mot qu'ils prononcèrent dans cette longue conversation, accumulait prodige sur prodige. Leur âme tout entière volait sur leur langue, était attentive dans leurs oreilles, et étincelante dans leurs yeux. Comme ils étaient allemands, ils tinrent table longtemps, en attendant le révérend père provincial; et le commandant parla ainsi à son cher Candide.

CHAPITRE QUINZIEME

Comment Candide tua le frère de sa chère Cunégonde.

- J'aurai toute ma vie présent à la mémoire le jour horrible où je vis tuer mon père et ma mère, et violer ma soeur. Quand les Bulgares furent retirés, on ne trouva point cette soeur adorable, et on mit dans une charrette ma mère, mon père et moi, deux servantes et trois petits garçons égorgés, pour nous aller enterrer dans une chapelle de jésuites à deux lieues du château de mes pères. Un jésuite nous jeta de l'eau bénite, elle était horriblement salée, il en entra quelques gouttes dans mes yeux; le père s'aperçut que ma paupière faisait un petit mouvement: il mit la main sur mon coeur et le sentit palpiter; je fus secouru, et au bout de trois semaines il n'y paraissait pas. Vous savez mon cher Candide, que j'étais fort joli, je le devins encore davantage: aussi le révérend père Croust, supérieur de la maison, prit pour moi la plus tendre amitié; il me donna l'habit de novice; quelque temps après je fus envoyé à Rome. Le père général avait besoin d'une recrue de jeunes jésuites allemands. Les souverains du Paraguay reçoivent le moins qu'ils peuvent de jésuites espagnols; ils aiment mieux les étrangers dont ils se croient plus maîtres. Je fus jugé propre par le révérend père général pour aller travailler dans cette vigne. Nous partîmes, un Polonais, un Tyrolien et moi. Je fus honoré en arrivant du sous-diaconat et d'une lieutenance. Je suis aujourd'hui colonel et prêtre. Nous recevrons vigoureusement les troupes du roi d'Espagne, je vous réponds qu'elles seront excommuniées et battues. La providence vous envoie ici pour nous seconder. Mais est-il bien vrai que ma chère soeur Cunégonde soit dans le voisinage chez le gouverneur de Buenos Aires? Candide l'assura par serment que rien n'était plus vrai. Leurs larmes recommencèrent à couler.

Le baron ne pouvait se lasser d'embrasser Candide; il l'appelait son frère, son sauveur.

- Ah! peut-être, lui dit-il, nous pourrons ensemble, mon cher Candide, entrer en vainqueurs dans la ville, et reprendre ma soeur Cunégonde.

- C'est tout ce que je souhaite, dit Candide; car je comptais l'épouser, et je l'espère encore.

- Vous, insolent! répondit le baron, vous auriez l'impudence d'épouser ma soeur qui a soixante et douze quartiers! je vous trouve bien effronté d'oser me parler d'un dessein si

téméraire.

Candide pétrifié d'un tel discours lui répondit:

- Mon révérend père, tous les quartiers du monde n'y font rien; j'ai tiré votre soeur des bras d'un juif et d'un inquisiteur; elle m'a assez d'obligations, elle veut m'épouser; Maître Pangloss m'a toujours dit que les hommes sont égaux, et assurément je l'épouserai.

- C'est ce que nous verrons, coquin! dit le jésuite baron de Thunder-ten-tronckh, et en même temps il lui donna un grand coup du plat de son épée sur le visage. Candide dans l'instant tire la sienne et l'enfonce jusqu'à la garde dans le ventre du baron jésuite; mais en la retirant toute fumante, il se mit à pleurer:

- Hélas! mon Dieu! dit-il, j'ai tué mon ancien maître, mon ami, mon beau-frère; je suis le meilleur homme du monde, et voilà déjà trois hommes que je tue; et dans ces trois il y a deux prêtres.

Cacambo qui faisait sentinelle à la porte de la feuillée, accourut:

- Il ne nous reste qu'à vendre cher notre vie, lui dit son maître; on va sans doute entrer dans la feuillée, il faut mourir les armes à la main.

Cacambo qui en avait bien vu d'autres, ne perdit point la tête, il prit la robe de jésuite que portait le baron, la mit sur le corps de Candide, lui donna le bonnet carré du mort, et le fit monter à cheval. Tout cela se fit en un clin d'oeil.

- Galopons, mon maître, tout le monde vous prendra pour un jésuite qui va donner des ordres, et nous aurons passé les frontières avant qu'on puisse courir après nous. Il volait déjà en prononçant ces paroles, et en criant en espagnol:

- Place, place, pour le révérend père colonel.

CHAPITRE SEIZIEME

Ce qui advint aux deux voyageurs avec deux filles, deux singes et les sauvages nommés Oreillons.

Candide et son valet furent au-delà des barrières, et personne ne savait encore dans le camp la mort du jésuite allemand. Le vigilant Cacambo avait eu soin de remplir sa valise de pain, de chocolat, de jambons, de fruit et de quelques mesures de vin. Ils s'enfoncèrent avec leurs chevaux andalous dans un pays inconnu, où ils ne découvrirent aucune route. Enfin une belle prairie entrecoupée de ruisseaux se présenta devant eux. Nos deux voyageurs font repaître leurs montures. Cacambo propose à son maître de manger, et lui en donne l'exemple.

- Comment veux-tu, disait Candide, que je mange du jambon, quand j'ai tué le fils de Monsieur le baron, et que je me vois condamné à ne revoir la belle Cunégonde de ma vie? A quoi me servira de prolonger mes misérables jours, puisque je dois les traîner loin d'elle dans les remords et dans le désespoir? Et que dira le Journal de Trévoux?

En parlant ainsi il ne laissait pas de manger. Le soleil se couchait. Les deux égarés entendirent quelques petits cris qui paraissaient poussés par des femmes. Ils ne savaient si ces cris étaient de douleur ou de joie; mais ils se levèrent précipitamment avec cette inquiétude et cette alarme que tout inspire dans un pays inconnu. Ces clameurs partaient de deux filles toutes nues qui couraient légèrement au bord de la prairie, tandis que deux singes les suivaient en leur mordant les fesses. Candide fut touché de pitié: il avait appris à tirer chez les Bulgares, et il aurait abattu une noisette dans un buisson sans toucher aux feuilles. Il prend son fusil espagnol à deux coups, tire, et tue les deux singes.

- Dieu soit loué, mon cher Cacambo, j'ai délivré d'un grand péril ces deux pauvres créatures; si j'ai commis un péché en tuant un inquisiteur et un jésuite, je l'ai bien réparé en sauvant la vie à deux filles. Ce sont peut-être deux demoiselles de condition, et cette aventure nous peut procurer de très grands avantages dans le pays.

Il allait continuer, mais sa langue devint percluse quand il vit ces deux filles embrasser tendrement les deux singes, fondre en larmes sur leur corps, et remplir l'air des cris les plus douloureux.

- Je ne m'attendais pas à tant de bonté d'âme, dit-il enfin à Cacambo; lequel lui répliqua:

- Vous avez fait là un beau chef-d'oeuvre, mon maître; vous avez tué les deux amants de ces demoiselles.

- Leurs amants! serait-il possible? Vous vous moquez de moi, Cacambo; le moyen de vous croire?

- Mon cher maître, repartit Cacambo, vous êtes toujours étonné de tout; pourquoi trouvez-vous si étrange que dans quelques pays il y ait des singes qui obtiennent les bonnes grâces des dames? ils sont des quarts d'hommes comme je suis un quart d'Espagnol.

- Hélas! reprit Candide, je me souviens d'avoir entendu dire à maître Pangloss qu'autrefois pareils accidents étaient arrivés et que ces mélanges avaient produit des égipans, des faunes, des satyres; que plusieurs grands personnages de l'antiquité en avaient vu; mais je prenais cela pour des fables.

- Vous devez être convaincu à présent, dit Cacambo, que c'est une vérité, et vous voyez comment en usent les personnes qui n'ont pas reçu une certaine éducation; tout ce que je crains c'est que ces dames ne nous fassent quelque méchante affaire.

Ces réflexions solides engagèrent Candide à quitter la prairie, et à s'enfoncer dans un bois. Il y soupa avec Cacambo; et tous deux après avoir maudit l'inquisiteur de Portugal, le gouverneur de Buenos Aires, et le baron, s'endormirent sur la mousse. A leur réveil, ils sentirent qu'ils ne pouvaient remuer; la raison en était que pendant la nuit les Oreillons habitants du pays, à qui les deux dames les avaient dénoncés, les avaient garrottés avec des cordes d'écorce d'arbre. Ils étaient entourés d'une cinquantaine d'Oreillons tout nus, armés de flèches, de massues et de haches de caillou: les uns faisaient bouillir une grande chaudière; les autres préparaient des broches, et tous criaient:

- C'est un jésuite, c'est un jésuite; nous serons vengés, et nous ferons bonne chère; mangeons du jésuite, mangeons du jésuite.

- Je vous l'avais bien dit, mon cher maître, s'écria tristement Cacambo, que ces deux filles nous joueraient d'un mauvais tour.

Candide apercevant la chaudière et les broches, s'écria:

- Nous allons certainement être rôtis ou bouillis. Ah! que dirait maître Pangloss, s'il voyait comme la pure nature est faite. Tout est bien; soit, mais j'avoue qu'il est bien cruel d'avoir perdu Mademoiselle Cunégonde, et d'être mis à la broche par des Oreillons.

Cacambo ne perdait jamais la tête:

- Ne désespérez de rien, dit-il au désolé Candide: j'entends un peu le jargon de ces peuples, je vais leur parler.
- Ne manquez pas, dit Candide, de leur représenter quelle est l'inhumanité affreuse de faire cuire des hommes, et combien cela est peu chrétien.

- Messieurs, dit Cacambo, vous comptez donc manger aujourd'hui un jésuite; c'est très bien fait; rien n'est plus juste que de traiter ainsi ses ennemis. En effet, le droit naturel nous enseigne à tuer notre prochain, et c'est ainsi qu'on agit dans toute la terre. Si nous n'usons pas du droit de le manger, c'est que nous avons d'ailleurs de quoi faire bonne chère; mais vous n'avez pas les mêmes ressources que nous; certainement il vaut mieux manger ses ennemis, que d'abandonner aux corbeaux et aux corneilles le fruit de sa victoire. Mais, Messieurs, vous ne voudriez pas manger vos amis. Vous croyez aller mettre un jésuite en broche, et c'est votre défenseur, c'est l'ennemi de vos ennemis que vous allez rôtir. Pour moi je suis né dans votre pays; Monsieur que vous voyez est mon maître, et bien loin d'être jésuite, il vient de tuer un jésuite, il en porte les dépouilles, voilà le sujet de votre méprise. Pour vérifier ce que je vous dis, prenez sa robe, portez-la à la première barrière du royaume de los padres; informez-vous si mon maître n'a pas tué un officier jésuite. Il vous faudra peu de temps; vous pourrez toujours nous manger, si vous trouvez que je vous ai menti. Mais si je vous ai dit la vérité, vous connaissez trop les principes du droit public, les moeurs et les lois pour ne nous pas faire grâce.

Les Oreillons trouvèrent ce discours très raisonnable; ils députèrent deux notables pour aller en diligence s'informer de la vérité; les deux députés s'acquittèrent de leur commission en gens d'esprit, et revinrent bientôt apporter de bonnes nouvelles. Les Oreillons délièrent leurs deux prisonniers, leur firent toutes sortes de civilités, leur offrirent des filles, leur donnèrent des rafraîchissements, et les reconduisirent jusqu'aux confins de leurs états, en criant avec allégresse:
- Il n'est point jésuite, il n'est point jésuite.

Candide ne se lassait pas d'admirer le sujet de sa délivrance:
- Quel peuple! disait-il, quels hommes! quelles moeurs! Si je n'avais pas eu le bonheur de donner un grand coup d'épée au travers du corps du frère de Mademoiselle Cunégonde, j'étais mangé sans rémission. Mais après tout la pure nature est bonne,

puisque ces gens-ci, au lieu de me manger, m'ont fait mille honnêtetés dès qu'ils ont su que je n'étais pas jésuite.

CHAPITRE DIX-SEPTIEME

Arrivée de Candide et de son valet au pays d'Eldorado, et ce qu'ils y virent.

Quand ils furent aux frontières des Oreillons:

- Vous voyez, dit Cacambo à Candide, que cet hémisphère-ci ne vaut pas mieux que l'autre; croyez-moi, retournons en Europe par le plus court chemin.

- Comment y retourner? dit Candide, et où aller: si je vais dans mon pays, les Bulgares et les Abares y égorgent tout; si je retourne en Portugal, j'y suis brûlé; si nous restons dans ce pays-ci, nous risquons à tout moment d'être mis en broche. Mais comment se résoudre à quitter la partie du monde que Mademoiselle Cunégonde habite?

- Tournons vers la Cayenne, dit Cacambo, nous y trouverons des Français qui vont par tout le monde, ils pourront nous aider, Dieu aura peut-être pitié de nous.

Il n'était pas facile d'aller à la Cayenne; ils savaient bien à peu près de quel côté il fallait marcher; mais des montagnes, des fleuves, des précipices, des brigands, des sauvages, étaient partout de terribles obstacles. Leurs chevaux moururent de fatigue: leurs provisions furent consumées. Ils se nourrirent un mois entier de fruits sauvages, et se trouvèrent enfin auprès d'une petite rivière bordée de cocotiers, qui soutinrent leur vie et leurs espérances.

Cacambo qui donnait toujours d'aussi bons conseils que la vieille, dit à Candide:

- Nous n'en pouvons plus, nous avons assez marché, j'aperçois un canot vide sur le rivage, emplissons-le de cocos, jetons-nous dans cette petite barque, laissons-nous aller au courant, une rivière mène toujours à quelque endroit habité. Si nous ne trouvons pas des choses agréables, nous trouverons du moins des choses nouvelles.

- Allons, dit Candide, recommandons-nous à la Providence.

Ils voguèrent quelques lieues entre des bords tantôt fleuris, tantôt arides, tantôt unis, tantôt escarpés. La rivière s'élargissait toujours; enfin elle se perdait sous une voûte de rochers épouvantables qui s'élevaient jusqu'au ciel. Les deux voyageurs eurent la hardiesse de

s'abandonner aux flots sous cette voûte. Le fleuve resserré en cet endroit les porta avec une rapidité et un bruit horrible. Au bout de vingt-quatre heures ils revirent le jour mais leur canot se fracassa contre les écueils. Il fallut se traîner de rocher en rocher pendant une lieue entière: enfin ils découvrirent un horizon immense bordé de montagnes inaccessibles. Le pays était cultivé pour le plaisir comme pour le besoin. Partout l'utile était agréable. Les chemins étaient couverts, ou plutôt ornés de voitures d'une forme et d'une matière brillante, portant des hommes et des femmes d'une beauté singulière, traînés rapidement par de gros moutons rouges qui surpassaient en vitesse les plus beaux chevaux d'Andalousie, de Tétuan et de Méquinez.

- Voilà pourtant, dit Candide, un pays qui vaut mieux que la Westphalie. Il mit pied à terre avec Cacambo auprès du premier village qu'il rencontra. Quelques enfants du village couverts de brocarts d'or tout déchirés, jouaient au palet à l'entrée du bourg. Nos deux hommes de l'autre monde s'amusèrent à les regarder. Leurs palets étaient d'assez larges pièces rondes, jaunes, rouges, vertes, qui jetaient un éclat singulier. Il prit envie aux voyageurs d'en ramasser quelques-uns; c'était de l'or, c'était des émeraudes, des rubis, dont le moindre aurait été le plus grand ornement du trône du Mogol.

- Sans doute, dit Cacambo, ces enfants sont les fils du roi du pays qui jouent au petit palet.

Le magister du village parut dans ce moment pour les faire rentrer à l'école.

- Voilà, dit Candide, le précepteur de la famille royale.

Les petits gueux quittèrent aussitôt le jeu, en laissant à terre leurs palets et tout ce qui avait servi à leurs divertissements. Candide les ramasse, court au précepteur et les lui présente humblement, lui faisant entendre par signes que leurs altesses royales avaient oublié leur or et leurs pierreries. Le magister du village en souriant les jeta par terre, regarda un moment la figure de Candide avec beaucoup de surprise, et continua son chemin.

Les voyageurs ne manquèrent pas de ramasser l'or, les rubis et les émeraudes.

- Où sommes-nous? s'écria Candide, il faut que les enfants des rois de ce pays soient bien élevés, puisqu'on leur apprend à mépriser l'or et les pierreries.

Cacambo était aussi surpris que Candide. Ils approchèrent enfin de la première maison du village. Elle était bâtie comme un palais d'Europe. Une foule de monde s'empressait à

la porte, et encore plus dans le logis. Une musique très agréable se faisait entendre, et une odeur délicieuse de cuisine se faisait sentir. Cacambo s'approcha de la porte et entendit qu'on parlait péruvien; c'était sa langue maternelle; car tout le monde sait que Cacambo était né au Tucuman, dans un village où l'on ne connaissait que cette langue.

- Je vous servirai d'interprète, dit-il à Candide; entrons, c'est ici un cabaret.

Aussitôt deux garçons et deux filles de l'hôtellerie, vêtus de drap d'or, et les cheveux renoués avec des rubans, les invitent à se mettre à la table de l'hôte. On servit quatre potages garnis chacun de deux perroquets, un contour bouill qui pesait deux cents livres, deux singes rôtis d'un goût excellen trois cents colibris dans un plat, et six cents oiseaux-mouches da un autre; des ragoûts exquis, des pâtisseries délicieuses; le tout dans des plats d'une espèce de cristal de roche. Les garçons et les filles de l'hôtellerie versaient plusieurs liqueurs faites de canne de sucre.

Les convives étaient pour la plupart des marchands et des voituriers, tous d'une politesse extrême, qui firent quelques questions à Cacambo avec la discrétion la plus circonspecte, et qui répondirent aux siennes d'une manière à le satisfaire.

Quand le repas fut fini, Cacambo crut, ainsi que Candide, bien payer son écot en jetant sur la table de l'hôte deux de ces larges pièces d'or qu'il avait ramassées; l'hôte et l'hôtesse éclatèrent de rire, et se tinrent longtemps les côtés. Enfin ils se remirent.

- Messieurs, dit l'hôte, nous voyons bien que vous êtes des étrangers, nous ne sommes pas accoutumés à en voir. Pardonnez-nous si nous nous sommes mis à rire quand vous nous avez offert en paiement les cailloux de nos grands chemins. Vous n'avez pas sans doute de la monnaie du pays, mais il n'est pas nécessaire d'en avoir pour dîner ici. Toutes les hôtelleries établies pour la commodité du commerce sont payées par le Gouvernement. Vous avez fait mauvaise chère ici, parce que c'est un pauvre village; mais partout ailleurs vous serez reçus comme vous méritez de l'être.

Cacambo expliquait à Candide tous les discours de l'hôte, et Candide les écoutait avec la même admiration et le même égarement que son ami Cacambo les rendait.

- Quel est donc ce pays, disaient-ils l'un et l'autre, inconnu à tout le reste de la terre, et où toute la nature est d'une espèce si différente de la nôtre? C'est probablement le pays où tout va bien; car il faut absolument qu'il y en ait un de

cette espèce. Et quoi qu'en dit Maître Pangloss, je me suis souvent aperçu que tout allait assez mal en Westphalie.

CHAPITRE DIX-HUITIEME

Ce qu'ils virent dans le pays d'Eldorado.

Cacambo témoigna à son hôte toute sa curiosité: l'hôte lui dit:

- Je suis fort ignorant, et je m'en trouve bien; mais nous avons ici un vieillard retiré de la Cour, qui est le plus savant homme du royaume, et le plus communicatif.

Aussitôt il mène Cacambo chez le vieillard. Candide ne jouait plus que le second personnage et accompagnait son valet. Ils entrèrent dans une maison fort simple, car la porte n'était que d'argent, et les lambris des appartements n'étaient que d'or, mais travaillés avec tant de goût, que les plus riches lambris ne l'effaçaient pas. L'antichambre n'était à la vérité incrustée que de rubis et d'émeraudes, mais l'ordre dans lequel tout était arrangé réparait bien cette extrême simplicité.

Le vieillard reçut les deux étrangers sur un sofa matelassé de plumes de colibri, et leur fit présenter des liqueurs dans des vases de diamants; après quoi il satisfit à leur curiosité en ces termes:

- Je suis âgé de cent soixante et douze ans, et j'ai appris de feu mon père, écuyer du roi, les étonnantes révolutions du Pérou dont il avait été témoin. Le royaume où nous sommes est l'ancienne patrie des Incas qui en sortirent très imprudemment pour aller subjuguer une partie du monde, et qui furent enfin détruits par les Espagnols.

- Les princes de leur famille qui restèrent dans leur pays natal furent plus sages; ils ordonnèrent du consentement de la nation, qu'aucun habitant ne sortirait jamais de notre petit royaume; et c'est ce qui nous a conservé notre innocence et notre félicité. Les Espagnols ont eu une connaissance confuse de ce pays, ils l'ont appelé "El Dorado"; et un Anglais nommé le chevalier Raleigh, en a même approché il y a environ cent années; mais comme nous sommes entourés de rochers inabordables et de précipices, nous avons toujours été jusqu'à présent à l'abri de la rapacité des nations de l'Europe, qui ont une fureur inconcevable pour les cailloux et pour la fange de notre terre, et qui pour en avoir nous tueraient tous jusqu'au dernier.

La conversation fut longue; elle roula sur la forme du

gouvernement, sur les moeurs, sur les femmes, sur les spectacles publics, sur les arts. Enfin Candide qui avait toujours du goût pour la métaphysique, fit demander par Cacambo si dans le pays il y avait une religion.

Le vieillard rougit un peu.

- Comment donc, dit-il, en pouvez-vous douter? est-ce que vous nous prenez pour des ingrats?

Cacambo demanda humblement quelle était la religion d'Eldorado. Le vieillard rougit encore.

- Est-ce qu'il peut y avoir deux religions? dit-il; nous avons, je crois, la religion de tout le monde; nous adorons Dieu du soir jusqu'au matin.

- N'adorez-vous qu'un seul Dieu? dit Cacambo, qui servait toujours d'interprète aux doutes de Candide.

- Apparemment, dit le vieillard, qu'il n'y en a ni deux ni trois, ni quatre. Je vous avoue que les gens de votre monde font des questions bien singulières.

Candide ne se lassait pas de faire interroger ce bon vieillard; il voulut savoir comment on priait Dieu dans l'Eldorado.

- Nous ne le prions point, dit le bon et respectable sage; nous n'avons rien à lui demander; il nous a donné tout ce qu'il faut, nous le remercions sans cesse.

Candide eut la curiosité de voir des prêtres; il fit demander où ils étaient. Le bon vieillard sourit.

- Mes amis, dit-il, nous sommes tous prêtres; le roi et tous les chefs de famille chantent des cantiques d'actions de grâce solemnellement, tous les matins; et cinq ou six mille musiciens les accompagnent.

- Quoi! vous n'avez point de moines qui enseignent, qui disputent, qui gouvernent, qui cabalent, et qui font brûler les gens qui ne sont pas de leur avis?

- Il faudrait que nous fussions fous, dit le vieillard, nous sommes tous ici du même avis, et nous n'entendons pas ce que vous voulez dire avec vos moines.

Candide à tous ces discours demeurait en extase, et disait en lui-même:

- Ceci est bien différent de la Westphalie et du château de Monsieur le baron: si notre ami Pangloss avait vu Eldorado, il n'aurait plus dit que le château de Thunder-ten-tronckh était ce qu'il y avait de mieux sur la terre; il est certain qu'il faut voyager.

Après cette longue conversation, le bon vieillard fit atteler un carrosse à six moutons, et donna douze de ses domestiques aux deux voyageurs pour les conduire à la Cour.

- Excusez-moi, leur dit-il, si mon âge me prive

de l'honneur de vous accompagner. Le roi vous recevra d'une manière dont vous ne serez pas mécontents, et vous pardonnerez sans doute aux usages du pays s'il y en a quelques-uns qui vous déplaisent.

Candide et Cacambo montent en carrosse, les six moutons volaient, et en moins de quatre heures on arriva au palais du roi, situé à un bout de la capitale. Le portail était de deux cent vingt pieds de haut, et de cent de large; il est impossible d'exprimer quelle en était la matière. On voit assez quelle supériorité prodigieuse elle devait avoir sur ces cailloux et sur ce sable que nous nommons or et pierreries.

Vingt belles filles de la garde reçurent Candide et Cacambo à la descente du carrosse, les conduisirent aux bains, les vêtirent de robes d'un tissu de duvet de colibri; après quoi les grands officiers et les grandes officières de la couronne les menèrent à l'appartement de Sa Majesté au milieu de deux files chacune de mille musiciens, selon l'usage ordinaire. Quand ils approchèrent de la salle du trône, Cacambo demanda à un grand officier comment il fallait s'y prendre pour saluer Sa Majesté, si on se jetait à genoux ou ventre à terre, si on mettait les mains sur la tête ou sur le derrière, si on léchait la poussière de la salle, en un mot quelle était la cérémonie.

- L'usage, dit le grand officier, est d'embrasser le roi et de le baiser des deux côtés.

Candide et Cacambo sautèrent au cou de Sa Majesté, qui les reçut avec toute la grâce imaginable, et qui les pria poliment à souper.

En attendant on leur fit voir la ville, les édifices publics élevés jusqu'aux nues, les marchés ornés de mille colonnes, les fontaines d'eau pure, les fontaines d'eau rose, celles de liqueurs de canne de sucre qui coulaient continuellement dans de grandes places pavées d'une espèce de pierreries qui répandaient une odeur semblable à celle du gérofle et de la cannelle. Candide demanda à voir la Cour de justice, le Parlement; on lui dit qu'il n'y en avait point, et qu'on ne plaidait jamais. Il s'informa s'il y avait des prisons, et on lui dit que non. Ce qui le surprit davantage et qui lui fit le plus de plaisir, ce fut le

Palais des Sciences, dans lequel il vit une galerie de deux mille pas, toute pleine d'instruments de mathématique et de physique.

Après avoir parcouru toute l'après-dînée à peu près la millième partie de la ville, on les remena chez le roi; Candide se mit à table entre Sa Majesté, son valet Cacambo et plusieurs dames. Jamais on ne fit meilleure chère, et jamais on n'eut plus d'esprit à souper qu'en eut Sa Majesté. Cacambo expliquait les bons mots du roi à Candide, et quoique traduits ils paraissaient toujours des bons mots. De tout ce qui étonnait Candide, ce n'était pas ce qui l'étonna le moins.

Ils passèrent un mois dans cet hospice. Candide ne cessait de dire à Cacambo:

- Il est vrai, mon ami, encore une fois, que le château où je suis né ne vaut pas le pays où nous sommes; mais enfin, Mademoiselle Cunégonde n'y est pas, et vous avez sans doute quelque maîtresse en Europe. Si nous restons ici, nous n'y serons que comme les autres, au lieu que si nous retournons dans notre monde, seulement avec douze moutons chargés de cailloux d'Eldorado, nous serons plus riches que tous les rois ensemble, nous n'aurons plus d'inquisiteurs à craindre, et nous pourrons aisément reprendre Mademoiselle Cunégonde.

Ce discours plut à Cacambo; on aime tant à courir, à se faire valoir chez les siens, à faire parade de ce qu'on a vu dans ses voyages, que les deux heureux résolurent de ne plus l'être, et de demander leur congé à Sa Majesté.

- Vous faites une sottise, leur dit le roi; je sais bien que mon pays est peu de chose; mais quand on est passablement quelque part, il faut y rester; je n'ai pas assurément le droit de retenir des étrangers; c'est une tyrannie qui n'est ni dans nos moeurs, ni dans nos lois; tous les hommes sont libres; partez quand vous voudrez, mais la sortie est bien difficile. Il est impossible de remonter la rivière rapide sur laquelle vous êtes arrivés par miracle, et qui court sous des voûtes de rochers. Les montagnes qui entourent tout mon royaume ont dix mille pieds de hauteur, et sont droites comme des murailles: elles occupent

chacune en largeur un espace de plus de dix lieues, on ne peut en descendre que par des précipices. Cependant puisque vous voulez absolument partir, je vais donner ordre aux intendants des machines d'en faire une qui puisse vous transporter commodément. Quand on vous aura conduits au revers des montagnes, personne ne pourra vous accompagner; car mes sujets ont fait voeu de ne jamais sortir de leur enceinte, et ils sont trop sages pour rompre leur voeu. Demandez-moi d'ailleurs tout ce qu'il vous plaira.

- Nous ne demandons à Votre Majesté, dit Cacambo, que quelques moutons chargés de vivres, de cailloux, et de la bonne boue du pays.

Le roi rit:

- Je ne conçois pas, dit-il, quel goût vos gens d'Europe ont pour notre boue jaune: mais emportez-en tant que vous voudrez, et grand bien vous fasse.

Il donna l'ordre sur-le-champ à ses ingénieurs de faire une machine pour guinder ces deux hommes extraordinaires hors du royaume. Trois mille bons physiciens y travaillèrent; elle fut prête au bout de quinze jours, et ne coûta pas plus de vingt millions de livres sterling, monnaie du pays. On mit sur la machine Candide et Cacambo; il y avait deux grands moutons rouges sellés et bridés pour leur servir de monture quand ils auraient franchi les montagnes; vingt moutons de bât chargés de vivres, trente qui portaient des présents de ce que le pays a de plus curieux, et cinquante chargés d'or, de pierreries et de diamants. Le roi embrassa tendrement les deux vagabonds.

Ce fut un beau spectacle que leur départ, et la manière ingénieuse dont ils furent hissés eux et leurs moutons au haut des montagnes. Les physiciens prirent congé d'eux après les avoir mis en sûreté, et Candide n'eut plus d'autre désir et d'autre objet que d'aller présenter ses moutons à Mademoiselle Cunégonde.

- Nous avons, dit-il, de quoi payer le gouverneur de Buenos Aires, si Mademoiselle Cunégonde peut être mise à prix. Marchons vers la Cayenne, embarquons-nous, et nous verrons ensuite quel royaume nous pourrons acheter.

CHAPITRE DIX-NEUVIEME

Ce qui leur arriva à Surinam, et comment Candide fit connaissance avec Martin.

La première journée de nos deux voyageurs fut assez agréable. Ils étaient encouragés par l'idée de se voir possesseurs de plus de trésors que l'Asie, l'Europe et l'Afrique n'en pouvaient rassembler. Candide transporté écrivit le nom de Cunégonde sur les arbres. A la seconde journée deux de leurs moutons s'enfoncèrent dans des marais et y furent abîmés avec leurs charges; deux autres moutons moururent de fatigue quelques jours après; sept ou huit périrent ensuite de faim dans un désert; d'autres tombèrent au bout de quelques jours dans des précipices. Enfin, après cent jours de marche, il ne leur resta que deux moutons. Candide dit à Cacambo:

- Mon ami, vous voyez comme les richesses de ce monde sont périssables; il n'y a rien de solide que la vertu, et le bonheur de revoir Mademoiselle Cunégonde.

- Je l'avoue, dit Cacambo, mais il nous reste encore deux moutons avec plus de trésors que n'en aura jamais le roi d'Espagne, et je vois de loin une ville que je soupçonne être Surinam, appartenante aux Hollandais. Nous sommes au bout de nos peines, et au commencement de notre félicité.

En approchant de la ville ils rencontrèrent un nègre étendu par terre, n'ayant plus que la moitié de son habit, c'est-à-dire d'un caleçon de toile bleue; il manquait à ce pauvre homme la jambe gauche et la main droite.

- Eh! mon Dieu! lui dit Candide en hollandais, que fais-tu là, mon ami, dans l'état horrible où je te vois?

- J'attends mon maître Monsieur Vanderdendur, le fameux négociant, répondit le nègre.

- Est-ce Monsieur Vanderdendur, dit Candide, qui t'a traité ainsi?

- Oui, Monsieur, dit le nègre, c'est l'usage. On nous donne un caleçon de toile pour tout vêtement deux fois l'année. Quand nous travaillons aux sucreries, et que la meule nous attrape le doigt, on nous coupe la main: quand nous voulons nous enfuir, on nous coupe

la jambe: je me suis trouvé dans les deux cas. C'est à ce prix que vous mangez du sucre en Europe. Cependant, lorsque ma mère me vendit dix écus patagons sur la côte de Guinée, elle me disait: "Mon cher enfant, bénis nos fétiches, adore-les toujours, ils te feront vivre heureux; tu as l'honneur d'être esclave de nos seigneurs les blancs, et tu fais par là la fortune de ton père et de ta mère." Hélas! je ne sais pas si j'ai fait leur fortune, mais ils n'ont pas fait la mienne. Les chiens, les singes et les perroquets sont mille fois moins malheureux que nous: les fétiches hollandais qui m'ont converti me disent tous les dimanches que nous sommes tous enfants d'Adam, blancs et noirs. Je ne suis pas généalogiste, mais si ces prêcheurs disent vrai, nous sommes tous cousins issus de germain. Or vous m'avouerez qu'on ne peut pas en user avec ses parents d'une manière plus horrible.

- O Pangloss! s'écria Candide, tu n'avais pas deviné cette abomination; c'en est fait, il faudra qu'à la fin je renonce à ton optimisme.

- Qu'est-ce qu'optimisme? disait Cacambo.

- Hélas! dit Candide; c'est la rage de soutenir que tout est bien quand on est mal!

Et il versait des larmes en regardant son nègre, et en pleurant il entra dans Surinam.

La première chose dont ils s'informent, c'est s'il n'y a point au port quelque vaisseau qu'on pût envoyer à Buenos Aires. Celui à qui ils s'adressèrent était justement un patron espagnol, qui s'offrit à faire avec eux un marché honnête. Il leur donna rendez-vous dans un cabaret. Candide et le fidèle Cacambo allèrent l'y attendre avec leurs deux moutons.

Candide qui avait le coeur sur les lèvres, conta à l'Espagnol toutes ses aventures, et lui avoua qu'il voulait enlever Mademoiselle Cunégonde.

- Je me garderai bien de vous passer à Buenos Aires, dit le patron; je serais pendu et vous aussi. La belle Cunégonde est la maîtresse favorite de Monseigneur.

Ce fut un coup de foudre pour Candide; il pleura longtemps; enfin il tira à part Cacambo:

- Voici, mon cher ami, lui dit-il, ce qu'il faut que tu fasses. Nous avons chacun dans nos poches pour cinq ou six millions de diamants; tu es plus

habile que moi; va prendre Mademoiselle Cunégonde à Buenos Aires. Si le gouverneur fait quelques difficultés, donne-lui un million; s'il ne se rend pas, donne-lui en deux; tu n'as point tué d'inquisiteur, on ne se défiera point de toi; j'équiperai un autre vaisseau; j'irai t'attendre à Venise; c'est un pays libre où l'on n'a rien à craindre ni des Bulgares, ni des Abares, ni des juifs, ni des inquisiteurs. Cacambo applaudit à cette sage résolution. Il était au désespoir de se séparer d'un bon maître, devenu son ami intime; mais le plaisir de lui être utile l'emporta sur la douleur de le quitter. Ils s'embrassèrent en versant des larmes; Candide lui recommanda de ne point oublier la bonne vieille. Cacambo partit dès le jour même. C'était un très bon homme que ce Cacambo.

Candide resta encore quelque temps à Surinam, et attendit qu'un autre patron voulût le mener en Italie, lui et les deux moutons qui lui restaient. Il prit des domestiques, et acheta tout ce qui lui était nécessaire pour un long voyage; enfin, Monsieur Vanderdendur, maître d'un gros vaisseau, vint se présenter à lui.

- Combien voulez-vous, demanda-t-il à cet homme, pour me mener en droiture à Venise, moi, mes gens, mon bagage, et les deux moutons que voilà?

Le patron s'accorda à dix mille piastres. Candide n'hésita pas.

- Oh, oh, dit à part soi le prudent Vanderdendur, cet étranger donne dix mille piastres tout d'un coup! il faut qu'il soit bien riche.

Puis revenant un moment après, il signifia qu'il ne pouvait partir à moins de vingt mille.

- Eh bien, vous les aurez, dit Candide.

- Ouais, se dit tout bas le marchand, cet homme donne vingt mille piastres aussi aisément que dix mille.

Il revint encore, et dit qu'il ne pouvait le conduire à Venise à moins de trente mille piastres.

- Vous en aurez donc trente mille, répondit Candide.

- Oh, oh, se dit encore le marchand hollandais, trente mille piastres ne coûtent rien à cet homme-ci; sans doute les deux moutons portent des trésors immenses; n'insistons pas davantage; faisons-nous d'abord payer les trente mille piastres, et puis nous verrons.

Candide vendit deux petits diamants, dont le moindre valait plus que tout l'argent que demandait le patron. Il le paya d'avance. Les deux moutons furent embarqués. Candide suivait dans un petit bateau pour joindre le vaisseau à la rade; le patron prend son temps, met à la voile, démarre; le vent le favorise. Candide éperdu et stupéfait le perd bientôt de vue.

- Hélas! cria-t-il, voilà un tour digne de l'ancien monde.

Il retourne au rivage abîmé dans la douleur; car enfin, il avait perdu de quoi faire la fortune de vingt monarques.

Il se transporte chez le juge hollandais; et comme il était un peu troublé, il frappe rudement à la porte; il entre, expose son aventure, et crie un peu plus haut qu'il ne convenait. Le juge commença par lui faire payer dix mille piastres pour le bruit qu'il avait fait. Ensuite il l'écouta patiemment, lui promit d'examiner son affaire si tôt que le marchand serait revenu, et se fit payer dix mille piastres pour les frais de l'audience.

Ce procédé acheva de désespérer Candide; il avait à la vérité essuyé des malheurs mille fois plus douloureux; mais le sang-froid du juge, et celui du patron dont il était volé, alluma sa bile, et le plongea dans une noire mélancolie. La méchanceté des hommes se présentait à son esprit dans toute sa laideur, il ne se nourrissait que d'idées tristes. Enfin un vaisseau français étant sur le point de partir pour Bordeaux, comme il n'avait plus de moutons chargés de diamants à embarquer, il loua une chambre du vaisseau à juste prix, et fit signifier dans la ville qu'il paierait le passage, la nourriture, et donnerait deux mille piastres à un honnête homme qui voudrait faire le voyage avec lui; à condition que cet homme serait le plus dégoûté de son état, et le plus malheureux de la province.

Il se présenta une foule de prétendants qu'une flotte n'aurait pu contenir. Candide voulant choisir entre les plus apparents, il distingua une vingtaine de personnes qui lui paraissaient assez sociables, et qui toutes prétendaient mériter la préférence. Il les assembla dans son cabaret, et leur donna à souper, à condition que chacun ferait serment de raconter fidèlement son histoire, promettant de choisir celui qui lui

paraîtrait le plus à plaindre, et le plus mécontent de son état à plus juste titre, et de donner aux autres quelques gratification

La séance dura jusqu'à quatre heures du matin. Candide en écoutant toutes leurs aventures, se ressouvenait de ce que lui avait dit la vieille en allant à Buenos Aires, et de la gageure qu'elle avait faite qu'il n'y avait personne sur le vaisseau, auquel il ne fût arrivé de très grands malheurs. Il songeait à Pangloss à chaque aventure qu'on lui contait.

- Ce Pangloss, disait-il, serait bien embarrassé à démontrer son système. Je voudrais qu'il fût ici. Certainement si tout va bien, c'est dans Eldorado, et non pas dans le reste de la terre.

Enfin, il se détermina en faveur d'un pauvre savant qui avait travaillé dix ans pour les libraires à Amsterdam. Il jugea qu'il n'y avait point de métier au monde dont on dût être plus dégoûté.

Ce savant, d'ailleurs, qui était un bon homme, avait été volé par sa femme, battu par son fils, et abandonné de sa fille qui s'était faite enlever par un Portugais. Il venait d'être privé d'un petit emploi duquel il subsistait, et les prédicants de Surinam le persécutaient parce qu'ils le prenaient pour un socinien. Il faut avouer que les autres étaient pour le moins aussi malheureux que lui; mais Candide espérait que le savant le désennuierait dans le voyage.

Tous ses autres rivaux trouvèrent que Candide leur faisait une grande injustice, mais il les apaisa en leur donnant à chacun cent piastres.

CHAPITRE VINGTIEME

Ce qui arriva sur mer à Candide et à Martin.

Le vieux savant qui s'appelait Martin s'embarqua donc pour Bordeaux avec Candide. L'un et l'autre avaient beaucoup vu, et beaucoup souffert; et quand le vaisseau aurait dû faire voile de Surinam au Japon par le cap de Bonne-Espérance, ils auraient eu de quoi s'entretenir du mal moral et du mal physique pendant tout le voyage.

Cependant, Candide avait un grand avantage sur Martin, c'est qu'il espérait toujours revoir Mademoiselle Cunégonde, et que Martin n'avait rien à espérer; de plus, il avait de l'or et des diamants; et quoiqu'il eût perdu cent gros moutons rouges chargés des plus grands trésors de la terre, quoiqu'il eût toujours sur le coeur la friponnerie du patron hollandais, cependant, quand il songeait à ce qui lui restait dans ses poches, et quand il parlait de Cunégonde, surtout sur la fin du repas, il penchait alors pour le système de Pangloss.

- Mais vous, Monsieur Martin, dit-il au savant, que pensez-vous de tout cela? quelle est votre idée sur le mal moral et le mal physique?

- Monsieur, répondit Martin, mes prêtres m'ont accusé d'être socinien; mais la vérité du fait est que je suis manichéen.

- Vous vous moquez de moi, dit Candide, il n'y a plus de manichéens dans le monde.

- Il y a moi, dit Martin, je ne sais qu'y faire: mais je ne peux penser autrement.

- Il faut que vous ayez le diable au corps, dit Candide.

- Il se mêle si fort des affaires de ce monde, dit Martin, qu'il pourrait bien être dans mon corps comme partout ailleurs; mais je vous avoue qu'en jetant la vue sur ce globe, ou plutôt sur ce globule, je pense que Dieu l'a abandonné à quelque être malfaisant; j'en excepte toujours Eldorado. Je n'ai guère vu de ville qui ne désirât la ruine de la ville voisine; point de famille qui ne voulût exterminer quelque autre famille. Partout les faibles ont en

exécration les puissants devant lesquels ils rampent, et les puissants les traitent comme des troupeaux dont on vend la laine et la chair. Un million d'assassins enrégimentés, courant d'un bout de l'Europe à l'autre, exerce le meurtre et le brigandage avec discipline pour gagner son pain, parce qu'il n'a pas de métier plus honnête; et dans les villes qui paraissent jouir de la paix et où les arts fleurissent, les hommes sont dévorés de plus d'envie, de soins et d'inquiétudes qu'une ville assiégée n'éprouve de fléaux. Les chagrins secrets sont encore plus cruels que les misères publiques. En un mot, j'en ai tant vu, et tant éprouvé, que je suis manichéen.

- Il y a pourtant du bon, répliquait Candide.
- Cela peut être, disait Martin, mais je ne le connais pas.

Au milieu de cette dispute, on entendit un bruit de canon. Le bruit redouble de moment en moment. Chacun prend sa lunette. On aperçoit deux vaisseaux qui combattaient à la distance d'environ trois milles. Le vent les amena l'un et l'autre si près du vaisseau français, qu'on eut le plaisir de voir le combat tout à son aise. Enfin, l'un des deux vaisseaux lâcha à l'autre une bordée si bas et si juste qu'il le coula à fond. Candide et Martin aperçurent distinctement une centaine d'hommes sur le tillac du vaisseau qui s'enfonçait; ils levaient tous les mains au ciel, et jetaient des clameurs effroyables; en un moment tout fut englouti.

- Eh bien, dit Martin, voilà comme les hommes se traitent les uns les autres.
- Il est vrai, dit Candide, qu'il y a quelque chose de diabolique dans cette affaire.
En parlant ainsi il aperçut je ne sais quoi d'un rouge éclatant qui nageait auprès de son vaisseau. On détacha la chaloupe pour voir ce que ce pouvait être, c'était un de ses moutons. Candide eut plus de joie de retrouver ce mouton qu'il n'avait été affligé d'en perdre cent tous chargés de gros diamants d'Eldorado.

Le capitaine français aperçut bientôt que le capitaine du vaisseau submergeant était espagnol, et que celui du vaisseau submergé était un pirate hollandais; c'était celui-là même qui avait volé

Candide. Les richesses immenses dont ce scélérat s'était emparé furent ensevelies avec lui dans la mer, et il n'y eut qu'un mouton de sauvé.

- Vous voyez, dit Candide à Martin, que le crime est puni quelquefois; ce coquin de patron hollandais a eu le sort qu'il méritait.

- Oui, dit Martin; mais fallait-il que les passagers qui étaient sur son vaisseau périssent aussi? Dieu a puni ce fripon, le diable a noyé les autres.

Cependant le vaisseau français et l'espagnol continuèrent leur route, et Candide continua ses conversations avec Martin. Ils disputèrent quinze jours de suite, et au bout de quinze jours ils étaient aussi avancés que le premier. Mais enfin ils parlaient, ils se communiquaient des idées, ils se consolaient. Candide caressait son mouton.

- Puisque je t'ai retrouvé, dit-il, je pourrai bien retrouver Cunégonde.

CHAPITRE VINGT-UNIEME

Candide et Martin approchent des côtes de France et raisonnent.

On aperçut enfin les côtes de France.

- Avez-vous jamais été en France, Monsieur Martin? dit Candide.

- Oui, dit Martin, j'ai parcouru plusieurs provinces. Il y en a où la moitié des habitants est folle, quelques-unes où l'on est trop rusé, d'autres où l'on est communément assez doux, et assez bête; d'autres où l'on fait le bel esprit; et dans toutes la principale occupation est l'amour, la seconde de médire, et la troisième de dire des sottises.

- Mais, Monsieur Martin, avez-vous vu Paris?

- Oui, j'ai vu Paris; il tient de toutes ces espèces-là, c'est un chaos, c'est une presse dans laquelle tout le monde cherche le plaisir, et où presque personne ne le trouve, du moins à ce qu'il m'a paru. J'y ai séjourné peu; j'y fus volé en arrivant de tout ce que j'avais par des filous à la foire Saint-Germain. On me prit moi-même pour un voleur, et je fus huit jours en prison; après quoi je me fis correcteur d'imprimerie pour gagner de quoi retourner à pied en Hollande. Je connus la canaille écrivante, la canaille cabalante, et la canaille convulsionnaire. On dit qu'il y a des gens fort polis dans cette ville-là, je le veux croire.

- Pour moi je n'ai nulle curiosité de voir la France, dit Candide; vous devinez aisément que quand on a passé un mois dans Eldorado, on ne se soucie plus de rien voir sur la terre, que Mademoiselle Cunégonde; je vais l'attendre à Venise; nous traverserons la France pour aller en Italie; ne m'accompagnerez-vous pas?

- Très volontiers, dit Martin; on dit que Venise n'est bonne que pour les nobles vénitiens, mais que cependant on y reçoit très bien les étrangers quand ils ont beaucoup d'argent; je n'en ai point, vous en avez, je vous suivrai partout.

- A propos, dit Candide, pensez-vous que la terre ait été originairement une mer, comme on l'assure dans ce gros livre qui appartient au capitaine du

vaisseau?

- Je n'en crois rien du tout, dit Martin, non plus que de toutes les rêveries qu'on nous débite depuis quelque temps.

- Mais à quelle fin ce monde a-t-il donc été formé? dit Candide.

- Pour nous faire enrager, répondit Martin.

- N'êtes-vous pas bien étonné, continua Candide, de l'amour que ces deux filles du pays des Oreillons avaient pour ces deux singes, et dont je vous ai conté l'aventure?

- Point du tout, dit Martin, je ne vois pas ce que cette passion a d'étrange; j'ai tant vu de choses extraordinaires, qu'il n'y a plus rien d'extraordinaire.

- Croyez-vous, dit Candide, que les hommes se soient toujours mutuellement massacrés, comme ils font aujourd'hui, qu'ils aient toujours été menteurs, fourbes, perfides, ingrats, brigands, faibles, volages, lâches, envieux, gourmands, ivrognes, avares, ambitieux, sanguinaires, calomniateurs, débauchés, fanatiques, hypocrites et sots?

- Croyez-vous, dit Martin, que les éperviers aient toujours mangé des pigeons quand ils en ont trouvé?

- Oui sans doute, dit Candide.

- Eh bien, dit Martin, si les éperviers ont toujours eu le même caractère, pourquoi voulez-vous que les hommes aient changé le leur?

- Oh! dit Candide, il y a bien de la différence, car le libre arbitre...

En raisonnant ainsi ils arrivèrent à Bordeaux.

CHAPITRE VINGT-DEUXIEME

Ce qui arriva en France à Candide et à Martin.

Candide ne s'arrêta dans Bordeaux qu'autant de temps qu'il en fallait pour vendre quelques cailloux du Dorado, et pour s'accommoder d'une bonne chaise à deux places; car il ne pouvait plus se passer de son philosophe Martin; il fut seulement très fâché de se séparer de son mouton, qu'il laissa à l'Académie des Sciences de Bordeaux, laquelle proposa pour le sujet du prix de cette année, de trouver pourquoi la laine de ce mouton était rouge; et le prix fut adjugé à un savant du nord, qui démontra par A: plus B, moins C, divisé par Z: que le mouton devait être rouge, et mourir de la clavelée.

Cependant, tous les voyageurs que Candide rencontra dans les cabarets de la route lui disaient:
- Nous allons à Paris.
Cet empressement général lui donna enfin l'envie de voir cette capitale; ce n'était pas beaucoup se détourner du chemin de Venise.

Il entra par le faubourg Saint-Marceau, et crut être dans le plus vilain village de la Westphalie.

A peine Candide fut-il dans son auberge qu'il fut attaqué d'une maladie légère causée par ses fatigues. Comme il avait au doigt un diamant énorme, et qu'on avait aperçu dans son équipage une cassette prodigieusement pesante, il eut aussitôt auprès de lui deux médecins qu'il n'avait pas mandés, quelques amis intimes qui ne le quittèrent pas, et deux dévotes qui faisaient chauffer ses bouillons. Martin disait:
- Je me souviens d'avoir été malade aussi à Paris dans mon premier voyage; j'étais fort pauvre, aussi n'eus-je ni amis, ni dévotes, ni médecins; et je guéris.

Cependant, à force de médecines et de saignées, la maladie de Candide devint sérieuse. Un habitué du quartier vint avec douceur lui demander un billet payable au porteur pour l'autre monde. Candide n'en voulut rien faire; les dévotes l'assurèrent que

c'était une nouvelle mode. Candide répondit qu'il n'était point homme à la mode. Martin voulut jeter l'habitué par les fenêtres. Le clerc jura qu'on n'enterrerait point Candide. Martin jura qu'il enterrerait le clerc s'il continuait à les importuner. La querelle s'échauffa, Martin le prit par les épaules et le chassa rudement; ce qui causa un grand scandale dont on fit un procès-verbal.

Candide guérit, et pendant sa convalescence il eut très bonne compagnie à souper chez lui. On jouait gros jeu. Candide était tout étonné que jamais les as ne lui vinssent, et Martin ne s'en étonnait pas.

Parmi ceux qui lui faisaient les honneurs de la ville, il y avait un petit abbé périgourdin, l'un de ces gens empressés, toujours alertes, toujours serviables, effrontés, caressants, accommodants, qui guettent les étrangers à leur passage, leur content l'histoire scandaleuse de la ville, et leur offrent des plaisirs à tout prix. Celui-ci mena d'abord Candide et Martin à la comédie. On y jouait une tragédie nouvelle. Candide se trouva placé auprès de quelques beaux esprits. Cela ne l'empêcha pas de pleurer à des scènes jouées parfaitement. Un des raisonneurs qui étaient à ses côtés lui dit dans un entracte:

- Vous avez grand tort de pleurer, cette actrice est fort mauvaise, l'acteur qui joue avec elle est plus mauvais acteur encore, la pièce est encore plus mauvaise que les acteurs: l'auteur ne sait pas un mot d'arabe, et cependant la scène est en Arabie; et de plus, c'est un homme qui ne croit pas aux idées innées: je vous apporterai demain vingt brochures contre lui.

- Monsieur, combien avez-vous de pièces de théâtre en France? dit Candide à l'abbé, lequel répondit:

- Cinq ou six mille.

- C'est beaucoup, dit Candide; combien y en a-t-il de bonnes?

- Quinze ou seize, répliqua l'autre.

- C'est beaucoup, dit Martin.

Candide fut très content d'une actrice qui faisait la reine Elisabeth dans une assez plate tragédie que l'on joue quelquefois.

- Cette actrice, dit-il à Martin, me plaît beaucoup; elle a un faux air de Mademoiselle Cunégonde; je serais bien aise de la saluer.

L'abbé périgourdin s'offrit à l'introduire chez elle. Candide élevé en Allemagne demanda quelle était l'étiquette, et comment on traitait en France les reines d'Angleterre.

- Il faut distinguer, dit l'abbé: en province on les mène au cabaret, à Paris on les respecte quand elles sont belles, et on les jette à la voirie quand elles sont mortes.

- Des reines à la voirie! dit Candide.

- Oui vraiment, dit Martin; Monsieur l'abbé a raison; j'étais à Paris quand Mademoiselle Monime passa, comme on dit, de cette vie à l'autre; on lui refusa ce que ces gens-ci appellent les honneurs de la sépulture, c'est-à-dire de pourrir avec tous les gueux du quartier dans un vilain cimetière; elle fut enterrée toute seule de sa bande au coin de la rue de Bourgogne; ce qui dut lui faire une peine extrême, car elle pensait très noblement.

- Cela est bien impoli, dit Candide.

- Que voulez-vous? dit Martin; ces gens-ci sont ainsi faits. Imaginez toutes les contradictions, toutes les incompatibilités possibles, vous les verrez dans le gouvernement, dans les tribunaux, dans les églises, dans les spectacles de cette drôle de nation.

- Est-il vrai qu'on rit toujours à Paris? dit Candide.

- Oui, dit l'abbé, mais c'est enrageant; car on s'y plaint de tout avec de grands éclats de rire, et même on y fait en riant les actions les plus détestables.

- Quel est, dit Candide, ce gros cochon qui me disait tant de mal de la pièce où j'ai tant pleuré, et des acteurs qui m'ont fait tant de plaisir?

- C'est un mal vivant, répondit l'abbé, qui gagne sa vie à dire du mal de toutes les pièces et de tous les livres; il hait quiconque réussit, comme les eunuques haïssent les jouissants; c'est un de ces serpents de la littérature qui se nourrissent de fange et de venin; c'est un folliculaire...

- Qu'appelez-vous folliculaire? dit Candide.

- C'est, dit l'abbé, un faiseur de feuilles, un f.....

C'est ainsi que Candide, Martin et le Périgourdin raisonnaient sur l'escalier, en voyant défiler le monde au sortir de la pièce.

- Quoique je sois très empressé de revoir Mademoiselle Cunégonde, dit Candide, je voudrais pourtant souper avec Mademoiselle Clairon, car elle m'a paru admirable.

L'abbé n'était pas homme à approcher de Mademoiselle Clairon qui ne voyait que bonne compagnie.

- Elle est engagée pour ce soir, dit-il, mais j'aurai l'honneur de vous mener chez une dame de qualité, et là vous connaîtrez Paris comme si vous y aviez été quatre ans.

Candide qui était naturellement curieux, se laissa mener chez la dame, au fond du faubourg Saint-Honoré; on y était occupé d'un pharaon; douze tristes pontes tenaient chacun en main un petit livre de cartes, registre cornu de leurs infortunes. Un profond silence régnait, la pâleur était sur le front des pontes, l'inquiétude sur celui du banquier, et la dame du logis assise auprès de ce banquier impitoyable, remarquait avec des yeux de lynx tous les parolis, tous les sept-et-le-va de campagne, dont chaque joueur cornait ses cartes; elle les faisait décorner avec une attention sévère, mais polie, et ne se fâchait point de peur de perdre ses pratiques: la dame se faisait appeler "la Marquise de Parolignac." Sa fille âgée de quinze ans, était au nombre des pontes, et avertissait d'un clin d'oeil des friponneries de ces pauvres gens, qui tâchaient de réparer les cruautés du sort. L'abbé périgourdin, Candide et Martin entrèrent, personne ne se leva, ni les salua, ni les regarda; tous étaient profondément occupés de leurs cartes.

- Madame la baronne de Thunder-ten-tronckh était plus civile, dit Candide.

Cependant, l'abbé s'approcha de l'oreille de la marquise, qui se leva à moitié, honora Candide d'un sourire gracieux, et Martin d'un air de tête tout à fait noble; elle fit donner un siège et un jeu de cartes à Candide, qui perdit cinquante mille francs en deux tailles; après quoi on soupa très

gaiement, et tout le monde était étonné que Candide ne fût pas ému de sa perte; les laquais disaient entre eux, dans leur langage de laquais:

- Il faut que ce soit quelque milord anglais.

Le souper fut comme la plupart des soupers de Paris; d'abord du silence; ensuite un bruit de paroles qu'on ne distingue point; puis des plaisanteries dont la plupart sont insipides, de fausses nouvelles, de mauvais raisonnements, un peu de politique et beaucoup de médisance; on parla même de livres nouveaux.

- Avez-vous vu, dit l'abbé périgourdin, le roman du Seigneur Gauchat, Docteur en Théologie?

- Oui, répondit un des convives, mais je n'ai pu l'achever. Nous avons une foule d'écrits impertinents, mais tous ensemble n'approchent pas de l'impertinence de Gauchat, Docteur en Théologie; je suis si rassasié de cette immensité de détestables livres qui nous inondent, que je me suis mis à ponter au pharaon...

- Et les mélanges de l'archidiacre T..., qu'en dites-vous? dit l'abbé.

- Ah! dit Madame de Parolignac, l'ennuyeux mortel! comme il vous dit curieusement tout ce que le monde sait! comme il discute pesamment ce qui ne vaut pas la peine d'être remarqué légèrement! comme il s'approprie sans esprit l'esprit des autres! comme il gâte ce qu'il pille! comme il me dégoûte! mais il ne me dégoûtera plus; c'est assez d'avoir lu quelques pages de l'archidiacre.

Il y avait à table un homme savant et de goût, qui appuya ce que disait la marquise. On parla ensuite de tragédies; la dame demanda pourquoi il y avait des tragédies qu'on jouait quelquefois et qu'on ne pouvait lire. L'homme de goût expliqua très bien comment une pièce pouvait avoir quelque intérêt et n'avoir presque aucun mérite; il prouva en peu de mots que ce n'était pas assez d'amener une ou deux de ces situations qu'on trouve dans tous les romans, et qui séduisent toujours les spectateurs, mais qu'il faut être neuf sans être bizarre, souvent sublime, et toujours naturel, connaître le coeur humain et le faire parler, être grand poète sans que jamais aucun personnage de la pièce paraisse poète, savoir parfaitement sa langue, la parler avec pureté,

avec une harmonie continue, sans que jamais la rime coûte rien au sens.

- Quiconque, ajouta-t-il, n'observe pas toutes ces règles, peut faire une ou deux tragédies applaudies au théâtre; mais il ne sera jamais compté au rang des bons écrivains; il y a très peu de bonnes tragédies; les unes sont des idylles en dialogues bien écrits et bien rimés, les autres des raisonnements politiques qui endorment, ou des amplifications qui rebutent; les autres des rêves d'énergumène, en style barbare; des propos interrompus, de longues apostrophes aux dieux, parce qu'on ne sait point parler aux hommes, des maximes fausses, des lieux communs ampoulés.

Candide écouta ce propos avec attention, et conçut une grande idée du discoureur, et comme la marquise avait eu soin de le placer à côté d'elle, il s'approcha de son oreille, et prit la liberté de lui demander qui était cet homme qui parlait si bien.

- C'est un savant, dit la dame, qui ne ponte point, et que l'abbé m'amène quelquefois à souper; il se connaît parfaitement en tragédies et en livres, et il a fait une tragédie sifflée, et un livre dont on n'a jamais vu hors de la boutique de son libraire qu'un exemplaire qu'il m'a dédié.

- Le grand homme! dit Candide, c'est un autre Pangloss.

Alors se tournant vers lui, il lui dit:

- Monsieur, vous pensez sans doute que tout est au mieux dans le monde physique, et dans le moral, et que rien ne pouvait être autrement?

- Moi, Monsieur, lui répondit le savant, je ne pense rien de tout cela; je trouve que tout va de travers chez nous, que personne ne sait ni quel est son rang, ni quelle est sa charge, et qu'excepté le souper qui est assez gai, et où il paraît assez d'union, tout le reste du temps se passe en querelles impertinentes; jansénistes contre molinistes, gens du Parlement contre gens d'Eglise, gens de lettres contre gens de lettres, courtisans contre courtisans, financiers contre le peuple, femmes contre maris, parents contre parents; c'est une guerre éternelle.

Candide lui répliqua:

- J'ai vu pis; mais un sage qui depuis a eu le

malheur d'être pendu, m'apprit que tout cela est à merveille; ce sont des ombres à un beau tableau.

- Votre pendu se moquait du monde, dit Martin; vos ombres sont des taches horribles.

- Ce sont les hommes qui font les taches, dit Candide, et ils ne peuvent s'en dispenser.

- Ce n'est donc pas leur faute, dit Martin.

La plupart des pontes, qui n'entendaient rien à ce langage, buvaient; et Martin raisonna avec le savant, et Candide raconta une partie de ses aventures à la dame du logis.

Après souper, la marquise mena Candide dans son cabinet, et le fit asseoir sur un canapé.

- Eh bien, lui dit-elle, vous aimez donc toujours éperdument Mademoiselle Cunégonde de Thunder-ten-tronckh?

- Oui, Madame, répondit Candide.

La marquise lui répliqua avec un souris tendre:

- Vous me répondez comme un jeune homme de la Westphalie; un Français m'aurait dit: "Il est vrai que j'ai aimé Mademoiselle Cunégonde, mais en vous voyant, Madame, je crains de ne la plus aimer."

- Hélas! Madame, dit Candide, je répondrai comme vous voudrez.

- Votre passion pour elle, dit la marquise, a commencé en ramassant son mouchoir, je veux que vous ramassiez ma jarretière.

- De tout mon coeur, dit Candide, et il la ramassa.

- Mais je veux que vous me la remettiez, dit la dame, et Candide la lui remit.

- Voyez-vous? dit la dame; vous êtes étranger; je fais quelquefois languir mes amants de Paris quinze jours, mais je me rends à vous dès la première nuit, parce qu'il faut faire les honneurs de son pays à un jeune homme de Westphalie.

La belle ayant aperçu deux énormes diamants aux deux mains de son jeune étranger, les loua de si bonne foi, que des doigts de Candide ils passèrent aux doigts de la marquise.

Candide en s'en retournant avec son abbé périgourdin, sentit quelques remords d'avoir fait une infidélité à Mademoiselle Cunégonde; Monsieur l'abbé entra dans sa peine; il n'avait qu'une légère part aux cinquante mille livres perdues au jeu par Candide, et à la valeur des deux brillants moitié

donnés, moitié extorqués. Son dessein était de profiter autant qu'il le pourrait des avantages que la connaissance de Candide pouvait lui procurer. Il lui parla beaucoup de Cunégonde; et Candide lui dit qu'il demanderait bien pardon à cette belle de son infidélité, quand il la verrait à Venise.

Le Périgourdin redoublait de politesses et d'attentions, et prenait un intérêt tendre à tout ce que Candide disait, à tout ce qu'il faisait, à tout ce qu'il voulait faire.

- Vous avez donc, Monsieur, lui dit-il, un rendez-vous à Venise?

- Oui, Monsieur l'abbé, dit Candide; il faut absolument que j'aille trouver Mademoiselle Cunégonde. Alors, engagé par le plaisir de parler de ce qu'il aimait, il conta selon son usage une partie de ses aventures avec cette illustre Westphalienne.

- Je crois, dit l'abbé, que Mademoiselle Cunégonde a bien de l'esprit, et qu'elle écrit des lettres charmantes?

- Je n'en ai jamais reçu, dit Candide, car figurez-vous qu'ayant été chassé du château pour l'amour d'elle, je ne pus lui écrire, que bientôt après j'appris qu'elle était morte, qu'ensuite je la retrouvai, et que je la perdis; et que je lui ai envoyé à deux mille cinq cents lieues d'ici un exprès dont j'attends la réponse.

L'abbé écoutait attentivement et paraissait un peu rêveur. Il prit bientôt congé des deux étrangers, après les avoir tendrement embrassés. Le lendemain Candide reçut à son réveil une lettre conçue en ces termes:

- Monsieur, mon très cher amant, il y a huit jours que je suis malade en cette ville; j'apprends que vous y êtes. Je volerais dans vos bras si je pouvais remuer. J'ai su votre passage à Bordeaux, j'y ai laissé le fidèle Cacambo et la vieille qui doivent bientôt me suivre. Le gouverneur de Buenos Aires a tout pris, mais il me reste votre coeur. Venez, votre présence me rendra la vie, ou me fera mourir de plaisir.

Cette lettre charmante, cette lettre inespérée, transporta Candide d'une joie inexprimable; et la maladie de sa chère Cunégonde l'accabla de douleur. Partagé entre ces deux sentiments, il prend son or et ses diamants, et se fait conduire avec Martin à l'hôtel où Mademoiselle Cunégonde demeurait. Il entre en tremblant d'émotion, son coeur palpite, sa voix sanglote; il veut ouvrir les rideaux du lit, il veut faire apporter de la lumière:

- Gardez-vous en bien, lui dit la suivante, la lumière la tue, et soudain elle referme le rideau.

- Ma chère Cunégonde, dit Candide en pleurant, comment vous portez-vous? si vous ne pouvez me voir, parlez-moi du moins.

- Elle ne peut parler, dit la suivante.

La dame alors tire du lit une main potelée que Candide arrose longtemps de ses larmes, et qu'il remplit ensuite de diamants, en laissant un sac plein d'or sur le fauteuil.

Au milieu de ses transports arrive un exempt suivi de l'abbé périgourdin et d'une escouade.

- Voilà donc, dit-il, ces deux étrangers suspects?

Il les fait incontinent saisir, et ordonne à ses braves de les traîner en prison.

- Ce n'est pas ainsi qu'on traite les voyageurs dans le Dorado, dit Candide.

- Je suis plus manichéen que jamais, dit Martin.

- Mais, Monsieur, où nous menez-vous? dit Candide.

- Dans un cul de basse-fosse, dit l'exempt.

Martin ayant repris son sang-froid, jugea que la dame qui se prétendait Cunégonde était une friponne, Monsieur l'abbé périgourdin un fripon qui avait abusé au plus vite de l'innocence de Candide, et l'exempt un autre fripon dont on pouvait aisément se débarrasser.

Plutôt que de s'exposer aux procédures de la justice, Candide éclairé par son conseil, et d'ailleurs toujours impatient de revoir la véritable Cunégonde, propose à l'exempt trois petits diamants d'environ trois mille pistoles chacun.

- Ah! Monsieur, lui dit l'homme au bâton d'ivoire, eussiez-vous commis tous les crimes imaginables, vous êtes le plus honnête homme du monde; trois diamants! chacun de trois mille pistoles! Monsieur, je me ferais

tuer pour vous, au lieu de vous mener dans un cachot. On arrête tous les étrangers, mais laissez-moi faire; j'ai un frère à Dieppe en Normandie, je vais vous y mener; et si vous avez quelque diamant à lui donner, il aura soin de vous comme moi-même.

- Et pourquoi arrête-t-on tous les étrangers? dit Candide.

L'abbé périgourdin prit alors la parole et dit:

- C'est parce qu'un gueux du pays d'Atrébatie a entendu dire des sottises, cela seul lui a fait commettre un parricide, non pas tel que celui de 1610 au mois de mai, mais tel que celui de 1594 au mois de décembre, et tel que plusieurs autres commis dans d'autres années et dans d'autres mois par d'autres gueux qui avaient entendu dire des sottises.

L'exempt alors expliqua de quoi il s'agissait.

- Ah les monstres! s'écria Candide; quoi! de telles horreurs chez un peuple qui danse et qui chante! ne pourrai-je sortir au plus vite de ce pays où des singes agacent des tigres? J'ai vu des ours dans mon pays; je n'ai vu des hommes que dans le Dorado. Au nom de Dieu! Monsieur l'exempt, menez-moi à Venise, où je dois attendre Mademoiselle Cunégonde.

- Je ne peux vous mener qu'en Basse-Normandie, dit le barigel.

Aussitôt il lui fait ôter ses fers, dit qu'il s'est mépris, renvoie ses gens et emmène à Dieppe Candide et Martin, et les laisse entre les mains de son frère. Il y avait un petit vaisseau hollandais à la rade. Le Normand, à l'aide de trois autres diamants, devenu le plus serviable des hommes, embarque Candide et ses gens dans le vaisseau qui allait faire voile pour Portsmouth en Angleterre. Ce n'était pas le chemin de Venise; mais Candide croyait être délivré de l'enfer, et il comptait bien reprendre la route de Venise à la première occasion.

CHAPITRE VINGT-TROISIEME

Candide et Martin vont sur les côtes d'Angleterre; ce qu'ils y voient.

- Ah Pangloss! Pangloss! Ah Martin! Martin! Ah ma chère Cunégonde! qu'est-ce que ce monde-ci? disait Candide sur le vaisseau hollandais.

- Quelque chose de bien fou et de bien abominable, répondait Martin.

- Vous connaissez l'Angleterre, y est-on aussi fou qu'en France?

- C'est une autre espèce de folie, dit Martin; vous savez que ces deux nations sont en guerre pour quelques arpents de neige vers le Canada, et qu'elles dépensent pour cette belle guerre beaucoup plus que tout le Canada ne vaut. De vous dire précisément s'il y a plus de gens à lier dans un pays que dans un autre, c'est ce que mes faibles lumières ne me permettent pas. Je sais seulement qu'en général les gens que nous allons voir sont fort atrabilaires.

En causant ainsi ils abordèrent à Portsmouth; une multitude de peuple couvrait le rivage, et regardait attentivement un assez gros homme qui était à genoux, les yeux bandés, sur le tillac d'un des vaisseaux de la flotte; quatre soldats postés vis-à-vis de cet homme lui tirèrent chacun trois balles dans le crâne le plus paisiblement du monde, et toute l'assemblée s'en retourna extrêmement satisfaite.

- Qu'est-ce donc que tout ceci? dit Candide, et quel démon exerce partout son empire? Il demanda qui était ce gros homme qu'on venait de tuer en cérémonie.

- C'est un amiral, lui répondit-on.

- Et pourquoi tuer cet amiral?

- C'est, lui dit-on, parce qu'il n'a pas fait tuer assez de monde; il a livré un combat à un amiral français, et on a trouvé qu'il n'était pas assez près de lui.

- Mais, dit Candide, l'amiral français était aussi loin de l'amiral anglais que celui-ci l'était de l'autre?

- Cela est incontestable, lui répliqua-t-on. Mais dans ce pays-ci il est bon de tuer de temps en

temps un amiral pour encourager les autres.

Candide fut si étourdi et si choqué de ce qu'il voyait, et de ce qu'il entendait, qu'il ne voulut pas seulement mettre pied à terre, et qu'il fit son marché avec le patron hollandais dût-il le voler comme celui de Surinam pour le conduire sans délai à Venise.

Le patron fut prêt au bout de deux jours. On côtoya la France. On passa à la vue de Lisbonne, et Candide frémit. On entra dans le détroit, et dans la Méditerranée. Enfin on aborda à Venise.
– Dieu soit loué, dit Candide, en embrassant Martin, c'est ici que je reverrai la belle Cunégonde. Je compte sur Cacambo comme sur moi-même. Tout est bien, tout va bien, tout va le mieux qu'il soit possible.

CHAPITRE VINGT-QUATRIEME

De Paquette, et de frère Giroflée.

Dès qu'il fut à Venise, il fit chercher Cacambo dans tous les cabarets, dans tous les cafés, chez toutes les filles de joie, et ne le trouva point. Il envoyait tous les jours à la découverte de tous les vaisseaux et de toutes les barques. Nulles nouvelles de Cacambo.

- Quoi! disait-il à Martin, j'ai eu le temps de passer de Surinam à Bordeaux, d'aller de Bordeaux à Paris, de Paris à Dieppe, de Dieppe à Portsmouth, de côtoyer le Portugal et l'Espagne, de traverser toute la Méditerranée, de passer quelques mois à Venise, et la belle Cunégonde n'est point venue! Je n'ai rencontré au lieu d'elle qu'une drôlesse, et un abbé périgourdin! Cunégonde est morte sans doute, je n'ai plus qu'à mourir. Ah! il valait mieux rester dans le paradis du Dorado que de revenir dans cette maudite Europe. Que vous avez raison, mon cher Martin! tout n'est qu'illusion et calamité.

Il tomba dans une mélancolie noire, et ne prit aucune part à l'"opera alla moda", ni aux autres divertissements du Carnaval; pas une dame ne lui donna la moindre tentation. Martin lui dit:

- Vous êtes bien simple en vérité, de vous figurer qu'un valet métis, qui a cinq ou six millions dans ses poches, ira chercher votre maîtresse au bout du monde et vous l'amènera à Venise. Il la prendra pour lui, s'il la trouve. S'il ne la trouve pas, il en prendra une autre. Je vous conseille d'oublier votre valet Cacambo et votre maîtresse Cunégonde.

Martin n'était pas consolant. La mélancolie de Candide augmenta, et Martin ne cessait de lui prouver qu'il y avait peu de vertu et peu de bonheur sur la terre, excepté peut-être dans Eldorado, où personne ne pouvait aller.

En disputant sur cette matière importante, et en attendant Cunégonde, Candide aperçut un jeune théatin dans la place Saint-Marc, qui tenait sous le bras une fille. Le théatin paraissait frais, potelé, vigoureux; ses yeux étaient brillants, son air

assuré, sa mine haute, sa démarche fière. La fille était très jolie et chantait; elle regardait amoureusement son théatin, et de temps en temps lui pinçait ses grosses joues.

- Vous m'avouerez du moins, dit Candide à Martin, que ces gens-ci sont heureux; je n'ai trouvé jusqu'à présent dans toute la terre habitable, excepté dans Eldorado, que des infortunés; mais pour cette fille et ce théatin, je gage que ce sont des créatures très heureuses.

- Je gage que non, dit Martin.

- Il n'y a qu'à les prier à dîner, dit Candide, et vous verrez si je me trompe.

Aussitôt il les aborde, il leur fait son compliment, et les invite à venir à son hôtellerie manger des macaroni, des perdrix de Lombardie, des oeufs d'esturgeon, et à boire du vin de Montepulciano, du lacryma-christi, du chypre et du samos. La demoiselle rougit, le théatin accepta la partie, et la fille le suivit en regardant Candide avec des yeux de surprise et de confusion, qui furent obscurcis de quelques larmes. A peine fut-elle entrée dans la chambre de Candide, qu'elle lui dit:

- Eh quoi, Monsieur Candide ne reconnaît plus Paquette!

A ces mots Candide qui ne l'avait pas considérée jusque-là avec attention, parce qu'il n'était occupé que de Cunégonde, lui dit:

- Hélas! ma pauvre enfant, c'est donc vous qui avez mis le docteur Pangloss dans le bel état où je l'ai vu?

- Hélas! Monsieur, c'est moi-même, dit Paquette, je vois que vous êtes instruit de tout. J'ai su les malheurs épouvantables arrivés à toute la maison de Madame la baronne et à la belle Cunégonde. Je vous jure que ma destinée n'a guère été moins triste. J'étais fort innocente quand vous m'avez vue. Un cordelier qui était mon confesseur me séduisit aisément. Les suites en furent affreuses; je fus obligée de sortir du château quelque temps après que Monsieur le baron vous eût renvoyé à grands coups de pied dans le derrière. Si un fameux médecin n'avait pas pris pitié de moi, j'étais morte. Je fus quelque temps par reconnaissance la maîtresse de ce médecin. Sa femme qui était jalouse à la rage me battait tous les jours impitoyablement, c'était une furie. Ce médecin était le plus laid

de tous les hommes, et moi la plus malheureuse de toutes les créatures, d'être battue continuellement pour un homme que je n'aimais pas. Vous savez, Monsieur, combien il est dangereux pour une femme acariâtre d'être l'épouse d'un médecin. Celui-ci outré des procédés de sa femme, lui donna un jour pour la guérir d'un petit rhume, une médecine si efficace, qu'elle en mourut en deux heures de temps dans des convulsions horribles. Les parents de Madame intentèrent à Monsieur un procès criminel; il prit la fuite, et moi je fus mise en priso. Mon innocence ne m'aurait pas sauvée, si je n'avais été un peu jolie. Le juge m'élargit à condition qu'il succéderait au médecin. Je fus bientôt supplantée par une rivale, chassée sans récompense, et obligée de continuer ce métier abominable qui vous paraît si plaisant à vous autres hommes, et qui n'est pour nous qu'un abîme de misères. J'allai exercer la profession à Venise. Ah! Monsieur, si vous pouviez vous imaginer ce que c'est que d'être obligée de caresser indifféremment un vieux marchand, un avocat, un moine, un gondolier, un abbé; d'être exposée à toutes les insultes, à toutes les avanies; d'être souvent réduite à emprunter une jupe pour aller se la faire lever par un homme dégoûtant; d'être volée par l'un de ce qu'on a gagné avec l'autre; d'être rançonnée par les officiers de justice, et de n'avoir en perspective qu'une vieillesse affreuse, un hôpital et un fumier; vous concluериez que je suis une des plus malheureuses créatures du monde.

Paquette ouvrait ainsi son coeur au bon Candide dans un cabinet, en présence de Martin, qui disait à Candide:

- Vous voyez que j'ai déjà gagné la moitié de la gageure.

Frère Giroflée était resté dans la salle à manger, et buvait un coup en attendant le dîner.

- Mais, dit Candide à Paquette, vous aviez l'air si gai, si content, quand je vous ai rencontrée, vous chantiez, vous caressiez le théatin avec une complaisance naturelle; vous m'avez paru aussi heureuse que vous prétendez être infortunée.

- Ah! Monsieur, répondit Paquette, c'est encore là une des misères du métier. J'ai été hier volée et battue par un officier, et il faut aujourd'hui

que je paraisse de bonne humeur pour plaire à un moine.

Candide n'en voulut pas davantage, il avoua que Martin avait raison. On se mit à table avec Paquette et le théatin; le repas fut assez amusant; et sur la fin on se parla avec quelque confiance.

- Mon Père, dit Candide au moine, vous me paraissez jouir d'une destinée que tout le monde doit envier; la fleur de la santé brille sur votre visage, votre physionomie annonce le bonheur; vous avez une très jolie fille pour votre récréation, et vous paraissez très content de votre état de théatin.

- Ma foi, Monsieur, dit frère Giroflée, je voudrais que tous les théatins fussent au fond de la mer! J'ai été tenté cent fois de mettre le feu au couvent, et d'aller me faire turc. Mes parents me forcèrent à l'âge de quinze ans d'endosser cette détestable robe, pour laisser plus de fortune à un maudit frère aîné que Dieu confonde. La jalousie, la discorde, la rage habitent dans le couvent. Il est vrai que j'ai prêché quelques mauvais sermons qui m'ont valu un peu d'argent, dont le prieur me vole la moitié, le reste me sert à entretenir des filles; mais quand je rentre le soir dans le monastère, je suis prêt de me casser la tête contre les murs du dortoir; et tous mes confrères sont dans le même cas.

Martin se tournant vers Candide avec son sang-froid ordinaire:

- Eh bien! lui dit-il, n'ai-je pas gagné la gageure tout entière?

Candide donna deux mille piastres à Paquette et mille piastres à frère Giroflée.

- Je vous réponds, dit-il, qu'avec cela ils seront heureux

- Je n'en crois rien du tout, dit Martin; vous les rendrez peut-être avec ces piastres beaucoup plus malheureux encore.

- Il en sera ce qui pourra, dit Candide: mais une chose me console, je vois qu'on retrouve souvent les gens qu'on ne croyait jamais retrouver; il se pourra bien faire qu'ayant rencontré mon mouton rouge et Paquette, je rencontre aussi Cunégonde.

- Je souhaite, dit Martin, qu'elle fasse un jour votre bonheur; mais c'est de quoi je doute fort.

- Vous êtes bien dur, dit Candide.

- C'est que j'ai vécu, dit Martin.

- Mais regardez ces gondoliers, dit Candide, ne chantent-ils pas sans cesse?

- Vous ne les voyez pas dans leur ménage, avec leurs marmots d'enfants, dit Martin. Le doge a ses chagrins, les gondoliers ont les leurs. Il est vrai qu'à tout prendre, le sort d'un gondolier est préférable à celui d'un doge; mais je crois la différence si médiocre, que cela ne vaut pas la peine d'être examiné.

- On parle, dit Candide, du sénateur Pococurantè, qui demeure dans ce beau palais sur la Brenta, et qui reçoit assez bien les étrangers. On prétend que c'est un homme qui n'a jamais eu de chagrin.

- Je voudrais voir une espèce si rare, dit Martin. Candide aussitôt fit demander au Seigneur Pococurantè la permission de venir le voir le lendemain.

CHAPITRE VINGT-CINQUIEME

Visite chez le Seigneur Pococurantê noble vênitien.

Candide et Martin allèrent en gondole sur la Brenta, et arrivèrent au palais du noble Pococurantê. Les jardins êtaient bien entendus, et ornés de belles statues de marbre, le palais d'une belle architecture. Le maître du logis, homme de soixante ans, fort riche, reçut très poliment les deux curieux, mais avec très peu d'empressement, ce qui dêconcerta Candide, et ne dêplut point à Martin.

D'abord deux filles jolies et proprement mises servirent du chocolat, qu'elles firent très bien mousser. Candide ne put s'empêcher de les louer sur leur beautê, sur leur bonne grâce et sur leur adresse:

- Ce sont d'assez bonnes crêatures, dit le sênateur Pococurantê; je les fais quelquefois coucher dans mon lit, car je suis bien las des dames de la ville, de leurs coquetteries, de leurs jalousies, de leurs querelles, de leurs humeurs, de leurs petitesses, de leur orgueil, de leurs sottises, et des sonnets qu'il faut faire ou commander pour elles: mais après tout, ces deux filles commencent fort à m'ennuyer.

Candide après le dêjeuner se promenant dans une longue galerie, fut surpris de la beautê des tableaux. Il demanda de quel maître êtaient les deux premiers.

- Ils sont de Raphaël, dit le sênateur; je les achetai fort cher par vanitê il y a quelques annêes; on dit que c'est ce qu'il y a de plus beau en Italie; mais ils ne me plaisent point du tout; la couleur en est très rembrunie, les figures ne sont pas assez arrondies, et ne sortent point assez; les draperies ne ressemblent en rien à une êtoffe. En un mot, quoi qu'on en dise, je ne trouve point là une imitation vraie de la nature. Je n'aimerai un tableau que quand je croirai voir la nature elle-même: il n'y en a point de cette espèce. J'ai beaucoup de tableaux, mais je ne les regarde plus.

Pococuranté en attendant le dîner se fit donner un concerto. Candide trouva la musique délicieuse.

- Ce bruit, dit Pococuranté, peut amuser une demi-heure; mais s'il dure plus longtemps, il fatigue tout le monde, quoique personne n'ose l'avouer. La musique aujourd'hui n'est plus que l'art d'exécuter des choses difficiles; et ce qui n'est que difficile ne plaît point à la longue.

- J'aimerais peut-être mieux l'opéra, si on n'avait pas trouvé le secret d'en faire un monstre qui me révolte. Ira voir qui voudra de mauvaises tragédies en musique, où les scènes ne sont faites que pour amener très mal à propos deux ou trois chansons ridicules qui font valoir le gosier d'une actrice. Se pâmera de plaisir qui voudra, ou qui pourra, en voyant un châtré fredonner le rôle de César et de Caton, et se promener d'un air gauche sur des planches. Pour moi il y a longtemps que j'ai renoncé à ces pauvretés, qui font aujourd'hui la gloire de l'Italie, et que des souverains paient si chèrement.
Candide disputa un peu, mais avec discrétion. Martin fut entièrement de l'avis du sénateur.

On se mit à table; et après un excellent dîner on entra dans la bibliothèque. Candide en voyant un Homère magnifiquement relié, loua l'illustrissime sur son bon goût.

- Voilà, dit-il, un livre qui faisait les délices du grand Pangloss, le meilleur philosophe de l'Allemagne.

- Il ne fait pas les miennes, dit froidement Pococuranté: on me fit accroire autrefois que j'avais du plaisir en le lisant. Mais cette répétition continuelle de combats qui se ressemblent tous, ces dieux qui agissent toujours pour ne rien faire de décisif; cette Hélène qui est le sujet de la guerre, et qui à peine est une actrice de la pièce; cette Troie qu'on assiège et qu'on ne prend point; tout cela me causait le plus mortel ennui. J'ai demandé quelquefois à des savants, s'ils s'ennuyaient autant que moi à cette lecture. Tous les gens sincères m'ont avoué que le livre leur tombait des mains, mais qu'il fallait toujours l'avoir dans sa bibliothèque, comme un monument de l'antiquité, et comme ces médailles rouillées qui ne peuvent être de commerce.

- Votre Excellence ne pense pas ainsi de Virgile? dit Candide.

- Je conviens, dit Pococurantê, que le second, le quatrième, et le sixième livre de son Enêide sont excellents; mais pour son pieux Enêe, et le fort Cloanthe, et l'ami Achates, et le petit Ascanius, et l'imbêcile roi Latinus, et la bourgeoise Amata, et l'insipide Lavinia, je ne crois pas qu'il y ait rien de si froid et de plus dêsagrêable. J'aime mieux Le Tasse, et les contes à dormir debout de L'Arioste.

- Oserais-je vous demander, Monsieur, dit Candide, si vous n'avez pas un grand plaisir à lire Horace?

- Il y a des maximes, dit Pococurantê, dont un homme du monde peut faire son profit, et qui êtant resserrêes dans des vers ênergiques se gravent plus aisêment dans la mêmoire. Mais je me soucie fort peu de son voyage à Brindes et de sa description d'un mauvais dîner, et de la querelle de crocheteurs entre je ne sais quel "Pupilus", dont les paroles, dit-il, "êtaient pleines de pus", et un autre dont les paroles "êtaient du vinaigre". Je n'ai lu qu'avec un extrême dêgoût ses vers grossiers contre des vieilles et contre des sorcières, et je ne vois pas quel mérite il peut y avoir à dire à son ami Mêcenas, que s'il est mis par lui au rang des poêtes lyriques, il frappera les astres de son front sublime. Les sots admirent tout dans un auteur estimê. Je ne lis que pour moi, je n'aime que ce qui est à mon usage.
Candide qui avait êtê êlevê à ne jamais juger de rien par lui-même, êtait fort êtonnê de ce qu'il entendait, et Martin trouvait la façon de penser de Pococurantê assez raisonnable.

- Oh, voici un Cicêron, dit Candide: pour ce grand homme-là, je pense que vous ne vous lassez point de le lire?

- Je ne le lis jamais, rêpondit le Vênitien. Que m'importe qu'il ait plaidê pour Rabirius, ou pour Cluentius? J'ai bien assez des procès que je juge; je me serais mieux accommodê de ses oeuvres philosophiques, mais quand j'ai vu qu'il doutait de tout, j'ai conclu que j'en savais autant que lui, et que je n'avais besoin de personne pour être ignorant.

- Ah, voilà quatre-vingts volumes de recueils d'une académie des sciences, s'écria Martin; il se peut qu'il y ait là du bon.
- Il y en aurait, dit Pococurantè, si un seul des auteurs de ces fatras avait inventé seulement l'art de faire des épingles; mais il n'y a dans tous ces livres que de vains systèmes, et pas une seule chose utile.

- Que de pièces de théâtre je vois là! dit Candide, en italien, en espagnol, en français.
- Oui, dit le sénateur, il y en a trois mille, et pas trois douzaines de bonnes. Pour ces recueils de sermons, qui tous ensemble ne valent pas une page de Sénèque, et tous ces gros volumes de théologie, vous pensez bien que je ne les ouvre jamais, ni moi, ni personne.

Martin aperçut des rayons chargés de livres anglais.
- Je crois, dit-il, qu'un républicain doit se plaire à la plupart de ces ouvrages écrits si librement.
- Oui, répondit Pococurantè, il est beau d'écrire ce qu'on pense; c'est le privilège de l'homme. Dans toute notre Italie on n'écrit que ce qu'on ne pense pas; ceux qui habitent la patrie des Césars et des Antonins n'osent avoir une idée sans la permission d'un jacobin. Je serais content de la liberté qui inspire les génies anglais, si la passion et l'esprit de parti ne corrompaient pas tout ce que cette précieuse liberté a d'estimable.

Candide apercevant un Milton, lui demanda s'il ne regardait pas cet auteur comme un grand homme.
- Qui? dit Pococurantè, ce barbare qui fait un long commentaire du premier chapitre de la genèse en dix livres de vers durs, ce grossier imitateur des Grecs, qui défigure la création, et qui tandis que Moïse représente l'être éternel produisant le monde par la parole, fait prendre un grand compas par le Messiah dans une armoire du ciel pour tracer son ouvrage? Moi j'estimerais celui qui a gâté l'enfer et le diable du Tasse; qui déguise Lucifer tantôt en crapaud, tantôt en pigmée; qui lui fait rebattre cent fois les mêmes discours; qui le fait

disputer sur la théologie; qui en imitant sérieusement l'invention comique des armes à feu de l'Arioste, fait tirer le canon dans le ciel par les diables? Ni moi ni personne en Italie n'a pu se plaire à toutes ces tristes extravagances; et le mariage du péché et de la mort, et les couleuvres dont le péché accouche, font vomir tout homme qui a le goût un peu délicat, et sa longue description d'un hôpital n'est bonne que pour un fossoyeur. Ce poème obscur, bizarre et dégoûtant, fut méprisé à sa naissance; je le traite aujourd'hui comme il fut traité dans sa patrie par les contemporains. Au reste, je dis ce que je pense, et je me soucie fort peu que les autres pensent comme moi.

Candide était affligé de ces discours. Il respectait Homère, il aimait un peu Milton.

- Hélas! dit-il tout bas à Martin, j'ai bien peur que cet homme-ci n'ait un souverain mépris pour nos poètes allemands.

- Il n'y aurait pas grand mal à cela, dit Martin.

- Oh quel homme supérieur! disait Candide entre ses dents; quel grand génie que ce Pococuranté! Rien ne peut lui plaire.

Après avoir fait ainsi la revue de tous les livres, ils descendirent dans le jardin. Candide en loua toutes les beautés.

- Je ne sais rien de si mauvais goût, dit le maître; nous n'avons ici que des colifichets: mais je vais dès demain en faire planter un d'un dessin plus noble.

Quand les deux curieux eurent pris congé de Son Excellence:

- Or ça, dit Candide à Martin, vous conviendrez que voilà le plus heureux de tous les hommes; car il est au-dessus de tout ce qu'il possède.

- Ne voyez-vous pas, dit Martin, qu'il est dégoûté de tout ce qu'il possède? Platon a dit il y a longtemps, que les meilleurs estomacs ne sont pas ceux qui rebutent tous les aliments.

- Mais, dit Candide, n'y a-t-il pas du plaisir à tout critiquer? à sentir des défauts où les autres hommes croient voir des beautés?

- C'est-à-dire, reprit Martin, qu'il y a du plaisir à n'avoir pas de plaisir?

- Oh bien! dit Candide, il n'y a donc d'heureux

que moi, quand je reverrai Mademoiselle Cunégonde.

- C'est toujours bien fait d'espérer, dit Martin.

Cependant les jours, les semaines s'écoulaient; Cacambo ne revenait point, et Candide était si abîmé dans sa douleur, qu'il ne fit pas même réflexion que Paquette et frère Giroflée n'étaient pas venus seulement le remercier.

CHAPITRE VINGT-SIXIEME

D'un souper que Candide et Martin firent avec six étrangers, et qui ils étaient.

Un soir que Candide suivi de Martin allait se mettre à table avec les étrangers qui logeaient dans la même hôtellerie, un homme à visage couleur de suie l'aborda par derrière, et le prenant par le bras, lui dit:

- Soyez prêt à partir avec nous, n'y manquez pas. Il se retourne, et voit Cacambo.

Il n'y avait que la vue de Cunégonde qui pût l'étonner et lui plaire davantage. Il fut sur le point de devenir fou de joie. Il embrasse son cher ami.

- Cunégonde est ici sans doute, où est-elle?

- Cunégonde n'est point ici, dit Cacambo, elle est à Constantinople.

- Ah Ciel! à Constantinople! Mais fût-elle à la Chine, j'y vole, partons.

- Nous partirons après souper, reprit Cacambo; je ne peux vous en dire davantage; je suis esclave, mon maître m'attend, il faut que j'aille le servir à table; ne dites mot; soupez et tenez-vous prêt.

Candide partagé entre la joie et la douleur, charmé d'avoir revu son agent fidèle, étonné de le voir esclave, plein de l'idée de retrouver sa maîtresse, le coeur agité, l'esprit bouleversé, se mit à table avec Martin, qui voyait de sang-froid toutes ces aventures, et avec six étrangers qui étaient venus passer le Carnaval à Venise.

Cacambo qui versait à boire à l'un de ces six étrangers, s'approcha de l'oreille de son maître sur la fin du repas, et lui dit:

- Sire, Votre Majesté partira quand elle voudra, le vaisseau est prêt.

Ayant dit ces mots il sortit. Les convives étonnés se regardaient sans proférer une seule parole, lorsqu'un autre domestique s'approchant de son maître lui dit:

- Sire, la chaise de Votre Majesté est à Padoue, et la barque est prête.

Le maître fit un signe, et le domestique partit. Tous les convives se regardèrent encore, et la surprise commune redoubla.

Un troisième valet s'approchant aussi d'un troisième étranger, lui dit:

- Sire, croyez-moi, Votre Majesté ne doit pas rester ici plus longtemps, je vais tout préparer; et aussitôt il disparut.

Candide et Martin ne doutèrent pas alors que ce ne fût une mascarade du Carnaval. Un quatrième domestique dit au quatrième maître:

- Votre Majesté partira quand elle voudra, et sortit comme les autres. Le cinquième valet en dit autant au cinquième maître. Mais le sixième valet parla différemment au sixième étranger qui était auprès de Candide; il lui dit:

- Ma foi, Sire, on ne veut plus faire crédit à Votre Majesté, ni à moi non plus; et nous pourrions bien être coffrés cette nuit vous et moi; je vais pourvoir à mes affaires; adieu.

Tous les domestiques ayant disparu, les six étrangers, Candide et Martin, demeurèrent dans un profond silence. Enfin Candide le rompit:

- Messieurs, dit-il, voilà une singulière plaisanterie, pourquoi êtes-vous tous rois? pour moi je vous avoue que ni moi ni Martin nous ne le sommes.

Le maître de Cacambo prit alors gravement la parole, et dit en italien:

- Je ne suis point plaisant, je m'appelle Achmet III. J'ai été grand sultan plusieurs années; je détrônai mon frère; mon neveu m'a détrôné; on a coupé le cou à mes vizirs; j'achève ma vie dans le vieux sérail. Mon neveu le grand sultan Mahmoud me permet de voyager quelquefois pour ma santé, et je suis venu passer le Carnaval à Venise.

Un jeune homme qui était auprès d'Achmet parla après lui et dit:

- Je m'appelle Ivan; j'ai été empereur de toutes les Russies; j'ai été détrôné au berceau: mon père et ma mère ont été enfermés; on m'a élevé en prison: j'ai quelquefois la permission de voyager, accompagné de ceux qui me gardent, et je suis venu passer le Carnaval à Venise.

Le troisième dit:

- Je suis Charles Edouard roi d'Angleterre;

mon père m'a cédé ses droits au royaume. J'ai combattu pour les soutenir; on a arraché le coeur à huit cents de mes partisans, et on leur en a battu les joues. J'ai été mis en prison; je vais à Rome faire une visite au roi mon père, détrôné, ainsi que moi et mon grand-père, et je suis venu passer le Carnaval à Venise.

Le quatrième prit alors la parole, et dit:
- Je suis roi des Polaques; le sort de la guerre m'a privé de mes états héréditaires; mon père a éprouvé les mêmes revers; je me résigne à la Providence comme le sultan Achmet, l'empereur Ivan, et le roi Charles Edouard, à qui Dieu donne une longue vie, et je suis venu passer le Carnaval à Venise.

Le cinquième dit:
- Je suis aussi roi des Polaques; j'ai perdu mon royaume deux fois; mais la Providence m'a donné un autre état, dans lequel j'ai fait plus de bien que tous les rois des Sarmates ensemble n'en ont jamais pu faire sur les bords de la Vistule; je me résigne aussi à la Providence; et je suis venu passer le Carnaval à Venise.

Il restait au sixième monarque à parler.
- Messieurs, dit-il, je ne suis pas si grand seigneur que vous; mais enfin j'ai été roi tout comme un autre. Je suis Théodore; on m'a élu roi en Corse; on m'a appelé Votre Majesté, et à présent à peine m'appelle-t-on Monsieur. J'ai fait frapper de la monnaie, et je ne possède pas un denier; j'ai eu deux secrétaires d'état, et j'ai longtemps été à Londres en prison, sur la paille. J'ai bien peur d'être traité de même ici, quoique je sois venu comme Vos Majestés passer le Carnaval à Venise.

Les cinq autres rois écoutèrent ce discours avec une noble compassion. Chacun d'eux donna vingt sequins au roi Théodore pour avoir des habits et des chemises; et Candide lui fit présent d'un diamant de deux mille sequins.
- Quel est donc, disaient les cinq rois, ce particulier qui est en état de donner cent fois autant que chacun de nous, et qui le donne?

Dans l'instant qu'on sortait de table, il arriva dans la même hôtellerie quatre altesses sérénissimes, qui avaient perdu leurs états par le sort de la guerre, et qui venaient passer le reste du Carnaval à Venise. Mais Candide ne prit pas seulement garde à ces nouveaux venus. Il n'était occupé que d'aller trouver sa chère Cunégonde à Constantinople.

CHAPITRE VINGT-SEPTIEME

Voyage de Candide à Constantinople.

Le fidèle Cacambo avait déjà obtenu du patron turc qui allait reconduire le sultan Achmet à Constantinople, qu'il recevrait Candide et Martin sur son bord. L'un et l'autre s'y rendirent après s'être prosternés devant Sa Misérable Hautesse. Candide chemin faisant disait à Martin:

- Voilà pourtant six rois détrônés, avec qui nous avons soupé, et encore dans ces six rois il y en a un à qui j'ai fait l'aumône. Peut-être y a-t-il beaucoup d'autres princes plus infortunés. Pour moi je n'ai perdu que cent moutons, et je vole dans les bras de Cunégonde. Mon cher Martin, encore une fois, Pangloss avait raison. Tout est bien.

- Je le souhaite, dit Martin.

- Mais, dit Candide, voilà une aventure bien peu vraisemblable que nous avons eue à Venise. On n'avait jamais vu ni ouï conter que six rois détrônés soupassent ensemble au cabaret.

- Cela n'est pas plus extraordinaire, dit Martin, que la plupart des choses qui nous sont arrivées. Il est très commun que des rois soient détrônés; et à l'égard de l'honneur que nous avons eu de souper avec eux, c'est une bagatelle qui ne mérite pas notre attention.

A peine Candide fut-il dans le vaisseau, qu'il sauta au cou de son ancien valet, de son ami Cacambo.

- Eh bien, lui dit-il, que fait Cunégonde? est-elle toujours un prodige de beauté? m'aime-t-elle toujours? Comment se porte-t-elle? Tu lui as sans doute acheté un palais à Constantinople?

- Mon cher maître, répondit Cacambo, Cunégonde lave les écuelles sur le bord de la Propontide, chez un prince qui a très peu d'écuelles; elle est esclave dans la maison d'un ancien souverain nommé Ragotsky, à qui le grand Turc donne trois écus par jour dans son asile: mais ce qui est bien plus triste, c'est qu'elle a perdu sa beauté, et qu'elle est devenue horriblement laide.

- Ah! belle ou laide, dit Candide, je suis honnête homme, et mon devoir est de l'aimer toujours. Mais comment peut-elle être réduite à un état si abject avec les cinq ou six millions que tu avais apportés?

- Bon, dit Cacambo, ne m'en a-t-il pas fallu donner deux millions au Señor Don Fernando d'Ibaraa, y Figueora, y Mascarenes, y Lampourdos, y Souza, gouverneur de Buenos Aires, pour avoir la permission de reprendre Mademoiselle Cunégonde? et un pirate ne nous a-t-il pas bravement dépouillés de tout le reste? Ce pirate ne nous a-t-il pas menés au cap de Matapan, à Milo, à Nicarie, à Samos, à Petra, aux Dardanelles, à Marmora, à Scutari? Cunégonde et la vieille servent chez ce prince dont je vous ai parlé, et moi je suis esclave du sultan détrôné.

- Que d'épouvantables calamités enchaînées les unes aux autres! dit Candide. Mais après tout, j'ai encore quelques diamants, je délivrerai aisément Cunégonde. C'est bien dommage qu'elle soit devenue si laide.

Ensuite se tournant vers Martin:

- Que pensez-vous, dit-il, qui soit le plus à plaindre, de l'empereur Achmet, de l'empereur Ivan, du roi Charles Edouard, ou de moi?

- Je n'en sais rien, dit Martin; il faudrait que je fusse dans vos coeurs pour le savoir.

- Ah, dit Candide, si Pangloss était ici, il le saurait et nous l'apprendrait.

- Je ne sais, dit Martin, avec quelles balances votre Pangloss aurait pu peser les infortunes des hommes, et apprécier leurs douleurs. Tout ce que je présume, c'est qu'il y a des millions d'hommes sur la terre cent fois plus à plaindre que le roi Charles Edouard, l'empereur Ivan, et le sultan Achmet.

- Cela pourrait bien être, dit Candide.

On arriva en peu de jours sur le canal de la mer Noire. Candide commença par racheter Cacambo fort cher; et sans perdre de temps il se jeta dans une galère, avec ses compagnons, pour aller sur le rivage de la Propontide, chercher Cunégonde, quelque laide qu'elle pût être.

Il y avait dans la chiourme deux forçats qui ramaient fort mal, et à qui le lévanti patron

appliquait de temps en temps quelques coups de nerf de boeuf sur leurs épaules nues; Candide, par un mouvement naturel, les regarda plus attentivement que les autres galériens, et s'approcha d'eux avec pitié. Quelques traits de leurs visages défigurés lui parurent avoir un peu de ressemblance avec Pangloss et avec ce malheureux jésuite, ce baron, ce frère de Mademoiselle Cunégonde. Cette idée l'émut et l'attrista. Il les considéra encore plus attentivement.

- En vérité, dit-il à Cacambo, si je n'avais pas vu pendre Maître Pangloss, et si je n'avais pas eu le malheur de tuer le baron, je croirais que ce sont eux qui rament dans cette galère.

Au nom du baron et de Pangloss les deux forçats poussèrent un grand cri, s'arrêtèrent sur leur banc et laissèrent tomber leurs rames. Le lévanti patron accourait sur eux, et les coups de nerf de boeuf redoublaient.

- Arrêtez, arrêtez, Seigneur, s'écria Candide, je vous donnerai tant d'argent que vous voudrez.

- Quoi! c'est Candide! disait l'un des forçats.

- Quoi! c'est Candide! disait l'autre.

- Est-ce un songe? dit Candide; veillé-je? suis-je dans cette galère? Est-ce là Monsieur le baron que j'ai tué? est-ce là Maître Pangloss que j'ai vu pendre?

- C'est nous-mêmes; c'est nous-mêmes, répondaient-ils.

- Quoi! c'est là ce grand philosophe? disait Martin.

- Eh! Monsieur le lévanti patron, dit Candide, combien voulez-vous d'argent pour la rançon de Monsieur de Thunder-ten-tronckh, un des premiers barons de l'empire, et de Monsieur Pangloss, le plus profond métaphysicien d'Allemagne?

- Chien de chrétien, répondit le lévanti patron, puisque ces deux chiens de forçats chrétiens sont des barons et des métaphysiciens, ce qui est sans doute une grande dignité dans leur pays, tu m'en donneras cinquante mille sequins.

- Vous les aurez, Monsieur; remenez-moi comme un éclair à Constantinople, et vous serez payé sur-le-champ. Mais, non, menez-moi chez Mademoiselle Cunégonde.

Le lévanti patron sur la première offre de Candide

avait déjà tourné la proue vers la ville, et il faisait ramer plus vite qu'un oiseau ne fend les airs.

Candide embrassa cent fois le baron et Pangloss

- Et comment ne vous ai-je pas tué, mon cher baron, et mon cher Pangloss? comment êtes-vous en vie après avoir été pendu? et pourquoi êtes-vous tous deux aux galères en Turquie?

- Est-il bien vrai que ma chère soeur soit dans ce pays? disait le baron.

- Oui, répondait Cacambo.

- Je revois donc mon cher Candide, s'écriait Pangloss. Candide leur présentait Martin et Cacambo. Ils s'embrassaient tous, ils parlaient tous à la fois. La galère volait, ils étaient déjà dans le port. On fit venir un juif à qui Candide vendit pour cinquante mille sequins, un diamant de la valeur de cent mille, et qui lui jura par Abraham, qu'il n'en pouvait donner davantage. Il paya incontinent la rançon du baron et de Pangloss. Celui-ci se jeta aux pieds de son libérateur, et les baigna de larmes; l'autre le remercia par un signe de tête, et lui promit de lui rendre cet argent à la première occasion.

- Mais est-il bien possible que ma soeur soit en Turquie? disait-il.

- Rien n'est si possible, reprit Cacambo, puisqu'elle écure la vaisselle chez un prince de Transylvanie. On fit aussitôt venir deux juifs; Candide vendit encore des diamants; et ils repartirent tous dans une autre galère pour aller délivrer Cunégonde.

CHAPITRE VINGT-HUITIEME

Ce qui arriva à Candide, à Cunégonde, à Pangloss, à Martin, etc.

- Pardon, encore une fois, dit Candide au baron; pardon, mon Révérend Père, de vous avoir donné un grand coup d'épée au travers du corps.

- N'en parlons plus, dit le baron; je fus un peu trop vif, je l'avoue; mais puisque vous voulez savoir par quel hasard vous m'avez vu aux galères, je vous dirai, qu'après avoir été guéri de ma blessure par le frère apothicaire du collège, je fus attaqué et enlevé par un parti espagnol; on me mit en prison à Buenos Aires dans le temps que ma soeur venait d'en partir. Je demandai à retourner à Rome auprès du père général. Je fus nommé pour aller servir d'aumônier à Constantinople auprès de Monsieur l'ambassadeur de France. Il n'y avait pas huit jours que j'étais entré en fonction, quand je trouvai sur le soir un jeune icoglan très bien fait. Il faisait fort chaud: le jeune homme voulut se baigner; je pris cette occasion de me baigner aussi. Je ne savais pas que ce fût un crime capital pour un chrétien, d'être trouvé tout nu avec un jeune musulman. Un cadi me fit donner cent coups de bâton sous la plante des pieds, et me condamna aux galères. Je ne crois pas qu'on ait fait une plus horrible injustice. Mais je voudrais bien savoir pourquoi ma soeur est dans la cuisine d'un souverain de Transylvanie réfugié chez les Turcs?

- Mais vous, mon cher Pangloss, dit Candide, comment se peut-il que je vous revoie?

- Il est vrai, dit Pangloss, que vous m'avez vu pendre; je devais naturellement être brûlé; mais vous vous souvenez qu'il plut à verse lorsqu'on allait me cuire: l'orage fut si violent qu'on désespéra d'allumer le feu; je fus pendu parce qu'on ne put mieux faire: un chirurgien acheta mon corps, m'emporta chez lui, et me disséqua. Il me fit d'abord une incision cruciale depuis le nombril jusqu'à la clavicule. On ne pouvait pas avoir été plus mal pendu que je l'avais été. L'exécuteur des hautes oeuvres de la Sainte Inquisition, lequel était sous-diacre,

brûlait à la vérité les gens à merveille, mais il n'était pas accoutumé à pendre: la corde était mouillée et glissa mal, elle fut nouée; enfin je respirais encore: l'incision cruciale me fit jeter un si grand cri, que mon chirurgien tomba à la renverse, et croyant qu'il disséquait le diable, il s'enfuit en mourant de peur, et tomba encore sur l'escalier en fuyant. Sa femme accourut au bruit d'un cabinet voisin; elle me vit sur la table étendu avec mon incision cruciale: elle eut encore plus de peur que son mari, s'enfuit et tomba sur lui. Quand ils furent un peu revenus à eux, j'entendis la chirurgienne qui disait au chirurgien:

- Mon bon, de quoi vous avisez-vous aussi de disséquer un hérétique? Ne savez-vous pas que le diable est toujours dans le corps de ces gens-là? Je vais vite chercher un prêtre pour l'exorciser.

Je frémis à ce propos, et je ramassai le peu de forces qui me restaient, pour crier:

- Ayez pitié de moi!

Enfin le barbier portugais s'enhardit; il recousut ma peau; sa femme même eut soin de moi; je fus sur pied au bout de quinze jours. Le barbier me trouva une condition, et me fit laquais d'un chevalier de Malte qui allait à Venise: mais mon maître n'ayant pas de quoi me payer, je me mis au service d'un marchand vénitien, et je le suivis à Constantinople.

- Un jour il me prit fantaisie d'entrer dans une mosquée; il n'y avait qu'un vieux iman, et une jeune dévote très jolie qui disait ses patenôtres: sa gorge était toute découverte: elle avait entre ses deux têtons un beau bouquet de tulipes, de roses, d'anémones, de renoncules, de hyacinthes, et d'oreilles d'ours: elle laissa tomber son bouquet; je le ramassai, et je le lui remis avec un empressement très respectueux. Je fus si longtemps à le lui remettre que l'iman se mit en colère, et voyant que j'étais chrétien, il cria à l'aide. On me mena chez le cadi, qui me fit donner cent coups de lattes sur la plante des pieds, et m'envoya aux galères. Je fus enchaîné précisément dans la même galère et au même banc que Monsieur le baron. Il y avait dans cette galère quatre jeunes gens de Marseille, cinq prêtres napolitains, et deux moines de Corfou, qui nous dirent que de pareilles aventures arrivaient tous les jours. Monsieur le baron prétendait qu'il avait essuyé une plus

grande injustice que moi: je prétendais, moi, qu'il était beaucoup plus permis de remettre un bouquet sur la gorge d'une femme, que d'être tout nu avec un icoglan. Nous disputions sans cesse, et nous recevions vingt coups de nerf de boeuf par jour, lorsque l'enchaînement des événements de cet univers vous a conduit dans notre galère, et que vous nous avez rachetés.

- Eh bien, mon cher Pangloss, lui dit Candide, quand vous avez été pendu, disséqué, roué de coups, et que vous avez ramé aux galères, avez-vous toujours pensé que tout allait le mieux du monde?

- Je suis toujours de mon premier sentiment, répondit Pangloss; car enfin je suis philosophe, il ne me convient pas de me dédire, Leibnitz ne pouvant pas avoir tort, et l'harmonie préétablie étant d'ailleurs la plus belle chose du monde, aussi bien que le plein et la matière subtile.

CHAPITRE VINGT-NEUVIEME

Comment Candide retrouva Cunégonde et la vieille.

Pendant que Candide, le baron, Pangloss, Martin et Cacambo, contaient leurs aventures, qu'ils raisonnaient sur les événements contingents ou non contingents de cet univers, qu'ils disputaient sur les effets et les causes, sur le mal moral et sur le mal physique, sur la liberté et la nécessité, sur les consolations que l'on peut éprouver lorsqu'on est aux galères en Turquie, ils abordèrent sur le rivage de la Propontide à la maison du prince de Transylvanie. Les premiers objets qui se présentèrent furent Cunégonde et la vieille, qui étendaient des serviettes sur des ficelles pour les faire sécher.

Le baron pâlit à cette vue. Le tendre amant Candide en voyant sa belle Cunégonde rembrunie, les yeux éraillés, la gorge sèche, les joues ridées, les bras rouges et écaillés, recula trois pas saisi d'horreur, et avança ensuite par bon procédé. Elle embrassa Candide et son frère; on embrassa la vieille: Candide les racheta toutes deux.

Il y avait une petite métairie dans le voisinage; la vieille proposa à Candide de s'en accommoder, en attendant que toute la troupe eût une meilleure destinée. Cunégonde ne savait pas qu'elle était enlaidie, personne ne l'en avait avertie: elle fit souvenir Candide de ses promesses avec un ton si absolu, que le bon Candide n'osa pas la refuser. Il signifia donc au baron qu'il allait se marier avec sa soeur.

- Je ne souffrirai jamais, dit le baron, une telle bassesse de sa part, et une telle insolence de la vôtre; cette infamie ne me sera jamais reprochée: les enfants de ma soeur ne pourraient entrer dans les chapitres d'Allemagne. Non, jamais ma soeur n'épousera qu'un baron de l'Empire.

Cunégonde se jeta à ses pieds, et les baigna de larmes; il fut inflexible.

- Maître fou, lui dit Candide, je t'ai réchappé des galères, j'ai payé ta rançon, j'ai payé celle

de ta soeur; elle lavait ici des écuelles, elle est laide, j'ai la bonté d'en faire ma femme, et tu prétends encore t'y opposer; je te retuerais si j'en croyais ma colère.

– Tu peux me tuer encore, dit le baron, mais tu n'épouseras pas ma soeur de mon vivant.

Conclusion

Candide dans le fond de son coeur n'avait aucune envie d'épouser Cunégonde. Mais l'impertinence extrême du baron le déterminait à conclure le mariage, et Cunégonde le pressait si vivement, qu'il ne pouvait s'en dédire. Il consulta Pangloss, Martin et le fidèle Cacambo. Pangloss fit un beau mémoire par lequel il prouvait que le baron n'avait nul droit sur sa soeur, et qu'elle pouvait selon toutes les lois de l'Empire épouser Candide de la main gauche. Martin conclut à jeter le baron dans la mer; Cacambo décida qu'il fallait le rendre au lévanti patron, et le remettre aux galères, après quoi on l'enverrait à Rome au père général par le premier vaisseau. L'avis fut trouvé fort bon; la vieille l'approuva; on n'en dit rien à sa soeur; la chose fut exécutée pour quelque argent, et on eut le plaisir d'attraper un jésuite, et de punir l'orgueil d'un baron allemand.

Il était tout naturel d'imaginer qu'après tant de désastres, Candide marié avec sa maîtresse, et vivant avec le philosophe Pangloss, le philosophe Martin, le prudent Cacambo et la vieille, ayant d'ailleurs rapporté tant de diamants de la patrie des anciens Incas, mènerait la vie du monde la plus agréable; mais il fut tant friponné par les juifs, qu'il ne lui resta plus rien que sa petite métairie; sa femme devenant tous les jours plus laide, devint acariâtre et insupportable; la vieille était infirme, et fut encore de plus mauvaise humeur que Cunégonde. Cacambo qui travaillait au jardin, et qui allait vendre des légumes à Constantinople, était excédé de travail, et maudissait sa destinée. Pangloss était au désespoir de ne pas briller dans quelque Université d'Allemagne. Pour Martin, il était fermement persuadé qu'on est également mal partout, il prenait les choses en patience. Candide, Martin et Pangloss disputaient quelquefois de métaphysique et de morale. On voyait souvent passer sous les fenêtres de la métairie des bateaux chargés d'effendis, de bachas, de cadis

qu'on envoyait en exil à Lemnos, à Mytilène, à Erzerum. On voyait venir d'autres cadis, d'autres bachas, d'autres effendis, qui prenaient la place des expulsés, et qui étaient expulsés à leur tour. On voyait des têtes proprement empaillées qu'on allait présenter à la sublime porte. Ces spectacles faisaient redoubler les dissertations; et quand on ne disputait pas, l'ennui était si excessif que la vieille osa un jour leur dire:

- Je voudrais savoir lequel est le pire, ou d'être violée cent fois par des pirates nègres, d'avoir une fesse coupée, de passer par les baguettes chez les Bulgares, d'être fouetté et pendu dans un autodafé, d'être disséqué, de ramer aux galères, d'éprouver enfin toutes les misères par lesquelles nous avons tous passé, ou bien de rester ici à ne rien faire?

- C'est une grande question, dit Candide.

Ce discours fit naître de nouvelles réflexions, et Martin surtout conclut que l'homme était né pour vivre dans les convulsions de l'inquiétude, ou dans la léthargie de l'ennui. Candide n'en convenait pas, mais il n'assurait rien. Pangloss avouait qu'il avait toujours horriblement souffert; mais ayant soutenu une fois que tout allait à merveille, il le soutenait toujours, et n'en croyait rien.

Une chose acheva de confirmer Martin dans ses détestables principes, de faire hésiter plus que jamais Candide, et d'embarrasser Pangloss; c'est qu'ils virent un jour aborder dans leur métairie Paquette et le frère Giroflée, qui étaient dans la plus extrême misère: ils avaient bien vite mangé leurs trois mille piastres, s'étaient quittés, s'étaient raccommodés, s'étaient brouillés, avaient été mis en prison, s'étaient enfuis, et enfin frère Giroflée s'était fait turc. Paquette continuait son métier partout, et n'y gagnait plus rien.

- Je l'avais bien prévu, dit Martin à Candide, que vos présents seraient bientôt dissipés, et ne les rendraient que plus misérables. Vous avez regorgé de millions de piastres vous et Cacambo, et vous n'êtes pas plus heureux que frère Giroflée et Paquette.

- Ah! ah! dit Pangloss à Paquette, le Ciel vous ramène donc ici parmi nous, ma pauvre enfant! Savez-vous

bien que vous m'avez coûté le bout du nez, un oeil et une oreille? Comme vous voilà faite! et qu'est-ce que ce monde!

Cette nouvelle aventure les engagea à philosopher plus que jamais.

Il y avait dans le voisinage un derviche très fameux, qui passait pour le meilleur philosophe de la Turquie; ils allèrent le consulter; Pangloss porta la parole, et lui dit:

- Maître, nous venons vous prier de nous dire pourquoi un aussi étrange animal que l'homme a été formé.

- De quoi te mêles-tu? dit le derviche, est-ce là ton affaire?

- Mais, mon Révérend Père, dit Candide, il y a horriblement de mal sur la terre.

- Qu'importe, dit le derviche, qu'il y ait du mal ou du bien? Quand Sa Hautesse envoie un vaisseau en Egypte, s'embarrasse-t-elle si les souris qui sont dans le vaisseau sont à leur aise ou non?

- Que faut-il donc faire? dit Pangloss.

- Te taire, dit le derviche.

- Je me flattais, dit Pangloss, de raisonner un peu avec vous des effets et des causes, du meilleur des mondes possibles, de l'origine du mal, de la nature de l'âme, et de l'harmonie préétablie.

Le derviche à ces mots leur ferma la porte au nez.

Pendant cette conversation, la nouvelle s'était répandue qu'on venait d'étrangler à Constantinople deux vizirs du Banc, et le mouphti, et qu'on avait empalé plusieurs de leurs amis. Cette catastrophe faisait partout un grand bruit pendant quelques heures. Pangloss, Candide et Martin, en retournant à la petite métairie, rencontrèrent un bon vieillard qui prenait le frais à sa porte sous un berceau d'orangers. Pangloss qui était aussi curieux que raisonneur, lui demanda comment se nommait le mouphti qu'on venait d'étrangler.

- Je n'en sais rien, répondit le bonhomme, et je n'ai jamais su le nom d'aucun mouphti, ni d'aucun vizir. J'ignore absolument l'aventure dont vous me parlez; je présume qu'en général ceux qui se mêlent des affaires publiques périssent quelquefois misérablement, et qu'ils le méritent; mais je ne m'informe jamais de ce qu'on fait à Constantinople; je me contente

d'y envoyer vendre les fruits du jardin que je cultive. Ayant dit ces mots, il fit entrer les êtrangers dans sa maison; ses deux filles et ses deux fils leur présentèrent plusieurs sortes de sorbets qu'ils faisaient eux-mêmes, du kaïmak piqué d'écorces de cédrat confit, des oranges, des citrons, des limons, des ananas, des pistaches, du café de Moka qui n'était point mêlé avec le mauvais café de Batavia et des Iles. Après quoi les deux filles de ce bon musulman parfumèrent les barbes de Candide, de Pangloss et de Martin.

- Vous devez avoir, dit Candide au Turc, une vaste et magnifique terre?

- Je n'ai que vingt arpents, répondit le Turc; je les cultive avec mes enfants; le travail éloigne de nous trois grands maux, l'ennui, le vice et le besoin.

Candide en retournant dans sa métairie, fit de profondes réflexions sur le discours du Turc. Il dit à Pangloss et à Martin:

- Ce bon vieillard me paraît s'être fait un sort bien préférable à celui des six rois avec qui nous avons eu l'honneur de souper.

- Les grandeurs, dit Pangloss, sont fort dangereuses, selon le rapport de tous les philosophes. Car enfin Eglon roi des Moabites fut assassiné par Aod; Absalon fut pendu par les cheveux et percé de trois dards. Le roi Nadar fils de Jéroboam, fut tué par Baza, le roi Ela par Zambri, Ochosias par Jehu, Athalia par Joiada; les rois Joachim, Jéchonias, Sédécias furent esclaves. Vous savez comment périrent Crésus, Astyage, Darius, Denys de Syracuse, Pyrrhus, Persée, Annibal, Jugurtha, Arioviste, César, Pompée, Néron, Othon, Vitellius, Domitien, Richard second d'Angleterre, Edouard second, Henri six, Richard trois, Marie Stuart, Charles premier, les trois Henri de France, l'empereur Henri quatre? Vous savez...

- Je sais aussi, dit Candide, qu'il faut cultiver notre jardin.

- Vous avez raison, dit Pangloss; car quand l'homme fut mis dans le jardin d'Eden, il y fut mis, "ut operaretur eum," pour qu'il travaillât; ce qui prouve que l'homme n'est pas né pour le repos.

- Travaillons sans raisonner, dit Martin, c'est le seul moyen de rendre la vie supportable.

Toute la petite société entra dans ce louable dessein; chacun se mit à exercer ses talents. La petite terre rapporta beaucoup. Cunégonde était à la vérité bien laide; mais elle devint une excellente pâtissière; Paquette broda; la vieille eut soin du linge. Il n'y eut pas jusqu'à frère Giroflée qui ne rendît service; il fut un très bon menuisier, et même devint honnête homme; et Pangloss disait quelquefois à Candide:

- Tous les événements sont enchaînés dans le meilleur des mondes possibles; car enfin, si vous n'aviez pas été chassé d'un beau château à grands coups de pied dans le derrière, pour l'amour de Mademoiselle Cunégonde, si vous n'aviez pas été mis à l'Inquisition, si vous n'aviez pas couru l'Amérique à pied, si vous n'aviez pas donné un bon coup d'épée au baron, si vous n'aviez pas perdu tous vos moutons du bon pays d'Eldorado, vous ne mangeriez pas ici des cédrats confits et des pistaches.

- Cela est bien dit, répondit Candide, mais il faut cultiver notre jardin.

Voltaire

Romans
et
Contes

Texte établi sur l'édition de 1775.
Avec une présentation et des notes.

par

Henri Bénac

Chap. Ligne	
4 / 6	les deux florins
4 / 16	le mena dans l'étable
7 / 41	il croit voir
7 / 102	noirs, basanés, blancs...
12 / 30	dit
12 / 82	les Russes arrivent
12 / 88	il nous dit à toutes de nous consoler
12 / 98	à Rostok, à Vismar, à Leipsick
13 / 21	portant le nez
13 / 64	des pierreries
14 / 84	auprès de la feuillée
15 / 27	nous recevons
15 / 67	qui va donner des ordres
16 / 8	sa valise
16 / 21	il ne laissa pas
16 / 23	des cris qui parraissaient poussés par des femmes
16 / 28	au bord de la prairie
16 / 122	ne se lassait point
17 / 7	par le plus court
17 / 9	en Portugal
17 / 128	tout allait mal
18 / 23	patrie des Incas
19 / 163	à qui il ne fût arrivé
20 / 16	surtout à la fin du repas
22 / 95	même on y fait
22 / 126	les sept-et-le-va
22 / 152	sieur Gauchat
22 / 209	ni ce qu'il fait, ni ce qu'il doit faire
22 / 222	ils ne peuvent pas s'en dispenser
22 / 232	de Vestphalie
22 / 286	il me reste votre coeur
22 / 341	qui chante et qui danse
23 / 7	répondait Martin
24 / 154	le sort d'un gondolier
25 / 119	vous pensez bien que
25 / 146	n'a pu se plaire à
25 / 147	Le mariage
25 / 160	disait encor Candide

Voltaire

Candide
ou
L'optimisme

Edition critique
Avec une introduction et un commentaire

par

André Morize

Chap.	Ligne	
4	6	les deux florins
4	17	le mène dans l'étable
7	40	il crut voir
11	107	noirs, blancs...
12	31	dit
12	84	les Russes arrivent
12	91	il nous dit à toutes de nous consoler
12	101	à Rostok, à Vismar, à Leipsick
13	22	portait le nez
13	67	des pierreries
14	85	auprès de la feuillée
15	30	nous recevrons
15	71	qui va donner des ordres
16	7	sa valise
16	20	il ne laissait pas
16	22	des cris qui paraissaient poussés par des femmes
16	27	au bord de la prairie
16	126	ne se lassait pas
17	7	par le plus court chemin
17	9	en Portugal
17	131	tout allait assez mal
18	23	patrie des Incas
19	165	auquel il ne fût arrivé
20	17	surtout sur la fin du repas
22	98	et même on y fait
22	129	les sept-et-le-va
22	156	Sr. Gauchat
22	227	ils ne peuvent s'en dispenser
22	239	de la Westphalie
22	294	il me reste votre coeur
22	250	qui chante et qui danse
23	7	répondait Martin
24	259	le sort d'un gondolier
25	124	vous pensez bien que
25	152	n' a pu se plaire à
25	153	et le mariage
25	166	disait Candide

Voltaire

Candide
ou
L'optimisme

Edition critique
Avec une introduction et un commentaire

par
René Pomeau
Professeur à la Faculté des Lettres de Toulouse

Chap.	Ligne	
4	6	les florins
4	17	le mena dans l'étable
7	41	il croit voir
11	105	noirs, bazanés, blancs...
12	31	me dit
12	84	les Russes arrivèrent
12	91	il nous dit de nous consoler
12	101	à Rostok, à Leipsick
13	22	portant le nez
13	65	des pierres
14	86	près de la feuillée
15	28	nous recevons
15	69	qui va donner ses ordres
16	7	la valise
16	21	il ne laissa pas
16	23	des cris poussés par des femmes
16	28	au bord de la rivière
16	126	ne se lassait point
17	7	par le plus court
17	20	au Portugal
17	132	tout allait mal
18	124	partie des Incas
19	164	à qui il ne fût arrivé
20	18	surtout à la fin des repas
22	96	même on y fait
22	127	les sept-elle-va
22	154	sieur Gauchat
22	213	ni ce qu'il fait, ni ce qu'il doit faire
22	227	ils ne peuvent pas s'en dispenser
22	238	de Vestphalie
22	293	il me reste encor votre coeur
22	348	qui chante et danse
23	8	répondit Martin
24	258	le sort des gondoliers
25	125	vous pensez que
25	153	n'a pu se faire à
25	153	Le mariage
25	167	disait encor Candide

www.ingramcontent.com/pod-product-compliance
Lightning Source LLC
LaVergne TN
LVHW040753070826
844660LV00025B/1144

* 9 7 8 1 4 4 2 6 3 1 3 2 8 *